高管书坊

董事会与公司治理

理论与操作

第4版
4th Edition

仲继银 著

企业管理出版社
ENTERPRISE MANAGEMENT PUBLISHING HOUSE

图书在版编目（CIP）数据

董事会与公司治理．理论与操作 / 仲继银著．4 版．
北京：企业管理出版社，2024．
ISBN 978-7-5164-3161-0

Ⅰ．F276.6

中国国家版本馆 CIP 数据核字第 2024PR5116 号

书　　　名：董事会与公司治理：理论与操作
作　　　者：仲继银
责任编辑：尚　尉
书　　　号：ISBN 978-7-5164-3161-0
出版发行：企业管理出版社
地　　　址：北京市海淀区紫竹院南路17号　　邮编：100048
网　　　址：http：//www.emph.cn
电　　　话：总编室（010）68701719　　发行部（010）68701816
编辑部（010）68414643
电子信箱：qiguan1961@163.com
印　　　刷：三河市东方印刷有限公司
经　　　销：新华书店
规　　　格：170毫米×240毫米　16开本　43.5印张　598千字
版　　　次：2025年1月第1版　2025年1月第1次印刷
定　　　价：168.00元

版权所有　翻印必究·印装错误　负责调换

前　言
Preface

公司治理的理论体系与本书结构安排

公司治理是一个综合性很强的研究领域，涉及法学、经济学和管理学等多种学科。可以说，到目前为止，还没有一个比较成型、能够广为接受的理论体系。

公司治理也是一个庞杂和众说纷纭的领域，仁者见仁，智者见智。往往监管者和机构投资者更多的是仁者之见，乐于追求理想和规范的最优解；而企业界和经理人更多的是智者之见，思考的是如何在每日的公司治理实践中妥善地处理各种矛盾与冲突，求得一种妥协和平衡的满意解。

我们对公司治理的理解如下，它是社会、监管机构、各类股东、董事和经理等各方面互依互动而形成的有关公司运作的一套制度规范、游戏规则和最佳做法。

一、公司制企业的五个基本属性

为了对公司治理问题有个比较系统性的理解，需要先从公司制企业的基本属性谈起。比较广为接受的公司制企业基本属性有五个：公司具有独立的法人人格；公司股东承担有限责任；公司要通过董事会实现集中性和专业化的管理；公司股份具有可转让性；股东拥有对公司的终极控制权。

> **公司制企业的五个基本属性**
>
> ①公司的独立法人人格，以公司名义起诉和应诉，占有、拥有和转让财产。
> ②股东的有限责任，债权人只能追索公司财产。
> ③通过董事会实现集中和专业的管理。
> ④公司股份的可转让性，非上市公司章程限制及其他股东的优先购买权等，上市公司则是完全自由转让。
> ⑤股东的终极控制或投资者的所有权。

这五个属性实际上是具有内在联系、相辅相成的。正是股东承担有限责任，才需要明确公司的独立法人人格，公司债权人才有可追索的确定财产对象。在有限责任的条件下，公司的股份才能自由转让。

公司要实行董事会的集中和专业化管理则有两个方面的基本理由。在股东享受有限责任的好处并可以通过转让股份退出公司的情况下，公司的财产和事务需要有一个确定、稳定和可追究责任的董事会来管理。另一方面，通过董事会的集中性和专业化管理，提高决策质量和管理的效率，吸纳众多股东提供股权资本，才能有效地扩大公司的规模。

二、公司治理中要处理的三组关系与三个层次的公司治理问题

由公司制企业五个基本属性派生出来的公司治理问题，就是要处理好下述三组关系。股东作为一个整体和公司管理机构——董事会之间的关系；控制性股东和中小股东之间的关系；公司控制者（不论董事还是

股东）和公司其他利益相关者（银行、员工、供应商和顾客等）之间的关系[①]。

> **公司治理中要处理的三组关系**
> ①股东作为一个整体和公司管理机构——董事会之间的关系；
> ②控制性股东和中小股东之间的关系；
> ③公司控制者（不论董事还是股东）和公司其他利益相关者（银行、员工、供应商和顾客等）之间的关系。

对于股权集中度很高的非上市公司或者是仍有控制性股东存在的上市公司来说，上述第一组关系——让董事会对股东负责是容易做到的一件事情，但是股权集中和控制性股东的存在会产生一个严重问题，就是控制性股东完全控制董事会，可能会不顾其他非控制性的股东，尤其是一些中小股东的利益，而完全按自己的利益最大化来运营公司，从而引起第二组关系——控制性股东和中小股东关系的难于处理问题。我们可以将此称为"股权集中、股东控制公司的公司治理问题"，属于第一层次的公司治理问题。

对于股权分散，没有控制性股东存在的大型上市公司来说，公司治理的主要问题是第一组关系——股东作为一个整体和公司管理机构——董事会之间的关系。但是这里，可能存在的一个问题是，董事会对股东"过度负责"，可能会影响利益相关者，进而引起第三组关系——公司控制者和公司利益相关者关系的正确处理问题。我们可以将此称为"股权分散、董事会控制公司的公司治理问题"，属于第二层次的公司治理问题。

进一步而言，对于一些股权高度甚至是极度分散的大型上市公司来说，可能股东选举董事都因面临集体行动困境而实际变成了为经理层挑选

---

① 参见保罗·戴维斯《英国公司法精要》，法律出版社2007年版。

出来的董事盖上橡皮图章了。这样的公司要解决好上述第一组关系，真正加强董事会对股东的责任，需要同时加强董事会对经理层的控制。我们将此称为"股权高度分散、经理层控制公司的公司治理问题"，属于第三层次的公司治理问题。

根据以上对公司治理问题层次的划分，就典型情况来说，中国企业的主要公司治理问题领域是第一层次和第二层次的问题。约束控股股东和授权董事会，是中国企业构建现代公司治理结构的首要任务。董事会的构建和有效运作是我们要重点学习的。发达国家最新最流行的解决第三层次公司治理问题的一些做法，还不是我们当前最需要的。我们的当务之急和关键挑战是解决发达国家历史上已经解决了的第一层次和第二层次的公司治理问题。

三、本书的结构与章节安排

正是基于这样的认识，本书取名《董事会与公司治理：理论与操作》，并以主要篇幅从法律规则到最佳实践，全面探讨现代公司董事会的构建与有效运作问题。

掌握公司治理，需要从正确理解公司存在的目的开始。第1章"董事会主导下的股东价值创造"，论述了公司为什么要为股东利益而存在，但是要由董事会主导，并实行以董事会为中心的公司治理模式。

授权董事会之前，要先建立基本的约束机制，这就是第2章的内容，董事会的法理基础，主要是回答为什么公司制企业必须要由董事会管理，和董事掌握管理大权需要承担的基本法律职责是什么，以及高质量董事会的关键环节。

比照前面两章中的公司治理理论和基础规则，第3章综合性地探讨了中国公司治理中存在的一些不足，对公司治理问题理解上的一些谬误，以使我们接下来要进行的董事会治理探讨具有更强的实践意义和现实针对性。

从第4章开始，我们就进入董事会管理领域。在清楚认识了现代公司董事会的类型与结构（第4章）之后，本书先探讨战略性董事会的构建及其职责发挥问题（第5章），这是董事会的首要职责。紧接着再探讨中国公司治理结构建设中最难处理的一个问题，就是董事会、董事长、首席独立董事与首席执行官的关系问题（第6章）。不解决"关键人"和"一把手"的问题，中国公司的董事会是不可能真正到位的。

在解决了董事会整体角色问题之后，我们进入董事会运作中的一些具体领域。首先是董事会委员会的一些基本问题和执行委员会、提名与治理委员会等董事会重要委员会的构建与运作（第7章），然后是两个任务最繁重的董事会委员会的构建与职责发挥问题（第8章审计委员会与公司风险监控和第9章薪酬委员会与董事高管激励）。第10章探讨董事会的会议与绩效评估，这是保证董事会实际运作效果的两个关键问题。

公司治理要真正有效，需要将一般规则与企业的具体情况相结合。这就要求把视线放开，探讨不同类型企业的董事会与公司治理问题。首先是所有制和控股股东身份不同的国有企业（第11章）与民营及家族企业的董事会与公司治理问题（第12章），然后是组织体系与一般企业不同的集团企业（第13章）和作为特殊行业的银行与金融机构的董事会与公司治理问题（第14章）。

接下来，我们探讨的是公司治理系统中的两个重要角色——员工和股东。着重探讨了如何用股权激励手段把员工变成股东及如何促进员工参与（第15章），和股权分散后公司治理中最重要的股东——机构投资者（第16章）。不能正确解决股东控制问题，就无法完成公司治理转型，真正实现董事会主导和职业管理，第17章集中探讨了这一问题。

最后两章，我们把目光完全聚焦在中国现实中的各种实际公司治理问题上。第18章主要探讨如何改进中国上市公司治理，对中国主板上市公司和创业板公司的治理现状和改进策略进行了探讨。第19章中，对公司治理的概念进行了扩展，审视一些重要的公司管理行为中的治理之道。这一章的主体内容是根据中国企业中发生的具体案例事件，阐述相应的公司治理策略问题，以期对读者将一般性的公司治理原则和最佳做法应用到具体的企业经营和管理实践中去有所助益。

目录 Contents

第1章 董事会主导下的股东价值创造

1.1 公司为谁而在：股东价值，还是利益相关者 ·············· 2
    1.1.1 顾客第一，员工第二，股东第三? ·············· 2
    1.1.2 公司存在的基础法则：股东利益 ·············· 4
    1.1.3 消减公司权利，增加公司责任? ·············· 7
    1.1.4 股东价值之下的利害相关者关系管理 ·············· 8

1.2 公司由谁主导：股东、经理还是董事? ·············· 9
    1.2.1 董事会形式差异背后的功能一致 ·············· 10
    1.2.2 公司为股东而存在，由董事主导的理论逻辑 ·············· 11

1.3 公司制的两大基石：有限责任与董事会 ·············· 13
    1.3.1 有限责任：集合众人，支持创新 ·············· 13
    1.3.2 董事会：责任承担，理性和团队决策 ·············· 14

1.4 以董事会为中心的公司治理模式 ·············· 15
    1.4.1 董事会中心公司治理模式的基本含义 ·············· 16
    1.4.2 董事会的实质：涉及三组关系的三个核心概念 ·············· 16
    1.4.3 董事会的价值创造：集中管理、团队决策和监督管理层 ·············· 18
    1.4.4 作为利益协调机构的董事会? ·············· 20

1.5 股东价值与市值管理 ·············· 22
    1.5.1 股东价值，不等于大股东价值 ·············· 22

1.5.2	市值管理不是股东价值管理	23
1.5.3	股东价值管理，需要构建有效激励机制，加强公司治理	24
1.5.4	股东价值管理的全球化	25

1.6 改进公司治理，提高全球资本市场竞争力 ⋯⋯ 25

1.6.1	全球公司治理运动的兴起	26
1.6.2	动力、能力和工具：公司治理的三个关键问题	27
1.6.3	良好公司治理就是让内部人控制权的私人收益降到最低	28
1.6.4	改进公司治理的终极动力来自市场竞争	29

第2章 董事职责与董事会：公司制的基石

2.1 董事会在现代公司机关中的核心地位 ⋯⋯ 32

2.1.1	股东的有限责任与董事的管理权力	32
2.1.2	法律实施中的董事和董事会概念	34
2.1.3	股东、公司章程与董事会权力	35
2.1.4	公司的经营自由与治理规范	38

2.2 公司为什么需要董事会 ⋯⋯ 39

2.2.1	现代公司董事地位的确立	40
2.2.2	董事责任，影子董事和事实董事	41
2.2.3	为什么需要董事会的逻辑解释	43

2.3 事实董事：内涵与认定 ⋯⋯ 46

2.3.1	什么是事实董事	46
2.3.2	事实董事的三种情况	47
2.3.3	如何认定事实董事	48
2.3.4	事实董事的责任	50
2.3.5	事实董事风险的防范	51
2.3.6	英国案例：母公司董事被判为子公司事实董事	53
2.3.7	比利时案例：不积极作为则不产生事实董事的责任	54

2.4 恪守管家本分：董事的忠实义务 ································· 55
　　2.4.1 忠实义务的核心内容 ····································· 55
　　2.4.2 不能与公司竞争 ··· 59
　　2.4.3 不能利用公司机会 ······································· 60
　　2.4.4 可以存在的竞争和可以利用的机会 ························· 60
　　2.4.5 不能与可以：差异何在？ ································· 61
　　2.4.6 可以与公司进行的竞争：治理原则与例证 ··················· 62
　　2.4.7 可以利用的公司机会：治理原则与例证 ····················· 63

2.5 董事的勤勉义务和商业判断准则 ································· 65
　　2.5.1 勤勉义务的内涵及其与忠实义务的区别 ····················· 65
　　2.5.2 勤勉义务判例的历史发展：标准趋向提高，范围趋向扩展 ······ 67
　　2.5.3 不以成败论英雄：注重决策过程而非结果的董事责任标准 ······ 68
　　2.5.4 商业判断准则的三个构件：善意、无私利和知情决策 ·········· 69
　　2.5.5 董事可以依赖公司高管和专家，但是专家董事则要运用自己的
　　　　　专业判断 ··· 70
　　2.5.6 忠实正直并且没有严重疏忽的错误，归市场管，不受法律的惩罚 71

2.6 高质量董事会的关键环节 ······································· 73
　　2.6.1 股东权利归位 ··· 73
　　2.6.2 董事会到位并随时在位 ··································· 74
　　2.6.3 对经理人的充分授权与有效监督 ··························· 76
　　2.6.4 大股东、董事会与总裁：公司制度里"人"的关系 ············ 77

第3章　迷失的中国公司和其董事会

3.1 近代中国公司制企业发展缓慢的原因 ····························· 80
　　3.1.1 政府控制与精英意识 ····································· 81
　　3.1.2 先天不足的资本市场 ····································· 82
　　3.1.3 有限责任、融资需求和人才因素 ··························· 84

3.1.4 从董事会到内部管理："还是老办法好使" ……………… 86

3.2 中国崛起需要公司的力量 ……………………………… 89
3.2.1 公司是构成现代世界的最基本组织 ………………… 89
3.2.2 中国为什么没有伟大公司 …………………………… 90
3.2.3 失去的150年 ………………………………………… 92
3.2.4 股份公司的重新萌芽与成长 ………………………… 94

3.3 迷失的中国公司董事会 …………………………………… 98
3.3.1 法律基础的不足 ……………………………………… 99
3.3.2 董事会中心主义：中国的迷失 ……………………… 100
3.3.3 谁能代表公司？董事会，还是法定代表人 ………… 103
3.3.4 股东和经理夹层中的中国公司董事会 ……………… 105
3.3.5 让董事会独立，放公司飞 …………………………… 109
3.3.6 董事会文化——平等、合作、信赖与负责 ………… 112

3.4 中国公司董事会构建和运作上的流行谬误 …………… 114
3.4.1 代表性董事会泛滥 …………………………………… 114
3.4.2 管CEO的是董事会，不是董事长 …………………… 115
3.4.3 内部制衡，不是多多益善 …………………………… 116

3.5 中国公司治理的六个认识误区 …………………………… 117
3.5.1 一股独大、股东制衡及战略投资者与公司治理 …… 118
3.5.2 全流通和整体上市与公司治理 ……………………… 119
3.5.3 交叉持股与公司治理 ………………………………… 120
3.5.4 股权分散与公司治理 ………………………………… 121
3.5.5 外聘职业经理人与公司治理 ………………………… 123
3.5.6 公司治理与规范运作 ………………………………… 124

第4章 组建董事会：类型与结构

- 4.1 为什么要特别关注董事会管理 ········· 128
  - 4.1.1 伟大的董事会意味着伟大的公司 ········· 128
  - 4.1.2 董事会受股东之托管理公司，但同时要关照利益相关者 ········· 129
  - 4.1.3 董事会管理：连接公司治理和公司战略的桥梁 ········· 131
- 4.2 三种类型的公司董（监）事会 ········· 132
  - 4.2.1 世界各国的董（监）事会模式：形式上差异，功能上趋同 ········· 132
  - 4.2.2 单层制：美国、英国、法国二型、日本二及三型、中国二型 ········· 133
  - 4.2.3 纵向双会制：德国、荷兰、法国一型 ········· 134
  - 4.2.4 平行双会制：中国一型、日本一型 ········· 134
  - 4.2.5 从董事会结构演变的历史看独立董事的作用 ········· 135
- 4.3 执行董事、非执行董事和独立董事：一个整体 ········· 137
  - 4.3.1 董事会的规模：重要的是质量而不是数量 ········· 137
  - 4.3.2 独立董事的价值 ········· 139
  - 4.3.3 外部董事与独立董事的区别 ········· 141
  - 4.3.4 中国公司独立董事制度的建立 ········· 142
  - 4.3.5 "独立不关联，关联不独立"吗？········· 144
  - 4.3.6 花旗集团董事会：基本治理规则与构成 ········· 145
- 4.4 通过新董事的选聘改进董事会 ········· 146
  - 4.4.1 董事提名程序与选聘标准 ········· 146
  - 4.4.2 董事提名的五步法 ········· 148
  - 4.4.3 选聘董事的几条指导原则 ········· 149
  - 4.4.4 谁来选聘独立董事：关键在于标准和程序 ········· 151
  - 4.4.5 中国公司董事会构成与董事选聘中的一些特殊问题 ········· 154
- 4.5 资格、职务改变、任期与退休 ········· 156
  - 4.5.1 董事的任职资格 ········· 156
  - 4.5.2 职务改变时的董事任职资格和公司法第十条的解释问题 ········· 157

4.5.3 董事的任职期限和退休 ... 158
4.5.4 董事的分类和解聘 ... 160
4.5.5 阿里巴巴董事会：提名和任期双重分类 ... 163

4.6 董事会秘书 ... 165
4.6.1 董事会秘书的工作职责 ... 165
4.6.2 董事会秘书的法律地位 ... 166
4.6.3 董事会秘书的管理人员角色 ... 167
4.6.4 董事会秘书的素质要求 ... 168

4.7 以董事会中心主义原则化解公司内部冲突 ... 170
4.7.1 走出股权制衡的误区 ... 170
4.7.2 防范控制权之争影响公司稳定 ... 171
4.7.3 构建基于规则的沟通与协调机制 ... 172

第5章 战略性董事会的构造与职责发挥

5.1 急需更多地关注战略，不能以治理的名义过度监管 ... 176

5.2 为什么需要构建一个战略性的董事会 ... 179
5.2.1 企业领航人：董事会的两大职责与四项任务 ... 179
5.2.2 提高董事会的战略决策功能 ... 181
5.2.3 董事会战略职责缺位的"先天性"原因 ... 182

5.3 如何构建一个战略性的董事会 ... 185
5.3.1 自主型公司需要建立起一个战略性的董事会 ... 185
5.3.2 战略性董事会的前提：专业（职业）化团队 ... 187
5.3.3 构建战略性董事会的三个步骤 ... 188
5.3.4 安然崩溃：乡村俱乐部型董事会的教训 ... 191

5.4 董事会战略职责的发挥：关键环节 ... 192
5.4.1 清晰的职责划分和有效的互动关系 ... 192

5.4.2　设定正确的战略制定流程 ………………………… 193
　　5.4.3　加强董事会对并购活动的管理 …………………… 195

5.5　把战略落实到人：继任计划与管理人员的发展 ………… 196
　　5.5.1　继任计划 …………………………………………… 196
　　5.5.2　管理人员的发展 …………………………………… 198
　　5.5.3　桑迪·威尔：花旗集团巅峰时期首席执行官的引退 … 199

5.6　适应战略性董事会：首席执行官的角色转变 …………… 200
　　5.6.1　董事会：敢把皇帝拉下马？ ……………………… 201
　　5.6.2　战略性董事会之下，首席执行官要更具有包容性 … 202
　　5.6.3　为董事会发挥战略职能装备技能和信息 ………… 203

第6章　董事会、董事长与首席执行官

6.1　现代公司的高管职位设置 ………………………………… 208
　　6.1.1　董事长与首席执行官的职责差异 ………………… 208
　　6.1.2　公司法中的高管职位设置原则 …………………… 212
　　6.1.3　IBM公司章程中的主要高管职位安排 …………… 213

6.2　两职分离与合一的国际经验 ……………………………… 216
　　6.2.1　有规则，没标准，趋势是分离 …………………… 217
　　6.2.2　分任出现的主要情形：交班、重组和高科技公司 … 220
　　6.2.3　出现双首席执行官的几种情况 …………………… 221
　　6.2.4　双首席执行官体制的注意事项 …………………… 222

6.3　中国公司的两职设置策略 ………………………………… 223
　　6.3.1　中国公司法有关高管职位设置的规定 …………… 223
　　6.3.2　不要强求两职分任：一个中心是"忠"，两个中心是"患" … 228
　　6.3.3　分众传媒：双头领导体制的稳定性问题 ………… 229
　　6.3.4　董事长和总经理：谁是中国公司的首席执行官 … 231
　　6.3.5　如何造就中国公司的首席执行官 ………………… 232

6.4 首席独立董事的产生、演进与其职责发挥 ································ 235
 6.4.1 何谓首席独立董事 ·· 235
 6.4.2 企业自主改革时代的"牵头董事" ································ 236
 6.4.3 监管规则下的正式确立、普及与演进 ··························· 237
 6.4.4 首席独立董事的合适人选与核心职责 ··························· 239
 6.4.5 首席独立董事职位描述：一个范例 ······························ 240
 6.4.6 中国公司的首席独董，切勿是新的花瓶，抑或是成为特派员 ······ 242

6.5 告别花瓶式董事和帝王式首席执行官时代 ····························· 243
 6.5.1 应对首席执行官离职率的提高：董事会的三个流行做法 ········· 244
 6.5.2 资本市场偏爱并购，董事会要小心面对以重组卖出"专业户" ··· 245
 6.5.3 星巴克的首席执行官继任：创始人与职业经理人 ················ 246

第7章 董事会的委员会与董事选举

7.1 董事会委员会的由来、种类与数量 ···································· 250
 7.1.1 董事会委员会的由来 ··· 251
 7.1.2 董事会委员会的种类 ··· 252
 7.1.3 董事会委员会的数量 ··· 253

7.2 董事会委员会的基本规则、成员与会议 ······························· 254
 7.2.1 董事会委员会的基本治理规则 ··································· 254
 7.2.2 董事会委员会成员的委派与轮换 ································ 256
 7.2.3 董事会委员会会议议程和议题的决定 ··························· 257
 7.2.4 花旗集团董事会委员会的职责 ··································· 257

7.3 执行委员会、紧急状态下的董事会及董事会其他委员会 ············· 259
 7.3.1 执行委员会：从管理职能为主转为治理职能为主 ················ 259
 7.3.2 IBM公司的执行委员会 ··· 260
 7.3.3 灾难、危机与紧急状态下的董事会 ······························ 262
 7.3.4 董事会的其他委员会 ··· 264

7.4 提名与治理委员会 ····· 265
7.4.1 诊断你的董事会 ····· 266
7.4.2 提名委员会的构建 ····· 267
7.4.3 从提名委员会到公司治理委员会的发展 ····· 268
7.4.4 治理委员会的权限和工作职责 ····· 270
7.4.5 瑞士信贷集团的"主席与治理委员会" ····· 272

第8章 审计委员会与公司风险监控

8.1 从监查人到审计师：公司监控体系的演变 ····· 274
8.1.1 审计人、法定审计和注册会计师 ····· 275
8.1.2 资本市场对会计师的需求 ····· 276
8.1.3 进步主义、信息披露和公共会计师的兴起 ····· 278
8.1.4 外部审计师的起源 ····· 280
8.1.5 内控体系建设风潮 ····· 280

8.2 审计委员会的构建与运作 ····· 281
8.2.1 审计委员会的历史由来 ····· 282
8.2.2 审计委员会的构建 ····· 284
8.2.3 审计委员会的会议与运作 ····· 286
8.2.4 花旗集团：审计委员会是最重要的一个董事会委员会 ····· 288

8.3 审计委员会的财务报告责任 ····· 289
8.3.1 高质量的财务报告：董事会的重要职责 ····· 289
8.3.2 财务报告责任：审计委员会的具体做法 ····· 290
8.3.3 正确使用外部审计师 ····· 291
8.3.4 审计师的资质、绩效和独立性 ····· 292
8.3.5 对公司与会计师事务所关系的监控 ····· 292

8.4 合规性、内部控制和风险管理 ····· 294
8.4.1 公司运作合规性的监督职责 ····· 294

  8.4.2 企业风险管理职责架构 …… 296
  8.4.3 董事会管理公司风险的三个步骤 …… 298

8.5 中国公司的监事会与董事会审计委员会 …… 302
  8.5.1 中国公司的监事会制度 …… 302
  8.5.2 审计委员会与内控：需要增强主动与自觉性 …… 305

第9章　薪酬委员会与董事高管激励

9.1 薪酬委员会的缘起、构建与最佳实践 …… 310
  9.1.1 薪酬委员会的缘起 …… 310
  9.1.2 薪酬委员会的构建 …… 311
  9.1.3 薪酬委员会的运作 …… 313
  9.1.4 建立起有效的薪酬与激励体系 …… 315
  9.1.5 董事薪酬及对离任和解聘董事的薪酬处理 …… 317

9.2 利润分享，缔造奇迹 …… 318
  9.2.1 沃森父子：利润分享缔造IBM …… 318
  9.2.2 松下幸之助：人是最重要的因素，也是企业经营的根本目的 …… 321
  9.2.4 山姆·沃尔顿：与家人及员工的双重合伙 …… 322
  9.2.5 星巴克："咖啡豆股票"把员工变成伙伴 …… 323

9.3 美国公司的董事和高管薪酬 …… 324
  9.3.1 董事薪酬：尽可能地以股票或股票期权的方式给付 …… 324
  9.3.2 高管长期激励：股票薪酬与所有权政策 …… 325
  9.3.3 控制权变更时的经理人保护安排 …… 326

9.4 日本公司的董监事和高管薪酬 …… 329
  9.4.1 日本公司薪酬决定的基本规则 …… 329
  9.4.2 日本公司股权激励工具的采用 …… 329
  9.4.3 日本公司高管薪酬的披露及其激励效果 …… 330

9.5 董事和高管薪酬：比给多少更重要的是如何给 ………… 331
　　9.5.1 不在于给多少，而在于如何给 ………… 331
　　9.5.2 万科的所谓"事业合伙人"：员工间接持股 ………… 333

9.6 中国公司的股权激励机制应用问题 ………… 335
　　9.6.1 中国公司对股权激励机制的探索 ………… 335
　　9.6.2 中国股权激励政策的误区 ………… 337
　　9.6.3 正确处理股权激励与公司治理的关系 ………… 339

第10章　董事会的会议与绩效评估

10.1 董事会的会议种类及开会方式 ………… 342
　　10.1.1 董事会首次会议 ………… 342
　　10.1.2 董事会例行会议（定期会议） ………… 343
　　10.1.3 董事会临时会议（特别会议） ………… 343
　　10.1.4 董事会的战略务虚会（非正式会议） ………… 344
　　10.1.5 董事会会议通知 ………… 344
　　10.1.6 董事会的会议方式：通讯会议方式和书面同意方式 ………… 345

10.2 董事会会议的法定人数、频率、时间与地点 ………… 346
　　10.2.1 董事会会议有效的法定人数 ………… 346
　　10.2.2 董事会形成有效决议所需要的赞同票比例 ………… 348
　　10.2.3 董事会的会议频率 ………… 348
　　10.2.4 董事会的会议地点与会议时间 ………… 349

10.3 董事会的会议议程、会议资料和座位安排 ………… 350
　　10.3.1 董事会的会议议程 ………… 350
　　10.3.2 董事会的会议资料 ………… 353
　　10.3.3 董事会会议的座次安排 ………… 354
　　10.3.4 开好董事会：董事长、董事和董秘各自的责任 ………… 355

10.4 外部董事例会和"独立董事专门会议"制度 ······ 357
10.4.1 外部（非执行）董事例会 ······ 357
10.4.2 外部董事"执行会议"制度 ······ 358
10.4.3 "独立董事专门会议"制度 ······ 359

10.5 董事会的信息与沟通 ······ 361
10.5.1 非董事参加董事会议/董事会与高级经理之间的联系 ······ 362
10.5.2 董事会自身并要促进公司与其内外部相关者团体建立起良好的互动关系 ······ 363
10.5.3 董事会要加强对公司与机构投资者之间关系的管理 ······ 364
10.5.4 董事会要与公司监管者建立起良好的交流与互动关系 ······ 364
10.5.5 提高董事会运作和公司治理信息的披露水准 ······ 365

10.6 董事会的绩效评估 ······ 367
10.6.1 董事会绩效评估的价值 ······ 368
10.6.2 董事会绩效评估的主要考虑因素 ······ 369
10.6.3 对董事会整体绩效进行正式的年度评估 ······ 370
10.6.4 对每一董事进行正式的年度绩效评估 ······ 371
10.6.5 改进董事会绩效的一种有效方法：向榜样学习 ······ 372
10.6.6 中国公司董事会和董事绩效评估的一个范例 ······ 373
10.6.7 股东应如何参与评价董事会的业绩 ······ 374

10.7 董事会对首席执行官的绩效评估 ······ 375
10.7.1 首席执行官评价的目的与方法 ······ 376
10.7.2 首席执行官评价的主要内容 ······ 378

10.8 中国公司法有关董事会会议的规定 ······ 378

第11章 国有企业的董事会与公司治理

11.1 国家、家族和公众：谁是最合适的股东 ······ 384

11.2 国企改革：从完善企业管理到加强公司治理 ······ 387
11.2.1 国有资本管理和国有公司治理的机制相容 ······ 387
11.2.2 夹在股东（政府）和职工之间的国有公司 ······ 390

11.3 国企董事会制度建设：破解"一把手"问题 ······ 395
11.3.1 国企董事会能否真正就位 ······ 395
11.3.2 国企董事会：外部董事、董事长与经理选聘 ······ 398

11.4 国企改革下一步：如何提高董事会的治理有效性 ······ 400
11.4.1 夯实董事会治理机制，实现三个区分开来，解决为官不为问题 ··· 401
11.4.2 构建一个战略性的董事会，提高国企公司治理有效性 ······ 402
11.4.3 通过自我评估改进董事会绩效 ······ 404

11.5 国企混改：股权制衡、业务协同与差异化治理安排 ······ 406
11.5.1 改进公司治理是混合所有制改革的一个重要目的 ······ 406
11.5.2 混改选择中的股权制衡与业务协同考量：以联通为例 ······ 407
11.5.3 混改企业的差异化治理安排：分级股份和分类董事设置 ······ 410

第12章 民营和家族企业的董事会与公司治理

12.1 家族企业的治理原则和董事会建设 ······ 414
12.1.1 家族企业：既是原始也是现代的 ······ 414
12.1.2 家族企业治理的基本原则：划清家族和企业的界限 ······ 415
12.1.3 家族企业制度建设与董事会发展的三个阶段 ······ 417
12.1.4 星巴克创始人舒尔茨：把董事当作朋友和自己事业的指导者 ······ 420

12.2 家族企业的治理转型：从夫妻店到现代公司 ······ 422
12.2.1 配偶的角色与家族企业治理 ······ 422
12.2.2 管理夫妻生意冲突 ······ 423
12.2.3 吉百利：一个英国家族公司治理转型的案例 ······ 425
12.2.4 治理结构转型有规律没定式：均瑶集团的教训 ······ 426

12.3 创业伙伴：不能持续携手，则要好合好散 428
12.3.1 古典大亨的经验 428
12.3.2 平等友善，着眼未来 430
12.3.3 守规则，定机制，防患于未然 431
12.3.4 股权分散与控制权保持 433

12.4 董事会：有效管控创始人危机 434
12.4.1 天才的创始人，未必是优秀的公司管理者 434
12.4.2 创始人出局，公司可以继续正常发展 435
12.4.3 创始人特权增加了管控难度，但也并非无解 436
12.4.4 健全治理，把创始人危机的影响降到最低 437

12.5 创始人和家族企业的传承与控制 439
12.5.1 创始人：从开始一门生意，到创建一个组织 440
12.5.2 创始人控制权的保持与丧失 440
12.5.3 家族企业传承与控制的三种类型 441
12.5.4 创始人离世之后：家族控制的三种程度 442
12.5.5 创始人离世之后：新的大股东或者是职业经理人 443

第13章 集团企业的董事会与公司治理

13.1 两种集团发展模式的选择 446

13.2 集团治理和下属公司董事会的建设与管理 449
13.2.1 构建现代集团企业的治理结构 449
13.2.2 集团下属企业董事会的建设与管理 454
13.2.3 中国式集团整合的宿命 457

13.3 法人董事和集团下属企业治理问题 459
13.3.1 委派董事：事实上的法人董事 459
13.3.2 法人可否担任公司董事？ 461
13.3.3 法国公司的法人董事 462

13.3.4　法人董事的利与弊··· 464
13.4　因时而变：日本企业集团模式的历史演进···························· 465
   13.4.1　明治政府推动日本家族企业成长为财阀集团······················ 466
   13.4.2　"系列企业"产生的历史与制度根源································ 467
   13.4.3　股东构成和股东角色的变化··· 468
   13.4.4　走向未来：公众持股公司主导的战略联盟························· 469

第14章　银行与金融机构的董事会与公司治理

14.1　金融机构公司治理的特殊性与难点······································ 472
   14.1.1　金融机构具有更严重的信息不对称性································ 472
   14.1.2　政府所有权、寡头结构和监管·· 473
   14.1.3　金融机构公司治理的难点·· 475
14.2　银行业的公司治理··· 476
   14.2.1　商业银行公司治理的重要性与特殊性································ 476
   14.2.2　银行股东的双倍有限责任制度·· 477
   14.2.3　银行董事与高管的更高勤勉义务标准································ 478
   14.2.4　花旗集团的组织架构与公司治理准则································ 480
14.3　银行也是企业，但要有更高的股东和董事责任标准··················· 483
   14.3.1　广发重组：别再不把银行当企业······································ 484
   14.3.2　对中小银行股东和董事责任设置更高的标准······················· 485

第15章　股权分享、员工参与和公司治理

15.1　与股票价值挂钩的薪酬工具·· 488
   15.1.1　正确认识股票期权·· 488
   15.1.2　理清概念：期权、股票期权与薪酬性股票期权及其四个环节····· 490
   15.1.3　界定性质：股票薪酬(stock-based compensation)及其类别········ 492

15.2 股票期权的各种变化形态 496
15.2.1 税制与股票期权：源于税制的股票期权变种 496
15.2.2 绩效标准与股票期权：源于绩效标准的股票期权变种 498

15.3 股权激励与公司治理 501
15.3.1 股权激励计划的股东批准：公司治理角度的考虑 502
15.3.2 股票期权的生效与持权员工的解聘补偿 503

15.4 员工持股与员工参与 506
15.4.1 实现员工所有权的主要方式 506
15.4.2 员工股票所有权计划（ESOP）的由来与运作方式 507
15.4.3 员工参与：员工所有权激励效应的实现 510

第16章 机构投资者、投资银行与公司治理

16.1 两种类型的公司治理系统 514
16.1.1 股权结构与股东构成 516
16.1.2 银行与资本市场：公司治理系统的两个中心 517
16.1.3 两种治理类型之间的竞争 518

16.2 财务丑闻与金融危机：美式治理检讨 520
16.2.1 财务丑闻与会计体系的问题 520
16.2.2 公司治理系统出现了问题？ 522
16.2.3 虚拟资产发展过度，超越了公司治理和监管系统的承载能力 523
16.2.4 有效市场的清除机制 524

16.3 机构投资者推动下的全球公司治理趋同 526
16.3.1 两种类型公司治理系统的趋同趋势 527
16.3.2 公司治理趋同的推动力量：新全球机构投资者 528
16.3.3 全球公司治理的两位旗手：卡德伯里与孟克斯 530

16.4 机构投资者为什么要参与公司治理 531
16.4.1 机构投资者的起源 532

16.4.2　市场力量对利益集团政治的反抗 ·· 534
16.4.3　对基金受益人和社会的责任 ·· 534
16.4.4　套牢之后必须开口说话 ·· 535
16.4.5　参与公司治理"得与失"比例的改变：CalPERS效应 ············ 535

16.5　机构投资者如何参与公司治理 ·· 537
16.5.1　投资者与交易者分离，公司制度进入投资者主导阶段 ········ 537
16.5.2　LENS基金：公司治理导向的投资战略 ································ 539
16.5.3　中国机构投资者能否执行公司治理导向投资战略 ················ 541

第17章　股东控制、职业管理与公司治理转型

17.1　公司控制：从所有权到管理能力 ·· 544
17.1.1　职业管理蕴含于良好公司治理之中 ·· 544
17.1.2　美欧两极和居中的日本 ·· 545
17.1.3　能力、分工、偏好和激励 ·· 547
17.1.4　让有能力的人管理公司 ·· 549

17.2　公司治理的四种模式与两条转型路径 ·· 551
17.2.1　公司治理基础规则与公司治理转型 ·· 551
17.2.2　公司股权和控制的四种形态 ·· 552
17.2.3　公司治理转型的两条主要路径 ·· 553
17.2.4　公司治理转型不是一个简单和单方向的直线过程 ················ 555

17.3　大股东陷阱和短视的代价 ·· 556
17.3.1　大股东陷阱 ·· 556
17.3.2　失去新业务机会 ·· 558
17.3.3　失去优秀经理人 ·· 559

17.4　控制董事会：从大亨工具到精英网络的连锁董事 ························ 561
17.4.1　早期的连锁董事：大所有者们的控制工具 ···························· 562
17.4.2　进步主义时代的变化：董事连锁程度下降 ···························· 562

17.4.3 董事会多样化之后，连锁董事性质发生变化 564
17.4.4 连锁董事价值何在 564
17.4.5 中国公司中的连锁董事关系 565

17.5 股东表决权：在一人一票和一股一票之间 566
17.5.1 汉密尔顿的探索 566
17.5.2 按人投票和限制性投票 567
17.5.3 一股一票：大股东来了 570
17.5.4 分级股份：从富豪特权到创始人特权 572
17.5.5 限制性投票：近代中国公司法上的探索 575
17.5.6 一个需要深入研究的问题 576

第18章 改进上市公司治理：问题与建议

18.1 一股独大阻碍中国公司治理转型和职业管理 580
18.1.1 一股独大、敌意并购与公司管理的稳定性 580
18.1.2 一股独大问题的成因 581
18.1.3 一股独大何以成为问题 583
18.1.4 一股独大问题的有效治理 584

18.2 中国上市公司独立董事制度的反思 585
18.2.1 独立董事制度设计初衷上的一个偏差 585
18.2.2 对独立董事与公司治理关系的理解不足 587
18.2.3 独立董事保护中小股东：落空的期望 590
18.2.4 网络时代的独立董事与中小股东保护 592

18.3 短期利益是如何扭曲中国资本市场的 593
18.3.1 停止国有股减持：不应该的屈服 593
18.3.2 股权分置改革：长痛不如短痛 595
18.3.3 只有改善公司治理，才能真正促进资本市场的健康发展 596

18.4 上市公司的股权结构、股东会与董监事：中国和日本 599
 18.4.1 第一大股东持股比例：日本很低，中国很高 599
 18.4.2 母公司、子公司与控制性股东：中国很多，日本很少 600
 18.4.3 日本公司通过董监事会，特别是外部和独立董监事控制公司 601
 18.4.4 日本公司的外部和独立董监事：大多来自其他公司 602
 18.4.5 中国公司股东会和股东权力行使：高门槛阻隔中小股东 603

18.5 改进中国上市公司治理：四个主要方面 607
 18.5.1 加强董事和监事的责任，提高勤勉程度 607
 18.5.2 善待利益相关者，保护中小股东，推进股权分散 609
 18.5.3 发挥金融机构和交易所的作用，引导公司自主改进治理 610
 18.5.4 完善信息披露制度，发挥资本市场的作用 612

18.6 创业板公司的董监事会运作与公司治理 614
 18.6.1 创业板公司治理的总体特征 614
 18.6.2 董监事会、独立董事与董事会专业委员会 615
 18.6.3 规范控股股东行为，增强创业板公司的稳定性和独立性 616
 18.6.4 完善公司董事会，提高其决策、监督和战略指导功能 617

第19章 从管理到治理：扩展的理解与评论

19.1 公司治理：扩展的理解 620
 19.1.1 公司治理是合作关系管理 621
 19.1.2 公司治理是资产而不是负债 624
 19.1.3 网络与AI时代的公司治理：中国模式？ 626

19.2 并购与重组中的治理之道 628
 19.2.1 控制权争夺催生中国首份企业治理准则 628
 19.2.2 公司治理中的规则与实力 630
 19.2.3 海外并购整合中的公司治理战略 632
 19.2.4 合作战略中的风险控制 633

19.2.5　并购与重组中的价值创造问题 ·· 635
 19.2.6　"资本运作"的实质是股东价值管理 ·· 636

19.3　战略管理中的治理之道 ··· 638
 19.3.1　多元化的公司治理解释 ··· 638
 19.3.2　股东之变与公司管理的稳定性 ··· 640
 19.3.3　李书福与福特的异同 ·· 641
 19.3.4　分红中的公司治理问题 ··· 643
 19.3.5　股东分红纠纷问题的解决思路 ··· 645
 19.3.6　改变募集资金用途的深层原因 ··· 647

19.4　企业文化与社会责任 ··· 648
 19.4.1　人力资本对企业治理规则的影响 ·· 648
 19.4.2　企业文化的标准化与个性化 ··· 650
 19.4.3　管理的关键是做到位 ·· 652
 19.4.4　ESG评级：源流、内涵与实际价值 ·· 654

19.5　企业成败的决定因素 ··· 657
 19.5.1　变革的时代，成功乃失败之母 ··· 657
 19.5.2　伟大公司的特质：基业何以长青 ·· 658
 19.5.3　仅有人财物不够，还需要组织资本 ·· 660
 19.5.4　产权、关键成功要素和控制权安排 ·· 661

第1章

董事会主导下的股东价值创造

　　从根本上说，一个国家的竞争力取决于其经济的竞争力，经济的竞争力取决于其企业的竞争力，企业的竞争力取决于其在产品/服务市场和资本市场这两个市场上的竞争力，资本市场上的竞争力则与其公司治理质量高度相关。

综观当今世界，公司的发展程度与国家的发展程度密切相关，越是发达的国家，公司规模越大、数量越多。一国人均收入水平，与其总体经济规模一样，是决定一个国家的公司发展程度和其公司进入世界500强公司个数的因素。

与经济发达、公司发达同时相伴的是法治发达。凡是法治发达的国家，公司发达、经济发达。由此我们不难理解发达的逻辑：良好法治促进公司发展，公司发展促进经济发展和国家发达。法治发达国家的一个共同特点是，公司独立，公司为股东利益而存在，但由董事会主导，只是程度略有差异而已。

战略管理大师迈克尔·波特从企业《竞争战略》和《竞争优势》开始，研究到《国家竞争优势》，开创性地从微观和企业角度探讨国家竞争力的来源。波特非常强调政府如何为企业创造良好的成长环境。当然，同样环境下，为什么有的公司能够成长壮大而有的公司不能，企业的内功修炼，也是值得关注的。

1.1 公司为谁而在：股东价值，还是利益相关者

公司为谁的利益而存在，这是一个100多年来伴随着公司的成长而纷争不断的话题。今天这样一个危机和困惑的时代，对这一问题的理解、思考与回答，更有其重要的现实意义。

1.1.1 顾客第一，员工第二，股东第三？

一位"教师爷"级的中国企业大佬，一再宣扬"顾客第一，员工第二，股

东第三",并号称这是21世纪企业的"普世价值"。如果说,"顾客第一,员工第二,股东第三",是他自己的一套企业价值理念,无关他人,则没有什么可值得讨论的。但如果说,这是其企业经营原则,作为一家上市公司,其自身持股比例只有个位数,我们大可怀疑他是否有权利这么做,又是否真这么做并且做到了。进一步地,说这是21世纪企业的"普世价值",则是更值得我们深入讨论一下了。

单说顾客第一,没什么错,还有更响亮的"顾客就是上帝"之说呢,这只是在强调顾客的重要性而已。但是,当明确地把顾客、员工和股东排出了个第一、第二和第三的顺位时,就不再仅是强调顾客如何重要,而是给出了解决三者之间利益冲突问题的决策规则。

公司制企业利用股东的资本投入和员工的人力及智力投入,通过为顾客服务而获得利润,创造股东价值。如果没有顾客,没人需要你的服务,企业就没有必要存在了。在这个意义上,不仅企业,现代这个高度分工社会中的每个人及其他一切类型的组织,都需要"顾客",并且应该有"顾客第一""顾客就是上帝"的理念。

但是,作为一种解决利益冲突问题的决策规则时,能够做到并且应该做到"顾客第一"原则的是志愿者、公益和非营利组织。非营利组织,可以收取合理费用,但不以营利为目的,更不能把"盈利"分配给其"出资者"——他们是捐助和赞助者,而不是"股东"。非营利组织没有股东,谈不上股东利益;有员工,但不能以员工利益最大化为目的,必须"顾客"第一。

以员工利益最大化为目的的组织是员工合作社。与此相近的是员工所有制企业。员工所有制企业中,员工同时是股东,有工薪和分红两种收入。但是,由于工薪分级、股份差异,员工所有制企业也要正确处理"员工"和"股东"这两者之间的利益冲突。员工合作社和员工所有制企业都不能把"顾客第一"作为其组织决策规则。实践中,员工合作社和员工所有制企业往往还不如股东所有的公司制企业更能为顾客利益着想。因为员工合作社和员工所有制企业的决策者自身是员工,让他把顾客利益排第一,就是把自身利益排第二,这是圣人才能做到的。

相比之下,股东所有的公司制企业,其决策者是股东或其利益更多与股东利益挂钩的经理人，他们在平衡员工利益和顾客利益的时候，出于战略考虑，或为了自身的长期利益，可能会更倾向于顾客利益。沃尔玛公司可能是这方面的一个典型案例。沃尔玛坚持消费者利益至上战略，无情地追求效率，平均价格低于竞争对手百分之十几。沃尔玛反对工会，努力保持员工低工资。沃尔玛在全球采购低成本商品，加速了美国制造业就业机会流向中国和其他低工资国家。这一切被概括为所谓的"沃尔玛效应"，被《商业周刊》和很多美国人猛烈批评为一种"增长的恶性循环"——低价格、低工资、低生产力、低增长，甚至引发了一场"终止沃尔玛"的社会运动。

请注意，我们说沃尔玛坚持消费者利益至上"战略"，也就是说，沃尔玛这样的公司，把顾客利益放在非常重要的位置，是为了股东利益的最大化。沃尔玛创始人山姆·沃尔顿的子女凭借沃尔玛股份一直位居富豪榜前列。在2023年的福布斯美国富豪榜上，山姆·沃尔顿的两儿一女吉姆·沃尔顿、罗伯·沃尔顿和艾丽斯·沃尔顿，分别以682亿美元、674亿美元和665亿美元，位居第12位、第13位和第14位。

只有股东利益最大化才是公司制企业存在的理由，实际上，这也是公司作为一种企业制度的竞争优势所在。可是股东利益最大化总是不断地受到各种质疑，其中最强的质疑来自所谓公司社会责任论和利益相关者论。

1.1.2 公司存在的基础法则：股东利益

公司，不是小型私人企业发展壮大自然而成的，其作为一种企业制度是法律的创设物。回溯公司制度产生的历史，我们知道，公司最初是被作为依官方旨意集合民间之力兴建公共工程的手段。随后，公司被作为普通工商业可以采用的企业组织形式得到发展，诞生了今天我们所要讨论的现代公司。

普通工商业企业由私人兴办，为业主利润而存在，这是无可争议的事实。但是当这些私人业主兴办的普通工商企业，采用了公司制之后，事情是否就发生了变化呢？对此，在著名的1917年道奇兄弟诉亨利·福特一案中，美国密歇根州高等法院给予了明确的回答："一个商业公司设立和运行的主要目的是为股东创造利润。董事被赋予权力也是为了服务于这个目的。董事可以行使自由判断权，但这只能是为了实现这个目的，不能自作主张地去改变这个目的，或者消减利润，或者为了将利润用于其他目的而不将之分给股东。"①该案所确立的公司目的是股东财富最大化理论被美国各州法院所普遍接受，成为美国公司的一个基础法则。1989年美国公司的主要注册所在地特拉华州法院还在一项判决中重申，"董事的义务便是在法律允许的范围内最大化股东的长期利益"②。

在法律上，公司为股东利益而存在这一基础法则没有实质变化的情况下，为什么关于公司目的的争论却长期不休，股东价值论时常成为攻击对象，社会责任论和利益相关者论等等经常甚嚣尘上？对此，我们还是要从历史源流上寻找答案。

在现代公司制企业登上历史舞台将近一个世纪，并在英美国家已经成为社会经济生活的主角之后，1923年，英国学者Oliver Sheldon提出了企业社会责任的概念，把企业社会责任与公司经营者满足产业内外各种人类需要的责任联系起来，并认为企业社会责任有道德因素在内。

又经过了三十年之后，1953年，伯文（H. Bowen）在其《商人的社会责任》一书中，正式提出了企业及其经营者必须承担社会责任的观点，并首次给公司社会责任（CSR）下了一个明确的定义：商人按照社会的目标和价值，向有关政策靠拢，做出相应的决策，采取理想的具体行动和义务。由此开拓了现代企业社会责任研究领域，被誉为"企业社会责任之父"。与此同时，戴维斯提出了"责任铁律"，即商人的社会责任必须与他们的社会权力相称，企业对社会责任的回避将导致社会所赋予权力的逐步丧失。日本学者山城章指出现在的经营者无论在伦理上或实践上，已不容许只追求自己企业的利益，必须站在与经济社会调和的立场上，有效结合各种生产要素，生产物廉价美的商品，为社会提供各项服务。

现代公司所应承担的社会责任是指公司的管理者在决策时，既要考虑股东的利益，也要考虑其他与公司有关的主体的利益。不过，这种社会责任只是一

---

① 关于此案细节及道奇兄弟与福特公司关系的来龙去脉参见仲继银著《公司治理案例》，第7章第1节"亨利·福特：从创业者到公司控制者"。

② 贝恩布里奇著《理论与实践中的新公司治理模式》，第51页。

种道义上的而非法律上的。产生要求公司承担社会责任这种道德呼吁的背景是公司成为了社会经济资源配置的主导力量。随着公司对经济的影响日益扩大，公司的力量逐渐渗入了社会、政治、文化、艺术等各个领域。

关于董事会作用的广义利益协调论认为，董事会的存在不仅是为了协调股东之间的请求权矛盾，还要协调股东和公司其他权利人，如经理、雇员、债权人以及社区等。这把问题追溯到了伯利和多德关于公司目的的争论。伯利坚持股东优先论，多德坚持利益相关者论。他们在1930年代大萧条后的公开争论引发了广泛影响。

伯利认为公司首先应对股东负责，为了股东利益的最大化即使牺牲一些社会利益也在所不惜。公司经营者对股东负有受托责任，只有在对股东有利时才能够行使权力。公司的目标就是最大化股东财富，不能因屈从社会因素而牺牲股东利益。

诺贝尔经济学奖金获得者弗里德曼是伯利理论的坚定追随者，坚持一致于公司基础法则的古典理论：企业的责任就是股东利润最大化，企业有且仅有一个社会责任——在法律和规章制度许可的范围之内，利用它的资源从事旨在增加其利润的活动。公司管理者仅仅是股东的代理人，除非能增加股东的财富，否则他没有权力花费或者分发金钱。为何公司要被一系列的社会责任所限制和束缚，公司既没有权力也没有义务将股东的利益转移到一般的公众身上。如果不设法增加股东财富，而是考虑像社会责任这样的外部因素，这就超越了公司的边界，是不合理的。

多德认为董事的受托责任应该扩展到保护整个社会的利益，而不仅仅是股东的利益。企业应当提供社会服务，为了雇员、债权人、顾客和广泛社会成员，即使以牺牲股东利益为代价也值得。

在后来一些学者的努力下，利益相关者论的分析框架、核心理念和研究方法逐渐明晰，并明确指出企业对利益相关者负有社会责任。这些利益相关者包括企业的股东、债权人、雇员、消费者、供应商等交易伙伴，也包括政府、当地居民、社区、媒体、环保主义者等压力集团，甚至还包括自然环境、人类后代、非人物种等受到企业经营活动直接或间接影响的客体。

1.1.3 消减公司权利，增加公司责任？

股东价值论反映的是一种古典的公司责任观。公司所承担的社会责任只有一个：使用自己的资源从事旨在实现股东利益的行为，只要这些行为符合游戏的规则。社会责任论和利益相关者论兴起并且发挥影响，正在于公司经营所在社会环境的变化，在一定程度上改变了"游戏的规则"。

对公司社会责任的关注起因于19世纪末开始公司日益大型化及其引发的诸多社会问题。首次系统论述公司社会责任概念的伯文就指出，现在企业家比以前社会责任更强的原因有：政府的管制威胁与劳工运动压力；所有权与经营权分离以及职业经理人的出现等。

股权分散、股东疏远，职业经理人控制公司，公司从股东直接控制下的一种"经济组织"发展成了一种"社会组织"，这是引起有关公司目标的股东价值论和利益相关者论争议的一个重要原因。面对十分强势、影响力巨大的现代公司，社会的反应出现了两种倾向：消减公司权力，还是增加公司责任？

消减公司权力，显然很难，只有一些极端和激进主义者有此主张。不要大公司，就得有大政府。大政府之恶和难以控制，更甚于大公司。市场经济和民主国家没有强势政府，如果再没有强势公司，如何完成一些巨型工程，发展关键产业？于是，增加公司的社会责任成为一种看似很"自然而然"的选择，并由此发展出了一套复杂的理论体系，公司社会责任论、利害相关者论以及公司公民论等。

美国主流的公司法学者在坚持着古典的公司责任观，并以其清晰的逻辑指出了社会责任论和利害相关者论在公司基础法则层面上的不可行性。哈佛大学法学院院长克拉克（Robert C Clark）认为，以清楚的标准，像"谋求股东利益的最大化"为公司客观目标，远比以模糊的目标，像"合理、适当地考虑公司其他利害关系人之利益"，来得容易监控经营者，自然能期待其以负责任、有效率的方式经营公司。如果在公司经营应考虑的目标中加上社会责任，会使本来已位高权重的董事会拥有更大的自由裁量权，其权力的行使更难以被控制和监督。

著有名著《企业所有权论》的汉斯曼在其"公司法历史的终结"一文中指

出，在公司的历史实践中，国家主导模式、利益相关者主导模式和雇员主导模式毫无例外地受挫，唯股东利益主导模式立于不败之地。股东是剩余风险的承担者和剩余价值的索取者，管理人员仅仅应对股东的利益负责。做到这点，公司在股东价值最大化的目标下参与竞争，就能更好地承担它对利益相关者的责任。其他利益相关者的利益可以通过合同、政府的监管而得到有效的保护，没有必要让他们参与公司治理。

1.1.4　股东价值之下的利害相关者关系管理

股东价值最大化的公司具有其逻辑上的一致性，符合现代经济发展的历史经验，也具有现实的可操作性。但是，这并不意味着社会责任论、利害相关者论以及公司公民论等，就都是一堆垃圾或没用的空头理论。

公司治理的核心内容是沿着股东—董事会—经理层这样一个授权与责任链条展开的。扩展一下对公司治理的理解，则是把来自资本市场、产品市场、劳动市场上的各类要素投入者和企业经营的直接与间接利益相关者纳入进来，构成所谓广义公司治理——利益相关者关系管理。

从公司战略管理层面考虑，社会责任论和利益相关者论实际为公司经营提供了很好的管理工具。把公司社会责任和利益相关者利益纳入公司决策者的视野，对于改进公司治理、保持可持续竞争力和创造长期股东价值是有益处的。在遵守以创造股东价值为目标这一基础法则的前提下，通过政府法律和监管规章施加产品责任、环境责任以及通过合同责任保护员工等其他利益相关者，社会完全可以"用"好并"管"好公司。

1984年，弗里曼在其《战略管理：利害相关者分析方法》一书中把利害相关者分析引进管理学中，并把利害相关者定义为影响企业的经营活动或受企业经营活动影响的个人或团体。任何一个健康的企业必然要与外部环境的各个利益相关者之间建立一种良好的关系，从而达到一种双赢的结果。处理好公司、股东与利益者相关之间的关系有利于提高公司的社会声望，提高公司的反应能力和增加创造性地解决问题的能力。

近年来从证券监管机构到股票交易所，强化上市公司的ESG（环境、社会责任和公司治理）信息披露，正是这种努力的一个重要部分。ESG报告，是把早年属于领先公司自愿披露范畴的环境报告、社会责任报告、公司治理信息披露，纳入到了统一的强制披露范畴。

创造股东价值是普通商业公司存在的根本目的，社会责任只应是一种锦上添花的道义性要求，关照利益相关者只应是一种公司战略手段，二者均不可是公司的经营目的。2019年8月19日，美国商业圆桌会议发布的《关于企业宗旨的声明》，其实并没有多少新意，本质上还是要为创造长期股东价值而善待利益相关者，从顾客、员工、供应商到社区和环境。股东价值从来就是一种派生价值，公司从其诞生的第一天起就是要为通过顾客、员工等创造价值，而为股东创造价值。但是这样一种几乎属于做样子的宣言，却被一些不切实际的理想主义者解读为革命性行动，要抛弃股东至上地位等。

公司制企业号称"顾客第一，员工第二，股东第三"，只能说是一种"我是圣人"一类的自我宣传和美化，不仅做不到，实际也根本就没有这么做的。这么说说，反正无害。顾客不会去验证他在你心里是不是真的排第一，顾客的地位和利益最大化都来自市场竞争，不是企业家的善心。股东也不在乎你嘴上说他排第几，反正你业绩不好他可以炒了你，还可以用脚投票，让并购者来收拾你。

公司制企业要真是"顾客第一，员工第二，股东第三"，那请将利润分成大中小三份，依次分给顾客（按顾客购买支出比例）、员工（按工资比例）和股东（按股份比例）。

1.2 公司由谁主导：股东、经理还是董事？

与公司为谁的利益而存在密切相关，并且经常混淆在一起的一个问题是，公司应该由股东、经理人还是董事主导，也就是公司控制权的配置原则，对实际公司治理有着重大影响。

1.2.1 董事会形式差异背后的功能一致

发达国家在近四十年的公司治理改革进程中，已经再度加强了董事会主导公司的力度。换句话说，英美国家的公司治理逻辑又回到了它的法律和历史起点：公司以董事（会）为中心，公司事务由董事（会）管理。

德国在公司组织架构形式上与英美国家有所差异，二者之间有纵向双层董事会和单层董事会之分，但是在董事会管理公司这一基础规则上没有差异。日本的委员会型公司与英美现代公司一样，平行双会制的监事会型公司则是英美前现代公司时代"股东直接选任董事管理公司，同时选任监事监督董事和公司事务"这一做法的现代翻版。与其说，德国和日本是与英美不同的公司治理模式，不如说是公司制度发展阶段差异。作为现代公司缔造者的英国，在公司制度发展上却落后于美国了。与美国公司很早很快就从大股东和家族控制走上了职业经理人管理和市场控制不同，相比美国，英国至今仍然有较强的家族控制特色，也较少大型公众公司。

美国能够终结现代公司的大股东控制和家族控制，在职业经理人管理和市场控制上遥遥领先，有其具体的政治、历史和文化原因，以至美国学者罗伊坚持认为"美国是特例"。在1994年出版的《强管理者，弱所有者——美国公司财务的政治根源》一书中，罗伊提出，是美国式民主和分散化的政治结构，拆散了大型金融中介机构（银行），使广泛分布的股东而不是银行在20世纪初成为美国公司资本的主要来源。

在2003年出版的《公司治理的政治维度——政治环境与公司影响》一书中，罗伊进一步论证，"政治环境决定了大型公众公司能否诞生并逐步壮大，它还决定着公司能否轻松地实现所有权和控制权的分离"[①]。在美国、英国、瑞典、日本、意大利、德国和法国这七个富裕的民主和法治国家中，具体政治环境上的差异也导致了它们公司治理模式上的差异。一直没有社会民主主义传统的美国政治环境，十分适宜现代公众公司的成长，而欧洲大陆式的社会民主主义一直与美国式的公众公司难以融合。

---

① 罗伊：《公司治理的政治维度：政治环境与公司影响》，中国人民大学出版社2008年版，第291页。

美国的大股东和银行退出公司，使公司的实际管理权威向董事会集中，进而发展出了现代公司的职业经理人和市场控制体系——发达的职业经理人市场和证券市场。德国、法国、意大利、日本和瑞典等，在股权分散、职业经理人管理和市场控制（证券市场）发展上，不仅落后于美国，也落后于英国。这些国家的公司保持着较高的股权集中度，更多地是大股东和银行通过董事会而控制着公司。

以美国的标准来评判，德日法意等这些国家董事会的独立性远远不够，但是其董事会制度也是比较完善的，董事会的权威和管理权力也是得到充分尊重并落实到了实处的。尽管我们很少看到这些国家也有美国公司那样，董事会把大股东和公司创始人赶走的案例，但是也没有像目前中国时常发生的这种双董事会或者创始人—经理人不服从董事会、不承认董事会权威的乱象。

1.2.2 公司为股东而存在，由董事主导的理论逻辑

公司为股东价值还是为利益相关者而存在，虽有争议，但这种争议对实际公司治理的影响不大。学术上存在着公司社会责任论和利益相关者论等，但是在实践上，特别是公司法则基础上，世界主要国家并没有从公司制度的根基上否认股东价值。把公司社会责任和利益相关者利益纳入公司决策者的视野，特别是将其作为一种公司战略管理和保持可持续竞争力的一种工具，对于改进公司治理、创造长期股东价值也是有益处的。

公司应该由股东、经理人还是董事主导，也就是公司控制权的最佳配置问题，不仅存在着激烈的争议，这种争议对实际公司治理的改进也有着重大影响。特别是对于中国这样的公司制度是舶来品的国家里，对于公司应该由谁来主导这一问题的认识，直接决定了公司治理机制设计的出发点和公司治理改进的目标选择。

英美国家公司制度，有其自然演化的历史。现代公司法人虽然是经过激烈政治争议之后诞生的一种法律创造，但有其现实经济活动中工商业者们的商业组织形式创造为基础。无论特许公司时代，还是现代公司时代，公司发起者们追逐利润的动机都是十分鲜明的。福特汽车公司股东对股东价值的追求和审理

道奇诉福特案的密歇根州法院法官对公司的股东价值创造宗旨的理解，远早于现代股东价值理论的提出。董事管理公司，更是在荷兰东印度公司和英国东印度公司的皇家特许状中就确立了的"公司"的本质属性。1844年的英国公司法案，不过是将这一特性直接附加在了民间自由组建和自治性的现代公司身上。从早期的特许公司时代开始，董事制度和公司融资权利就是一对孪生兄弟。相比之下，现代类型的股东权利和股东大会制度倒是后来才逐步发展出来的。

明明是要以创造股东价值为目标的公司，却为什么要是董事主导，而不能是股东主导或经理人主导？这里的关键在于公司融资制度。现代公司之所以能够迅速发展壮大，关键在于其可以从广泛的股东手中进行直接融资。公司要从广泛的股东手中融资，就要对广泛的股东群体负责，就要有具体的人负责按照对广泛的股东群体负责这一目标来管理公司，这些人就是公司法理定义上的董事。

接下来的问题就是，大股东是否是公司董事的最佳和合理人选呢？经理人是否是公司董事的最佳和合理人选呢？因为利益冲突的存在，大股东和经理人都不是公司董事——全体股东利益看护人的最佳和合理人选。大股东和经理人都有强烈的通过制造虚假信息而牟利的动机（前者是股份高位套现，后者是奖金和股票期权兑现），这种可以利用公司控制权获取巨额私人收益的诱惑，使他们很难保持对全体股东利益的忠心。

作为公司制度发展的后来者，中国需要好的理论来指导公司发展。在公司制度发源地和作为公司制度发展领先者的英美国家，实践领先于理论，实践检验出来的和竞争中胜出的做法，有其背后的逻辑，就是最好的理论。提高董事会的独立性、更多独立人士出任公司董事的现代做法，是从早期以大股东和经理人为主导的董事会实践中逐渐发展出来的。换句话说，独立董事会是在与大股东董事会和经理人董事会的竞争中胜出的现代最佳实践。导致独立董事会胜出的逻辑，和投资者主导型公司在与消费者主导型（消费者合作社）、员工主导型（员工合作社）及政府主导型（国有企业）的竞争中胜出的逻辑一样，都是因为具有与公司发展前景高度一致的更为纯粹的利益，都是相对更少利益冲突。

1.3 公司制的两大基石:有限责任与董事会

公司制企业,比其他各种类型的企业组织都取得了更大的成功,成为当今世界的一种统治性力量,核心要素在于其有限责任和董事会制度。

有限责任和董事会制度为公司制企业提供了无限的成长边界和吸纳资源及管理能力的空间,企业家由此从商人变为组织者,伟大公司的缔造者。

1.3.1 有限责任:集合众人,支持创新

基于有限责任的现代公司制度,是经过长时间的演变才于1862年由英国正式确立起来的。有限责任制度带来一场社会变革和经济革命,其原因是作为一个法治社会,有关债务方面的法规非常严格,并且都会被切实执行。与有限责任对应的制度是无限责任,而不是没有责任或责任不清、责任得不到追究。从早期的债务人监狱制度和现代的个人破产制度,没有人可以赖账,可以借钱不还。

中国传统社会里,虽有父债子还的说法,但事实上没有严格法律上的无限责任制度。在宗族、家族甚或是村庄里,集体财产并没有量化到个人,个人只是天生或者经过审核而成为某种集体的一分子,拥有成员身份,但是并没有直接对应的集体财产处置上的个人权利。

中国传统的商业世界中,商人之间借贷很多,但是债务纠纷处理上遵循的是商会调解规则。商会往往根据债务人的实际情况定夺其实际要承担的债务额度,而不是无条件地全部还清,否则给予西方国家早期的债务人监狱或是现代的个人破产那样的法律惩罚。

在这种债务责任不确定(即非严格的无限责任也不是清晰界定的有限责任)的制度下,虽然可以实际不乏创业者和企业家,但是非常不利于连续创业和企业家精神的可持续发展。这种制度不能宽容创业和企业经营失败者,更谈不上激励创业和企业经营失败者东山再起。

股份制是现代公司外在表现出来的一个显著特征,以至英国早期称之为合

股公司，中国和日本称之为股份公司。事实上，股份制，或说商人们把各自的财货放在一起，形成一种集体财产组织，作为一个拥有独立法人地位的实体来运营，是公司成员（股东）享有有限责任这个特征的一种延伸。

中国历史上并不缺乏"股份"的概念。从商人之间的合伙经营，到大宗族内部各家、各堂的合伙共持宗族财产和宗族生意，这里都有合股或股份、份额的概念，他们各自在集体财产中的权益比例也是很清晰的。但是，这种股份与现代公司制企业的股份之间，存在着一个本质的差异，就是各股份持有者与把这些股份放在一起所形成的集体之间关系的界定不同。

公司制企业通过有限责任制度，划定了公司和其成员之间的责任边界；通过股东大会和董事会制度，划定了公司和其成员之间的权力边界。中国传统的宗族制度下，虽有一些宗族规则和家规，界定了宗族成员和宗族集体之间的权力边界，但是并没有清晰的财产责任边界安排。

有限责任和与之相伴的股份制度及股票市场，使作为公司成员的股东具有其他任何类型组织都无可比拟的自由进出便利，组织成员的边界得到了几乎无限的扩展。在缺乏有限责任制度情况下，人们可以合伙经营，但是无限连带责任制度严重限制了合伙的范围。在有限责任制度下，完全不认识的人可以共同投资和拥有一家企业，这种合作的范围不仅超越家族、宗族、朋友圈子，还超越地域、阶层，甚至超越国家，扩展到全球。

有限责任制度在扩展股东之间资本合作边界的同时，也激励股东承担风险，支持新事业拓展，促进公司创新。股东有限责任、作为独立法人和集体财产组织的公司，可以自行根据业务发展需要自由发售股票、债券等融资工具，集合众人之财，来建桥筑路、开矿炼钢和研发创新等等，人类才步入了现代经济世界。

1.3.2 董事会：责任承担，理性和团队决策

公司制企业的董事会制度，是内生于其有限责任属性的。股东对公司承担有限责任，需要对其公司治理权力进行规范和限制。作为公司责任的承担主体和一种责任追究机制，董事制度使有限责任制度不会被公司股东滥用于过度冒

险和掠夺债权人等，而是促进真正的企业发展。

董事和董事会制度还进一步扩展了公司制企业的合作边界——拥有资本的人和拥有管理才能的人之间的合作边界。企业家——资本和人才等企业发展所需要各类资源的组织者，由此登上经济舞台。董事会使传统企业中的东家—掌柜关系，变成了现代企业中的股东—董事会—经理人关系。并且董事会已经不仅仅是一种居中调停角色，而是化解冲突、掌控罗盘和指引方向的核心机关。

董事会是现代公司从传统公司组织（行会）演化出来时所自然携带来的一种内部治理机制。由组织成员选举产生，地位平等、权力相同的代表构成的委员会这样一种集体治理机制，反映了公司组织诞生地中世纪欧洲国家的一种广泛存在着的治理理念和治理原则。众人事众人决，集体的事情要由集体成员共同同意。集体大到一定程度，成员无法通过全员大会决策时，需要全权委任代表，为集体做出决策，成员都要遵守。

中国传统社会的各种集体组织中，都缺乏众人事众人决和全权委任代表这样的概念。家长、族长等，都不是成员选举和全权委任的。宗族"成员"的边界甚至都是不清晰的，它包括了宗族的先祖和后代，而不仅仅是宗族里的当代人。既然族长要对先祖和后代都负责，自然不能完全由当代族人选举产生。

在这样一种文化传统之下，中国引入现代公司制度的时候，只是照模照样地把董事会制度和股份制度等一并搬了进来，而公司的实际运作沿用着传统的家长制。股份制可以有，董事会可要可不要，成为了中国公司制企业的一种自然选择。

1.4 以董事会为中心的公司治理模式

欧美国家在理论和实践上都遵循着一种以董事会为中心的公司治理模式，这既是一种明确的公司法律规定，也是一种蕴涵在其长期的社会经济和政治历史背景中的自然演进过程。中国1904年的《清公司律》明确设定了以董事会为中心的公司治理模式，但一直没有真正发展成为现实。这其中，有我们自身的社会经济和政治结构不匹配因素，也与对董事会中心公司治理模式的核心概念和原理的理解不足有关。

1.4.1 董事会中心公司治理模式的基本含义

公司由董事（会）主导，由董事会或是在董事会的指导之下进行管理，也就是以董事会中心的公司治理模式。董事会中心公司治理模式的三个核心原则分别涉及董事和股东的关系，董事之间的关系，董事和公司执行层的关系。公司的股东不同于合伙人，不能仅凭其所有者的身份来管理公司。他们或者是在共同决定制下他们和雇员，通常选举一个人员团队（董事会）担负最高管理职责。董事会通过作为一个同仁团队的共同行动来作出决策，这不同于在所有的组织中都有的等级制安排和管理人员之间的责任分工。公司的高级执行人员最终要对董事会负责。

公司应该由董事会或是在董事会的指导之下进行管理，英国《1844年合股公司法》已经确立了这一现代公司治理的基础规则。美国标准公司法第8.01节规定：a.每个公司必须设立董事会。b.公司所有权力应由董事会或者在董事会授权下行使；公司的经营和事务应由董事会管理或者在其指导下管理[1]。特拉华州普通公司法第141条（一）规定：公司业务和公司事务应当由董事会管理，或者在董事会指导下处理[2]。

1.4.2 董事会的实质：涉及三组关系的三个核心概念

董事会中心公司治理模式，或说董事会的实质，包含有关董事和股东间关系，董事间关系，和董事与公司执行层间关系的三个核心概念。

董事与股东间关系：董事由股东选举产生

董事会中心公司治理模式的第一个核心概念是股东选举产生董事，通常是

---

[1] 沈四宝编译：《最新美国标准公司法》，法律出版社2006年第1版，第90页。
[2] 徐文彬等译：《特拉华州普通公司法》，中国法制出版社2010年第一版，第38页。

按年，在公司必须召开的年度股东大会上进行。这一概念在世界范围内的一个重要例外是德国的共决制，员工选举一半的董事（德国双层董事会结构中的上层的监督董事会成员）。不是由股东选举产生，如由政府任命等等，则不是现代公司治理意义上的董事。

美国标准商事公司法第8.03（c）规定，董事应由第一次股东年会以及之后各届股东年会选举（前引《最新美国标准公司法》第91页）。特拉华州普通公司第211条（二）规定，应当按照章程细则规定的日期和时间，召开股东年度会议并选举董事[①]。

理解公司制企业中股东选举董事这一概念，可以比较一下合伙制企业。合伙企业法的默认规则是，企业的所有者（合伙人）仅仅因其是所有者而管理合伙企业。如美国的统一合伙法（1997年修订版）第401条"合伙人的权利与义务"之（6）规定，"在合伙事务的管理和经营方面，合伙人之间享有平等的权利"[②]。相比之下，公司的所有者（股东），仅仅作为股东，没有权利去直接管理公司。公司股东的权力是选举董事，和对由董事们提交给股东大会，要求股东表决的事项进行投票表决。

董事间关系：地位平等的同仁团队

董事会中心公司治理模式的第二个核心概念是，由一个地位平等的精英小组作为一个同仁团队，通过共同行动来制定决策。

公司董事会通常要由1位以上的董事组成。1969年以前，美国标准公司法要求至少三位董事。最近的一项修改允许单人董事会存在。2006年的英国公司法要求公开公司的董事不能少于2人。中国公司法规定董事会人数不能少于3人（2024年公司法第六十八条），但规模较小或者股东人数较少的公司，可以只设一名董事，执行董事会的职能（第七十五条）。

公司董事会的规范是，所有董事都拥有同样的投票权，出现不同意见时，实行多数决定原则，董事会内多数人的意见就构成了其决策事项范围内的最终决策。这是董事会作为一个同仁团队的集体决策和其他各种集体决策组织之间

---

① 前引《特拉华州普通公司法》，第80页。
② 虞政平编译：《美国公司法规精选》，商务印书馆2004年10月第1版，第568页。

的本质不同。在层级制组织中，随着业务或规模的增长，可能会由一种集体决策取代独裁决策，并可能致力于达成共识，但是总有一个人拥有做出决策的终极权力。

在层级制组织的决策中，通常会把权威在各个人中进行划分。与此不同，董事作为个人没有任何权力，董事只有作为一个集体通过董事会会议才拥有权力。

董事与经理层间关系：董事会选聘和监督经理层

董事会中心治理模式的第三个核心概念是，董事会拥有选聘和监督公司高级管理人员（特别是首席执行官）的最终权力与责任。这一点是很多中国公司董事会不能真正到位的一个主要表现。

发达国家公司法规通常准许，也有极个别公司这么做——通过章程规定，由股东选举公司总裁或其他高级经理。美国标准公司法第8.40节规定："（a）公司的高级管理人员可以依内部细则规定而产生，或者由董事会依据内部细则任命。（b）董事会可以选择若干人担任一个或者多个公司职务。如经内部细则或者董事会授权，一名高级职员可以任命一名或者多名高级职员"（前引《最新美国标准公司法》第106页）。美国特拉华普通公司法第142条（二）规定："高级职员的选任方式和任期由章程细则规定，或者由董事会或者其他管理机构确定"[①]。

但是在发达国家的公司治理实践中，几乎所有公司的做法都是由董事会任命首席执行官和其他高级经理人员。而且，美国法院坚持董事会任命经理人员的原则，认为剥夺董事会控制经理或公司其他人员的终极权力，违反了"公司应由其董事会或是在其董事会的指引之下进行管理"的公司法原则。

1.4.3　董事会的价值创造：集中管理、团队决策和监督管理层

为什么在发达国家的公司法规和公司治理实践中，长期以来都坚持实行以

---

① 前引《特拉华州普通公司法》，第43页。

董事会为中心的公司治理？对此，学术界有各种各样的解释，大致可以分为价值创造和利益协调两类理由。

从价值创造的角度看董事会的作用，或说是公司为什么需要一个董事会，主要有三种解释：董事会满足了公司集中管理的需要，董事会通过团队决策提高了公司重大事项的决策质量，以及董事会通过对公司管理上的监督降低了代理成本。

拥有众多股东的企业需要集中管理，或说是要有一个管理中心，要有中央管理。让企业的众多所有者——特别是如果他们持有的是可自由转让的权益——经常和持续地聚集到一起来做出决策，对于企业来说是不现实的。这解释了为什么所有者众多时不能按照合伙法的默认规则行事——全部的所有者都参与管理企业。

集中管理的需要是一个企业家要创立一个预期有众多所有者的企业时会选择公司而不是合伙的原因。但是，仅仅这一原因不足以完全解释董事会的存在，比如，为什么股东们要每年选举董事会成员。很多所有人众多的非公司制企业，都是通过协议具体指定谁将管理企业，而不是定期选举。更基本的是，集中管理的需要没有解释为什么这种管理要用"共同行动的同仁团队"这种形式。

一个独裁者或是自我永续的寡头执政体也可以提供集中管理。为什么要在公司管理的最高层面上设置一个董事会而不仅仅是一位首席执行官？这需要有关董事会作用的第二种观点——团队决策理论来回答。

斯蒂芬·贝恩布里奇（Stephen Bainbridge）在其《理论与实践中的新公司治理模式》[①]一书中，根据行为心理学研究结果提出，在需要做出判断的事项上，团队，如公司董事会，要比单独的个人能够做出更好的决策。问题是，这种团队决策理论是否足以证明，如董事会那样的同仁团队决策（peer group decision-making），是否一定优于层级制团队决策（hierarchical group decision-making）。

团队可以比单独个人作出更好的决策，但是到目前为止，有关团队决策的实验研究并没有证明，该团队一定要以同仁（一人一票的委员会）方式行动，并最终以多数决定原则解决分歧，而不是以内阁方式行动——赋予某个人拥有

---

① 斯蒂芬·贝恩布里奇：《理论与实践中的新公司治理模式》，法律出版社2012年第1版。

最终发言权。这也许正是中国公司董事会的现实，董事长或总裁，往往也是实际上的大股东或者是上级委派的公司关键人，拥有最后发言权，并事实上把董事会当作了一个咨询顾问机构。

除集中管理和团队决策之外，董事会还可以作为一种公司管理的监督机构发挥作用，这是董事会的第三种价值创造角色，也是当前有关董事会职责的流行和主流观点。这一理论认为，由股东选举产生的董事会，是监督公司管理层的必要工具。

这一理论的出发点是，通过高层代理人监督低层代理人来最小化代理成本，如偷懒、逃避责任和不忠实等等。但是谁来监督监督者？股东作为剩余索取者，具有监督最高代理人的最好激励，但是在公众持股公司中，因为股东太多太分散而难以形成有效的来自股东的直接监督。由此得出推论，由股东选举产生的公司董事会来代表股东们进行监督。

这一理论并没有解释对董事会的需要，只要股东们选举产生，无论何人，站在公司管理层的最高点即可。换句话说，可以通过由股东选举产生公司的首席执行官来达到同样的监督效果。

监督理论实际上依赖于一个自相矛盾的假设：股东太多并且闲散，以致不能自己亲自去监督管理层，却又能有效地参与和组织起来去挑选出警觉的董事，为股东们履行监督职责。

1.4.4　作为利益协调机构的董事会？

把董事会看作是一种利益协调机构的理论可谓是五花八门。并且，这里又可以分为狭义说和广义说两种。

狭义说承认公司股东主权至上，其他各方持有的都是合同利益。这时，董事会作为一种与股东会不同的公司权力机关，主要是要协调公司控制性股东和非控制性股东之间的关系。广义说则否认公司股东主权至上，坚持一种利益相关者（stakeholder）观点，或者是与比利益相关者概念类似的公司委托人或公司选民（constituent）观点，认为公司董事会要代表公司所有各方面，协调各方之间的利益冲突。

根据这一解释中的说法，公司采用董事会，可以保护非控制性股东受到控制性股东的剥夺，特别是在公司分配方面。非控制性股东可以通过公司董事会获得对企业管理问题的一些发言机会，包括公司分配问题。这是包括中国在内，当前有关董事会治理和董事会改革讨论中的一种主要呼声，尤其表现在希望通过增加独立董事来保护中小股东利益。

但是，董事会中心公司治理模式要比其他的治理模式，如合伙制的默认规则，更容易让控制性股东剥夺非控制性股东。股东定期选举董事，是控制性股东在想要压制非控制性股东时，将非控制性股东从董事会中排挤出去的一个途径。当然，存在有关各方在分歧发生之前所同意的一些机制，保证非控制性股东留在董事会中。相比之下，合伙制法律保证所有的所有者都对管理有发言权，只要他是合伙人（除非有其他的协定），仅仅凭借其作为合伙人的身份，就有资格参与合伙企业的管理。即使非控制性股东留在了董事会中，董事会的多数决定规则（而在合伙制中是遵循事先协议）也使控制性股东可以损害非控制性股东，从公司得到不成比例的利益分配。

非控制性股东可以通过在出现分歧之前制定股东协议来保护自己在公司分配中的权利。但是，这种协议行为损害了董事会通过多数决定规则来管理公司这一董事会中心治理模式的基本原则。历史上，英美法院都经常以这一理由推翻这种协议。当前的公司法通常许可这种协议。与此相反，有关合伙制和其他非公司制企业的法律，不仅关注，而且鼓励有关企业分配及其他事项的协议。

董事会的存在不仅是为了协调股东之间的请求权矛盾，还要协调股东和公司其他权利人，如经理、雇员、债权人以及社区等等。这把问题追溯到了伯利和多德关于公司目的的争论。各种各样的团体——股权投资者、贷款人、经理人以及雇员等等，都对公司收入做出了贡献，并且都期望从这一收入中获得一个份额。所有这些对创造公司收入所作贡献的最终价值的不确定性，导致无法完全按事前合同约定对每方请求权人进行恰当的补偿。由此产生了对一个拥有权力在事后做出有关分配决策的协调机构的需要。

这一理论似乎是解释了由股东选出的代表和员工选出的代表共同组成的德国共决制下的监督董事会的存在。但是，对于美国以及世界绝大多数国家来说，是董事会中心公司治理模式中，董事会都是由股东选举产生的。如果董事会中没有由各方权利人选举出的代表，为什么还需要一个董事会？对此问题的一种解释是，董事会具有中立仲裁者的角色，是一个独立而非代表性的机构。但是，如果是这样，为何还要坚持由股东选举董事？各种各样的公司权利人（选民）们怎么会设计出一种只有一种权利请求人（股东）拥有法定权利选举他们认为合适的人员作为各种请求权之间的分配仲裁者？

似乎没有一种理论，能够完美无缺地解释董事会中心公司治理模式的存在理由。可是公司董事会却是实实在在地就在那里，并且正是董事会中心治理模式的公司发展壮大了起来，真真切切地在改变和创造着我们这个现代世界。这里，一定有什么事情做对了，一定有什么原因我们还没有发现。

1.5　股东价值与市值管理

说来奇怪，股东价值的概念并没有被中国企业所普遍接受，市值管理却盛极一时。股东价值和市值管理二者之间有一定的联系，但有很大甚至是本质上的差异。一些中国企业，包括很多中介机构在内，不接受股东价值概念，却很热衷于所谓市值管理，其背后有概念认识上的误区，更有中国资本市场发育程度和公司治理水平低等方面的原因。

1.5.1　股东价值，不等于大股东价值

公司经营的目标应该是全体股东的价值最大化，但为什么在实践中往往演变成了大股东的价值最大化？这恰恰是因为缺乏现代公司治理规则的约束，导致了股东价值和大股东价值的冲突。大股东价值和全体股东价值冲突会在哪呢？其实就是大股东要控制公司，他有一个控制权的私人收益。任何组织都是一样的，领导要求办一件事，如果领导控制不严，通过这件事一定会出现办事者私利的最大化。股东和经理人之间或者在大股东直接介入公司管理情况下的全体股东与大股东之间的关系就是这样。如果大股东一手操控公司所有事务，

一定会出现他自己利益的最大化，比如不公平关联交易，以权谋私。这也是为什么要有董事会管理公司事务的原因。要以此来约束大股东，避免大股东把公司当做工具，谋取所有股东共同利益之外的个人私利，要控制大股东通过管理公司获取有违全体股东价值最大化的大股东单方面价值最大化。

就资本市场和公司治理的关系来说，公司治理是前提，如果没有基本的公司治理规则，公司制企业、公司制度就不会被很好地运用，就会被滥用，结果就是出现资本大亨、强盗资本家等现象，甚至是演变成为一种赌博工具。很多人会误解，认为股权分散才能搞好公司治理，其实，应该是搞好公司治理自然会股权分散，公司才可能迅速发展。没有基本良好的公司治理，资本市场是不可能很好地发展的。反过来，资本市场的健康发展对于公司治理的改进和公司的快速发展和壮大也是至关重要的。一百年前美国通过公司制企业和资本市场融资联通了铁路网。如果政府来做这些项目，成本是非常高昂的。

1.5.2 市值管理不是股东价值管理

股东价值（shareholder value），顾名思义就是公司为股东所创造的价值。规范公司治理条件下，公司股东可以从公司获得的价值就是资本增值和分红，也被称作总体股东回报（TSR，total shareholder return）。中文"市值"所对应的英文是capitalization，按字面直译是"资本化价值"，实际含义就是把公司未来所能创造的收益资本化为现值。

在股本总数不变的情况下，一个时期内的公司市值增长就是资本增值，此时的市值最大化等同于股东价值最大化。但是，构成股东价值（总体股东回报）的另外一个部分——分红，则与公司市值成反比关系。公司盈利全部留存，不给股东分红，公司的市值会增长，此时理论上的股东价值是不变的。公司将盈利用于分红，公司的市值则会相应减少，但是公司的股东总体回报是增长的。此外，公司通过融资，增加股本总额，也会直接带来公司市值的增长，但这不会带来任何股东价值的增长。

概括来说，股东价值是个流量概念，是期末股价减去期初股价加上分红。市值是个存量概念，是股价乘以股数。分红和增资扩股两大因素，都会带来公司市值和股东价值之间的增长方向上的偏离，这使市值管理从概念和目标设定上就偏离了创造股东价值这一公司存在的基本目的。

市值管理等同于把公司做大，股东价值管理则与公司做大无关，而是要把公司做强。一味地追求公司市值上的增长，可能与股东价值无关，甚至会损害股东价值。必要的时候，出售、拆分和缩减公司规模等等，会带来公司市值的减少，但可能创造更多的股东价值。

1.5.3 股东价值管理，需要构建有效激励机制，加强公司治理

股东价值管理，顾名思义，就是从实现股东价值和创造长期股东价值的角度，来指导企业管理。当然，股东价值管理的引入和实现，需要有真正的股东存在，需要有股东能够规范和有效地发挥作用的机制和条件，需要有尽可能健全的公司治理系统，特别是董事会。董事会的根本职责就是确保公司经营方向和公司管理政策要与股东的利益一致，要以长期股东价值最大化为目标。

正确的股东价值管理，需要从提高公司治理水平，特别是构建有效的激励机制入手，使公司管理层与股东的利益一致。

从公司治理的角度看，有关高管人员薪酬的关注焦点是，高管人员薪酬在多大程度上是与公司业绩相关的，并通过这种相关性来使高管人员和股东的利益趋向一致。国际上最为常见的绩效挂钩高管薪酬方式就是股票薪酬，如受限股票、股票期权和长期现金计划等。美国以及世界范围内的上市公司都在通过一些股权激励工具使经理人与股东利益一致，延长经理人的时间眼界，为经理人创造长期股东价值提供动力。

股东价值理论之父阿尔弗洛德·拉帕波特，在其《创造股东价值》一书中，给出了四种使公司管理层与股东利益一致化，从而致力于创造股东价值的途径：有效的公司控制权市场、较高的管理层持股比例、与股东利益挂钩的激励机制和竞争性的经理人市场。这正是当前中国公司治理机制建设中急需加强的四个领域。

需要特别指出的一点是，股东价值管理不是行为短期化。就长期和竞争市

场来说，股东价值本质上是顾客价值的派生物。没有坚实的顾客价值做基础的企业，其股东价值只能来自昙花一现的短期炒作，是个最终必将破灭的泡沫。没有产品和业务流程领域的价值创造活动，仅仅是靠资产的倒来倒去，可以一时地在"资产负债表上"表现出某种骄人的规模业绩，却不能创造出正的净现金流入，终究没有长久的可持续性。

1.5.4　股东价值管理的全球化

全球化的机构投资者，推动了公司治理和股东价值管理的全球化。欧美国家公司自不必说，就是自有一套特色的日本公司，也在转向股东价值管理。

传统上日本企业的目标不同于西方国家。西方国家公司的目标主要是为股东创造利润。日本公司中，一般把员工的需要放在优于股东的位置。但是事情正在发生改变。来自股票市场的压力，已经迫使一些企业重构他们的劳动关系。股东不能继续容忍企业把雇员作为剩余索取者对待。很多日本公司已经引入了像经济增加值（EVA）这类股东价值管理工具来衡量他们的业绩。

从1990年代后期开始，股票期权这类美国风格的高管人员激励方式开始逐渐被引入日本。一些日本公司在1997年日本商法改革使股票期权合法化之后开始授予高管人员股票期权。此前的日本商法与中国2006年以前的公司法一样禁止公司回购股票，从而因没有合适的股票来源而无法实施真正规范的股票期权。以股票期权作为一种激励手段来提升企业价值的做法受到了越来越多的日本企业欢迎。甚至像丰田汽车这样一些比较保守的，以传统的终身雇佣和年功序列制为荣的大企业，也开始引进股票期权和其他一些与绩效挂钩拉开薪酬差距的激励机制。

1.6　改进公司治理，提高全球资本市场竞争力

股份公司是和市场经济与法治社会一道成长起来的一头创造力和破坏力都

同样无限而不易驯服的野兽[①]。自从股份公司产生的第一天起，公司治理问题就困扰着我们，直到今天我们仍然面对这一全球性的难题，并且可能永远也无法真正彻底和一劳永逸地解决这一难题。

1.6.1　全球公司治理运动的兴起

传统上英美国家的机构投资者都是被动投资、用脚投票，并不参与公司治理的。但是1990年代以来，发端于英美国家、以机构投资者为主力的公司治理运动蓬勃兴起。各个国家的领先公司、机构投资者、证券交易所和监管机构、政府部门，以及经济合作与发展组织和世界银行等国际组织，都已积极参与其中。公司治理，成为继环境保护运动和消费者保护运动之后，迅速推开的第三项全球性运动——投资者保护运动。

宏观上，全球公司治理——投资者保护运动兴起的原因并不难理解。我们只有一个地球而有全球性的环境保护运动，贸易和资本自由化使全球只有一个产品市场而产生了全球性的消费者保护运动，全球只有一个资本市场而产生了全球性的公司治理——投资者保护运动。

推动这场全球性公司治理运动的市场力量包括全球性的投资者的压力，国际领先企业之间的竞争，证券交易所之间的竞争等等。证券交易所主持公司治理准则制定、致力于改善公司治理结构是为了保持市场信心和吸引投资者。

越来越多的机构投资者认为，在对潜在投资对象进行估价时，与财务类指标相比，董事会质量指标的重要性更大。越是公司治理总体质量落后的地区和国家，认为董事会质量因素更重要的投资者比例越高，投资者愿意为公司治理良好公司股票支付的溢价也越高。

中国一些海外上市公司在路演时，投资者主要关注的问题就是公司治理结构是否健全，高管人员薪酬多少、如何制定的。投资者的观点是，"在中国巨大的市场上，有赚钱机会，能赚钱是没有疑问的，我们担心的就是你董事会和经营者如何能够跟我投资者利益一致地去赚钱。"

---

① 发达国家中正在兴起一种生活民主运动或叫全球民权运动，主导思想就是防范公司过于强大后的负面作用。已经有几本这方面的书有了中文版，如：戴维·科顿2006，泰德·纳杰2006。

那么投资者认为哪些具体的机制和做法对改进董事会和公司治理质量至关重要和有高度影响呢？建立一个独立董事占多数的董事会、董事长和首席执行官职位分设、设置首席独立董事、建立董事会的专业委员会并授予重任、董事会自身做正式的年度绩效评估、董事会对首席执行官做正式的年度绩效评估、董事会对董事做正式的年度绩效评估、提高外部董事薪酬中股票和股票期权的比例等等。

这些公司治理的良好做法都是国际投资者非常看中和信赖的健全公司治理、提高董事会绩效的手段。在发达国家，这些做法主要源自那些领先企业的公司治理实践，他们通过高度透明的信息披露而相互学习，投资者再以资本的力量推动这些好的做法，监管机构最后以硬性和准硬性的规则普及这些做法。

国际资本市场越来越看重公司治理，不未雨绸缪积极主动地改进公司治理水平，就有在国际资本市场上出局的危险。反过来，如果能在公司治理方面积极行动，就可以在资本市场上得到溢价收益。越是整体公司治理水平较低的国家，率先健全公司治理机制的公司股票越可以得到更高的资本市场溢价——投资者在其他条件相同情况下，愿意为公司治理良好公司股票多支付的价格百分比。这可能是一种"好人举手效应"，当周围都是难被信任的坏人时，你站出来做个好人——用行动证明你真是个好人，你会得到特别的信任，从而额外得到更多的收益，很多著名企业最初的突破与崛起都是利用了这样一种效应。

1.6.2 动力、能力和工具：公司治理的三个关键问题

从管理角度看，遍布全球的公司治理改革，主要由动力、能力和工具三个要素构成，这也是改进中国公司治理的三个关键问题。

首先是动力。要通过股票期权、管理层持股等股东价值导向的薪酬和激励计划，解决公司管理层（包括董事和经理）的动力问题，使公司管理层与股东的利益一致，激励管理层向创造股东价值这一正确的公司经营方向努力。

其次是能力问题。不是有了足够的动力，想赚钱就能赚钱的。比动力更重要的是能力，尤其是公司组织的能力。要建立独立和有效的董事会，培养董事会作为一个公司高层管理团队的战略决策与风险监控能力，由良好的制度、文

化和公司治理机制保障"三个臭皮匠胜过一个诸葛亮",而不是"三个诸葛亮不如一个臭皮匠"。如何从董事会构建开始,积累基业长青的组织资源,这是本书要探讨的主要内容。

第三是工具。在管理层个人有动力、董事会集体有能力去创造股东价值的情况下,实际创造股东价值还需要引入一系列适用的股东价值管理工具,识别价值驱动因素,并用事前性、非财务指标和事后性、财务性指标,执行先导指标管理。有各种各样的股东价值管理工具,包括EVA(经济增加值)、CVA(现金增加值)、综合计分卡和战略绩效评估等,将创造股东价值的目标和公司内部的各种管理流程联系在一起。

一些著名的管理顾问公司同时向公司经理人和那些积极的投资者们出售各种各样的股东价值管理工具、战略绩效评估工具和投资者关系管理服务等等。吸收一些先进和规范方法,结合中国的会计准则和市场状况,开发出适合中国企业运用的价值管理工具,是走出市值管理误区,把"改进公司治理,创造股东价值"落到实处的一个重要环节。本书不对这方面的内容进行具体探讨,有兴趣的读者可以参阅"阿尔弗洛德·拉帕波特2002""罗杰·莫林等2002""詹姆斯·奈特2002"以及"罗伯特·卡普兰等1998及2006"等。

1.6.3 良好公司治理就是让内部人控制权的私人收益降到最低

不论董事、经理还是控股股东,作为"实际控制人"都是在对公司进行一种"内部人控制"。良好公司治理就是要把这些内部人实际控制权的私人收益[①]降到最低。

可以说,世界上的任何事情都处在一种"内部人控制"的状态之下,尤其是当知识和信息成为权力的一个重要来源的时候,"内部人控制"更是成为一种

---

① private benefits of control,如在中国一些上市公司中,大股东通过关联交易、利润操纵,甚至直接把上市公司当作"提款机"等途径,从对上市公司的控制权中获益。大股东的官僚主义,不负责任,大股东(国有股东、法人股东)本身的治理结构问题等等,又导致管理层的控制权收益,不分配,尽力配股,无限扩张和过度多元化等损毁股东价值的行为。

几乎不可避免的状态。任何事情都是深处内部、深处矛盾漩涡中心的人最为了解情况,对有关方面看法、力量的实际感触最深,这是毫无疑问的现实。

让内部人自觉利用其掌握的内部信息,在与公司重要外部人和大多数利害相关者利益一致的方向上努力,这是一个如何使有关方面激励相容的问题。如果内部人利用其所掌握的内部信息并以损害公司重要外部人和大多数利害相关者利益为代价来谋取私人收益,则是对法律系统的挑战。

个人内心的道德底线,当事人相互之间的口头和书面契约及合理合法的行为谈判和博弈过程,和由外部第三方提供的法律、舆论与市场形象约束等等,共同构成了一个三层交错的激励和约束体系。股份公司的良好运转,也是依赖于这三层交错的激励与约束体系的建立与健全。

1.6.4 改进公司治理的终极动力来自市场竞争

潘多拉的盒子一旦打开,魔鬼就会自行繁衍和壮大。股份公司、证券交易所、投资银行、会计师行、律师行,甚至是管理顾问公司等等,它们自行组成了一套市场规则体系和一个利益共生体系,同在这套体系中发展、壮大和谋取利益。利益的最终源泉从哪来?消费者、中小投资者和员工,总之是亿万大众和老百姓。"老百姓就是老背幸",这是一位个体富豪的话,很是一针见血地指出了残酷的达尔文主义的社会现实。但是,政治、商业和学术三种力量能够有规则地竞争,并且其各自的内部也存在激烈竞争的时候,为了争取第三方的支持,亿万大众和老百姓,无论作为消费者、中小投资者,还是作为员工,就都有一定的力量了。

当社会公众利益受到侵害的时候,政治就必然会介入。不管政治家的个人道德如何,作为政治家要想有所成就就必须要打出维护社会公正的旗号,并且要尽可能地有点实际效果。这正如培根的个人道德不良问题,并不影响其《论说文集》中道德文章的伟大感召力。安然等公司出事之后,可给布什和美国两会的议员们提供了一个大显身手的机会。政治市场内部的竞争引发了一种动力,导致华尔街和华盛顿的战争进入到一个新的阶段。在一系列的国会听证、司法审判、深入调查之后,轰轰烈烈地出台了一个《美国2002年公众公司会计改革和投资者保护法案》①。

从具体的公司治理机制上看，消费者、中小投资者和员工如何发挥作用呢？无论是美国模式的中小投资者有权模式，还是德国模式的员工有权模式，都是一种中间状态的企业制度安排。最终的力量还是要来自市场竞争。产品市场上的竞争会给消费者以权力，消费者的货币选票最终决定了企业的兴盛与衰败。作为产品市场派生市场的资本市场和劳动市场，则分别给了中小投资者和员工以权力，中小投资者可以用脚投票、用手投票和用脑投票来参与公司治理，员工可以通过合理化建议、消极怠工和辞职等方式参与公司治理。仅靠资本运作、没有产品市场支持的公司最终是要崩盘的，不顾中小投资者利益的大股东最终是要被抛弃的，视员工如草芥的老板最终会成为孤家寡人的。

"人有多大胆，地有多大产"是句狂话，你最好别信；但是人有多大心胸和多远眼光才能做多大的事情，这是不由得你不信的。公司治理向何处去，看全球产品、人才和资本市场上的竞争态势吧。

相关案例参见《董事会与公司治理（第4版）：演进与案例》案例1 "现代公司前史：两个东印度公司"。

---

① 该法案的中英文对照本已由知识产权出版社于2007年出版，书名为《美国索克斯法案》，张安华译。国内媒体通常译为萨班斯–奥克利法案，简称萨奥法案。

第2章

董事职责与董事会：公司制的基石

公司的业务及日常事务应由董事会负责。除法律、公司注册证书或本管理章程规定由股东行使的之外，董事会可以行使公司的一切权力和权利、采取任何合法行动及完成任何合法事项。——IBM公司管理章程（By-Law）第三条"董事会"第一节"董事会的一般权力"（1958年4月29日制定，2023年12月12日修订）。

现代公司治理的一个基石或说首要原则就是公司的业务和事务应当由董事会管理，或者在董事会的指导之下管理。本章中我们要探讨的主要内容就是，公司制企业为什么要有董事会这样一种制度安排，作为董事会的成员——董事，要承担什么样的职责和义务，以及董事如何合理合法地规避其法律责任。

2.1 董事会在现代公司机关中的核心地位

现代公司中，维持组织稳定性和可持续发展的核心动力来自董事会。股东之间、股东与经理人、员工及公司其他利害相关者之间，总是存在着从战略、理念到利益等等各个方面的矛盾和冲突。协调与化解这些矛盾与冲突，保持一种合作与稳定、对大家都有利的状态，正是董事会的基本职责。董事会是由全体股东付费，在有关部门的监管规则之下，按照兼顾各类利害相关者利益的原则，指导和管理公司日常运作的机构。

2.1.1 股东的有限责任与董事的管理权力

现代公司制企业与传统企业制度，以及现代的非公司制企业制度，最大的不同点是什么？表面上有两条：有限责任和董事会。但是实质上，这两条之间又是相互依存、密切关联在一起的，甚至可以看作是"一条"，也就是现代公司治理的一条基本逻辑。

现代公司制企业作为一种法律的产物，股东享有了有限责任的益处，相应地在管理上就可能并且必须让渡权力，由董事会行使公司管理的权力。正是这两个方面的平衡设置，才使现代公司制企业的发展壮大成为可能，并且事实上已经成为现代经济中最强大的力量。如果没有配套的董事和董事会制度，有限责任制度则会被股东滥用于过度的冒险、掠夺，而不是真正的企业发展。

如何理解公司制企业董事会拥有公司管理权力？无论如何，董事会不也在股东会之下吗？当股东大会就是大股东会，甚至就是大股东一人的时候，董事会还哪来的公司管理权力？可以说，这是一个很好的质疑，也是中国目前绝大多数公司的真实写照，更是中国公司治理难以实质推进的一个根本原因所在。我们现在就从这个根本性的问题谈起。

专栏2-1　中国《公司法》有关董事会和监事会的规定

规制中国上市公司董事/监事选聘、董事会/监事会构成和董事会/监事会职能的法律是1994年7月1日开始施行的《中华人民共和国公司法》（1993年12月29日第八届全国人民代表大会常务委员会第五次会议通过。2023年12月29日第十四届全国人民代表大会常务委员会第七次会议第二次修订，2024年7月1日开始实施）。

《公司法》设置了两类公司：有限责任公司和股份有限公司，并对国家出资公司的组织机构做了专门一章的特别规定。上市公司属于股份有限公司，其董事/监事选聘、董事会/监事会构成和董事会/监事会职能受《公司法》中股份有限公司有关条款的规制。

股份有限公司首任董事会和监事会成员由公司成立大会选举（公司法第104条第3款），以后的董事会和监事会成员（非职工代表）由股东大会选举和更换，并决定其报酬事项（公司法第59条第1款）。董事任期由公司章程规定，但每届任期不得超过3年，任期届满可以连选连任（公司法第70条）。监事的任期每届为三年，任期届满可以连选连任（公司法第77条）。

按2024年7月1日开始实施的第二次修订版《公司法》，股份有限公司和有限责任公司均可选择只设立董事来执行董事会的职责，但若设立董事会，则须遵循相同的董事会基本规则。规制股份有限公司董事会的《公司法》第五章"股份有限公司的设立和组织机构"第三节"董事会、经理"中的第120条规定，"股份有限公司设董事会，本法第一百二十八条另有规定的除外"。第一百二十八条的规定是"规模较小或者股东人数较少的股份有限公司，可以不设董事会，设一名董事，行使本法规定的董事会的职权。该董事可以兼任公司经理"。这与《公司法》有关有限责任公司董事会的规定是完全一样的。第六十七条规定"有限责任公司设董事会，本法第七十五条另有规定的除外"。第七十五条的规定是"规模较小或者股东人数较少的有限责任公司，可以不设董事会，设一名董事，行使本法规定的董事会的职权。该董事可以兼任公司经理"。

《公司法》第120条规定"本法第六十七条、第六十八条第一款、第七十条、第七十一条的规定，适用于股份有限公司"。第六十七条规定了董事会的职权，第六十八条第一款规定了董事会的组成，第七十条规定了董事任期、改选和辞任，第七十一条规定了董事解任。

2.1.2 法律实施中的董事和董事会概念

有限责任，董事会管理公司，道理讲得很好，可是实际运作中如何能够保障股东不会操纵董事会、胡作非为，而又通过有限责任逃避惩罚呢？个人躲在幕后，"法人犯罪"，这确实是现代公司制度下的一个严重问题。以至安·比尔斯在《魔鬼词典中》给"公司"下了这样一个定义："一种巧妙的装置，个人可以利用它获利却不用承担任何责任。"

法律在赋予了"公司"以生命的同时，也设置了防范它胡作非为的各种措施。就防范股东滥用有限责任制度和公司独立法人地位而言，最重要和最核心的概念有两个：一是在一定条件下"撕破公司面纱"，否认公司的独立法人人格，从而直接追究股东的责任；二是通过赋予董事会管理权力、追究董事个人责任而防范公司和其股东的不良行为。

> **专栏2-2 中国《公司法》有关"撕破公司面纱"的规定**
>
> 　　第二十一条　公司股东应当遵守法律、行政法规和公司章程，依法行使股东权利，不得滥用股东权利损害公司或者其他股东的利益。
>
> 　　公司股东滥用股东权利给公司或者其他股东造成损失的，应当承担赔偿责任。
>
> 　　第二十二条　公司的控股股东、实际控制人、董事、监事、高级管理人员不得利用关联关系损害公司利益。
>
> 　　违反前款规定，给公司造成损失的，应当承担赔偿责任。
>
> 　　第二十三条　公司股东滥用公司法人独立地位和股东有限责任，逃避债务，严重损害公司债权人利益的，应当对公司债务承担连带责任。
>
> 　　股东利用其控制的两个以上公司实施前款规定行为的，各公司应当对任一公司的债务承担连带责任。
>
> 　　只有一个股东的公司，股东不能证明公司财产独立于股东自己的财产的，应当对公司债务承担连带责任。

　　从法律实施和公司治理角度来看，"董事"是一个功能或职能性的概念，而不是一个简单的公司管理职务设置。就是说，要从实质上认定公司的董事，而不管他是否名义上拥有董事头衔。英国议会早在1844年通过的特别法令，就明确了"所谓董事就是指对公司事务进行指导、处理、管理和监督的人"。美国法律研究院1994年通过并颁布的"美国法律重述"之《公司治理原则：分析与建议》给"董事"所下的定义是：指被任命为公司董事的个人或者根据有关的法律或公司决定行使董事职责的人。就是说，名义上被任命为董事的个人是"董事"，事实上在行使董事职责的人也是"董事"。对此，我们将在下面的"事实董事"一节中进行详细探讨。

2.1.3　股东、公司章程与董事会权力

　　为什么公司制企业这么好的一种企业组织形式要在18、19世纪，人类历史

这么晚的一个时期才真正兴起？

从根本上说，公司制企业的发展和公司治理的进步，是跟人类"政治智慧"的发展程度高度相关的。股东通过出资和制定章程来组建公司，然后交由董事会管理这套做法，实际就是民主政治原则在企业组织中的一种应用。董事会就是公司中的一种"代议制政府"。与民主政治原则有所不同的是，股东是按股、按出资的多少来投票选举董事的，而不是民主政治领域里的按人投票。看到了这一点之后，最先发展起民主政治的国家，最先崛起了现代的公司制企业，也就不足为怪了。

股东以出资和拥有的股本成为公司共和国的公民，章程则是公司共和国的宪法，董事会则是公司共和国的政府机构。政府的行政权力来自公民，但是公民不能随意剥夺已经赋予政府的权力；同样，董事会管理公司的权力来自股东，但是股东不能随意收回已经赋予董事会的权力。前者要修改宪法，后者要修改章程。

公民可以通过一套民主程序来"治理"政府，但不是可以直接给政府下命令的行政上级；股东可以通过股东大会和公司章程来"治理"董事会，但也同样并不是董事会的领导或者行政上级。

正确认识和实质性地加强董事会的权力，并相应地加强董事的责任，这可以说是目前中国，要真正发展现代公司制企业和加强公司治理的关键点，甚至可以说是起点。

如果说，股东会按股说话，是股东们按投入公司的资本数量来决策公司大政方针的地方；董事会则是按人说话，就是董事们按个人能力才识来进行公司日常和经营决策的地方。现代的独立董事主导的董事会，是资本市场高度发展后逐渐演变出来的，公司法上资格股规定的取消，则是对这种演变趋势的适应。就中国目前的公司发展和股权分散状态来说，特别是在众多的非上市公司中，还是要以股东为主构成的董事会才能发挥作用。

有人提出公司治理的基本精神是"妥协"的说法，这是一种在中国传统思想基础上的理解，笔者不敢苟同。理论走极端、实践要妥协，但是如果说公司治理的基本精神是"妥协"的话，就有些过了。你把"原则"往哪里放？你可以拿"原则"做交易？中国传统文化就是不喜欢当面锣对面鼓地讨论问题，解决分歧。可以普遍地不遵守明规则，大搞潜规则。

公司是现代法治理念下的产物，提倡的是"按规则解决分歧，按规则合作"。中国还是有些缺乏这方面的意识的，企业往往还是延续了"人治"的习惯。公司治理的基本精神其实是种契约精神，在公司法所奠定的基本规则的基础上，通过公司章程等，事先明确一些可能发生的矛盾或者冲突的解决办法和规则。无论是什么样的分歧事项，只要是按照这些事先定好的规则解决所得到的结果就要服从。尽管有人会因结果不尽如人意而后悔，但也要为此负责。

专栏2-3　　美国和英国的公司章程

在美国和英国，公司章程（Company's Constitution，公司的宪法）都有两个部分构成。这两部分文件在英国称公司组织大纲（Memorandum of Association，组织备忘录）和组织章程（Articles of Association），在美国称为公司注册章程（Articles of Incorporation，也译公司组织章程或公司组成证明文件）和公司管理章程（Bylaws，也译公司章程细则）。

美、英两国的这两部分文件的内容与作用是基本一致的。公司注册章程（美）与公司组织大纲（英）中规定的主要是公司与外界的关系，包括公司名称、公司经营目的、公司的法律管辖地以及公司的资本额等，因此也被称为公司的外在宪章。这一外在宪章是法定的必须向政府的公司注册机构递交的公司设立的必备文件。

公司管理章程（美）和组织章程（英）则是用以规范公司内部事务的，主要规定了公司内部管理方面的一些规则，包括股东会、董事会、高管职位设置等等内容，因此也被称为公司的内部宪章，并通常被视为是公司与其股东之间以及股东与股东之间的契约。

在美国，公司注册章程必须由发起人签署并呈报州务卿（负责公司注册事务），而管理章程一般不须向州务卿提交。管理章程比注册章程易于修改，但是管理章程的规定要遵从注册章程，不能与注册章程发生抵触。

2.1.4 公司的经营自由与治理规范

中国的诸多问题都处在一种"一统就死，一放就乱"的循环之中。美国在给予公司自由，进入现代公司时代之初，一度也曾十分混乱，但是很快就建立和健全了一套公司治理规范，从而使美国公司能在一套公司治理规范之下，得到充分自由的发展。这里的逻辑是，公司经营自由需要公司治理规范，良好的公司治理规范又给公司提供了更大的经营自由和自主空间。

建立和健全公司治理规范的一条根本原则是，促进以公司、经营管理人和发起人为一方，以投资人、股东和债权人为另一方的双方之间的诚信交易，但又不能损害商业效率。公司在商业世界中应有自由经营之手，而在内部事务中应有严格的保证诚信的制度，必须规范公司职员、董事、股东、债权人之间的关系。

公司高级职员和董事们是受托管理公司的人，一个监护人，每一位股东都是他的监护对象。他们不能进行自我交易、不能同公司进行买卖；他们对在公司的业务中赚取的任何利润都有严格予以说明的义务。这套概念，最初是适用于管理孤儿和寡妇信托基金案件的。现在被法院借用来适用于公司创办人、高级职员和董事。

一家农业社的股东和高级职员，把公司股票按票面价值出售给他们自己，而出售公司一块土地所得使公司每股股票比票面价值翻10倍，法院判他们吐出这笔利润。勤勉义务原则也得到了发展。1889年，一家破产银行的总裁和董事，由于玩忽职守，被判对银行的巨额损失承担个人责任。银行总裁残酷地掠夺公司财富，愚蠢地对外借款，而董事们极少开会，也从不查账。

作为对遵守了忠实和勤勉义务的公司董事，法院也同时提供了下节中讨论的商业判断准则，以保护他们公司经营决策的积极性。只要一个决策是出于善意，并符合正常的业务程序，即使最后结果是这个决策导致了公司亏损，股东们也不能对此追究法律责任。

2.2 公司为什么需要董事会

公司为什么需要董事会？这个问题可以分解为三个层面：先是公司为什么需要至少一位董事，然后是公司为什么需要多位董事，最后是为什么多位董事要组成一个董事会、通过"董事会"这样一个会议体来行使权力，也就是公司为什么需要董事会？

公司为什么需要董事？需要从公司的历史起源和现代公司法确立上寻找答案。简单说，特许公司时代，因为成立公司是一种特权，因此先有政府（议会）任命的董事，董事以公司的名义去融资而后才有股东，这使"董事管理公司"成为一种事实和惯例。

到了普通公司时代，为了防止有限责任股东滥用公司法人地位，通过"至少要有一位董事"和"董事管理公司"的法律设置，增加一个责任追究通道。多位董事并要进而组成董事会，则是随公司对外融资、规模扩大和严格管理规则而产生的一种需要。

从法定的董事机关到实际运作中的董事会设置的发展，是公司规模扩大、利益关系复杂的一个结果。以会议体形式行使权力的董事会制度，相比可单独行使权力的董事制度，是对董事权力行使方式的进一步规范，有利防范董事权力的滥用。作为一个集体的董事会，要比各自行使权力的董事，在决策水平、决策过程和透明度上有大幅度提高，也使董事决策的过程记录成为董事责任追究可资利用的基础。

董事制度方便了将公司管理权力赋予有能力的人，不愿意或能力不足的股东可以当甩手掌柜的，董事制度由此成为公司广纳人才的有力方式。董事会主导人物从官员、创办者、大股东、银行家到经理人和独立董事，越来越从倚重传统资源向倚重人力资本、专业能力方向转化。董事会相应地从公司控制和保证规范角色，更多地向战略制定和帮助公司创造业绩方向转化。

2.2.1 现代公司董事地位的确立

从公司的起源和演化历程来看，董事先于"现代公司"，更先于现代概念上的股东（不仅有收益权而且有投票权）而存在。公司制度的一个主要优点是可以进行股权融资，也正因此，在公司的发展历史中，先有董事，他们一般是官员、议员，得到政府的特许授权进行融资，利用民间资本。当公司制度被推广到民众中后，普通公司创始人、大股东将其事业组建为公司形式时，便需要通过董事这种法定机关来行使公司管理权力，并担负公司不法行为的后果。特许公司董事代表着权贵们的融资特权，普通公司董事则是为了防范融资欺诈而施加的一种责任。

以最早和最著名的"股份公司"荷兰东印度公司为例[①]，其成立之初的76名"董事"源自组建成荷兰东印度公司的六个城市中的那些"早期公司"，是由各城市议会随特许权的授予而任命的，他们组成了荷兰东印度公司六个商部各自的"董事会"。六个商部从自己的董事中推选出代表，组成"17人会议"负责荷兰东印度公司的总体决策和管理，等于是荷兰东印度公司的董事会。荷兰东印度公司的投资者享有有限责任，但是并无自行选举产生董事的权力。这些董事多半是城市议会成员或者政府官员，投资者是如同中国晚清官督商办企业里的商股股东一样仰人鼻息的。他们的"股东权力"要比今日中国国有控股企业里的中小股东还差，这些中小股东至少还有个"投票权"，尽管实际不起作用。

早期合股公司发展中的欺诈横行和南海泡沫等，使英国出台了《1719年泡沫法案》，直到《1825年泡沫法案废止法》，合股公司才再度发展起来。此后经过《1844年合股公司法》和《1855年有限责任法》等，到《1862年公司法》颁布，现代公司的基础规则和治理机制就基本奠定了：注册成立公司（不再是特许），公司法人独立（财产和诉讼），股东有限责任，股东选举产生董事和

---

① 英国东印度公司虽然成立时间比荷兰东印度公司早一年，但是荷兰东印度1602年成立时就成为一家可连续运营的实体企业，即其所融资金可多次航行，而英国东印度公司要在10年之后才从"每次航行单独融资、各有不同股东"的"项目运营"状态转变为可一次融资多次航行连续运营的实体企业。因此，荷兰东印度公司是最早的"股份公司"。

监察人，董事管理公司，监察人检查审核公司账目。

英国《1844年合股公司法》已经确立了"董事管理公司"这一现代公司的基础治理规则："董事是指导、处理、管理或监督公司事务的人"（The Word "Directors" to mean the Persons having the Direction, Conduct, Management, or Superintendence of the Affairs of a Company，英国1844年合股公司法第3条）[1]。成立公司必须至少三位董事和一位或更多监察人（第7条）。"股东投票选举产生董事和监察人"（第26条）。"董事们根据本法和公司章程处理和管理公司事务，任命、解聘公司秘书和公司职员，举行定期会议及临时会议，任命主持这些会议的主席"（第27条）。

到了现代公司法确立之后的普通公司时代，股东出资注册成立公司，为什么还要由董事管理，而不是由股东直接管理？特别是在那些并没有（也无权）对外公开招股的封闭公司中，可以不设立由多人构成的董事会，但却需要至少一位董事？实际这样的公司都是股东在亲自管理公司，法律上的"董事"设置还有什么意义？

英国在禁止了合股公司发展一百多年之后，为了应对工业革命引发的公司发展需要，又要防止南海泡沫那样的惨剧重演，便通过了董事制度的设置及其他一些措施（如刺破公司面纱和监察人制度）来对公司法人行为的滥用加以防范。现代公司制度与生俱来的社会融资便利，使其很容易被老股东和公司董事、实际控制人合谋用来诈骗新股东和公众股东钱财。董事（会）作为公司法定机关的设置，以及相应的董事民事和刑事责任追究——董事要作为自然人来承担公司违法行为的法律责任——可以把董事送进监狱，是现代社会控制公司行为、给予其独立法人地位的前置条件。

2.2.2 董事责任，影子董事和事实董事

董事的设置是为了防止股东躲在公司法人的背后胡作非为，那如何防止公司的实际控制人躲在董事的背后来实际操纵公司又逃避责任呢？对此，公司

---

[1] 载虞政平主编：《英国公司法规汇编：从早期特许状到当代公司法，1530–1989》，法律出版社2000年11月第1版，第42页。

法上有"影子董事"（shadow director）和"事实董事"（de fecto director）概念。影子董事是"这样的人，公司董事们惯常地按照他的旨意和指示行动"。在承担责任的场合，影子董事被当作正式董事对待，并课以严格的责任。而根据事实董事的概念，没有正式董事身份的人，但是"他的行为表现出是以董事身份在活动（如经常参加董事会会议并积极参与公司决策等），他就被视为事实上的董事"。

从英国1844年合股公司法"董事是指对公司事务进行指导、处理、管理和监督的人"到美国法律研究院1994年通过并颁布的"美国法律重述"之《公司治理原则：分析与建议》给"董事"所下的定义——董事指被任命为公司董事的个人或者根据有关的法律或公司决定行使董事职责的人——都表明，名义上被任命为董事的个人是"董事"，事实上在行使董事职责的人也是"董事"。

美国注册大公司最多的特拉华州，在其"普通公司法"中明确规定"公司的业务和事务应当由董事会管理或者在其指导下管理"。在该法的同一章同一节[①]中还明确界定了"凡在本节中所提到的董事会，董事会成员以及提到股东时，应当被认为是分别指：公司管理机构，管理机构成员以及公司成员"。就是说，董事会是公司管理机构，董事是管理机构成员，而股东是组成公司的成员。如果股东或者任何人实际介入了公司管理，行使了本该归属董事会的职权，则该股东或该人在法律上就可以被认定为"董事"。

为什么要有这种"事实董事"的概念？它有什么用处？很简单，有了这样的概念之后，法院就可以追究那些操纵或者架空董事会者个人的"董事"责任。如果没有这样的规定，就难以有效地防范和惩治那些隐藏在"有限责任之墙"和"董事会之幕"背后的"关键人""垂帘听政者"。

中国《公司法》第一百八十条规定，"董事、监事、高级管理人员对公司负有忠实义务，应当采取措施避免自身利益与公司利益冲突，不得利用职权牟取不正当利益。董事、监事、高级管理人员对公司负有勤勉义务，执行职务应当为公司的最大利益尽到管理者通常应有的合理注意。公司的控股股东、实际控制人不担任公司董事但实际执行公司事务的，适用前两款规定"。这为在有

---

① 《特拉华州普通公司法》，法律出版社2001年版，中译本第四分章第104节。

关公司治理问题的司法实践中追究事实董事责任提供了法律依据。

中国《公司法》第一百九十二条规定，"公司的控股股东、实际控制人指示董事、高级管理人员从事损害公司或者股东利益的行为的，与该董事、高级管理人员承担连带责任"。这为追究影子董事的法律责任提供了依据。

> **专栏2-4　　　　中国公司法有关董事责任的规定**
>
> 　　第一百八十八条　董事、监事、高级管理人员执行职务违反法律、行政法规或者公司章程的规定，给公司造成损失的，应当承担赔偿责任。
>
> 　　第一百九十条　董事、高级管理人员违反法律、行政法规或者公司章程的规定，损害股东利益的，股东可以向人民法院提起诉讼。
>
> 　　第一百九十一条　董事、高级管理人员执行职务，给他人造成损害的，公司应当承担赔偿责任；董事、高级管理人员存在故意或者重大过失的，也应当承担赔偿责任。
>
> 　　第一百九十二条　公司的控股股东、实际控制人指示董事、高级管理人员从事损害公司或者股东利益的行为的，与该董事、高级管理人员承担连带责任。

2.2.3　为什么需要董事会的逻辑解释

学术界对于公司制企业为什么需要一个董事会已经有了很多的讨论，如法学界的"管家理论"、经济学界的"委托代理理论"和管理学界的"团队决策理论"等等。如同盲人摸象，它们各自基于一定的事实而各有道理。但是，最基本的道理，也往往是最简明的道理，它的基本逻辑是什么？我们也许可以通过一些简单的思想实验，就能够有个清晰的理解。这里的要点有三个。

没有有限责任，就没有公司的永续生命和无限的扩张前景

首先是因为要让公司股东享有有限责任，没有有限责任，就没有公司的永续生命和无限的扩张前景。

公司制度本身是一套人为设计的事物，不是自然事物。公司是现代民法体系建立起来之后才发展出来的一种新型企业组织形式。公司是法人，是法律上的居民。法律既是给予公司生命的父母，又是护佑公司成长的关键社会环境。股东有限责任和董事会集中管理等基本治理规则，为公司制企业提供了无限的成长边界和吸纳资源及管理能力的空间。

如果没有有限责任，也就是无限责任，那么谁还敢与陌生人合作、共同成为一家公司的股东？这就像几千年的传统社会一样，经济活动的组织仅限于官方靠武力执行的政府企业和民间靠亲缘血缘维系的家族企业，再加上宗教组织所附属的企业活动。

近现代的"大国崛起"与历史上的"大国崛起"，有一个根本性的差异，就是启动了以公司制企业为主体的工业化和经济现代化进程。正是有限责任及其相应的法律支撑，扩展了公司制企业的股东边界，才会产生成千上万以至几十、几百万股东共同拥有的现代大型企业组织。

如果没有配套的董事和董事会制度，有限责任制度则会被股东滥用于过度的冒险、掠夺，而不是真正的企业发展

有限责任制度在带来了扩大股东合作范围和促进股东承担新事业风险这一正效应的同时，如果缺乏相应的约束，也会刺激股东的过度冒险行为，并成为股东掠夺债权人和公司其他利益持有人的一种工具。在有限责任条件下，股东通过提高公司的财务杠杆及从事一些高度风险的项目，可以以有限的损失博取接近于"无限"的高额利润。美国银行业股东的有限责任是从多倍责任经过100多年逐步发展过来的，就是因为银行业企业股东更有掠夺存款人利益和过度冒险的动机与便利条件。

公司制企业中，法律上"董事"的引入，就是为了在提供了有限责任的同时，设立一个追究"无限"责任的通道。作为股东，你可以在财务上享受有限责任的保护，但是如果你由此而胡作非为，则追究你作为"董事"的责任。作为董事的责任，没有了"有限责任"之墙的屏蔽，既是直接追究到个人的，也是"无限"的。这里的"董事"既是一个人的概念，也是一种机制和一种公司法律机关的概念。

董事和董事会制度，进一步扩展了公司制企业的合作边界

现代公司制企业中的董事会制度设计，不仅有其上述防范性的一面，也有建设性的一面。防范性一面的主要表现是可以在股东借有限责任而通过公司胡作非为的时候，追究其作为董事的个人责任。董事会制度对公司制企业发展的建设性的一面则表现为扩展了公司制企业的合作边界。有限责任制度扩展了股东之间物质资本的合作边界，使不相识的股东之间可以共同投资和拥有一家企业。董事和董事会制度则进一步扩展了拥有物质资本的"富人"和拥有管理才能的"穷人"之间的合作边界。

我们可以试想一下，如果没有现代公司制企业及其董事和董事会制度，穷人只能简单地给富人打工，听从富人的指挥调遣。这种情况下只有那些既有物质资本又有管理才能的人才能建立起较大一些的企业，而再有才能的穷人也只能是个低级打工者。中国几千年的传统社会就是这个样子，整个社会的想象力甚至都限于贫穷落难的才子要遇上富家小姐才能改变命运。上帝是公平的，也是人性使然，富家后代甚至仅仅是一个人富裕之后，往往就不再刻苦和努力，"奋斗""拼搏"似乎只是穷困者所能依然拥有的禀赋。

在人类发明现代公司制度之前，我们即使能够找出来一些所谓百年老店，其规模与现代大型公司相比，也实在是小得可怜。同时拥有创建企业的物质资本和管理企业的人力资本的人已经是凤毛麟角，再足够幸运地拥有能够继承和光大父业的后代，就绝对是小概率事件了。"富不过三代"的根本原因，并非家规不好、家教不严，而是没有让有才能的穷人与不想再辛劳的富人及其后代之间能够相互信任并有效合作的一种机制。股份公司制度为这种合作提供了一种用合同替代信任的出路，让企业管理从基于信任关系的"人治"走向基于契约关系的"法治"。一套以有限责任为基础、以董事会为核心的现代企业制度，则可以使富人与穷人双方能够各得其所，"富人"作有限责任的股东，享受财富的快乐并保持财富的增长；有才能的"穷人"得到经营和管理的机会。发展到现代的大型公众公司，穷人和普通人也可以作大公司的股东，让财富创造财富，而不再百分之一百地靠双手吃饭了。

2.3 事实董事：内涵与认定

按现代公司法和公司治理基础规则，名义上被任命为董事的人是"董事"，没有董事名义但实际上在行使董事职责的人也是"董事"。任何人实际行使了本该归属董事的职权，就可以被认定为"事实董事（de facto director）"，从而追究其作为董事的责任。

2.3.1 什么是事实董事

"董事是管理和监督公司业务活动的人，无论其如何称谓。"这是从英、美、加、澳，到欧洲大陆（如比利时），几乎所有发达国家公司法给予"董事"的定义。

基于这一功能性和实质性的董事定义，在公司治理实践中产生了多种类型的董事。在英国，有法律上的董事（de jure directors，以下称法律董事或正式董事）、事实上的董事（de facto directors，以下称事实董事）和影子董事（shadow directors）等等。

正式董事或法律董事是指被公司正式任命（依照公司法和公司章程规定的条件和程序选任）并在工商管理部门（英国公司注册局，Companies House）进行了登记的董事，也会被称为"公司注册董事，Companies House directors"或"登记董事，registered directors"。正式董事按照法律和公司章程的规定，承担董事职责，管理公司事务。

事实董事是指履行董事职能但并未被正式任命为董事的人。英国《2006年公司法》第250条规定，董事是履行董事职责的任何人，无论其称谓如何。即使一个人没有被正式任命为董事，法院也可以将他视为事实董事。这是为了确保董事的职责和潜在责任不会仅仅因为未能在公司注册局登记为董事而被避免。事实董事通常会履行董事的所有职责，并可以做出董事所作的决定，签署公司文件。事实董事也须承担与法律董事相同的职责、义务和潜在责任。

影子董事是指，那些虽然名义上不是公司的董事，但公司董事通常按照其指示或意愿行事的人（英国2006年公司法第251条）。确定一个人是否是影子董事时需要确认：①董事必须在一段时间内习惯性地按照该人的指示或意愿行事；和②该人的指示或意愿与根据其指示和意愿行事的董事之间必须存在因果关系。换句话说，该行为不是无论其指示或意愿如何，董事都会做的事情。

与英国情况类似，根据《加拿大商事公司法》第2（1）条和《安大略省商事公司法》第1（1）条的定义，"董事包括担任或行使董事职权的任何人士，无论其如何称谓。"这就意味着，无论个人的职位是什么，如果他实际在做董事的事情，他就可能将被视为董事。还有一项条款可以认定某人为事实董事，即《加拿大商事公司法》第109（4）条和《安大略省商事公司法》第115（4）条。根据该项条款，在公司所有董事都辞职或被免职时，任何管理或监督公司业务和事务的人应被视为董事。

在Gerald Grupp v. R., 2014 TCC 184一案中，加拿大税务法院认定，已经于1995年辞去董事职务的当事人为事实董事，直到2010年企业关闭。该公司没有其他董事，也没有任命任何人在当事人辞职后接替他。此外，他仍然管理公司事务，并且没有通知第三方他不再是董事。

根据新加坡《公司法》，董事包括以任何名称行使公司董事职权的任何人，包括事实董事和影子董事。事实董事和影子董事要与正常董事一样承担董事的职责、责任和义务。

香港特区法律也有规定，事实董事和影子董事需担负董事责任。

2.3.2 事实董事的三种情况

有三种常见的导致事实董事的情况，或说是有三种常见类型的事实董事。

第一种常见情况是，一个人本已被公司任命为董事，但随后发现，或是其任职资格不足，或是其任命程序有缺陷，不符合公司法或公司章程规定等等，导致其无法成为正式的法律董事。在此情况下，根据现代公司法原理和公司治理规则，其作为董事的行为应有效。这样做的理由是，如果某人被公司列为董事并履行董事职责，则第三方在与他们打交道时有权认定他们是董事。除有限的例外情况，在公司与此类第三方之间，此类董事的行为对公司具有约束力。

第二种常见情况是，任期届满但仍在继续担任董事的前董事。由于中国公司法规定董事的任命必须经过股东大会，以及中国公司实践中普遍性的董事会成员一致性地三年一届安排，经常出现由于没有及时进行董事换届选举而产生的所谓董事会超期服役，严格说来，是已从法律董事变成了一种事实董事。

第三种，也是我们下面要深入研究的情况是，没有任何法律上的董事身份或任命程序，但却实际在承担按公司法和公司治理规则只能由董事承担的职责的人。这类事实董事往往是在公司破产或是公司管理上出现问题时，债权人或是有关执法部门将其作为事实董事提告和追责，而在此之前，公司和其本人可能都没有意识到事实董事问题的存在。

近几十年来，相比任职资格和任命程序瑕疵，更为注重从行为实质上认定事实董事后，第三种情况中的事实董事开始增多，这也使事实董事与影子董事之间的界限趋于模糊。传统概念中，事实董事都自认为是董事，影子董事则不会自认为是董事。现代概念中，是否自认为是董事已经不是认定事实董事的重要因素，重要的是其行为。

当前的发展趋势是，无论因程序瑕疵或任职资格缺失所带来的当事人无意的事实董事，还是为逃避董事责任或免于任职资格审核的当事人有意为之的传统概念上的影子董事和事实董事，如大股东或实际控制人垂帘听政、越俎代庖，幕后指挥或是直接干预公司决策，都可被作为事实董事追究责任。

2.3.3 如何认定事实董事

理论上，事实董事内含于现代公司治理的基础规则和董事管理公司的基本概念之中。实践中，事实董事则由法院在司法判例中做出认定。

判例法上一个被广泛引用的有关事实董事的定义是英国Millet J法官在Re Hydrodam（Corby）Ltd.，[1994]2B.C.L.C.180一案的判决中给出的："事实董事是一个被推定担任董事的人。他被公司当作董事，自己也声称是董事，但并未正式或有效地被任命为董事。认定某人是事实董事，需要证明他承担了只能由董事履行的职责。仅是介入公司管理，或承担了可由董事会层级以下经理完成的管理职责,不足以被认定为事实董事。"

法院认定事实董事,要确定公司的法人治理结构(指导和控制公司的系统),以便客观地看待并考虑所有相关证据,决定相关人员是否是公司法人治理结构的一部分,以及是否承担了只能由董事承担的职责。如果当事人是公司法人治理结构的一部分,而且承担了只能由公司董事承担的职责,则可以认定当事人是公司的事实董事。

虽然各司法判例之间有所差异,并会不时变化,但根据英国的司法判例总结,主要有以下12个指标(并不需要全部满足)会被作为认定事实董事的检测标尺。

①是公司法人治理结构(指导和控制公司的系统)的一部分,并参与决策和指导有关的公司事务。

②是指导公司事务的唯一人,或是对指控事项有重大或主要影响。

③与公司正式董事同样参与指导公司事务,而不是担任下属角色。

④公司董事会遵循该人的决定,而并非只是就相关事项咨询过该人。

⑤公司和第三方视其为董事,自称董事,寻求或默许被称为董事。

⑥是公司银行账户的授权或唯一签字人。

⑦在并非雇员的情况下负责公司的财务职能。

⑧代表董事会与第三方谈判。

⑨招聘和任命公司高级管理人员。

⑩有权代表公司进行干预,以防止发生某些以公司名义进行的行为。

⑪持有该公司的大量股权,以及在公司内没有上层责任人。

在澳大利亚,符合以下条件,就会被法院视为事实董事:在高层管理中发挥重要作用,指导公司,制定决策,协助公司日常运营;有权批准或否决公司有关薪酬和费用的决策;控制公司的银行账户,能访问这些账户并控制公司的财务;曾是公司董事,辞职后继续履行之前的职责。

在比利时,事实董事是指,在未经正式任命为公司董事的情况下行使实际管理和决策权的人。包括公司股东在内,没有法定或合同依据而参与公司管理,就会被法院认定为事实董事,并承担相应的法律责任。进一步说,当公司股东参与决策过程时,即当重要的管理决策需要股东批准时,股东可以被视为事实董事。当根据决策规则,集团内公司的某些决策需要经过集团公司执行委员会(或其一位成员)的批准时,集团公司执行委员会成员也会同样面临被认定为事实董事的问题。

如果属于如下情况,通常不会被认定为事实董事:被指控的行为不属于董事的职责范围,是可以由经理或董事会以下的其他雇员来承担的事项;以雇员、代理人或专业顾问等其他身份所进行的行为;仅是参与公司的管理或对公司的决策施加一定程度的影响;承担相对较小的任务,例如召集会议或承担这些会议的记录工作,没有其他参与。

2.3.4 事实董事的责任

研究事实董事责任,需要首先强调的是,正常(法律上的)董事不能躲在事实董事责任的背后。董事不能通过辩称其职责只是形式上的,而公司实际上由一名或多名事实董事经营来逃避责任。换句话说,董事不能只是"挂名","挂名董事"也要承担董事责任。

事实董事和影子董事都有与公司正常(法律上的)董事相同的受托责任,包括:为公司的最佳利益行事,而不是出于不正当目的,或为自己谋取利益;诚信行使权力和履行职责;避免个人利益与公司利益发生冲突;无不当使用公司信息或其职权;执行公司内部规则和结构;确保公司遵守所有法定义务;确保公司不会无力偿债。事实董事也可以被判取消董事资格,即在未来一定年限内禁止其担任任何公司的董事。

当事人只要实际上行使的权力是属于"董事"的职权范围,就要承担相应的法律责任。一旦违反了这些责任,就要被追究相应的刑事或民事责任。公司面临刑事起诉时,事实董事会同时面临同样的刑事起诉,如偷税漏税,商标侵权,销售伪劣产品,非法雇工等。民事上,事实董事要对员工工资、拖欠税款、不当付息、公司环境责任、产品责任和拖欠罚款等事项承担个人责任。

事实董事的责任可以延伸到一个以上的公司,例如母公司及其子公司。在这种情况下，法院将审查母公司和子公司之间是否存在规范的公司程序，以及实际决策链条是否与公司结构中的法定决策链条相匹配。如果没有规范的公司程序，事实董事可能要同时对母公司和子公司担负责任。

在澳大利亚，违反董事职责的事实董事，会被判最长五年的监禁和20万美元罚款，赔偿公司或他人所受损失或损害，取消未来担任任何公司董事的资格。

比利时《公司法》对公司破产时的事实董事责任做了明文规定，包括对公司债务的责任和社会保障缴款责任。《民法典》《所得税法》和《刑法典》则对事实董事的侵权责任、纳税责任和刑事责任等做了规定。

根据比利时《公司法》第530条，在破产的情况下，如果能够证明事实董事有促成破产的明显严重过失，事实董事可以单独或与公司的董事、前任董事和任何其他具有决策制定权的人共同承担责任。事实董事可能对公司未缴纳的社会保障缴款和罚款负责。国家社会保障局（ONSS）和破产受托人可以向破产法院提出索赔，要求宣布董事、前任董事和事实董事对社会保障缴款、罚款、滞纳金利息等承担责任。

根据侵权法的一般原则（比利时《民法典》第1382条），事实董事可能对公司和第三方承担责任，弥补相关损害的赔偿。根据比利时《所得税法》，无论公司是否宣布破产，如果由于董事或事实董事的侵权行为导致某些税款未按时支付，特别是预付个人所得税和增值税，董事和事实董事要共同承担支付责任。

根据比利时《刑法典》第492条之二，董事、事实董事（或在公司行使法律上或事实上的管理权的其他人）明知会严重损害公司、股东或债权人的财务利益，而以欺诈手段直接或间接使用公司的资产或信贷，可能被判处有期徒刑、被命令支付罚款或被剥夺某些权利（例如担任公职的权利）。

2.3.5 事实董事风险的防范

公司和参与公司管理的个人都应保持警惕，避免出现事实董事，这符合公司和个人两个方面的利益。

就公司来说，首要并最重要的是，建立并遵循清晰的法人治理结构，正式任命董事来管理公司。确保在董事会会议上做出重要决定，并做好董事会会议记录。如果某人的董事任职期限已经结束，或是已经辞去其董事职务，则不应再被视为董事，并要采取措施确保他们仅按照董事会的指示行事。

如果是集团公司，要确保母公司董事和高管在子公司中只有有限的批准权，并且仅在子公司中有非经营性参与。避免经营非正式的公司——或者，如果要这样做，至少要每个处于公司神经中枢位置的人都是正式任命的董事。

使用正式的管理和监督结构，明确界定权限。个人权限范围应以书面形式明确界定，管理人员的权限范围应向内部和外部各方明确，管理层的角色或头衔不应含糊不清。避免在非董事的职位名称中包含"董事"一词，或者暗示并非董事的某人为董事。

将非董事人员排除在公司的法人治理结构和重要政策制定过程之外。如果确需非董事人员参与其中，要明确定义其角色，确保他们与正式董事地位不同，也没有发挥实质性的影响力。

确保非董事始终仅按照全体董事的指示行事，并受到监督和审查。这可以通过职位描述、绩效评估、定期报告/监控来实现。

保持严格的财务控制，例如，限制非董事人员的支出权限，不允许非董事人员成为公司银行账户的唯一签署人，或对公司资产拥有唯一控制权。

避免让非董事人员访问机密的董事会信息。

就个人来说，无论被正式任命为董事，还是事实董事，董事的职责同样适用。所有参与公司重大决策和重大事务的个人，特别是可能被视为在以董事身份行事的人，都应充分了解公司事务和公司的法人治理结构，对参与程度保持谨慎，以保护自己免受可能的问责。

如果不想承担被判定为事实董事的风险，就要与公司政策和决策制定过程保持距离，不要介入公司的法人治理结构之中，不要积极参与公司的高层管理，更不要承担通常应由董事承担的职责。参加董事会会议，与供应商或客户会面的经理人不要自称为董事。

股东、投资者和信贷提供者，有权监督公司并向其提供建议或技术支持，而不被视为事实董事。但是，遵守公司法规定的规则和程序很重要。法院会采取有目的的方法，寻求查明那些对公司管理具有实际影响力的人并追究其作为事实董事的责任。希望行使实际管理和决策权，而不仅仅是监督、影响或向公司提供建议的人，应被正式任命为董事。

可以通过一些方式补救或减轻该等董事责任的财务后果。应检查公司的董事和高级职员责任保险（D&O保险），确保其涵盖事实董事。作为D&O保险的补充，还可以做"保证无害承诺"（hold harmless commitment）安排，即个人或实体（如股东、母公司、子公司等）承诺使董事免受伤害，并承担第三方索赔的财务后果。

中国公司法第一百九十三条规定，"公司可以在董事任职期间为董事因执行公司职务承担的赔偿责任投保责任保险。公司为董事投保责任保险或者续保后，董事会应当向股东会报告责任保险的投保金额、承保范围及保险费率等内容。"

2.3.6 英国案例：母公司董事被判为子公司事实董事

2023年3月20日，英国曼彻斯特高等法院的商事和财产法院发布了"阿斯顿风险管理有限公司诉琼斯及其他"案的判决，一家集团公司母公司的董事被判为其介入管理的集团下属子公司的事实董事，承担相关损失的赔偿责任。

琼斯·李（Lee Jones）是一家控股公司的董事，但他没有被正式任命为其下属子公司的董事。虽然起草了一份股东协议，规定了母公司和子公司如何开展业务，但琼斯·李越来越多地参与到了该子公司的日常运营。例如，领导谈判并发布指示，代表子公司召集和召开管理会议。

琼斯·李的活动一直不为人所注意，直到该子公司资不抵债，进入破产程序。琼斯·李被指控为该子公司的事实董事。琼斯·李辩称，他是以母公司董事身份行事，而不是以该子公司董事的身份行事。高等法院裁定，琼斯·李是该子公司事实上的董事，违反了其作为事实董事的受托责任（breach of his fiduciary duties as a de facto director）。

琼斯·李是因其行为而成为该子公司事实董事的。琼斯·李是否承认他是事实董事无关紧要，因为法院采用了客观标准来确定他的事实董事身份。例如，参加子公司的管理会议并代表子公司任命律师。大量参与该子公司的运营管理，是日常决策背后的业务主导人物。法院重申了认定事实董事的三项重要原则，即：履行了只有董事才能履行的职能；是公司法人治理结构的一部分；是可能对公司业务管理拥有最终控制权的人或几人之一。

如果法院认定控股公司是其子公司的法人董事，在其子公司的法人治理中有自己的法律角色，这一案件的结果会有所不同。

如果琼斯·李是母公司的雇员，而非董事，则有可能不会被判为子公司的事实董事，因为雇员的身份使其在做有关决策时，没有作为事实董事所必要的独立性。

2.3.7　比利时案例：不积极作为则不产生事实董事的责任

尽管一些学者认为，如果一个人将他的意愿强加给公司董事，就足够被认定为事实董事了。此时那些董事不再有足够的自主权来做出独立决定，从而使该人成为事实董事。但是比利时法院对事实董事的概念采取了比较狭义的立场，认为如果一个人仅仅是对公司决策施加影响，没有直接在管理上采取积极行动，不算作事实董事。

在Boddart Fittings案中，布鲁塞尔上诉法院驳回了一项指控比利时政府为一家破产中公司事实董事，有赔偿责任的请求。比利时政府（通过一个投资基金）向一家公司提供了贷款，并要求该公司任命一名危机管理经理。在该公司破产后，比利时政府被指控，应作为事实董事承担责任。上诉法院驳回了这一要求，理由是比利时政府作为投资者有权监督该公司。

法院还指出，危机管理经理与该公司签订了雇佣合同，其在执行任务时完全独立于比利时政府，因此，比利时政府没有采取任何积极的管理行为。监督、监测和提供咨询或技术支持不被视为积极的管理行为，因此不产生事实董事问题。事实上，这些是股东、信贷提供者和私募股权基金等金融投资者等常有的行为。

2.4 恪守管家本分：董事的忠实义务

法律在赋予公司制企业董事权力的同时，相应地设置了约束这种权力的责任。从责任对象来说，董事的法律责任包括对公司的责任、对雇员的责任、对债权人的责任以及对第三人的责任等等，其中对公司的责任可以说是最为核心的。董事对公司的法律责任主要包括忠实义务和勤勉义务两个大的方面。

中国《公司法》第一百八十条规定了"董事、监事、高级管理人员对公司负有忠实义务，应当采取措施避免自身利益与公司利益冲突，不得利用职权牟取不正当利益"。公司的控股股东、实际控制人不担任公司董事但实际执行公司事务的，适用此款规定。正式担任董事和没有正式担任董事但实际执行了董事职能的事实董事，都要对公司承担忠实义务。

中国的诸多问题都处在一种"一统就死，一放就乱"的循环之中。美国在以公司自由、进入现代公司时代之初，也曾一度十分混乱，但是很快就建立和健全了一套公司治理规范，从而使美国公司能在一套公司治理规范之下，得到充分自由的发展。这里的逻辑是，公司经营自由需要公司治理规范，良好的公司治理规范又给公司提供了更大的经营自由和自主空间。

建立和健全公司治理规范的一条根本原则是，促进以公司、经营管理人和发起人为一方，以投资人、股东和债权人为另一方的双方之间的诚信交易，但又不能损害商业效率。公司在商业世界中应有自由经营之手，而在内部事务中应有严格的保证诚信的制度，必须规范公司职员、董事、股东、债权人之间的关系。

2.4.1 忠实义务的核心内容

董事忠实义务的核心内容是，公司董事不能利用其作为董事的身份，侵占和损害公司而谋求私利。除了挪用公款、收受贿赂、滥用公司财产等等这些很明显的过错行为之外，还包括董事不能与公司竞争，不能利用公司机会，不能泄露公司机密，不能从事内幕交易和公正处理有利益冲突的交易等等。

专栏2-5　　中国公司法有关董事忠实义务的规定

第一百八十一条　董事、监事、高级管理人员不得有下列行为：

（一）侵占公司财产、挪用公司资金；

（二）将公司资金以其个人名义或者以其他个人名义开立账户存储；

（三）利用职权贿赂或者收受其他非法收入；

（四）接受他人与公司交易的佣金归为已有；

（五）擅自披露公司秘密；

（六）违反对公司忠实义务的其他行为。

第一百八十二条　董事、监事、高级管理人员，直接或者间接与本公司订立合同或者进行交易，应当就与订立合同或者进行交易有关的事项向董事会或者股东会报告，并按照公司章程的规定经董事会或者股东会决议通过。

董事、监事、高级管理人员的近亲属，董事、监事、高级管理人员或者其近亲属直接或者间接控制的企业，以及与董事、监事、高级管理人员有其他关联关系的关联人，与公司订立合同或者进行交易，适用前款规定。

第一百八十三条　董事、监事、高级管理人员，不得利用职务便利为自己或者他人谋取属于公司的商业机会。但是，有下列情形之一的除外：

（一）向董事会或者股东会报告，并按照公司章程的规定经董事会或者股东会决议通过；

（二）根据法律、行政法规或者公司章程的规定，公司不能利用该商业机会。

第一百八十四条　董事、监事、高级管理人员未向董事会或者股东会报告，并按照公司章程的规定经董事会或者股东会决议通过，不得自营或者为他人经营与其任职公司同类的业务。

第一百八十五条　董事会对本法第一百八十二条至第一百八十四条规

定的事项决议时，关联董事不得参与表决，其表决权不计入表决权总数。出席董事会会议的无关联关系董事人数不足三人的，应当将该事项提交股东会审议。

第一百八十六条　董事、监事、高级管理人员违反本法第一百八十一条至第一百八十四条规定所得的收入应当归公司所有。

作为"管家"的董事，难免与公司之间发生一些利益冲突事项，其中最为典型和常见的就是董事从公司获取报酬和董事向公司借款。董事自然希望报酬多多益善，但是股东则希望董事报酬应该适可而止。

法律对于那些不可避免的董事与公司之间有利益冲突的交易事项，基本采取"批准"和"公平"两项检验标准。所谓"批准"标准，就是要事先通过一套程序来把关，包括有利害冲突的董事回避投票，或者经过股东的批准等等。所谓"公平"标准，就是在缺少事先的程序标准的情况，如果能够证明该项交易对于公司是公平的，则该项交易仍然可以有效。

专栏2-6　解决忠实义务问题的核心原则：批准与公平

《特拉华州普通公司法》关于公司与其董事、经理或其董事、经理有利益关系的实体之间交易"有效性"的规定

（a）一家公司和一位或数位本公司的董事或官员之间的合同或交易，或者一家公司和其他任何一家公司，合伙组织，团体或其他组织的合同或交易不能仅仅因为该家公司的一位或多位董事或官员正好也是合同或交易对方的董事或官员；或者仅仅因为他们在此合同或交易中有钱财利益；或者仅仅因为该公司的董事或官员出席或参与了批准该合同或交易的董事会或董事会的委员会；或仅仅因为在计算上述会议的投票数时，把上述有个人利害关系的董事等也计算在内；就应当认为该合同或交易是无效的或是可以令其无效的；如果：

（1）重要的事实如上述董事等和该合同或交易的关系或在其中的个

人利益以及合同和交易本身都已告知董事会或有关委员会或已经为他们所知晓，而董事会和委员会是善意地因为有与此合同或交易**无个人利害关系的董事中的多数肯定票**，才同意该合同或交易的，即使是上述无个人利害关系的董事人数不能构成会议的法定人数；或者（批准原则，无利益关系的董事批准——作者注，关键词句亦由作者加为粗体）

（2）重要的事实如上述董事等和该合同或交易的关系或在其中的个人利益以及合同和交易本身都**已告知有权对此事表决的股东或已经为这些股东所知晓而股东仍是善意地专门为此表决通过**；或者（批准原则，知晓情况下的股东批准——作者注，关键词句由作者加为粗体）

（3）在该合同或交易在被董事会或其委员会或股东赞同或批准的当时，**对公司来说是公正而合理的**。（公平原则——作者注，关键词句由作者加为粗体）

（b）在董事会或一个委员会的会议上要批准该合同或交易时，如要计算当时的法定人数，则可把普通董事和对此有个人利害关系的董事都计算在内。

（《特拉华州普通公司法》第四分章"董事和官员"，第144节"有个人利害关系的董事；法定人数"，特拉华州法典，第8篇，第144节，1983年）。

中国公司法已经明确了董事的忠实义务，但是相应的司法实践经验还不多。有关方面对这一问题的理解，也还不够深入和具体。下面我们从公司法历史最长、实践最丰富的英国选取几个经典案例，来对董事忠实义务作进一步的说明。英国学者丹尼斯·吉南在其所著《公司法》一书[①]中为我们提供了几个有关董事忠实义务的法院判例。为了易于理解，笔者进行了改写和重新表述。

---

① （英）丹尼斯·南吉著，朱羿锟等译：《公司法》，法律出版社2005年6月第1版。

2.4.2 不能与公司竞争

关于不能与公司竞争，中国公司法第一百八十四条规定，"董事、监事、高级管理人员未向董事会或者股东会报告，并按照公司章程的规定经董事会或者股东会决议通过，不得自营或者为他人经营与其任职公司同类的业务。"

判例：实业开发顾问公司诉其前首席执行官库雷

董事应该尽力为公司工作，不能与公司竞争。即使是在董事离职之后，仍然负有不能与公司竞争的法律责任。这一点，我们可以从下面这个英国1972年的判例中看得很清楚。

被告库雷是个优秀的建筑师，曾任原告实业开发顾问公司的首席执行官。实业开发顾问公司提供过顾问服务的东方煤气局要建造四个补给站，实业开发顾问公司非常想获得该合同。库雷代表实业开发顾问公司与东方煤气局接洽，但被告知东方煤气局高管不愿聘请实业开发顾问公司。库雷意识到这是为自己获得这项合同的良机，于是装病而终止了与实业开发顾问公司之间的雇佣合同。随后不久，库雷采取了一些措施，最终为自己获得了东方煤气局这四个补给站的合同。实业开发顾问公司起诉库雷，要求其返还建造这四个补给站所获利润。

法院判决库雷违反了其忠实义务，须向公司返还所获利润。实业开发顾问公司自身可能得不到该合同的事实无关紧要。在审理该案的罗斯吉尔法官看来："可见，不能肯定地说，原告就能获得该合同……但是另一方面，原告也总是有机会说服东方煤气局改变主意，具有讽刺意味的是，被告正好有义务设法说服对方改变主意。被告现在说，原告没有遭受任何损失，这倒显得很奇怪，因为他根本就没有成功地说服对方改变主意。"（吉南，297页）。

中国的很多企业高管，无论国企的还是民企的，离职之后从事与公司竞争性的业务活动，很少受到法律的处罚，导致原企业因此而步履维艰，甚至陷入困境。

2.4.3　不能利用公司机会

关于不能利用公司机会，中国公司法第一百八十三条规定，"董事、监事、高级管理人员，不得利用职务便利为自己或者他人谋取属于公司的商业机会。但是，有下列情形之一的除外：（一）向董事会或者股东会报告，并按照公司章程的规定经董事会或者股东会决议通过；（二）根据法律、行政法规或者公司章程的规定，公司不能利用该商业机会。"

判例：雷格尔公司诉其董事古利夫等人

雷格尔公司拥有1家电影院，欲再购2家电影院，以便将3家影院一并出售。雷格尔公司成立了一家新的子公司，由其购买2家新影院，但因为雷格尔公司拿不出购买影院的全部资金，便由公司董事购买了该子公司的一部分股份，凑足了必要的资金，该子公司购买了这2家新影院。最终雷格尔公司及其子公司的股份得以出售并且赢利。雷格尔公司的新控股者起诉这些董事，要求返还所获利润。

法院判决这些董事必须向雷格尔公司返还利润。因为只有担任董事职务，他们才有机会了解到可以购买该子公司股份，并因此获利。法院尤其强调，只有以下情形成立，董事就有义务向公司返还其自身所获利润：董事所为与公司事务如此相关，以至于可以合理地认为，是利用了其作为董事的机会和所得信息（吉南，298页）。

和与公司同业竞争相比，很多中国企业高管，甚至就没有把利用公司机会当作是违法行为。很多集团公司的高管在下属公司中持有股份，如果深究，其中可能有利用公司机会的问题。

2.4.4　可以存在的竞争和可以利用的机会

关于可以利用的商业机会，中国公司法第一百八十三条的规定，满足下面两个条件之一则不属于"谋取属于公司的商业机会"：（一）向董事会或者股东会报告，并按照公司章程的规定经董事会或者股东会决议通过；（二）根据法律、行政法规或者公司章程的规定，公司不能利用该商业机会。

判例：比索银矿业公司诉其董事克罗裴

董事不能与公司竞争和不能利用公司机会，并非绝对的。如果法律绝对禁止董事从事任何与公司之间有竞争的业务活动，也绝对禁止董事利用公司机会，就会丧失很多公平的交易和有利的机会，尤其是对于非上市公司来说，情况更是如此。

迪克森与比索公司董事会接洽，欲将其与比索公司财产毗邻的126个探矿权出售给比索公司。比索公司董事会经过讨论之后，拒绝了该交易。然而比索公司的地质专家随后组建了一个克罗斯鲍矿产公司购买该探矿权。克罗裴是比索公司的董事，参与了早先比索公司董事会拒绝该项交易的决策。但是克罗裴个人在克罗斯鲍公司投资了，是股东。克罗裴遭到比索公司起诉，要求将其取得的克罗斯鲍公司股份返还给比索公司。

加拿大最高法院认为，克罗裴无须返还。从事实来看，克罗裴及其董事同僚完全是出于善意为比索公司利益而行事，拒绝该要约有充分的商业理由。没有证据表明，克罗裴拥有隐瞒董事会的秘密信息或者其他信息。法院还查明，克罗斯鲍公司邀请克罗裴加入，并非因为其比索公司董事的身份，而是作为一个普通的风险投资者（吉南，299页）。

2.4.5 不能与可以：差异何在？

不仔细分析的话，上述两个"不能"的案例和一个"可以"的案例之间，很难看出明显的差异。这之间的界限应该如何把握？

第一个"不能"的案例中，首席执行官没有努力为公司赢得这个商业机会，而是辞职后自己干；第二个"不能"的案例中，董事是直接利用了作为董事才有的投资机会；而第三个"可以"的案例中，该董事是在公司明确否决该项目之后才投资的。差异就在这里，董事可以在公司明确拒绝一项业务或一次机会之后，再自己从事该项业务或利用该项机会。

那么董事是否可以有预谋地以"董事"之权力预先否决一个公司机会，

然后再自己干呢？这里的关键点就是，其作为公司董事所做出决策是否是"善意"的。如果被证明该董事为了能以后自己干，当初故意隐瞒了一些重要的相关信息或者没有充分利用相关信息，而致使董事会做出了拒绝的决策，则会判处该董事违背了其应尽的忠实和勤勉义务。

与公司竞争和利用公司机会这两方面的董事忠实义务问题，在中小企业、合资企业和非上市公司中要比在大型企业和上市公司中更为普遍一些，也是中国健全公司治理、强化董事责任的一个关键环节。下面我们再根据美国法律研究院《公司治理原则：分析与建议》（楼建波等译，法律出版社2006年8月第一版）对这个问题作些介绍。《公司治理原则：分析与建议》是美国法律研究院的"美国法律重述"项目之一，虽然本身并非法律文本，但因广为法官引用，实际影响很大，有成为美国实际法律的可能。该研究院制定的"统一商法典"已经由美国各州立法机构通过，成为名副其实的美国统一商法典。

2.4.6　可以与公司进行的竞争：治理原则与例证

美国法律研究院《公司治理原则》的第5.06节规定，董事或者高级主管不得从事与公司相竞争的活动而为自己谋取金钱利益，除非：①这种竞争给公司带来的合理的可以预见的损害，要小于公司从这种竞争中可能获得的合理利益，或者这种竞争不会给公司带来损害；②这种竞争是在进行了有关利益冲突和竞争的信息披露之后，经过了无利益冲突的董事的批准；③这种竞争获得了无利益冲突的股东的事前授权。

这里的竞争包括对客户的竞争，对供应的竞争，对雇员或者商业财产的竞争等等。但是只有该董事是直接为个人利益而行为时才被看作是与公司竞争。如果一名董事仅仅是在另外一家竞争对手的董事会任职，则不在此列。

如果没有合同约定的限制，一名董事或高管，为在公司任职结束后与公司进行竞争而进行有限度的准备，这一事实本身并不构成违反义务。关键要看这种准备的性质和其对公司业务的影响。如果在这一准备过程中，将公司的商业机密挪作己用或滥用保密信息，或者攫取公司机会，或者为个人利益而游说公司客户等等，则违反了董事或高管应尽的忠实义务。

例证：由无利益冲突的董事批准，可以进行竞争，但是如果情况发生变化，则要重新审查

X公司从事平板玻璃的生产活动并拥有1家工厂。产品的需求非常旺盛，远远超过了X公司的生产能力，在可以预见的未来一段时期，X公司不能满足产品订单的需求。X公司董事会决定不扩大生产规模，以免放松产品质量控制。A先生是X公司的董事但非高管，他希望自己建设一家工厂，以满足X公司不能满足的对平板玻璃的市场需求。在这种情况下，X公司的无利益冲突的董事可以作出适当的结论，认为A先生计划开厂的行为对X公司并不构成威胁。A先生得到了授权，可以开设新厂。

但是，在A先生建设了他自己的工厂之后，X公司的董事会又决定扩建X公司的工厂，以满足增长的市场需求。A先生一面担任X公司董事，一面其工厂又与X公司竞争，这就违反了董事的义务。这时，除非X公司的董事或股东判断，留用A先生担任公司董事给公司带来的利益要超过这种竞争对公司的损害，否则A先生应该辞去X公司董事的职务。（美国法律研究院《公司治理原则》第352页）

2.4.7 可以利用的公司机会：治理原则与例证

美国法律研究院《公司治理原则》的第5.05节规定，董事或者高级主管不得从公司机会中获利，除非：①首先将该机会提供给公司，并且披露有关利益冲突及公司机会之情势；②该机会被公司所拒绝；或者③拒绝该机会对于公司是公平的，经披露之后该机会的利用已经被无利益冲突的董事所批准，公司对该机会的拒绝已经经过无利益冲突的股东的事先授权或者批准。

什么是公司机会？美国法律研究院《公司治理原则》在其5.05（b）节中给出的定义是：①作为董事或高管而获知的任何商业机会，如果：（A）是在履行职责时而得知，或者有理由相信提供机会的人意图是将这个机会提供给公司；（B）通过使用公司的信息或财产而获得，并且有理由相信，该董事或高管能够预见到该机会对公司是有利的。②作为董事或者高管所知晓的任何商业机会，该机会是与公司正在从事或者将要从事的商业活动具有密切联系的。

例证：什么情况下属于和什么情况下不属于利用公司机会

A先生是从事钢铁制造业的X公司的首席执行官。尽管X公司目前没有进行业务多元化的计划，但如果A先生在履行其作为X公司首席执行官职务的过程中获得并接受了一个收购从事发展太阳能商业化用途的Y公司全部股权的机会，如果A先生将这个机会据为己有，他就属于攫取了上面有关公司机会定义中①（A）下的公司机会（是在履行职责时而得知，或者有理由相信提供机会的人意图是将这个机会提供给公司）。

如果其他事实与上面的情况相同，但是A先生获得的机会是通过参与Y公司股票私募而进行投资，而且A先生是以其个人身份而非X公司首席执行官身份获悉该机会的；那么A先生并不负有将该投资机会提供给X公司的义务。

如果其他事实与上面的情况相同，但A先生被提供的机会是生产铁矿石的Z公司的股权，而且A先生是以其X公司首席执行官的身份获悉该机会的；那么A先生获得的机会就属于前述定义中①（A）下的公司机会，而且他必须将此机会提供给公司。即便A先生不是在履行其作为X公司首席执行官职责过程中获悉该机会的，根据前述公司机会定义中（2）条（该机会是与公司正在从事或者将要从事的商业活动具有密切联系的），他也必须将这个机会提供给公司。（美国法律研究院《公司治理原则》第336页）

有关董事和高管利用公司机会的问题，可能是公司治理和董事忠实义务及公平交易义务中最难判断与有效解决的难点问题之一。在美国这样公司治理法律发达的国家中，董事、高管或者控股股东已经很少有明显的对公司和中小股东的掠夺性行为，但是利用公司机会的问题，则不那么容易解决。中国在这个方面，最多只能说是刚刚起步。甚至可以说，缺乏对利用公司机会行为的有效控制，是中国职业董事、职业经理人制度发展不起来的一个根本原因。

2.5 董事的勤勉义务和商业判断准则

中国《公司法》第一百八十条规定了"董事、监事、高级管理人员对公司负有勤勉义务,执行职务应当为公司的最大利益尽到管理者通常应有的合理注意"。公司的控股股东、实际控制人不担任公司董事但实际执行公司事务的,适用此款规定。正式担任董事和没有正式担任董事但实际执行了董事职能的事实董事,都要对公司承担勤勉义务。

董事违反忠实义务、谋求私利是无法免除其法律责任的,但是对于由于疏忽等原因带来的违反勤勉义务的问题,则有一些是可以免除责任的。否则,过于严格的勤勉义务标准可能会不利于公司吸引那些有能力、称职的人担任董事。同时由此导致董事行为过于保守,对于公司股东价值的最大化也会有不利影响。

2.5.1 勤勉义务的内涵及其与忠实义务的区别

勤勉义务(Duty of Care),也称注意义务或审慎义务,和忠诚义务一并构成公司董事和高管法律义务的两大种类。忠诚义务的着重点在于董事行为的目的和做出决策的出发点是否正确,是否是为了公司的利益最大化;勤勉义务的着重点则是董事行为本身和做出决策的过程是否尽职和是否到位。

通俗地说,所谓"勤勉义务",就是要求董事处理公司事务时能像处理个人事务时那么认真和尽力,或者说董事必须以一个谨慎的人在管理自己的财产时所具有的勤勉程度去管理公司的财产。在美国,有关董事勤勉义务,最常被引用的正式表述有两个。一个是美国《示范公司法修正本》,其表述是,董事在履行职责时必须:①怀有善意;②要像一个正常的谨慎之人在类似的处境下应有的谨慎那样去履行职责;③采用良好的方式,这是他有理由相信符合公司利益的最佳方式。另一个是来自1966年宾夕法尼亚州的一个判例:一般的审慎之人在类似情况下处理其个人事务时应尽到的勤勉、注意与技能。

在英美国家的公司治理法律传统上,忠实义务和勤勉义务的区别是明显的。法院对违反忠实义务行为的审查相当严格,而对于违反勤勉义务行为的审查则相对宽松。但是从经济学的角度看，所谓忠实义务和勤勉义务两者在本质上都是因为存在代理成本和利益冲突而降低了投资者的福利，它们之间却并没有多少实质性的区别。以至《公司法的经济结构》一书的作者说，"在给定报酬的条件下，工作努力程度与此不相称，这称为违反勤勉义务；而在给定工作量的情况下，获取了过高的报酬，这称为违反忠实义务。这两者之间有什么区别呢？"

纯粹的法学家倾向于用是否存在利益冲突来解释忠实义务和勤勉义务的区别，美国法律学会的《公司治理原则》甚至采用了一个"公平交易义务"的概念来涵盖传统上忠实义务概念所指的那些内容。从事法律分析的经济学家则认为对违反义务行为的惩处机理和政策取向不同，也许是区分忠实义务和勤勉义务的一个更好解释。属于"偷懒"和"工作不努力"性质的违反勤勉义务的行为，具有连续性和持续性，可以通过一些公司自律和市场化的办法，如考评、升迁和解聘等来解决；而忠实义务，则通常是针对那些巨大的一次性盗用行为，行为人抱有"捞一把就跑"的心态，事后性的市场惩罚措施远远不够用，此时法律上的"责任规则"就成为了最有效的办法。而且与违反勤勉义务的不努力、不谨慎行为相比，法院更容易辨别违反忠实义务的盗用行为，相应的质询成本和判错概率也低。

判别一个董事是否"勤勉"的标准，要比判别其是否"忠实"难得多。从判例法上看，董事违反勤勉义务可以分为三种情况或说是不够勤勉的三种程度：不作为、严重的疏忽和纯粹的过失。著名公司法专家克拉克采用演员上台后表演拙劣的三个等级来比喻董事不够勤勉这三种情况。董事的不作为——演员上了台却说不出台词，这是因为他甚至没有想过去记住它；董事的严重疏忽——演员上了台却把台词说错了，这是因为他的台词背得不熟；董事的纯粹过失——演员上了台，台词也说的对，但是演技却很糟糕，这是因为他缺乏天分或者排练的不够充分。针对董事违反勤勉义务的起诉，一般都处于上述的第一个等级，即成为一名董事之后，没有承担起这个职位应尽的正常职责。不参加董事会会议，不用心了解公司经营状况，不认真阅读公司有关报告等等，都属于违反了勤勉义务。下面我们从英国和美国的有关判例中摘取几例，以进一步说明董事的勤勉义务。

2.5.2 勤勉义务判例的历史发展：标准趋向提高，范围趋向扩展

多彻斯特财务公司诉其董事。董事疏忽大意，被判赔偿公司损失。这是英国1977年的一个判例。多彻斯特财务公司有S、P和H三名董事，但只有S全天候打理公司事务，P和H是非执行董事，很少来公司。S和P都具有会计师资格，H具有丰富的会计经验但是没有会计师资格。基本案情是：S让公司贷款给与他有关联关系的个人和公司。之所以能够这样做，是因为P和H应S的要求，签署了公司账户的空白支票。该贷款违反《贷款人法》，且没有足够的担保，以至于公司无法收回该贷款。公司提起诉讼，指控三名董事疏忽大意和滥用公司财产。法院判决，这三名董事均须赔偿公司的损失。S作为执行董事严重疏忽大意，P和H作为非执行董事在履行其职责时没有尽到应有的必要技能和审慎义务，尽管有证据证明他们是基于善意而行事的。从该案可以看出，在法官看来，非执行董事不参加董事会，或对公司事务不闻不问，而只是依靠经理或其他高管的技能与勤勉，均属于不合理。

多彻斯特财务公司判例对非执行董事的勤勉义务适用了一个比以前更高的标准。在1925年的一个类似案例——城市衡平火灾保险公司案例中，董事会几乎将管理大权都交给了董事长，董事长有欺诈行为，但是法院并没有判定其他董事违反勤勉义务。判决该案的法官认为："①与可以合理期望的与其具有同等知识和经验的人相比，董事无须具有更高的技能；②董事无须对公司事务给予持续的关注，其义务是在定期董事会上履行职责，具有间歇性……他无须参加所有的董事会会议，但只要可以合理地认为他可以参加的，即应参加；③鉴于业务机会稍纵即逝以及章程细则之规定，其所有职责均可适当地托付给其他高管，只要没有可疑事由，董事托付高管诚实地履行职责是合理的。"

董事疏忽大意、违反勤勉义务，给公司带来损失要赔偿，给第三人带来损失也要赔偿，这在英国1989年的一个判例——托马斯·桑德斯合伙公司诉哈维中有明确的表现。原告为建筑师，承揽办公室室内修整工程，其工程内容之一是提高入口地板。被告是该工程分包商地板公司的董事。当问及其地板是否符

合有关规格时,他书面确认说符合。但事实是该地板并不符合要求,该建筑师被最终用户请求赔偿。因地板公司已经清算,便要求被告赔偿。该请求得到法院支持,其理由便是董事的疏忽大意。尽管书面确认书是以公司名义发出的,但是被告是该领域的专家,在发出有关陈述时就应该承担审慎义务。他应该对其疏忽大意负责。本案法官没有发现,为什么公司人格会影响个人的疏忽大意的责任。(本节案例资料摘编自丹尼斯·吉南《公司法》)。

提高董事勤勉职责标准也会带来一种风险:因缩小了可选董事范围而降低了公司治理的质量。不过,真正的危险只存在于董事责任的法律标准不清晰,以及法院判决行为不可把握或者存在腐败的情况中。

2.5.3 不以成败论英雄:注重决策过程而非结果的董事责任标准

董事最多也就是一些经验比较丰富的人,而不是神,因此不应当要求公司董事和高级主管能够保证事先预见到公司会面临的每一个危险,发现和解决公司存在的每一个潜在问题,防止和阻止公司的每一个可能的不正当行为。

商业判断准则为正常的商业决策提供一种保护,使其与那些董事持续渎职所作的决策相区别。商业判断准则的核心思想是,保护那些合理和信息充分的商业决策,不论事后的结果证明这些决策的对与错,以便激励风险承担和创新性的企业行为。通俗点说,就是公司治理的法律和责任追究规则上,要"不以成败论英雄"。成或败作为一种结果,都是公司股东要接受的——享有收益、承担风险。对于公司董事和高管,这种"结果"则是通过一系列的市场机制来发挥其激励与约束作用的。

商业判断准则为公司董事和高级主管提供了一种安全港,让他们能够在理性地相信是为公司的最佳利益行事的情况下,做出诚实、基于可靠信息的决策。这一准则通常"假定"董事和高管实施了恰当的行为,从而要求对此提出质疑的人提供证据,即起诉者负有证明董事或高管违反了注意义务的举证责任。

2.5.4 商业判断准则的三个构件：善意、无私利和知情决策

商业判断准则是由法院在判例法中逐渐发展起来的，缺少成文法上的完整描述。美国法律研究院在其《公司治理原则：分析与建议》的第4.01d条中给出了一个比较清晰的定义，其三个关键的构成要件是：①与该商业判断的有关事项没有利益关系；②在当时情况下可以合理地相信所知悉的有关商业判断事项的范围是恰当的；③理性地相信该商业判断是为公司最佳利益而做出的。

根据商业判断准则，符合有关构件标准的商业判断，无论其最终执行的结果如何，都会受到法律的保护，董事无须承担个人赔偿责任。但是这里有一个前提条件，就是这首先必须得是一项"商业判断"，必须是运用了判断力的、一项自觉做出的商业决策。在没有明确地做出有关"商业决策"的情况下，"商业判断准则"是提供不了保护，并且也没有必要提供这种保护的。比如某位董事持续收到了财务报告但是没有阅读，从而导致公司财产被掠夺，或者董事没有为公司建立必要的审计监督程序，从而造成某位主管携公司资金潜逃等等，都不能得到商业判断准则的保护。

善意即是出于公司的最佳利益，它和无利害关系，是两个相关联的商业判断准则适用的先决条件。如果一项商业决策被发现董事在其中有利害关系，"商业判断准则"则不再适用。此时"举证责任"将转移到该董事身上，他要证明该项交易对于公司是公平和合理的。

个人独断的拍脑袋决策是得不到商业判断准则保护的。只有知情决策，基于向董事会提交的解释性的报告而做出的决策，才能得到商业判断准则的保护。法院基于商业判断准则而不干涉商业判断，是假设当事人已经以合理的谨慎行使了判断。董事们要想得到商业判断准则的保护，就必须在做出一项决策之前，获得他们可以合理地相信可以获得的全部重要信息。公司董事会的决策不是作学术研究，不可能有十分充裕的时间并不计代价地获得全部信息后才决策。公司在要市场上竞争，很多商业决策必须在有限的时间内做出。因此商业判断准则允许董事在确定他应当在何种范围内知情时，将实际可利用的时间考虑在内。

获得多少信息才算是"可以合理性相信是可以获得的全部重要信息"呢，这并没有一个精确的标准。根据美国法律研究院的有关评注，评判这一问题要考虑如下一些要素。①所做出商业决策的重要性；②决策所允许的收集信息的时间；③获得有关信息的费用；④董事对研究某一事项的人员及作介绍的人员的信任程度；⑤公司当时的业务状况及董事会需要注意的其他事宜。

2.5.5 董事可以依赖公司高管和专家，但是专家董事则要运用自己的专业判断

现代公司的规模和复杂性都迫使公司董事在很大程度上要依赖其他董事或高级主管、职员、专家以及董事会的专门委员会。除非存在可疑的情形或不同寻常的事实，使得不作进一步查证显得非常不合情理，董事和高级主管没有义务对他们所依赖的信息、报告、陈述等进行亲自调查和求证。

根据英美国家有关董事勤勉义务的法院判例，一般而言，在下述情况下，董事可以免于承担责任。在没有其他信息的情况下，董事可以假定经理人员和高级职员是忠诚的；如果董事是诚实地依赖由负责任的公司高级职员、顾问或者董事会的委员会准备的信息、意见、报告或者陈述，那他就可以不承担责任。但是，如果一位董事自身所拥有的对有关事务的专业知识足以使这种依赖成为不合理和没有根据的，那么该董事就不能被认为是在真诚地行事，也就是要承担责任。

这就是说，对于专家型董事和非专家型董事，在判别他们是否是在忠实合理地依赖公司高管和专家的"标准"上是有差异的。没有专业知识的人出任董事可以依赖专家，只要其行事的过程是忠实于公司的，则可以不承担责任。但是像律师、会计师和银行家等这样一些专业人士出任董事，则必须要运用自己的专业知识，如果他们也是不动脑筋地"依赖"公司高管和专家，没有发挥作为一个专家应该能够发现的错误信息或建议，则要承担违反勤勉义务的法律责任。

> **专栏2-7　《特拉华州普通公司法》关于董事可以善意地信任专家的规定**
>
> 　　董事会中的一员或是由董事会任命的委员会中的一员在履行他们的职务时，如善意地信任公司的记录，或信任由任何一位公司官员或雇员或董事会中的委员会，或者合理地信任某个由公司小心地或为公司利益小心地挑选出来的，在职业或专门知识都胜任合格的某个人在其业务范围中，向公司提出的信息、意见、报告或陈述，则对这种信任应当充分地给以保护。
>
> 《特拉华州普通公司法》第四分章"董事和官员"第141节（e）。

2.5.6　忠实正直并且没有严重疏忽的错误，归市场管，不受法律的惩罚

　　缺乏对董事责任的追究，会阻碍董事和董事会在现代企业制度中的真正到位；缺乏经营判断准则的保护，使董事和董事会的权力受到随意干预，也同样会阻碍董事和董事会在现代企业制度中的真正到位。就董事的忠实义务、勤勉义务和经营判断准则的综合作用来看，我们可以将公司治理的基本法律根基概括如下。

　　法律创建了现代公司制企业，赋予股东有限责任的好处，赋予董事（董事会）管理公司的责任与权力。在严格追究董事的忠实和勤勉这两大义务的同时，也以经营判断准则对董事决策权力的行使提供了充分的保护。所有正常、合理范围内的商业决策都受到商业判断准则的保护。任何对董事所作决策的法律责任上的质疑，都不能根据该决策本身的质量和是非曲直以及决策带来的实际最终结果好坏来衡量。除非，这一决策事项带有欺诈、利益冲突或是非法的，或是达到了重大过失和重大疏忽的程度。

　　现代公司制企业能够发展到不受发起人、创始人和任一单一股东的控制，如"脱缰野马"或说"断线风筝"一样，自由驰骋、高飞，依赖的就是来自董事（董事会）这种机制的推动。董事们责任大、权力同样大，董事们可以放开

手脚、敢作敢为，只要目的正确、别犯程序性的错误，是非任由评说，成败则由市场奖惩。

专栏2-8　中国公司法有关股东诉讼董事、高管的规定

第一百八十八条　董事、监事、高级管理人员执行职务违反法律、行政法规或者公司章程的规定，给公司造成损失的，应当承担赔偿责任。

第一百八十九条　董事、高级管理人员有前条规定的情形的，有限责任公司的股东、股份有限公司连续一百八十日以上单独或者合计持有公司百分之一以上股份的股东，可以书面请求监事会向人民法院提起诉讼；监事有前条规定的情形的，前述股东可以书面请求董事会向人民法院提起诉讼。

监事会或者董事会收到前款规定的股东书面请求后拒绝提起诉讼，或者自收到请求之日起三十日内未提起诉讼，或者情况紧急、不立即提起诉讼将会使公司利益受到难以弥补的损害的，前款规定的股东有权为公司利益以自己的名义直接向人民法院提起诉讼。

他人侵犯公司合法权益，给公司造成损失的，本条第一款规定的股东可以依照前两款的规定向人民法院提起诉讼。

公司全资子公司的董事、监事、高级管理人员有前条规定情形，或者他人侵犯公司全资子公司合法权益造成损失的，有限责任公司的股东、股份有限公司连续一百八十日以上单独或者合计持有公司百分之一以上股份的股东，可以依照前三款规定书面请求全资子公司的监事会、董事会向人民法院提起诉讼或者以自己的名义直接向人民法院提起诉讼。

第一百九十条　董事、高级管理人员违反法律、行政法规或者公司章程的规定，损害股东利益的，股东可以向人民法院提起诉讼。

2.6 高质量董事会的关键环节

高质量的经济发展需要强有力的公司治理，公司治理的核心是董事会，董事会的质量直接决定了公司治理的水平，进而影响着经济发展的质量。

高质量董事会有公司外部和内部两个方面的决定因素。公司外部的决定因素包括良好并得到有效执行的公司和证券法规，开放和充分竞争的资本市场、产品市场和经理人市场，强有力的并购与公司控制权市场，以及会计师事务所等看门人机制。

公司内部可以影响甚至是决定董事会质量的因素很多，从股东、董事、经理到董事会秘书等公司董事会的直接参与主体，都是可以影响甚至决定公司董事会质量的重要因素。从这一角度，我们可以梳理出决定公司董事会质量的五个关键环节：股东权利归位，董事会权力到位并随时在位，独立有效的战略性董事会，对经理人的充分授权与有效监督以及高素质的董事会秘书。对于一个高质量的董事会来说，这五个关键环节缺一不可。

2.6.1 股东权利归位

股东权利归位，严格按公司治理规范行使股东权力，是高质量董事会的基础。在股东权力越位和缺位的情况下，都无法建立起一个高质量的董事会。

股东权力越位普遍存在于有控股股东存在的上市公司中。这一类公司中，如果控股股东不能严格遵守公司治理规范，往往会使公司董事会形同虚设，本该董事会行使的权力，实际由控股股东掌控。在这一类的公司中，完善公司治理、构建高质量的董事会的首要任务，是约束控股股东权力。

约束控股股东权力的关键步骤是把其限制在股东大会的边界之内，控股股东要和其他股东一样，只能通过股东大会上的投票权行使其股东权力。要使控股股东甘心于只在股东大会的职权范围内行使权力，关键措施有两条：一是落实刺破公司面纱制度，二是强化公平交易义务。

刺破公司面纱制度就是中国公司法第二十三条的规定："公司股东滥用

公司法人独立地位和股东有限责任，逃避债务，严重损害公司债权人利益的，应当对公司债务承担连带责任。股东利用其控制的两个以上公司实施前款规定行为的，各公司应当对任一公司的债务承担连带责任。只有一个股东的公司，股东不能证明公司财产独立于股东自己的财产的，应当对公司债务承担连带责任。"公司控股股东应该知道，遵守公司治理规范，不越位，不越权，是其自身风险管理的第一道闸门。

控股股东越位越权的原因有两个：一是无知，二是自利。无知的问题可以通过公司治理知识的普及来解决，自利的问题则需要通过强化公平交易义务来解决。控股股东之所以要掌控公司的实际控制权，甚至是越位和越权，根本目的是为了获取控制权的私人收益，从公司获取超越其纯粹股东收益（分红和资本增值）之外的超额利益。这种超额利益，通常都是通过不公平关联交易来获取的。堵住不公平关联交易，就可以基本堵住控股股东越位越权的利益动机。

股东权力缺位，主要存在于中小股东权利保护不足情况下的股权高度分散公司中，同时也存在于终极股东自身动力不足情况下的多层代理结构中，例如国有层层控股结构之下的一些公司。无论股权如何分散，也无论代理层级多么复杂，代理链条多长，公司股东至少要能够正常行使如下两项权力：通过股东大会选举产生公司董事监事和选聘为公司提供外部审计职责的会计师事务所。股东不能有效完成这两项职责，则是严重缺位，公司将陷入严重的内部人控制失控状态。

2.6.2 董事会到位并随时在位

股东归位后，董事会要真正到位并且还要随时在位。中国的上市公司和进行董事会建设的国有公司几乎全部设立了外部董事任职的董事会的审计、薪酬、提名、战略以及风险等委员会，也几乎都有成文的董事会会议规则和各个委员会会议规则等等。这些董事会结构和形式上的向国际领先水平靠齐甚至是领先于国际水平，本身也许并没有什么错，无非就是多做几篇表面文章，额外支出一点成本而已。但是，如果认为"这就是现代公司治理"，会贻误我们对现代公司治理的真正掌握，致使我们的董事会永远无法真正到位。

董事会的真正到位，首先需要法律上董事义务和责任追究体系的到位，然后是全体董事管理公司权力的到位（职责的落实，董事选举董事长和董事会选聘首席执行官），再后才是董事会本身如何更好地运作的问题（行为上的到位）。只有这义务、权力和行为的三个到位，董事会才算真正到位。

董事会到位之后，还要"随时在位"。为了保证董事会职能上的"随时在位"，需要设置执行委员会在董事会闭会期间代行董事会的权力，还需要通过紧急状态下的管理规则，设置"紧急状态下的董事会会议"机制。就是在极其特殊的紧急状态下，正式的董事会成员构不成董事会会议的法定人数时，公司在场的哪些人按什么顺位，补足董事会会议需要的法定人数，召开紧急状态下的董事会会议，行使董事会的权力。

可以把董事会的执行委员会和"紧急状态下的董事会会议"看作是现代公司董事会为了保证自己的真正到位并随时在位而设立的两级应急机制。可是直到目前为止，我们还没有看到任何一家中国公司的董事会有类似的应急机制设置。有的公司有"执行委员会"，但实际是一种董事会之下管理层成员构成的公司管理委员会。也有的公司有董事会常务委员会，但其常务委员会人员构成以执行董事为主，削弱了非执行董事的作用，从而丧失了董事会执行委员会的"治理"功能。

中国的公司法和有关监管部门还没有为公司董事会这类应急机制（特别是紧急状态下的董事会会议）的启动提供一种默认规则。这也许可以说是中国构建现代公司治理体系中的一个最大疏忽：只注重冰山表面上露出来的部分，忽略了下面更大的主体部分和其他支撑性部分。

尽管到目前为止，中国公司的董事会很多是"形式到位"，还很少真正"作为到位"，但是不久的将来，那些没有或者不能真正"作为到位"的董事会将从中国公司舞台上消失。股票全流通之后股权分散化的进程已经呈现出了加速度，股票全流通和股权分散化企业的董事会已经无法再仅仅作为一个形式而存在，他们必须"作为到位"，否则将会有别人取而代之。

2.6.3 对经理人的充分授权与有效监督

企业的事业是生意，提升公司治理水平的根本目的还是促进企业发展。良好的公司治理，绝不应该仅仅是一套约束机制，更应该是一套有效的激励机制。股东归位、董事会到位和随时在位并且能够有效发挥战略职责的情况下，真正高质量的董事会，还要对经理人充分授权和有效监督。可以说，是否能够对经理人充分授权和有效监督，是高质量董事会的一个核心要素。

中国公司治理中，经理人权力要么是过大，要么是不足。过大时，往往使董事会形同虚设；不足时，则是无所作为。经理人权力过大，并致使董事会形同虚设的情况，通常出现在大股东过度控制公司或是股东缺位这两种情况下。大股东过度控制公司，大股东直接出任或者是直接任命经理人，都会导致董事会权力虚置。股东缺位的情况下，经理人实际控制公司，董事会成员也实际处于经理人的操控之下。

经理人权力不足，通常出现在股权制衡比较严重的情况中，各主要股东事实上各自把持了公司的一些重要管理岗位，股东间关系直接又延伸到了经理人之间。这种情况下，单看各个个体的经理人，似乎有着直接来自各个股东的权力，权力很大。但是经理层作为一个整体，来自全体股东通过股东会—董事会—经理层这一正式公司治理链条授权的权力不足，尤其缺乏公司有关战略选择方面经理层该有的一些决策权。

现代公司治理中正确处理股东归位、董事会到位和经理人自主权之间关系的核心准则是董事会中心主义。根据董事会中心主义的授权原则，股东保留的决策权力要事先在公司章程和股东协议等公司文件中明确列示出来，除此之外的所有公司管理权力都归属于董事会。董事会在自身所拥有的公司管理权力中，根据公司发展的具体情况，向经理层进行授权并进行相应的监督。高质量董事会的实际作用发挥，主要就表现在能否为公司挑选到合适的优秀经理人，对该等经理人进行充分授权，并同时进行有效监督。

实行董事会中心主义原则和以董事会为中心的公司治理模式，需要强化股东的权力及责任，但同时要将股东的权力严格限制在股东会的边界之内，任何股东个人都不能直接干预到董事会的组成和运作。公司主要股东及董事和管理层人员要准确理解、掌握和遵循公司法的基本原理和公司治理的基本规则，任何一位董事都不能是任何一方股东的利益代言人，而是全体股东和整个公司的受托人和利益守护者。董事会中心主义不能成为经理人削弱股东权利、进行内部人控制的工具，应该充分利用股东的力量，给股东按规则参与公司治理提供制度和技术上的方便。

2.6.4　大股东、董事会与总裁：公司制度里"人"的关系

要真正通过有效的公司治理来发挥"公司的力量"，就必须治理好那些治理公司的"人"，那么在公司制度之下，大股东、董事和总裁及企业管理层之间应该是什么关系呢？

小打小闹的个体经营者不存在委托代理关系一类的公司治理问题，所有投入与利润都是自己的。但如果说要发展规模的话，就一定会涉及到合作问题，"有钱的出钱，有力的出力"，所以就会要防范"出力"的经理人将股东的钱装进自己腰包的事情发生。经理人合理的自我保护是很正常的，可以避免大股东随意操作。但如果这种自我保护变成了直接与大股东对抗，利用职务去谋取私利就不行了。

就股东、董事会和总裁之间的关系来讲，实际上大股东可以是董事长、总裁或者财务经理，这都没有关系，但它各自的职责是不同的。作为股东是个"出钱"的人，承担有限责任；作为董事会是把股东的资金集中到一起进行统一管理。董事会对全体股东负责，大股东违背全体股东利益而做出某种决策，你要予以驳回，反之则要尊重。公司董事会不能切割大股东与全体股东之间的关系，要将二者当作一个整体来对待。

董事会负有公司管理的法律责任，但要通过应由董事会全权任命的总裁具体行使行政权力。总裁可以从外部聘任，也可经董事会聘任后由包括大股东和董事会成员在内的任何人出任，但都需要对董事会负责。所以董事会就有权力——通过不与聘任——阻止大股东担任总裁一职。就像当年的新浪公司，王志东时任总裁，同时也是股东之一，董事会完全可以将其总裁职务解聘。当时中国社会就不是很理解，媒体也都站在王志东角度去评论事件，说是"资本

意志与创业意志的对话"。其实董事会解聘总裁职务太正常不过了，你要有能力，可以行使股东权利，重选董事会，如果没有能力自然是要出局的。

概括来讲，董事会的职责就是"指引方向选好人"，把握住大的战略方向，然后选个好总裁来执行，总裁无法胜任的时候随时替换。但对总裁的评定肯定不能规定某个特定的标准，只能是在遵守基本规则的前提下，选择适应公司发展的最好人选。

相关案例参见《董事会与公司治理（第4版）：演进与案例》案例2"公司缺了谁都行，不能缺了董事会"。

第3章

迷失的中国公司和其董事会

中国为什么没有出现伟大的公司——持续发展、长期强盛的企业组织，这是一个大题目。并且在笔者看来，这个题目和中国为什么没有发展出真正具有国际竞争优势的现代产业，没有真正崛起、成为真正的经济强国，只是同一个问题的两个问法。但是这个问法本身却是蕴涵了很深的含义，正是所谓正确地提出问题等于解决了问题的一半。

当今这个世界上最重要的组织是公司。公司替代政府成为经济活动的主体，居民以消费者、投资者和劳动者三重身份参与"公司治理"，政府从经济活动的主体转变为经济活动规则的制订和监督执行者，这是推动产业革命，缔造全球激荡的现代百年经济增长历程的组织和制度基础，是长期可持续经济增长的有效模式。

公司治理的核心要义在于法人独立，股东作为公司成员要在享有有限责任的同时，做出治理权力上的让渡——股东个人财产和公司法人财产做出区分，股东个体权利要通过治理规则才能形成公司行动。法人独立性和股东有限责任内在地要求董事管理公司，董事承担法人行为不端的后果。

相关案例参见《董事会与公司治理（第4版）：演进与案例》案例3"从蒸汽机到AI：公司治理与产业革命"。

3.1 近代中国公司制企业发展缓慢的原因

19世纪末和20世纪初的二十几年，正是公司制从英国扩散到德、法、日、意等国，美国从古典企业和大亨时代向现代大型公众公司和职业经理人时代转型的时期，中国则从官督商办发展到了官僚资本主义。官僚们从代表政府监督，到把自己的资金投入，掌握经营权力，到最后完全主宰中国的所谓现代企业。

3.1.1 政府控制与精英意识

中国始终有一种传统政治结构下过度的精英意识。张之洞在推选盛宣怀出任铁路督办公司时的一番话，淋漓尽致地表达了一种过度的"精英意识"："官不通商情，商不顾大局，或知洋务而不明中国政体；或易为洋人所欺；或任事锐而鲜阅历，或敢为欺瞒但图包揽而不能践言，皆不足任事。"盛宣怀也同样，在评论一个工业学校将在10年内见成效的建议时说，"人民是痴呆的，10年是很快的。"

在关于为京汉铁路筹措资金的计划中，盛宣怀写道：总公司"原以招集商股为归宿，但华商须待工成利见而后来。臣经办轮船、电报，前事不忘"。在1899年11月18日的一个奏稿中，盛宣怀说，"有资财者皆好图一人一家之私利，即所谓朋充者不过数人合开一店而已。如泰西之股份公司，总不能畅行于中土，而权利极大之举不得不让外国人为之，甚可慨也"。

在同样面对各地兴起的半半拉拉、有待完成的铁路建设状况的时候，摩根用资本市场手段进行整合，并由此带来了现代公众持股公司和职业经理人制度的发展，盛宣怀则是上奏朝廷收归国有，并由此引发了导致大清覆亡的社会动乱，使他自己也成为大清的罪人，险被问斩。

从官督商办到官商合办，皆因难以革除的政府控制而失败。到周学熙这样的官僚资本家横空出世后，名义上的政府控制，干脆让位于官僚个人和其代理人的个人控制。公司成为官僚资本主义下的权贵个人敛财工具，普通民众和普通商人，日益与之远离，中国的铁路修建和重化工业发展，也就日益无法通过市场化和真正的现代公司制方式去实现。

作为现代企业制度的公司，不是需经官方批准才能成立的传统特许公司，而是民众可自由组建并得到法律保障的普通公司。从特许公司到普通公司的发展，形式上保持了董事会控制的相同特征，但是实质上是掌握公司管理权力的董事从官方任命变成了由公司股东选举产生。

在所有权构成上，随着传统特许公司向现代普通公司的发展，以皇室、政府、达官贵人和大商人为主导，逐渐变成了以白手起家的创业英雄和普通公众为主导，公司之"官"——董事和经理人，与政府之官员成为了两部分人，依据两种不同的规则，在两个不同领域里发挥作用。

清末建立现代企业的努力，从洋务运动到公司律颁布，之所以成效有限，都是因为没有解决好政府之"官"主导一切的问题。以税款所建事业为官办，完全由官主导；由社会融资所建事业，无论所谓官督商办还是官商合办，最后和实质上还是官为主导。就是一些名义上完全商办的事业，只要上了一定规模，引起了官的注意，也会通过各种途径变成官为主导。

"官本位"体制下，公司这种本应由民众自行组织起来的现代企业形式，只是官府甚至是高官个人用来吸纳社会资源达成其自身目的的一种工具。

3.1.2 先天不足的资本市场

中国的商业制度带来了16世纪到18世纪前所未有的经济增长，但同样的机制却不足以带动19世纪蒸汽机时代的规模经营。西方能够成功应对这场变革，是因为自16世纪开始，逐渐奠定起来了现代的银行、公司和商法基础。这些机制催生了有效的金融市场和层出不穷的金融工具，使得贸易和工业的大规模融资成为可能。

中国人自古就并不排斥放贷生息，但却没有发展出一个有效的现代资本市场，这看起来似乎有些奇怪。西方金融市场发展经历了国债、铁路股票和工业公司股票三个阶段，中国从第一个阶段的国债市场开始就走上了岔路，接着又错过了第二阶段的铁路股票市场，也就没有能力发展起来一个有效的工业公司股票市场。

中国之所以和欧洲出现了一个大分流，就在于政府对高级金融活动的遏制。在国家的权力可以不受限制的情况下，严格意义上的"国债"也就无从诞生。普天之下莫非王土，皇帝拥有至高无上的权威和所有权，事实上可以随意获取民间财产。明朝的盐引交易，本来很有希望发展成国债交易性质的第一阶段资本市场，但被具有无上权威的皇帝直接掐死了。

所谓盐引，是从14世纪末开始，明朝为了换取民间商人给其北方边境驻军运送粮食而发出的食盐专营权利券。具体做法是，商人先运送粮食到北方驻军处，凭交粮条从朝廷换出盐引，再凭盐引到盐场换取食盐拿到市场上销售。由于从开始运粮到得到食盐销售要有长达两年的周期，就出现了粮商和盐商之间的分工，前者运粮得到盐引后，直接将盐引卖给后者，这就产生了一个盐引的市场。1617年，明万历皇帝废除了这种市场化的盐引制度——按市价的一部分从持有者手中把盐引买回，同时将食盐专营权授予了当时已经出现的大盐商家庭。

从现代的观点看，盐引等于是政府发行的一种"债"，只是获得这种国债的方式不是直接以货币购买，而是通过粮食交易。盐引进入市场交易，等于是形成了一个国债市场。废除盐引和相应的盐引交易，代之以政府直接授权给大盐商，同时向大盐商索取"报效"，等于是终止了通过市场办法解决政府的"融资问题"。

西方资本市场发展的第二阶段是铁路融资。铁路从资本集聚上，跨越了普通工商业者资本的自我积累或是数量有限的亲朋好友集资，直接进入到了需要利用资本市场，从千千万万人手中融集资本的"公众股份公司"阶段。另一方面，铁路建设和运营所必须的统筹协调和专业人员管理，开启了现代型大企业的管理和内部控制模式。

中国的铁路发展直接受到了皇室的阻挡，铺好的铁路不让蒸汽机车牵引，而是用马拉，因为怕惊动了帝王的神灵。这跟英国当年严重阻碍了其汽车工业发展的红旗法案很有一比。率先发生工业革命的英国，在19世纪末和20世纪初，在发展汽车工业上落伍了。英国的贵族老爷们害怕汽车轰鸣上路，惊动了他们座驾的马匹，使议会通过了一个红旗法案，规定汽车上路要在其前方由人举着红旗警示和引路。日本的第一条铁路，东京到横滨，1872年10月14日正式开通。年轻的明治天皇穿着传统宫廷服装参加庆典，并亲自乘坐首班火车从东京到横滨往返一圈。

当清政府着手进行铁路建设的时候，虽然允许各省通过股份制的方式筹集资金，但却无法形成使公司对股东负责的机制。1911年清朝政府在没有提供任何补偿的情况下将民办铁路收归国有，掐死了通过铁路股票而发展出的公众广泛参与的资本市场，也阻断了中国人通过铁路公司发展引入现代型大企业管理的道路。以铁路债券和股票交易为主的资本市场发展第二阶段，就这样错过去了。

相比国债和铁路，工业对大规模融资的需求要小得多，工业融资可以通过化整为零和由小变大、自我积累而至少是部分地得到解决。西方国家是在通过国债和铁路融资而发展出来了一套资本市场体系之后，又用这套体系去解决工业化过程中产生的企业联合问题，进而直接创生了现代工业股票市场。换句话说，资本市场不是伴随工业企业由小变大而发展起来的，它是在现代工业发展起来之前就已经通过国债和铁路融资而形成了。中国在错过了国债和铁路融资阶段之后，试图直接以工业股票为主使资本市场发展起来，其直接的一个结果就是这些工业企业的发展规模、经营模式，特别是其运作上的透明度，远远达不到资本市场有效发挥作用所需要的那种程度和高度。

3.1.3 有限责任，融资需求和人才因素

从香港公司条例到大清公司律，都提供了股东有限责任和股份可自由转让等公司制企业的优势要素，却没有对中国企业形成太大的吸引力，这与中国传统社会里也确实存在着类似公司制企业所具有的那类优势要素有关。

首先就融资来说，中国高度发达的强势政府能够通过行政手段解决一些庞大工程的建设问题，除长城这一代表作之外，还有规模庞大的官窑等。民间手工业和商业发展的融资需求，则是通过家族和宗族制度得到了相当程度的解决。

从宗族制度到传统合伙经营，中国商业实践中都不乏"股份制"的要素。四川自贡的盐井合伙人所持有的契约代表着他们所持有的资本以及可分得的利润，并且是可以转让的，只是还没有一个可供这种契约公开转让的市场。公开转让市场的发展需要正式的有限责任制度支撑。

英国在最初讨论有限责任和创设现代公司制时，工商业者也是多有不支持态度的。他们认为，稳健的企业家不能通过家庭储蓄和企业收益筹集到必要的资金吗？有限责任会不会只是把商业风险强加给了供应商、顾客和贷款人？有限责任的支持者们认为，不允许商人采用如有限责任这样一种工具，其本身就是狭隘和违反自由精神的。如果人们愿意通过合同条款把他们的资本损失限定

在一定数额，这在自然正义上没有什么不妥。

当时英国已经是一个经过了君主立宪的现代法治国家，法律准许的能做，法律不准许的就不能做，有限责任的法律准许就成为了一种重要的事情。正是在准许有限责任的同时，设置了董事和公司监察人制度等公司治理的基础规则，从而创设了法律意义上的现代公司。这种法律意义上的现代公司得到工商业者的普遍采用和拥护，实际还是此后几十年中大规模工业化和现代（工业公司）股票市场发展的结果。

直到1930年代，中国还没有实现严格意义上的整个社会和经济活动的法治，诸多工商业者基于合约而自创，合理但并不合法的做法可以普遍存在而不会受到处罚，这就使中国工商业者可以不顾公司法律的制度规定，而在其传统形式的合伙经营企业中引入一些他们喜欢的事实上的公司制要素，比如有限责任，同时可以规避掉他们不喜欢的一些要素，比如董事会治理机制。

公司制最大的一个优势——有限责任，已经在中国传统合伙经营模式中部分地见到了。中国传统民间合伙经营中，按习俗和惯例，合伙人并没有对合伙企业债务承担现代合伙制企业那样严格意义上的无限连带责任。

中国传统的合伙经营中，合伙人按比例分享合伙经营收益，同时也是按比例承担合伙经营损失。对于合伙经营中所欠债务，合伙人需在合伙财产之外拿出家产来偿付，也就是承担无限责任，但只是按比例承担相应份额，而不是相互连带的。并且，这类债务纠纷，在地方商会调解之下，合伙人往往只是"尽力承担"，债权人会让步，会最后承受部分损失。这在一定程度上，类似于现代的公司破产重组制度，只是没有国家立法层面上的清晰一致和全国统一的规则。另一方面，由于中国没有英国历史上那种残酷的债务人监狱制度，致使中国传统商事中的"无限责任"还是有个基本的人道限度。

资本主义始于家庭，企业依据家族的原则创建并发展，商人以家庭、宗族和同乡关系为纽带组成业务网络，这在古今中外都没有本质差异。但是，凭借宗族或家族的纽带，中国人可以在一定范围内共同支配财产，这点中外大不相同。原因在于中国一直没有发展出成熟的个人权利概念。

在一个事实上不存在公司法的社会中，为了强化合作，将血缘关系和商业运作机制结合起来是至关重要的。从中国历史上看，宗族或家族是最有效的商业组织方式。以祖先的名义，宗族或家族共同支配财产带来了许多对资产进行管理和分配的方法，如各房之间有清晰的股份划分，发展出一种极其类似于股份制的经营结构。

宗族还拥有一个管理结构，可以成功地规范其成员的行为，宗族财产可以各房轮值管理或者由才能比较卓越的一房进行统一管理等，以至科大卫把中国传统的宗族看作是公司①。中国企业的优势和劣势都与这个结构有关，其最为现代的表现就是所谓"分股经营"。名义上大家走到一起，组建成了一家公司，可是实际运作上，还是各位股东各管一块，各自为政。

在人才方面，中国的科举制度无疑具有相当的优势，可以实现优秀人才的自下而上流动。企业经营中，家族企业的长期雇工和伙计，往往也能最终成为合伙人。这使中国的优秀人才既会热衷于科举考试晋升，也不会拒绝进入传统文化下的家族企业发展。他们对体制依附和人身依附很习惯，公司制企业所提供的制度保障上的人身平等，没有成为他们的追求。

在中国传统合伙经营模式中，特别是资本（银股）与劳动（身股）合伙，出钱者与出力者合作，按约定比例分享盈利。通过"身股"和"人力股"的创设，出钱的东家给出力的伙计分利，在一定程度上解决了传统合伙经营企业的人才引进和职业管理问题，类似于现代公司中股权激励机制的作用。

一种极端形式的资本与劳动合伙，所谓领本经营，就是有经营能力的人全权管理生意，出钱的人有事先约定的固定利率保障（所谓官利），实际具有相当程度上的"劳动雇佣资本"性质，跟现代形式的公司创始人与风险资本关系也有几分相似。

3.1.4 从董事会到内部管理："还是老办法好使"

中国在错过了通过国债和铁路融资发展资本市场的同时，也错过了通过技术革命和铁路公司发展导入现代公司治理并促发现代企业管理革命的机会。

---

① 科大卫：《近代中国商业的发展》，"作为公司的宗族"，浙江大学出版社2010年版。

从传统的家族商号向现代的家族控股公司转变，企业的治理和内部管理结构也要发生改变，才能吸纳更多的投资者，这需要有合法真实的产权、公开透明的会计制度和有效的公司治理。但在中国的传统家族和宗族商业思维及家长制习惯下，只看到了公司的股份制属性，而忽视了其更为重要的董事会机制。

公司制所要求的董事会集中管理——民主决策机制，一直在中国商业中没有得到重视，并且是中国传统文化之下的商人们所不熟悉，甚至是普遍厌恶的。恰恰是董事这种治理机制的设置，才能使有限责任不会被滥用，中小投资人和债权人的利益可以得到一个基本保障。

中国宗族中的年长者组成一个类似于董事会的委员会，但是在这种宗族长老委员会和一个公司的董事会之间存在本质上的差异。宗族成员没有像一个公司的股东那样选举产生长老。而且这些长老只是一种荣誉角色，并没有选择宗族生意管理者的真正权力。对股东负责、拥有控制公司管理的最终权力这一董事会的概念，对于中国商人来说是很陌生的，也很难由衷认可的。

直到1946年，公司制度正式进入中国42年后，已经数次彻底修改的中国公司法还保留着早期公司中才有的董事资格股规定，即：董事须为公司股东。这种董事资格股的规定，与大股东权力不受限制一样，实际弱化了董事会的能力，也使公司不能有效地通过董事会这一核心治理机制实现物资资本与人力资本之间的有效合作。有钱才能成为股东，股东才能成为董事，这使现代公司与传统企业相比所特有的两大优势——通过有限责任广纳资本和通过董事会及职业经理人制度广纳英才——中的"广纳英才"不能得到发挥。公司不能广纳英才来管理，反过来也会影响其吸纳资本的能力，也就逃不出只能靠自身老本和慢慢积累而发展的传统企业羁绊。

资本市场没有改变中国家族企业的经营方式，而是促使家族企业采用了一些新的控制方式。清末民初大部分股份制公司的实际控制权都掌握在一些强有力的个人手里。张謇的大生公司，包括一个经营纺织厂的股份公司和几个合伙制的土地垦殖公司。张謇是纺织厂的创始人和大股东，也是垦殖公司的主要合伙人。对大生公司账目作过深入研究的伊丽莎白·科尔发现，"大生公司的破产，应主要归因于其经营方式和会计方式，它的融资手段一方面损害了整个企业的运作，一方面给张謇个人带来了利益。"大生公司的许多贷款都被转移到了张謇和他合伙人的私人账户。银行于1924年开始对大生公司进行账目审查，撤换了其一部分管理层人员。

在中国的传统家族和宗族商业思维及家长制习惯下，董事会是无关紧要的，强有力的家长才是最重要的。可以看看被广泛视为中国近代企业楷模之一的大隆机器厂。1902年，大隆机器厂由严裕棠、严裕棠的岳父以及一位名叫褚小毛的铁匠三人以7500两白银创建。严裕棠负责招揽生意，褚小毛负责内部管理，严裕棠的岳父不参与经营。1905年，褚小毛与严裕棠的岳父冲突，严裕棠买下褚小毛的股份。后来严裕棠又买下了其岳父的股份，将企业变为独资。1927年收购苏纶纱厂时，严裕棠建立了光裕公司，从1918年开始负责生产管理的长子严庆祥要建立一个由总经理和各公司经理组成的董事会，严裕棠不同意，以致严庆祥于1930年离职，还发表了一篇文章谴责他父亲的独断专制。1936年，光裕公司成立了董事会，主要成员是严裕棠和他的四个儿子，仅有一位非严家人担任董事。这样一个董事会也是不到半年就解散了。

现代化工厂是19世纪上半期工业革命的产物。它所包含的除了雇佣劳动制度，还有用于生产管理的会计制度，和以此为基础的内部统一调度及管理制度。西方现代大企业的发展源于铁路，铁路内在地要求统一管理和统一调度，不能分段承包经营。中国也是从1933年的国有铁路公司最先开始采用集中化财务管理制度的。

组织内部层层分包，是中国的历史传统。本来大型新机器设备的使用，不仅可以使工人们集中在一起生产，还可以建立统一的生产管理和财务控制体系，但是中国企业却仍然按照传统习惯，以老办法行事。清代的造币厂，工人们不是直接受雇于工厂，而是受雇于炉头。炉头负责雇佣工人并支付工资。洋务运动中，那些看上去规模庞大的中国官营工厂，也并没有成为内部统一管理的现代企业，而是被分包给熟悉技术的工头，这些工头独立经营他们自己的生产作坊。

轮船招商局的总部和分支机构主要是以承包制的方式经营，各地的分支机构都承包给了当地实力较为雄厚的个人或团体。上海的总局并不能详细地掌握各地的经营情况，更无法有效地控制其账目。直到1933年刘鸿生上任国营招商局总经理，才初步建立起集中管理的财务制度。

3.2 中国崛起需要公司的力量

3.2.1 公司是构成现代世界的最基本组织

在美国第16任总统亚伯拉罕·林肯（Abraham Lincoln，1861—1865年）于1863年说完政府"民有、民治和民享"不过十几年之后，美国第19任总统拉瑟福德·海斯（Rutherford B. Hayes，1877—1881年）就说，"人民拥有、人民治理和为人民服务的政府已经不存在了；现在是公司拥有、公司统治和为公司服务的政府。"发生这一巨变的原因是维多利亚时代英国的一项伟大发明——《1862年公司法》。由这一公司法所创建并赋予其自由的公司，开启了工业化、全球化和现代经济增长的伟大历程。

公司是人类少数几项伟大的制度创造，是基于法治结构上从传统社会走向现代社会的组织创新。公众持股的巨型股份公司决定着这个世界的基本经济形态和生活方式。普通民众的工作和生活与这些巨型公司之间的相互联系程度就是区分发达国家和发展中国家的一个主要标尺。如果没有股份公司，我们现在生活所依赖的很多东西是不会发明和生产出来的。今天一些全球大公司，甚至已经脱离了民族国家的控制，成为统治世界的力量。

现代经济的运作主体是市场化和民营化的大公司，而不是政府和行政机构，甚至也不是国有企业这种政府和市场之间的"中间状态组织"。在世界企业500强排行榜上，除了中国是以国有或国有控股企业形式上榜之外，主要发达国家无一不是主要依靠民营和市场化公司上榜的，并且民营和市场化公司上榜数量，基本就是当今国家发达、富裕和现代化程度的标志。

中国在经济总量上已经成为世界第二大经济体，但是中国的经济体系还没有完全地"现代化"。现代经济的运作主体是市场化和民营化的大公司,而不是政府和行政机构。目前主宰中国经济的国有企业,作为介于市场化公司和政府机构之间的一种组织,不能永远处于这种"中间状态"。未来一定要一部分回归到"政府机构"或"特种企业"状态,一部分进一步改革为真正市场化的公司。

没有企业的强大与崛起,中国的强大与崛起是不可能的,或者说是虚假和表面的。中国企业的强大与崛起有着前所未有的庞大国内市场和经济增长机遇,但是没有良好的公司治理,或者说公司治理环境的不足、系统的虚弱和机制的缺乏,中国公司就不可能真正强大——成为一些行业的全球市场、技术和发展方向的主导者。我们呼唤大公司的成长,关注大公司的治理问题,但是我们反对政府"特意"支持和扶持大企业。我们认为加强竞争和建立有效的公司治理体系,是促进大企业成长的更好方法,也是真正有效率的大企业能够成长起来的唯一路径。

促进企业发展的有效办法是政府加强产品责任,保护消费者,而不是保护生产者欺负消费者。发展大企业的有效做法是政府要保护竞争和促进中小企业发展,而不是扶持大企业。发展资本市场的有效办法是保护投资者,让公司上市和证券发行成为争取投资者的竞争而不是争取证监会和发审委的竞争。通过完善公司治理体系,将控制权的私人收益降到最低,使公司大股东愿意选择退出,从而实现公司快速的股权分散化。是公司治理完善促进股权分散化和直接融资发展,而反过来则就只是"圈钱"了。

3.2.2　中国为什么没有伟大公司

中国为什么没有出现伟大的公司——持续发展、长期强盛的企业组织,这是一个大题目。并且在我看来,这个题目和中国为什么没有发展出真正具有国际竞争优势的现代产业,没有真正崛起、成为真正的经济强国,只是同一个问题的两个问法。但是这个问法本身却是蕴涵了很深的含义,正是所谓正确地提出问题等于解决了问题的一半。

能不能成为伟大公司,与一个国家或区域统计上的企业平均寿命短之间没有多少内在联系。企业平均寿命短可以是没有伟大公司的一个结果,而不是原因。

而且另一方面,产生了伟大公司的国家,总体上的企业平均寿命也并没有长到哪里去。公司一方面如同人一样,"伟大"永远属于少之又少的个体,绝大多数只能是平平凡凡地降生与死去。另一方面又与人不一样,伟大公司的长生不老与平凡公司的寿命短暂,产生于同样一组条件:变革的环境和激烈的竞争。

那么中国没有出现伟大公司的根本原因在哪里?伟大公司是在市场竞争中自然成长起来的,但是公司制度本身却是一套人为设计的事物,不是自然事物。公司是法人,是法律上的居民,法律既是给予公司生命的父母,又是护佑公司成长的关键社会环境。

英国法律史大师梅因说:"一个国家文化的高低,看它的民法和刑法的比例就能知道。大凡落后的国家刑法多而民法少,发达的国家民法多而刑法少。"公司正是现代民法体系建立之后才发展起来的一种新型企业组织形式。股东有限责任和董事会集中管理等基本治理规则,为公司制企业提供了无限的成长边界和吸纳资源及管理能力的空间。

日本明治维新全盘引进了德国民法典,三井、住友等传统的家族企业纷纷改制为公司制企业,通过公司制组织形式引进人才和上市融资进而成长为二战前统治日本经济的巨型企业集团。在中国几千历史中,最发达的是行政权力和管束人们行为的各种律条,但真正的法、法制和法治都十分欠缺。中国最早的公司法,可以追溯到1904年的大清《公司律》,但是却没有得到真正的落实。近代中国仁人志士曾提出过很好的通过股份制和现代公司振兴中国的思想,只是这种声音被"革命"抢占了主流地位。

伟大公司一定是要通过市场机制和契约手段有机地组合和成长起来。在现代全球经济增长历程中,我们还没有看到哪个政府直接地一手创建出了一个真正称得上伟大的公司。政府可以创建"庞大公司",但不会是"伟大公司"。因为政府创建国有企业的钱来自税收,而税收是强制征收起来后才能集中管理和使用的。

现代公司发展的资金来自创业者的原始投资,产品创新带来的利润留成,和资本市场上的广大投资者投入。这是一套由千万投资者分散决策、自愿投资到公司集中管理和使用资金的机制,是从产品市场、劳动市场到资本市场,从股东、董事会到经理人员,从法律支撑保障到管理能力整合,一整套的公司治理系统。

改进公司治理系统,没有法律是不行的,仅有法律是不够的。亟待改进和加强的事项很多,董事信托责任的有效落实,投资者权利的保护,资本市场和公司控制权市场的发展与成熟,管理者素质和公司治理水平的提升等等。

另外一个重要的问题就是有效地促进竞争和强力地反垄断。"庞大"不是伟大,创生中国伟大公司的正确方式不是扶持现有大公司或是组建大公司,更不是"资产重组"和"拉郎配",那是在复制"恐龙"。创生中国伟大公司的正确方式恰恰是促进创业、促进中小企业发展。平等的市场进入机会,公平的竞争环境,公正、公开、透明和确定并可预期的法律规则。破除树立典型、政策倾斜等传统做法,英雄不问出处,让"国有""民营"等等企业出身成分标签尽快退出历史舞台。政府的角色是维护规则,让市场——消费者和投资者,用他们的货币选票筛选出伟大的中国公司。

中国可以在2000多年前就创造出世界上最有效率和最强大的政治组织,不能在2000年之后创生出伟大的公司——企业组织吗?看上去似乎山重水复、障碍很多,但实际上障碍只有一个,就是体制和思想观念上的作茧自缚。

3.2.3 失去的150年

历史上,中国曾长期领先于西方,绝不是经济总量上的世界第二,而是绝对的世界第一。在14世纪,中国有多种不同种类的投资者和商人,但是这些合伙企业少有存续很长时间的。15世纪的早期,中国达到了经济帝国主义的顶峰,出现了许多依赖于政府的巨型"公司",官僚经营着包括制瓷等在内的许多产业中的国家垄断企业。直到18世纪,中国的工厂都远远超过了西方的想象。1793年,乾隆皇帝给英王乔治三世的信件说道:"天朝物产丰盈,无所不有,原不籍外夷货物以通有无。"这是一个非常不幸的见解,正是从那时开始,中国人面对的是一种新形式的商业组织:现代公司。

自从最初的经济生活开始,商人们就在为他们的经营活动寻找一种能够"分担风险、分享回报"的方式。欧洲中世纪法律的一个基本原理是"法人实体"(bodies corporate)——市镇、大学和基尔特(guilds),具有超越其成员的生命。16和17世纪，欧洲的君主们创造了"特许公司"实现他们帝国扩张的梦想。这些特许公司之一的东印度公司，以一只由26万当地人构成的军队（这是英国军队人数的两倍）"统治"着印度。

在19世纪的英国发生了一些根本性的变化。当时最强大的经济权力最终将现代公司背后的三个伟大思想集成到了一起：它可以是一种"法人"，具有和自然人一样的能力从事商业；它可以向任何数量的投资者发行可交易的股份；这些投资者可以享有有限责任，这样他们最多只是失去已经承诺给企业的金钱数量。

西方世界关于独立企业的想法是革命性的，它们不再由政府的垄断所限制，资本开始追逐最有效率和最为灵活的公司，它们不再限于家族合伙的范围之内，变成越来越大的混合集团企业。相比之下，中国和伊斯兰世界等那些以前领先的文明，没有成功地发展私人公司，远远落在了西方的后面。亚洲取得最显著经济成功的日本，也是最为鲜明地拥抱了公司的国家。

为什么中国有四大发明，却没有产业革命，从而落后于西方了？为什么中国的洋务运动失败而日本的明治维新成功，从而使中国在追赶西方的道路上又落后于这个曾是中国学生的东邻岛国了？这两个问题的原因是一个，就是认识上的误区和法治上的落后，使中国没有给予公司这一现代商事组织和现代经济增长主体以足够重要和独立自主的地位。

现代公司得到发展，是独立法人概念得到突破的一个结果。1862年英国公司法是公司这一现代人类经济组织方式发展的一个全新起点。几千年的传统社会里，只有皇家和皇帝能够代表国民整体，能够有一种集体行为的权利。从特许公司里诞生出现代公司，公民可以自由组建公司，由公司代表其组成成员——股东的集体意志，是在传统社会里的居民个人和皇家皇帝之间创造出来了一个中间层集体组织，是公民结社自由和自治权利扩张的表现，整个社会的经济和文化活动都由此重构，进入现代法人社会时代。

威廉·伯恩斯坦在其《财富的诞生：现代世界繁荣的起源》一书中提出，实现经济增长的四个前提条件是可靠的财产权、科学理性主义、现代资本市场、交通通信技术。事实上，可靠的财产权与资本市场正是支撑现代公司治理的两个关键要素，而科学理性主义和交通通信技术则是在"公司制企业"这种强有力的组织结构支撑下才取得发展并突飞猛进的。

很多人把西方的成功归功于技术的威力和自由主义价值观。但是，现代公司制这种企业组织形式非常有效地促进了人们的生产性努力，可以说，公司本身就是技术促进器。如果没有有限责任公司，蒸汽和电子都将会变得相对无力。如果没有马休·博尔顿（Matthew Boulton）这位杰出的商人和企业家——他出资购买了瓦特的专利，和瓦特合伙组建了博尔顿—瓦特公司，生产和销售瓦特的蒸汽机[1]，瓦特的蒸汽机也许就会像中国的四大发明中的任何一项一样，是一种伟大的发明，但是没有，或者至少是会延迟很久才能引起一场伟大的产业革命。

经济学家已经解释了为什么公司这种制度对于经济发展至关重要。公司制使企业家们可以在保证投资者最多只是损失掉他们已经投入企业的资金的情况下融集资金，使投资者通过多家企业的小份额和易于转让的股份来分散风险，增大了生产性投资的资本之池；公司制导致了自身具有生命的一种组织的诞生，并且能很快地从一种业务转化为另一种业务，政府很难对此进行限制；公司制为大型组织提供了一种有效的管理结构，通过股份权益的私人所有和公司资产的集中管理相结合，解决了马克思所谓的生产资料私人所有制和社会化大生产之间的矛盾问题。

公司可能会僵化，可能会滥用其所聚集的经济资源，但是投资者可以简单地把他们的资金放在别处这一事实是一种有力的治理机制。相比之下，普通民众对于政府用税收资金所进行的大规模投资，或者普通储蓄者对于银行巨额信贷资金的投向，几乎没有什么直接和有效的治理机制。

3.2.4 股份公司的重新萌芽与成长

中国在公司制企业发展100多年之后，开始引进公司，却还没有完全接受与公司有关的一些基础性理念。中国公司法学习了发达国家的经验，也设置了与发达国家公司治理规则基本相似的一些规则，不过还是有一些关键环节不到

---

[1] 霍华德·敏斯：《巨富们——一部金钱与权力写就的历史》，海南出版社2003年第1版。

位，并由此形成了中国公司董事会地位尴尬、权力不到位的状态。

伴随中国改革开放和高速经济增长的企业体制变革历程，就是以现代企业制度之名推进的公司制企业的引入和成长历程，也是中国微观经济基础的一个重构过程。

1994年《公司法》的实施使现代公司制企业在中国正式登场，1999年《证券法》的实施，为股份制企业的扩张打开了空间。上市公司股权分置改革的完成以及国有大盘股的A股市场上市，最终使股份制企业成为中国的主流企业制度形式之一。

股份制概念和股份制企业在中国的历史并不短，只是一直没有真正发展起来。创建于1872年的轮船招商局是中国最早的股份制企业，此后，开平矿务局、中国通商银行等股份制企业亦相继创立。民国时期，股份制企业数量、规模有所扩大，法律、法规也有所完善。股票交易活动开始出现，并诞生了中国第一家证券交易所——1918年6月开业的北京证券交易所。但是，1949年后的计划经济时期，股份制的概念和股份制企业均退出了中国的历史舞台。直到1978年改革开放以后，股份制的概念和股份制企业在中国经过一个"从农村到城市，从自发到自觉"和"从无序到有序，从沿海到全国"的重新萌芽与发展过程而成为一种重要的企业组织形式。

改革开放后，中国股份制企业的萌芽最先是完全自发性地出现在一些农村地区。1978年农村实行联产承包责任制后，一些地区的农民自发采用"以资代劳、以劳带资"等方式，通过各种生产要素入股，形成了一批合股经营、具有股份制性质的乡镇或乡村企业。1984年后，城镇集体企业和国有小型企业开始进行股份制试点，股票柜台交易开始出现。由于没有正式的法律依据，舆论上处于激烈的争论之中，早期股份制企业和股票交易均具有一定的"灰色"，以至今天对于到底谁是新中国第一家股份制企业和谁发行了新中国企业第一股存在着争议。

整个1980年代股份制试验都带有摸索、试探的性质，没有全国统一的任何规范，主要是改革意识比较强的一些地方政府在推动。在推动中国早期股份制企业发展上比较有代表性的地方政府是上海和深圳。这两个地方政府都在1980年代的中后期出台了地方性的股份制企业法规。1984年7月，中国人民银行上海分行发布了《关于发行股票的暂行管理办法》，1987年修订为《上海市股票管理暂行办法》。1986年10月深圳市政府发布了《深圳经济特区国营企业股份化试点的暂行规定》。

1990年3月，中央政府正式允许上海和深圳两地试点公开发行股票，1990年底和1991年初上海和深圳两个证券交易所相继开业。1990年11月，上海市政府发布《上海市证券交易管理办法》。1991年5月，深圳市政府发布《深圳市股票发行与交易暂行办法》，1992年1月深圳市政府又发布了《深圳市股份有限公司暂行规定》。

1992年初邓小平南方谈话破除了有关股票市场、股份制的一些思想禁区，掀起了新一轮的改革开放浪潮，股份制成为国有企业改革的方向，越来越多国有企业实施股份制改造并开始在股票市场发行上市。1993年，股票发行试点正式由上海、深圳推广到了全国范围。

1994年7月1日，新中国第一部公司法开始生效，通过"试点"诞生出来的中国股份制企业开始有了国家法律层次上的正式身份。在这部《公司法》诞生以前，中国的企业立法是依据所有制不同而分别立法的，如中外合资经营企业法、外商投资企业法、中外合作经营企业法、全民所有制工业企业法和私营企业暂行条例、乡镇企业法等等。从《公司法》及其后的《合伙企业法》《个人独资企业法》，开始按股东人数和股东责任形式进行企业立法。《公司法》明确了股东的有限责任，为"资合"开辟了道路，从而为真正的股份制企业的发展提供了法律保障。

根据1994年7月1日开始施行的《公司法》，中国公司分为有限责任公司和股份有限公司两类，有限责任公司中包括一种特殊的国有独资公司。有限责任公司和股份有限公司二者之间的区别主要是股东人数范围和最低注册资本要求不同。有限责任公司股东人数限制在2～50人之间，最低注册资本10万元。股份有限公司最少要有5个发起人，最低注册资本1000万元。2005年底修订后的《公司法》，新增设了一种"一人有限责任公司"，最低注册资本要求是10万元。新修订还将有限责任公司和股份有限公司的最低注册资本分别降低到3万元和500万元，并将股份有限公司的发起人数从最少5人降低到2人。

尽管公司制企业可以不是股份制的，但是股份制企业一定是公司制的。只有在公司制所提供的股东有限责任和董事会集中管理等制度前提下，真正的股份制企业才成为可能，才能发展起来。

1999年《中华人民共和国证券法》的正式实施，标志着新中国股票和股票市场"试点性质"的结束，正式为国家法律所承认。《公司法》提供了公司制企业的基本制度基础，《证券法》则为公司制企业的发展，特别是股票发行、交易，股东人数和股本规模扩大等等提供了基本制度框架。《公司法》和《证券法》构成的基本法律体系，证监会和证券交易所的相关规则，以及资本市场的发展，为公司制企业的规范和快速发展提供了制度支撑，也为公司治理提供了基本规范。

经过探索、试验与快速发展之后，公司制企业（股份有限公司与有限责任公司）成为中国的主流企业形式，新增企业几乎全部按《公司法》注册为有限责任公司或者股份有限公司，传统的国有企业（全民所有制工业企业）和集体所有制企业，纷纷改制成为公司制企业。

2006年1月1日，大幅度全新修订后的《公司法》和《证券法》开始实施。从2007年开始，股权分置改革基本完成，大量先在海外市场上市的大盘国有控股公司纷纷回归国内A股市场，国内A股市场的总体规模一度超过了国内生产总值，金融和电信等一些重要行业的主导企业成为了上市公司，中国领先企业进入到逐步迈向国际水准的治理和全球化经营的阶段。

根据中国上市公司协会网站2024年3月26日发布的《中上协统计月报》（2024年2月），截至2024年2月底，上交所、深交所和北交所三个境内股票市场上市公司数量分别为2270家、2849家和244家，合集5363家，市值总计76.09万亿元。上市公司成为中国经济的主导性力量，上市公司治理成为了事关中国经济增长和高质量发展的一个重要因素。

在公司法和证券法提供的治理规则基础上，中国证监会通过"上市公司独立董事制度指引""上市公司治理原则"等一系列指引和规范有力推动了中国上市公司治理水平的提高。与此同时，以公司化和现代企业制度建设为重要内容的国有企业改革，特别是2015年中共中央、国务院"关于深化国有企业改革的指导意见"、2017年国务院办公厅"关于进一步完善国有企业法人治理结构的指导意见",以及2021年中央和有关部门出台的"关于中央企业党的领导融入公司治理的若干意见""国有企业公司章程制定管理办法"和"中央企业董事会工作规则(试行)"等,进一步为国有企业和国有控股上市公司的治理体系建设和治理能力提升提供了规范和操作指引。

2015年中共中央、国务院"关于深化国有企业改革的指导意见"明确提出了要"切实破除体制机制障碍,完善现代企业制度",加大集团层面公司制改革力度,创造条件实现集团公司整体上市,健全公司法人治理结构重点是推进董事会建设,实现规范的公司治理,推行职业经理人制度,董事会按市场化方式选聘和管理职业经理人。

但是,在实际运作中,由于资本市场发展水平等多方面的原因,公司治理中还存在着很多不足和有待改进之处。其中最主要的一个问题是一股独大和纵向集团模式下的上市公司缺乏独立性。

2023年12月19日,《中华人民共和国公司法》第二次修订版颁布,2024年7月1日开始实施,中国公司制企业成长进入一个新时代。这个新时代的主要任务就是改进公司治理,造就具有国际水准、国际竞争力和行业领导能力的现代大公司。改进公司治理,创生伟大公司,已经成为中国真正崛起面临的一个关键挑战。

3.3 迷失的中国公司董事会

在发展现代公司制度实践上的落后和有关认识及理念上的误区与不足,导致中国在公司治理机制的设计上缺乏系统性,也缺乏适应性和灵活性。就董事会制度来说,还存在一些机制设计上的缺陷,导致包括上市公司在内的董事会难以真正到位,难以摆脱走过场和橡皮图章角色。不过,实际运作中,由于股权结构、股东构成及相关人员的认识水平,不同公司之间在董事会的实际到位程度和董事会监事会的实际治理水平上还是存在着很大差异,也存在着很大的可以有所作为的空间。

董事会中心主义原则的缺失，直接导致了中国当前公司治理中的一些混乱，包括董事会和法人代表之间公司代表权限上的混乱，股东会、董事会和经理层之间职责范围上的混乱，并进一步导致了中国公司的控制权在政府、大股东和经理层之间摇摆，股东、董事会和经理层之间"闹剧"不断。

3.3.1 法律基础的不足

中国规制公司运作的基本法律体系还比较粗陋，并且在一些关键的环节上成为阻碍公司制企业发展的障碍。

中国的公司法中就蕴含了大量的人治思维，如公司法定代表人的规定。2024年7月生效的第二次修订版公司法第十条规定："公司的法定代表人按照公司章程的规定，由代表公司执行公司事务的董事或者经理担任。"这比之前规定由董事长、执行董事或经理担任，或更早之前的由董事长担任，虽有所改善，但问题的本质没有改变。我们之所以组建公司，创建法人，就是要超越自然人的能力和寿命限制；在公司法中给法人指定一个自然人作代表，有意无意之中使法人在能力上回归到了自然人的水平，致使一个自然人作为一个关键人实际控制中国公司。

2024年7月生效的第二次修订版公司法将监事会的设立改为了可选项。公司第七十六条规定"有限责任公司设监事会，本法第六十九条、第八十三条另有规定的除外"。第一百三十条规定"股份有限公司设监事会，本法第一百二十一条第一款、第一百三十三条另有规定的除外"。决定不设立监事会的公司，可以通过设立董事会审计委员会或是只设一名监事来执行监事会的职责。有限责任公司"经全体股东一致同意，也可以不设监事"。

公司法第六十九条规定："有限责任公司可以按照公司章程的规定在董事会中设置由董事组成的审计委员会，行使本法规定的监事会的职权，不设监事会或者监事。公司董事会成员中的职工代表可以成为审计委员会成员。"公司法第八十三条规定："规模较小或者股东人数较少的有限责任公司，可以不设监事会，设一名监事，行使本法规定的监事会的职权；经全体股东一致同意，也可以不设监事。"

公司法第一百二十一条第一款规定："股份有限公司可以按照公司章程的规定在董事会中设置由董事组成的审计委员会，行使本法规定的监事会的职权，不设监事会或者监事。"公司法第一百三十三条规定："规模较小或者股东人数较少的股份有限公司，可以不设监事会，设一名监事，行使本法规定的监事会的职权。"

但只要设立监事会，之前中国公司法规定的股东会和董事会、监事会之间授权线路不清的问题就依旧存在。股东会选举董事、授权董事会管理公司，同时又选举由股东代表担任的监事，股东代表和员工代表共同构成的监事会监督董事会。股东会和董事会、监事会这三会关系跟中国封建皇帝用一个左丞相和一个右丞相的三人关系完全同构，不知是中国传统人治文化通过起草者们的潜意识无意之中混入中国公司法，还是起草者们面对五千年文化作出的无奈的妥协。

有关董事职责的司法和执法严重滞后，如上市公司股东投诉公司管理层玩忽职守法院不受理，再如破产企业法定代表人三年内不能担任公司董事的规定由于没有相应的数据库记录而实际难于执行。

在执行董事和监事还没有承担其足够的法律责任的情况下，又对独立董事和独立监事寄予过高的希望，开始在一些政策文件上强调独立董事和独立监事的作用。独立董事和独立监事是在执行董事和执行监事已经能够良好地承担起其法律责任的前提下的一种锦上添花的机制，不可能指望其雪中送炭。

但是，法律也并不是在真空中制定出来的，更不能在真空中完善。尤其是公司法律的进步，需要公司本身发展带来的压力，需要市场力量的推动。本书从下一章开始就要进入"董事会运作与管理"领域。董事会管理里一些董事会运作规范的最佳实践或最佳做法主要就是来自于市场竞争的压力，来自于企业自身的创新和实践，来自于投资者的压力。学习、借鉴来自先进市场经济的理论、经验和做法，可以提高我们的董事会运作和公司治理水平，同时也能推动我们公司法律体系的进一步发展。

3.3.2　董事会中心主义：中国的迷失

董事会中心主义，就是以董事会中心的公司治理模式，基本含义是公司应该由董事会或是在董事会的指导之下进行管理，其中包含有董事和股东间、董事间，和董事与经理层间这三组关系的处理规则。

公司董事由股东选举产生，不是由股东选举产生则不是现代公司治理意义上的董事。董事会是一个地位平等的同仁团队，实行多数决原则，多数人的意见就构成了其决策权限范围内事项的最终决策。董事会拥有选聘和监督公司高级管理人员的最终权力与责任。

董事会中心主义源起于公司制企业的历史。在现代普通公司诞生之前，组建公司是一种特权，经过特许才能以集体的名义行事和融资。普通公司制度诞生之后，组建公司成为了一种权利，融资竞争推动了股东权力的提高，董事开始由股东选举产生。但是，公司内部的权力配置遵循董事会主义原则，实行以董事会为中心的公司治理。

1904年颁布的《大清公司律》，可以说比中国现行公司法中的董事制度更为接近现代公司机关设置上的董事会中心主义这一本质。

《大清公司律》明确规定："各公司以董事局为纲领，董事不必长川住公司内，然无论应办应商各事宜，总办或总司理人悉宜秉承于董事局"（第67条）。《大清公司律》中没有经理的概念，总办或总司理人就是经理的角色。"公司总办或总司理人、司事人等均由董事局选派，如有不胜任及舞弊者，亦由董事局开除，其薪水酬劳等项均由董事局酌定"（第77条）。"公司寻常事件，总办或司理人、司事人等照章办理，其重大事件应由总办或总司理人请董事局会议，议定后列册施行"（第78条）。可以说，这是非常明确的董事会中心主义立法，充分体现出了董事会集中管理的公司制企业本质。1914年公司条例、1929年公司法、1946年公司法，以至台湾地区公司法，都和1904年公司律一脉相承，遵循董事会中心主义原则。台湾地区公司法中关于股份有限公司董事会职权的第202条是，"公司业务之执行，除本法或章程规定应由股东会决议之事项外，均应由董事会决议行之。"

清公司律在给予董事局职责上更大空间、行为（会议有效规则）上更大自由的同时，也对董事局设定了更高的运行（会议次数）标准。"董事局每一星期须赴公司会议至少一次，总办或总司理人可将应办各事向董事局请示，如有紧要事件，可请董事局随时至公司会议酌夺。"（第95条）中国公司法规定的董事会议次数标准是一年不少于两次——公司法第一百二十三条：（股份有限公司）董事会每年度至少召开两次会议，实际运作中也多不超过十次，可谓是差异巨大。这种差异背后的事实就是，董事会到底是不是公司的核心决策和领导机关。

由于将无限公司、两合公司、有限公司和股份有限公司等基本属性完全不同的公司都放在了同一部公司法中，台湾地区公司法第8条专门规定了各种类公司中的公司负责人。"本法所称公司负责人：在无限公司、两合公司为执行业务或代表公司之股东；在有限公司、股份有限公司为董事。公司之经理人或清算人，股份有限公司之发起人、监察人、检查人、重整人或重整监督人，在执行职务范围内，亦为公司负责人"。

为什么无限公司、两合公司，与有限公司、股份有限公司之间公司负责人不同？为什么前两种公司中法定的公司负责人为执行业务或代表公司之股东，而后两种公司中法定的公司负责人为董事？根源就在于前两种公司中存在着担负无限责任的股东，而后两种公司不存在担负无限责任的股东。世界上不存在无需承担责任的权力，股东欲保有绝对的公司管理权力，则需采用无限公司或两合公司结构，对公司债务承担无限责任。否则，股东欲享有有限责任，则需让渡公司管理权力给董事，只能保有有限权力，主要是通过股东大会对董事会人选进行控制，对董事会权力空间进行限定。

中国式的股东、董事会和经理层的"矛盾闹剧"，根源就在于中国公司治理中董事会中心主义的缺失，股东会、董事会和经理之间权力划分的原则不清晰。明确董事会中心主义的公司治理原则，股东通过公司章程明确保留的权力之外，都是董事会的权力，而经理层的权力则是完全来自董事会。遵循这一规则，作为公司股东的权力或诉求就要完全通过股东会或者法律手段，公司治理上经理层则根本没有向"董事会"叫板的权力。

从1994年开始实施公司法，到2003年央企董事会试点，以及2018年的国有资本投资、运营公司试点，董事会在中国公司治理中的作用逐步得到重视。如何在公司治理实践中运用好董事会中心主义原则，厘清授权边界，化解权力冲突，是下一步国资国企改革和改进公司治理的一个重要任务。

3.3.3 谁能代表公司？董事会，还是法定代表人

公司作为法律上拟制的人，自己不能说话，它的意志如何体现，由谁来代表？在英美国家，根据董事会中心主义原则，这个问题很清楚：董事会是公司核心，董事会代表公司。经董事会授权的董事、董事会主席、首席执行官，以及董事会任命的公司秘书等，可以各在自己的层面和权限范围内代表公司。

日本公司有个代表董事（代表取缔役）的概念，但是与中国的法定代表人概念不同。对于小型和没有设立董事会的公司，如果只有一位董事，他就相当于是董事会，也是代表董事，全权代表公司；如果有两位以上董事时，每位董事可以各自代表公司，也可以根据章程规定由董事互选或者由股东会决议选任出代表董事，来代表公司。对于设置了董事会的公司，又分有监事会的传统型公司和无监事会的委员会制公司。传统型公司设置代表董事，由董事会从董事中选出，往往不只1人，他们对公司的代表权完全来自董事会的授权，实际是通过代表董事会来代表公司。委员会制公司则是通过董事会任命的代表执行官（往往也不只1位）来代表公司。韩国有与日本基本相同的代表董事，也是从属或说派生于董事会的——其本身要是董事，其代表权也是源自董事会。

严格遵循清公司律董事会中心主义传统的中国1914年《公司条例》规定"董事得各自代表公司（第158条）"，也就是说公司董事均为公司法定代表人，并是全权代表（凡关于公司营业事务，无论涉讼与否，均有办理之权限，第31条；以章程或各股东之同意，所加于代表权之限制，不得对抗不知情之第三者，第32条）。

到了1929年公司法则规定："公司得依章程或股东会之决议，特定董事中之一人或数人代表公司。"也就是说，公司董事需经公司章程或股东会会议授权才能对外代表公司，这使"谁能代表公司"的决定权从董事会转移到了股东的手中。

台湾地区公司法规定，有限公司"应至少置董事一人执行业务并代表公司，最多置董事三人，应经三分之二以上股东之同意，就有行为能力之股东中选任之。董事有数人时，得以章程特定一人为董事长，对外代表公司"（第108条）。有限公司之董事，和无限公司中执行业务的股东，除作为股东所担

负的责任存在有限和无限之别外，在行使公司管理权力和承担相应责任方面，是完全一样的。

中国公司法最早规定董事长为公司的法定代表人，后改为"董事长、经理或无董事会情况下的执行董事（股东人数比较少、公司规模比较小的可以不设立董事会，设立执行董事行使董事会职能），具体由公司章程规定"，修订第二版公司法（2024）第十条规定"公司的法定代表人按照公司章程的规定，由代表公司执行公司事务的董事或者经理担任"。

在不设董事会的小公司，无论是2024年公司法第七十五条概念上的董事，或是之前公司法上的执行董事任法人代表，也就等于是董事会代表公司。在普通股份公司，董事长由董事过半数推选产生，经理由董事会任命，无论章程规定董事长还是董事长担任法人代表，谁最后出任法人代表都实际是由董事会决定的。可是在国有或国有控股公司中，董事长由有关部门指定，大型国有公司总裁也是有关部门直接任命，这种情况下的董事长或总裁，及其所出任的法人代表权，就都独立于董事会而存在了。这与董事会中心主义原则之间是有冲突的。

把决定"谁能代表公司"的权力分配给股东（章程是股东制订并需经股东会批准才能修改的），使法定代表人成为了与董事会并列的公司机关，并且是事实上比董事会的地位还高。

实践中，有些地方提出了"建立以法定代表人为中心的现代企业制度"，等于是将本来地位就很弱的中国公司董事会进一步边缘化了。逻辑上说，以法定代表人为中心，就谈不上是什么现代企业制度了。现代企业制度的基本特征是法治和集体决策，法定代表人为中心事实上就是回归人治和个人独裁，回归到"朕即天下"和家长制的老传统中去了。

从公司治理规则上说，以法定代表人为中心，一把手全权在握，通过什么机制约束其权力的滥用呢？放着现成的董事会制度和相应的董事责任规则不用，再建立一套法定代表人的制约规则，从零开始构建出一套法定代表人的忠实和勤勉义务规则及商业判断准则？仅就一个最简单的问题来说，董事会集体决策情况下，公司经营中避免不了的自我交易和关联交易类事项，可以通过关联董事回避制度来解决，而法定代表人只有一个人，如何解决？

3.3.4 股东和经理夹层中的中国公司董事会

中国的公司内部治理机制制度设计上，董事会权力本身没有得到充分的确认和法律保护。基本机制设计上的缺陷，导致中国公司整体上的董事会难以真正到位，难以摆脱走过场和橡皮图章角色。

为了让股东会、董事会和经理之间职责清晰，中国公司法曾对股东会、董事会、监事会及经理的职责和权力分别进行逐条列举性的规定，这是一种看似清晰实则混乱的做法。如股东会"决定公司的经营方针和投资计划"（2005年公司法第38条第一款），董事会"决定公司的经营计划和投资方案"（2005年公司法第47条第三款）。2018年出版的本书第三版中，笔者曾质疑过：这二者之间界限何在？谁能准确清晰地理解这二者之间的区别？经营方针和经营计划之间、投资计划和投资方案之间，具体边界怎么划分？2024年7月1日生效的第二次修订版公司法（以下简称2024年公司法），有关股东会职权的第五十九条中删除了"决定公司的经营方针和投资计划"，有关董事会职权的第六十七条中保留了"决定公司的经营计划和投资方案"这一条款。这才是正确的。

分别列举式职责划分法还带来董事会和经理层之间的职责模糊，如笔者曾经质疑过的，董事会"制定公司的基本管理制度"（2005年公司法第47条第十款），经理"制定公司的具体规章"（2005年公司法第50条第五款），这个基本管理制度和具体规章之间的边界又在哪里？甲公司中可以作为具体规章的事项，到乙公司也许需要作为基本管理制度，如库存之于钢铁公司和金银首饰公司，前者中库存相对于投资和生产运营重要性低得多，后者中则高很多，甚至可说是至关重要。

现在我们再次高兴地看到，2004年公司法中，有关董事会职权的第六十七条中保留了"制定公司的基本管理制度"条款，但是没有再对经理职权进行一一列举，也就没有了经理"制定公司的具体规章"这一条款。

但是很遗憾，之前公司法中界定经理职权的第五十条最后一句"经理列席董事会会议"，没有被同时删除，而是分别加在了2024年公司法的第七十四条和第一百二十六条中。第七十四条规定："有限责任公司可以设经理，由董事会决定聘任或者解聘。经理对董事会负责，根据公司章程的规定或者董事会的授权行使职权。经理列席董事会会议。"第一百二十六条规定："股份有限公司设经理，由董事会决定聘任或者解聘。经理对董事会负责，根据公司章程的规定或者董事会的授权行使职权。经理列席董事会会议。"

对此笔者保留质疑：列席董事会会议，是经理的权力还是义务？如果说是经理的权力，那么讨论经理业绩表现、决定经理报酬待遇以及讨论是否要解聘经理的董事会会议，也必须要允许经理本人参加吗？如果说是经理的义务，则可说是一句废话，经理能够拒绝董事会对其参加董事会、为董事会提供信息和向董事会报告工作的要求吗？诸此种种，意为清晰反致混乱的规定，导致了中国公司中频繁出现股东、董事会和经理层之间拿着同样一本公司法打架，都说是要界定清晰各自的职责。

专栏3-1　中国公司法（2024）有关股东会、董事会、监事会和经理职权的规定

（1）关于股东会

第五十八条　有限责任公司股东会由全体股东组成。股东会是公司的权力机构，依照本法行使职权。

第五十九条　股东会行使下列职权：

（一）选举和更换董事、监事，决定有关董事、监事的报酬事项；

（二）审议批准董事会的报告；

（三）审议批准监事会的报告；

（四）审议批准公司的利润分配方案和弥补亏损方案；

（五）对公司增加或者减少注册资本作出决议；

（六）对发行公司债券作出决议；

（七）对公司合并、分立、解散、清算或者变更公司形式作出决议；

（八）修改公司章程；

（九）公司章程规定的其他职权。

股东会可以授权董事会对发行公司债券作出决议。

对本条第一款所列事项股东以书面形式一致表示同意的，可以不召开股东会会议，直接作出决定，并由全体股东在决定文件上签名或者盖章。

第六十条 只有一个股东的有限责任公司不设股东会。股东作出前条第一款所列事项的决定时，应当采用书面形式，并由股东签名或者盖章后置备于公司。

第一百一十一条 股份有限公司股东会由全体股东组成。股东会是公司的权力机构，依照本法行使职权。

第一百一十二条 本法第五十九条第一款、第二款关于有限责任公司股东会职权的规定，适用于股份有限公司股东会。

（2）关于董事会

第六十七条 有限责任公司设董事会，本法第七十五条另有规定的除外。

董事会行使下列职权：

（一）召集股东会会议，并向股东会报告工作；

（二）执行股东会的决议；

（三）决定公司的经营计划和投资方案；

（四）制订公司的利润分配方案和弥补亏损方案；

（五）制订公司增加或者减少注册资本以及发行公司债券的方案；

（六）制订公司合并、分立、解散或者变更公司形式的方案；

（七）决定公司内部管理机构的设置；

（八）决定聘任或者解聘公司经理及其报酬事项，并根据经理的提名决定聘任或者解聘公司副经理、财务负责人及其报酬事项；

（九）制定公司的基本管理制度；

（十）公司章程规定或者股东会授予的其他职权。

公司章程对董事会职权的限制不得对抗善意相对人。

第一百二十条 股份有限公司设董事会，本法第一百二十八条另有规定的除外。

本法第六十七条、第六十八条第一款、第七十条、第七十一条的规定，适用于股份有限公司。

（3）关于经理

第七十四条　有限责任公司可以设经理，由董事会决定聘任或者解聘。

经理对董事会负责，根据公司章程的规定或者董事会的授权行使职权。经理列席董事会会议。

第七十五条　规模较小或者股东人数较少的有限责任公司，可以不设董事会，设一名董事，行使本法规定的董事会的职权。该董事可以兼任公司经理。

第一百二十六条　股份有限公司设经理，由董事会决定聘任或者解聘。

经理对董事会负责，根据公司章程的规定或者董事会的授权行使职权。经理列席董事会会议。

第一百二十七条　公司董事会可以决定由董事会成员兼任经理。

第一百二十八条　规模较小或者股东人数较少的股份有限公司，可以不设董事会，设一名董事，行使本法规定的董事会的职权。该董事可以兼任公司经理。

在股东会、董事会和经理层之间的权限划分上，现代公司法的基本原则是董事会中心主义——股东保留的公司管理权力需要事先和明确列举（通过公司章程和股东协议等），此外的全部公司管理权力默认配置给董事会行使（并由董事承担相应责任），经理层的公司管理权力则是完全来自董事会的授予。

发达国家公司法没有对股东大会、董事会和经理权力做出分别列举的。这种列举本身即使再详细，也不可能穷尽公司实际运作中面临的各种各样的决策和权力分配问题。没有列出来的决策归谁？已经列出来的那些决策种类，实际尺度如何掌握？如果我们仅限于中国公司法字面上所列举的股东大会权力、董事会权力和经理权力，那是很难对股东、董事和经理权力有个清晰和正确理解的。我们必须从这种"分家分权"式的思维中跳出来。

与其费力地为股东会、董事会和经理各自列举出那么多职责，不如明确一个董事会中心主义的职责划分原则。这就是"公司要由董事会管理或者在其指导下管理，除非在公司章程中另有规定"（参见美国特拉华州普通公司法第141节）。

按董事会中心主义治理原则，或说是在董事会中心主义的职责划分原则下，股东会和董事会之间的权力边界划分，股东会拥有最终的决定权力，董事会和经理之间的权力边界则由董事会决定。股东会要保留哪些公司管理权力采取明确列举方式，由股东在公司章程或股东协议等文件中明确规定，此外的全部管理权力都由董事会行使（并由董事承担相应责任），不再需要一一列举。经理的全部管理权力都来自董事会的明确授权，董事会授予经理哪些权力，经理才能拥有哪些权力。经理是否列席董事会会议，什么情况下需要列席，什么情况下不能列席等等这样的问题，完全由董事会根据会议的具体内容和议程而定。

按董事会中心主义原则，之前中国公司法规定的董事会"制定公司的基本管理制度"和经理"制定公司的具体规章"，这两者之间的边界要由董事会来确定。某央企集团在其章程中董事会权利一节加上了"董事会决定公司基本管理制度的具体清单"，就是事实上按董事会中心主义原则解决了这一问题。

股东会、董事会和经理之间，也没有什么架可以打了，它们之间的权力边界划分也主要不再是一个法律的问题，而是一个公司治理实践问题了。三会一层"各自职责清晰、依法运作"的公司治理问题也就转化为一个"定好公司章程和公司治理规则，作好职责划分和职位描述"的公司管理问题了。

3.3.5 让董事会独立，放公司飞

中国相比其他发达国家在现代公司法的供给上明显滞后，与此同时中国的商人也缺乏对现代公司法的需求，对公司制企业形式的运用并不积极。1908年底，《大清公司律》颁布四年之后，才共有227个公司依法在农工商部进行了注册。这其中实际有很多当铺、银号、小商店之类的传统企业，注册为了公司，但继续保持着注册前的经营方式。他们之所以注册，可能并非利

用公司制的股东有限责任和董事会管理等制度优势，而只是试图利用该公司律中的一些条文，来抵制官方干涉和苛捐杂税。

公司制所要求的董事会集中管理——民主决策机制，一直在中国商业中没有得到重视，至今也是中国公司治理中的薄弱环节，并且是中国传统文化之下的商人们所普遍厌恶的。恰恰是董事这种治理机制的设置，才能使有限责任不会被滥用，中小投资人和债权人的利益可以得到一个基本保障。

中国人自己兴办的第一家"公司"上海轮船招商局，在经过了从1872年到1909年这四分之一世纪之久的"官督商办"之后，终于不再"官督"而"商办"。在其创建27年之后和《大清公司律》颁布5年之后的1909年，轮船招商局才作为公司正式注册，并第一次组建了一个由股东选举产生的董事会，在大清倒台之后才进入了"董事会全权管理"的真正公司状态，却最终还是在1933年被中华民国政府给国有化掉了。

岩崎弥太郎1870年以3艘轮船创建了他的三菱轮船公司，1885年与政府办的一家轮船公司合并为日本邮船会社，制订了类似于"官督商办"的企业章程，由政府保证利息、任命社长、副社长和理事，账目完全由农商务省审查。可是，到1893年日本通过了普通公司法之后，日本邮船会社就立即改组成了一个按公司法注册成立的完全商业公司，最终发展出了一个三菱工业帝国。

今日中国稍具规模的企业都要普遍注册为公司。但是注册归注册，实际运作上可以完全不把公司法所要求的那一套董事会等内部治理机制当回事。在中国的传统家族和宗族商业思维及家长制习惯下，董事会是无关紧要的，强有力的家长才是最重要的。一家拟上市公司，为了上市备案才正式成立了董事会，运作一年之后，大股东、老板、"大家长"决定不上市了，就直接把董事会给解散了。

现代公司制企业起始于股东的有限责任，经由董事会的集中管理，走向企业的永续生命。股东的有限责任带来了股东敢于投资、敢于放手让董事会经营。企业做好了股东投入的资本增值，企业做得不好股东只亏损掉投入的资本而不负连带责任。股东要积极参与公司治理，但是不能越位干预。如果股东越位干预的话，在公司破产、受到债权人起诉等情况下，则会被法院"撕破公司面纱"，承担连带责任。公司制企业的股东享受到了有限责任的好处，则相应地要有公司所得税和股东投资收入的个人所得税这一双重纳税的义务。法律上为公司制企业提供的独立于其股东的永续生命资格，则更是需要健全公司治理机制才能使企业能够在市场上实际生存和发展下去。

董事会正是股东们按股权比例付费聘请来作为一个集体打理公司业务的最重要的一种公司治理机制。建设一个专业型的董事会，不要使董事会与股东会权力同构，在董事会层面形成稳定与合作的局面，才能最终走向股东可以换、员工可以换、客户可以换，但是公司依旧存在并且能够持续发展和兴盛的状态。那些百年老店式的现代公司，都已经和其创始人、创始家族、原始股东等等没有什么关系了，累积下来的主要就是一种以董事会制度为核心的组织资本。

对于有限责任，中国需要在公司注册上慎用和在公司运作上用好，而不是公司注册上随意滥用、公司运作上实际不用或没用。注册上采用有限责任公司，则必须遵守公司制企业的基础治理规则，也从而能够充分享用与有限责任相关的制度优越性（融资和破产）。

现代公司是与现代股票市场同步发展和壮大起来的，是工业化、城市化、大规模经济建设所需要的大规模现代市场方式公司融资行为的结果。作为独立法人，公司就要遵守一些基础治理规则，这是公司获得独立法人权力和保护第三人（利害相关者，所有会受到公司法人行动影响的人）的需要。但是仅有这种需要，不足以推动现代公司如此蓬勃地发展和壮大起来。在有了独立法人的基础治理规则之后，同样内在于股东有限责任的公司组织的融资便利（股东之间无连带责任）和风险承担能力（公司破产股东损失有限），使公司能够集众人之力做大事，推动着公司的快速发展。中国改革开放四十多年，从1994年引入公司制度也已经整整三十年了，除一些国有垄断企业，还是少有现代大型公司，其基本原因不外乎基础治理规则和公司融资权利的双重不足。

废除政府和国有系统的金融垄断权力，建立自由资本市场，把公司股票融资和上市从特权变为权利。即使是在现行公司法和证券法的框架之下，通过改进监管导向，也可以在很大程度改进中国公司的治理实践。比如鼓励公司通过章程给予董事会更大的授权，同时加强监管层对董事责任的追究和惩处力度。

企业是资金紧张，资本市场是神经紧张，正是监管层退出，让企业和资本市场之间市场化对接的好时点。无论发股、发债，自由随便，能否卖得出去及卖价如何，完全市场说了算。好公司和坏公司，治理水平不同的公司之间，在资本市场上的融资能力和融资成本将明显不同，改进公司治理的市场动力将会日渐增强，监管层也可轻松一些，并更为专注于自己的本职：惩处虚假披露和打击内幕交易。

现代公司治理结构研究开山之作《现代公司与私有财产》作者认为，再融资需求是迫使管理层自觉遵守公司治理规则的主要力量。为了可持续融资，股东仅有利是不行的，还要有权。近代中国的官利制度下，股东仅有利，没有权，一方面会使公司不堪重负，无以为继；另一方面也会使股东之利最终变得不可靠。为了社会融集资本的稳固，解决公司股东个人财务不稳定和公司资本稳定之间的矛盾，建立起来了股票交易所。股票交易所使微弱的股东个人力量形成了强大的股东集体力量。这种股东集体力量即来自通过资本市场形成的公司金融压力，更来自股东大会上的股东投票权。

现在最需要我们做的是，如何在保持股东参与公司治理积极性的同时，努力增强董事会和监事会的独立性和积极性。通过重构并夯实公司基础规则和放开市场竞争（资本、经理人及产品等多个方面），让公司股东放心放手，让公司董事、监事和经理走上舞台，独立、积极并负责地管理、控制和发展壮大公司。

3.3.6　董事会文化——平等、合作、信赖与负责

董事会是作为一个会议体、一个团队来行使权力的。在董事会这个团队中是绝对要两个平等的："股东面前人人平等"和"法律面前人人平等"。

"股东面前人人平等"就是每位董事都有同样的义务要代表所有股东的利益，要对所有股东都像一个忠实的管家一样，尽到诚信和勤勉义务。法律要求董事尽职尽责，注重其过程而非结果，这很类似于一切官僚组织内部都会强调的别犯"程序性错误"的概念。世界十大管理顾问公司有九家在美国，这也跟美国注重决策程序的董事会治理文化有关。

"法律面前人人平等"就是每位董事都有同样的法定权力和法定责任，具体表现为董事会"集体决策个人负责"的特性上。董事会会议纪要和决议需要董事个人签字，董事会通过了一项错误决策的话，即使讨论中表示过反对意见但没有明确投反对票并记录在案的董事也要承担法律责任。

有了平等之后，董事之间还要以一种负责的态度，形成一种信任和合作的工作关系。

信任降低合作的成本，是社会繁荣的基础，同样是公司制度建设和持续成长的前提。上市公司外部有政府、社区、交易所、竞争者、银行、供应商和客户等等各种关系，内部有股东、董事、经理和员工等等各种关系，董事会的任务就是要处理好方方面面的关系，保持一个合作的局面。公司法主要是保护股东利益的，从公司法的角度看，董事会的权力来自股东会，但是公司要长期发展，需要一种管理上的稳定和持续。董事会在公司法之外，还要受到劳动法、产品责任法、消费者保护法等方方面面的约束。

大股东之间、大股东与小股东之间，股东与公司的其他利害相关者之间要保持合作、信赖与相互负责的关系，公司才能既有短期盈利又有长期前景，这一切都应该是董事会的任务。遵纪守法可以保证你不犯错误，但却不能给你带来竞争优势。外部法规对公司的监管，要防止公司的欺诈和不良行为，但更要给公司留下自由的空间，让公司各方当事人之间通过自由的谈判达成妥协，形成公司治理机制上的创新。股东的目光太短浅、不守承诺、太急于分红和经理层不顾股东回报、总以长期前景的名义追求个人事业的扩大和职位的升迁，都是一种不负责任的表现。健全的公司治理机制设计，就是要通过诸多具体的手段来在各方面之间建立起通畅的沟通渠道和解决争议的程序与规则。

社会之间、国家之间以及企业之间，甚至是不同的家庭之间，各自当事人合作效率的高低，在很大程度上就取决于其内部是否一种合作、信赖与负责的文化。形成了一种合作、信赖与负责的文化，则可以节省沟通成本、谈判成本，可以更有效率地达到组织的目的。尤其是在处于危急时刻，组织的文化特性将起至关重要的作用，是所谓理念共失败规则共成功。合作之道，这也正是我们对公司治理的理解：合作关系管理，各方之间换位思考，行为到位而不越位——培育一种合作、信赖与负责的商业文化。

3.4 中国公司董事会构建和运作上的流行谬误

中国公司的董事会要真正到位还任重道远。一方面是因为中国就没有组织高层以委员会制进行决策的历史传统，另一方面是从法律规则、行为习惯到思想认识都没有对现代公司中的董事会有个正确的对待，在董事会构建和运作方面的流行性谬误可以说数不胜数。

曾经非常著名的中国商业第一股——郑州百文股份有限公司（重组为三联商社）是中国很早的整体上市企业，没有母公司，甚至没有绝对控股的股东。百分之五十以上是流通股，第一大股东（郑州国资局）只有12%的股份，甚至早于有关部门规定而引入了独立董事。但却出现了严重的公司治理问题。整体上市和全流通，以及股权多元化、股权分散和设置独立董事之后，依旧存在公司治理问题，就是董事会的真正到位问题。

3.4.1 代表性董事会泛滥

董事会构建上，一个主要的流行性谬误就是把"代表性董事会"——董事会中要有各个方面的代表，各利益相关方要在董事会中形成制衡关系，当作正确和规范的董事会来追求。这种对董事会代表性的追求，贯穿着从公司法、监管规则到实际运作的各个层面。公司法中是董事会要有职工代表，监管规则上是安排独立董事代表中小股东利益，实际运作中是大股东们按股权比例分配董事会席位。

这种代表性的董事会制度安排，先天地削弱了董事会的整体性，其必然结果就是董事会战略决策职能的缺失。董事会更多地是一个各方面进行谈判和利益博弈的场所。在股权集中度很高、股东人数不多的非上市公司里，这种代表性董事会的负面影响也许不是很大，因为这种公司的主要战略决策（比如公司从事什么业务的决策）职能还是由股东来承担的。但是在上市公司中，即使股权集中度还很高、大股东持股比例在50%以上，但是股东人数已经很多，公司性质上已经完全属于公众公司，代表性董事会的负面影响就很大了。缺乏董事会作为一个整体承担对全体股东及整个公司（其他厉害相关者）的受托责任的概念，导致上市公司的独立性和独立发展空间都受到限制。往往上市公司只是被其母公司作为融资工具而已。

上市公司必须按照规范的董事提名程序进行董事候选人提名，由股东会选举。一旦当选，权利和义务就应该都是一样的。无论是中小股东、公司员工还是公司债权人，哪个方面的利益受到侵犯，都是所有董事共同承担法律责任。要通过严格和强力的对所有董事的法律责任追究，来阻吓董事权力行使中的偏袒行为。尽管这是一种事后性的追究，但却是我们唯一可以选择的方式。企图通过代表性的董事会构成安排来事前制衡董事权力行使中的偏袒行为，实际是得不偿失的。一方面这些"代表"很容易被收买，未必真能"代表"，使这种安排所希望有的"得"未必能够实现。另一方面，这样做导致了董事会制度功能上的本末倒置，失去了董事会作为公司制企业实现"集中管理"的工具的价值，得到了一个吵架而不是一个理性地讨论、分析问题和战略决策的董事会。

3.4.2　管CEO的是董事会，不是董事长

董事长负责战略性职责，总经理负责执行性职责，这是中国公司治理中一个经典性的、流行时间最长的谬误。谬误的起源大概是我们引进了董事会，设置了董事长之后，实在不知道董事长到底该做些什么事情。

在中国企业的体制演变中，总经理是清楚的。1980年代开始企业改革之后，原来是书记、厂长说了算的状态逐渐演变为总经理说了算。而进入1990年代中后期，根据公司法改制为公司制企业之后，法律要求设立董事会，并同时要求设立董事长，2006年修改后的公司法生效之前，还必须董事长是公司的法定代表人。这回不像厂长改为经理那样，同样一个管事的人换了个叫法，而是新生成了一个职务。如果是董事长兼总经理事情还相对好办一些，可偏偏又是普遍要求董事长和总经理要分任，这两个职务之间"谁大谁小""谁是单位

一把手"就有点糊涂了。这种糊涂甚至搞得一些董事长兼总经理的人也时常自问："我应该算是董事长兼总经理还是总经理兼董事长呢？"

导致这种现象的原因是，我们从公司法开始，就过于强调"董事长"的角色了。规定董事长是公司法定代表人，把董事长当作一种公司机关来设置，而对董事会作为一个整体的角色重视不够。以致有些公司里没有董事会，但是有董事长。现代公司中作为董事会主席的"董事长"，只是董事会运作上的一个需要，是公司内部的事情，根本就与公司法无关。同时，我们又在公司法上规定了公司设经理，并且明确列举了经理的职权。这就更是干涉"公司内政"了。2024年公司法淡化了董事长和经理的职权，但还是保留了相关设置，并没有改变问题的本质。公司归董事会管理或在董事会指导之下管理，公司在董事会之下设置哪些执行性职务，多与少，兼任与分任等等，完全是每一个公司根据自己的股东和股权结构以及企业规模和业务状态而定的事情。

董事会没有真正到位，董事长和总经理"超前到位"，这就产生了中国特殊和特色的董事长与总经理职责分工难题。董事长负责战略性职责，总经理负责执行性职责，便是对这一中国特殊和特色难题的一个似是而非的解答。这是绕过董事会真正到位这一实质性问题，而从表象上解决问题。现代公司中是董事会整体负责公司的战略性职责，董事长和总经理都是董事会设置的高层管理职务而已。董事长作为董事，与其他董事一样，是由股东选举，受股东之聘的；而担任"董事长"这一职务则是由全体董事选举，受全体董事之聘的。董事长负责董事会的组织性工作，总经理负责公司日常业务的管理工作，都是受聘于董事会，为董事会打工的。

3.4.3　内部制衡，不是多多益善

监事会、独立董事及董事长和总经理分任等等，内部制衡多多益善，可以改进公司治理，这一谬误的出现，跟代表性董事会谬误的出现有一个共同的基本原因，就是在缺乏外部的法律救济措施的情况下，过于强调现代公司组织内部的制衡关系了。

中国公司组织的内部制衡机制是世界上最多的。中国已经把主要发达国家

所有的各种各样的公司内部制衡机制全部搬过来了，同时还保留着自身所特有的一套内部制衡体系。

德国的公司内部制衡就是上层的监督董事会和下层的管理董事会分开，同时上层的监督董事会中有股东和工会及员工两方面的代表。日本传统的公司形式中有一套与董事会平行的监事制度。中国都搬来了。设置一个与董事会平行的监事会（2024公司法改为可选项，但若无监事会，须有董事会审计委员会或是一名监事），董事会（之前是国有公司必须，非国有公司不必须；2024年公司法改为没有设立含职工代表在内的监事会的300人以上的公司必须）和监事会（不分国有和非国有均必须，职工代表需占三分之一）中都有员工代表。

美国的主流模式是董事长兼任首席执行官，但是强调董事会的独立性和独立董事任职的董事会审计、薪酬和提名等委员会。中国学来了。独立董事制度和独立董事任职的董事会委员会，并且额外给独立董事赋予了更多的职责。

英国和日本的普遍情况是董事长和首席执行官分任，中国也学来了，非常强调董事长和总经理要分任。

公司组织内部制衡机制上，世界上有的我们全有了，我们还有自己独特的一套纪检监察系统，以及企业内部工会制度和职工代表大会制度等等。

可是结果呢，这么多的内部制衡机制是不是有效地防止了公司的不良行为？答案是明显的，否。在世界主要国家中，中国公司内部人控制的泛滥，董事和高管的忠实和勤勉义务的缺乏，是位居前列的。

企业还是要以发展为主要目标，企业内部制衡机制不仅不是越多越好，反而可能是越多越乱，甚至是制衡变成了掣肘。内部制衡要以精良和有效为目的，真正管用的方法一种就好。同时，更不能企图以内部的制衡机制替代外部的法律上的责任追究体系。

3.5　中国公司治理的六个认识误区

中国的现代企业制度引入是从有关股份制的讨论开始的，由此导致人们对公司治理的理解也深深地限在了"股份制"的思维之中。越过了对"公司制"的一些基本制度要素的深入研究，直接跳到了在很大程度上是公司制企业运作结果的"股份制"上，产生了很多本末倒置性质的公司治理理解谬误。

3.5.1　一股独大、股东制衡及战略投资者与公司治理

一股独大和公司治理水平低是中国公司中的普遍和并存现象，但是这并不意味着它们之间就有必然和内在的因果关系。与其说是一股独大导致公司难治理，还不如说是中国的公司治理难和治理水平低，导致了"一股独大"成为强势股东的一种最优选择。公司治理水平低，"控制权的私人收益"高，人们才选择坚持"一股独大"和"绝对控股"。

恶人能够得到惩罚的基本公司法律制度和好人能够得到更多机会的竞争性的资本市场制度是公司治理大厦的两块基石。不解决这两个基本问题的情况下，期望通过引进前几大股东之间的相互制衡来改进公司治理完全是一种幻想。前几大股东势均力敌情况下的公司治理是，或者几大股东合谋剥夺其他的中小股东和利害相关者，或者几大股东互相反目致使公司不得安宁。曾被列为"大股东制衡"思维下公司治理典范的东北高速就是这方面的一个例证。东北高速的前三大股东持股比例及董事会席位比例，都是任何两方相加大于第三方，任何一方都不能独霸，结果是你方唱罢我登场，董事会换届都成为了超级难题。

一股独大不行，几大国内股东相互制衡不行，引进国外战略投资者又成为了中国企业趋之若鹜、竞相模仿的一种选择。似乎有外资入股，有老外坐进董事会，公司治理就可以规范了。也许这是中国以改进公司治理为名所做出的一件最蠢的事情了。外资股东也好，老外董事也好，在法制健全、资本市场竞争充分的母国可能是规规矩矩的，但是到了中国也就"入乡随俗"，恢复了自然的恶的本性，合谋、榨取和掠夺一样不差了。低价对外引进战略投资者，高价国内发行股票，结果没见到任何公司治理上的改进，只见到了外资狠狠地稳赚一笔，高管薪酬成倍地暴涨一番，国内中小投资者深度套牢、欲哭无泪。对于某些公司改制，说是"以改进公司治理为名与外资合谋窃取国有资产"，恐怕

也不算为过。

"以我为主，谦虚学习"也许是我们在公司治理方面学习西方发达国家所应采取的正确态度。日本明治维新，全盘照搬德国民法，改造国内企业制度，二战后及至当前又不断地引进和消化西方的现代企业制度，但是没有一窝蜂和倾斜定价性地引进外资战略投资者，也没有请几个老外坐进董事会，日本的企业却一样娴熟地掌握了现代公司治理技术，一样称雄世界。中国人就那么笨吗？就不能自己深入地学习和探索，玩转现代公司和董事会制度吗？

3.5.2 全流通和整体上市与公司治理

通过股权分置改革实现股份全流通，在打通通过资本市场改进公司治理的通道上向前迈进了重要一步，但是全流通本身并不能直接改进公司治理。其实这一点在这两年来的中国公司治理表现上已经得到了证明。

没有全流通时期，公司的实际控制人——控股股东一方面握着非流通股，另一方面自身利益与二级市场表现没有多大的直接联系，导致资本市场对公司实际控制人缺少实质影响，更谈不上对其控制权的威胁。全流通之后，只要过了解禁期限，控股股东和中小股东之间有了一个一致的利益基础。但是，如果内幕交易不能得到有效禁止，控股股东的努力方向并不会自动转向真正创造股东价值的轨道上来。股改之后，股价水平明显脱离公司经营业绩基础的超级起飞与跌落，就是控股股东得到流通权之后的第一波行为表现。不是资本市场对控股股东行为产生积极影响，而是控股股东新的利益取向扭曲着资本市场的发展。要资本市场对公司治理发生实质影响，需要公司控制权市场——并购行为的活跃，而这仅仅全流通是不够的，还要股权分散到一定程度才行。而公司股权的快速、有效分散正是健全公司治理的结果。

认为阻碍中国公司治理改进，与股权分置并列并广受诟病的另一个要素是分拆上市及由分拆上市带来的上市公司与其母公司之间普遍性的关联交易。通过整体上市，消灭上市公司与其母公司之间的关联交易，来完善公司治理，这是近年来中国改进公司治理努力中的另一个"良好愿望"。不可否认，关联交易是中国上市企业中普遍存在的现象，并且也是上市公司母公司和实际控制人侵犯上市公司利益的一个重要渠道。但是关联交易本身并非问题所在，关联交易本身也不可能杜绝。问题在于关联交易为什么会变得系统性地对上市公司和中小股东不公平？与其说是关联交易阻碍公司治理，还不如说是有效公司治理的缺乏，导致关联交易变成不公平交易，变成公司实际控制人掠夺公司的工具。

这里的关键问题是建立起保证公平交易的公司治理机制。保证公平交易的公司治理机制，关键构件是法律上确定控股股东、公司董事和高管对公司的"公平交易义务"。这是公司制企业和公司治理的一个基本制度构件。即使是一人有限责任公司，只要是公司，股东承担有限责任、公司享有独立的法人财产权，就有股东、董事和高管对公司的公平交易义务。是这一基本公司治理机制本身的不到位，导致分拆上市情况下，控股股东把其与公司之间的关联交易变成了掠夺公司的工具。忽略公平交易义务这一根本机制的建设情况下，仅仅是全流通和整体上市，不仅解决不了"掠夺"问题，而且会产生"掠夺"行为的新形式和新工具。

美国法律研究院通过并颁布的《公司治理原则》正文总计1007页，从第1页到第232页讲述公司目标、公司结构和注意义务，然后就是有关公平交易义务的问题及公司受到不公平侵害之后的救济问题。篇幅上是救济占一半，公平交易义务占四分之一，其他的总计占四分之一。

解决了控股股东对公司的公平交易义务问题，整体上市还是分拆上市，以及已经整体上市的企业还可以把一部分业务分拆出来再单独上市，这些交易形式本身就都不再构成对公司治理改进的阻碍，而只是可供选择的公司财务安排。

3.5.3 交叉持股与公司治理

交叉持股也是中国在股权层面打转转解决公司治理问题产生的一个流行谬误。这一谬误的产生来自对二战后日本交叉持股制度产生背景的不甚了解和对其公司治理作用的错误理解。

二战之前，主导日本经济的是家族财阀控制下的层层控股的金字塔式企业结构。这一企业结构的成功，得益于家族企业的文化基础和明治维新引入德国民法进行改制奠定的公司制企业制度基础。正是在一个公司制企业的基本制度基础上，日本的家族企业才走出了传统的家族企业规模限制，成为统治日本经济的力量并使日本成为工业强国。这一时期，资本市场也得到了家族财阀企业的充分利用，1936年日本的上市公司市值就已经是其国内生产总值的136%。

二战后，日本交叉持股下的系列企业制度正是战前的家族财阀金字塔企业结构在解散财阀和反垄断法等外部强加的制度冲击下，适应股权分散状态、应对资本市场并购威胁而产生的一种特定的企业结构形态。解散家族财阀时，财阀家族和财阀母公司的股份被转卖给公众、财阀家族的成员被禁止在企业中任职，对公司保持超强控制的大股东一夜之间就不在了。家族财阀股份转卖给公众之后，公众持有日本上市公司股份的比例高达70%。但是，这种非自然发育出来的分散的公众股东都很贫穷，无心长期持有，纷纷出售股份，资本市场出现美国式的恶意并购行为。公司法禁止公司回购自己的股份、反垄断法限制一家公司持有另一家公司的股份数量，这使绿色邮件（高价回购）和白衣天使（找友好者收购）等美国式的公司反并购措施都无法采用。于是，"父母不在了，兄弟姐妹相互帮忙"——前财阀所属、如今独立的企业在经理人们的共同努力下，相互"交叉持股"这一日本特定制度和财阀家族文化遗产基础上的反并购措施产生了。多个友好企业之间交叉持股，长期持有，目的是抵御"外敌"，加强管理层对公司的控制。从股东价值导向的现代公司治理角度来看，这种交叉持股恰恰是阻碍公司治理，而不是改进公司治理的。

中国有关部门曾经极力推广交叉持股制度，幸好没有太大范围地铺展开来。无论是国有企业还是民营企业，解决中国公司治理问题的一个关键都是大股东和实际控制人对公司的公平交易义务问题。基本的公平交易义务不到位情况下，一股独大下，上市公司是一个大股东的提款机；交叉持股下，上市公司则是大股东共用的提款机，成为多个大股东之间利益交易的俱乐部而已。

3.5.4 股权分散与公司治理

"只有股权分散才可能真正健全公司治理"，这也是一个典型的本末倒置性的谬误。事实是，只有真正健全公司治理，才能有效、高效地通过股本扩张走向股权分散。

认为股权分散可以改进公司治理这一谬误的原因可能是多方面的。首先是有人看到了现代发达国家股权分散的大公司，就把股权分散理解为现代企业制度的本质特性，进而认为是股权分散带来了健全的公司治理。其次是看到成熟资本市场上，公司股权高度分散，并购成为了一种非常重要的外部治理手段，以及没有大股东的控制，董事会的独立性增强、公司治理得到改进等等，进而又把股权分散作为公司治理完善的前提条件了。其实，这些都是由现实推论历史，由表象推断实质的错误。公司制的历史和实质都是先有健全的公司治理基本制度，然后才逐步孕育出来了公司股权分散这一结果。

简单观察一下这个世界就可以发现，越是公司治理良好、董事会独立性高、小股东权益得到有效保护的国家，公司股权分散程度越高，新建公司由股权集中走向股权分散的速度也越快。典型的代表就是美国和英国。正是由于基本公司治理规则的到位，小股东能够得到有效的法律和资本市场保护，大股东得不到多少纯粹股东利益（分红和资本增值）之外的利益（控制权的私人收益），人们愿意当小股东、搭个便车不介入管理，大股东也愿意放手，让那些能够给公司更有效运作、带来利润和股价上涨的人（有能力的董事和经理）行使实际的公司控制权。发达国家中，即使是公司股权相对比较集中的德国和日本，其股权分散程度也是仅次于美国和英国，而高于任何其他国家的。相比中国，德国和日本也是股权高度分散。发达国家普遍股权高度分散而落后国家普遍股权高度集中，其背后的原因是发达国家的公司法制健全和公司治理良好，使其公司能够有效地通过股权分散来实现资本的积聚和企业的扩张，而落后的国家则基本的市场经济法制，尤其是民法和公司法制落后，使其公司无法走上股权分散而依旧集中管理、高效运作的现代企业的资本积聚和组织成长之路。

中国企业对外股权合资和扩张公司股本时，经常要坚持一个51%的绝对控股原则，并且把这个百分数看得格外重要。而这正是想要利用不健全的公司治理而掠夺别人所需要的一种工具，或者是对公司治理不放心而采取的一种防范。试想，如果谁都不放心或者想通过控股来有机会掠夺别人，那么坚持"51%"原则的人也就没有可以合作的对象了。没有愿意作49%的人，也就没有了51%。要让人愿意作49%，就得让51%的控制权没有任何"私人收益"。控制权没有私人收益，或者说降低控制权的私人收益，就是健全公司治理的另一个说法而已。公司治理不健全，掌握公司实际控制权的人有巨大的私人收益，人们要么不投资，投资就一定要坚持51%的原则。这样一种"51%原则"博弈的结果是，你只能靠找到比你傻的人合作，除非你是"政府机构"，有垄断权力；或者你是"黑帮"，有胁迫别人的势力。

不是要等到股权分散才能真正健全公司治理，而是要先真正健全公司治理，使人们能够放心并快乐地作个小股东，使控股股东也能放心和放手地让公司走向股权分散，才能出现治理良好、股权分散和以董事会为核心的现代公司。

3.5.5 外聘职业经理人与公司治理

国有企业的主管部门高调地搞"全球招聘国企高管"，民营企业的老板则是顶不住舆论的压力纷纷要从外部引进"职业经理人"，二者都以为这样可以使企业更为"现代化"，可以改进公司治理。如同以为股权分散才可能改进公司治理一样，以为从公司外部引进职业经理人才能改进公司治理，这又是犯了一个倒果为因的错误。

英美德日等发达国家职业经理人制度是其公司治理进步的一个结果。从1860年到1870年前后，几个主要发达国家相继颁布了新的公司法规，引入"股东有限责任、董事会集中管理"的现代公司治理制度，然后经过几十年的发展，到1900年前后，大量的第一代创始人退位时，兴起了职业经理人接班这一做法。这个时候，这几个发达国家的大股东权力限制和中小股东权利保护等法律已经很健全，公司运作中董事会也已经完全到位，跟随创业者的经理人们也正好成熟到了能够继续领导公司前进的程度，创始人可以放心地退居二线、享受自己创业成功的果实了。有效的公司治理，能够保证不再介入经营的公司股东能够享受到公司经营的成果（当时最低的要求就是常规性的年度固定分红），而基本不必担心公司财产会被经理人偷窃或者分享不到公司经营成果。而中国的现状仍然是，大股东的权力没有受到严格的限制，小股东的权利没有得到有效的保护，董事会更是没有真正到位，不介入经营的股东享受公司经营成果（年度固定分红）不仅没有形成常规，而且是"稀有现象"。这种情况下企图在公司治理上搞"跨越式发展"，让外来的经理人入主公司，其结果可想而知：即使不会"公开造反"，也肯定是"吃里爬外"，让创始人和投资者都成为"弱势群体"和"不幸的股东"。

实际上，职业经理人的本质含义就是"拿薪水的公司管理人员"，因为早期的公司股东自己直接管理工厂，往往是作为经理的薪水和作为股东的收益不作区分的，后来逐渐出现没有股权的经理人走上高级管理岗位，得到相应高额的薪水，人们才把这种人概括为"职业经理人"，就是以"经理人"——从事公司管理工作的人——为职业的人。在现代健全的公司税制条件下，股东直接管理公司也要把自己该得的薪水和自己的股东收益分开，因为前者可以只纳个人所得税，后者要付企业所得和个人所得双重税。而且，二者不核算清楚的话，也搞不清楚企业产品的真实成本和自己作为股东的真实投资收益。至于，这个拿薪水的经理人，是否来自外部，或是否要"全球招聘"，更是与职业不职业的没有关系。几乎所有成功的全球性大公司都是以内部成长起来的经理人接班为惯例，外部招聘是公司处于危机或者有意实现转型情况下的一种例外安排。把"职业经理人"主导公司这一良好公司治理的结果当成改进公司治理的原因，把外聘经理人这一例外做法当成常规做法使用，不仅是中国公司治理的误区，而且简直是悲哀。

中国现在的公司治理环境下，对于那些创始人仍然年富力强的企业来说，引进外部职业经理人的做法恐怕要暂缓，还是抓紧进行内部培养比较稳妥。

想要外聘职业经理人的企业老板和那些以职业经理人自居的人，也许都应该拿IBM的沃森、通用汽车的斯隆或者谷歌的施密特做做参照。

3.5.6 公司治理与规范运作

作为世界上最为独特的一个国家，中国在公司治理上有很多自己的特色是正常的，但是如果这些特色是因为我们对现代公司治理基本逻辑的"误读"或者是因为某些利益集团出于自身利益考虑而进行的"改造"，则要另当别论了。

把改进公司治理等同于公司规范运作，一方面缩减了公司治理的内涵，另一方面又缺乏实质意义地扩张了公司治理的边界。以董事会为中心的现代公司治理实质有"业绩"和"合规"两个方面的内涵，并且业绩要摆在首位。为了确保公司运作合规，董事会要完成提供责任和监督检查两项任务。这里的提供责任主要包括向股东报告工作，确保公司行为符合法律法规的要求，查看公司审计报告等等。董事会的监督检查工作主要包括检查经营业绩和运营状况，监督预算，控制和纠正不良行为等等。为了取得业绩，董事会要完成制定战略和制定政策两项任务。这里的战略任务包括董事会要进行公司战略分析，为公司确定发展方向和战略规划。制定政策任务则包括批准预算，决定高管薪酬和创建企业文化等，以支撑公司战略的实现。

企业的事业是生意，不能创造业绩的企业，其运作上的一切"规范"也都失去了意义。只看到公司治理的"规范"方面，导致我们对公司治理上的偏差，甚至进一步在公司治理和加强监管之间画上了等号。看看中国都是什么人最为积极地在喊加强公司治理，是政府和监管部门，甚至非常领先地提出了"公司治理监管"的概念。整套整套的指导意见和规范意见，很多方面已经是"过度监管"了，直把"公司治理"变成了"治理公司"，搞得企业在制度创新上完全无所作为。为什么我们很少看到中国的企业家、机构投资者和经理人等等，在公司治理探索上表现出积极性来？如果这些实际的第一线的公司治理实践者们没有积极、主动和创造性地参与，而只是被动地应付监管部门推动的规范标准，中国的公司治理能够真正改进吗？

在日本领先进行公司治理改革的索尼公司总裁出井伸之，在其著作《迷失与决断——我执掌索尼的十年》中，用了专门一章（共七章）的篇幅，探讨公司治理问题。日本2002修改后的公司法，在法律上提供了一种新的选择，公司可以通过设立主要由外部董事任职的审计、薪酬和提名等三个董事会内设委员会，从而废除传统的监事制度，转化为委员会制公司。本来是索尼率先在日本自主性地搞了董事会委员会制度，公司法的这一变革是对这一类企业自主公司治理改革的肯定，但是出井伸之却称之为"修改后《公司法》的致命缺陷"，并披露索尼最初甚至不想转化为委员会制公司，最后是担心如果索尼都不选择日本公司法上这一新类型的公司治理形式，则会对这一"日本好不容易出现的公司治理制度上的进步"有不利影响才选择了转化为委员会制公司。根据出井伸之的看法，"要治理公司这样一个有生命力的事物，就不能拘泥于流行、前例或者是其他公司的旧例，而应当不断摸索最适合自己的方法""公司治理制度的关键在于尽量简单化，并公开，易于大众理解"。（出井伸之，2008）

在着眼于业绩的公司治理改进方面，股东、董事和经理都有发挥自身能动性的空间，也更多地需要公司自主性的公司治理创新，使公司治理创新成为公司发展和走向卓越的一股重要驱动力。就公司的规范运作来说，首要的是外部法律上的强制规范，公司的各个层面都必须遵守。过于强调公司内部治理上的"规范"含义，其实是一种舍本求末，导致过多的制衡，以至成为掣肘，实际还不能真正解决规范的问题。对付那些存心作恶的人只能是以恶制恶，法律上给予严厉的处罚和监禁。企图通过加强公司治理上的内部制衡措施来解决那些存心作恶问题，肯定是徒劳的。

第4章

组建董事会：类型与结构

公司董事会不再仅仅是一个法律形式，它已经成为一种竞争利器。伟大公司无需伟大领袖，伟大的董事会则意味着伟大的公司。潮流已经改变，从现在就开始行动！

法治化下的组织发展和人治化下的组织发展最大的区别就是高层决策体制不同。法治化下的组织高层是委员会决策，人治化下的组织高层则是关键人决策。现代公司的董事会就是在股东会授权下的高层决策和监督委员会。能否组建一个好的董事会，是公司从"人治结构"走向"法治结构"的关键一环。

4.1 为什么要特别关注董事会管理

董事会应该是在恰当的文化氛围（对董事会职责的正确认识）下，由恰当的人（有效董事会的组建）按照恰当的程序（董事会的会议与运作）完成恰当的工作（董事会的宗旨、任务、监控与战略指导）。如何做到这四个"恰当"，就是董事会管理要研究的内容。

4.1.1 伟大的董事会意味着伟大的公司

那些国际知名的大公司，经过了百年历史之后，它们一直传承着的除了一个名字之外还有什么？股东已经换了，员工已经换了，产品也换过不知道多少代和多少品类了，组织的创建者及其后任的伟大领袖们也早已经不在了。以公司品牌为代表的一个文化性的符号体系，以董事会为核心的一套制度、管理和运作规则体系，这可能是所有伟大公司都共有的特性，是公司不变的本我。

伟大公司无需伟大领袖，个人过于伟大的领袖反倒对公司的长期发展有害。但是，那些伟大公司一定都有一个伟大的高层管理团队，一个伟大的高层领导集体，这就是一个独立和有效的董事会。

公司作为一个法人之所以能够超越自然人，其关键就在于董事会，是董事会作为一个独立和有效的高层团队在管理公司。那些百年老店不是一个人开的，也不是一种产品做成的，它有一套治理机制，董事会则是其核心。那些个人英雄主义式企业家的故事值得我们欣赏甚至顶礼膜拜，但是难以模仿，更无法广泛推广。因为运气也好，因为才干也好，已有相当家业的老板们，与其期待一个杰克·韦尔奇或是蒂姆·库克来替你打理一切，不如更现实一些，从那些知名公司董事会的运作中学些经验。公司的稳定和持续健康发展需要建设一个良好的董事会，使三个臭皮匠胜过一个诸葛亮，而不是三个和尚没水吃，甚至三个诸葛亮不如一个臭皮匠。

董事会的运作越来越受到监管机构、媒体和资本市场的关注。如果公司为投资者创造利润，谁会关心其董事会是如何组织的，或者董事会里坐着的全是首席执行官的朋友？谁会关心董事会是否定期开会，有没有独立董事，或者是否参加了会议？事实是这个世界越来越重视这些。新媒体技术和全球投资者共同体的形成意味着公司治理安排被置于仔细的审视之下。一些知名财经杂志在不断地批评那些没有为全体股东利益经营的公司。

建立一个良好的公司治理结构能够降低融资成本，能够大幅度提高公司从资本市场上融资的成功率。投资者团体越来越受到公司治理原则和准则的影响。一个公司治理服务体系正在成长，它为投资者提供是否继续持股以及在诸如董事选举等事项上如何投票的咨询服务。一些股东投票咨询机构（proxy voting agencies）建立了全球上市公司治理数据库，分析全球几千家公司的年报和股东年会议案。

4.1.2 董事会受股东之托管理公司，但同时要关照利益相关者

公司有了股东会，为什么还需要董事会？股东众多开股东会成本高，因此股东会向董事会授权，让董事会经营管理公司，这只是一个方面。更为重要的一个方面是，一旦出资入股组成公司，就是要作为一个整体来共同努力，董事会所不同于股东会，甚至一定程度上要独立于股东会的特性就在这里。这也是

股东会按股投票而董事会按人投票的道理所在（图4-1）。

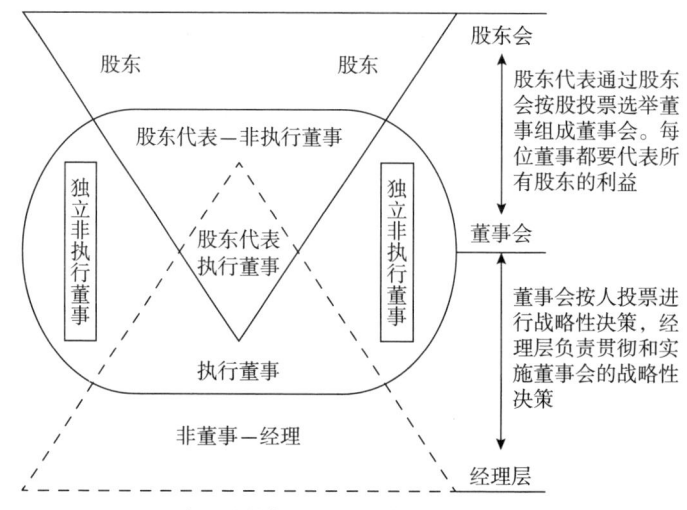

图4-1　公司治理结构框架——以董事会为核心的三重设置

中国公司中大股东绝对控股的同时，还占有绝对多数的董事会席位，这是极为不符合公司治理基本原则的现象。股东会都你大股东说了算，董事会还你控制，小股东不满只能退出。退出自由为小股东提供了一种制衡大股东的机制，但是事情一闹到需要退出的威慑，剑拔弩张，就失去了合作的感情和文化基础，公司也就难以"永续经营"了。改进公司治理，树立起董事会是公司高层管理团队的意识，健全董事会，提高董事会的质量，是保持公司的稳定性和持续性的关键举措（图4-2）。

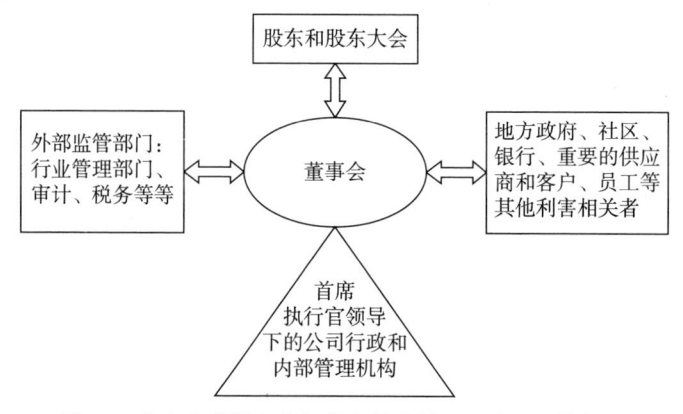

图4-2　董事会为核心的规范和健全的公司治理结构框架

另一方面，董事会成员的选聘权力掌握在股东手上，董事会要对股东负责，但是现代公司董事会的责任对象不仅仅是股东和股东大会，还要包括公司外部的监管部门以及其他各种利益相关者。公司履行社会责任和照顾利益相关者等等概念，都要在董事会到位之后才能真正成为现实。

4.1.3 董事会管理：连接公司治理和公司战略的桥梁

公司治理被翻译为法人治理结构，使人们总是偏重于把公司治理理解为法律问题，这对于中国这个需要加快法治化建设步伐的国家来说，是有重要意义的。健全公司治理体系、提升公司治理质量，需要依靠法律手段来保驾护航。但是，与法规相比，公司治理更是一个公司高层管理和领导体制问题。遵纪守法可以保证你不犯错误，但不能给你带来竞争优势。公司治理和董事会运作，更主要的是一个管理问题。

董事会要通过自身质量的提高以及通过更好的领导和战略管理，来给公司增加价值。这是一门新的实用学科——董事会管理，是连接公司治理、公司金融和公司战略管理的桥梁。是公司制企业的股东、董事、经理人、员工以及与公司打交道的有关方面人士都应该了解和掌握的一个知识领域。

公司治理是一个很实际的事情，而不是一个纯粹的理论探讨，也不存在"一个型号适应全体、放之四海而皆准"的公司治理模版。每一个董事会必须根据其自身所处环境制定公司战略、控制其业务。但是有一些基本的最佳做法，至少值得所有公司参考，无论其处于什么地域和产业。

本书主要以董事会建设方面走在前列的一些国际化大公司为例，对现代公司董事会的组成、董事会的会议和董事会的委员会做一概述。有些国际领先的董事会做法也许还不能完全适用于中国，但其所蕴涵的原理是有借鉴价值的。我们相信，无论国家之间还是同一国家的不同历史时期之间，在表象上的巨大差异之下，都有一些共同的东西，都有一些不变的原理。把那些不变和通用的原理，结合变化了的或说不同的条件，进行具体的应用，是为上策。

4.2 三种类型的公司董（监）事会

董事会是建立有效公司治理结构的关键环节。董事会要能有效地代表股东及其他利益相关者，对公司经理人员进行监督和激励，对整个公司的运作进行指导，有效地发挥其监督和决策作用。

4.2.1 世界各国的董（监）事会模式：形式上差异，功能上趋同

董事会结构是影响董事会作用的一个关键要素。处在不同司法辖区和不同商业环境下的世界各国之间，公司董事会采取的结构差异很大，大致上可以概括为三种主要类型：单层董事会制、纵向双会制和平行双会制。

单层董事会制
美国、英国、法国二型、日本二型

增加独立董事

纵向双会制
德国、荷兰、法国一型

平行双会制
中国、日本一型

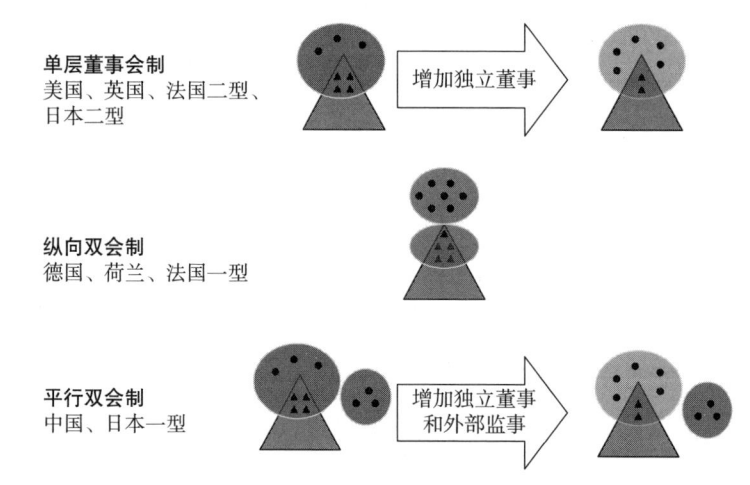

增加独立董事和外部监事

图4-3 三种类型的董（监）事会

在公司治理的"结构"层面或法律形式上，德国的双层董事会、英美的单层董事会、法国的单层或双层董事会选择权留给股东等，各国有所不同，但是就公司治理的功能，即大型公众公司的高层管理实践来看，各个国家之间是在走向趋同的。在日本这个最特殊的资本主义国家中，继索尼公司率先引入美国模式的公司治理做法、建立了一个美国式的董事会之后（引入独立董事、每年

选举一次董事等），很多公司也已经开始学习美国公司的治理方法。

无论采用什么样的结构，董事会都应该确保做到如下三点：董事会要尽到其对公司及其所有股东的责任；公司管理要受到董事会的有效监督与指导；董事会成员有义务领导公司达到业经认可的公司战略目标。

4.2.2　单层制：美国、英国、法国二型、日本二及三型、中国二型

执行和非执行董事均由股东直接选举产生，二者被纳入单一结构里，以确保所有董事都有平等的地位，共负集体决策的责任。由于设置了强有力的非执行董事，这一类型董事会可以负起广泛的职责。

这一模式下的公司治理结构包括三层机关：股东大会、董事会和经理层。股东大会选举董事组成董事会，董事会代表股东利益监控公司运作。但是董事会自身也可以实际执行管理职责。公司法的规定是"公司是由董事会或者在其指导之下进行管理的"。董事对股东负有勤勉和忠实两项基本义务。为了避免董事进行业务决策时对风险的过度规避，法律上设置了"业务判断准则"来保护董事。就是如果董事们能够证明他们是出于善良愿望，并确实是为了公司的利益而进行的决策，将会被免除责任。

单层董事会是目前世界大公司中的主流模式。这一模式存在于英国及其他受英国传统影响的国家。除德国、奥地利和荷兰之外，绝大多数欧洲国家通常也是实行这种英美模式的单层董事会制度。

中国2024年公司法第69条和第121条分别规定有限责任公司和股份有限公司"可以按照公司章程的规定在董事会中设置由董事组成的审计委员会，行使本法规定的监事会的职权，不设监事会或者监事"；第83条规定"规模较小或者股东人数较少的有限责任公司，可以不设监事会，设一名监事，行使本法规定的监事会的职权；经全体股东一致同意，也可以不设监事"。这样，以董事会审计委员会取代监事会的股份有限公司和有限责任公司，以及经全体股东一致同意不设监事的有限责任公司，这三种类型的公司构成"董监事会设置"模式上的"中国二型"，即单层董事会制公司。

4.2.3　纵向双会制：德国、荷兰、法国一型

纵向双会制下监督功能和管理功能分设。监督董事会或者说"上层"，由股东选举产生，全部是非执行人员，一般主要关注于监督和指导公司管理层。"下层"或者说管理董事会，由执行人员组成，由上层的监督董事会选聘。该模式可以在欧洲大陆国家找到，如德国、奥地利和荷兰。法国以及芬兰分为两种模式，大型公司多采用纵向双会制，中小型公司多采用单层董事会制。

纵向双会制的代表性国家是德国。德国公司中，下层的管理董事会负责管理公司，上层的监督董事会任命、监控和指导管理董事会成员。监督董事会根据公司规模由3到21人组成。根据1976年的共同决定法案，员工超过2000人的企业，监督董事会成员要由一半股东代表和一半员工与工会代表共同组成。股东选举监督董事会中的股东代表和监督董事会的主席。一人可以担任的其他公司监督董事会席位最多为10个。

纵向双会制的一个关键特征是上层的监督董事会拥有任命和撤换下层的管理董事会成员的权力，这使其与独立董事日益增多的单层董事会制之间在功能上明显趋同，而与下面的平行双会制中的监事会则有着本质上的不同。

4.2.4　平行双会制：中国一型、日本一型

平行双会制下也是监督功能和管理功能分设。"董事会"主要执行管理功能，同时负有对经理层的监控职能，与董事会地位平行的监事会没有管理功能，只是执行对董事会和经理层进行监督的功能。虽然这种平行双会制和上面的纵向双会制都可以归为双会制，但是二者之间有着本质性的不同。这里的监事会和董事会成员均由股东选举产生，地位平等，谁也不能撤换谁。

中国原属这种模式，但2024年公司法生效之后，中国将产生没有监事会和监事，只有董事会或董事——前文称之为"中国二型"的单层董事会制公司，而选择保留监事会和监事制度的公司，则为"中国一型"的平行双会制公司。

日本2002年公司法改革之后，有两种董事会类型。一种是"委员会制公司"，不设监事会，但要在董事会下设立由外部董事任职的审计、薪酬和提名

等三个法定的董事会委员会,可以归为上面的单层董事会制。日本的委员会制公司董事会与欧美国家的单层董事会制之间的一个差异是,前者的审计、薪酬和提名等三个董事会委员会是公司法定机关,后者的所有董事会委员会均非公司法定机关,而是源于交易所上市规则或者公司治理最佳实践的要求。日本的传统型公司,要设立平行的董事会和监事会,属于平行双会制类型。这类与董事会平行设立监事会的日本公司董事会,与中国的平行双会制之间,也有一个差异,就是日本不要求这类公司董事会再设立法定的董事会委员会,尤其是不需要再设立董事会的审计委员会。这类公司的董事会委员会设立属于公司的自愿行为。

在这些基本模式之间,有各种各样的变种。在美国,公司设置单层董事会,但是倾向于比英国公司有更多的非执行董事,并且首席执行官对公司发展方向拥有更大的作用。在一些亚洲国家,特别是日本,董事会规模很大,包括很多执行层人员。

4.2.5 从董事会结构演变的历史看独立董事的作用

中国在建立现代企业制度、引入独立董事过程中,受"现代"这一概念字面含义的误导,把现代企业制度和现代公司治理中的"现代"理解为"现时代"的,过于强调向前看而忽略了历史,结果只看到了冰山表面上露出来的部分,忽略了下面更大的主体部分和其他支撑性部分。

发达国家目前所强调的公司治理问题和所采取的改进措施,是其公司治理演进到目前这种状态下所呈现出来的问题,和针对这些问题而采取的措施。中国则是发达国家早已经解决了的一些公司治理甚至是公司制度的基础性规则问题依然存在。治疗富贵病的药方,不能用于穷困性疾病。解决中国当前的公司治理问题,要同时从发达国家的历史和现实两个方面借鉴经验。

以历史视野和总体情况来看,公司董事会结构演变可以大致分为权贵主导、大亨主导、经理人主导和独立董事主导这样四个历史阶段。四个历史阶段之间并非截然分明、相互分离,而是一种渐变和演进、并相互重叠的关系。独立董事是从董事会结构演变的第三阶段开始出现,到第四阶段成为公司董事会主导力量的。与总体上的四个阶段相对应，在当前这种全球公司治理的大环境下，具体一个公司，通常会从这里的第二阶段（创始人和大股东控制）开始，演进到第四阶段（独立董事主导和职业经理人管理）。

在1862年英国公司法颁布之前的早期公司中，是权贵主导公司董事会，也是权贵直接管理公司。那个时期创立公司是一种特权，只有权贵才能得到政府的特许授权，通过公司进行股权融资，利用民间资本。

从1862年的普通公司开始，到1930年代股权分散的现代公司出现之前，是大亨主导董事会的古典公司阶段。这一时期，先是实业大亨控制其所创建公司的董事会，后是金融大亨取代实业大亨控制其并购重组后的公司董事会。实业大亨主导阶段，还是股东经理人为主，职业经理人开始萌生、辅助管理。金融大亨主导阶段，股东经理人逐步退出管理，独立董事开始产生，职业经理人为主管理公司。

从特许成立到注册成立，公司制度推广到普通民众，企业家、大股东将其事业组建为公司时，便需要通过董事会这种法定机关来行使公司管理权力，并担负公司不法行为的后果。特许公司董事代表着权贵们的融资特权，普通公司董事则是为了防范融资欺诈而施加的一种责任。从这时开始，现代概念的公司董事正式登上公司舞台，以董事会为中心的公司治理模式正式成型。

1930年代到1980年代的现代公司阶段，是职业经理人"实际主导"公司董事会。这一阶段开始于实业大亨和金融大亨相继离去，留下了股权分散的公司由职业经理人打理。这一阶段中，虽然法律上是董事会主导公司、董事会选聘公司经理人，但是由于股权高度分散、股东面临集体行动困境等，致使董事人选实际掌握在职业经理人手中，进而使职业经理人实际控制公司。

1980年代开始的公司控制权市场发展和公司治理改革，推动董事会结构演变进入了第四阶段，独立董事主导公司董事会，相应地，职业经理人制度也进入了现代的成熟模式，即"独立和有效董事会主导之下的职业经理人管理"。

可以说，没有独立和有效的董事会，就没有真正成熟和稳定的职业经理人制度。职业经理人制度的基石是独立有效的董事会，不是开明大股东。如果没有独立有效的董事会，开明大股东之下的职业经理人实质上更近似于中国传统的东家与掌柜的关系，而不是现代公司的职业经理人制度。

综上所述，从权贵和大亨控制公司到"独立董事主导，职业经理人管理"公司演进过程中，公司治理改进有两个阶段：一是加强董事责任和保护中小股东，致使大股东退出公司，公司股权分散，经理人走上公司舞台；二是提高董事会的独立性，独立董事主导公司董事会，解决股权分散、股东面临集体行动困境情况下的经理人控制问题。

4.3 执行董事、非执行董事和独立董事：一个整体

现代公司取得成功的两个关键点是：其一，任命具有必要竞争力并能协同工作的董事会成员和高级执行层人员。一个成功的治理框架必须建立起董事会和其高级管理人员之间的合作伙伴关系——董事会提供监督和指导，经理层负责日常运营。其二，避免部门或个人利益导致董事会分裂和不能正常运转。董事会中执行董事、非执行董事和独立董事的比例合适，是达到这一目标的重要环节。

运作良好的董事会应该协同工作，并且至少达到一定程度的一致——不能由一个人或者特殊的利益集团占主导，阻碍健康的讨论。

4.3.1 董事会的规模：重要的是质量而不是数量

发达国家倾向于完全由公司自己决定董事会规模。公司法往往只是规定"不少于1人"或者是"不少于2人"就行。中国2024公司法改变了之前对不同类型公司的董事会人数做出不同范围规定（有限责任公司董事会人数要在3到13人之间，国有独资有限责任公司董事会人数要不少于5人，股份有限公司董事会人数要在5到19人之间）的做法，统一规定"公司董事会成员为三人以上"（2024公司法第68条）。规模较小或者股东人数较少的有限责任公司（第75条）和股份有限公司（第128条）"可以不设董事会，设一名董事，行使本法规定的董事会的职权。该董事可以兼任公司经理。"

> **专栏4-1　《特拉华州普通公司法》关于董事会权利和董事会组成的规定**
>
> （a）公司的业务和事务应当由董事会管理或者在其指导下管理，除非是在组成公司证明文件（注册章程——作者注）中另有规定。
>
> （b）公司董事会应当有一个或一个以上成员。董事人数应当在公司组织细则（管理章程——作者注）中确定，或按细则规定的办法来确定，除非在组成公司证明文件中已经确定了董事的人数。在此情况下，如果要改变人数也应当通过修订组成公司证明文件才能实现。
>
> 《特拉华州普通公司法》第四分章"董事和官员"第141节"董事会；权力；人数，资格，任期和会议的法定人数；委员会；董事类别；非营利公司；信任书面文件；会议外的作为，其他"。

董事会的具体人数是由公司章程规定的，但可以定期调整。美国公司一般是在公司管理章程（或称章程细则，BYLAW）中对董事会的人数作出规定，并有一个范围上的限定。比如，IBM公司在其管理章程中规定"公司董事的数量为14人，经修改本管理章程后可增加至不超过25人或减少到不少于9人"[①]。

从实际运作角度来看，技能需求和团体动力是决定董事会规模的两个考虑因素。董事会中董事的人数对董事会的工作效率影响很大，董事会人数还影响外界对董事会的印象。无论如何，大的团队总是更难于管理和组织。成员太多使董事会行动迟缓，容易出现分歧，形成小帮派，影响共同意志的形成。成员太少，又难以形成合理的知识、能力和经验结构。董事会人数与公司规模相关，公司越大，越需要多样化和复合性，董事会人数相对越多一些。"小的是美好的"，近年来董事会规模呈现下降趋势，一般在10人左右。

一些机构投资者要求公司董事会定期评估其自身规模，并决定一个能最有效适应未来运作需要的规模（美国加州公职人员退休基金组织 CalPERS[②]）。董事会规模不能太小以致不能保持必需的专家和独立性，也不能太大以致不能

---

① IBM公司管理章程第三章"董事会"第二节"人数、资格、选举及任期"（1958年4月29日制定，2023年12月12日修订）。

② California Public Employees' Retirement System，美国最大的公共养老基金组织，是全球股东价值导向公司治理运动的最积极推动者之一。

有效运作（美国机构投资者协会·CII[①]）。发表了著名的Cardon报告，由布鲁塞尔股票交易所组织的比利时公司治理结构委员会甚至明确提出，在大多数情况下董事会成员不宜超过11人。

正常情况下，董事会的人数最好是单数。双数董事会下，简单多数同意通过类的决策，容易出现投票僵局（赞成票与反对票数量一样）。解决这种双数董事会投票僵局的办法大致有三类：一是将问题提交股东会审议批准，这样操作增加决策成本，同时也相对削弱了董事会的权力空间；二是董事长多一票，这样操作增加了董事长角色的重要性，相对削弱了普通董事的权力空间；三是暂缓决策，进一步研究之后再讨论，这样做增强了董事们"意见一致化"的重要性，等于是"明显多数同意"才能通过。就第一和第三种情况来说，分别提升了股东会和经理层的权力空间（第三种情况下会更依赖经理层所补充的信息，也往往要更多地向经理层授权），第二种情况则提升了董事长个人的权力空间。

4.3.2 独立董事的价值

无论董事会采取什么样的正式结构，都应该有足够的独立董事，他们给董事会带来客观的观点。仅有非执行董事是不够的，非执行董事——不是经理层人员，不介入公司的日常运营活动，可能与公司有生意或其他联系，使他们不能客观和独立。独立，根据英国卡德伯里委员会报告，"独立于公司经理层，并且没有生意或者某种关系能够影响其独立判断的执行。"

董事的最大美德是独立，独立允许他或她从一个完全自由和客观的角度挑战管理决策、估价公司绩效。与独立董事人数相比，更为重要的是独立董事的经验和合适的质量。高质量独立董事参与决策过程，有利于公司获取资本，因为多数投资者会因其利益有人维护而感到安全。独立董事不应该被看作是监管者或者警察，执行层的每一决策都需要他们的批准。他们通常作为整体股东利

---

① Council of Institutional Investors，主要是由一些养老基金（包括公共的、工会的和公司的）组成的一个非营利的协会组织，其基金成员管理的总资产超过3万亿美元，都是长期型股份持有人（long-term shareowners），非常关注公司治理。

益的监护人,特别是在有潜在利益冲突的领域,如薪酬和公司控制权变革等。

独立董事通过带来有价值的外部视野,应该也能为决策制定程序增加价值。要有效地做出贡献,独立董事必须具有充分的财务和业务信息,必须咨询其所有重要的决策。他们同时也应该关注非股东利害相关者的利益。特别是在董事会的如下议题中,独立董事能够增加重要意见:A. 在有关战略的争论中提供不同的、外部的观点;B. 与业务各方面有关的政策制定与实施;C. 首席执行官的任命、薪酬和免职;D. 质疑预算和计划所依赖的假设;E. 会计政策的选择和所有对外发布财务报告的评估和批准。

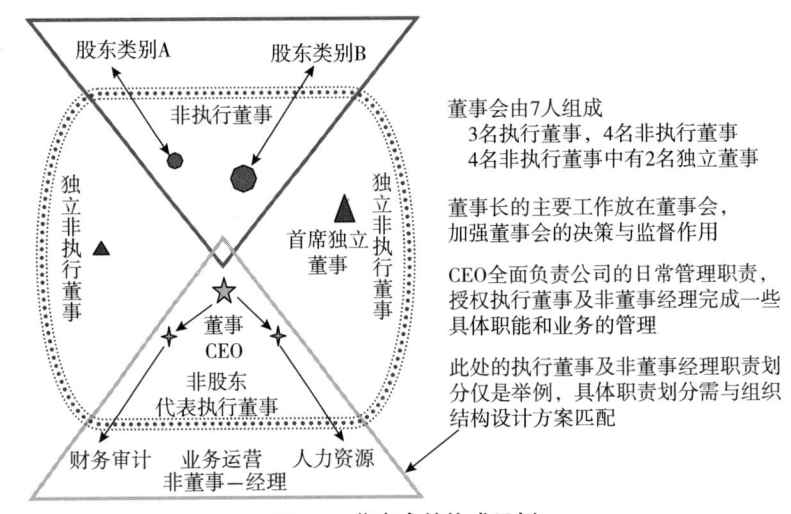

图4-4 董事会的构成示例

近年来,在单层董事会制国家,普遍存在要求增加独立董事的趋势,以引入二元制的监督和制衡机制。尤其是机构投资者,普遍要求在其所投资的上市公司中,董事会成员绝大多数应为独立非执行董事。美国加州公职人员退休基金组织等都要求上市公司董事会的绝大多数成员应是独立的。美国机构投资者协会公司治理结构指导原则的要求较低,也是"至少三分之一董事应该是独立的"。除日本之外,全球各洲公司董事会中,非执行董事都占到50%以上。加拿大、美国和拉美国家公司董事会中非执行董事比例则在70%以上。

通用汽车董事会的政策是:董事会中大部分应是独立董事。董事会很希望吸收不仅是首席执行官,还包括管理人员在内的人做董事。成为公司高级管理人员的前提条件并非首先成为公司董事。有些管理人员有权参加董事会的日常会议——尽管他们还不是董事会成员，而一些首席执行官则无法参加。董事会有关公司治理结构方面的决定是由外部董事做出的。英特尔公司董事会的政策是：董事会中应含有一定数量的独立董事，而且，除了首席执行官外，董事会愿意吸收其他经营管理人员作为董事。

伊士曼[①]化工公司的政策是，在董事会里，独立董事应占有效多数，并且至少比内部董事多2人。除了首席执行官以外，董事会愿意有众多的管理人员来当董事。然而，董事会认为，对担当公司任何高级管理职位，董事会成员资格是不必要的或不必成为一个先决条件。全部由独立外部董事组成的董事委员会负责就董事会和公司其他管理事务进行审查和提出建议。

为了保证董事会外部董事的独立性，伊士曼化工公司还给出了独立董事的定义及相应的一些规定。"独立董事"是指一个独立于公司管理之外，并且与公司没有任何关系的人。否则，将妨碍独立董事作出独立判断。原则上公司不与董事或由董事控制的其他实体发生重大的商业关系，否则，外部董事的独立性将大打折扣。董事委员会每年审查一次外部董事的独立性。

4.3.3 外部董事与独立董事的区别

外部董事和非执行董事同义，是指不在上市公司担任任何管理或技术职务（除董事、董事会委员会成员或主席等职务之外，没有任何其他如经理、总工之类的职务）的董事。外部董事是美国常用的概念，非执行董事则是英国常用的说法。中国证监会最早的说法是"外部董事"，并将其定义为不在公司任职的董事。外部董事与内部董事，或非执行董事与执行董事构成董事会全体成员。

独立董事是外部董事或非执行董事中，有充分"独立性"的董事。独立性的定义目前还不统一。中国"上市公司章程指引"112条规定独立董事不能由下列人士担任：公司股东或股东单位的任职人员；公司的内部人员（如公司经理或公司雇员）；与公司关联人员或公司管理层有利益关系的人。

纽约股票交易所对独立董事的定义是：独立于管理层，并且从董事会的角

---

① 伊士曼是一家全球500强公司。公司创立于1920年，总部位于美国田纳西州的金斯堡，2006年的销售额达到75亿美元，全球员工大约11000人。

度看，独立于某种关系，这种关系将影响董事作出独立判断；公司及其下属机构的管理人员或雇员没有资格作为独立董事。

最严格的独立董事定义也许属于美国通用汽车公司，其具体规定如下：在年度董事会会议对公司董事候选人投票表决时的前5年中，独立董事不是公司及其分支机构的雇员或者未曾在管理层任职；不是公司及其分支机构的重要咨询顾问；与公司及其分支机构的重要的或潜在的客户和供应商无任何关联交往；与公司及其分支机构没有涉及个人利益或服务的合同关系；与公司及其分支机构是其重要税收来源的税务机构无关联交往；配偶、父母、兄弟及子女与公司及其分支机构的关系也应符合上述规定。

不同机构投资者之间对独立董事或董事独立性的定义略有区别，但都强调独立董事不能是公司及其股东单位的人，不能与公司管理层有亲缘关系等等。机构投资者要求公司董事会在有关治理结构的披露中阐明其独立董事的标准。

4.3.4 中国公司独立董事制度的建立

从资本市场和投资者的观点来看，中国公司治理结构中一个严重的问题是董事会与经理层高度重合，董事会失去对经理层的监督功能（由执行董事们自我监督是存在矛盾的）。按一个比政策规定的最低要求更高的比例来设置非执行董事可以为董事会监督功能的发挥提供基础。非执行董事占绝大多数，并进一步给出良好的董事会结构设置，建立起保证非执行董事尽职和具有工作积极性的机制，可以大大增强投资者对公司董事会的信心。

中国最早有关外部董事的规定来自1999年的《关于进一步促进境外上市公司规范运作和深化改革的意见》，要求非执行董事占1/2以上，同时要求非执行董事应有足够的时间和必要的知识能力履行其职责。这是为了适应香港联交所的规定而出台的。中国境内上市公司外部董事制度的引入要晚一些。2001年中国证监会就已经发布《关于在上市公司建立独立董事制度的指导意见》，要求上市公司董事会中至少要有三分之一的独立董事。2006年公司法在其123条规定"上市公司设立独立董事，具体办法由国务院规定"。2024年公司法第136条规定"上市公司设独立董事，具体管理办法由国务院证券监督管理机构规定"。

专栏4-2　　　　中国证监会关于独立董事的定义

2023年《上市公司独立董事管理办法》第二条

独立董事是指不在上市公司担任除董事外的其他职务，并与其所受聘的上市公司及其主要股东、实际控制人不存在直接或者间接利害关系，或者其他可能影响其进行独立客观判断关系的董事。

独立董事应当独立履行职责，不受上市公司及其主要股东、实际控制人等单位或者个人的影响。

2023年《上市公司独立董事管理办法》第六条

独立董事必须保持独立性。下列人员不得担任独立董事：

（一）在上市公司或者其附属企业任职的人员及其配偶、父母、子女、主要社会关系；

（二）直接或者间接持有上市公司已发行股份百分之一以上或者是上市公司前十名股东中的自然人股东及其配偶、父母、子女；

（三）在直接或者间接持有上市公司已发行股份百分之五以上的股东或者在上市公司前五名股东任职的人员及其配偶、父母、子女；

（四）在上市公司控股股东、实际控制人的附属企业任职的人员及其配偶、父母、子女；

（五）与上市公司及其控股股东、实际控制人或者其各自的附属企业有重大业务往来的人员，或者在有重大业务往来的单位及其控股股东、实际控制人任职的人员；

（六）为上市公司及其控股股东、实际控制人或者其各自附属企业提供财务、法律、咨询、保荐等服务的人员，包括但不限于提供服务的中介机构的项目组全体人员、各级复核人员、在报告上签字的人员、合伙人、董事、高级管理人员及主要负责人；

（七）最近十二个月内曾经具有第一项至第六项所列举情形的人员；

（八）法律、行政法规、中国证监会规定、证券交易所业务规则和公司章程规定的不具备独立性的其他人员。

> 前款第四项至第六项中的上市公司控股股东、实际控制人的附属企业，不包括与上市公司受同一国有资产管理机构控制且按照相关规定未与上市公司构成关联关系的企业。
>
> 独立董事应当每年对独立性情况进行自查，并将自查情况提交董事会。董事会应当每年对在任独立董事独立性情况进行评估并出具专项意见，与年度报告同时披露。

4.3.5 "独立不关联，关联不独立"吗？

董事会独立性的一个重要检验是，当公司面临一项收购，特别是所谓"野蛮人入侵"时，是由谁及如何做出接受与否的相关决策的。万科和民生银行都被誉为"股权分散、职业经理人管理"。宝能曾先后以几乎同样的方式和力度收购过这两个公司的股份，两个公司不同的应对态度和结果显示出了其各自董事会独立性的差异。

董事会独立性相对更强一些的民生银行采取了平静和欢迎的姿态，而强势人物主导下的万科则选择了对抗，"万宝之争"爆发，显示出万科公司董事会的独立性不足。之后，万科与华润之争又暴露出很多方面人士对独立董事的所谓"独立"的理解偏差。

在万科独立董事张利平的"回避"引起华润和万科之间就万科2016年6月17日董事会决议有效性的争议之后，包括学者、媒体和监管部门在内的各方，都没有就关联董事回避问题和该种情况下的董事会决策规则进行深入讨论，可说是一种遗憾。

舆论关注的焦点首先集中在了张利平的独立董事身份上。"独立不关联，关联不独立"，甚至成为一时的流行语和一时间里看似最响亮的论断。还有万科独立董事以不拿报酬，作为自己更为独立的一种论据。

关联不关联本身跟独立董事身份没有关系。公司治理上，董事的关联和独立与否，都不是绝对和纯粹的，也不是一个理论概念，而是相对的和实践性的概念。回避相关董事会会议中的关联，是就具体议案和事项而言的，跟他是否是独立董事无关。与独立董事身份有关的关联，通常的判定标准是，在董事会看来，这种关联关系是否足以影响其在董事会上作出独立判断。就中国上市公司来说，中国证监会有具体的独立董事标准，符合那些标准，并且公司董事会没有自己给出一些其他条件，他就是符合规则的独立董事。

独立董事拿不拿报酬，跟其独立性和独立董事身份，及其作为公司董事的义务和权利等，都没有关系。如果即没有任何关联，也不拿报酬，没有任何利益，那可真是"独立"了，但是那样的话，也就没有任何动力了。如果是这种情况，还凭什么让其承担作为董事的义务，又凭什么让其费心费力费时地为公司作决策？这样"不相关"人士的决策能可靠吗？

寄希望于没有关联关系，也没有利益关系的独立董事，来改进公司治理、保护中小股东利益，是指望世外超人来拯救世界。

4.3.6　花旗集团董事会：基本治理规则与构成

花旗集团董事会的基本治理规则

花旗集团在其公司治理准则中规定董事会的人数区间为13到19人。此外，董事会可以聘请名誉董事，名誉董事参加董事会的会议，但是不参与董事会的投票。

董事候选人由董事会的提名与治理委员会根据公司董事会提名准则和公司董事会构成与多样性及新董事应该提供的专业背景等需要来选择，报董事会批准，并最后由年度股东大会选举确定为董事。董事任期一年，到下一个年度股东大会截止。

至少三分之二的董事会成员要是独立董事。董事们担任其他公众公司董事职务的合适数量由董事会提名与治理委员会根据具体情况而定，以保证董事们能够有充分的时间和精力履行其本公司董事的职责。

花旗集团没有规定董事的最长任职期限，但是规定了董事的退休年龄，这也几乎是美国公司的一个普遍做法。除非经过董事会或董事会提名委员会的特殊批准，董事们工作到其72岁生日之后的公司年度股东大会时要从董事会退休。

提名和治理委员会要对董事会的绩效进行年度评估。该项评估要包括董事会作为一个整体的人才基础和对每一位董事的技能、专业领域和独立性的诊断。

董事会每年至少要进行一次有关公司长期战略计划以及公司未来可能面临的主要问题的讨论。

花旗集团董事会的规模与成员

规模大和业务种类繁多的公司董事会成员比较多，金融类公司的董事会成员也偏多。作为世界最大公司，又是金融类公司的花旗集团，董事会人数也是远远高于13人这一美国公司董事会的平均规模。笔者2001年访问花旗集团时，花旗集团董事会有15名董事和1名名誉董事——美国前总统福特（Gerald R. Ford）。花旗集团董事会成员中最为大名鼎鼎的可能要算鲁宾（Robert E. Rubin）了。鲁宾曾任美国财长（1995—1999）、美国总统经济政策顾问（1993—1995）等要职，1999年加入花旗集团董事会，时任花旗集团董事长办公室成员和花旗集团董事会执行委员会主席。英美国家大公司董事会中往往会有知名人士承担董事会"地位提供者"的身份，花旗集团有前总统和前财长作为董事会的"地位提供者"，身份是够高的了。

花旗集团董事会的人员构成中非常值得我们注意和学习的一点是，外部董事以其他公司的董事长和首席执行官为主。

4.4 通过新董事的选聘改进董事会

新董事筛选是公司更新和变革过程的关键部分之一。它开始于提出新董事需求，直到新董事选举出来，并有效地与整个董事会融为一个致力创造股东价值的整体才算结束。

4.4.1 董事提名程序与选聘标准

国际组织和机构投资者对公司董事会成员标准一般没有具体规定。前些年一些公司的实际做法中包括选聘一些显贵人士起地位提供者作用，提高董事会的社会声望。但在当前的商业竞争环境下，有专业特长、能直接为公司做贡献的董事至关重要。

董事会自身应该负责挑选其成员，并对他们进行推荐以便由股东选举。为了确保董事会质量，需要建立规范的董事选聘与轮换制度，以确保不断有新生力量进入董事会。资本市场认可的董事选聘与轮换制度是：由董事会下属的提名委员会负责制定董事会成员标准，并选聘有专业技能、独立观点和团队精神的人员组成董事会。有些著名公司还建立了不仅限于提名职能的董事会专门委员会，如董事事务委员会，公司治理结构委员会，除董事提名之外，还负责与股东的关系及范围广泛的公司治理问题。

通用汽车公司由董事事务委员会负责和董事会一起，根据每年的情况以及当前董事会的组成情况，对董事会成员所应具备的技能和特定的品质进行评估。评估的标准包括专业领域的差异性、年龄、技能，如对生产技术的了解、国际背景等。董事事务委员会的审查权由董事会直接授予，公司和董事会要为新选入的董事提供机会熟悉公司情况，这包括背景材料，会见公司高级管理人员以及参观公司等。邀请某人加入董事会的邀请书应由董事会发出，或由董事事务委员会主席发出。

英特尔公司由提名委员会负责制定董事会成员标准，并选聘有专业技能和团队精神的人员组成董事会。其具体评价原则包括：有独立观点、年龄适合、有专业知识，例如对制造业的了解、行业技术的发展、公司财务与市场营销以及跨国公司工作经验等。董事会成员应该保证做到详细准备会议议案，并能够参加董事会及其各委员会的工作会议。董事会委托提名委员会初选董事候选人，董事会负责董事候选人的最终确定。

关于董事任职数量的限制，就是一个人最多能够担任多少家公司的董事，国外监管部门没有明确的规则，一般是由各个公司董事会自己决定。伊士曼化工公司治理准则中涉及了这个问题，规定是："董事会认为每位董事服务于另一个董事会是好事，但不能太多，因为太多将减少其服务于伊士曼的宝贵时间和注意力。"

2023年中国证监会《上市公司独立董事管理办法》给出了上市公司独立董

事的任职条件，并规定"独立董事原则上最多在三家境内上市公司担任独立董事，并应当确保有足够的时间和精力有效地履行独立董事的职"。

专栏4-3　　　中国证监会关于独立董事的任职条件

2023年《上市公司独立董事管理办法》第七条，担任独立董事应当符合下列条件：

（一）根据法律、行政法规和其他有关规定，具备担任上市公司董事的资格；

（二）符合本办法第六条规定的独立性要求；

（三）具备上市公司运作的基本知识，熟悉相关法律法规和规则；

（四）具有五年以上履行独立董事职责所必需的法律、会计或者经济等工作经验；

（五）具有良好的个人品德，不存在重大失信等不良记录；

（六）法律、行政法规、中国证监会规定、证券交易所业务规则和公司章程规定的其他条件。

4.4.2　董事提名的五步法

董事选择要以技能、贡献和为董事会增加价值为标准，要能扩展董事会的技能和背景，保证董事会具备与公司战略和业务目标相匹配的实践经验。当董事会席位出现空缺的时候，发现一位经验和技能都合适的新董事并不是一件容易的事。尤其是对那些没有在这方面做好准备的公司来说，确定新董事人选是一项很容易引起争议和冲突的工作。从哪里寻找新董事？据对美国上市公司董事的调查，62%的人回答说，其他董事会成员是新董事候选人来源的一个常用和可靠的渠道，29%的认为猎头公司是好渠道，23%的人认为首席执行官是一个可靠的渠道，只有1%的人认为股东是合格董事候选人来源的可靠渠道。

遵循以下的五个步骤进行董事提名工作，对于确保董事提名工作质量会很有帮助。

步骤1：当前董事会分析与观察

评估每一位董事的背景、经验和技能；

开发出分析和总结这些信息的标板；

对董事会构成进行具体的观测，如产业知识、金融知识、区域代表性、国际市场经验等等。

步骤2：公司战略和经营观察

评估公司的战略和经营目标，识别其对当前董事会构成的含义。

步骤3：董事会构成目标

识别出当前董事会构成和公司战略及业务要求之间的差距（如具体某个外国市场的知识），开发出具体的董事会未来构成目标。

步骤4：新董事标准

开发出新董事标准，要能补充和协助董事会完成职责。

步骤5：搜索、面试和提名

可以聘请外部猎头企业帮助寻找候选人。发现候选人后，要尽可能多地请公司独立董事面试董事候选人。在多种面试结果的基础上，由独立董事的多数同意确定候选人的正式提名。

4.4.3 选聘董事的几条指导原则

董事会工作的流程重组带来了新的挑战。独立董事的作用变得越来越复杂和需要时间，拥有经验和时间的董事变得难于寻找。最大的挑战是拥有智慧、勇气和外交才能去进行适宜的改变，以满足监管者、股东、雇员和金融证券界的期望。

以每个董事能够带来的能力和知识为基础建构董事会

通盘考虑每一位董事的专业和知识背景，使董事会作为一个整体拥有理解整个产业、进行公司治理以及对组织的设计和管理做出贡献和能够把握公司经营的能力。因为现代商业的复杂性，导致任何一个个人甚至是一个小的团队，都不可能非常熟悉董事会所面临的所有方面的问题。但是董事会要对所有这些问题进行明智的讨论，并提出指引。这就要求以每个董事能够带来的能力和知识为基础建构董事会，以使董事会作为一个整体具备领导和管理公司所需要的广泛的专业技能。要识别我们所需要的知识领域，包括经营战略、管理人员开发、技术、组织设计、变革管理、财务、政府事务、经济法和国际经验等等。可以采用专业矩阵——董事会成员在一个轴、关键的专业知识领域在另一个轴——方法来思考这一问题。画出这一矩阵，发现董事会的专业才能缺口，据此指导进一步的董事选聘。

确保董事会成员之间的适当平衡

选择董事会成员时，至少考虑有一位类似规模公司的前任首席执行官，它可以为公司首席执行官提供最为接近本公司具体情况的经验支持。还要选择一位非常了解公司的关键利害相关者情况的董事，包括投资者、供应商、公众和政府。如在欧洲，普遍拥有一位非管理层的雇员或工会代表进入董事会，数量不多的美国公司也在这么做。尽管有一些经验老到的董事和首席执行官不愿意，但是在那些雇员拥有股份的公司，从普通员工中挑选一位成员进入董事会，还是一种普遍被接受的做法。他既作为一个重要的利害相关者集团的代表，也是董事会和员工股东之间的一个联系渠道。

确保拥有足够数量的独立董事

独立的董事会成员可以更好地做出有关经理人员薪酬等困难决策，更客观地进行高层经理人员的评估和任命，挑战新的战略以及处理一些违规和业绩不良行为等。最好有四分之三以上的董事会成员是独立董事。独立董事不能是在没有其他外部董事参与情况下由首席执行官独自挑选的。

董事会成员应在参加董事会之外，为公司投入更多时间

董事会成员们往往在多个董事会服务，其结果是没有足够的时间尽到其常规的职责，在出现危机事件需要大力投入时更是难以做到。应该只挑选那些能够为董事会提供服务的人员做董事。可以考虑聘请那些最近退休的人员，他们的时间自由度较大。应该定期地对董事会成员资格进行重新审查，尤其是在他

们的工作情况发生改变的情况下。兼任董事会职务的数量最好不要超过三家，尽管具体情况会随会议频率、委员会的工作量和董事个人能力的不同而差异很大。2023年的中国证监会《上市公司独立董事管理办法》已经明确规定"独立董事原则上最多在三家境内上市公司担任独立董事"。

注意董事背景的多样化

建立一个背景多样化的董事会，可以提高董事会团队决策的质量，避免"思维共振"的风险。发达国家强调董事会的种族、性别等等方面的多样化。比如伊士曼化工公司的治理准则规定：董事会应由具有不同才能、背景和观点的人士构成。具有不同年龄、种族和民族背景的男士和女士在一起高效地工作，可以提出不同的有用的观点和看法以促进公司的进一步发展。

最为重要的是董事会成员来源的国际化。今天的公司通过下属机构、合资企业，或者互联网，持续增加跨国经营，满足其他国家消费者的需求。富有国际经验的人士能够帮助董事会更好地理解其运营所在国家的商业和社会文化，并且有利于这些公司在国际市场上融资，因为公司是由有国际视野的人士领导的。

对于中国公司来说，董事背景多样化的一个重要方面是地域背景多样化和体制背景多样化。面对全国投资者的上市公司，董事会中不应该全是一个局部区域的人。体制背景多样化就是在董事会层面实现具有国有企业、民营企业和外资企业三种不同企业管理经验的人之间的融合和取长补短。

4.4.4 谁来选聘独立董事：关键在于标准和程序

经常有一些公司大股东和上市公司之间就谁来聘请独立董事问题发生争执。大股东说，中小股东懂什么，我大股东当然有权力聘请独立董事；上市公司说，你大股东已经绝对控制了股东会，在董事会中也有了多数票，独立董事当然由我来聘。

发生了这种争执的上市公司，一定是上市公司的执行层已经有了相当大的自主和独立意识，想摆脱大股东的控制。与大股东完全操控上市公司，把上市公司当做提款机等情况相比，这应该说是个好事。但是，在有些公司可能又走向了另一个极端，即独立董事制度成为上市公司执行层建立"中小股东名义下的内部人控制"的工具。在中国当前这种中小股东法律保护体系尚待完善的情况下，"中小股东名义下的内部人控制"与"大股东名义下的内部人控制"相比，未必是一个更好的选择。正如一位下控几家上市公司的集团公司老总发出的肺腑之言：中小股东，你在哪里？他认为当前推进现代企业制度建设的速度过快，企业跟不上。

上市公司的大小股东之间，股东与董事和经理人之间，总是要有些矛盾和冲突。矛盾和冲突不可怕，关键是要尽可能地建立起解决矛盾和冲突的程序。独立董事甚至全体董事的提名，都应该是上市公司董事会的权力。上市公司董事会为了做好这项工作，可以成立一个专门的委员会——提名委员会。股东、董事都有向提名委员会推荐新董事候选人的权力，提名委员会负责初选、确定董事候选人名单，由董事会最后决定提交股东大会选举的董事候选人名单，其中包括独立董事人选。建立了这样的程序之后，所有各方就都按此程序办事。当然大股东可以通过股东大会达到其很多目的，但是你既然是在运作上市公司，就要遵守上市公司的游戏规则。即使感觉像是戴着镣铐跳舞，也得带着这个镣铐，嫌麻烦、感觉得不偿失，你就选择回购和下市，或者转让股份。

建立董事选聘标准和董事选聘程序、董事绩效考评标准和绩效考评程序，写进公司章程，或者是一个公开的董事会治理原则，遵照执行。应该能够减少或者化解"谁来聘请独立董事"之类的争执。这些实际公司治理运作中的具体问题，应该是公司自己解决的事情，不要指望主管部门来个明文规定。股权结构不同、成长阶段不同的上市公司，解决这些具体问题的具体尺度应该有所不同。

专栏4-4 中国证监会"上市公司独立董事管理办法"有关独立董事提名的规定

第九条：上市公司董事会、监事会、单独或者合计持有上市公司已发行股份百分之一以上的股东可以提出独立董事候选人，并经股东大会选举决定。

依法设立的投资者保护机构可以公开请求股东委托其代为行使提名独立董事的权利。

第一款规定的提名人不得提名与其存在利害关系的人员或者有其他可

能影响独立履职情形的关系密切人员作为独立董事候选人。

第十条：独立董事的提名人在提名前应当征得被提名人的同意。提名人应当充分了解被提名人职业、学历、职称、详细的工作经历、全部兼职、有无重大失信等不良记录等情况，并对其符合独立性和担任独立董事的其他条件发表意见。被提名人应当就其符合独立性和担任独立董事的其他条件作出公开声明。

第十一条：上市公司在董事会中设置提名委员会的，提名委员会应当对被提名人任职资格进行审查，并形成明确的审查意见。

上市公司应当在选举独立董事的股东大会召开前，按照本办法第十条以及前款的规定披露相关内容，并将所有独立董事候选人的有关材料报送证券交易所，相关报送材料应当真实、准确、完整。

证券交易所依照规定对独立董事候选人的有关材料进行审查，审慎判断独立董事候选人是否符合任职资格并有权提出异议。证券交易所提出异议的，上市公司不得提交股东大会选举。

第二十七条：上市公司董事会提名委员会负责拟定董事、高级管理人员的选择标准和程序，对董事、高级管理人员人选及其任职资格进行遴选、审核，并就下列事项向董事会提出建议：

（一）提名或者任免董事；

（二）聘任或者解聘高级管理人员；

（三）法律、行政法规、中国证监会规定和公司章程规定的其他事项。

董事会对提名委员会的建议未采纳或者未完全采纳的，应当在董事会决议中记载提名委员会的意见及未采纳的具体理由，并进行披露。

第二十九条：上市公司未在董事会中设置提名委员会、薪酬与考核委员会的，由独立董事专门会议按照本办法第十一条对被提名人任职资格进行审查，就本办法第二十七条第一款、第二十八条第一款所列事项向董事会提出建议。

4.4.5　中国公司董事会构成与董事选聘中的一些特殊问题

董事选举：需要推广累积投票制和网络股东大会

法律上董事是由股东大会选举产生的，但董事的提名办法，具体的董事选举办法等的不同，会导致董事会席位比例和股东持股比例之间的很大差异。采用累积投票制有利于中小股东联合起来推选能够代表其利益的董事。2024年公司法第一百一十七条规定："股东会选举董事、监事，可以按照公司章程的规定或者股东会的决议，实行累积投票制。本法所称累积投票制，是指股东会选举董事或者监事时，每一股份拥有与应选董事或者监事人数相同的表决权，股东拥有的表决权可以集中使用。"这在股权集中度很高的中国上市公司中是很有意义的。

2015年康佳公司股东大会的董事选举中，中小股东推荐的董事候选人能够顺利当选，累积投票制发挥了重要作用。大股东和原董事会提名的7名董事候选人之间得票率差异很小。大股东为保这7位候选人全部当选，将其投票权平均投给了他们每一位，而中小股东的投票产生了他们之间的差异，决定了谁当选与谁落选。中小股东提名的5名董事候选人之间，得票率差异则很大。中小股东利用累积投票制，进行了集中性的投票，使自己最中意的候选人能够当选。

除累积投票制之外，股东大会网络投票也发挥了重要作用。康佳公司这次股东大会有占总股份比例22.64%的769名中小股东通过网络进行了投票，这使通过现场和网络两种方式参与股东大会投票的中小股东总数达到了786人，代表股份占总股份的32.63%。以康佳这次股东大会57.63%的参与率，中小股东32.63%的股份比例占全部出席股份的56.62%。如果这些中小股东达成一致意见，可以在任何议案上都取得胜利。

总结来说，累积投票制和网络股东大会有利于中小股东对董事会的控制权。

董事与股东单位关联度太高

中国上市公司的董事与股东单位联系密切——这表现在母公司和上市公司资产、人员和经营没有严格分开和绝大多数董事是由股东单位委派的特征上，董事会运作的大股东控制程度极高。母公司和发起单位绝对控制了中国上市公司的董事人选和董事会，非股东单位在董事会的席位很少。据调查，中国上市公司中非股东单位委派的执行董事被选聘为董事的主要原因是他们是优秀的管理人员，由公司招聘或者职工推选方式产生。独立董事被选聘为董事的主要原因之一是他们曾是公司聘请的顾问。与公司无业务关系的独立董事成为公司董事的主要原因之一是董事的社会名望和专业技能。

仔细观察中国上市公司第一大股东持股比例和其董事会席位比例会发现一个有趣的现象：即在取得绝对控股（50%）地位之前，第一大股东的董事会席位比例高于其持股比例，而在取得绝对控股地位之后，第一大股东的董事会席位比例开始低于其持股比例。导致这种状况的原因可能是中国上市公司董事会独立性差，大股东控制了股东会的情况下，就无需再增加对董事会的控制而控制上市公司了。

董事与公司管理层关联度也太高

中国上市公司的董事与公司管理层联系密切，甚至可以说是密不可分。董事和管理层高度重合，大多数董事是管理层人员，甚至是下属分公司和子公司的经理。相当一部分执行董事是分公司、子公司经理和业务部门经理，这可能是中国独有的现象。因为社会的信任程度和法治化程度都比较低，公司总部对分公司、子公司和业务部门的控制是一个难题。执行董事担任财务部经理的比例较高，可能也反映了同样的一个问题。由于中国上市公司还没有进入到能够进行战略管理——公司总部可以对各个业务部门的资源进行统一的调配，对整个公司的战略和各个业务部门的竞争战略进行有效协调的阶段，分公司、子公司和业务部门均有自立山头的倾向。派遣董事任重要分公司、子公司和业务部门的经理（实际情况也包括重要分公司、子公司的经理被"提拔"为董事），有利于董事会对这些重要业务部门的了解和控制（或者反过来这些重要业务部门的经理也能够利用其董事身份来加强自己部门的独立性）。

董事背景过于单一

中国上市公司是以从国有企业改制而来的企业为主体的，国有企业是大多数上市公司执行董事和非执行董事都工作过的地方，只有独立董事才有较多的政府部门和科研教育工作经验。这也许是中国的上市公司"穿新鞋走老路"——形式上建立了上市公司的法人治理结构框架，实质上却仍然按着国有企业的一套运行——的一个重要原因。这种董事工作经验背景的高度单一性，导致上市公司董事会议事和决策质量低下。大家都是国有企业的思维和行为习惯，董事们把董事长看作是传统国有企业情况下的领导和一把手，在董事会上很少有异议和反对声音。

需要增加非国有股代表

在董事选聘方面，中国公司应该增加国家股之外类别股东推荐的董事比例，并在可行的情况下，尽可能选出持股达到一定数额的个人投资者进入董事会。国家股之外的股东代表进入董事会，能够发挥国家股代表及独立董事均不易发挥或积极性有限的作用，如建立价值导向的管理、增加股东回报的压力以及对关联交易的监督等。国家股之外的股东代表有股东和董事职责的双重压力，在中国现实情况下，更能体现所有者的约束机制，有利于其他股东对公司的支持，也是一种尊重股东权利的表现。

4.5 资格、职务改变、任期与退休

4.5.1 董事的任职资格

历史上曾经有资格股的规定，就是一定要持有公司股份的人才能担当董事职务。但是现代公司法基本上都取消了这一规定，把具体规定董事资格的权力交给了公司股东。如美国特拉华州普通公司法，特别强调了"董事不必也是股东，除非在组成公司证明文件（注册章程——作者注）中或在组织细则（管理章程——作者注）中有此规定。该证明文件或细则可以为董事规定其他资格

条件[①]"。中国公司法也没有要求董事持有股份，只是作了消极资格方面的规定，如无民事行为能力的人不能担任董事等。

专栏4-5　中国《公司法》第一百七十八条有关董事资格的规定

有下列情形之一的，不得担任公司的董事、监事、高级管理人员：

（一）无民事行为能力或者限制民事行为能力；

（二）因贪污、贿赂、侵占财产、挪用财产或者破坏社会主义市场经济秩序，被判处刑罚，或者因犯罪被剥夺政治权利，执行期满未逾五年，被宣告缓刑的，自缓刑考验期满之日起未逾二年；

（三）担任破产清算的公司、企业的董事或者厂长、经理，对该公司、企业的破产负有个人责任的，自该公司、企业破产清算完结之日起未逾三年；

（四）担任因违法被吊销营业执照、责令关闭的公司、企业的法定代表人，并负有个人责任的，自该公司、企业被吊销营业执照、责令关闭之日起未逾三年；

（五）个人因所负数额较大债务到期未清偿被人民法院列为失信被执行人。

违反前款规定选举、委派董事、监事或者聘任高级管理人员的，该选举、委派或者聘任无效。

董事、监事、高级管理人员在任职期间出现本条第一款所列情形的，公司应当解除其职务。

4.5.2 职务改变时的董事任职资格和公司法第十条的解释问题

在有关董事会构成的争论中，一个重要的问题是前任首席执行官或其他执

---

① 《特拉华州普通公司法》第141节。

行董事从管理层辞职或退休后其董事身份的处理。机构投资者对此一般都还没有具体的政策，其办法还处于一种非常因人而异的状态。

在通用汽车公司，当首席执行官辞职时，他同时也应向董事会提交辞呈。只有经过新任首席执行官和董事会的讨论，才能决定他是否仍是董事会成员。出于公司治理结构方面的考虑，董事会中的公司前任首席执行官被看作是内部董事。在英特尔公司，经理人员退休或工作职位发生变动时，不需要退出董事会。

中国2024年公司法第十条第二款规定"担任法定代表人的董事或者经理辞任的，视为同时辞去法定代表人"。这是因为同条第一款规定"公司的法定代表人按照公司章程的规定，由代表公司执行公司事务的董事或者经理担任"，辞去董事或经理职务，则可视为失去担任法定代表人的资格了。但是这里需要进一步明确的一个问题是，如果这个人同时担任董事、经理和法定代表人（这是绝大多数中国公司的实际情况），但他只是辞任了董事或者经理一个职务，是否仍要视为同时辞去法定代表人呢？

这里同时涉及到了经理层职务（身份）改变时的董事资格处理问题，对于执行董事（同时担任董事和经理职务的人），辞去董事职务是否意味着同时辞去经理职务，或是辞去经理职务（或是退休）是否意味着要同时辞去董事职务？对此，笔者的建议是分开处理，即辞任董事职务无需同时辞任经理职务，反之亦然。这即符合公司治理原则，也有利于董事会和经理层各自人员的稳定性，对明确划分董事会和经理层的职责也有益处。

但是这样一来，就需要解决"只辞任董事或经理一个职务，是否仍要视为同时辞去法定代表人"的问题，这是一个公司法第十条的理解和解释问题，笔者认为这可以交由公司董事会来决定。

4.5.3　董事的任职期限和退休

发达国家对公司这种私人部门的组织，一般没有国家统一的任期和退休年龄等规定。公司法的基本规则就是"每位董事在他的接任人被选出并合乎条件之前或者在他未满任期即辞职或被免职前，都应当在职。董事可以在任何时候，在向公司提出书面辞职通知书后辞职"①。

一些机构投资者在积极主张实行董事任期限制，比如董事任期为三年，每三年之后需要重新应聘。另外，还有强制退休政策，即董事会建立硬性的到年龄就退休制度。但在各著名公司的实际运作中，一般都有具体的退休政策，往往没有硬性的任期限制。

随着股东权利保护和公司治理运动的开展，优秀董事越来越成为确保董事会质量和提高公司业绩的重要砝码。为了公司利益，要努力留住优秀董事。对董事的任期进行限制有助于董事会吸纳新董事和获得新的想法与观点，给董事会带来新的活力，但同时又会蒙受失去老董事的损失。老董事通过长期的工作，对公司的情况及运作已相当熟悉，能够为董事会作出积极的贡献。

通用汽车公司和英特尔公司董事会均持有与此类似的看法，没有董事任期限制，但都有退休政策。通用汽车规定董事的退休年龄为70岁。

为了弥补无董事任期限制的不足，通用汽车公司董事会的做法是：董事事务委员会联合首席执行官和董事长每隔五年对每位董事的续任权作出评估，这也为证明每位董事作为董事会成员的必要性提供了机会。

伊士曼公司在其管理章程中确立了一个三年制的董事服务期限限制。就是在某位董事的三年服务时间期限届满时，如果董事会中负责董事提名的董事委员会希望继续聘用，该董事可以根据另外的服务期限继续服务。不过，此时董事委员会要向整个董事会推荐，并且在征得董事会的同意时方可提名此董事在另外的期限内服务。关于退休年龄，伊士曼化工公司管理章程规定，董事会成员的退休年龄是70岁。不过，如果经董事委员会和整个董事会决定，对个别董事的退休年龄可以放宽至71岁。

中国2024年公司法第七十条规定："董事任期由公司章程规定，但每届任期不得超过三年。董事任期届满，连选可以连任"。为了加强公司治理，尤其是加强年度股东大会对董事会的制约力度，笔者建议中国公司通过章程规定董事任期一年，即每年都要选举一次，形象地说就是每年要"全体起立"一次，股东们没有异议，重新选举通过了之后再坐下，"重新上岗"。

---

① 《特拉华州普通公司法》第141节。

4.5.4 董事的分类和解聘

在公司治理规则上，尤其是在上市公司层面，董事之间的权利和义务都是一样的。但是为了提高公司法的适应性，特别是为了不同类型公司股东能够在公司治理上发挥出不同的作用，也就是增强公司自治，发达国家公司法允许公司建立分类董事制度，将董事会成员分成类别，赋予其不同的身份属性，给予不同的任期以至不同的法定权利。比如美国《特拉华州普通公司法》，就在其第141节（d）款中，提供了按任期的时间期限和按公司股票类别两种方式的董事分类。

最常见的做法是按任职期限把董事分为三组，时间错开，每年有三分之一的董事任职到期，每次每年度股东大会只能换掉三分之一任期届满的董事。

按股东或公司股票类型进行的董事分类，是在公司具有明显不同利益诉求的类别股东时采用的方法，就是对于公司某个类别的股票，给予其持有人选出确定数量的董事，并可以给予这类董事不同于普通董事的投票权力（多于1票或者少于1票）。对按股东或股份类别进行分类的董事，提名、聘任和解聘均需该类别股东或股份决定。

对于分类的董事，在其任职未到期之前解聘需要理由，而不是像普通董事那样，股东可以在选举董事的股东会议上以"多数同意"原则而无需具体理由解聘。这使分类董事成为保持董事会独立和相对稳定的重要方法，因为并购者即使持有了控制性股份，也不能马上完全控制董事会。

在机构投资者主导的现代公司治理运动展开之前，经理人控制下的股权高度分散的英美公司中，通过董事任期交叉而实行的分类董事会制度是很流行的一种做法，是有利于经理人保持公司控制权的一种反并购措施。但是，新近的公司治理运动中，机构投资者反对分类董事制度，因为分类董事降低了公司控制权市场对经理层职位的威胁。很多公司的分类董事制度在机构投资者的巨大压力下取消。美国的财富500强公司中已经很少有公司仍然保留着分类董事制度。

以上详细介绍似乎已经"过时了"的做法，基本目的是给中国公司深入理解公司治理作一个参考。另外一个原因是，笔者认为在公司治理中，很多在发达国家已经"过时了"的做法，可能恰恰是需要我们引进和加以改造而利用的。在中国，一股独大、公司控制权市场有待发展、并购还没有成为一种有效公司治理手段的情况下，分类董事制度对于维持董事会稳定和提高董事会独立性有其积极意义。在中国一股独大的公司中，可能就需要对超过多少比例的股份的投票权作出限制，可以规定比如三分之一的董事席位必须由持股份额在某个比例以下的股东来选举，并赋予其更多一些的权力。

按股东或股份类别进行的分类董事制度有利于特殊类别股东对董事会的控制权，按董事任期进行的分类董事制度有利于经理人对董事会的控制权。阿里巴巴则是两种董事分类方法都采用了，以保证其"合伙人"团队作为特殊股东和经理人的控制权。

阿里巴巴实行按董事提名权配置和董事任期错开进行双重分类的董事制度。董事会11位董事，由阿里巴巴合伙人、大股东软银和董事会提名与公司治理委员会等三方提名产生而分为三组，还按任职期限起止时间不同而分为三组。阿里巴巴合伙人、大股东软银和董事会提名与公司治理委员会等三方所各自提名产生的执行董事、非执行董事和独立董事等三类董事，大致均匀地分布在任职期限错开的三个组中。

专栏4-6 美国《特拉华州普通公司法》关于董事分类和解聘的规定

关于董事分类

（d）根据本章法律组成的公司的董事们可以根据组成公司证明文件，或最初的组织细则，或由股东表决通过的组织细则，分成一类，二类或三类。

第一类董事职位的任期于下一次股东年会结束，第二类董事职位任期于第一类董事任期结束时的一年后结束，第三类董事的任期于第一类董事的任期结束时的两年后结束。

在上述的分类和选举结束之后的每届股东年会上选出的董事都是以完整的任期来接任当时已经任期结束的董事。

组成公司证明文件可以授予任何一类或任何一系列股票的持有人选举一位或一位以上的董事，他们的任期和表决权力应当在组成公司证明文件中规定好。

用这一规定好的方式选出来的董事的任期和表决权力可以比任何其他董事或其他一类的董事的任期和表决权力大一些或小一些。

如果组成公司证明文件中规定由上述的一类或一个系列的股票持有人选举产生的每一位董事在任何事项的表决中都有超过一票或不足一票的表决权,则在本章中所说的董事的多数或其他比例数应当指董事应当有的表决票数的多数或其比例数。

关于董事的解聘

(k)任何一位董事或整个董事会都可以被多数股票持有人在选举董事时有原因地或无原因地免职,除非是:

I)除了是组成公司证明文件有另外的规定,如果一家公司的董事会董事是根据本节(d)项分为类的,则股东只有在有原因时才能免除他们的职务;或者,

II)在一个可以用累计票数方法表决的公司里,如果只有少于整个董事会董事人数的董事被免职;则要免除某一位董事时,如果反对免除他的职务的票数,也足以在使用累计票数方法选任全体董事时选任该董事,则要免除该董事职务时,不能不说明原因;或者,董事是已分成类的,如果在分类选举董事时,反对免除他的职务的票数在分类选举时如果使用累计票数方法足以把该董事选入某一类时,则要免除该董事的职务就不能不说明原因。

《特拉华州普通公司法》第四分章"董事和官员"第141节"董事会;权力;人数,资格,任期和会议的法定人数;委员会;董事类别;非营利公司;信任书面文件;会议外的作为,其他"。

专栏4-7 IBM公司管理章程(BYLAW)有关董事选举和任期等的规定

选举——董事应在股东年会上选举产生。在每次符合法定人数出席的选举董事的股东会议上,如果是无竞争(等额)的选举,董事当选所需要的赞成票数应过半数。在有竞争(差额)的选举中,获得票数多的被提名人当选。如果被提名的董事候选人多于要选举出的董事人数,则为有竞争

的选举（第3章第2节）。

任期——每位董事将任职到该董事被选举起计的下一次股东年会并且合格的继任者选举产生时为止，或者直到该董事死亡，辞职，或被解任（第3章第2节）。

辞职——（a）公司的任何董事均可随时通过向董事会、董事会主席或公司秘书提交书面辞呈而辞职。除本节（b）款另有规定外，任何此类辞职应在辞呈中指定的时间生效，或者如果其中未指定生效时间，则应在公司收到辞呈后立即生效；除非辞呈中另有规定，公司接受辞职不是辞职生效的必要条件。（b）在无争议的董事选举中，任何现任董事，作为候选人如未获得多数票赞成，应在选举后立即提出辞职。董事会的独立董事，应根据公司及其股东的最佳利益，评估相关事实和情况，在选举后90天内决定是否接受该辞职。根据本款规定提出辞职的董事不得参与董事会的该项决定。董事会将及时公开披露其决定，以及拒绝接受情况下拒绝的理由（第三章第10节）。

解任——任何董事都可在任何时候，无论有或没有理由，由股东投票决定解任（第三章第11节）。

空缺——无论是由于死亡、辞职、增加董事名额或任何其他原因而导致的董事职位空缺均可由董事会来填补（第三章第12节）。

退休——在不缩短由股东选举的董事年度任期的前提下，董事会可以制订董事达到或者超过一定年龄退休的政策（第三章第13节）。

（IBM公司管理章程，第三章"董事会"，1958年4月29日制定，2023年12月12日修订）

4.5.5　阿里巴巴董事会：提名和任期双重分类

根据阿里巴巴集团网站信息（2021年8月28日），阿里巴巴集团董事会由5位执行董事、1位非执行董事和5位独立董事，共计11人组成。他们分别由阿里合伙人、公司大股东软银和公司董事会的提名与公司治理委员会提名产生。

这11位董事，除了因由阿里合伙人、大股东软银和公司董事会提名与公司治理委员会等三个不同方面提名产生而分为三组之外，还按每届任职期限的起止时间而分为了三组。三个提名方各自提名的董事，大致均匀地分布在任职时间期限错开的三个组中。这三组董事之间除任期起止时间不同之外，其他方面是相同的，都是三年为一个任期，在任职到期的年度股东大会上重新选举，开始新的三年任期。

将董事任职期限错开，这是较为常见的一种分类董事安排，阿里巴巴集团网站也标明了是分类董事会（Classified Board）。由于合伙人制度，阿里巴巴的董事提名权直接分配给了阿里合伙人、大股东软银和董事会提名与公司治理委员会三个方面，我们可以将之看作是一种独特的按董事提名权配置进行的分类董事会。

表4-1　　　阿里巴巴公司董事会构成（2017/2021）

董事会成员		审计	薪酬	提名治理	任期分组
马云/	主席/			主席/	2017/
张勇	董事/主席，CEO				2016/2022
蔡崇信	执行副主席		成员		2018/2021
/武卫	/董事，CFO				/2023
Michael Evans	董事，总裁			/主席	2018/2021
井贤栋	董事				2018/2021
孙正义/	董事/				2017/
/Kabir Misra	/董事				/2023
董建华	独立董事			成员	2016/2022
郭德明	独立董事	主席	成员		2017/2023
杨致远	独立董事		主席	成员	2016/2022
Börje Ekholm	独立董事	成员			2018/2021
龚万仁	独立董事	成员			2016/2022

注：名字后加标注/者为2017时在任，2021年时离任，名字前加标注/者为2017年时不在任，2021年在任，名字前后均无标注/者为两个年份均在任。表内职务、任期栏目也是相同标注，即职务名称后标注/表示2017年时任此职务，职务名称前标注/表示2020年时任该职务，无标注/表示两个年份均任该职。

资料来源：阿里巴巴集团网站信息整理，2017年9月6日和2021年8月28日。

相比2017年，阿里巴巴董事会构成的主要变化是孙正义和马云都退出了阿里巴巴公司董事会。孙正义的董事职位由Kabir Misra接任。马云在阿里巴巴董事会的董事、董事会主席、董事会提名与治理委员会主席三个职位分别由武卫、张勇和蔡崇信接任。马云还是阿里巴巴合伙人，并是合伙人委员会成员（阿里巴巴集团网站信息，2021年8月28日）。

阿里巴巴合伙人制度建立已经十年多，自2014年在纽交所上市也已经有7年时间，期间已有6个年度的上市公司股东大会董事选举，目前看来运行平稳。2021年8月10日阿里巴巴发出了将于9月17日召开2021年度股东大会的通知，一号议案为选举3名董事，候选人为蔡崇信、Michael Evans和Börje Ekholm，这三人都是2021年度股东大会任职到期。同是2021年度股东大会任职到期的井贤栋没有出现在候选人名单中，董事会人数会减少一人，并由此使独立董事人数占到一半。

4.6 董事会秘书

董事会秘书在董事会运作和公司治理上有着广泛而又重要的职责。高质量的董事会，必须要有高素质的董事会秘书，或者说，高素质的董事会秘书本身就是高质量董事会的一个重要构成部分。

4.6.1 董事会秘书的工作职责

董事会秘书的职业素养是决定董事会质量的一个重要因素，也是公司本身在诸多方面能否合法合规顺畅运作的一个重要影响因素。董事会秘书需要哪些职业素养，需要从董事会秘书的工作职责和法律地位谈起。

作为一种法定机关的公司秘书，董事会秘书的职责贯穿于整个公司。大致可以把董事会秘书的职责划分为三类：为董事会服务，为股东服务，为公司服务。

为董事会服务方面，董事会秘书要确保适当的董事会运作程序到位并被遵守，董事会治理规则得到执行。董事会秘书要配合董事长准备会议议程，向董事会成员发放会议议程及其他会议资料，为会议提供其他一些秘书性的工作支持，在会议中提供有关法律和监管政策方面的咨询，记录、发放和保存董事会纪要，保管法律和监管政策要求的法律性文件，需要时向董事会成员传达有关公司的信息，跟踪并保持告知董事们有关公司治理的当前思想和实践动态等等。

为股东服务方面，董事会秘书是公司联系股东和机构投资者的主要节点。特别是在有关信息披露、股东大会和公司治理事务上，董事会秘书要确保有关沟通渠道的通畅和信息的全面、准确。

为公司服务，是董事会秘书在英美公司法上被称为公司秘书，是公众公司必设的一种法定机关的根本原因所在。董事会秘书应保证公司遵守与本公司业务活动相关的法律法规和行为准则。

4.6.2 董事会秘书的法律地位

在公司法和公司治理基础规则上，公司秘书（董事会秘书）首先是一种职责，然后才是一种执行此种职责的管理职位。公司秘书（董事会秘书）本身就是跟董事会一样的，公众公司所必设的一种内部治理机制。相比之下，董事长、首席执行官等只是公司可以自行设立或者不设立的一种管理职位。英美国家公司法上，只有股东（英国公司法称为成员）、董事和高管人员（officer），并没有董事长、首席执行官等概念。

公司法与公司高管职位设置之间关系的基本规则就是公司应该通过章程或者董事会决议来明确公司的主要高级管理职位，其中必须有的只是负责"公司秘书"职责的一位。比如，在美国《特拉华州普通公司法》有关公司"高管人员"的第四分章第142节中（a）中规定，"每一家公司应当在公司管理章程或者与管理章程不相抵触的董事会决议中说明，有一定职位称呼和责任的，一定的官员。官员中的一位，有责任把股东会和董事会的会议讨论事项记录在专用的记录册中"。这位官员及其所负的职责，就是公司秘书。

英国是现代公司制度和公司法的起源地，英国公司法有关公司秘书的规定，是董事会秘书法律地位的重要范本。英国2006年公司法共有47个部分，1300条，其第12部分为"公司秘书"，包括从第270条到第280条共计11条。

私人公司可以不设公司秘书，一些通常要求由公司秘书完成的职责，可以由公司董事或者是由公司董事授权的其他人来完成。

公众公司必须设公司秘书。公众公司没设公司秘书，在监管部门指令改正的时间期限（不少于1个月不超过3个月）内没有进行改正，公司和公司有关高级管理人员将会受到处罚。

英国2006年公司法对公司秘书的任职资格做出了明确的规定。公众公司董事有义务采取所有合理措施，确保公司秘书符合以下两条标准。一是，在公司董事们看来，具有履行公司秘书职责所必须的知识和经验；二是，要至少具有以下四种职业资历中的一种。

这四种职业资历是：①在任命其为公司秘书之前的5年中，至少担任3年的公众公司秘书职务；②是英国2006年公司法所认可的7个专业团体中某一团体的成员；③是英国任何地区的出庭律师、辩护人或事务律师；④在公司董事看来，由于担任任何其他团体的任何其他职务或是该团体的成员而有能力履行公司秘书的职责。

英国2006年公司法认可的其成员有资格出任公众公司秘书的7个专业团体是：英格兰和威尔士特许会计师协会，苏格兰特许会计师协会，特许公认会计师公会，爱尔兰特许会计师协会，特许秘书和行政人员协会，特许管理会计师协会，特许公众财政和会计协会。

4.6.3 董事会秘书的管理人员角色

在中国，董事会秘书必须是自然人，是公司的全职工作人员，但在有些国家董事会秘书可以是自然人，也可以是机构，可以是兼职的，可以是会计师事务所代理的。董事会秘书可以是董事，也可以不是董事。在没有合适的董事会秘书人选情况下，可以由公司的一个部门承担董事会秘书的职责。

中国2024年公司法第一百三十八条规定："上市公司设董事会秘书，负责公司股东会和董事会会议的筹备、文件保管以及公司股东资料的管理，办理信息披露事务等事宜。"根据2024年公司法第二百六十五条第（一）款，"高级管理人员，是指公司的经理、副经理、财务负责人，上市公司董事会秘书和公司章程规定的其他人员"，上市公司董事会秘书属于公司高级管理人员。在非上市公司中，董事会秘书算不算公司高级管理人员，可以由公司在章程中自己决定。

在香港特区，上市公司秘书必须是自然人，但非上市公司的秘书可以是机构。上市公司秘书可以由董事出任。根据联交所上市规则，上市公司的秘书须为一位常驻香港的人士，必须具备上市公司秘书职务所需的知识和经验。具体说，上市公司秘书必须具有以下专业资格中的一种：特许秘书及行政人员工会香港分会会员；律师或大律师；专业会计师。

在董事会秘书是自然人并且是董事的情况下，要根据他有否其他身份来判定他是执行董事还是非执行董事。仅就其董事会秘书职责来说，不能看作是管理层人员。作为自然人的董事会秘书，如果同时是公司全职工作人员，他很可能要承担董事会秘书职责之外的"管理性职责"，这时也许应该把董事会秘书看作是执行董事。

公司秘书或称董事会秘书，与董事长、总裁、财务经理和总会计师等公司常见高管职位一样，属于高级管理人员，归董事会管理，由董事会选任和解聘。换言之，董事会秘书不是董事长秘书，其责任对象不是董事长个人，而是公司和整个董事会。这是中国公司要特别注意的一个问题。

4.6.4 董事会秘书的素质要求

从上述有关董事会秘书的工作职责、法律地位和管理人员角色三个方面综合来看，董事会秘书的最重要素质要求是法律和会计方面的专业资格和知识，这可以说是董事会秘书需要具备的硬素质。对此，英国2006年公司法中规定得很明确，除非你在过去5年至少做过3年的公众公司董事会秘书，否则，你必须具有法律或是会计方面的专业资历，才能被聘为公众公司的董事会秘书。

从公司法的硬性要求角度来说，只对董事会秘书有明确的职业素质要求。英国2006年公司法，对公司董事只有需要年满16岁这一要求（英国2006年公司法第157条）。即使你小学都没毕业，你一样可以成为公司董事。即使你博士毕业，但是你没有法律或会计等相关的专业资历，也没有担任过董事会秘书或其他专业团体中的类似职务，你也不能被公众公司聘为董事会秘书。

硬性的专业资历是成为董事会秘书的入门条件，但这仅仅是一种任职资格，并不能保证你成为一个实践中的高素质的董事会秘书。要成为一个实践中的高素质的董事会秘书，还需要诸多方面的职业素养，或软实力。作为公司董事会秘书，也许不像公司董事长兼首席执行官那样要对公司全面负责，但是他的工作所涉及的范围却同样大，甚至是更广。

董事会秘书要负责组织董事会会议、股东会议，这要求其在熟知相关法律法规要求的同时，具备有效组织会议方面的能力，要好好学学《罗伯特议事规则》等。董事会秘书要负责信息披露和股东沟通工作，这要求其在理解公司财务和会计的同时，还要理解公司战略，特别是并购和重组等直接与资本市场相关的问题。

董事会秘书要为公司服务，要作为一个公司治理专业人士从整体上监控公司运营的合法合规性及是否完全遵守了公司行为准则等。可以说，董事会秘书要"眼观六路耳听八方"，能及时捕获、精准获取有关信息，并能正确有效地处理相关问题。要了解公司外部治理体系，密切关注和把握公司外部治理动态。要掌握公司内部治理机制的设置与运作，监控公司内部治理运作流程，遇有不畅要及时进行梳理和改进。

专栏4-8　IBM公司管理章程中有关公司秘书职责的规定

公司秘书负责（第五章第11节）：

（a）将董事会、董事会执行委员会、董事会其他委员会和股东的所有会议的会议记录，保存或促使保存在为此目的而专设的一本或多本账簿中；

（b）确保所有通知均按照本管理章程的规定和法律要求恰当发出；

（c）保管公司的名册和印鉴，使用并确认公司印鉴用于公司股权证以及其他各类应当使用公司印鉴的文件上；

（d）确保法律要求保存和申报的账目、报告、声明、证明及其他文件和记录已适当的保存并申报；

（e）履行其职务相关的所有职责，以及董事会、董事会主席、副主席、总裁、执行副总裁或高级副总裁不时指派的其他事项。

（IBM公司管理章程，第五章"高级管理人员"，1958年4月29日制定，2023年12月12日修订）

4.7 以董事会中心主义原则化解公司内部冲突

中国公司中的很多内部冲突，特别是一些中国式的股东、董事会和经理层"矛盾闹剧"，根源在于中国公司治理中董事会中心主义的缺失，而不是董事会中心主义发展所致。

从2007年的东北高速到2020年的皖通科技，股权多元化（非一股独大）公司的内部纷争，管理层、董事会和股东之间矛盾，背后有大股东之间矛盾的根子，而不是纯粹的职业经理人和股东之间矛盾。公司前几大股东直接介入到管理层职位，相互之间形不成一种作为纯粹股东的合力，董事会难以真正成为公司管理的权力中心。

4.7.1 走出股权制衡的误区

创始人团队和股东间特有的信任关系和相对低的沟通成本，是其取得竞争优势的一个有力源泉。但是，如果处理得不好，让创始人团队矛盾和股东冲突进入到企业，并进一步让企业经理人员也卷入其中，则会阻碍公司董事会建设和企业的组织发展进程。

创始团队的高持股比例和股东的高管理参与比例，主要人员"股东—董事—经理"的身份三合一，容易导致股东会和董事会的走过场与形式化。很多公司的实际控制权，处在从大股东到经理人之间的一种不确定状态，董事会成为公司实际控制人的傀儡，有时甚至得不到形式上的尊重。

公司控制结构的稳定性直接决定着公司管理和高管团队的稳定性。缺乏有效的董事会这一稳定控制结构，大股东或者经理人成为公司"实际控制人"，这使公司在两个极端状态之间摇摆：一种是能人家天下，一股独大之下的久久不变，大股东自己不想变，其他力量无法改变；另一种是一朝天子一朝臣，前几大股东势均力敌情况下的频繁变动，任何股权或者控制权的变动都会带来公司高管层面的大换班和公司管理上的不稳定。

"半大股东操控、半经理人控制"模式不仅是破坏了公司管理和战略上的稳定性，甚至导致公司成为各方之间争权夺利的角斗场。从股东大会到董事会，都形不成一种能够支持公司的合力。严重情况下，公司在行为上都不像是一个独立法人，被几股力量切割，分成各自的几块，谋求各自的私利。

期望前几大股东之间相互制衡而避免大股东侵犯公司利益，是中国公司治理中的一种流行性谬误。股东侵犯公司利益问题的解决只能是严刑峻法，没有任何其他替代性的途径。这里不光是保护中小股东的问题，还有保护公司债权人的问题。这里的公司债权人也不仅仅是银行，还包括公众、公司供应商和用户及一切会与公司打交道或会受到公司行为侵害的第三人。

4.7.2　防范控制权之争影响公司稳定

公司发展过程中，各种各样的矛盾和冲突本身都不是问题，关键是有没有一个董事会投票这样的明确、权威的决策中心和裁决机制。不管你是谁，创始人、大股东，或董事长兼CEO，公司内部领导权配置的最高决定者都是多数派董事。董事会的权力到位，有董事会的裁决机制，多大、多激烈的公司内部权力斗争，都可以和平解决，不会因权力斗争而使公司瘫痪，甚至分崩离析。

中国公司法对股东会、董事会、监事会及经理的职责和权力分别进行了逐条列举性的规定，这种列举本身即使再详细，也不可能穷尽公司实际运作中面临的各种各样的决策和权力分配问题。

在董事会中心主义原则下，"公司要由董事会管理或者在其指导下管理，除非在公司章程中另有规定。"股东保留的公司管理权力需要事先和明确列举（通过公司章程和股东协议等），此外的全部公司管理权力默认配置给董事会行使（并由董事承担相应责任），经理层的公司管理权力则是完全来自董事会的授予。

明确了董事会中心主义的公司治理原则之后，有关股东会和董事会之间权力边界划分的制度规定，股东会拥有最终的决定权力，董事会和经理之间具体的权力边界划分则由董事会决定。股东会、董事会和经理之间的权力边界划分不再是一个法律问题，而是一个公司治理实践问题。

实行董事会中心主义的公司治理，让公司董事会发挥更大作用，除了法律上完善公司治理规则、限制大股东权力之外,还需要放开市场竞争。这里包括产品和资本两个市场。产品市场的充分和深度竞争,会使企业扩大投资、更多先期投入,而很难完全靠留存收益过日子。放开资本市场,让好企业可以更多融资,进一步从产品市场上推进竞争深度。竞争深度加强,企业眼界必须放长,企业经营要更多理性讨论、分析和集体智慧之后,对董事会这种集体决策机制会有内在需求。

4.7.3 构建基于规则的沟通与协调机制

很多陷入纷争难以自拔的公司,董事会没有在实际运作上真正到位,成为公司法人的有效机关,而非大股东和公司实际控制人的橡皮图章。少数关联个人(一个家族人员或是共同创业人员)高度控股结构,导致公司行为受到控股股东们个人利益和偏好的严重影响,公司独立性受到这些主要股东之间利益博弈动态的侵害。

这里有结构性矛盾和意外变故两类不稳定因素。创始人团队和其家族成员中,有股权又在公司工作、有股权但不在公司工作、没有股权但在公司工作以及没有股权也不在公司工作的四类人员之间,在有关雇佣、分红、投资等方面会存在激烈的结构性矛盾。夫妻离异和朋友反目等意外变故,以及个人财务目标和对公司的期望出现差异等,也都会导致公司的稳定性出现问题。

为了避免创始团队冲突,创始人家族矛盾和公司控股股东之间利益差异等影响公司的稳定性和独立性,一方面需要强化公司从股东大会到董事会和经理层的按程序决策规则,另一方面可以做些预防性制度安排。

在公司治理和管理上,必须脱离创业时期的"草莽英雄"状态,创始团队和控股股东们要在他们个人和他们作为股东的公司之间划清界限。这里包括他们个人作为股东的财务利益、作为股东的投票权和公司的股东会—董事会—经理层决策程序之间关系的清晰界定。

在创始团队、创始人家族、主要股东和公司之间建立起一种沟通与协调机制,如"创始团队委员会""创始人家族委员会"或"控股股东有关公司事务的委员会"。在这个委员会上,把创始团队内部有关企业发展计划和创始人个人发展计划的一些矛盾、创始人家族成员内部的一些分歧，以及主要股东之间有关公司事项的不同意见等，协调解决好，形成一致意见，通过正式的渠道传递到企业，避免不同声音对公司董事会和管理层的决策形成"噪音"。

建立一个创始团队、外部投资者和独立董事各占三分之一的董事会，使董事会成为有关企业重大问题的集体讨论和决策场所，可以帮助企业创始团队、主要投资者和职业经理人之间建立和发展信任关系，并能在一定程度上保证相互之间承诺的实现。

相关案例参见《董事会与公司治理（第4版）：演进与案例》案例4"东北高速：中国公司治理的一面镜子"。

第5章

战略性董事会的构造与职责发挥

  董事会的基本目标是使公司价值长期保持最大化。这要通过长期集中发展一项成功的业务和获得最大的财务回报来实现。

  董事会负责确保管理的程序、政策和决策能进一步推动此目标的实现。

  董事会应举行年度战略规划会议,在董事会的同意下,首席执行官决定会议召开的时间和议程。

完善公司治理结构要从建立、健全和强化、优化董事会做起。良好公司治理是一种手段，而不是目的；不仅仅要识破阴谋，更要激励公司奋起；能够提高公司业绩的公司治理做法才是最佳做法。作为给公司"指引方向的人"，董事会的首要职责是进行正确的战略决策，保持公司的长期可持续发展。传统公司的董事会往往消极被动，只起到一个消防队的角色。当前公司董事会的发展趋势是走向积极的、全面管理公司事务的战略性的董事会。对于习惯于人治和依靠一个能人的中国公司来说，战略性董事会的构建及其职责发挥显得尤为重要。

5.1 急需更多地关注战略，不能以治理的名义过度监管

董事会"定战略，作决策，防风险"，定战略居于首位是有道理的。战略错误是企业最大的风险，在错误的战略之下，决策越正确，损失越大。

据研究，在全部的公司价值损失中，只有很小比例是由于违规或董事会监督失败所造成的，近九成是由于公司战略或者运营失误导致的。我们需要回归到"董事"二字的本来含义上来恰当地理解董事职责、董事会与公司治理。

> **专栏5-1　　　　　　　"董事"的含义**
>
> **"董"之说文解字**
>
> 1. 监督——董之用威。出自《尚书·大禹谟》。
> 2. 正、修正、管理——董道，正其道，董，正也。《楚辞·涉江》。
> 3. 深藏、资历老道——董谓深藏，"年六十以上气当大董"。《史记·扁鹊仓公列传》。
>
> 董事的英文——director，就是导师，指引方向的人。
>
> 董事的日文——取缔役，取缔——管理、管制，役——官员、官吏。

近年来，全球范围内的公司治理议程都越来越不适当地由"合规"压力所驱动。英国是公司治理规则制订方面的领导者，从1992年的卡德伯里报告（Cadbury Report，公司治理的财务方面，提出了董事会最佳实践建议）开始，经过1995年的格林伯瑞报告（Greenbury Report，集中于董事薪酬）、1998年的汉帕尔报告（Hampel Report，综合了前面两个报告的内容）和1999年的特恩布尔报告（Turnbull Report，集中于内部控制问题）到2003年的西格斯报告（Higgs Report，专门研究非执行董事的角色和有效性）、史密斯报告（Smith Report，专注于研究审计委员会），在这一系列的报告和随后的规则中，设计了详细和精制的公司控制装置。这种趋势的一个极点是美国的萨班斯—奥克利法案（Sarbans-Oxley Act of 2002），要求公司经理个人签字承诺其财务报告的真实性。现在全球有数百个公司治理准则。基于这些准则的"良好"治理做法，是否有效地防止了公司欺诈行为，也许还是个疑问。

今天的投资者们需要得到保护，免受公司欺诈行为的损害。但是如果这种治疗公司欺诈行为的方式是使患者处于更大的险境之中则是无效的。如果董事会在管理投资者关系和满足监管规则上付出过多的时间和持续面对过高的压力，可能分散董事会对公司战略和运营事务的注意力，反倒增加了公司经营失败的可能性。这种情况更有可能出现在那些"投资者驱动型"的董事会中，他们过于敏锐地对那些短期性的股东压力作出反应。这类的董事会里，非执行董事主导公司政策和满足监管规则方面的行为。与此相反，那些"由战略来引领"型的公司，则为了长期性的改进而抵制短期压力。他们的董事会是作为一个统一的团队来运作的，其非执行董事要超越"警察"的作用，要以其特有的知识资源为公司增加价值。

每个人都认同在这些准则背后的良好用意，但是，目前的状态是，监管已经走得太远了。这些过分严格和细致的监管规则，不仅仅带来了公司为了形式上"合规"而必须付出的庞大的成本，而且侵蚀掉了公司的风险承担倾向，减弱了公司的创新动力。

在推进公司治理努力中，要注意防范以加强公司治理的名义而过度监管的问题。加强监管有其积极的意义，但是监管不能越俎代庖，替代了公司治理。来自监管者、媒体、法律、股东等方面的约束不能把企业治理的自主权给消灭殆尽（见表5-1）。

表5-1　　　　　　明确监管、治理与管理的责任划分

	行业监管 （政府及其主管部门） 的责任	公司治理 （代表股东的董事会） 的责任	公司管理层 （CEO为代表） 的责任
经营决策	合法及合规性	与股东利益的一致性	执行董事会的战略决策，细化和落实，提高服务、占领市场和盈利
审计	合规性和审慎性	是否侵犯股东利益	公司内部控制，部门及分支机构的行为是否符合公司总体利益
对公司负责人	资历是否够格	对总经理及执行董事管理职务的聘任、免职，对高层管理人员的考核与激励	总经理对副总经理，公司高级管理层对整个中低级管理人员的授权、聘任及解聘、考核与激励等
对股东	合格的、有责任能力的，准许进入的	股利政策、增资扩股及解散事宜	执行以公司价值最大化为驱动的管理方针

公司治理应该主要是公司董事会的责任，是公司董事会在公司股东、监管部门、外部审计师和媒体等各种外部约束下，通过提升公司治理水平，从橡皮图章、乡村俱乐部和代表性董事会发展为专业性董事会。比如关联交易的公平性、信息披露的质量等，都首先应该是公司董事会全体董事们集体的责任。是全体股东委托董事会成员作为一个集体来经营管理公司的，有失公平性的关联交易发生，全体董事都负有责任。信息披露则是董事会在向全体股东们汇报工作，当然更是全体董事们集体的责任。外部审计师是公司聘请来帮助董事会改

善财务报表质量的，外部审计师应该给董事会就有关如何更好地披露信息以专业建议，但是具体会计政策的选择等，还是董事会自身的责任。

董事会的根本职责就是确保公司经营方向和公司管理政策要与股东的利益一致，要以长期股东价值最大化为目标。公司监管是公司外部和政府部门的责任，公司治理是董事会的责任，公司管理是首席执行官及其以下经理人员的责任。

5.2 为什么需要构建一个战略性的董事会

成也萧何败也萧何，搞好和搞垮中国企业的都是一个关键性的能人，这可能是没有人不同意的有关中国企业成败决定因素的一个基本判断。五千年的中华文明孕育了无数政治、军事和文化英豪，却少有流传史册的企业家和企业字号。

在这个已经无法回避的全球一体化的市场竞争时代，反思我们的企业家精神和企业制度建设可能是所有关心国家前途和命运的人都不能不重视的问题。"弘扬企业家精神"已经成为中国2024年公司法的一个重要立法宗旨。2024年公司法第一条规定："为了规范公司的组织和行为，保护公司、股东、职工和债权人的合法权益，完善中国特色现代企业制度，弘扬企业家精神，维护社会经济秩序，促进社会主义市场经济的发展，根据宪法，制定本法"。

据研究，在全部的公司价值损失中，只有很小比例是由于违规或董事会监督失败所造成的，近九成的公司失败是由于公司战略或者运营失误导致的。要改变这种状态和避免这种厄运，一个人专断的凭感觉的战略决策方式必须让位于依靠董事会集体智慧的民主的战略计划过程。

构建一个专业化的、能够更好发挥战略职责的董事会，是改进公司治理过程中不容忽视的一个重要问题。

5.2.1 企业领航人：董事会的两大职责与四项任务

法律规定的董事会职责和董事义务只是有效董事会的一个起点，实际运作中的董事会,具体要完成哪些任务,这是一个管理学和公司治埋实践的问题。两位英国学者在这方面为我们提供了很有价值的参考意见。他们各自有关董事会任务的模型提出的时间不同,也为我们揭示出了近二十多年来英美国家对董事会任务问题认识的发展脉络。

鲍伯·特里克在1980年提出了一个经典的董事会角色模型(Bob Tricker,1997)。根据这一模型,董事会的职责包括确保规范和取得业绩两大领域。为了确保规范,董事会要完成责任和监督两项任务。为了取得业绩,董事会要完成战略和政策两项任务。董事会的责任、监督、战略和政策这四项工作各自的具体内容见图5-1。

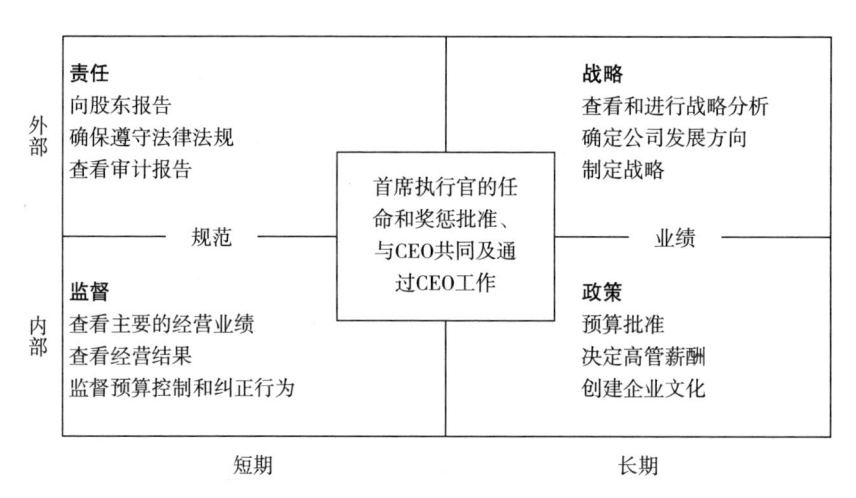

	规范		业绩
外部	**责任** 向股东报告 确保遵守法律法规 查看审计报告	首席执行官的任命和奖惩批准、与CEO共同及通过CEO工作	**战略** 查看和进行战略分析 确定公司发展方向 制定战略
内部	**监督** 查看主要的经营业绩 查看经营结果 监督预算控制和纠正行为		**政策** 预算批准 决定高管薪酬 创建企业文化
	短期		长期

图5-1　经典的董事会角色模型

到了21世纪,随着公司治理运动的展开,以及新的管理理论的发展,有关董事会任务的主流观点也发生了一些变化,融入了一些新的理念和观点。比较有代表性的模型是鲍勃·加勒特于2003年在其《鱼从头烂——剖析企业"大脑"的困境,培训新一代高质、有效的企业领航人》一书中提出的学习型董事会模型(Bob Garrat,2005b)。学习型董事会模型有关董事会任务的描述,与经典的董事会角色模型虽然在基本框架上大同小异,但是引入了很多新的要素和指标。

经典董事会模型非常强调董事会要选好、管好首席执行官,董事会要通过批准、与首席执行官共同及通过首席执行官来完成其职责。学习型董事会模型更为强调董事会的积极主动和主导性，把董事会看作公司的商业大脑。学习型董事会模型把董事会的任务分为责任、监督管理层、政策制定和远见、战略思考等四个大项。每一大项下的具体内容见图5-2。

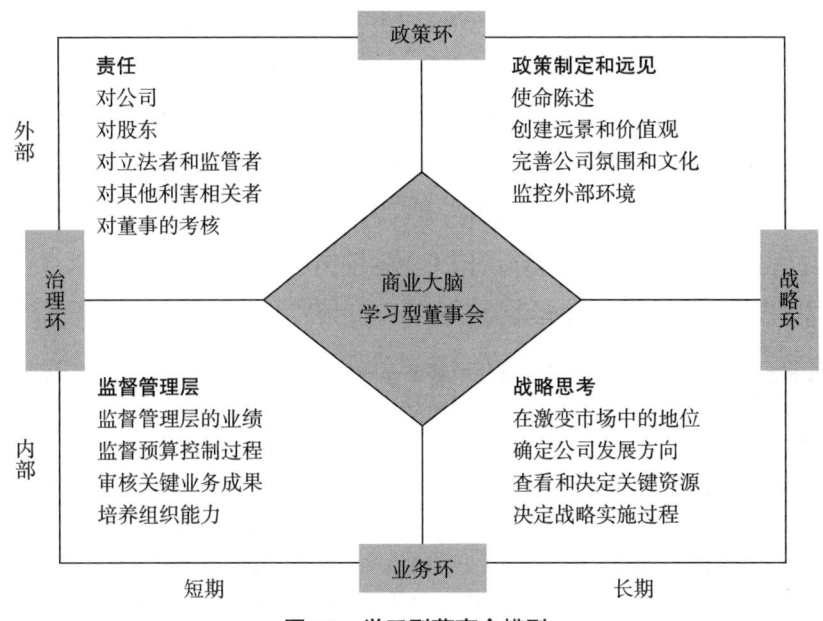

```
                          政策环
    外  责任                       政策制定和远见
    部  对公司                      使命陈述
       对股东                       创建远景和价值观
       对立法者和监管者              完善公司氛围和文化
       对其他利害相关者              监控外部环境
       对董事的考核

  治                                              战
  理        商业大脑                              略
  环        学习型董事会                          环

       监督管理层                    战略思考
    内  监督管理层的业绩              在激变市场中的地位
    部  监督预算控制过程              确定公司发展方向
       审核关键业务成果              查看和决定关键资源
       培养组织能力                  决定战略实施过程
                          业务环
         短期                              长期
```

图5-2 学习型董事会模型

5.2.2 提高董事会的战略决策功能

在现实运作中，很多公司的董事会没有在公司战略决策中发挥多大的作用。一些看上去似乎已经发挥了战略决策作用的公司董事会，实际上也只是制定一些数量性的指标（如增长率和赢利等等），而把具体的战略制定责任留给了经理层。在这些公司中，战略问题只是在由经理层提出和提请之后，董事会才会讨论，而不是在由经理层提供的详实信息基础上，董事会自主和定期地讨论战略问题，制定战略性决策，交由经理层具体实施和执行。

战略制定既是董事会的一个基本职责，也是董事会所能扮演的最能为公司增加价值的角色。董事会要在遵守规则类问题（检查公司的过去和现在）和战略决策类问题（塑造公司的未来）之间均衡使用其时间和精力。在强调公司合规运作的时候，不能对公司绩效有一丝一毫的忽略。董事会的两大职责中，

Performance（绩效）还是要比conformance（合规）更为重要。没有绩效，公司就没有存在的价值了。企业没有制度、经营不遵纪守法当然不行，但是一大堆制度、非常遵守规则而不赚钱，或者光顾着今天赚钱，明天可能就没事干了，可能也不行。企业内部制度要少而精，关键在于能够执行，并且能够带来效率和效益。毕竟企业的事业是生意，市场是最大的制度。

当然，董事会要检查和监督公司是为全体股东的利益而经营的，并且为了股东的长期利益，公司要兼顾其他利害相关者的利益。并且，董事会就是要更多地从全体股东利益和各类利害相关者利益平衡的角度考虑问题，履行公司社会责任、鼓励经理层的创新行为而又能控制股东财产损失的风险。

表5-2是实际运作中董事会的五种类型。

表5-2　　实际运作中董事会的五种类型

被动 （橡皮图章型董事会）	审批 （基本尽职型董事会）	参与 （战略型董事会）	干预 （消防队型董事会）	介入 （运营型董事会）
▲ 由CEO决定其职责 ▲ 仅对公司管理进行有限的参与 ▲ 可信性较弱 ▲ 对管理层的提议全部批准	▲ 能够向股东证明CEO的表现符合董事会的期望 ▲ 重视外部和独立董事，外部董事能够单独召开会议 ▲ 外部董事对CEO业绩进行评估 ▲ 建立起了有效的董事提名和选聘程序 ▲ 愿意并能够改善管理，以更好地对股东负责	▲ 在重大决定或行动过程中，与CEO、管理层一起合作，为其提供自己的判断和建议 ▲ 能够认识到董事会应对公司的业绩承担最终责任 ▲ 承担起对CEO的方向指引和行为监督这双重责任 ▲ 董事会会议对重大事项和重大决策进行客观深入的讨论 ▲ 对董事会成员的行为规范有界定，董事会和CEO之间的职责划分清晰明确	▲ 公司在危机期间采用的一种典型模式 ▲ 董事会倾注大量精力解决公司所面临的重大问题 ▲ 频繁召开高强度的董事会会议	▲ 董事会不仅负责重大决策，还介入到重要的执行活动 ▲ 在公司起步阶段较为常见，因为管理层可能对公司还不是非常了解，董事会要填补空白

资料来源：改编自大卫·纳德勒2007。

5.2.3　董事会战略职责缺位的"先天性"原因

导致公司董事会战略职责不到位的因素也有很多，其中包括对公司治理问题认识上的不足，过于强调董事会相对于经理层的监督角色而忽视了董事会的战略指导角色。还有一些影响董事会战略职责发挥的"相对硬性和客观性"的因素。

对公司董事会战略决策作用的一些案例研究表明，公司股权结构和董事会构成对董事会战略职责的发挥有着重要的"先天性"的影响。

首先是一提到股权结构就人人都很容易想到的股权集中度问题。股权集中度很高的公司，尤其是存在强有力的控股股东的情况下，公司董事会往往沦为控股股东的橡皮图章和傀儡，很难发挥实质性的战略决策作用。甚至是一些并非战略性的问题，或者说所有重要的决策，都实际由控股股东做出。这可以说是母公司绝对控股上市子公司这种"中国式上市公司"中的普遍现象。在那些非上市的集团内子公司中情况也是如此。

在股权分散，股东众多，不存在控股股东的情况下，公司决策涉及到多方利益，需要一个集体的批准，董事会才会开始成为一个真正企业管理上的决策主体，而不再仅仅是一个法律形式上的决策主体。但是这时董事会能否在公司战略决策中发挥出积极作用，还需进一步看其他方面的一些影响要素（图5-3）。

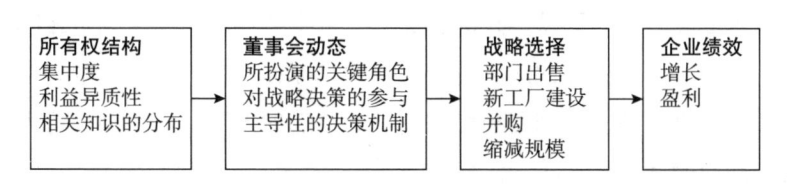

所有权结构
集中度
利益异质性
相关知识的分布

→ **董事会动态**
所扮演的关键角色
对战略决策的参与
主导性的决策机制

→ **战略选择**
部门出售
新工厂建设
并购
缩减规模

→ **企业绩效**
增长
盈利

图5-3　企业治理—战略—绩效链条中的董事会

实际的公司运作中，与股权集中度同样重要，会影响公司董事会角色发挥的因素是股东构成。英美国家公司董事会能够成为公司事实上的决策主体，在公司战略决策上发挥作用，除股权分散之外，还有一个重要原因是其股东构成以机构投资者和个人为主，没有政府、银行，更没有产业集团。日本、德国、法国等其他发达国家公司董事会作用相对英美要差的一个重要原因就是其股东构成方面存在银行、产业集团以及政府等"强势机构"，而不仅仅是因为这些国家的股权分散程度还没有英美那么高。股东构成不同，除了其自身会因不同类型股东间的"势力"差异而带来对公司决策的影响不同之外，还会由此带来股东间关系的不同，并由股东间关系的不同而进一步影响公司董事会角色的发挥。

在两个同样是股权分散,股东人数众多的公司之间,如果其各自的股东间关系性质不同,也会带来其各自董事会角色的巨大差异。所有股东间关系的性质,最重要的一点就是股东之间是否存在作为纯粹股东的享受分红和资本增值之外的其他方面的利益差异。银行、产业集团和政府作为股东,与机构投资者及个人相比,都与公司之间存在着或者是很容易发生纯粹股东利益(分红和资本增值)之外的其他利益关系(表5-3)。

表5-3　　董事会对战略制定的参与

影响因素	状态	董事会的主要职责	董事会的战略参与程度	董事会的决策模式
所有权集中度	高	法律形式	低	判断和直觉
	低	守护人角色	高	分析和判断
利益差异性	大	股东的谈判论坛	高	谈判达成
	小	股东的财产守护人	低	理性分析,判断和直觉
监管程度和治理	高	守护人	提高	分析主导
	低	谈判所	降低	谈判主导

在股东之间有不同利益存在的情况下,董事会会成为一个股东之间"谈判或商议的论坛",各方在此达成一个一致的目标和方向。此时,董事会所承担的主要角色不再是防卫经理侵犯股东利益的"守护人",而是划分势力范围、界定共同利益的主体。

如果股东之间利益差异程度比较低,关系复杂性处于能够以合同约束的水平上,董事会还可以以一种稳定的指导原则和目标集合,与经理层沟通,并用以评估经理层的提议。如果股东利益差异程度和关系复杂程度比较高,则董事会将更深地卷入处理战略决策的"政治"含义问题上,甚至会深入到公司管理和业务部门层面。此时,我们可以将董事会看作是一个决策制定的舞台,在其中各类"演员"处在特定的有利位置去影响决策过程,以护卫他们自身的利益。在董事会中,代表着各类利害相关者的相互冲突着的目标之间达成折中和妥协。在这个意义上,参与到战略决策过程的政治维度中的董事会并不仅仅是以一个单一性的实体与高级经理层互动,而且同时作为一个"谈判的论坛",以在面对经理层之前,在主要股东之间达成一致。

不过，股东利益异质性的影响，会受到对董事会行为的监管程度的修正，也可以说是受到公司治理水平的影响。严格的对中小股东利益的法律保护，可以使大股东在除了与中小股东相同的纯粹股东利益之外，难于获取其他利益。严格的监管和高水平的公司治理，使控制权的私人收益降低，甚至趋近于零，也就没有人会再去追求"控股股东"地位了，公司也就很容易并且很快地走向股权高度分散的状态了。值得我们在此指出的重要一点是，就发达国家的公司发展历程来看，股权分散实际是在"控股股东监管和中小股东保护"方面公司治理水平提高的一个结果。股权高度分散之后产生了经理人操控和委托代理问题，才又掀起了以加强董事会独立性为核心内容的现代公司治理运动。

在股东之间利益异质性很大的情况下，董事会对经理的提议不再仅仅是以技术上的合理性和财务上的可行性与成长性来评判，该提议事项对不同股东利益的影响的考量将主导这一评判过程。并且进一步的一个结果是，在股东利益异质性的情况下，董事会的决策制定将更多地是基于谈判做出，而不是以理性分析为基础。对股东之间关系及股东与公司关系的广泛监管会降低这种"谈判"的空间，导致"理性分析"成为主导性的决策机制。只有这样，董事会作为一个集体的智慧，在公司战略决策中的积极作用才能得到发挥。至于董事会的智慧是否足够，就是董事会构成的问题了。

5.3 如何构建一个战略性的董事会

> 每个成员智商都超过120分的董事会团队，为什么它的集体智商才是60分呢？
> ——学习型组织理论创始人彼德·圣吉

5.3.1 自主型公司需要建立起一个战略性的董事会

并不是所有的公司董事会，都应该是战略性的董事会。是否需要构建一个战略性的董事会，首先要看我们设立一个公司的目的。尤其是在集团框架下，明确设立一家新公司的短期和长期目标，是给该公司的"组织性质"定位的前提。

对于集团下属公司，或者是从股东的角度看，公司可以大致分为四种类型：傀儡型、漂浮型、合伙型、自主型（艾兰·布雷克，2003），如图5-4。

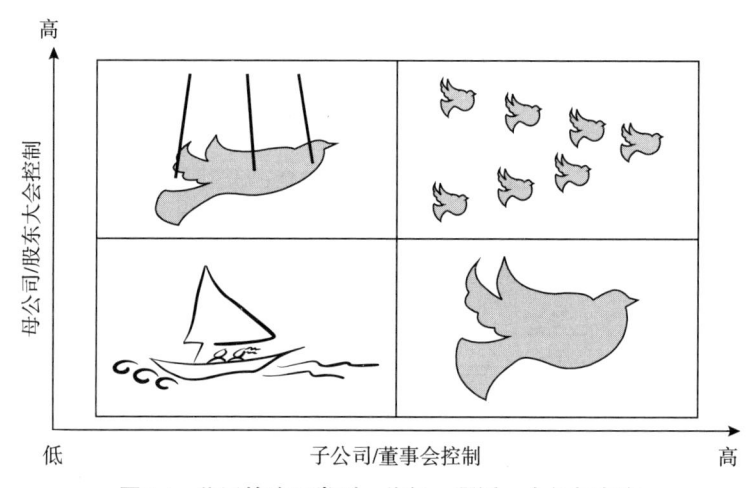

图5-4　公司的治理类型：傀儡、漂浮、合伙与自主

傀儡型公司纯粹是集团或者股东要达到某种目的的一个法律手段，不会有什么独立自主权，其董事会也就自然地成为了集团或者股东的橡皮图章。

漂浮型公司，是由于设立宗旨不清，或者演进过程中的条件变化等导致公司决策结构"不确定"，集团或股东对其的管理不确定，自身也没有强有力的领导者或者决策人，结果就是其决策权力在集团（股东）和公司自身（董事会）之间漂浮不定。

合伙型公司，也许是集团下属公司和非上市公司中最为普遍的一种类型。这些公司中，董事会有一定的决策权力，但是集团或者主要股东也有很大的决策权力，二者在"决策权力"分配上，处在一种合伙状态。此时，大的战略性问题，往往是由集团公司或者股东确定的，董事会的监控角色远远大于其指导角色。如果股东之间存在较大的利益差异，董事会往往成为各方谈判的论坛。

应该构建一个战略性董事会，并且只有这样才能持续成功的是那些自主型的公司。自主型公司，无论是集团下属的，还是股东直接出资组建的，其目的是要成长壮大，成为独立自主的大型公司。相对于集团或者股东，自主性公司董事会拥有很大的决策权，其中包括重要的战略决策权。董事会是勇挑重担，充分利用这种有利的地位，积极参与公司的战略制定过程，还是采取通常的消极做法，只做一些监督和审核性的工作，是检验一个自主型公司"制度是否成熟"，董事会质量高低，是否积累起了保证基业长青的组织资源的重要标尺。

5.3.2 战略性董事会的前提：专业（职业）化团队

从董事会作为一个公司高层管理团队角度看，需要一个什么样的董事会？一个常用的董事会类型分析框架是，以董事们对董事会工作的在意程度和对他们相互关系的在意程度两个维度把董事会分为四种类型。

董事们对董事会工作和相互关系都不太在意，如有些公司甚至不召开董事会，公司打印好了董事会决议挨个董事送钱签字，这是走到极端了的橡皮图章董事会。一些在避税天堂注册的公司、一些非上市公司，或者一些一个关键人实际控制的公司以及董事们都在一起工作，在管理行为中就作了有关决策的公司，往往是只有一个形式上的橡皮图章董事会。

董事们对相互关系非常在意而对董事会工作不太在意的董事会，属于乡村俱乐部型董事会，传统上美国很多经理人高度控制的公司董事会就属于这种类型。

董事们不太在意相互关系而高度在意董事会工作的董事会，属于代表型董事会，这可能是中国目前相当多公司董事会的现状。甚至在很多人的心目中董事会就应该是这个样子，总是在代表各自股东或其他利害相关者的利益而相互吵架。不能指望股东之间必然会有的一些意见和分歧在董事会中解决，过分强调独立董事代表中小股东利益就有导致公司董事会过分政治化的可能。这种董事会成为公司政治斗争场所的现象也不符合公司治理规范。股东很少的非上市公司董事会基本等同于股东会有其一定的合理性，但是股东较多的公司，尤其是上市公司董事会则应尽可能避免成为这种状态。

董事们对相互之间关系和董事会工作都高度在意的董事会是我们真正需要的董事会——专业型董事会。这样的董事会是一个独立有效的领导集体，董事们能够相互理解和尊重而同时能够进行严肃认真甚至激烈的争论和讨论。团结而不是一团和气，争论而不是吵架。

构建一个专业化、能够有效发挥作用的董事会，是改进公司治理过程中不容忽视的一个重要问题（图5-5）。

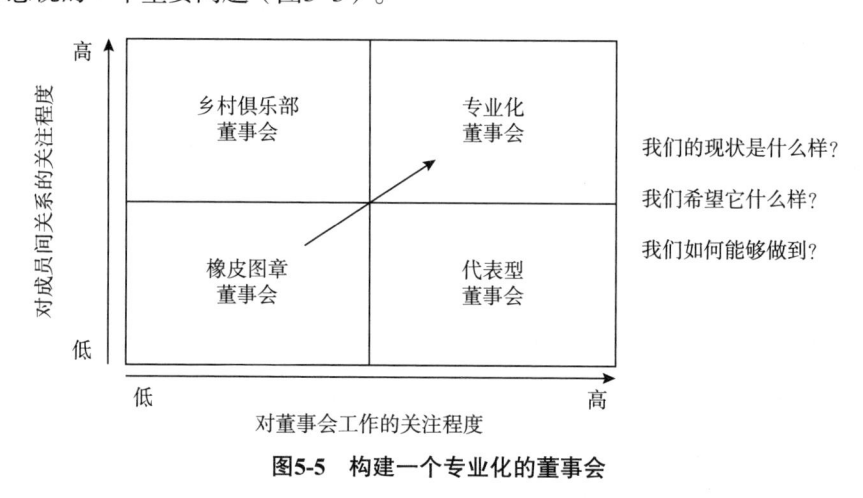

图5-5 构建一个专业化的董事会

5.3.3 构建战略性董事会的三个步骤

战略性董事会的构建，首先要从优化公司的股权结构和股东基础开始。从股权结构方面来说，尽可能地使股权多元化、分散化，降低股权集中度。实证研究表明，股权集中度与公司董事会对战略制定的参与程度成反比。从股东基础方面来说，尽可能地增加机构投资者和个人等等这类除了正常的分红和资本增值之外，没有其他的从公司获利的渠道的纯粹型股东。政府、产业集团和银行等等强势机构作为股东，具有公司董事会抗拒不了的影响力，也都有一些自身特殊的从公司"获利"（包括政府的政治和社会性目标）的渠道。这些特殊影响力和额外获利渠道，会导致公司董事会被俘获，或者公司战略决策偏离合理轨道和最优目标。

在合适的股权结构和股东基础之上，战略性董事会构建的下一个关键步骤就是战略性地招募合适的董事。虽然法律上规定公司董事最终是由股东大会选举产生的，但是战略性董事会要尽可能地避免简单地接受各个股东推荐董事人选的状况。公司要有一个通盘的考虑，应该制定董事会规则，明确董事会的结构和董事需求，把一些良好的聘请经理人的程序借鉴到聘请董事的工作中来。战略性董事会，要是一个能够高效运作的高层领导团队，董事之间的合作质量至关重要。现任的全体董事会成员都应该参加面试和推荐新的董事候选人，集体讨论决定新董事会成员的提名。

战略性董事会的本质是其独立性。这就要求尽可能地减少内部人在董事会中的比例。董事会中的内部人最好只有一个或者两个。内部人效忠的对象总是他的上司，而不是全体股东和整个公司，内部人关注的焦点也总是其职业前途而不是股东价值。内部人所掌握的信息要通过有效的治理机制而被董事们充分利用，而不是成为其可以凭借的个人优势入选董事会。

各种现实和潜在的利益冲突都不利于董事会战略职责的发挥。有作为纯粹股东之外利益的股东会干扰公司战略制定偏离最优目标，同样有纯粹董事之外利益的董事也会影响公司董事会战略职责的有效发挥。战略性董事会中要尽可能减少各种各样与公司有纯粹股东和纯粹董事之外利益关系的人，包括公司的顾客、供应商、咨询顾问、会计师事务所和证券承销商等等。董事会中的家族成员性质与此类似，应该有足够比例的独立董事来抗衡家族成员对董事会的影响。还有一种不良现象就是只招募熟悉的人进入董事会，把公司限制在了现有的能力范围之内。尽管董事之间的信任非常重要，但是也不能任用太多的亲信为董事，亲信导致偏袒，失去公正。交叉任职董事会让互惠情感影响独立判断，也会破坏董事会战略职责的发挥（表5-4）。

表5-4　　　　董事会发展的三个阶段：起步、自由与高效

	第一阶段：起步	第二阶段：自由	第三阶段：高效
团队活力	▲ 董事长兼首席执行官控制一切，董事会处于被动地位 ▲ 董事会会议中没有有效的对话	▲ 董事能畅所欲言，但总是分歧很大 ▲ 一些董事过分关注琐事，浪费时间和精力 ▲ 董事会力求改进，但还是机械性地运转，没有进行有效的自我评估	▲ 董事们团结合作，互相尊重和信任 ▲ 董事间积极对话，在重要问题上取得一致意见 ▲ 自我评估促进董事会改进 ▲ 董事认真对待评估结果

续表

	第一阶段：起步	第二阶段：自由	第三阶段：高效
信息结构	▲ 管理层牢牢地控制信息来源 ▲ 董事会信息渠道不畅通 ▲ 在管理高层进行信息总结、信息提供拖延的时间过长	▲ 董事会力求使公司透明，但有很大阻力 ▲ 董事会想要得到更多的信息，但实际得到的信息不够充分，并且混乱 ▲ 董事会无法理解公司的核心和实质问题	▲ 董事会信息充分，及时、定期、易于理解 ▲ 管理层能理解并满足董事会的信息需要 ▲ 董事能够及时深入地了解公司事态
关注问题	▲ 董事们仅仅遵从管理层 ▲ 通常是机械地按董事长兼首席执行官的安排行事	▲ 董事希望能为公司作出贡献，但被众多琐碎问题缠住 ▲ 董事受一些例行工作中的问题干扰较大	▲ 董事会和首席执行官共同决定全年议程和议题 ▲ 董事会将关注重点集中在一些能够增加公司价值的问题上，并能预测一些事项

资料来源：改编自拉姆·查然，2006。

有了合适数量和结构的董事会成员之后，战略性董事会运作到位还需要激励性的薪酬，高质量的信息，负责任的态度，建设性的参与和高效率的领导等等几个方面最佳做法的匹配。

激励性的薪酬，我们在下面有关股权激励章节中探讨。高质量的信息、负责任的态度、建设性的参与和高效率的领导等方面，则在下面有关董事会会议与运作的章节中探讨。

"董事是这个世界上最后的物美价廉之物了。"战略性董事会最为明显的一个好处就是给公司带来其他途径可能难以得到的高级专家，他们不仅能够提高公司的战略计划能力，也能给公司带来战略性的伙伴关系和商业机会，以及可能更为方便的融资渠道。战略性董事会还可以为公司的重大事项及战略性决策提供一个思想库，确保首席执行官的责任感并缓解其高处不胜寒的孤独感，支持更规范化的管理并吸引更优秀的员工进入公司等等。

但是，可惜有太多的企业家或说董事长、总经理们，因为过于自负，或者是某种潜意识里的恐惧和不安全感，只关心短期和眼前利益，拒绝变化和不相信别人等等，完全是被动地按法规要求建立董事会，缺乏对董事会价值的真正认识，或者是得意于自己操控下的橡皮图章董事会，或者是无奈于各方角斗的谈判论坛式董事会，而无心也无力去构建一个真正的战略性的董事会。

5.3.4 安然崩塌：乡村俱乐部型董事会的教训

安然公司从打破官僚主义、鼓励创新、组织扁平化等等开始步上成功之路，但是走到了没有控制的地步就过了头。作为一个大型上市公司，或者是一个主要靠智力因素的小公司想要做大，在一定的时候，创业者的领袖魅力都要让位于一个独立和有效的董事会的集体智慧。惠普公司董事会不顾公司大股东反对，支持首席执行官的并购计划，在并购争议激烈的时候曾经宣布如果并购失败全体辞职，正是董事会作为一个集体对全体股东负责的鲜明例证。

集体决策可能比个人单独决策缓慢、繁琐，但是却会有更多的理智和安全。当然董事会中每一个人都要有独立为全体股东服务的基本理念和基本的团队决策技能。安然公司董事会一定程度上是受到了经理层的"欺骗"，对公司实情了解不够。2000年安然公司召开了9次董事会，仍然对公司运作的实际情况失察，中国那些只按公司法的最低要求一年召开两次会议的董事会对公司实际运作情况的了解就更可想而知了。

安然公司与其董事之间存在大量的除董事服务费（每人7.9万美元）之外的利益关系，如与其个人拥有的其他公司之间的关联交易、另有咨询服务合同以及向其任职的科研机构捐赠等等。这些都违背证券交易所、机构投资者以及一些领先公司有关董事独立性的要求和规定。导致安然公司的董事会变成了董事们过分关注相互之间关系而疏于关注董事会工作的乡村俱乐部。董事会怠于职守，连个基本的消防队作用都没有很好地发挥，更别说是成为积极进取和负责的专业性董事会，使公司成为"治理型公司"了。

从股东会到董事会到首席执行官，再到金字塔的下层，层层的管理和授权关系，都需要增加领导的艺术和鼓励主动性和创新精神，但是当授权而没有监察，主动性和创新精神有余而逾越了规则的时候则变成没有管理和混乱了，公司也就处于危险的境地了。组织的规则可以改变，市场的规则不能违背。组织要适应市场，但也要有一个相对稳定的规则和组织文化，否则必然会土崩瓦解得非常快。正如安然这个连续6年获得《财富》杂志"最富创新精神的公司"称号的公司，也创造了美国大型企业从辉煌到破产时间最短的纪录。

5.4 董事会战略职责的发挥：关键环节

5.4.1 清晰的职责划分和有效的互动关系

董事会和经理层之间应该有一个清晰的责任划分，董事会提供战略监控和战术指导，经理层进行运营计划、决策和实施。实际运作中，董事会和经理层如何具体明确各自的角色，会因公司而异，形成不同的双方最为稳定的工作关系类型。但是无论采用什么样的具体流程，董事会都应该拥有足够的信息以支持其战略分析，必须克服这些信息质量上的任何缺陷。

治理框架不可能僵硬不变，它应该允许公司对快速持续变革中的商业环境做出回应。目标应该是形成一个长期的战略，这一战略能够创造更大的股东价值，同时为员工、顾客和其他利害相关者带来益处。

增加独立董事，建设一个由具有多样化背景的专业人才构成的董事会可以为正确的战略制定增加价值。即使一些很小的企业，如果做的事情比较大，涉及的方面比较多，用一个具有多样化背景的高层战略决策团队替代创业者一个人的专断独行，对于改善公司的战略决策质量和避免一些不必要的内部矛盾和外部风险，也至关重要。董事的英文"director"，就是导师，就是指引方向的人。董事要懂事，至少要是某一方面的内行。建设好董事会，使董事会作为一个集体能够在主要的大多数的方面胜过公司的能人——首席执行官，使董事会能够在战略决策方面成为首席执行官的良师益友（表5-5）。

表5-5　　　　　公司战略任务：董事会与经理层的职责划分

	任务描述	董事会职责	高级管理层职责
战略构想	收集、分析和讨论公司环境和竞争状况等信息以及主要的业务规划等	从外部角度提出观点，及其所积累的智慧；测试管理构想的一致性；与管理层合作	提出战略构想；制定日程，提出议题；积极参与董事会的讨论
战略决策	对业务组合和规划作出一系列基本决策	为管理层决策建议；对主要决策进行审核和批准	作出关键决策；对于关键的方向性决策和主要资源分配问题，向董事会提出议案

续表

	任务描述	董事会职责	高级管理层职责
战略计划	将关键的战略决策转化为一系列执行战略的行动，包括目标和资源分配	审核管理层提出的核心战略计划；确保对计划及其风险和结果的理解与评估；批准计划	制定计划；检查计划，确保与公司战略目标的一致性；向董事会提交计划供审核
战略执行	按照战略计划采取行动，并根据情况变化调整行动，保证行动与计划的一致性	比照既定目标，检查主要的战略执行过程和所获结果	确保资源和人员到位；监测执行过程；根据结果对行动和计划进行调整

资料来源：大卫·纳德勒，2007。

首席执行官应该经常要求和督促董事会尽到职责和为公司做出贡献，尤其是在公司的战略愿景形成、战略决策制定和组织发展方面。董事会对其自身在公司领导系统中有个清晰的角色定位之后，需要进一步弄清楚的是与董事会战略决策和领导角色相关的职责定义。对于董事会和首席执行官之间职责划分不清和互动关系低效甚至紊乱的情况，我们可以从一些公司首席执行官的抱怨中看出来。

"当环境和情景已经变化了的时候，我们需要一个能够提供外部视野和宏观远见的董事会。可是他们还只是关注于一些相同的常规性、细节性和传统性的问题。""我们的董事会永远是只关注于财务结果，而我需要它确保一个能够维持公司长期成功的组织目标和价值观。"

"我们的董事会在是否支持我们的战略上分为两派。他们好像达不成一致意见，阻碍了董事会作为一个组织的效率。""我们的董事会让我去点炮，引发争辩，确立一个新的方向。尽管法律上有强制性的规定，但是在公司创始人或者公司大股东抵制的时候，董事们也缺乏支持一个我们都认为正确的决策的意愿。"

5.4.2 设定正确的战略制定流程

战略的制定应该是一个互动的过程，在董事会和以首席执行官为首的经理层之间建立起一个正式的年度战略计划制定程序，可以大大地提高公司战略决策的质量，给公司带来高额收益、避免潜在损失，并且这一做法正在优秀公司的治理实践中日益广泛地应用。实践中经常出现的一些错误包括：战略方向上的误导和战略意图的误解；过分关注短期利润和收入增长而不是长期发展和价值创造；战略空泛化，没有明确起点；战略制定的流程限制了战略的改进和新战略的产生（表5-6）。

表5-6　四个战略环节中董事会与经理层的分工与合作：关键注意事项

	制订战略	批准战略	实施战略	监控战略
董事会	√	√		√
经理层	√		√	
关键注意事项	平衡经理层的热情，专业投入和外部董事的冷静、广阔视野	综合考量公司发展、股东压力和各种利益相关者的合理诉求	匹配资源，建立有效支撑战略实施的组织结构和绩效考评系统，把战略变成各个层面上的行动	持续监控关键驱动因素，分析关键绩效指标，关注战略发展态势，及时发现问题，调整政策

引入独立董事，建设一个有多样化背景的董事会，以及正确地使用外部顾问可以帮助克服这些缺陷，促进正确战略的形成。有执行机会的人在战略制定中肯定是更多地往积极的、有利的方面去想，自觉不自觉地就会更多地收集到那些积极和有力的信息，这是人性的特点。执行者把这一战略的执行及其前景当作事业（当作捞钱机会骗股东和银行是另一类的问题，我们这里先不谈），抱有热情，没有这种热情往往也就办不成事情了。当一个人睡觉都在想的时候，一些没有办法办成的事情可能也想出办法办成了。一家耗损了几十亿融资款和银行贷款的中国商业上市企业，在事过几年之后还坚持认为自己那明显缺乏理性的"以商品为媒介的金融运作"战略没有错。

董事会需要深入讨论和挑战公司的战略选择，确保考虑了其他可能的选择，检查达到目的的流程，并且监察其实施。董事们要投入到"建设性的不满和争论"之中，摒弃过去那种一团和气的习惯。同时，董事会和管理层对这一流程感觉舒适，认同定好的战略，"互相买账"。没有广泛充分地考虑影响公司业务的所有外部环境，可能会瓦解董事会和经理层制定战略的辛苦努力。为此，公司的风险管理流程，必须识别所有潜在的经营风险。战略的有效实施可能往往非常困难，需要挑战整个流程的各个方面。董事会在挑战和评估战略与计划流程中的角色，并没有在定好战略时结束。事实上，它在整个实施过程中持续。

简单至为重要，首先要学会使用"一页纸计划"制定战略框架。董事和首席执行官都应该首先是公司的领导者，而后才是具体事务的管理者。领导者要把复杂问题简单化，而管理者则是要把简单问题复杂化。董事会制定战略和经理层制定业务计划的两种角色一定要划分清楚。正如一句名言所说，战略家的头脑要在天上而脚要在地上。

专栏5-2　　董事诊断公司战略方案要问的5个基本问题

整体性——公司战略的各相关要素之间要构成一个整体。

适宜性——公司战略要与公司现有资源和机会以及经过适当努力可以获取的资源和机会相适宜。

可持续——公司战略实施之后要能持续下去，要在现金流和长期前景之间保持平衡。

可行性——公司战略要可行，有关条件之间要环环相扣而不能掉链子。

责任性——公司战略的实施要对各方面和各类利害相关者尽到应尽责任，一个方面的坚决抵制可能就会使看上去很美的一个战略成为梦幻泡影。

董事会参与公司战略需要广泛有效地思考。预测一下投资者在有关公司战略问题上通常会问些什么问题，对理解董事会在评估经理层战略建议时要纳入考虑范围的因素会大有助益。如果董事会没有向经理层询问这些问题，获取答案，在股东会上则不能有效回应。

5.4.3　加强董事会对并购活动的管理

研究显示，很多公司收购都没有满足收购者的目标或期望。对目标公司和行业的有限信息渠道、过短的收购谈判和尽职调查时间，以及有时是高层经理的固执行为等等，都导致了一些损毁股东价值的并购交易。收购战略需要董事会的特别注意。

并购行为的风险高发区是，核心业务和专长之外的收购，以及在一个新国家的收购。组建一个拥有广泛业务经验和更多国际经验的董事会，有助于降低公司进入陌生市场的风险。

在进行购并计划阶段，董事会可以采取的降低风险的步骤包括：取得良好的市场和竞争者研究资料；对支持战略和市场假设的严格诊断；对管理这一并购及并购后整合的能力的诊断；详细的风险分析和模拟；对公司负责识别并购机会和组织尽职调查的企业发展小组的监督。

一旦成功地发起了收购，将有更多的工作需要做以确保能够管理好交易后的整合工作。董事会要关注下列事项：首先向能够在短期内提升股东价值的活动配置资源——获取短平快收益；控制与投资者、股票分析家和其他利害相关者的沟通；以业务为基础而不是基于政治，作出组织结构和管理职位决策；并购往往特别敏感，并购交易的公司治理和公共关系方面工作要给予认真对待。

5.5 把战略落实到人：继任计划与管理人员的发展

> 我们的董事会似乎从来没有关心管理人员的继任人选问题，直到某人已经临近退休才会想起这一问题，但是已经太晚了。我们需要董事会对公司建立一个坚实的管理人员继任和培养计划做出贡献，以确保公司在当今这智力资本至为关键的世界上吸引和留住关键人才。
>
> ——首席执行官的抱怨

识别、招聘、评估和激励好的董事和高级经理是任何公司成功的一个关键问题。配备的人员没有足够所需的能力或者没有热情去推动业务前进，任何战略目标都不可能实现。

5.5.1 继任计划

保障管理层的连续性，特别是首席执行官的继任工作，是董事会职责中最重要的一个领域，也一直是困扰董事会的一个问题。美国上市公司中有很大比例的董事对他们公司在继任计划上所做的工作不满意。导致这种不满意的主要原因包括，管理层继任问题没有成为董事会会议的常规议题，董事会只是在出现需要之后才去解决管理层继任问题。导致董事会的管理层继任计划工作不佳的原因还有，因为首席执行官对这一话题感觉不舒服而没有提出这一问题，董事会没有掌握公司内部的合适的候选对象等等。

董事会都需要有一个高级管理人员，特别是首席执行官的继任计划。这一计划中包括识别公司内有潜力的人才和候选人，为他们提供培训和职业发展计划建议，以使他们能够进入到更高层的管理职位。

继任计划，不仅仅是对首席执行官和高级管理人员的业绩进行评估。董事会需要有一个在必要时候撤换首席执行官的程序。这个程序，不是装在信封里的一个名字，而是董事会知道如果他们面临撤换首席执行官时应该如何去做和做什么。

美国通用汽车公司规定首席执行官应每年向董事会提交一份关于公司今后发展计划的报告。该计划应建立在持续发展的基础上，对首席执行官的继任者来说，计划应是切实可行的。同时，首席执行官应每年向董事会提交一份关于公司管理部门发展规划和继任计划的报告。在首席执行官报告的基础上，董事会要和首席执行官一起，共同制定公司管理层的继任计划和管理人员的发展计划。

美国英特尔公司规定在年度报告的基础上，首席执行官和董事会共同制定继任计划和管理人员的发展计划。董事会要从公司的长期可持续发展角度，拟定并监督执行公司管理层的继任计划，推动管理人员的发展。

伊士曼化工公司公司治理规则中关于继任计划和管理人员发展的规定是：首席执行官应首先向报酬和管理开发委员会，然后向董事会提交一份继任计划年度报告和一份管理人员发展计划的年度报告。在继任计划中，首席执行官应该就在其不能继续履行职责时能够继任首席执行官职位的人选作出推荐。

如何培养下一代高级管理人员这一问题特别会影响那些中等规模公司。它们传统上是由家族控制的。即使它们开放了股权结构，进行了外部股权融资，家族成员仍然控制着主要的运营职位。年轻的家族成员有时没有热情留在公司，或者董事会可能因为其他原因而决定从外部引进专业管理人员。许多公司转向借助猎头公司（招聘和选人专家）帮助发现合适的候选人。

5.5.2 管理人员的发展

为高层管理职位配备人员，发现和培养关键执行人员，是董事会职责的重要部分。为完成此职责，董事们需要定期得到公司高层经理人员的继任和培养计划以及其执行进展的信息，并定期进行评估。一个良好的做法是，让一些关键的执行人员定期向董事会报告工作，可以使董事们可以认识了解他们。另一个关键问题是，董事会至少一年讨论一次继任和培养计划，包括谁是关键职位的候选人，以及有关公司最高十位左右经理人员的培养计划。

董事会需要确保公司招聘到具有适宜技能的经理人员。吸引、留住并进一步培养合适人员，是一项涉及到很多因素的工作。董事会应该认识到，具有一定能量和能力的人倾向于被那些能够激发雇员共享一种追求成功的活力和愿景的公司所吸引，董事会要为公司作为一个整体确定正确的理念。一个潜在雇主吸引人的很多价值观念——包括宽容开放、互相尊重、接受公司作用的一个更广的视野等等，都根植在好的治理之中。而且，公司人员和公司目标之间的匹配是成功的一个关键因素，在人们加入之前就能对公司的战略方向有个清晰的感觉，对于潜在的招聘是有好处的。

董事会可以通过首席执行官聘任和为组织设定伦理标准而有效地改变公司的治理文化。首席执行官应该以其自己的方式领导公司，但是董事会需要自己独立的领导力量以满足其对股东的责任。

对于首席执行官之下的公司其他高级管理人员，董事会应该考虑的是，首席执行官如何正确地评估向其报告工作的高级管理人员。董事会应该采取一个广泛的视野来评估执行人员绩效，要以一个商定好的明确标准为基础，包括财务指标、非财务指标和战略性目标。需要一种综合方法测量公司绩效的所有重要方面：公司如何对待顾客、员工、供应商和社区；公司的财务如何运营，集中关注其资产是如何使用的；如何应对周期波动，提高质量，开发新产品和服务。这意味着——不是陷入公司管理的细节——董事会应该得到员工和顾客满意度资料，供应商信息，以及会计和分析师报告和一些经济分析。

并不需要提供一个有关董事和经理人员所需要个性特点的标准范本。不同的职位需要不同的能力。这些能力应该在其受雇期间得到加强。为了实现其潜力，必须对董事和经理人员的绩效表现给予公开和诚实的反馈。一个立基于主要能力指标、清晰和客观的人员评价系统，将给公司的薪酬、组织内晋升、具体工作的人员配备决策建立起坚实的基础。

5.5.3　桑迪·威尔：花旗集团巅峰时期首席执行官的引退

花旗集团董事长兼首席执行官桑迪·威尔先生（Sanford I. Weill）是个近几十年来美国金融界的传奇性人物。从1986年与其追随者闯入马里兰州巴尔的摩市，接管当时陷入困境的商业信贷银行开始，通过对美邦证券公司、旅行者财产保险公司等的一系列并购活动，最终于1998年与花旗公司合并组建成了今日的花旗集团。

在2003年7月21日美国《福布斯》根据企业销售、利润、资产以及股票市值等因素综合评定出来的全球最大2000家企业排名中，花旗集团超过了通用电气名列榜首。花旗集团的收入为930亿美元，利润150亿美元，资产为1万亿美元，股票市值达到2110亿美元。在销售额、利润额、资产额和股票市值等四个单项排名中，花旗集团位居资产额第一。销售额最高的是沃尔玛，利润额最高的是埃克森美孚，股票市值最大的是通用电气。

花旗集团的公司治理情况如何，威尔作为一个职业经理人的表现如何？从美国媒体的评价来看，是最好和最差的说法都有，毁誉参半。2002年7月，威尔曾当选美国《CEO》杂志"年度最佳CEO"称号。时隔半年之后，2003年1月出版的美国《商业周刊》则将威尔选入了2002年度全球10位最差经理人之列，并且位居最差经理人的榜首。不同媒体评价标准不同是一个方面，另一方面则也许是因为媒体都有捧人捧到天上、损人损到地狱的特点。威尔从年度最佳首席执行官沦为最差经理人，与花旗集团2002年被牵入一系列经济丑闻有关。

安然引爆了美国公司和华尔街的一系列丑闻之后，美国甚至世界范围内的公众和媒体开始对公司董事和经理们持以非常不信任的态度。一时之间，首席执行官们甚至成了人人喊打的过街老鼠。美国曾流传一个笑话，说是一个老太太打电话报警，他们家楼下发现了一小撮鬼鬼祟祟的人，不知道是恐怖分子还是公司首席执行官。我还收到了来自一个著名公司治理网站（www.

thecorporatelibrary.com）的幽默漫画，兄妹俩在玩拼字游戏，妹妹向妈妈告状，"妈妈，哥哥管我叫CEO！"

企业首席执行官70岁退休，这是很多美国公司的一个惯例，但并非强行一致的做法。可能一次性从董事长和首席执行官两个职位上同时退下，只继续担任个名誉董事长之类的虚职，如通用电气杰克·韦尔奇的做法。更多的则是首先从首席执行官的位置上退下来，让总裁或首席运营官接替首席执行官职位，但继续担任董事长，过渡一个时期。花旗集团为我们提供了一个这种做法的最新案例。

2003年7月16日，70岁的威尔宣布将从2004年1月1日起辞去花旗集团的首席执行官职务，但要继续担任董事长职务，直到2006年度股东大会。将要接替威尔首席执行官职务的是公司首席运营官、花旗集团旗下投资银行首席执行官的查尔斯·普林斯（Charles Prince）。与此同时，集团总裁、消费者银行部主管罗伯特·维拉姆斯德（Robert B. Willemstad）将担任首席运营官。

选择律师出身的普林斯继任首席执行官职位，不能不说是与美国大力推进公司治理，公司运作面临着日益增多和更为复杂的法律事务有关。普林斯曾长期担任法律总顾问职务，参与了公司发展中几乎所有的重要环节。

安然爆出黑幕之后，华尔街丑闻频频，花旗集团也陷入其中。2002年7月23日，美国参议院下属的一个调查委员会宣布，花旗集团和安然公司达成一种"口头协议"，帮助安然美化账目、掩盖巨额财务亏损。2003年4月10家华尔街金融机构与政府达成和解，同意支付14亿美元。普林斯是花旗集团与政府进行这一谈判的主要代表，同意支付4亿美元，这是各家金融机构中支付金额最高的。

5.6 适应战略性董事会：首席执行官的角色转变

今天的战略性的董事会已经不再仅仅是把解聘首席执行官作为一种过去业绩不良的惩罚手段，而是在预期未来业绩不能满足希望时就替换首席执行官。

5.6.1 董事会：敢把皇帝拉下马？

法律和公司治理理论上，董事会在首席执行官的上面，但是实际中往往未必如此，很可能是首席执行官是高高在上的帝王。

但是，随着全球公司治理运动的日益增强，董事会越来越成为一种关键性的力量，越来越多地介入到了公司战略的制定过程中，也比以往更为强烈地要求首席执行官创造出满意的股东回报。今天的大型上市公司首席执行官们虽仍然很有权势，但已经不再是绝对性的了，首席执行官们不可一世的帝王时代已经过去了。

因为日益激烈的全球竞争，和日益提高的各方面对公司业绩的期望，当今的公司需要董事会提供积极和建设性的建议，争论和辩明有关的机会和威胁，及时有力地纠正管理层的方向错误，做出根据充分的判断等等。深度介入战略决策，需要董事们参与到和公司顾客、经销商、供应商和员工的对话之中。这与传统上理想董事角色在概念上并没有什么不同，但却完全不同于通常的董事会实践。这种对话要求董事们投入远比每季度一次董事会会议多得多的时间。

战略性董事会关注公司未来的业绩。如果说过去的董事会往往只是因为首席执行官的实际业绩不佳而将其解聘，现在的董事会在决定是否要解聘一个首席执行官的时候则同时考虑首席执行官的实际业绩和预期未来业绩。他们开始不仅仅是要解聘那些过去业绩已经不佳的首席执行官，而且要换掉那些预期未来业绩不会太好的首席执行官。

董事会和投资者，可以无需对公司客户、技术和运营等方面有深入的理解而客观地评估过去业绩，5到7年的业绩不佳时间，已经足够有关方面达成替换首席执行官的一致意见了。但是要评估公司未来的业绩，则是一个相当主观性的任务。这种主观性会增加董事会内部的矛盾。对冲基金、积极主义的投资企业和一些老式的袭击者，会要求董事会席位，发起代理权争夺，鼓动股东强力推进公司战略改变或者阻止一项具体的交易。

董事们面对着一些不同的战略呼吁，有时很难达成一致。特别是在欧洲公司中，工会占有监督董事会席位，或者政府拥有重要发言权，而其他一些股东要推动公司返回到只注重短期股东价值的战略上去。从全球来看，因为董事会内部权力斗争而离职的首席执行官比例处于上升趋势。

5.6.2　战略性董事会之下，首席执行官要更具有包容性

董事会更深地介入和股东更积极地参与到公司的治理和战略决策之中，可能是这个时代最关键的一个新现实，首席执行官们必须对此"笑纳"，并相应地从有能力将投资者、员工和政府的关注点和意见纳入考虑范畴开始修炼。

首席执行官必须满足董事会成员、投资者和包括雇员和政府在内的公司其他利害相关者们的需要，必须自觉自愿地去与各有关方面沟通，在有关财务结果和薪酬方面保持透明。无视这些新规则者则会受到惩罚。

积极主动和自觉地把董事会成员纳入到公司战略的制订过程之中，而不是仅仅请他们批准已经制订好了的一项战略，是获取董事会信任和支持的最佳方法。这是一件非常值得努力的事情。对于可能面对投资者质疑同时需要时间来完成一项新战略的首席执行官，董事会的支持可以说是无价的。但是首席执行官们也需要知道，董事会的这种支持，只能来自于本来可能对事情有不同看法和判断的董事会成员之间经过深入和有意义的争论之后而达成的一致。这时的矛盾、冲突与不同看法的增加是正常的，包容性的首席执行官要欢迎这种争议和争执。

传统的道具式董事会和帝王式首席执行官状态之所以能够存在，是因为投资者没有积极地介入到上市公司的治理之中，他们仅限于在对一个公司失去信心时候卖掉自己的股票。今天的参与性投资者，已经不仅包括那些家族控制的企业，同时也包括私人股权投资企业、公司袭击者和对冲基金等，他们都对自己投资企业的实际运营伸出了一只强力的有形之手。

这种"参与性"投资者并不等同于与传统分类法的"积极"投资者。传统的积极投资者是相对那些投资于指数股等的消极投资者而言的。他们挑选那些预期会走强于市场的股票。参与性投资者则是这样一种积极投资者，他们通过改变公司行为而使公司股价走强于市场。他们所采用的改变公司行为的方式包括推动首席执行官的解聘，建议一种战略上的改变等等。

在当今这个激烈变革的全球商业环境里，资本市场上的投资者和公司的各

种利害相关者可能比董事会和管理层更快地发觉威胁和机会。倾听资本市场、投资者和利害相关者的呼声，可能会促进公司更快和更有效地行动。所幸的是，绝大多数的利害相关者在意的是他们的呼声被倾听和他们的关注点得到重视，而不是他们的具体建议得到实施。比如投资者，会非常满意于公司价值的显著提升和创造出有吸引力的回报，即使他们可能曾提出了一种不同的增值途径。有关结果的透明性是这个时代里股东和董事会参与其中的包容性治理所不可或缺的一个关键要素。过去几年里，美国已经有过几个首席执行官是因为有关他们的薪酬——对董事会和股东两个方面——不够透明而被解聘的。

只有当一个首席执行官能够有效地动员其公司去发现和抓住无论在哪里出现的最佳机会时，包容性才是有价值的。首席执行官要能够认识到他自己的强项和不足之处，并相应地配备高素质的管理团队和可信赖、有能力的咨询顾问。机会可能存在于运营改进、新技术、销售或者营销提升、重大交易、成本削减和增长前景等等之中。没有一个首席执行官能够在所有这些方面都同样优秀。如果一个首席执行官总是局限在自己所擅长的"舒适地带"里活动，则意味着只有当机会出现在这个领域里时才会保持其优秀。

5.6.3 为董事会发挥战略职能装备技能和信息

在这个公司治理改革时代，人们期望董事们能够具有高水准的领导能力，能够支持公司商业上成功，进而提高股东价值。董事会需要积极行动起来，给自己更多的"授权"。在公司战略方向和公司文化上，董事会应该起主导性作用。

培训董事，为董事会提供全面的信息和知识支撑

MBA教育在中国大行其道、热火朝天的时候，国外兴盛的是董事教育和董事培训课程。从美英日法德澳等发达国家到菲律宾马来西亚等亚洲国家，都纷纷建立了很多董事学院、董事协会和董事研究所等机构。从管理顾问公司、猎头公司到律师事务所、会计师事务所等专业机构，都纷纷开展起了公司治理服务。

著名未来学家托弗勒在其《权力的转移》一书中指出，现代社会的一大特点就是权力的来源正在从传统的暴力（文明社会主要表现为法律）和金钱向知识和信息转移。企业要把握变动中的顾客期望、投资者期望和员工期望以及政府和社区等方方面面利害相关者的期望，这些方方面面的利害相关者期望与行为动态共同构成了企业的竞争环境。

董事为参加董事会会议需要消化的信息在持续地增加。要让董事们了解公司最新的关键技术动态，公司的竞争者正在做什么以及他们如何考评绩效。为了能够更好地完成职责，董事们越来越多地需要董事会培训项目，尤其是新加入到董事会中的成员，应该得到有关董事会最佳实践的广泛的背景知识以及有关公司和其业务挑战的培训。

需要在一个持续性的基础上，为董事会成员提供了解业务进展的机会，如定期参观公司，高级经理人员提供情况介绍等等。关键是要让所有的董事都能有一个作为董事会面临问题的最低知识水平。董事会成员们也可以通过一些公司内部的培训项目，或者由公司付费挑选一些合适的大学、咨询公司的培训项目，获得有益的知识。专门面向董事的培训项目可以是一个非常有价值的信息来源。参加这些培训项目，也是认识其他董事以及有关各种各样治理问题的专家的好方式。

董事会要从多种渠道了解有关公司绩效的信息。只使用来自内部的报告会有潜在的误导。董事们要结合运用他们自己对公司绩效的观察，来自公司管理层、外部顾问和分析师的报告，得出一个综合的看法。董事会成员亲自访问公司运营地，得到有关组织如何良好运营的第一手资料，拜会主要的供应商和顾客等等。

训导董事会发展团队流程和决策技能

团队决策是一项复杂的活动，特别是在董事会这种情况下——具有不同知识背景和方法的人只花几个小时的时间在一起，又要做出一些特别复杂的决定（如表5-7）。董事会应该定期地在他们想如何进行决策、团队讨论和人际关系等等方面花些时间。这可以采取至少一年一次的形式，进行团队训练和团队流程绩效评估，可以利用一些外部设施。尽管从表现上看，这好像是在一些不重要的事情上浪费时间，但是有关研究表明，这实际上是在节省时间，因为提高了团队的效率，会在长期中从快速和更好的决策里收获回来。可以开发出一些危机场景来进行训练，如发生绩效下滑、并购、首席执行官或董事长突然病故等。

表5-7　董事会作为团队的特点：与典型团队的差异

	典型团队	作为团队的董事会
关系状态	成员为同一个公司工作	外部董事在多家任职，其日常工作并不是担任董事
相互交流	成员一起工作时间较多，相互交流较多	董事们在一起的时间非常少，相互间很难建立起密切的工作关系
时间和信息	成员经常忙于公司业务	董事只把非常有限的时间投入到对公司业务的管理中
成员中的领导	大多数成员并不习惯于坐在会议桌的主座上	大多数董事本职也是领导，习惯于领导别人而不是被领导
权力关系	成员在团队中的职责往往反映了他们在团队中的地位	权力界限复杂并模糊，董事长兼CEO既领导董事会又向董事会汇报工作
目标的变化性	通常在团队成立之初，都会有一个明确合理的宗旨，如完成某项任务	在目前这种前所未有的公司风险和治理压力下，很难达成共识
正式程度	很少见到非常正式的氛围，正式程度反映出公司的文化	往往很正式，个人座次和社交礼仪进一步强化了权力和特权思想
会议焦点	在两次会议之间，团队工作在继续进行	在两次会议之间，很少有人把工作投入到董事会工作中去

相关案例参见《董事会与公司治理（第4版）：演进与案例》案例5"董事会与现代公司的企业家精神"、案例6"万科之争中董事会的作用"。

第6章

董事会、董事长与首席执行官

现代公司的董事会不能固守任何教条，要有一个开阔的视野和开放的思维！

学习发达国家的公司治理经验、建立现代企业制度，有市场、管理和法律等多个维度，深入准确地理解其中一些不变的原理，根据变化了的和我们这里的具体条件，经过改造进行具体的应用，方能有效。

6.1 现代公司的高管职位设置

热门事件往往引发人们学习一个新概念，了解一种新事物的热情，这是人类可贵的好奇天性，但这种好奇天性的反面效应则是缺少认真、理性和深思。2001年前后，海尔张瑞敏、春兰陶建幸、康佳陈伟荣改称首席执行官，倪润峰出任长虹首席执行官，以及王志东事件等引起了人们对首席执行官概念的广泛关注。不求甚解的好奇性需求则导致了同样不求甚解、匆忙上阵的简单化供给，如"首席执行官是百分之一百的总经理的权力加上百分之五十的董事长的权力"等等，以讹传讹，贻误众人，直到今日尚未完全消除。

6.1.1 董事长与首席执行官的职责差异

董事长、CEO、COO、CFO、总裁、总经理等等都是公司的官职设置。董事长就是公司董事会或香港译法的公司董事局这一委员会的主席。在现代公司治理规则下，股东向董事会这个公司最高层管理团队授权，由董事会直接或在董事会指导下经营公司。每一位董事都是受全体股东的委托，以董事的身份通过董事会来管理公司的。董事会以会议体的形式行使权力，董事长的任务就是组织好董事会、主持好董事会会议。作为董事长，仅仅是董事会会议召集人，甚至可以说，仅仅是因为董事会这个不分主次的圆桌也总要从一个人数起而需设立董事长。

CEO的全称是chief executive officer，直译成中文为首席执行官。网络企业最先把美国公司的CEO职务设置引入了中国，但CEO职务设置不是网络企业的独创。美国的大公司早就有CEO了。要问CEO职务是什么时候产生的，美国的人力资源顾问也说不清楚了，"美国企业为什么会有个CEO，就像你们中国为什么会有个皇帝一样。"

任何一个组织作为一个三角形的命令和控制体系，需要有个"一把手"，CEO就是往内和往下看时，公司作为一个金字塔型的组织，处在塔尖地位的公司行政（执行）方面的"一把手"。但是在这个三角形之上，有一个圆圈，就是公司的董事会。现代公司中董事会这一圆圈和执行层这一三角形是分离的，或只有极小的交叉。有时可能只有CEO一个人是董事，有时CEO可能还不是董事。甚至有些公司董事会欢迎公司中有能力的其他经理人员出任董事，就是不让CEO做董事。选聘、考核、激励和替换CEO是董事会的一个重要工作。几十年前一次多家公司CEO同时遭遇空难的事件，致使美国公司董事会把CEO的继任人选培养问题也作为一项重要的工作（如图6-1）。

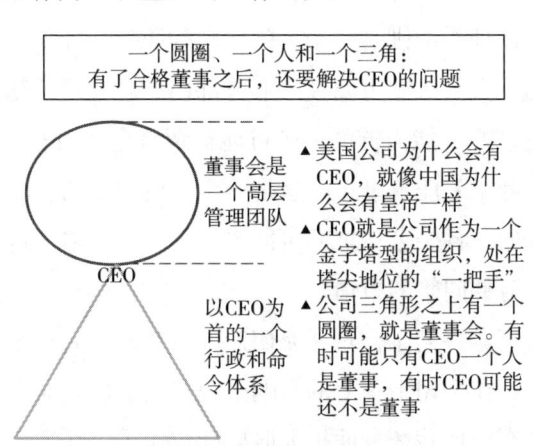

图6-1 董事会与首席执行官

20世纪六七十年代，美国的大型上市公司中CEO大权独揽，股东会和董事会都在一定程度上被架空了。立法倾向上是董事会中心主义，董事会又是个消极性组织或说只起个消防队的作用。CEO们自己给自己发放高额薪酬，并且有直升机、豪华办公室等过分的在职消费。1980年代校正这种倾向的主要手段是敌意并购，公司控制权市场作为一种公司治理机制起作用，垃圾债券的发明则给这些并购行为提供了金融上的支持。1990年代开始，一方面是股东运动和股东权利的兴起，另一方面是建设独立和有效的董事会。董事会也从消极变为积极，从消防队变为CEO的监督者和战略顾问。

为了解决董事会的决策、监督和CEO的决策及执行之间可能会有的脱节问题，美国公司普遍由董事长（即董事会主席）兼任CEO，同时有一个董事会的执行委员会，在董事会闭会期间代行董事会的权力。美国公司的董事长和CEO可以由一人兼任，但是这两个角色的法律职责和管理权力是明确区分的，而且外有充分竞争的资本市场、内有独立有效的董事会等来制衡董事长兼CEO这位公司一把手。

COO即首席运营官是在首席执行官领导下全面主管公司业务的。CFO则是辅佐CEO管理公司财务的。COO、CFO等可能是CEO聘任，或者是董事会和CEO共同聘任。公司总裁是与首席运营官类似的一个职务，是主管公司日常业务的。有的公司没有总裁，由首席运营官统领的公司副总裁小组来管理公司业务。

美国公司的总经理头衔则是一个部门层次的职务，即是大型集团公司下属独立的业务部门的最大头头。下属独立业务部门的总经理往往兼任公司即集团的副总裁。总裁业绩好、能力够的话则可能被董事会和CEO选为CEO的继任人选，CEO做得好则可能荣任董事长。这是一个大概的公司官职升迁程序，但不是固定和一成不变的，各个公司之间可能也不一样。总之，这是公司自己的事情，不是法律和政府部门管的事情。

有人说，人力资本兴起了，现在是CEO说了算，这完全是一种不负责任的话。人力资本兴起，在公司治理上的影响是公司法上放宽对人力资本要素占有股权比例的限制，在经理薪酬方面扩大股票期权比重，在组织结构方面推进扁平化进程，让知识型员工有更多的自主权等等。中国的现状是人治，是关键人决策，要解决CEO的问题，就要先建设好一个独立而有效的董事会，实现组织高层的委员会决策，再由董事会聘好、管好CEO。

专栏6-1　全美公司董事联合会（NACD）蓝带委员会关于董事长、首席执行官职位说明的报告

董事长职位说明

①领导董事会。

②为管理董事会工作制定程序（如果兼任首席执行官，遵守由外部董事制定的该程序）。

③确保董事会充分履行其全部职责。

④安排全体董事会议，并同委员会主席一起协调安排各委员会的会议。

⑤依据董事的提议，组织常规的和特别的董事会会议并安排议程。

⑥确保提供给董事会恰当的信息流，审查支持管理层建议的文件资料的充足性和及时性。

⑦确保有足够的前期准备时间，对关注问题进行有效的研究和讨论。

⑧监督股东代理权资料的准备和分发。

⑨通过向董事会成员分配专项任务帮助董事会完成设定的目标。

⑩制定董事行为规范，并确保每一位董事都为董事会做出较大的贡献。

⑪充当董事会和管理层之间的联络员（如果兼任首席执行官，则将此职责授予首席独立董事）。

⑫与首席执行官一起对外（包括股东、债权人、消费者团体、当地社区、中央、省和地方政府）代表公司。

⑬与提名委员会一起，确保恰当的董事会规模和委员会结构，包括其成员和各委员会主席的分工。

⑭根据情况和需要，履行首席执行官和整个董事会要求的其他职责。

首席执行官职位说明

①营造一种促进道德行为、鼓励个人正直和承担社会责任的企业文化。

②维持一种有助于吸引、保持和激励在各个层次上由最高素质员工组成的多样性群体的积极工作氛围。

③为公司制订能创造股东价值的长期战略与远景规划，并推荐给董事会。

④制定能支持公司长期战略的年度业务计划和预算,并推荐给董事会。

⑤确保公司日常事务得到恰当管理。

⑥持续努力实现公司的财务和运营目标。

⑦确保公司提供的产品/服务的质量和价值不断提高。

⑧确保公司在行业内占有并保持令人满意的竞争地位。

⑨确保公司有一个在首席执行官领导下的有效的管理队伍,并有一个有效的管理队伍发展计划。

⑩与董事会合作,确保有一个有效的首席执行官的继任计划。

⑪制定并监督重大公司政策的实施。

⑫担任公司的主要代言人。

6.1.2 公司法中的高管职位设置原则

要清晰理解董事长和CEO的角色差异,还需要对公司法规和公司治理实践的关系有所理解。规范公司治理结构的首要法规是《公司法》,但《公司法》涵盖的仅仅是股东之间为了合作(组成公司)所必须遵守的经过长期公司治理实践证明为最佳做法的一些规范。具体的一个公司,由于其所处行业、发展阶段等的不同,需要在《公司法》规范之下制定一些更为具体、适用于本公司的"治理规范",则由股东们在公司章程中约定。

在美国,CEO不是一个法律上的概念,而主要是一个公司治理和管理实践上的概念。《公司法》中只有董事和经理(officer)的概念,CEO的法定权力则是在公司章程中确定的。美国的税法中要特指"公司行政一把手"时,出于严谨往往会说"CEO或相当于CEO的那个人"。

看一下美国特拉华州公司有关公司官员的条款,对我们理解现代公司中公司法与公司高管职位设置之间关系的理解会有所帮助。概括来说,其基本规则就是公司应该通过章程或者董事会决议来明确公司的主要高级管理职位,其中必须有的只是负责"公司秘书"职责的一位,对此,本书在第四章"董事会秘书"一节中已有阐述。只要公司章程没有禁止,一人可以兼任多个职位,这也就是说公司如何设置董事长及副董事长,以及董事长是否兼任首席执行官甚至兼任总裁等等,都是要由公司自己决定的事情。

> **专栏6-2　美国特拉华州公司法关于公司官员设置的规定**
>
> a. 每一家公司应当有在组织细则中已说明的,或是在一项和组织细则不相抵触的董事会决议中说明的,有一定职位称呼和责任的,一定的官员。
>
> 官员中的一位,有责任把股东会和董事会的会议讨论事项记录在专用的记录册中。
>
> 一位官员可以充任多个职位,除非组成公司证明文件或组织细则对此有另外规定。
>
> b. 应当按照组织细则规定的或由董事会或其他管理机构确定的办法来挑选官员并规定其任期。
>
> 每位官员在其接任人被选出并合乎标准之前或在他辞职或被免职之前,应当在职。每位官员要在递交书面辞职通知给公司后才可以辞职。
>
> c. 公司可以和任何一位公司官员或全体官员或公司代理人签订契约,或用别的办法来保证得到他们对公司的诚信。
>
> e. 任何由公司设置的职位,因原任官员的死亡,辞职,被免职或由于其他原因而发生人员缺额时,应当按组织细则规定,补充人员。如细则对此没有规定,空额由董事会或其他管理机构来补充人员。
>
> 《特拉华州普通公司法》第四分章"董事和官员"第142节"官员;职位称呼,责任,挑选,任期;不经选举任命官员;空缺";特拉华州法典,第8篇,第142节,1983年。

6.1.3　IBM公司章程中的主要高管职位安排

IBM公司章程中规定,公司应设置的高管职位包括董事长、总裁、财务经理(司库)、公司秘书和财务总监(主计长)。可以设置一个或多个副董事长和副总裁。这些高管人员都要由董事会选任,都可以由董事会决议无需理由地辞退。

董事长,总裁、财务经理、公司秘书和财务总监等这些公司高级管理职位都是传统上就有、由来已久的,并且是在公司章程就规定了其基本职责的。

IBM公司管理章程中，对这几个职位的职责都有专节给予规定。所谓CEO、CFO（首席财务官）和CAO（首席会计官）等这些比较新潮的说法，实际是近几十年来美国公司多元化之后，要加强集团整体协调和战略管理职能而新产生的一些职位和称呼。IBM公司管理章程中，在"董事会任命的高级管理人员"一节作出了一些基本规定："经董事会任命，董事长或总裁是公司的首席执行官""董事会可以任命公司高级管理人员担任首席财务官和首席会计官。"

专栏6-3　IBM公司章程有关高级管理人员职责的规定

公司高级管理人员应当包括董事长、总裁、财务经理、公司秘书和财务总监，可以包括一个或更多的副董事长、副总裁。高级管理人员由董事会选任，任期直至合格的继任者经适当程序选出或直至死亡、辞职或辞退（第五章第1节）。

公司任何高级管理人员，都可以随时由公司董事会在任何一次董事会会议上以多数票同意决议而无需理由予以解聘（第五章第3节）。

董事长的职责（第五章第5节）

董事长负责主持所出席的每一次股东会、董事会并应履行董事会不时指派的其他职责。

董事长根据章程规定签发公司股权证。

除董事会或管理章程已明确授权给公司其他管理人员或代理人签名、执行或依法应另行签署、执行外，董事长可以以公司的名义在所有的契据、按揭、债券、合约或董事会授权的其他载体上签名并负责执行，在需要加盖公司印鉴的载体上盖印。

在总裁职位空缺、总裁缺席或丧失行为能力时，董事长应履行总裁的所有职责和功能并行使总裁的一切权力。

副董事长的职责（第五章第6节）

每一位副董事长应协助董事长并履行董事会或董事长委派的其他职责。

履行与副董事长办公室有关的所有职责。

总裁的职责（第五章第7节）

总裁应履行董事会或董事长委派的所有职责。

履行与总裁办公室有关的所有职责。

在董事长缺席或丧失行为能力时，总裁应履行董事长的所有职责和功能并行使董事长的一切权力。

首席执行官（第五章第8节（a）款）

经董事会指定（Designated），董事长或总裁担任公司的首席执行官。

被任命的董事长兼首席执行官或总裁兼首席执行官，除应履行上述董事长或总裁的相关权力和职责外，还有权对公司的业务和事务及其若干高级职员、代理人和雇员进行全面和积极的监督，但须受董事会的控制。

首席执行官负责落实董事会的所有指令和决议，是董事会各委员会的当然成员，但有利益冲突的除外（审计委员会、董事和公司治理委员会，和负责处理首席执行官薪酬以及首席执行官有资格参与的奖金、期权和其他类似计划的委员会）。

首席执行官应履行与其职务相关的一切职责并应履行董事会委派的其他职责。

其他被指定职位（第五章第8节（b）款）

董事会可以指定公司高管担任首席财务官（CFO）、首席会计官（CAO）和其他此类职位，这些被指定高管，须在履行其本章程第五章所规定的高管职责外，履行此类指定职位的职责。

财务经理（司库）的职责（第五章第10节）

（1）记录和保管公司所有的资金和证券并可将它们投资于任何证券，为达成各种购买、销售、投资和借贷交易可以开设、维持、终止任何账户，代表公司负责公司依法设立的各类基金、雇员年金或受益计划。

（2）为公司保持完整、精确的账户收支纪录。

（3）按董事会或执行委员会的指示存放公司的现金和其他有价物。

（4）开立收据收取公司的各类应收款。

（5）支付公司各类款项，监督公司的投资款，取得相应的收据。

（6）按董事会的要求随时向董事会提交所辖账户的收支记录。

（7）履行其职务相关的各类职责，以及董事会、董事长、副董事长、总裁、执行副总裁、高级副总裁随时委派的其他事项。

财务总监（主计长）的职责

（1）管理公司的所有账册。

（2）真实、准确地记录公司的资产和负债、收入和开支。

（3）保存公司所有的会计记录（不含由公司财务经理负责的账户收支以及现金、其他有价物的存放）。

（4）随时按董事会的要求向董事会提供公司任何一个账户的财务状况。

（5）履行其职务相关的各类职责，以及董事会、董事长、副董事长、总裁、执行副总裁、高级副总裁随时委派的其他事项。

IBM公司管理章程（BYLAW）第五章"高级管理人员（OFFICERS）"（1958年4月29日制定，2023年12月12日修订）。

6.2 两职分离与合一的国际经验

董事长和首席执行官是现代公司中两个最重要的角色。这两个角色的设置和职务安排，对于公司治理的实际运作状况有着十分重要的影响。公司治理的监管者、研究者和实践者都很关注这一问题。但是直到目前为止，对于处理这一问题的最佳做法，却没有形成多少共识。对于多数中国公司来说，由于董事会建设还处在逐渐改善阶段，董事长和首席执行官这两个职务的正确设置，就更是格外重要。

6.2.1 有规则，没标准，趋势是分离

在采用双层董事会制的欧洲大陆国家（如德国、荷兰），监督董事会（监事会，supervisory board）是实际上的董事会，管理董事会（经理理事会，management board）则是主要执行人员。董事和管理层是完全分离的，董事长与首席执行官两个职位也完全是分设的。

欧洲公司有分离董事长和首席执行官两个高层职务的长期传统，但在美国董事长和首席执行官由一人担任的情况则很普遍，分离领导权的做法则不常见。英国的传统观点是两个职位最好由两人分任，以防止个人权力过大，卡德伯里报告又强调了这一点。在澳大利亚的上市公司中，董事长和首席执行官是由两人分任的。

在实行由审计委员会进行监督的单一董事会制的国家（如美国、英国和其他英联邦国家），董事长和首席执行官是否能由一人担任是争议性的问题。

提倡两人分任的理由是可提供一种制衡机制，而反对意见认为一个人总揽大权可以使公司更好地运作。实证研究也无定论。有研究表明，一个人领导公司更好，至少是在一段时期之内。但也有证据表明，在两人分任情况下，如能把董事长和首席执行官之间微妙而敏感的关系搞好，公司亦可获得长期繁荣。

一些股东积极主义活动者主张分离董事长和首席执行官这两种角色，认为这样做可以使董事会更具独立性。公司治理取向上激进一些的机构投资者明确提出了董事长和首席执行官两个角色不应该重合。温和一些的机构投资者则表示：一般情况下支持董事长和首席执行官职位分设。董事长的职责是监督管理层，如果兼任首席执行官则等于是自我监督，这是矛盾的。但是在一些小企业，领导人数有限，在一定时期内董事长和首席执行官二职合一是适当的。比较有代表性，公司治理影响力比较大的美国加州公职人员退休基金组织的政策是：公司在选聘新的首席执行官时，董事会要重新审视一下董事长和首席执行官合一的传统做法。

关于董事长与首席执行官是否由一人兼任，通用汽车公司和英特尔公司都由董事会自由决策，无硬性规定。但是，如果由二人分别任职，董事长应来自

于非执行董事，亦即不能执行董事长和首席执行官并存。

过去几十年里，全球最大上市公司中，已经出现了分离董事长和首席执行官这两个角色以及由非前任首席执行官人选担任董事长的趋势。一个主要的态势是，未曾担任过董事长的首席执行官比例大幅度提高，同时前任首席执行官担任董事长的比例在下降。

董事长和首席执行官两个角色的分离，会使投资者受益。董事长由不是前首席执行官的人担任时，投资者也会受益。分离董事长和首席执行官，但是前首席执行官继续担任董事长这种"学徒首席执行官"性的安排，不是一种好想法。首先，知道前首席执行官仍然作为董事长留在公司，常常会导致董事会满足于选用一个二流人物，而且这个人也很难成为一个真正的首席执行官。其次，绝大多数的前首席执行官作为董事长，会保护他所选择的继任者，从而降低因为业绩不佳而解聘新首席执行官的可能性。第三，一些人在卸任首席执行官职务、只任董事长之后，却并没有真正准备好放弃他们的执行责任，进而走向另一个极端，在看到一点点问题时就解聘继任者，自己重新担起主要执行者的职责。

在董事长和首席执行官由一人兼任的情况下，为建立起有效的制衡机制，一种通常的做法是从独立董事中任命一位领导董事或称首席独立董事。这是1994年时由通用汽车公司首创的方法，如果董事长兼任首席执行官，则由外部董事们选出一名董事，负责主持外部董事例会，或承担由外部董事作为一个整体而担负的责任。

几乎所有的机构投资者都把这一做法纳入了其对公司治理结构的指导原则中。美国加州公职人员退休基金组织的政策是在董事长兼任首席执行官时，董事会正式或非正式赋予一位独立董事领导权力，协调其他独立董事工作。美国CII（机构投资者协会）的政策是：如果首席执行官是董事长，需要指定一个联系人，以便董事们可以与其讨论一些问题或增加一些议程项目——那些不适于直接向首席执行官提出的议题。美国TIAA-CREF也主张：在那些董事长和首席执行官没有分设的公司，董事会应该考虑选择一位或多位独立董事作为领导董事。

专栏6-4 两种模式下的董事长/CEO与首席独立董事职责

职责范围	董事长兼任CEO模式		非执行董事长模式
	董事长兼CEO职责	首席独立董事职责	非执行董事长职责
全体董事会	有权召开全体董事会会议；主持全体董事会议和年度股东大会	参加全体董事会议；起到中介作用，有时董事会向首席独立董事求助有关问题，或建议将某问题在非执行董事会议上讨论；必要时，建议董事长召开全体董事会议	有权召开全体董事会会议；主持全体董事会议和年度股东大会
非执行董事会会议	接受非执行董事会议的结果反馈	有权召集非执行董事会议；为非执行董事会议确定议程议题并主持；向CEO反馈非执行董事会议讨论结果	有权召集非执行董事会议；为非执行董事会议确定议程议题并主持；向CEO反馈非执行董事会议讨论结果
董事会会议议程和议题	对董事会会议议程和议题确定负首要责任，就议程议题安排及信息提供征询首席独立董事意见	与兼任CEO的董事长共同确定董事会会议议程议题及向全体董事提供的信息；向其他董事征询有关议程议题的意见	在与CEO磋商有关董事会议程议题方面负首要责任；负责向所有董事征询有关议程议题及信息提供方面的意见
董事会内部交流	与所有董事就全体董事会议以外的重要议题和值得关注的重要问题进行沟通	协调非执行董事之间就有关重大问题的磋商，同时积极关注董事会以外的公司重要会议；发挥非执行董事与CEO之间就有关问题、顾虑事项进行沟通的渠道作用	协调非执行董事之间就有关重大问题的磋商，同时积极关注董事会以外的公司重要会议；发挥非执行董事与CEO之间就有关问题、顾虑事项进行沟通的渠道作用
与外部股东的交流	代表公司，与外部股东及有关方面进行交流	通常情况下不代表公司与外部股东联络，有时可应董事会的邀请参加与机构投资者的会谈	在董事会同意的情况下，可以代表公司与外部股东进行交流和磋商
公司运营	领导公司的运营；高级职员和雇员向其汇报工作	没有运营公司的责任；高级职员和雇员只向CEO汇报，不向首席独立董事汇报	没有运营公司的责任；高级职员和雇员只向CEO汇报，不向非执行董事长汇报

6.2.2　分任出现的主要情形：交班、重组和高科技公司

在一般是董事长兼任首席执行官的美国公司中，董事长和首席执行官分任往往是发生在新老交替、分步接班的过渡时期中。就是前任董事长兼首席执行官先让出首席执行官职位，但仍然担任一段时间董事长职务，直到新任首席执行官得到董事会的认可，能够接任董事长职务为止。

有些情况下，分离董事长和首席执行官两个职务是公司转轨和重组的结果，是董事会担起公司危机管理责任的表现。这方面的一个经典性案例是1992年的通用汽车"罢官"事件。目睹着股票市值大幅下降，同时也在机构投资者的压力之下，通用汽车公司的外部董事们罢免了公司的董事长兼首席执行官Robert Stempel。公司的外部董事、宝洁公司前任首席执行官John Smale接任了董事长的职务，公司在欧洲最高职务的John F. Smith Jr.成为了首席执行官。这一安排持续了四年，直到Smith得到认可，接任了董事长职务。这样，通用汽车过渡期结束，又回归到了董事长兼任首席执行官的美国公司传统做法上。

公司分立则提出了另一种挑战。新的首席执行官，通常是原来主持该业务部门的总经理，会遭遇很繁重的工作任务以支撑起突然独立的企业经营。其结果，就是通常有另外一个人被任命为董事长，担负起建设董事会的工作。有时即使不是公司的股东或者母公司不放心而委任另外一人做董事长，新分立出来的公司几位内部经理人员组成董事会后，也有一种内在的需要，去搜寻一位年长一些、资历更深一些、经验更为丰富一些的人士来担任董事长。

在美国的高科技公司里，无论规模大小，分设董事长和首席执行官两个职务的做法都更为流行，其中有一个"普遍而又特殊"的原因。就是很多高科技公司的创建者们，就其内心来讲是一个计算机迷，他们的天才存在于比特和字节里，而不是在利润和损失里。他们需要一个职业经理人把他们的产品变成业务，并维持其运转。他们同时又要留在公司，介入公司。这种情况下，只担任个董事长，同时有另外一个人以首席执行官的身份运转公司，就成为了一个感觉上很不错的制度安排。当然，也不是每个创业者都喜欢放手。但是创业者想要吸引一流的人才，也常常需要这么做。这是一个人才博弈。"我凭什么得到最好的人才？放弃我的一部分头衔。"通过外聘来的首席执行官，还可以从其他人

的失败中学到经验。很多非技术性公司则是正在学习高科技公司的这一做法。

有关董事长和首席执行官是否分任，很多人有一个看法是公司很大才需要，小公司不需要。事实正与我们这个一般性的感觉相反，不兼任首席执行官的独立董事长人数在增加，特别是在中小公司中。小公司中经理人员一般都很年轻，这时通常有一位董事会成员担任董事长，起一个指导者的作用，以提高公司管理的专业水平。

很多人认为，考虑到当今这样一个复杂的商业情景，从国际竞争到新技术和电子商务，导致领导公司的工作不可避免地要由两个人来承担。

6.2.3　出现双首席执行官的几种情况

前面我们探讨了何时董事长和首席执行官由两人分任会更好的问题。与强调董事长和首席执行官两职分离而引进制衡机制的观点相反，我们强调了企业内部的政令统一和有效领导与控制。但是，有些情况下，双董事长、双首席执行官也是一些企业很好的选择。尽管这样的制度安排不像董事长兼任首席执行官那样普遍，甚至比董事长与首席执行官由两人分任的情况还少。

中国有"一仆不事二主"之说，《圣经》中也有"没有人能够侍候两个主人"之语。但是在一些巨型公司合并时，却时常出现"二主"的情况。这经常是因为只有权力分享才能达成合并交易。有很多的合并不能完成，就是因为双方的首席执行官谁都不愿意让出这一最高职位。董事会为了能够留住两位人才，也会任命双首席执行官。

有些时候，实际情况需要分享权力，特别是在两个公司合并之后的相当一段磨合时期之内。如果两个合并的公司规模相当，合并之后的一段时期之内可能是双首席执行官，两个首席执行官共同对一个董事会负责，如当年戴姆勒—奔驰和克莱斯勒合并后的情况。如果两个公司的规模一大一小有所差异，则可能是规模较大那家公司的原首席执行官担任新公司的首席执行官，而规模相对较小那家公司的原首席执行官担任新公司的总裁，如惠普和康培合并后的情况。

有时创建双首席执行官结构的一个理由是为了平顺地解决继任问题，双首席执行官结构可以给两个相差不多的潜在继任人选一段平等竞争的机会。尤其是在公司创建者行将退休，但是还没有一位合适的人选能够全面担起公司领导人的职责的情况下，设置双首席执行官可能是一个不错的选择。

在有的公司里，新的大投资者委派人员担任董事长兼首席执行官，而公司的原创建者，要求能继续担任首席执行官，作为一种妥协的结构，双首席执行官体制也会产生。并且，这种情况下，原首席执行官保留这一头衔，对于公司的平稳运作和有效领导，尤其是维持原有人员的士气，可能也是一件好事。

有时可能是因为工作量太大、工作太复杂，超出了任何一个人的处理能力，董事们也会考虑设置两个首席执行官职位。当然，工作量大并不必然导致双首席执行官的体制安排。通过一套科学的公司业务组合管理办法和总部职能设置，可以实现一个首席执行官对整个公司的有效领导，并且游刃有余。

6.2.4 双首席执行官体制的注意事项

即使那些设置了双首席执行官的公司，也认为双首席执行官结构是个潜在的隐患。一位设置了双首席执行官的公司董事长说，我不会向其他公司推荐双首席执行官这种做法，双首席执行官结构传递出两个人负责的信息，而这经常是很糟糕的。在双首席执行官之间要有大量甚至是繁重的沟通工作。

当然，也有一些公司能让双首席执行官结构很好地运作。有两个首席执行官共存，而都向董事长汇报工作的，也有夫妻两人共做首席执行官的。

设置双首席执行官，要有明确的职责划分和相应的组织结构支撑。一般的规则是，首席执行官的那些通常职责，如与投资者沟通、公司战略制定、向董事会报告工作等，要双首席执行官共同完成。而公司内部的业务部门，可以分成两块，双首席执行官各管一块（往往也就是他们原来各自负责的那一块）。这种情况下，两个人本来的个人关系等就变得很重要，他们是否相互尊重对方的才能，个性上能否很好地合作等，都将成为影响这一双首席执行官体制能否良好运转的要素。

要维持双首席执行官体制长期和有效运转，一开始时就要让公司的员工们相信这是公司的一种正规体制安排，而绝不是为了在"赛马中选马"。两个人作为双首席执行官经营一个公司，很像是一个婚姻。相互之间就每一个重要问题的充分沟通至关重要。在向董事会报告工作的时候,双首席执行官各自汇报自己负责的业务。董事长的工作质量会严重影响双首席执行官体制能否良好地运作。董事长要公平和公正,化解双首席执行官之间可能的摩擦。

董事们要与分享权力的双首席执行官相处,必须要先经过一番深思熟虑。首先一个最重要的问题就是"为什么要这样?"作为一个董事会成员,你为什么要与传统智慧作对,让两个人运作一个公司?如果一个董事不能发现很好的理由,他或她就不应该投票赞成双首席执行官体制的设立。

双首席执行官体制,并不是一种什么公司治理新发明和最佳做法,它也没有摒弃我们要求组织内部统一命令的传统管理原则。一个组织两个头儿,会让公司的雇员和投资者都感到无所适从和不知所措。出任双首席执行官的经理人自身,在分享权力的同时,必须要磨碎任何一方追求扩大自身权力的办公室政治行为。首席执行官们往往都有很强的"自我(egos)",分享权力往往不是他们的习惯。尽管如此,还是有一些公司选择了这样一种权力结构,使双首席执行官体制能够在现代市场经济中得到保留。

6.3 中国公司的两职设置策略

除了加强董事会建设和民主决策、集体决策的体制建设之外,至于董事长是否兼任首席执行官这类更为具体的事务,应该留给各个公司自己去进行自由试验。政府官员出来说CEO这种体制不适合中国国情,有关部门规定董事长和首席执行官的职务设置办法,都属于越位。

6.3.1 中国公司法有关高管职位设置的规定

现代公司归董事会管理,董事会具体如何管理,设置哪些公司高管职位来管理公司事务,应该是公司自治范畴之内的事情,要企业自己在真正理解现代公司官职设置的原则与道理之后,根据中国现行法律和文化条件,选择自己的管理职务设置。中国公司法在企业高管职位设置方面的规定，有些过于具体，进而引起一些不必要的麻烦。

中国2006年公司法第四十五条（有限责任公司）和第一百一十条（股份有限公司）规定"董事会设董事长一人，可以设副董事长"，那么双董事长或联席董事长是不是就违法了呢？2024年公司第六十八条（有限责任公司）和第一百二十二条（股份有限公司）延续了这一规定，这一问题也就依旧存在。

中国2006年公司法第五十条（有限责任公司）、第六十九条（国有独资公司）和第一百一十四条（股份有限公司）规定"公司设经理，由董事会决定聘任或者解聘"。这好像有点多余，如果董事会不能决定聘任或者解聘经理，那还能叫董事会吗？遗憾的是，2024年公司法第七十四条（有限责任公司）和第一百二十六条（股份有限公司）依旧如此。

按中国2024年公司法第二百六十五条给出的定义，"高级管理人员，是指公司的经理、副经理、财务负责人，上市公司董事会秘书和公司章程规定的其他人员。"英美国家公司法上只有董事和官员（Officer，CEO的O），公司管理章程会把董事长、副董事长等和总裁、公司秘书、财务负责人等一同列为公司高管。

按照公司治理的内在逻辑，中国公司的法定代表人、董事长和副董事长，也都应该看作是公司高管（Officer，官员，经办处理公司事务的人）。从实际负责的事务范围来看，中国公司的法定代表人类似于英美公司的董事会主席兼公司秘书，中国公司的董事长则类似于英美公司的董事会主席兼首席执行官。

专栏6-5　中国公司法（2024）有关公司高管职责的规定

中国2024年公司法中做出规定的公司管理职位包括法定代表人、董事长、副董事长、经理、副经理、财务负责人和上市公司董事会秘书。这些职位在公司法全文中出现的频次情况是法定代表人21次，董事长16次，副董事长15次，经理19次，副经理2次，财务负责人3次，董事会秘书2次。

法定代表人

第十条：公司的法定代表人按照公司章程的规定，由代表公司执行公司事务的董事或者经理担任。担任法定代表人的董事或者经理辞任的，视为同时辞去法定代表人。法定代表人辞任的，公司应当在法定代表人辞任之日起三十日内确定新的法定代表人。

第十一条：法定代表人以公司名义从事的民事活动，其法律后果由公司承受。公司章程或者股东会对法定代表人职权的限制，不得对抗善意相对人。法定代表人因执行职务造成他人损害的，由公司承担民事责任。公司承担民事责任后，依照法律或者公司章程的规定，可以向有过错的法定代表人追偿。

第三十二条：公司登记事项包括：（五）法定代表人的姓名。

第三十三条：公司营业执照应当载明公司的名称、住所、注册资本、经营范围、法定代表人姓名等事项。

第三十五条：公司申请变更登记，应当向公司登记机关提交公司法定代表人签署的变更登记申请书、依法作出的变更决议或者决定等文件。公司变更法定代表人的，变更登记申请书由变更后的法定代表人签署。

第四十六条：有限责任公司章程应当载明下列事项：（七）公司法定代表人的产生、变更办法项。

第五十五条：有限责任公司……出资证明书由法定代表人签名，并由公司盖章。

第九十五条：股份有限公司章程应当载明：（七）董事会的组成、职权和议事规则；（八）公司法定代表人的产生、变更办法；（九）监事会的组成、职权和议事规则。

第一百四十九条：股票采用纸面形式的……由法定代表人签名，公司盖章。

第一百九十六条：公司以纸面形式发行公司债券的……由法定代表人签名，公司盖章。

第一百七十八条：有下列情形之一的，不得担任公司的董事、监事、高级管理人员：（四）担任因违法被吊销营业执照、责令关闭的公司、企业的法定代表人，并负有个人责任的，自该公司、企业被吊销营业执照、责令关闭之日起未逾三年。

董事长/副董事长

第六十三条：（有限责任公司）股东会会议由董事会召集，董事长主持；董事长不能履行职务或者不履行职务的，由副董事长主持；副董事长不能履行职务或者不履行职务的，由过半数的董事共同推举一名董事主持。

第六十八条：（有限责任公司）董事会设董事长一人，可以设副董事长。董事长、副董事长的产生办法由公司章程规定。

第一百二十二条：（股份有限公司）董事会设董事长一人，可以设副董事长。董事长和副董事长由董事会以全体董事的过半数选举产生。董事长召集和主持董事会会议，检查董事会决议的实施情况。副董事长协助董事长工作，董事长不能履行职务或者不履行职务的，由副董事长履行职务；副董事长不能履行职务或者不履行职务的，由过半数的董事共同推举一名董事履行职务。

第一百一十四条：（股份有限公司）股东会会议由董事会召集，董事长主持；董事长不能履行职务或者不履行职务的，由副董事长主持；副董事长不能履行职务或者不履行职务的，由过半数的董事共同推举一名董事主持。

第一百七十三条（国有独资公司）董事会设董事长一人，可以设副董事长。董事长、副董事长由履行出资人职责的机构从董事会成员中指定。

经理

第六十七条（有限责任公司和股份有限公司均适用）：董事会行使下列职权……（八）决定聘任或者解聘公司经理及其报酬事项，并根据经理的提名决定聘任或者解聘公司副经理、财务负责人及其报酬事项。

第七十四条：有限责任公司可以设经理，由董事会决定聘任或者解聘。经理对董事会负责，根据公司章程的规定或者董事会的授权行使职权。经理列席董事会会议。

第七十五条：规模较小或者股东人数较少的有限责任公司，可以不设董事会，设一名董事，行使本法规定的董事会的职权。该董事可以兼任公司经理。

第一百二十六条：股份有限公司设经理，由董事会决定聘任或者解聘。经理对董事会负责，根据公司章程的规定或者董事会的授权行使职权。经理列席董事会会议。

第一百二十七条：（股份有限公司）公司董事会可以决定由董事会成员兼任经理。

第一百二十八条：规模较小或者股东人数较少的股份有限公司，可以不设董事会，设一名董事，行使本法规定的董事会的职权。该董事可以兼任公司经理。

第一百七十四条：国有独资公司的经理由董事会聘任或者解聘。经履行出资人职责的机构同意，董事会成员可以兼任经理。

第一百七十五条：国有独资公司的董事、高级管理人员，未经履行出资人职责的机构同意，不得在其他有限责任公司、股份有限公司或者其他经济组织兼职。

第一百七十八条：有下列情形之一的，不得担任公司的董事、监事、高级管理人员：（三）担任破产清算的公司、企业的董事或者厂长、经理，对该公司、企业的破产负有个人责任的，自该公司、企业破产清算完结之日起未逾三年。

副经理/财务负责人/董事会秘书

第六十七条（有限责任公司和股份有限公司均适用）：董事会行使下列职权……（八）决定聘任或者解聘公司经理及其报酬事项，并根据经理的提名决定聘任或者解聘公司副经理、财务负责人及其报酬事项。

第一百三十七条：上市公司在董事会中设置审计委员会的，董事会对下列事项作出决议前应当经审计委员会全体成员过半数通过……（二）聘任、解聘财务负责人。

第一百三十八条：上市公司设董事会秘书，负责公司股东会和董事会会议的筹备、文件保管以及公司股东资料的管理，办理信息披露事务等事宜。

第二百六十五条：本法下列用语的含义：（一）高级管理人员，是指公司的经理、副经理、财务负责人，上市公司董事会秘书和公司章程规定的其他人员。

6.3.2 不要强求两职分任：一个中心是"忠"，两个中心是"患"

中国现有的有关公司治理的政策和指引中都强调董事长和首席执行官要分任，一些国企的主管部门也都是按照分任的原则来任命企业领导人的。实际运作中，甚至会出现党委书记、董事长、总经理三个职务三个人担任的状态。这三个人还都是企业的全职人员。如何把握好他们之间的分工和各自的职权范围，往往成为企业运作中的一个难题。搞不好，不仅影响一个有效的企业领导体制的建立，甚至会走向激烈的企业内部政治斗争。可以说，这是中国当前公司治理建设中的一个难点问题。

人天生都是政治动物，有人的地方就政治，就有派系之争。法治化管理和企业文化建设都只能是让政治斗争在一定的规则之下运作，不至于走向极端，导致组织的分裂。完全没有内部政治，也往往容易走向完全没有内部竞争的一言堂和一潭死水状态，又会失去一个组织来自内部的创造性和活力。处在不同行业和不同成长阶段的企业，其组织内部合适的竞争力度应该是不同的。这又给当事人把握和处理好企业内部政治问题增加了一个难度。也正是这一点，导致企业不能简单化地靠一纸条文来解决这一问题。

企业内部高层的机构政治问题很严重的话，不仅会影响到中层干部、员工，还会影响到公司的股东，以至银行和政府关系。尤其是股份制企业的股东，为了自身利益，可能会以其作为股东的"选票"与经理人员的执行权力进行"交换"，获取一些有利的关联交易，在关联交易中赚回更多的利益。这会给股份制企业制度建设和公司治理规范化带来极大的障碍，使一些非常不合理、不规范甚至是不合法的做法，加盖上合理、规范与合法的股东大会和董事会的"橡皮图章"。

有关公司治理指引规定公司董事长和总经理要分任，银行董事长和行长要分任，这对企业高层领导体制建设带来了正负两方面的影响。正的方面是适当地增加了企业领导人员内部的相互制衡，减少一人大权独揽，没有约束可能会导致的胡作非为情况。负的方面则是，制衡可能会成为掣肘，甚至引发出严重的企业内部政治斗争。特别是在国有企业和国有控股公司中，董事长和总经理都是政府任命的，董事会又不健全或者权利不到位，谁服谁呢？普遍应用的要求两职分任的条文又不可能针对每一个公司清晰具体地界定出董事长和总经理各自的职权范围。

分离董事长和首席执行官两个职位，不会总是很和谐，甚至是不和谐的情况会多于和谐的情况。搞不好，两职分任可能会使企业变得很糟糕，特别是在没有一个清晰界定的职责范围，或者两个人的权力欲都极强，都极爱搞小动作的情况下。制造出两个权威，会使组织陷入一种无所适从的状态，并且首席执行官总会多一份疑心。一个中心是"忠"，两个中心是"患"。几千年传承来下的中文文字里，已经包含了警惕这种糟糕状态的智慧。

当然，我们也要逐步改变我们传统文化中一些不好的方面。只有一个人时才是"人"；两个人是"从"，就得一个跟随另一个人；三个人是"众"，就得有一个人成为人上人。缺乏平等、协商和坦诚公开的讨论与沟通等这些不好的文化与行为习惯，需要逐步改正，才能真正适应契约文化下的现代公司制企业的治理方式。

民主的决策更为科学，而一元化的领导更有效率，这是历经实践检验、颠扑不破的道理。也许正是因此，董事会集体决策而董事长兼首席执行官一元化领导这一公司治理模式和领导体制才能长时间盛行，至今不衰。

6.3.3 分众传媒：双头领导体制的稳定性问题

2006年初，分众传媒与聚众传媒的友好合并，生成出了在国外常有但在国内尚很少见的双董事长体制[①]。在中国这个素有"一山不容二虎"传统的国家里，这种公司治理体制上的"创新安排"是十分值得关注的。它的成功运作将既是对当事人自身和其企业的挑战，也是对中国企业运作中普遍存在着的"一把手一言堂，一个人说了算"这种体制旧习的挑战。

从他们过去的"江湖恩怨"来看，分众和聚众的两位领导人应该是个性上很能相通的。在面临依仗新技术呼啸而来的新进入者和潜在进入者的威胁情况下，两位领导人的认识和危机感也应该是有相通之处的。"英雄所见略同"应该是促使他们能够很顺利地达成合并的一个重要因素。战略上的共识，这可能会是两位联合董事长能够精诚合作，共同领导新公司走向辉煌的重要基础。

双董事长、双首席执行官，甚至是双总部，都有一些先例，我们可以统称之为双头领导体制。这种双头领导体制的产生大致有三类原因，一是两个实力相当企业的合并，如当年的分众和聚众，奔驰和克莱斯勒，还有保持了70年双董事长体制的联合利华。二是一些企业创业者在退休时还实在难以在两个候选接班人中选出一个明显的胜者，不想把宝押在一个人身上，又不想让企业分立的情况下，有时会设立一种双头领导体制，这主要存在于一些家族企业里。三是一些地方性的企业，在成长为全国性的大型企业之后，由于业务和形象的需要，在大都市和商业中心建立新总部，但是原总部也保留。日本企业1960年代曾经较为普遍地存在这种现象，主要是大阪和名古屋地区的企业到东京建立新总部。在中国也有因为地方政府限制的原因，并购国有企业产生的新集团企业要在两个地方都设立总部，如华源生命在上海和北京设立了平行的总部。

分众公司双董事长体制的成功运作，有几个理由。这几点理由，也可以换个角度看作是双董事长体制保持成功运作的几个条件。首先，新分众的两位联合董事长，都是新公司的大股东，利益高度一致。公司在纳斯达克市场上的股价变动所带来的利益或损害，大于他们任何一人的其他利益。在一致的利益基础上，再达成前面提到过的战略共识，那么就不会是"一山不容二虎"，而是

---

① 分众传媒收购聚众传媒后，原聚众传媒CEO虞锋加入分众传媒董事会，与江南春共同担任联合董事长。

"二虎共守一山",并进而再去夺取新山。其次,分众作为一家已经在纳斯达克成功上市的企业,已经按照纳斯达克的要求建立健全了国际规范的公司治理结构,并有维众创业投资集团(中国)有限公司董事局主席余蔚,前上海实业控股有限公司首席执行官、现诚福企业管理有限公司董事长卓福民,携程旅行网的创始人之一、携程总裁和首席财务官的沈南鹏等,这些强有力的人物坐镇董事会。还有就是原分众和原聚众都有持股量相当大、实际介入公司治理的风险投资家。在有强有力的董事会集体领导的情况下,一人董事长、双董事长,还是董事长兼不兼首席执行官等问题,就都成为了第二位的问题。

就目前国际企业潮流来看,随着公司治理改革的深入,董事会领导体制有多样化的趋势。首席执行官兼董事长这一美国企业经典模式的比例在下降,前任首席执行官专做董事长,以及独立董事长呈现增加趋势,甚至出现了一些专门给一些企业做独立董事长的"新型能人"。这些趋势背后的原因和驱动力量,实际就是法律和公司治理改革提高和增强了董事会整体的力量和每一位董事的地位、责任以及风险。

总结一句话来说,新分众的双董事长体制能否良好运转的关键要素,既存在于他们两位领导人的相互理解与信任关系之中,更存在于新分众公司董事会整体的独立和有效运作之中。

6.3.4 董事长和总经理:谁是中国公司的首席执行官

由于中国公司法中仍有法定代表人的规定,并且同时有董事长和经理的概念,以及家长制的文化传统、单位要有一把手等传统概念的存在,导致中国上市公司董事会作为一个会议体来行使决策权利的概念并不清晰,同时也带来董事长和总经理到底谁是中国上市公司的首席执行官这一问题同样十分不清晰。

笔者认为在董事长兼任总经理的情况下,董事长兼总经理的人为首席执行官,这种情况与美国的董事长兼首席执行官相似,公司的决策和执行权高度合一。在董事长不兼任总经理并且不是每天在公司上班的情况下,总经理为首席执行官,这种情况与美国的董事长和首席执行官分任情况类似,公司的决策和执行权相对分离。在上述两者之间,董事长不兼任总经理但每天在公司上班,笔者认为这种情况下，董事长和总经理都是首席执行官，类似于国外往往在两个公司合并后的磨合期会出现的双首席执行官现象，至于实际运作中董事长和总经理谁的权力更大就要看实际情况了，一般而论可能董事长强一些而总经理弱一些。

在发达市场经济中作为特例的双首席执行官现象在中国成为了很普遍的情况，这是在没有真正理解发达市场经济体公司治理实践中一些具体做法的情况下，由政府强制推广所产生的一个后果。国外由于公司治理运动而兴起的董事长和首席执行官分任，主要是在董事长为外部董事或独立董事的情况下实行的，其所要处理的是董事会作为一个会议体和首席执行官之间的关系，前者进行重大决策和监督，后者进行日常决策和执行。而到中国则变成了作为一个自然人的董事长和同样作为一个自然人的总经理之间的关系。两个自然人之间很难进行这种分工与合作，实际肯定演化为权力斗争或者最好的情况是各管一块，致使公司运作效果更差。

笔者的建议是，如果董事长为公司的法定代表人或者董事长是专职，实际在公司上班的话，则明确由董事长兼任首席执行官比较好，总裁或总经理则相当于首席运营官，主管日常业务。

6.3.5 如何造就中国公司的首席执行官

全球化的市场经济时代，国家的兴衰很大程度上取决企业的兴盛与衰败，企业的兴衰则在很大程度取决于企业领导人的素质、能力和平稳接任。现代公司制企业的规范中，企业领导人问题的解决方式就是建设好董事会和选好首席执行官。

理论规范和中国公司法的实际规定，都是股东大会选举董事组成董事会，董事推选董事长出任董事会会议的召集人。董事会则是在董事长的召集下，以会议体的形式实际行使对公司事务的管理和监控权力。首席执行官作为董事会任命的公司行政一把手，是在股东会和董事会之下，作为一个等级制的三角形组织的公司的核心人物。尽管在实际运作中，尤其是在股权高度分散和公司运转正常、效益较好时期，往往是首席执行官在实际挑选董事。但是至少在公司出现业绩下滑和陷入困境时期，董事会作为一个消防队也是要及时介入公司管理，可以更改公司首席执行官聘任合同或者干脆解聘首席执行官的。

中国公司中通常都有个全职董事长，并且董事长是公司法定代表人，董事长在公司董事会闭会期间有代行董事会部分职能的权力，以及在双数董事会上陷入僵局时董事长有多一票的权力等规定，导致董事长成为事实上的首席执行官。中国公司治理准则要求设立战略、审计、薪酬和提名等四个委员会，却没有要求设立执行委员会。董事会闭会期间由董事长代行董事会权力，而不是由董事会的执行委员会来代行董事会权力。

增加独立董事以及建立有独立董事任职的董事会专业委员会，使董事会的建设向前迈进了一步，但是在来自股东单位的非执行董事和来自公司内部的执行董事们，没有真正行使起其董事的职责时，董事会是无法实际选聘、考核和激励董事长这个事实上的中国公司首席执行官的，这也就无法真正造就中国公司的首席执行官。

真正造就出中国公司的首席执行官，需要从法律、政策和管理等多个方面着手。就管理层面来说，一个关键步骤是增设公司董事会执行委员会，把现行做法中董事会闭会期间授予董事长的权力，授予董事会执行委员会。强化董事们作为一个集体、一个团队平等地肩负公司战略决策和指导及监控公司经营责任的公司治理理念和司法力度。董事会职责到位之后，才能真正开始造就出中国公司的首席执行官来。否则，只能在一人大权独揽和两人或三人权力斗争之间跳跃和摇摆，找不到一种稳定和可持续的企业高层领导责任和动力到位而权力受到有效制衡的正常状态。

关于董事会主席和首席执行官，或者换句更切合中国大多数公司实际情况的话说，董事长和总经理的关系问题，关键在于董事会的团队建设，有了强有力的董事会之后，董事长和总经理的关系就好解决了。与其陷在难以处理的董事长—总经理关系之中，不如先思考如何处理好董事会与首席执行官（董事长或者是总经理）的关系。

一个至关重要的问题是要作好董事长和总经理以及其他高管职务的职位描述。但是谁来给公司董事长和首席执行官作职位描述，如何作出来一个切合本公司实际情况的董事长和首席执行官职位描述，又如何能让公司董事长与首席执行官的实际领导风格和管理行为，与这种规范的职位描述相互匹配，在实践中能即没有两者职责冲突与矛盾的交叉地带，又没有无人真正负责的空白领域？在这里，外部咨询机构只能起一个提供专业意见和帮助解决问题的角色，而实际问题的有效解决只能靠董事长和首席执行官之间的相互沟通与协调来完成。

对于董事会主席和首席执行官职责分工，一种标准做法是"董事会主席负责董事会以及相关事务，而首席执行官则负责所有董事会之外的事务"。在公司内部，所有管理的指示都由首席执行官作出，因而不会导致"双头领导"，不清楚到底谁在管理上负责的问题。但是董事会主席对公司行为负最终责任，首席执行官必须向董事会主席请示并通报公司情况。在任何一家公司里，无论董事会主席和首席执行官具体如何分工，都要有两个基本的前提：一是明确两个职位之间是互补关系而不是竞争关系，二是两人之间必须相互信任。

董事长先写下来自认为应该承担的职责，然后与首席执行官进行讨论，作出必要的修正，最后达成共识。董事会主席和首席执行官之间只需要就其中一个职位的具体职责范围达成共识，那些没有包括进来的事务自然是另一个职位的分内之事。他们之间的关系应该在一开始就明确下来，然后根据彼此的性格以及公司事务的需要而随之发展。在这里，一个关键点是董事会必须了解董事长和首席执行官就他们之间的职责分工所达成的共识，并且对这一做法给予认可和支持。

接下来的重要问题是董事会和执行层之间的权力划分，每一官职或管理职务的职位描述清晰。公司的规模大小、所处行业、所处增长阶段不同等，这些管理职务之间的具体权力分配都应该不同，没有统一的定式。公司要随着业务发展情况不断地重新设计和调整组织结构，重新定义重要管理职务的权力和责任，重新调整薪酬体系，重做职位描述和岗位责任手册。

一位很有建树的国企老总告诉我，现行体制下，没改制企业的党委书记和厂长或经理之间，或者改制企业的董事长和总经理之间，能够良好运作的状态必须是老少配、男女配或者个性强弱配。我想这是一种很智慧的安排，但却是一种企业为了适应不规范的外部政策环境而想出的一种非常无奈的解决方案。这在很大程度上解决了内部机构政治的问题，但是可能在减少了损失效率的内部掣肘的同时，也丧失了能够有效控制风险的内部制衡。

真正造就中国公司的首席执行官，要从建设好董事会做起！

6.4 首席独立董事的产生、演进与其职责发挥

"关于上市公司独立董事制度改革的意见"（国办发〔2023〕9号）提出，"建立全部由独立董事参加的专门会议机制，关联交易等潜在重大利益冲突事项在提交董事会审议前，应当由独立董事专门会议进行事前认可。"独立董事专门会议需要有一位独立董事召集和主持，会催生"首席独立董事"这一角色。

6.4.1 何谓首席独立董事

英文中"首席独立董事"有多个用语，包括"牵头独立董事"（Lead Independent Director）"高级独立董事"（senior independent director）"主持董事"（presiding director）"牵头董事"（lead director），以及"独立副主席"（independent deputy chair），或"独立非执行主席"（independent non-executive chairman）。

无论如何称谓，首席独立董事的本质是在董事会职位设置上保证董事会的独立性，提高董事会对公司的独立领导力。具体而言，就是如果公司不是由独立非执行董事担任董事会主席，则需要有一位独立董事牵头，使独立董事作为一个整体能够有效发挥作用。任命"首席独立董事"已成为美国上市公司的普遍做法，这是因为美国上市公司中仍有近一半坚持董事会主席兼任首席执行官，或者更准确地说是，美国在公司治理制度设计上，一直保持着把董事会主席和首席执行官两职合一还是两职分离，作为企业根据自身业务发展和人才储备情况进行自主选择的事项。过去十几年中，约翰·汤普森（John W. Thompson）在微软公司的首席独立董事和独立非执行董事会主席角色轮换就

是个很好的案例。

汤普森在微软公司的"首席独立董事"和"独立非执行主席"任职履历

首席独立董事（2012年2月—2014年2月，盖茨为董事会主席）；

独立非执行董事会主席（2014年2月—2021年6月，纳德拉出任首席执行官和董事）；

首席独立董事（2021年6月—2023年3月，纳德拉出任董事会主席兼首席执行官）。

汤普森于2012年2月以独立董事身份加入微软公司董事会，并任首席独立董事。2014年2月，鲍尔默卸任微软公司首席执行官，盖茨卸任微软公司董事会主席，汤普森接任盖茨出任微软公司董事会主席，纳德拉接任鲍尔默出任微软公司首席执行官，并加入公司董事会。2021年6月16日，纳德拉接替汤普森，出任微软公司董事会主席，并兼任首席执行官。汤普森继续担任微软公司董事，并任首席独立董事，职责包括：召集独立董事会议，制定执行会议议程，以及主导首席执行官的绩效评估。

2023年3月14日，微软公司宣布桑德拉·彼得森（Sandra E. Peterson）接替约翰·汤普森成为微软公司董事会的新任首席独立董事。卸任首席独立董事之后，汤普森将继续留任微软公司董事，并是治理和提名委员会的成员。彼得森在出任首席独立董事的同时，出任治理和提名委员会主席和薪酬委员会成员。继续担任微软公司董事会主席并兼任首席执行官的纳德拉表示："我一直珍视约翰的建议和领导，感谢他作为首席独立董事的贡献，以及他将继续为微软提供的战略远见。""自加入我们的董事会以来，桑德拉提供的指导和意见非常宝贵。我很高兴她将继续作为首席独立董事为微软带来丰富的专业知识和领导力。"

6.4.2　企业自主改革时代的"牵头董事"

首席独立董事的几个不同称谓，实际也是这一角色演进历程的一个反映。

这一角色起源于1994年通用汽车公司的自主公司治理改革,采用了牵头董事（Lead Director）一词。

现代公司治理实践中,在董事会主席和首席执行官由一人兼任的情况下,为建立起有效的制衡机制,一种可行的做法是从独立董事中任命一位牵头董事或称领导董事。这是通用汽车公司首创的方法。通用汽车公司董事会于1994发表了"通用汽车董事会指引"（General Motors Board Guidelines）,该指引规定,如果董事会主席兼任首席执行官,由外部董事们选出一名董事,负责主持外部董事例会,或承担由外部董事作为一个整体而担负的责任。

通用汽车公司的具体做法是：董事会设立一个管理委员会,管理委员会成员出任董事会其他委员会的主席,管理委员会主席由董事会任命的一位独立董事担任。当董事会主席是独立董事时,董事会主席将同时兼任管理委员会主席。管理委员会主席负责主持独立董事例会并制定会议议程。此外,管理委员会主席负责将董事会对首席执行官的年度考核结果告知其本人;与董事事务委员会共同负责对董事会治理程序（方针）进行定期评估;在决定董事会会议议程的过程中充当董事会与首席执行官之间的联络人,承担董事会章程规定的或董事会感到需要的一些其他职责。

通用汽车公司的这一做法得到了几乎所有机构投资者的欢迎,纷纷将其纳入公司治理结构的指导原则中。美国加州公职人员退休基金组织的政策是在董事主席兼任首席执行官时,董事会需要正式或非正式赋予一位独立董事领导权力,协调其他独立董事工作。美国CII（机构投资者协会）的政策是：如果首席执行官是董事会主席,需要指定一个联系董事,以便董事们可以与其讨论一些问题或增加一些议程项目——那些不适于直接向首席执行官提出的议题。在机构投资者的压力之下,首席执行官兼任董事会主席时,设立首席独立董事、组织召开外部董事例会及外部董事执行会议等做法,在美国大型公司中流行了起来。

6.4.3 监管规则下的正式确立、普及与演进

2002年,萨班斯—奥克斯利法案颁布后,美国证券交易委员会和纽约证券

交易所以及纳斯达克交易所要求美国上市公司独立董事在出席全体董事会会议之外，还要独立于公司管理层和非独立董事，单独召开独立董事例会和独立董事执行会议。这些会议必须由一名独立董事主持。这些公司必须向公司股东披露此人的身份，从而在公司董事会与其股东之间建立起清晰的沟通渠道。这就产生了监管规则要求下的主持董事（presiding director），承担主持独立董事会议和接收股东意见与建议的职能。

经过1994年到2002年之间八年的企业自主公司治理改革下"牵头董事"角色的发展，和2002年到2010年的监管规则要求下的"主持董事"角色发展，到2010年时，包含牵头董事和主持董事两种称谓的首席独立董事角色发展到了顶峰。几乎所有美国大型上市公司董事会中（约96%）都有首席独立董事的角色（牵头董事、主持董事）。

但是2010年以后，由于董事会主席兼任首席执行官的公司数量持续下降，在承担首席独立董事角色的三种主要职位中，设有独立非执行董事会主席的公司数量持续增加，牵头董事和主持董事的数量持续下降。如果这一趋势持续发展下去，作为一种对抗更为激进的两职分离改革（在监管规则上强制实行两职分离）的妥协手段，牵头董事和主持董事制度，将会成为一种过渡措施，最终被独立非执行董事会主席制度所取代，实行两职分离。

根据史宾沙董事会指数（Spencer Stuart Board Index），2009、2014、2019和2022年这四个年份中，标准普尔500指数公司中首席执行官兼任董事会主席的比例分别为63%、53%、47%和43%，5年下降了10个百分点，10年下降了16个百分点，13年下降了20个百分点；独立非执行董事会主席的比例分别为16%、28%、34%和36%，5年增加了12个百分点，10年增加了18个百分点，13年增加了20个百分点。

随着更多公司董事会任命独立非执行主席，牵头董事和主持董事的数量持续下降。2009、2014、2019和2022年，设有牵头董事或主持董事的董事会比例分别为95%、90%、75%和68%，5年下降了5个百分点，10年下降了20个百分点，13年下降了27个百分点。

在设立牵头董事或主持董事的公司中，牵头董事比主持董事更为常见。在334个设有牵头董事或主持董事的标准普尔500指数公司董事会中，88%为牵头董事，12%为主持董事（包括冠名为"执行会议主席"的董事），而10年前，58%为牵头董事，42%为主持董事。由此可以看出，来自公司治理实践的称谓（牵头董事），还是要比来自监管要求的称谓（主持董事）更切合实际，更受欢迎。

6.4.4 首席独立董事的合适人选与核心职责

为首席独立董事职位选择合适的候选人至关重要。该职位的理想候选人应该缺乏权力欲或接替首席执行官的野心。向首席独立董事提供的薪酬方案通常比其他董事会成员的薪酬方案更优厚。在美国，首席独立董事的年度报酬通常比普通董事多2万到3万美元。

根据史宾沙董事会指数，标准普尔500指数公司中，董事会独立非执行主席的平均年龄（65.8岁）比其他董事（63.1）大三岁。几乎所有独立非执行主席（94%）在出任主席职务之前都已在该董事会任职，平均已担任董事7.6年。独立非执行董事会主席任期从不到1年到21年不等，平均任期为4.2年。

退休的首席执行官和投资者是最常见的董事会独立非执行主席和牵头或主持董事。176位独立主席中的大多数（53%）是退休的首席执行官、董事会主席、副主席、总裁或首席运营官。其次是投资者和投资经理，占董事会独立非执行主席的15%。与董事会独立非执行主席的情况类似，最常见的牵头董事和主持董事也是退休的首席执行官、董事会主席、副主席、总裁和首席运营官（44%），其次是投资者和投资经理（12%）。

首席独立董事是否应担任董事会委员会主席？实践中有略少于一半的首席独立董事担任了董事会一个委员会的主席，其中大多数担任的是提名和治理委员会的主席，如微软公司首席独立董事桑德拉·彼得森同时出任了治理和提名委员会主席。这两个角色之间的协同作用意味着同时做这两个角色是有意义的。

但是另一方面，同时担任这两个角色的人可能在董事会中拥有太多权力。让其他董事担任委员会主席有助于实施首席独立董事的继任规划。通过不让首席独立董事担任委员会主席，能够让更多的人轮流担任委员会主席的角色，并为担任下一任首席独立董事做好准备。

实践中的美国上市公司首席独立董事主要在以下四个关键领域发挥作用。①负责改善董事会绩效；②与首席执行官建立富有成效的关系；③建立起与股东的有效沟通，以及④在危机情况下发挥领导作用。这些首席独立董事做出最有价值贡献的领域并不在纽约证券交易所正式描述的职位之列。

随着首席独立董事的作用增强，在那些尚未设立独立非执行董事会主席的公司，牵头董事或主持董事名义下的首席独立董事这个职位，也已经发展成为一个独立非执行董事会主席类型的角色。在董事会会议之外，首席独立董事已开始承担一些以前属于董事会主席或首席执行官职权范围的职责。其中一项此类任务是，牵头处理表现不佳董事和业绩不佳首席执行官的问题。

领导董事会评估和必要时解聘首席执行官是一项非常重要并具有挑战性的任务。首席独立董事要与薪酬委员会主席合作，确定首席执行官的年度目标，领导整个董事会对首席执行官进行业绩评估。一旦有迹象表明首席执行官的表现不佳，首席独立董事应该推动关于首席执行官与公司处境的讨论。如果情况要求董事会解聘首席执行官，首席独立董事要出面与首席执行官讨论这一事项。

6.4.5 首席独立董事职位描述：一个范例

首席独立董事是在董事会主席为管理层成员或非独立董事时，由公司董事会选举产生，担任"首席独立董事"职责的独立董事。如果公司有独立非执行主席，则首席独立董事的角色将由独立非执行主席担任。

首席独立董事必须与董事会主席协同工作。他们可以共同确保董事会能够有效地履行其职责，并独立于管理层和公司的控股股东。

首席独立董事与董事会主席一起负责董事会及其成员的管理、发展和有效绩效，并领导董事会履行其监督公司业务和事务管理的集体责任。

首席独立董事担负以下职责以及董事会确定的任何其他职责：
①负责协调独立董事们的各项活动，以确保董事会以独立、建设性和有凝

聚力的方式运作。

②协助董事会和公司管理层以确保公司治理指引的实施和贯彻，并负责就这一指引提出修正建议；与董事会主席一起，确保遵守治理政策，包括有关举行董事会和委员会会议，以及与董事会运作有关的其他政策。

③与董事会主席一起，确保董事会和高级管理层都理解董事会的责任和义务，董事会与高级管理层之间的界限得到理解和尊重；确保董事会具有适当的程序和必要的资源，使其能够有效工作并独立于管理层运作。

④评价公司管理层与董事会之间的信息沟通质量、数量和及时性，审查和批准送交董事会的材料，可要求将某些特定的资料包括在内；向董事会主席和管理层传达独立董事在执行会议或董事会会议之外达成的任何决定，表达的建议、意见或关注；向董事会主席提供有关其与董事会互动关系的反馈和建议。

⑤在一些职能委派予董事会委员会时，确保其得以履行并向董事会汇报结果；就董事会及其各委员会的工作日程安排提出建议，要能够确保独立董事负责任地行使其职责，同时不因此而影响公司日常运作的正常进行。

⑥与董事会主席合作制定和批准董事会会议议程和会议时间表，要既能反映当前的优先事项，又能确保有足够的时间讨论所有议程项目；在董事会主席缺席的情况下主持董事会会议。

⑦主持召开独立董事例会和独立董事执行会议，协调、准备并修改独立董事会议议程；促进独立董事在董事会会议、执行会议和董事会会议之外的讨论和公开对话；对于敏感问题，在独立董事与执行董事之间担任主要联络人。

⑧与董事会主席和董事会治理与提名委员会主席一起，面试所有董事会候选人，并向董事会（和提名委员会）做出推荐；就董事会各委员会成员人选以及委员会主席的人选向董事会做出推荐。

⑨与董事会薪酬委员会或整个董事会一起，制定定期评估董事会和其委员会及董事个人绩效的程序，审核并报告董事会和董事会委员会的绩效评估结果；对公司经理层进行评价，评估首席执行官的业绩表现，与首席执行官会面讨论董事会做出的评估。

⑩与其他董事磋商，批准聘任在适当时直接向董事会报告的咨询顾问。

⑪确保股东直接咨询和沟通渠道畅通。
⑫确保董事会在危机时期的领导作用。

6.4.6　中国公司的首席独董，切勿是新的花瓶，抑或是成为特派员

首席独立董事是美国公司在两职合一体制下，为了强化董事会独立性和避免走向更激进的两职分离体制而产生的妥协性安排。欧洲公司没有首席独立董事，因为在实行上下双层委员会制的欧洲公司中，董事会主席和首席执行官是分离的。

中国公司中，虽然名义上普遍是董事长和总经理分设，但是董事长普遍是执行性的，甚至是事实上的首席执行官，本质上是两职合一的。这是中国有必要设立并强化首席独立董事角色的原因。

"关于上市公司独立董事制度改革的意见"（国办发〔2023〕9号）提出，"建立全部由独立董事参加的专门会议机制，关联交易等潜在重大利益冲突事项在提交董事会审议前，应当由独立董事专门会议进行事前认可。"独立董事专门会议需要有一位独立董事召集和主持，会催生"首席独立董事"这一角色。

从关联交易和潜在重大利益冲突事项入手，强化独立董事作为一个整体的作用，可以说是改革独立董事制度、完善公司治理的很好也很准的抓手。首席独立董事（由其主持的独立董事专门会议机制）作为独立、客观的顾问角色在重大交易中至关重要。在关联交易和重大利益冲突事项中，除了满足利益冲突之下的决策规则要求之外，首席独立董事可以通过帮助管理层避免"交易过热"和"交易疲劳"而发挥宝贵作用。

2012年下半年，在迈克尔·戴尔意欲将戴尔公司私有化后，迈克尔·戴尔首先通知了公司董事会首席独立董事曼德尔，自己正考虑买下公司。董事会组成了一个以曼德尔为主席的特别委员会来研究这一提议及其他选择，包括分拆个人电脑和企业服务业务、分拆电脑部门与战略合作伙伴合并、加强转型收购、更换管理层、进行资本重组、增加股票回购和股息发放、向战略投资者出

售公司等。经研究后，董事会愿意考虑私有化交易。

设立首席独立董事对于改进中国上市公司治理质量肯定有积极作用，但是更重要的是提高整个董事会的质量。外部董事总是难以足够了解公司业务而实际发挥作用，内部董事则总是因为太了解公司和身在其中而无法独立。所以要通过一个董事会的系统设计来提高董事会的质量、独立性和有效性。如果全体独立董事，甚至是全体董事，都只是公司实际控制人的花瓶，如何能够保证首席独立董事不会是一个新的花瓶？

相比执行董事，中国赋予了独立董事很多额外的责任和权力，有一种独立董事是"特派员"的意思。"关于上市公司独立董事制度改革的意见"（国办发〔2023〕9号）提出，"按照责权利匹配的原则，兼顾独立董事的董事地位和外部身份特点，明确独立董事与非独立董事承担共同而有区别的法律责任……推动修改相关法律法规，构建完善的独立董事责任体系。"这将是一个重大举措，但一定不能忽略继续完善和落实包括执行董事和所有董事在内的完整的董事权力和责任体系，以使首席独立董事既不会成为新的花瓶，也不会成为"特派员"。

6.5 告别花瓶式董事和帝王式首席执行官时代

中国的国有企业和上市公司，都在致力于董事会的建设，增强董事的责任和董事会的权力。选任和解聘首席执行官，是其中最为关键的一项内容。那些全球性大型上市公司在这方面是如何做的，有些什么新的趋势值得我们注意和借鉴？

公司董事会在处理首席执行官选聘问题上越来越不能容忍低下的业绩。那些给股东回报低于平均水平的公司首席执行官已经不能长期留在这个岗位上。首席执行官在其预定退休年龄到达之前，提前离职的状况越来越多，因为业绩原因而离职的首席执行官人数大幅度增长。

并购活动提升了首席执行官的离职率。包括对冲基金和私人股权企业收购在内的并购行为,创造出了破纪录的并购驱动型首席执行官离职水平。全球范围内,因为控制权变更导致的首席执行官离职比例和业绩关联性的首席执行官离职比例都有上升趋势。

6.5.1 应对首席执行官离职率的提高:董事会的三个流行做法

为了应对首席执行官的高离职率,董事会通常会采用的流行做法有外聘首席执行官、设置过渡首席执行官和选聘有相同职位经历的首席执行官等三种。不过,随着越来越多的董事会建立起了正式的首席执行官继任程序之后,绝大多数的董事会都至少准备好了一个随时可以就任的内部候选人,因而无需再设置一个过渡首席执行官的安排。这些流行做法也就不再那么必要了。

流行做法1:外部聘请首席执行官

就全球来说,由外部人担任首席执行官的比例约为四分之一。首席执行官任职期限的延长,导致很多董事会没有充分准备好继任计划。董事会通过增强对继任问题的关注和领导能力的提高,可以重新回到他们传统上所偏爱的内部选聘。

流行做法2:任命过渡首席执行官

在没有一个可靠的继任计划的情况下,首席执行官突然离职时,任命一个临时或者过渡性的首席执行官,就成为了董事会的一个不得已的选择。平均来看,过渡首席执行官领导公司的时间长度是6个月,在此期间公司寻找新首席执行官。

过渡首席执行官这种做法,在北美和欧洲最为常见。在日本,因为有很强的内部继任传统,以及相对较低比例的业绩关联解聘,过渡首席执行官的情况很少见。

流行做法3：寻找曾做过上市公司首席执行官的人

这种做法的理论依据是做过首席执行官的人能够带来应对投资者和其他利害相关者的经验，很快进入角色。

6.5.2　资本市场偏爱并购，董事会要小心面对以重组卖出"专业户"

董事会拥有挑选和解聘公司首席执行官的法定权力，但是由于董事会成员对于公司具体业务以及运营情况的了解有限，致使董事会处于信息上的劣势地位。资本市场作为公司外部的一种综合性力量，在一定程度上弥补了董事会的信息不足，从而成为董事会挑选和解聘公司首席执行官的一个重要参考和依据。

资本市场影响首席执行官继任的一个最强力量是并购活动。因为并购或者被私有化而离职的首席执行官，平均比到期退休和因业绩不佳被解聘的首席执行官所创造的股东回报要高。由于这种溢价的存在，董事会和首席执行官都有一种倾向，把被并购作为公司的一种战略机会，为股东创造高于平均水平的回报。当然有一些公司（像丰田、微软等）的首席执行官，仍在以一种老派的方式创造股东回报——保持公司独立，将公司做大，做更有价值的业务等。但是，对于有将近三分之一的公司首席执行官来说，卖出公司是创造更大回报的一种战略要素。对于外部继任者来说，把公司翻转一通，然后通过并购退出，是一种结合重组收益和并购溢价创造超级回报的大战略。

如果排除并购因素，内部继任者和外部继任者为投资者创造出了同样水平的业绩。但是因为外部继任者更愿意卖出公司，而卖出公司会提高回报，所以把并购因素纳入考虑之后，外部继任者则创造出了更高的回报。

通过被并购而退出，对于那些具有很高重组技能的外部继任者来说，是一种特别有吸引力的战略。退出低效业务、大力削减成本和强制公司文化变革等等都是大转变前两年中最关键的任务，但是这些对于以后年份中激发快速增长和组织文化演进等则不是那么重要了。结果是，外部继任首席执行官往往在其任职的前几年时间里会创造出比内部继任者更好的回报，但是随后则是业绩平平。把卖出公司作为一种成功选择，可以在发挥了首席执行官的高超重组技能之后，无需首席执行官在驱动长期增长方面再同样富有成效。

一些擅长于重组的外部继任者，是"连续卖出者"，重复性地把一些大公司翻转一通，然后卖掉。曾经卖过一家他掌管的公司的外部继任首席执行官，通常会再卖掉他们成为了首席执行官的新公司。董事会需要认清这一点，聘请一位是"搞翻公司专家"的外部继任者，特别是如果他或她过去曾经卖过一家公司的话，就等于是开启了一个导致公司被卖掉的进程。

6.5.3　星巴克的首席执行官继任：创始人与职业经理人

1987年天天和星巴克合并后的新星巴克咖啡公司，共有11家门店和100名员工。1992年6月26日，星巴克股票以60倍市盈率的定价在纳斯达克公开发行与上市，当日星巴克市值达到2.73亿美元。

2000年时，星巴克在全球13个国家开设了2600家门店。舒尔茨辞去首席执行官职务，担任董事会主席兼全球战略官。1990年加入星巴克担任首席财务官的奥林·史密斯（Orin C. Simith）出任星巴克首席执行官，任期5年。史密斯担任首席执行官的5年中，星巴克高歌猛进，门店总数达到9000家。

2005年星巴克董事会选择了吉姆·唐纳德（Jim Donald）接替史密斯担任首席执行官。唐纳德2002年加入星巴克，负责北美业务。唐纳德领导星巴克继续追求高速增长，过分的增长导向导致星巴克的产品质量和顾客体验下降。2007年，星巴克开始出现危机：门店总数发展到13000多家，但是顾客在门店的消费额开始减少，股价大幅下跌（-42%）。

2008年1月7日，已经退居二线近8年的创始人舒尔茨重新担任星巴克公司的首席执行官。通过关闭一些效益不佳的门店（600家美国国内门店）和裁员（1.2万人）、加强供应链建设和管理，以及重回星巴克传统（高度关注高质量的咖啡和顾客体验）等一系列的举措，使星巴克成为应对全球金融和经济危机，在困境中反败为胜的一个典范。

2017年4月舒尔茨卸任星巴克首席执行官。2009年加入星巴克、2015年3月升任总裁兼首席运营官的凯文·约翰逊（Kevin Johnson）出任总裁兼首席执行官。舒尔茨继续担任董事会主席，到2018年6月正式退休，迈伦·乌尔曼三世（Myron E. Ullman, III）接替舒尔茨担任董事会主席。为了表彰舒尔茨对星巴克的贡献，董事会授予他名誉主席（chairman emeritus）称号。

2022年4月4日，星巴克董事会主席迈伦·乌尔曼三世和总裁兼首席执行官约翰逊同时退休。董事会副主席梅洛迪·霍布森（Mellody Hobson）接替迈伦·乌尔曼三世，出任董事会非执行主席（Non-Executive Chair of the Board），成为美国财富500强公司董事会主席中唯一的黑人女性。霍布森现任资产管理公司Ariel Investments LLC的联席首席执行官、总裁和董事，2005年首次加入星巴克公司董事会担任独立董事，并于2018年出任星巴克公司董事会副主席。

与董事会主席的更替相比，首席执行官的更替则出现了出人意料的情景。2021年，约翰逊已经告知董事会他打算退休，但是董事会一直没有找到合适的继任者。2022年4月4日，舒尔茨重新加入星巴克，担任临时首席执行官（interim chief executive officer），并进入董事会。星巴克董事会表示，将在年内找到能够长期任职的接任者。

作为公司创始人，舒尔茨两度退出公司后，又两度出山，重新担任星巴克公司首席执行官，一次因为公司业绩不佳，一次因为继任者难寻。作为一家市值高达858.6亿美元（2022年4月29日）的大型公司，这是很不寻常的现象，也反映了现代公司治理和有效职业管理的复杂性与实施难度。

相关案例参见《董事会与公司治理（第4版）：演进与案例》案例7"自主放手与外部压力：职业经理人制度的成长路径"、案例8"良好治理成就世界一流公司"。

第7章

董事会的委员会与董事选举

下设一些独立的委员会可以提高董事会工作的效率与质量,但是也要避免过于关注董事会的委员会,而忽略了董事会作为一个整体的有效性,并且特别要注意可能因为委员会而割裂了董事会的危险。

在当前全球性的公司治理改革中，监管机构、交易所、机构投资者和那些领先公司，都非常重视的一个问题就是董事会的委员会设立和其相应职责的到位。董事会委员会的运作，甚至已经不再是董事会内部的事务，而成为监管机构和股东们也都要密切关注的事项。比如，公司年报中要有审计委员会和薪酬委员会单独的报告，汇报其履职状态，所遵循的守则等等。

包括董事会委员会状态在内的整个董事会作用的不到位和相关信息的披露不充分，可以说是中国公司治理中一个最薄弱的环节。在这个公司治理的核心和关键问题上的薄弱状态，可能与中国上市公司目前仍是一股独大状态有关，但与对现代企业制度和公司治理基本原则的认识偏差和理解不充分也有关。在其背后，也许有中国的政治经济体制和文化方面的深层原因。

如同整个中国市场经济体制发展情况一样，尽管纵向自我比较，进步很快甚至很大，但是一横向国际比较，就是差距仍然很大、落后很多。公司董事会如何确保其自身作为一个整体及其各个委员会的运作情况呢？国际领先公司都是怎么做的，有哪些最佳做法值得借鉴？这就是本章和随后两章要探讨的主题。本章中先就董事会委员会的总体情况作一探讨，然后介绍主要负责公司治理职责的董事会提名与治理委员会。另外两个重要的董事会委员会，审计委员会和薪酬委员会，则在接下来的两章中分别探讨。

7.1 董事会委员会的由来、种类与数量

从根本上说，董事会是作为一个整体来担负公司管理职责的，董事会成员

内部如何分工合作,是他们自己的事情。但是,近些年来随着公司治理运动的展开,监管者和投资者等各种外部力量越来越多地介入到了董事会的内部运作规则之中。董事会内部设置一些独立和专业委员会成为了全球公司治理改革的一个重要趋势。

7.1.1 董事会委员会的由来

在董事会里设一些独立的委员会,只是为了更有效地发挥董事会的监督、制衡及决策作用。一方面,涉及一些敏感问题,如董事的薪酬,为了保证客观,这些委员会通常包括高比例的独立董事或者全部由独立董事组成。另一方面,为了提高决策的质量,董事会中也通常设置一些专业委员会,分别负责协助董事会做好工作。这些领域经常需要专业投入和详细的讨论,这在整个董事会的会议中难以有充分的时间安排。

专栏7-1　常见董事会下属委员会的职能:简要指南

执行委员会: 在董事会闭会期间作为董事会的代表机构行使职权。

审计委员会: 负责对公司的经济运行进行审计监督;负责评价和监督公司的财务报告流程和内部控制;与外部独立审计师保持沟通。

薪酬委员会: 负责研究公司高级管理人员的薪酬事项和制定董事薪酬政策,以能够吸引、留住和激励公司高水平的董事。

提名委员会: 负责建立提名过程程序;负责提交董事会的规模、构成方案;负责向董事会推荐候选董事和高级管理人员。

董事事务委员会: 负责委员会成员的安排与轮换;董事会和各委员会的会务工作;确保董事会的程序和规章制度得以遵守。

公司治理委员会: 负责向董事会评价和报告公司治理情况,例如:公司战略发展方向,组织结构,董事会、股东和高级管理人员之间的关系等;负责推荐其他公司有效的创新治理模式。

财务委员会: 负责监督公司内部财务与会计活动,审核财务报告。

7.1.2 董事会委员会的种类

现代公司董事会内部，通常有两类委员会：一类是公司治理类的委员会，成员以非执行董事为主，主要执行董事会的监控职能，目的在于规范运作；二是公司管理类的委员会，主要执行董事会的战略和管理职能，目的在于帮助公司取得更好的业绩，成员包括非执行董事和执行董事，不需要以非执行董事为主。

从公司治理角度来说，董事会内部的一些公司治理类委员会要起制衡作用，尤其是在英美传统的单层董事会制国家。常见的公司治理类委员会包括执行委员会、审计委员会、薪酬委员会、提名和治理委员会等（图7-1）。这些委员会主要是为了确保公司规范运作和保护股东利益，处理的是一些执行董事和经理层人员有利益冲突的事项，其组成和运作都要遵守监管部门和证券交易所的一些规则。尤其是审计、薪酬和提名/治理这三个委员会，已经直接受到了投资者的关注和证券交易所的规制，要担负一些直接向股东汇报的工作职责。

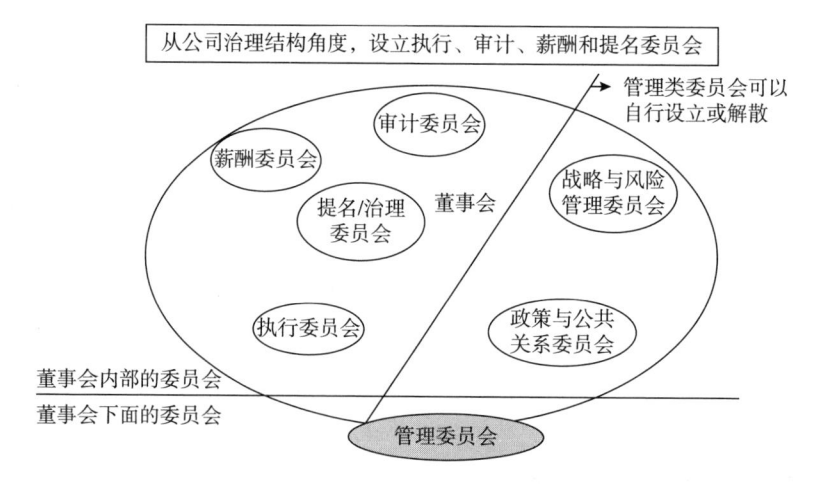

图7-1 董事会的委员会：组成

另一方面，从管理角度来说，董事会仅靠每年10次左右的全体会议很难完全和有效地履行其职责，因此，董事会中通常设置一些专业委员会，分别负责协助董事会做好相应的专业领域里公司管理性质的工作。常见的董事会内部的公司管理类委员会包括战略与风险委员会、政策与公共关系委员会以及投资委员会、技术委员会等。管理类委员会主要是为了确保高层战略管理上的有效性与质量。各公司之间差异很大，在其组成和运作上，董事会有非常大的自主权，可以根据情况变化组建一个新的委员会，或解散一个现存的委员会。这类委员会一般是向董事会全体会议报告和提出建议，不做最后决策。

上述的两类委员会都属于董事会内部的专业委员会，成员都是董事，执行的是董事会职权范围之内的事项，非公司董事会成员只能作为该类委员会的顾问或者是支持人员，不能有正式的投票权。此外，很多公司还设立了包括非董事会成员的高级管理人员在内的董事会下面而非董事会内部的执行公司管理职能的委员会。这类由董事会成员和经理层人员共同组成的委员会，规格低于董事会和董事会内部的委员会，但高于公司首席执行官以及纯粹由经理人员组成的一些管理层委员会。

7.1.3 董事会委员会的数量

董事会内部委员会的数量并非越多越好，因为董事会委员会所承担的也是董事会授权和董事会分内的事务。但就当前公司治理的需要来说，审计、薪酬、提名以及中国公司更为需要的关联交易审核等事务，都需要有称职的独立董事起主导作用。独立董事占多数并担任主席职位的委员会是在整个董事会中占不了多数的独立董事充分发挥作用的一种重要制度保障。没有适当数量的委员会承担这些相应的职责，则必然是或者忽略，或者是由有执行董事在内的全体董事共同履行而带来一些不足、偏差和利益冲突。

一些机构投资者要求上市公司设立全部或主要由独立董事组成的委员会。美国加州公职人员养老基金组织要求设立6个委员会：审计、提名、董事会评估与治理、首席执行官评估与管理、薪酬、合规性与伦理。澳大利亚投资经理协会要求上市公司成立审计、薪酬和提名三个委员会，这三个委员会要由独立董事领导并全部由非执行董事构成。爱尔兰投资经理协会也要求成立审计和薪酬两个委员会，在发生管理者要购买企业（MBO）的情况下，要成立一个全部或主要由非执行董事构成的专门委员会，获取独立顾问意见。

一些著名公司董事会委员会的数量通常超过3个。通用汽车公司董事会有7个委员会，分别是：审计、股本（Capital stock）、董事事务、管理、薪酬、投资和公共政策。除投资委员会之外，其他委员会全部由独立董事构成。通用汽车公司的董事事务委员会职能与一般要求的提名委员会的职能基本一致。

伊士曼化工公司董事会有五个委员会，分别是：审计委员会，财务委员会，报酬和管理开发委员会，董事委员会，健康、安全及环境和公共政策委员会。这五个董事会委员会的全体委员均为独立董事。

7.2 董事会委员会的基本规则、成员与会议

7.2.1 董事会委员会的基本治理规则

从公司治理的基本规则上来说，董事会委员会是在全体董事会成员授权之下，行使一部分董事会权力的。无论如何，这些委员会的权力不能超越董事会自身所拥有的权力。美国特拉华普通公司法特别明确了董事会委员会无权修改公司章程，无权决定公司并购或合并以及公司分红和发行股票等事项。

专栏7-2　　《特拉华州普通公司法》关于董事会委员会组成及其权力的有关规定

根据全体董事的多数人决议，董事会可任命一个或多个委员会，每个委员会由一个或多个公司董事组成。

董事会可以任命一个或多个董事作为任何一个委员会的候补成员，用来在任何一次委员会的会议上替补任何一位缺席委员或不够资格的委员。

公司组织细则（管理章程）可以规定当一个委员会的委员缺席或不够资格时，在会上的有表决权资格的董事，不论他们是否已构成法定人数，可以在他们一致同意下指定董事会中的其他成员来替代上述缺席或不够资格的委员作为。

任何一个这样的委员会，在董事会决议或公司组织细则（管理章程）

> 规定的范围内,在管理公司业务和事务的范围内,应当具有并可行使董事会拥有的一切权力和权威,并且可以在必要时在有关文件上加盖公司印章。
>
> 但是这些委员会无权修订组成公司证明文件(注册章程),无权通过一项决议去吞并一家公司或被吞并,或和一家公司合并,或者向股东建议解散公司,或建议撤销这一解散的决定,或者修订公司的组织细则(管理章程);以及,除非在组成公司证明文件中或公司组织细则中有明确规定,这些委员会都无权力或权威宣布发放红利,发行股票。
>
> 《特拉华州普通公司法》第四分章"董事和官员"第141节(c)款。

在不违背公司法的前提下,股东可以在公司章程中,对董事会委员会的组建及运作设定一些基本规则。比如IBM公司就在其管理章程中规定,董事会可以委任其成员组成一些委员会,这些委员会应当并且可以行使经董事会决议授予它们的权力。组成这些委员会的董事数量由董事会决定,但每个委员会的董事数量不得少于三人。这些委员会可以是就特定事项而设立临时性质的,也可以是常设性质的。除非董事会另有规定,这些委员会的决议及法定人数要求、举行会议的时间、地点等均由全体委员会成员的多数决定。董事会有权无需任何理由,随时变更或辞退委员会成员、填补委员会空缺、改组或解除任何一个委员会。委员会的任何成员有权随时以书面形式向董事会提出辞职[①]。

就每一个董事会委员会的运作来说,还都要遵守如下一些基本的治理规则。最主要的一条就是,董事会的每一个委员会要有自身的书面章程,委员会章程要包括如下内容:委员会的使命、委员会的职责、委员会成员的资格要求、委员会成员任命和解聘的程序、委员会的构成和运作等。

董事会及其各个委员会拥有在其认为必要时聘请或解雇独立法律顾问、财务顾问及其他外部顾问的权力,无需事先与公司任何经理人员商讨或获取其批准。这是一个未必真的使用但却至关重要的权力。它类似于原子弹,是一种威慑性的力量。没有这种威慑力量,经理层就会肆意地做手脚,欺负"不懂事的董事"。

---

① IBM公司管理章程第四章"执行委员会及董事会其他委员会"。

独立董事可以参加所有委员会的所有会议，不论其是否是该委员会的成员。

除紧急情况外，至少提前两天将会议议程及完整材料送至所有委员会成员。

除紧急情况外，要将委员会会议通知所有成员，使所有成员均有机会参加会议。

要保持完整的会议记录，该记录要对所有董事在任一工作时间开放备查。

7.2.2 董事会委员会成员的委派与轮换

关注公司治理的机构投资者普遍强调，应由独立董事向董事长推荐各委员会成员的组成及主席的候选人。

在实际运作中，董事会各个委员会成员的委派有三种模式：一是直接由董事会任命，二是由董事会根据提名和治理委员会的推荐任命，三是直接由提名和治理委员会负责。

第一种模式的代表性公司是英特尔，其公司治理准则中的具体规定是"在咨询董事会主席并考虑单个董事的意愿之后，董事会负责把董事会成员指派到各个委员会"。

第二种模式的代表公司是花旗集团，其公司治理准则中的具体规定是"由董事会根据提名和治理委员会的推荐及董事个人意愿来任命董事会下设委员会成员"。

第三种模式的代表性公司是通用汽车公司，其公司治理准则的具体规定是"董事事务委员会负责在征求首席执行官意见并考虑到董事个人要求的基础上，安排各个委员会成员的工作"。伊士曼化工公司也是以这种模式分配董事会委员会成员的："在与首席执行官商量之后并考虑单个董事会成员的愿望后，董事委员会负责把董事会成员分配到各个不同的委员会中。"

委员会成员的轮换也相应地有些差异。花旗集团是委员会成员及委员会主席都要根据提名和治理委员会的推荐而定期地轮换。通用汽车公司董事会认为，通常每隔五年应考虑对委员会成员进行轮换，但这并不是一个不可更改的规定，因为在某种情况下，可能会需要个别成员在该委员会里工作更长的时间。伊士曼化工公司与通用汽车类似：每隔3~5年对董事会成员定期进行轮换，但允许有例外。英特尔公司董事会认为，当委员会成员退休或工作职位发生改变时，他们没有必要立刻退出董事会。

7.2.3 董事会委员会会议议程和议题的决定

因为其对公司战略和公司业绩所担负的职责，首席执行官经常在全体董事会会议议程制定上起重要作用。但是普遍认为，董事会的委员会应该更独立于经理层的控制。

董事会下设委员会的实际运作，主要是会议频率、时间和议题的确定，其中有两种模式：委员会主席为主决定和董事会主席为主决定。

花旗集团、通用汽车公司以及伊士曼化工公司都是委员会主席主导模式。各个委员会主席根据委员会章程规定及经与委员会成员商讨确定委员会会议的频率和长度，并经与高级经理层的商讨确定委员会会议的议程和议题。美国通用汽车公司公司治理规则中的具体规定是"各委员会主席在征询委员会成员意见的基础上，决定委员会会议召开的频率和每次会议的长度。委员会主席在征询有关管理部门和公司有关职员意见的基础上，制定委员会会议的议程"。

英特尔公司是董事会主席主导模式。英特尔公司治理规则的具体规定是"通过与公司秘书处、各委员会主席以及高层管理人员的充分讨论，董事会主席决定各委员会会议的频度及会议时间的长度，并制定出会议议程"。

无论委员会主席主导模式，还是董事会主席主导模式，董事会中的各个委员会应在每年年初对当年将讨论的项目，确定一个年度的讨论议题计划，并在委员会会议之前呈交全体董事。所有董事共享各委员会的会议议程与会议纪要，欢迎所有董事会成员参加各专业委员会的会议。

7.2.4 花旗集团董事会委员会的职责

执行委员会的职责

在董事会闭会期间全权代表董事会，需要召开董事会会议而董事无法全体到场时可代行董事会职责。

审计委员会的职责

审查审计方案及公司独立审计师和内部审计师、风险监察官员的审计结果。

审查财务报表和会计政策。

审查内部纪律的遵守情况以及税收、法律、监管事务。

向董事会推荐独立审计师并评估其独立性及绩效。

审计委员会的下属委员会涵盖了公司及投行业务、消费者业务和保险业务。

证券交易委员会和纽约交易所的规则要求审计委员会成员保持独立性并拥有财务知识。

人事、薪资委员会的职责

评估集团及董事会在维持有效的公司治理实践方面的努力，确定董事候选人。该委员会将考虑董事和股东建议的候选人。来自股东的提名应该先以书面形式提交花旗集团董事会秘书，以供该委员会甄选。

该委员会审核高管人员的报酬，包括管理委员会和业务计划小组的成员，以及公司层次的大多数管理人员。该委员会负责确定董事长办公室成员和一些其他高级执行官员的报酬，并且具有批准花旗集团所有执行官员报酬的权力。该委员会可以聘请独立的薪酬顾问企业协助。该委员会也负责批准一些涉及整个花旗集团的涵盖更多人员和特殊的薪酬计划。

批准奖金方案、员工股票期权的发放以及其他员工股票奖励和有关计划。

证券交易委员会和国税法要求委员会成员保持独立性。

公共事务委员会的职责

就对公司和公众有重大影响的公共问题，审查公司的有关政策：

——隐私权。

——公平贷款与机会均等。

——多元化。

管理层下设各委员会的职责

董事会授权首席执行官任命各管理委员会负责公司的日常运作。管理委员会由公司六位级别最高的执行官员组成。

财务和资本委员会：确定公司的总体财务结构，包括资产负债率、债务到期日分布、资产增值和到期原则；监测市场和流动性风险，审批公司融资计划。

筹资委员会（Funding Committee）：确定公司借债的定价和条款，包括公募和私募发行债务证券。

全球投资政策委员会：负责制定战略性投资政策；审核投资业绩。

风险监督委员会：审核公司的风险承担情况和有关做法。

福利计划管理委员会：管理公司的福利和养老金计划。

7.3 执行委员会、紧急状态下的董事会及董事会其他委员会

健全的公司治理必须要关注，在灾难和危机等紧急状态下，需要董事会的决策时，公司董事会能够"及时到位"并"随时在位"，不能找不到、联系不上公司董事会。

从正常情况下在董事会闭会期间代行董事会职权的董事会执行委员会，到紧急状态下按公司紧急状态规则组成"紧急状态下的董事会"，是现代公司治理上处理重大灾难和危机问题的两级应急机制，都可以说是公司治理制度上的"应急预案"，保证作为公司管理机构的董事会可以"无时无刻不在"。

并且，由此也一方面可以避免外在原因导致的需要董事会作为而董事会无法作为的情况，另一方面为根除"先斩后奏""将在外，君命有所不受"等一类的经理层"越权行为"提供了制度保障。

中国公司的董事会很多是"形式到位"，很少真正"行为到位"，更很少有董事会执行委员会和紧急状态下的董事会一类的应急机制设置。

7.3.1 执行委员会：从管理职能为主转为治理职能为主

董事会的执行委员会源自美国公司管理实践，在董事会闭会期间作为董事会的代表机构行使职权。审计委员会也是先源于管理实践，后成为证券交易所要求上市公司董事会必设的机构。薪酬和提名两个委员会是公司治理运动兴起

之后，主要由投资者要求上市公司设立的。

早期的董事会执行委员会具有董事会"常务委员会"的性质，具有公司管理类委员会的特点，并不排除首席执行官，甚至有公司管理章程还规定公司首席执行官是董事会执行委员会的常任委员。但是近些年来，随着公司治理改革的推进，董事会的执行委员会越来越转向为公司治理类的委员会，主要由非执行董事构成，首席执行官不再是当然委员。执行委员会开始有点像是"原子弹"，是个非常重要但却不太常用的预备性的公司治理制度装置。一般在没有需要全体董事会决定而全体董事会又来不及召开会议这样的紧急情况下，董事会的执行委员会是可以"不作为"的。

董事会的执行委员会没有单独的书面章程，但是在公司章程细则（BY-LAW）中有专门的一章是有关执行委员会的。

公司章程是比委员会章程更有法律地位和约束力更强的公司文件。由此也可以看出美国公司执行委员会的特殊地位和重要性。在公司章程中，除对执行委员会有单独的规定之外，对董事会的其他委员会都只在"其他委员会"一节中做个较为一般性的规定。

7.3.2 IBM公司的执行委员会

IBM公司在其管理章程中设置了专门的一章，"第四章：执行委员会及其他委员会"，对董事会执行委员会的构成、职责、会议及运作等等作了具体规定。

执行委员会的构建：成员、主席和秘书

经多数董事决议，董事会可以委任不超过四名现职董事组成一个执行委员会。除经全体董事会多数决议外，委员会成员资格将一直持续到其接获委任后的下一届股东会议召开，或者直到委员会成员的董事资格被提前终止。首席执行官是执行委员会的常任委员。董事会可以通过决议的形式委任一位成员担任执行委员会主席，执行委员会主席负责主持委员会会议。如果委员会主席缺席，CEO负责主持；如果委员会主席以及CEO均缺席，董事长负责主持；如果委员会主席、CEO以及董事长均缺席，则由总裁负责主持；如果上述人员均缺席，出席执行委员会的多数委员应选举一位主席主持会议。公司秘书担任执行委员会会议秘书并负责会议记录；如果公司秘书缺席，会议主席可以任命任何人担任此项职务。

执行委员会的职权

执行委员会可以对董事会授权管理的事项行使董事会的所有职权。在此范围内，执行委员会应当并且可以对公司的管理及日常事务行使董事会的所有职权，包括授权使用印鉴，但不包括任命执行委员会委员的权力。执行委员会行使职权时应符合公司最佳利益，并与董事会过去采取的任何行动不矛盾。执行委员会在董事会授予权限范围内采取的行动视为董事会的行动。执行委员会在每次董事会例会上应将其采取的行动以备忘录的形式作出书面报告。在其他时间里，如果董事会要求，执行委员会也应采取同样方式向董事会书面报告。

执行委员会会议

执行委员会定期会议应按经委员会多数通过的决议所确定的时间、日期和地点举行，此类会议无需通知。执行委员会定期会议也可以由委员会主席来确定并签发会议通知，如果主席不在，CEO也可做出召集会议决定。执行委员会临时会议由委员会主席或CEO召集。列明时间、地点的执行委员会临时会议通知（包括需要通知的定期会议）应预付邮资并以快件方式至少在会议召开前四天寄给每一位执行委员会成员，或者至少在会议召开前二十四小时通过传真或类似媒体发送给每一位委员会成员，也可以通过送信人或电话传达给每一位委员会成员。但根据管理章程规定免予通知的委员会成员无需通知。如果委员会的所有成员均在场，执行委员会召集的任何会议无需通知即为合法。

执行委员会的法定人数及运作方式

执行委员会的四名成员即构成了决议的法定人数，符合法定人数的执行委员会会议中多数委员的意见即为委员会的决议。通过电话或类似能让所有参会者互相沟通的设备参加会议应视为亲自到会。执行委员会的任何成员个人无权代表委员会，委员们作为一个集体才能代表委员会。

7.3.3　灾难、危机与紧急状态下的董事会

在今天充满动荡、灾难频繁成为新闻头条的时代，危机管理是一个关键问题。但是很多董事会却没有为公司危机做好准备。即使是在美国的上市公司中，当被问及董事会是否讨论过公司面对重大危机的应急行动计划时，也只有41%的公司董事给予了确定性的回答。这样低的董事会"应急预案"讨论比例，表明公司缺乏在危机时期的领导力。无论危机是来自首席执行官的突然死亡或丧失能力，或者是气候灾害、劳动纠纷，或者是竞争者的突然袭击等等，董事会都对其股东、雇员和顾客负有责任，要有一个行动计划以保持公司能够在危机中前行。

公司要对各种各样的危机作好哪些准备？这是专门和巨大的题目，超过了本书的讨论范围。但是健全的公司治理，必须要关注的是，在灾难和危机等紧急状态下，需要董事会的决策时，公司董事会必须能够"及时到位"，不能找不到、联系不上公司董事会。

中国公司法和公司实际运作中，在这方面还是一个空白。美国特拉华州公司法中有关"紧急状态时的公司章程和权力安排"非常值得我们参考和学习。

应对紧急状态的基本规则是，公司可以采纳一个"紧急状态下的管理规则"，在这一规则中要规定一个可行的，在紧急状态下，需要召开董事会而全部或者一些董事联系不上，正常董事会无法召开时，公司的哪些人、按照什么样的一个顺序，可以作为紧急状态下的董事，补足董事会，召开紧急状态下的董事会会议，行使董事会的权力。美国特拉华州公司法中规定了公司可以采纳紧急状态管理规则的情形，紧急状态管理规则中要包括的主要条款等。如果公司没有一个事先拟订好的紧急状态下替补董事会成员的名单，则是在场的公司高级管理人员先按级别再按年资的次序来补足董事会的法定人数。而且公司董事、高管甚或普通雇员按紧急状态管理规则采取行动，召开紧急状态董事会和行使董事会权力，不应承担任何责任，除非是故意的错误行为。

专栏7-3　《特拉华州普通公司法》有关"紧急状态下管理规则"的规定

《特拉华州普通公司法》第一分章"公司组成"第110节"紧急状态时的组织细则和紧急状态时的其他权力"

任何公司的董事会都可采纳紧急状态组织细则，该细则可以由股东们采取行动来废除或更改。

所谓紧急状态是指：因为美国或者公司业务经营所在地或者董事会习惯的会议所在地受到攻击，或者发生了核子或原子灾难，或者是处于其他类似的紧急状态中，这时无法召开能采取行动的、具有法定人数的董事会或其常务委员会。

紧急状态组织细则可以制定适应紧急环境的，可操作而又必需的条款，这些条款可包括：

（I）董事会或其属下的一个委员会可以在紧急状态细则中规定的那种条件下和方式下由任一位公司雇员或董事召开；

（II）参加了这样的会议的董事，或者由紧急细则规定的更多一些的人数便算是法定人数；以及——

（III）在紧急状态发生之前，董事会要批准一个名单，名单中指明一批公司的官员和其他人，他们都按先后次序在名单中被排定，当由紧急状态细则规定的，或是在批准上述人员名单的决议中规定的条件下和时间（在紧急状态结束后不长于一个合理的时间）内要召开有法定人数的董事会时，上述名单中的人员应被视为是董事，他们应依照排定的先后次序补足法定的董事人数。

董事会在紧急状态之前或之中可以规定，并可随时修改这一规定，规定在紧急状态下的人员接任名单。因为在紧急状态下公司的任何一位或全部官员或代理人可能有理由不再能履行他们的职务。

公司官员，董事或雇员按紧急状态组织细则行动时不应承担任何责

> 任,除非是故意的错误行为。
>
> 在和紧急状态细则不相冲突的范围内,公司的组织细则在紧急状态中仍然有效,当紧急状态一结束,紧急细则的效力也应终止。
>
> 除非在紧急状态细则中另有规定,在紧急状态中的董事会会议通知只发给有可能参加会议的董事并利用当时可行的手段来发通知,包括在报刊上或在广播中通知。
>
> 在紧急状态时,在被要求董事会有法定人数时,当时在场的公司官员,除非在紧急状态组织细则中另有规定,应当被认为是可以参加董事会以求达到法定人数的董事。他们应当按级别次序,在同一级别中则按年资次序,参加进去。
>
> (特拉华州法典,第8篇,第110节,1983年)

IBM公司在其管理章程中规定,董事会可以设立一个特殊的成员及任期都可以不确定的应对紧急状态的委员会,实际就是我们所说的"紧急状态下的董事会"。其具体规定是:"董事会可以设立一个成员及任期不确定的委员会,该委员会的成员资格、法定人数、会议方式及运作方式等不受本管理章程规定的约束。当发生重大灾难或全国性紧急状态时,董事会由于成员死亡、丧失行动能力或无法召集全部或部分董事而无法采取行动时,该委员会应当并且可以行使董事会管理公司事务的一切权力,包括授权使用公司印鉴和填补董事会空缺。该委员会在授权范围内采取的行动视为董事会的行动。"

7.3.4 董事会的其他委员会

除了上节已经探讨过的董事会执行委员会,和后文中有专节或专章探讨的提名与治理委员会、审计委员会和薪酬委员会之外,公司还有哪些常见的委员会?可以说是五花八门。我们这里只是给出两个示例:战略与投资委员会和政策与公共关系委员会。

战略与投资委员会

战略与投资管理委员会的设立主要是从管理角度出发考虑的。重大投资融资活动和经营项目的最后决策权归属董事会、股东大会。战略与投资委员会的主要职能是由非执行董事及独立董事们提供客观意见，在与执行董事的共同研讨中，对企业的投资融资和经营活动进行把关，以避免出现不顾股东回报或不顾社会效益的投融资与经营行为。战略与投资委员会中非执行董事和独立董事，可以从多种角度对投融资和经营活动及其潜在风险进行评议，避免执行董事很容易犯的头脑发热病。

政策与公共关系委员会

政策与公共关系委员会的设立是从公司治理和管理两个角度出发的。设立政策及公共关系委员会来负责法规管理、对政府政策进行影响的活动、对外捐赠以及其他方面的一些公共关系活动，可以消除股东对首席执行官利用捐赠及其他公关活动谋求私利，买通董事、监事及有关外部监管部门的怀疑，同时避免社会摊派等活动对首席执行官日常工作的影响。尤其是那些有重大重组活动的公司，要特别处理好与政府各部门、新闻媒体及社会公众等各方面的关系。由董事会的政策及公共关系委员会处理和运作这方面的事情，即可以加强公司治理，又可以改善公司的外部环境，形成长期竞争优势。

7.4 提名与治理委员会

> 确保你的董事会是由具有合适技能组合的合适人员构成的。

现代公司中，董事会提名委员会，或者提名与治理委员会的起源要晚于审计委员会和薪酬委员会。从全球范围来看，其设立的普遍程度也要低于审计和薪酬委员会。但是随着各国公司治理改革的深入，提名与治理委员会的重要性却是越来越高,甚至已经呈现出一种比其他委员会高出一格的趋势。国际著名公司均已设立了提名委员会,或与提名委员会职能类似的委员会,以此提高其在国际资本市场上的竞争力。

7.4.1 诊断你的董事会

你的董事会在努力做事情,但是却没有你想象的那么有效率。在你的董事会会议室里或者是走出会议室后的楼道里,是否经常能够听到下面一些声音:

——尽管每个人都用心良苦,但是我们的董事会却一直无所作为。我认为我们需要改变一下我们的运作方式,但是没有人愿意牵这个头。

——最后一位公司创始人董事退了,新董事们都很年轻、精力充沛,但是没有什么公司治理经验,甚至不知道公司章程里都写了些什么。

——我们的董事会里全是一些自认为他们知道所有答案的人,因为他们都坐在董事位置上很多年了,他们不愿意听取什么新想法。

——我们知道我们需要一些新鲜血液、一些不同类型的人进入董事会,但是我们应该上哪里去找,怎么去找?

良好运作的提名与公司治理委员会正是帮助你面对和解决这些问题的。提名与治理委员会也许不像审计委员会那样,发现、控制和防范你的财务风险,直接避免你的财务损失;也不像薪酬委员会那样为你的董事、高管制定出合理和能够得到股东批准而又非常具有竞争力的薪酬水平与结构来,这两个委员会都有直接治病的效果。相比之下,提名和治理委员会的工作是更为基础性的,是董事会和公司治理的防疫药。

纽约股票交易所已经在其有关公司治理的规则中要求上市公司设立提名/公司治理委员会,还要对该委员会进行年度评估。为了确保提名/公司治理委员会的独立性并发挥监督作用,该委员会应全部或主要由独立董事组成。提名/公司治理委员会必须采用并向股东提供规定了委员会目的和职责的书面规章。提名/公司治理委员会的职责包括:①搜寻合格的董事候选人,确保他们符合董事会通过的标准,选出董事候选人或向董事会推荐由董事会选出董事候选人供股东大会选举董事。②研究、制订并向董事会推荐适合于公司的治理原则。③监督对董事会和管理人员的评估等。

中国上市公司治理准则规定，上市公司董事会可以经股东大会决议在其下设立全部由董事组成的提名委员会，其中独立董事应占多数并担任召集人。有关职责与纽交所的规定相似，但其主要职责中不包括研究和建议公司的治理原则、监督对董事会和管理人员的评估，也没有要求对该委员会进行年度评估。

7.4.2 提名委员会的构建

设立提名委员会的一个重要目的是使投资者相信，公司通过提名委员会形成了一个董事筛选和提名方面的监督和平衡机制，防止董事会沦为利益交易的俱乐部。通过主要由独立董事构成的提名委员会来负责筛选和提名新董事，可以限制握有主导权的董事（如董事长、首席执行官）根据自己的个人喜欢选拔新董事，在董事会中安插亲信。提名委员会负责建立董事提名程序；负责提交董事会的规模、构成方案；向董事会推荐候选董事和高级管理人员。提名委员会负责初选董事候选人，但董事会负责最终确定。

鉴于提名委员会的工作涉及人事这一关键性的问题，提名委员会成员的任职资格十分重要。由首席独立董事担任主席，可以因其较高的专业声誉而能够得到有关各方的信赖，并符合国际通行的公司治理结构最佳做法准则。一位是财务经济专家和一位是行业专家的非执行董事可以分别为董事提名工作提供经理市场面和行业面的知识支持，对于有效地完成提名委员会的董事工作评价、董事会效率评价等职能也大有助益。

除了在提名董事中发挥作用，提名委员会在选择合适的人选担任公司首席执行官方面也肩负职责。提名委员会应该制定选聘首席执行官和评估其业绩的标准。同时，如果公司没有另外设立单独的公司治理委员会，提名委员会要肩负相应职责，在公司治理的设计中发挥领导作用。委员会应向董事会提出公司治理准则，一旦董事会通过了公司治理准则，负责根据公司治理准则监督董事会的运作，确保公司治理准则得到遵守并能随形势变化不断更新。

> **专栏7-4　中国证监会"上市公司独立董事管理办法"有关提名委员会的规定**
>
> 第二十七条：上市公司董事会提名委员会负责拟定董事、高级管理人员的选择标准和程序，对董事、高级管理人员人选及其任职资格进行遴选、审核，并就下列事项向董事会提出建议：
>
> （一）提名或者任免董事；
>
> （二）聘任或者解聘高级管理人员；
>
> （三）法律、行政法规、中国证监会规定和公司章程规定的其他事项。
>
> 董事会对提名委员会的建议未采纳或者未完全采纳的，应当在董事会决议中记载提名委员会的意见及未采纳的具体理由，并进行披露。
>
> 第二十九条：上市公司未在董事会中设置提名委员会、薪酬与考核委员会的，由独立董事专门会议按照本办法第十一条对被提名人任职资格进行审查，就本办法第二十七条第一款、第二十八条第一款所列事项向董事会提出建议。

7.4.3 从提名委员会到公司治理委员会的发展

通常负责公司治理绩效的委员会是提名委员会。但是董事提名和董事会构成只是整个公司治理开发和治理绩效的一个很小的方面。

人们期望董事会自身会关注治理这一关键的组织需求，但是通常情况下，这却成为了一个被随意应对的问题。比如董事会绩效评估这样一个改进治理绩效的关键问题，却常常被忽视，绝大多数公司没有对其单个董事和董事会整体进行任何严格和有意义的评估。公司治理委员会由此登上舞台。

据有关机构对国际著名大公司的调查，很多董事会都新设了委员会，其中以公司治理委员会最为盛行。其他比较盛行的新成立的委员会有财务、风险管理和公共事务委员会。

公司治理委员会（The Corporate Governance Committee），也可能称为董事

会发展或董事会开发委员会，董事会事务委员会或董事事务委员会（如通用汽车公司），董事会运营委员会（The Committee on Board Operations）等。公司治理委员会，一个简单的定义是董事会中一个专业委员会，专门负责评价公司治理标准、公司治理程序。由于要负责评估董事会的人才需求，该委员会常常是由提名委员会发展而来的，但是其所负职责范围要远远大于提名委员会。有的公司在提名委员会之外成立专门的公司治理委员会，负责董事提名之外的那些范围更为广泛的公司治理问题。

从提名委员会到公司治理委员会的演进，是从美敦力公司[①]开始的。在20世纪90年代初，美敦力公司将其提名委员会重组为公司治理委员会，并同时制定了该公司的公司治理原则。公司治理委员会的建立和公司治理原则的制定之间就是个鸡和蛋的关系。不同公司之间公司治理委员会的成员资格条件有所不同，但是几乎都要是由外部和独立的董事会成员组成才行。例如，在美敦力公司，所有九个外部董事都是该委员会的成员，每年定期召开三次会议。

公司治理委员会的主席人选确定，可以是设立公司首席独立董事的一个绝好机会，尽管绝大多数的公司并没有给予公司治理委员会主席一个首席独立董事的正式头衔。首席独立董事这一做法，还仍然停留在一种非正式制度的状态，但是，如果公司治理委员会主席承担这一角色，可以更好地在首席执行官和整体董事会之间担当起一个联系和沟通的角色。

公司治理委员会这一机制是为董事会更好地完善其自我选择过程而设立的，是提高董事会质量的一个重要举措。设立公司治理委员会的行动和有关公司治理问题的讨论，都会导致有关公司治理问题的重新思索和改善。

公司治理委员会并不限于大型公司才需要。很多创业型公司发现该委员会是确保董事会效率的有效工具。在人数较少的董事会，可能由所有的独立董事共同组成公司治理委员会。

[①] 美敦力公司（Medtronic, Inc.），总部位于美国明尼苏达州明尼阿波利斯市，是全球领先的医疗科技公司。

7.4.4 治理委员会的权限和工作职责

公司治理委员会可以使那些确保一个组织现在和未来健康而有效治理的做法制度化。公司治理委员会要把握最新和最重要的政策，检查董事会自身的工作，并在必要时做出改变。

公司治理委员会有权要求包括公司首席执行官在内的高级管理人员向委员会报告工作；有权取得公司重大事项的可行性研究报告、重要合同与协议，以及其他委员会认为有必要取得的一切资料；在认为必要时委员会可以聘请外部咨询机构或专业人士进行特别咨询，提供特别工作或咨询报告，有关费用由公司承担。

公司治理委员会的主要工作职责包括：批准有关董事会规模、年龄限制、任职期限、会议数量或者基本流程等方面的改变；任命董事会各个委员会的主席和成员；评估新设的、临时性的或者常设性的委员会的职能；组织和协调首席执行官、董事会自身和单个董事的绩效评估。

根据Grant Thornton[①]所提供的有关职位描述，可以将公司治理委员会的主要工作职责概括如下。

① 选择新的董事候选人以供股东大会选举（提名委员会的正式职责），该委员会具有发现、筛选和面试董事候选人的义务和权力。

② 确保新董事得到有关他们在董事会中的职责和义务的培训。

批准有关董事会规模、年龄限制、任职期限、会议数量或者基本流程等方面的改变。

③ 批准董事会成员的薪酬，包括支付方式、养老金、费用和福利等。

④ 在与首席执行官讨论之后，任命董事会各个委员会的主席和成员。

⑤ 评估新设的、临时性的或者常设性的委员会的职能。

⑥ 组织和协调首席执行官、董事会自身和单个董事的绩效评估。这可能是那些公司治理提倡者们最为看重的领域。

---

① 均富国际会计师事务所，起源于1924年芝加哥成立的一家会计师事务所。继1969年来自澳大利亚、加拿大、英国等国的会计师事务所加入均富之后，1980年，又有49家国际会计公司加入并组建均富国际会计公司。它是国际会计师行业具有较高知名度的六家跨国会计公司之一。

> **专栏7-5　　NOVELL公司①的公司治理委员会职责**
>
> ①建立董事的推选标准并推荐董事会候选人。
> ②搜寻有前途的董事人选。
> ③审查股东推荐的候选人。
> ④推荐委员会成员。
> ⑤监督公司管理。
> ⑥审查委员会章程。
> ⑦审查主管、员工和董事的职业道德。
> ⑧审查董事的独立性。
> ⑨董事会和委员会的评估和发展。
> ⑩推荐对董事的报酬方案。
> ⑪监督继任计划。

公司治理委员会最好不要单独承担这些职责，而是让整个董事会都参与进来。治理委员会承担一种确保这些活动得到执行的角色，并做一些准备和背景性的工作。

董事会秘书或者董事会秘书选定的人出任治理委员会的秘书。秘书负责委员会会议的记录和记录保存工作。委员会会议记录应该提供给全体委员会成员，并且在董事会其他成员提出需要的时候也能给予提供。

公司其他高管成员可以在委员会要求的情况下出席委员会的会议。委员会会议之后，应该向董事会报告其活动和建议。委员会主席要向董事会提交委员会每年一度的董事会绩效评估报告。委员会的主席要出席公司股东年会，以回答任何股东可能就治理委员会作为提出的问题。

最后，不管如何重要，公司治理委员会也如同其他委员会一样，不能超越董事会，不能替代董事会或董事会全体成员的权威，它只是一个董事会的下属委员会。治理委员会的职责是帮助董事会完成董事会的工作，并且要能完成得

---

① 在纳斯达克上市，是一家提供基础架构软件和服务的主要供应商，提供的网络操作系统有NetWare、UNIX和Linux等。

更好。治理委员会躲在幕后,确保每件事情都在平顺地进行。要让董事会总是处在领导位置,掌握组织的罗盘,设定组织方向。

7.4.5 瑞士信贷集团的"主席与治理委员会"

瑞士信贷集团(Credit Suisse)的主席与治理委员会(Chairman's and Governance Committee)由董事会主席、董事会各个委员会的主席和其他由董事会任命的成员组成。委员会的多数成员要是独立董事。委员会有自己的章程,该章程由董事会批准。通常每月开一次委员会的例行会议,每次会议持续约一个小时。会议通常有公司首席执行官和公司总法律顾问参加。委员会主席决定是否邀请其他管理层人员参加整个会议或者会议的一个部分。

专栏7-6　　瑞信集团主席和治理委员会的主要职责

①作为董事会主席的顾问,讨论有关为董事会会议准备的范围广泛的各种议题。

②负责公司治理准则的开发和评估,定期评估公司的其他各种治理文件,以保证它们内容的更新和完整。

③至少一年一次评估董事会成员的独立性,并向董事会报告其结果,以供董事会做最终决定。

④负责根据其制定的董事标准识别、评测、筛选和提名新董事。

⑤指导和监督董事会对董事会主席、首席执行官和执行董事会成员的年度评估。董事会主席不能参加对其自身绩效的讨论。该委员会向董事会提出有关执行董事会成员任命、提升、解聘或替换的建议。该委员会同时与董事会主席、首席执行官一起评估公司高级管理职位的继任计划。

相关案例参见《董事会与公司治理(第4版):演进与案例》案例9"董事选举:还有多少闹剧要上演"、案例10"阿里巴巴"合伙人"制度与公司治理"、案例11"为什么会产生所谓"合伙人制度""。

第8章

审计委员会与公司风险监控

审计委员会是发挥董事会监督职能的重要工具，是证券监管机构、证券交易所和机构投资者最为强调的，很多交易所上市规则要求建立审计委员会。审计委员会也是那些领先公司在公司治理实践中最为重视的。长期以来，上市公司董事会审计委员会的设置比例都高于薪酬和提名等其他几个公司治理类的董事会下设委员会。

现代商业交易的复杂性和股权分散之后股东远离公司，公司的监控体系相应地从股东直接监控逐步发展到了由外部审计师和董事会审计委员会共同构成的一种专业和独立的监控体系。

在英美模式的单层董事会的公司治理结构中，没有设置类似监事会这样的专门的公司监控机构，董事会的审计委员会便成为了担负公司监控职责的主要责任主体。最初的审计委员会只是为了完成董事会在监控公司财务报告及相关领域的职责而建立的。但是随着公司治理运动的加强，审计委员会开始介入到公司责任和治理领域，特别是着重于公司的风险管理与内部控制问题，其监控领域已经不在限于财务，而是包括了公司合规系统与流程，确保公司能够满足法律和伦理标准。

中国2024年公司法在董监事会模式和公司风险监控机制上，为企业提供了可以在董事会审计委员会和监事会这两种模式与机制之间自主选择的权利。会有很多新成立公司和已有公司，选择按新公司法要求设立董事会审计委员会，不设或是取消监事会。

2024年公司法实施后，中国公司中会有两种类型的董事会审计委员会：一种是目前中国公司中已有的这种与监事会并存的董事会审计委员会；另一种是按新公司法规制不设监事会公司的董事会审计委员会。

8.1 从监查人到审计师：公司监控体系的演变

记账也许与人类的经济交易活动一样古老，作为一种高级形式记账活动的会计——复式簿记，可以追溯到15世纪时期的意大利。从作为记账人的会计——账房先生发展到现代会计职业——注册会计师和独立审计人，则是19世纪中后期随着现代公司成型，作为一种公司治理的看门人机制而出现的。

在漫长的商业发展史上，人们主要利用会计作为一种内部管理工具。今天会计报表普遍传播，成为人们了解公司和各种法人组织状态的一种工具。

桑巴特（Werner Sombart）在其1924年出版的伟大著作《现代资本主义》一书中说，会计推动了资本主义的兴起，复式簿记使企业与其所有者相分离成为可能。这一断言也许有些夸大了会计的作用，但却也道出了现代会计职业——审计师的形成和现代公司兴起与公司治理体系发展之间的内在逻辑和历史联系。

8.1.1 审计人、法定审计和注册会计师

审计人的概念起源于13世纪的英国。当时英国一些自治性的社区每年要选举出来几位品行端庄者作为审计人，检查公共资金的使用情况。任何被发现有挪用公共款项的人员，都可能因为审计人的证词而被判入狱（科菲著《看门人机制》第125页）。这项最初在公共部门中为防止腐败而通过审计人对官员问责的方法，在当时的"企业界"——英格兰的大庄园中被广泛仿效。

英国这种古老的审计人不是记账人，而是检查人，是为委托人（庄园主、行会或公共机构）的利益而检查代理人财务记录的。到1840年代英国引入现代公司制度的时候，这种审计人的概念被自然加进来了：私人设立公司的一个条件是必须进行年度强制审计，并且审计人必须是股东每年选出来的独立审计人。

英国在推动现代公司（自由注册而非特许）发展之始就设定了法定年度审计制度，作为对公司的一种重要治理机制，是吸收其之前100多年中公司投机和股票泡沫教训的结果。1825年英国最终废止了1720年颁布的将孩子和洗澡水一起倒掉的《泡沫法案》（非经皇家或议会批准不得成立公司或以公司实体的方式行事），开启了给予公司自由，将组建公司从特权变为权利的进程。

适用于私人部门（无须特许而新成立的公司）的1844年英国《合股公司法》和适用于法定公司（即已经特许而成立的公司）1855年《公司条款统一

法》，都要求公司必须由股东选举出来的审计人进行年度法定审计。法律并没有明确要求该审计人要是专业的会计师（当时还很少会计师），但赋予股东选举出来的审计人以公司付费聘请专业会计师协助他的权力。如果审计人没有利用这一权力雇用专业会计师，又没能发现公司账目中存在的欺诈或夸大现象，则自己将面临很大的法律责任风险。在此背景下，一批专业的会计师事务所应运而生，公司股东也很快开始选择会计师事务所作为公司的法定审计人了。

如同董事一样，审计人也是英国公司法在现代公司制度创设之时就同时决定了其法定性质的存在。股东出资并只承担有限责任来组建公司，公司则要由股东选举产生的董事来管理，并要由股东选举出来的审计人负责监查和审计公司的年度财务报告。

1799年时，伦敦只有11名执业会计师，1850年则发展到了210人。此后，随着美国公司制度的发展和英国人大举投资美国，英国的职业会计师也进入了美国，并在美国注册会计师制度的发展中发挥了一定的作用。在会计知识和专业上，美国承接了英国的成果，但是在会计职业体制的发展上，美国有着自身和不同于英国的逻辑。

英国有国家层面的统一的公司法来创设和管制公司，美国则是一直都没有形成一部统一的联邦公司法。从严格的法律意义上说，没有"美国公司"，只有美国各个州的公司。在1930年代通过联邦证券法实行了类似英国这样的强制性的公司财务报告审计制度之前，美国通过市场机制和私人部门的自治、殊途同归地发展出了一套公司财务报告的审计体系和独立会计师职业制度。

8.1.2 资本市场对会计师的需求

美国会计职业形成的时期可以追溯到美国全国资本市场形成的时期。19世纪的最后25年，美国经济开始发生重大变化，经济环境的变化诱导了公共会计师这一新职业的建立。

早期美国企业的发展主要依靠区域性资本市场，因为区域性资本市场不仅方便投资者交易，也有利于投资者获取信息资源。19世纪美国经济开始缓慢地跨越区域限制，为遥远地域、无血缘关系的企业提供资本。在向全国性资本市场转型过程中，人们越来越需要使用可靠的财务信息来评价地理位置遥远的目标公司的发展前景。

纺织资本主义是区域性的，铁路资本主义是全国性的。在铁路公司兴起以前，美国首批真正大型的企业，几乎都是有所有者经营的。1850年，少数铁路公司的证券开始在纽约股票交易所上市。1869年，美国已经有38家铁路公司在纽约股票交易所上市，它们共有资本3.5亿美元。公司制企业发展，从铁路开始，衍生出其支持产业，如煤炭、钢铁、土木工程等，导致工业证券市场的兴起，改变了资本市场的地位，并促成了对职业会计人员的需求，以满足管理者、所有者、投资者、政府和社会对企业信息的需求。

这种由市场需求所诱导出的会计师职业发展，要缓慢和落后于英国那种从公司制企业发展之初就强制产生的会计师职业发展状态。英国公司的财务报表，特别是资产负债表，很早就发展成为了一种向股东报告管理层对其投入资金的受托责任履行情况的报告。英国东印度公司最早在1756年就编制了一种资产负债表及其补充信息，以供投资者进行投资决策参考。美国公司没有股票投机的巨额损失以及政府的严格管制等类似的经历，股份公司也不是一种特权，因此不会产生相应的披露义务。从1897年到1905年，西屋电气公司没有向股东公布过任何一份年度财务报告，也不公布任何报告，甚至也没有举行过任何一次年度股东会议。1900年的一份美国政府报告还在指出，"大公司的主要弊端在于他的董事会缺乏对股东的责任，董事会，实际上多年来也没有向股东个人提交任何报告。"

1890年代是美国历史的一个分水岭。这十年中，美国由农业社会转变为工业社会，公司制企业开始在美国经济中居于首要地位。公司所雇佣人员占制造业从业人员的70%，公司产出占制造业总产出的74%。随着公司制企业的发展，美国的公司治理体系也从实业大亨控制阶段发展到了金融大亨控制阶段。企业主的管理职能很快被解除，有产的、作为所有者—管理者进行经营的商人阶层，逐渐演化为相互分离的管理者阶层和投资者阶层。当一群人把钱交给一小部分人代为打理时，前者自然会要求后者提供尽可能详细的账目，用以了解钱是如何花掉的。所有者雇用经理人管理企业的公司资本主义机制开始催生对专业性财务会计建议的需求。

金融资本主义的崛起对美国公共会计师职业的发展带来了极为深刻的影响。1893年恐慌为投资银行家和其他外部发起人提供了积极参与公司合并和组建托拉斯的机会。在恐慌之前，大多数合并都是在实业大亨控制之下通过纵向一体化完成的，并由公司内部提供资金。1893年以前，投资银行家很少成为公司董事会成员；而在其后的10年，金融资本家不但占据董事长宝座，而且实际控制托拉斯。金融资本家替代实业资本家之后，不仅仅是比实业资本家更放手任用职业经理人员，而且也更倚重于职业法律和职业会计人员，以降低风险并实现他们作为投资者和投资者代表（证券市场）对公司的有效控制。

直到19世纪70年代，由股东组成的小组定期到公司办公室拜访以试图验证报告信息的做法还相当普遍。由于公司的规模有限，和公司地域的便利性，股东的这种验证活动可能是切实可行的。但是到19世纪末，随着一系列公司合并和股权的分散，以及业务的多部门化发展，公司开始聘用专业审计人员，以取代股东现场调查式的年度审查，会计服务的范围也不再仅仅是审查记录准确性或者侦查舞弊了，已经从价值测试、财务咨询以及各种审计服务，扩展到报告编制了。

1850年，纽约、芝加哥以及费城的城市通讯录上列有19个会计师的名字（还都是英国来的特许会计师），1884年有81人，1889年达到322人。成立于1882年4月的纽约会计协会是最早的美国职业会计组织，该组织成立的第一个十年里，致力于会计教育和提供会计文献。1887年9月20日，美国公共会计师协会注册成立，第一任主席耶登是英国人，会员也大部分是出生在英国而在纽约定居的人。

1896年4月17日，纽约州颁布了注册会计师法，成为第一个承认并确立注册会计师称号的州。其他几个州迅速跟进，通过了类似的法律。宾夕法尼亚州1899年，马里兰州1900年，加利福尼亚州1901年，华盛顿州和伊利诺伊州为1903年，新泽西州1904年，各自颁布了注册会计师法。到20世纪20年代中期，所有州都通过了注册会计师法。

8.1.3　进步主义、信息披露和公共会计师的兴起

1868年的美国宪法第十四修正案和1888年的充分程序条款，禁止州法对公

司法人的歧视，赋予公司法人以"人"的民事权利，再加上1887年颁布的州际商业法和1890年通过的谢尔曼反垄断法，使联邦政府管制州际公司的行动得以实行。但是联邦政府真正采取行动，还要到公司垄断和金融资本主义达到顶点、引起民众高度不满，美国政治进程进入到进步主义时代。进步主义时代人们认为，公司是国家创造出来的人为实体，应该受到国家的管制。"以公司形式成立的企业并不是私人企业，公司的权利并不是天赋的权利，授予公司这些权利的唯一理由是公众福利。公众的监督权内含于此中。"

为了调查托拉斯组建过程中公司通过诸如股票掺水和过度资本化等手段欺诈投资者的情况，1898年6月19日美国国会成立了工业委员会。在1900年发布的初步报告中，工业委员会提出要"防止公司或行业合并的组织者通过隐瞒重要的事实或公布带有误导性的报表来欺骗投资者和公众"。1902年该委员会发布的最终报告明确"要求大型公司，即所谓的托拉斯，每年提供一份经过适当审计的报告，其中应展示有关其资产和负债、利润和损失的合理的细节内容；这样的报告以及进行了宣誓的审计都是政府监管的目标。"（U. S. Congress，1902：650.）

最著名的反对公开财务报告的代表人物美国制糖公司董事会主席哈夫迈耶，在国会工业委员会作证时，和委员会律师诺思之间的一段对话，使人们更坚信了公开财务报告的必要。诺思问道：你如何继续经营一家亏损的企业并仍然宣布发放股利？哈夫迈耶回答：你可以继续经营并损失一些钱，你可以满足股东的要求并宣布股利。一个是管理决定，而另一个是生意。诺思有些迷惑，问道：你从哪里得到这笔钱呢？哈夫迈耶回答道：我们可以借款。诺思更加迷惑，问道：美国制糖公司这种做法能够持续多少年？哈夫迈耶认可说：这对每一个人来说都是一个难题，并解释道，如果我们知道，就会买入或者卖掉自己的股票（U. S. Congress，1900：132f.）。1903年成立的商务部内设立了公司局（1903—1914），负责汇编及公布信息，对公司进行调查和监督。公司局曾提出进行联邦公司立法，此后也时常有人提出，但是联邦直接出台公司法一直没有成为现实。联邦政府监管公司的基础主要是信息披露，至今如此。

进步主义时代产生的美国实用主义哲学为依赖专家工作提供了理论上的支持，独立的公共会计师作为专家，成为了执行很多进步主义改革的核心。统一会计制度，提高政府和企业效率，铲除腐败，独立会计师都成为不可或缺的组成部分。经过注册会计师审计的财务报告信息披露更是成为投资者投资决策的重要依据，也成为现代公司治理体系的一个重要基础。

8.1.4 外部审计师的起源

由于有过南海泡沫的教训，英国在现代公司制度创设之初——1844年《合股公司法》——就设立了外部审计制度——公司必须由股东选出来的审计师进行年度法定审计。美国则要到1929—1933年大危机之后，才通过1933年《证券法》和1934年《证券交易法》，设立了强制性的公众公司外部审计制度。

1929—1933年大危机之后的美国证券监管上的立法推进，主要着眼于证券交易所和证券经纪商，因为当时人们主要愤怒的对象是华尔街内部人操控的股票池、金字塔型控股公司以及公司高管的卖空行为等。会计行业的利益结构和审计师的独立性问题，远远没有像2001年安然事件之后被人们所认识到的那么严重。1930年代，在立法要求公开发行股票公司的上市申请文件（财务报表）需要经过审计之前，85%的上市公司财务报告已经经过审计。法律要求所有公开发行证券的公司必须经过独立审计，只是对市场已有实践的一种认可，并给会计行业提供了一种业务来源保障。

美国1933年《证券法》吸纳了英国公司法中的很多内容。该法赋予了美国联邦监管机构（先是联邦贸易委员会，后为根据1934年《证券交易法》设立的美国证券交易委员会）对上市公司会计问题的监管权力，一定程度上削弱了会计行业的自治空间，但是美国会计行业还是保持住了其高度的自治状态。直到安然事件导致2002年的《萨奥法案》（Sarbans-Oxley Act of 2002）出台，美国的公众公司会计标准和外部审计才被真正纳入了政府的监管范围。

8.1.5 内控体系建设风潮

《萨奥法案》的全称"公众公司会计改革和投资者保护法案"本身已经表明了对于安然、世通等公司丑闻性质的认识：由于外部审计体系方面的缺陷，上市公司通过操纵会计数据和财务造假，侵害了投资者的利益。《萨奥法案》

创设了公众公司会计监督委员会（Public Company Accounting Oversight Board，简称PCAOB），负责监管公众公司的审计，以便保护投资者以及公众的利益。《萨奥法案》第404节对公司高管和外部审计师均施加了有关财务报告真实性和内部控制系统有效性方面的法律义务，并由此掀起了一场上市公司加强内部控制系统建设的全球风潮。

除防范公司通过会计操纵和财务造假欺骗投资者之外，还有几股加强公司内部控制的力量来源。为了应对1970年代普遍性的公司海外贿赂和政治捐款丑闻，美国国会于1977年颁布了《反海外贿赂法案》，将美国公司为获得或保留业务而进行的海外贿赂认定为非法行为。该法案要求公众公司设立并维持有效的内部会计控制系统。由于1980年代中后期伴随杠杆收购而来的大量内幕交易丑闻的爆发，美国国会于1998年颁布了《内幕交易与证券欺诈执行法案》，规定证券经纪商及投资顾问应遵守规则，建立内控体系。

此外，根据1980年代发布的《联邦判决准则》，美国司法部发布的《组织判决准则》（1988年发布，1991年生效）鼓励公司设立和保持内部合规程序以防止不法行为发生。9·11恐怖袭击之后颁布的《美国爱国者法案》，要求金融服务业加强内部控制以防止恐怖组织的资金流动，并同时要求对这些内部控制措施的有效性进行审计。

监管者对内控的强调，带来了会计行业巨量的业务增长。审计师与监管者在加强内控体系建设和提升审计标准方面有共同的利益。内控和审计的要求越高，审计师获得的报酬也就越多。但是内控制度建设是否能够真正奏效，还要看实际执行。能否在加强公司内部控制制度建设，给审计师带来业务机会的同时，在审计师独立性上得到根本改进，并让审计师承担起探查公司财务欺诈行为的义务。

8.2 审计委员会的构建与运作

审计委员会是发挥董事会监督职能的重要工具，是证券监管机构、证券交易所和机构投资者最为强调的，很多交易所上市规则要求建立审计委员会。审计委员会也是那些领先公司在公司治理实践中最为重视的。长期以来上市公司董事会审计委员会的设置比例都高于薪酬和提名等其他几个公司治理类的董事会下设委员会。

8.2.1 审计委员会的历史由来

公司审计委员会并不是近几十年才有的新鲜事物。美国大都会保险公司设立审计委员会的历史已近100年了。就监管法规方面来说，从软性建议到硬性要求上市公司设立审计委员会的有据可查的历史也已经接近90年了。

1939年，纽交所首次提出由"非雇员董事"组成的委员会挑选外部审计师（会计师事务所）的政策建议。1940年，美国证券交易委员会（SEC）[①]提出要求：外部董事提名外部审计师，股东投票选聘由外部董事提名的会计师事务所。不过，直到1960年代末，审计委员会的做法并没有普及开来。

1972年，美国证监会发布了一个正式以"由外部董事组成的常设性的审计委员会"为题的通知，第一次明确要求所有公众公司设立由外部董事构成的审计委员会。1975年，美国律师协会在其"公司董事指导手册"中提出，审计委员会作为公司董事会和外部审计师之间的一种沟通机制，对于公众公司具有重大价值。审计委员会同时可以提供一种监控公司财务报告和内部控制的有效手段。该报告同时建议，审计委员会由非管理层董事组成，并且有权在需要的时候聘请他们自己的律师、会计师和其他专家。

1977年，纽约股票交易所更改了上市规则，正式推行其"审计委员会"政策，要求每一个在纽交所上市的公司都必须在1978年6月底之前，设立由独立董事组成的审计委员会。此时，80%的纽约股票交易所上市公司已经自觉设立了董事会的审计委员会，纽交所上市规则上的正式规定实际只是对这种最佳实践的肯定和进一步支持。审计委员会的成员要符合纽约股票交易所有关独立

---

① SEC, Securities and Exchange Commission, 是1929–1933美国股市崩溃和经济大危机之后, 美国国会通过了奠定现代美国证券市场制度体系的"1933年证券法"和"1934年证券交易法"。1934年，根据"证券交易法"成立了美国证券交易委员会, 负责证券市场监管, 是"美国政府中独立的、代表两党的准司法机构"。关于美国证交会的历史及其在现代公司治理中的作用，参见"弗莱德·斯考森等2006"和"乔尔·塞利格曼2004"。

性、资历和专业方面的要求，并且要符合其他一些法律和监管规则的要求，其中包括《萨奥法案》的要求。审计委员会成员中至少要有一名人员是证券交易委员会所定义的财务专家。这一点，与中国的有关规定是一致的。设立审计委员会从公司自觉行动变成法规强制之后，审计委员会的职责，特别是在避免经理层操控外部审计师问题上得到了空前的关注。

1980年代开始，美国会计行业发生了一个重大的商业模式和收入结构转变，咨询收入和非审计业务突飞猛进，甚至大大超过了其审计业务收入。引领这一转变风潮的就是最后沦为安然造假帮凶的安达信。安达信于1950年代推出了会计业务的第一个计算机程序，为通用电气公司的肯塔基工厂安装了一套薪酬系统。到1980年代，各大会计师事务所纷纷开始将自己定位为一个全面服务的商业咨询公司，以营业收入计，八大会计师事务所中的六家已经名列美国十大咨询公司。

由于新上市公司数量减少，审计业务增长缓慢；审计业务的内容相对标准化，收费公开可比较，而管理咨询业务的内容很个性化，没有审计业务那样的公开性和可比较性。会计行业整体上出现忽视审计业务，把审计业务当作拓展管理咨询业务的手段，甚至因此丧失了具有长期传统的审计师独立性。本该独立的外部审计师由于自身所在会计师事务所的管理咨询收入增长压力，受到被审计公司管理层的操纵而失去了其独立性。因此，监督公司与独立审计师之间的关系就成为了审计委员会的一个重要职责。

专栏8-1　　　　审计委员会的六个基本特性

①董事会是公司的最高治理机构。
②审计委员会是董事会的一个常设委员会。
③审计委员会的权力和责任不能超越董事会所具有的权力和责任。
④审计委员会的权力和责任不能超越董事会所授予的范围。
⑤审计委员会作为对公司管理的一种制衡，是公司财务真实性的监控者。
⑥为监控财务真实性，审计委员会负责监督公司的内部和外部的财务信息报告，与这些财务信息相关的风险和控制，内部和外部的审计流程。

8.2.2 审计委员会的构建

审计委员会通常通过董事会的决议来建立。一般包括3～6名成员。纽交所、纳斯达克等主要交易所都要求审计委员会至少包括3名成员（符合小型企业条件的可以由两名成员组成审计委员会）。董事会或者董事会的提名（治理）委员会负责任命审计委员会成员和其主席。审计委员会成员可以没有明确的任期，但是董事会应该有一个轮换审计委员会成员的办法（图8-1）。

审计委员会	职责
主席：非执行董事	·评价和监督公司的财务报告流程和内部控制
委员：非执行董事	·询问管理层有关财务的重大风险事项，评价他们采用的风险最小化策略
委员：非执行董事	·考察公司财务审计人员任命、接替、辞职、解聘情况

图8-1 董事会的审计委员会

在公司治理方面，审计委员会要发挥的一个重要职责是避免那些与审计师关系密切且有影响力的执行董事，如财务总监或首席执行官，在审计报告提交董事会之前，先行处理报告中提出的问题。因此，审计委员会成员必须从非执行董事中任命，并且其中绝大多数的非执行董事应该是独立的。

应该由一位有担任公司首席执行官经验的非执行董事担任主席，这样可以发挥其对企业经营中一些实际问题的洞察力，更好地理解和审视财务报告背后的行为，对于改进公司的财务报告系统、内部控制系统、内部审计和外部审计以及财务信息的对外披露等都会大有裨益。

不过，这里需要注意的一个问题是，中国证监会《上市公司独立董事管理办法》第五条规定"审计委员会成员应当为不在上市公司担任高级管理人员的董事，其中独立董事应当过半数，并由独立董事中会计专业人士担任召集人"。具有首席执行官经验的会计专业人士，可就有些难找了。

由于审计委员会是投资者最为看重的机构，有必要让一位省外或者境外非执行董事进入审计委员会，这样可以充分表明公司经营上的高度透明，在审计委员会处理与外部审计师关系中也会有所助益。审计委员会的第三位成员为财务或经济专家，为审计委员会提供专业方面的判断能力。

审计委员会应该有书面的章程（议事规则），由董事会批准。该章程或议事规则指导审计委员会完成董事会授予和证券交易所要求的职责。审计委员会规则中要包括以下内容：审计委员会的职责，及如何完成这些职责；外部审计师要对审计委员会和董事会负责；董事会和审计委员会拥有选择、评估和撤换外部审计师的职责与权力；审计委员会负责监控外部审计师的独立性。

专栏8-2 中国证监会"上市公司独立董事管理办法"有关"审计委员会的"的规定

第五条：上市公司独立董事占董事会成员的比例不得低于三分之一，且至少包括一名会计专业人士。

上市公司应当在董事会中设置审计委员会。审计委员会成员应当为不在上市公司担任高级管理人员的董事，其中独立董事应当过半数，并由独立董事中会计专业人士担任召集人。

上市公司可以根据需要在董事会中设置提名、薪酬与考核、战略等专门委员会。提名委员会、薪酬与考核委员会中独立董事应当过半数并担任召集人。

第二十六条：上市公司董事会审计委员会负责审核公司财务信息及其披露、监督及评估内外部审计工作和内部控制，下列事项应当经审计委员会全体成员过半数同意后，提交董事会审议：

（一）披露财务会计报告及定期报告中的财务信息、内部控制评价报告；

（二）聘用或者解聘承办上市公司审计业务的会计师事务所；

（三）聘任或者解聘上市公司财务负责人；

（四）因会计准则变更以外的原因作出会计政策、会计估计变更或者重大会计差错更正；

（五）法律、行政法规、中国证监会规定和公司章程规定的其他事项。

审计委员会每季度至少召开一次会议，两名及以上成员提议，或者召集人认为有必要时，可以召开临时会议。审计委员会会议须有三分之二以上成员出席方可举行。

8.2.3　审计委员会的会议与运作

如果公司董事会和高级管理层不理解和不支持，或者仅仅把审计委员会看作是一个"必须的摆设"，那么审计委员会将不可能有效地完成其职责——监控公司的财务报告真实性。

绝大多数的公司审计委员会一年召开四次左右的定期会议。在定期会议基础上，审计委员会有权在需要的时候召开特别会议。公司CFO或由其授权的内审主管，负责安排与审计委员会有关的公司会议的计划和召集。

审计委员会主席负责审计委员会会议议程的准备工作，与CFO，内审主管和外部审计师制定出详细的议题和时间安排，准备好相关资料，事先发送给所有审计委员会成员。审计委员会会议议题和议程不能由管理层单方面确定。

每一次会议都要详细记录与会人员名单，对于经常不能与会的成员，应该要求其辞职，或者由委员会解聘。

专栏8-3　审计委员会成员有效发挥作用需要具备的八个基本特征

①独立性，不能存在任何可能影响其执行独立判断的利益或关系因素。

②财务专业知识。

③对公司主要的经济、运营和财务风险的总体把握。

④对公司运营和其财务报告之间关系的广泛关注。

⑤质疑精神。

⑥良好的判断力。

⑦对审计委员会监控功能和管理层决策功能之间差异的理解。

⑧必要时挑战管理层的意愿。

审计委员会成员掌握"财务专业知识"的基本衡量标准有两个：一是所有的审计委员会成员都应该能够读懂基本的财务报表，包括资产负债表、损益表和现金流量表；二是审计委员会成员中至少要有一位成员是或曾是财务专业人员（有过财务专业从业经历）。

为了保证审计委员会成员的财务专业知识更新，要对其进行持续性的培训和技术支持。公司和董事会应该确保审计委员会成员掌握关于会计、审计、风险和控制方面的背景知识和当前发展趋势。公司财务专业人员要给审计委员会成员提供财务知识培训，同时审计委员会也要能够聘请外部专家，由公司付费参加外部培训项目。外部审计师和公司财务部门应该定期为审计委员会提供有关新的会计和审计准则及监管要求变化的相关信息和知识。

专栏8-4　有关审计委员会会议和议程良好实践的六点建议

①开发一个正式的活动议程安排，包括会议计划。

②这一议程要与委员会章程相对应。

③会议计划要与董事会沟通并要获得董事会的批准。

④落实活动议程，确保重点关注。

——会直接影响财务报告的风险。

——与上述风险有关的关键控制措施。

——中期财务信息。

——公司管理层与证券分析师沟通的政策和做法。

——财务报告的质量方面。

⑤每年至少两次与外部审计师之间的面对面的会议。

⑥每年至少召开一次没有公司管理层在场的，与外部审计师和公司内审部门之间的执行会议。

专栏8-5　除审计委员会成员之外，谁能参加审计委员会的会议

①公司财务部门的代表人员应该参加每一次审计委员会会议，但是要回避与公司外审及内审的单独讨论，每年至少有两次会议应该包括这种与内审部门和外部审计师的单独讨论议程。

②CFO和公司主计长（Controller）通常参加所有的会议。

③内审部门的代表，如内审主管，应该参加所有的会议。

④专家，如税务专家，应该参加与其专业领域相关的会议。

> ⑤公司法律顾问应该在一些必要的情况下参加审计委员会的会议。
> ⑥首席执行官只能在得到邀请的情况下参加审计委员会的会议。
> ⑦外部审计师的代表应该参加所有的审计委员会会议，特别是如果公司季度报告要在发布之前请外部审计师审核的情况下，更有必要如此。

8.2.4 花旗集团：审计委员会是最重要的一个董事会委员会

花旗集团董事会审计委员会的章程长达5页，比其他几个委员会的章程页数都多。人事和薪酬委员会章程2页多一点，治理和提名委员会章程也是2页多一点，公共事务委员会章程则只有一页多一点。从各个委员会章程的构成与内容上也可以看出一些审计委员会的重要性和特殊性。人事和薪酬委员会、治理和提名委员会、公共事务委员会等三个委员会的章程都是由比较标准格式的使命、成员和职责等三个部分构成，每一部分的描述也都相对比较简略。审计委员会章程则是由使命、成员、权威和职责等四个部分构成。审计委员会章程比其他三个委员会章程多出一个"权威"部分，"职责"部分则是长近4页。审计委员会章程中仅"职责"这一部分比其他委员会章程的总篇幅还长，由此可见审计委员会职责之多和其重要性。

花旗集团审计委员会章程中比其他委员会章程中特殊出来了一个"权威"部分，就是明确规定了审计委员会是选择、评估、任命和撤换独立审计师的唯一权威。审计委员会可以与公司经营层商讨，但是不能将此职责授权给经营层。审计委员会拥有在其认为必要时聘请专门的法律、会计和其他顾问为委员会提供专业服务的权力。花旗集团提供资金支付独立审计师和任何其他由审计委员会聘请的咨询顾问的报酬。必要或适当时，审计委员会可以组建由其一个或更多成员构成的下属的子委员会，并向其下属子委员会授权。审计委员会的每一个下属子委员会都要拥有审计委员会的完整权力和权威。

花旗集团董事会审计委员会的职责包括五个大的方面：会议和流程；财务报告和信息披露事务；监控花旗集团与其独立审计师之间的关系；监控集团的

审计和风险评估；公司运作合规性监控。

审计委员会至少要一个季度开一次会；分别并定期地与经营层、审计和风险评估部门、独立审计师会晤；审计委员会要定期向董事会报告其活动；要每年评估一次其自身的绩效；要每年审查一次审计委员会章程并将修改建议提交董事会。

8.3 审计委员会的财务报告责任

好的财务报告帮助投资者对公司的前景作出有根据的决策，这也是建立资本市场对公司及其管理者信心的一个工具。报告也要反映变化的信息需求——资本市场需要日益更多地前向性和非财务性的指标。

8.3.1 高质量的财务报告：董事会的重要职责

在财务报告责任方面，有效董事会的良好做法包括：认识到会计标准的改变对公司的影响；任命一个审计委员会在董事会的层次上负起财务报告的责任；对所有公开的财务信息负起责任。

财务报告对于公司与投资者团体关系的重要性就反映在董事会处理这一问题的方式中。很多国家都要求上市公司建立董事会审计委员会负责财务报告。成立这样一个委员会可以在对外财务报告和内部控制方面起到很有价值的作用。特别是，审计委员会为董事会与经理层及审计师就有关财务报告质量等问题的讨论提供了一个论坛。

对于跨国经营的公司来说，董事会提交正确财务报告的工作由于各国割裂的会计要求而变得困难。业务流程日益国际化，但是会计规则却仍然处于国家管制的状态。激烈的国际资本竞争加剧了共同标准的要求，投资者只愿意购买那些以他们能够理解和信任的数字为基础的公司的证券。

公司董事会、审计委员会及财务人员，必须尊重其运营和融资所在国的监管要求。与此同时，还要认识到超越国别监管采用国际最佳做法的益处。为了便于投资者比较以及从商业战略角度考虑，应该把向国际会计准则的转变提到重要的议事日程上来。

8.3.2 财务报告责任：审计委员会的具体做法

审计委员会要评估并与管理层和独立审计师讨论公司的财务报告，包括年度财务报告中要在"管理层有关财务状况和运营结果的讨论与分析"这部分中披露的内容。

对于年报和季报等正式的财务报告，审计委员会要在其公布之前进行评估与讨论。对于那些在相关法律和上市规则要求范围之内，向证券分析师和评级机构提供的有关公司盈利、财务信息和收益预测等的新闻稿，审计委员会也要进行一般性的讨论，但是无需每一次都预先进行。

在进行有关年度和季度财务报告的核查过程中，审计委员会要从首席执行官和首席财务官那里得到有关下述问题的报告：公司内部控制方面任何设计和运行上的低效和缺陷；管理层或其他在公司内部控制方面担负重要职责的雇员的欺诈行为。

审计委员会要评估和讨论来自独立审计师的定期报告。包括：关键会计政策和做法；在一般可接受的会计准则之内有关财务信息的其他处理方法；在独立审计师和公司管理层之间的其他书面沟通资料；审计过程中遇到的困难，包括任何活动范围和获取信息通道的限制，任何与管理层的严重分歧等等。审计委员会应该帮助解决审计中遇到的困难，并要与独立审计师就"审计准则"中有关审计行为规范的问题进行讨论。

审计委员会至少要每年一次与管理层和独立审计师就有关公司会计政策问题进行讨论。包括监管和会计的宗旨，资产负债表表外的业务结构（主要是金融类企业）及其对公司财务报告的效应，编制公司财务报告中运用的会计政策。特别是那些需要管理层做出决定和判断的会计政策问题。

审计委员会要审查和评估公司的内部控制结构和财务报告流程，要定期评估管理层有关内部控制结构和财务报告流程方面所存在缺陷的结论，包括任何控制和流程上的低效或无效，任何与控制和流程不相符的事项。与管理层讨论公司所面临的主要财务风险，和管理层所采取的监测及控制这些风险的步骤，包括公司的风险诊断与风险管理政策。

审计委员会要建立起有关会计、内控和审计事务投诉的一套接收、保存和处理流程，包括公司雇员有关公司可疑的会计和审计事务的秘密和匿名呈报。这可能是保证审计委员会能够切实发挥作用，而不是一直被蒙在鼓里的很重要的一个办法。很多公司欺诈问题的揭露都与一位首先对公司财务问题提出批评并一直坚持揭露公司财务问题的内部关键人员有关。

8.3.3 正确使用外部审计师

提交准备财务报告的最终责任落在董事会的肩上，不可能授权给公司的外部审计师。外部审计师可以并且应该给管理层就财务报表的准备和发布以建议，但是有关会计政策选择的关键决策必须由管理层自己作出。

领先公司使用专业的外部审计师服务远远早于法规要求公司这么做，因为资本市场对经过独立审查的账目更为信任。保持投资者信心始终是法定审计的核心意图，审计流程已经适应了商业活动的日益复杂化。复杂的现代审计要求包括信息技术、税务、养老金和许多其他学科的多领域专家小组。

对公司运营有宽广而又深刻理解的外部审计师能够对董事会有很大的帮助。外部审计师也是董事会独立信息和建议的主要来源。与此同时，财务报告准则日益要求对一些财务报表项目如有形资产、商誉和雇员福利等采取一个更长期的观点。审计师对这些项目的跨年追述能力会显著增进财务报告的质量。

根据新的国际审计标准，外部审计师要与董事会层次的监管公司业务的人员沟通。审计师自然不再仅仅限于和公司财务部门的人员接触。通过定期向董事会或审计委员会陈述财务报告和公司治理的发展情况，以及内部控制和风险管理及其他领域的趋势。外部审计师能够帮助董事会提高其对公司运营情况的注意程度，并且对提高公司与市场沟通的质量有所贡献。

鉴于外部审计师在现代公司治理系统的重要性，股东要在公司章程中对公司聘请外部审计师的一些基本规则作出规定。IBM公司就在其管理章程的第七章"股份"中专门设置了一个第八节"审计师"。其具体的规定是：董事会应聘请一个独立公共审计师或注册公共审计师或会计事务所作为公司的审计师，按公认审计准则对公司及分支机构的合并财务报表进行审计。审计师应验证年度财务报表是按照公认会计准则编制的，并就此向公司股东和董事提交报告。董事会选择审计师需提交公司年度股东大会批准。公司董事和高管在善意行事时，可以依赖公司账簿负责人声明为正确的公司财务报表，或公司审计师提供的公允反映了公司财务状况的书面报告。

8.3.4 审计师的资质、绩效和独立性

在上市公司治理系统中，会计师事务所是个十分关键的角色。大肆造假的公司背后大都有一个帮助或胁从造假的会计师事务所。本该独立的会计师事务所受到被审计公司管理层的操纵而失去了其独立性。因此，监督公司与独立审计师之间的关系就成为了审计委员会的一个重要职责。

审计委员会要至少每年一次评估和讨论来自其审计师有关下述情况的报告：审计师的内部质量控制流程；审计师最近的质量控制评估中提出的所有有关问题，或者由政府和行业权威机构在此前五年内的调查中提出的一个或更多审计问题；审计师所采取的任何处理这些问题的措施、步骤。审计委员会要审查审计师与公司之间的所有关系，以便对审计师的独立性作出判断。

审计委员会要评估审计师的资质、绩效和独立性，包括如果提供非审计服务是否会影响审计师的独立性。进行此评估中，要把管理层和公司审计与风险评估部门的看法也纳入考虑范围。审计委员会要将其有关审计师资质、绩效和独立性的评估结论报告给董事会，并向董事会就有关如何确保审计师资质、绩效和独立性符合要求提出建议措施。

8.3.5 对公司与会计师事务所关系的监控

在股权分散的上市公司，股东了解上市公司运作情况的主要甚至可以说是

"唯一有效"的途径就是公司披露的财务报告。财务报告缺乏真实性，股东就无从了解公司的实际运作情况。会计师事务所就是"股东花钱"聘请来检查公司财务报告真实性的。可是，同样由于股权分散，股东聘请会计师事务所这笔钱的签字笔却握在经理人的手中。因此，董事会尤其是其审计委员会，在公司聘请哪家会计师事务所和监控公司与会计师事务所的关系等问题上，便成为了公司治理的一个关键点。

监控公司与其独立审计师之间关系的工作，实际就是两个大的方面，一是审计本身的问题，二是审计之外的利益关系问题。审计本身的问题，主要是由一系列的审计规则来监控，这些规则是逐步积累起来，并且相对比较明确的，关键在于执行。审计之外的问题，范围很宽泛，涉及整个公司治理系统的运作，审计行业和管理咨询行业的市场竞争态势等，则处于一种动荡和变化之中。

由于上市公司与其独立审计师的关系问题事关重大，不能把宝都押在审计委员会的身上。与董事、经理薪酬等问题相比，在公司财务报告和审计方面，从证券监管部门到证券交易所都有更为详尽和更为严格的规定。尤其是在安然事件之后，美国开始强制所有会计师事务所都不能再提供管理咨询服务。

会计师事务所在进行公司财务报告审计的过程中，发现和积累了很多有关公司财务和经营运作方面的问题和经验，在此基础上给公司提出改进建议，甚至进一步提供全面的管理咨询服务，本来似乎是很有效率、顺理成章的事情。现在却闹到了会计师事务所必须远离管理咨询业务的地步。

事实上，现代管理咨询业的鼻祖，麦肯锡公司的创始人麦肯锡本人就是会计师出身。他的管理知识和对企业经营问题的洞见，正是来自于作为会计师到处查账的经验积累。由于见多识广，以致在他头头是道地向一家客户企业董事会分析其管理中存在的问题之后，被聘为了该企业的首席执行官。最后累死在这家企业的首席执行官位置上。由此他留下了麦肯锡公司"只是帮助客户解决问题，而不是替客户解决问题""不介入客户企业内部事务之中"的遗训。

安达信公司则是走得太远了，尤其是在20世纪90年代，安达信公司的管理咨询业务飞速增长，营业规模已经超过了安达信会计，非审计服务超越了审计服务，衍生业务超越了主营业务。最后陷入为了更大的非审计业务利益而丧失审计业务独立性的境地，并沦为企业财务造假的帮凶。

无论是在让谁提供和如何提供审计服务的问题上，还是在会计师事务所能否提供非审计服务的问题上，需要公司董事会和其审计委员会把握的关键点都在于审计师的独立性。审计师独立性的关键点是独立于被审计单位经理人员，不能被被审计单位经理人员所操控。

一家公司审计委员会规则制定得很细、很漂亮，但是三位组成人员却是该公司的董事长、总经理和财务负责人。经营者自己组成审计委员会聘请会计师事务所审计其财务报告的真实性，结果会怎么样？结果就是用不着再在运作过程中去费劲地使之"流于形式"，而是在一开始就只是个"形式"了。

8.4 合规性、内部控制和风险管理

审计委员会的职责是以财务类问题为主，但是不能就财务而财务，仅仅停留在财务问题上。因为财务是公司经营的一个综合的反映和结果。审计委员会职责的有效完成，需要其深入到与财务有关的公司经营的各个层面。

董事并不一定要为所有的企业财产损失的结果负责，但是如果这种损失是由于缺乏一套有效的企业内部控制系统而导致的，董事则会被追究责任。

8.4.1 公司运作合规性的监督职责

审计委员会肩负着公司运作合规性的监督职责。为此，审计委员会要定期地与公司管理层——包括公司法律总顾问和公司的独立审计师，讨论公司运作规范与监管部门或政府机构要求之间的一致性，公司的任何重大法律问题，以及公司遵守相应法律和上市规则的情况。

图8-2为企业内部控制发展的五个阶段。

图 8-2 企业内部控制发展的五个阶段

内部牵制阶段——账目间的相互核对，设不兼容岗位，这在早期被认为是确保所有账目正确无误的一种理想控制方法	萌芽期——内部牵制（Internal Check）公元前3600年至20世纪初以前
内部控制制度阶段——以内部会计控制为核心，重点是建立健全规章制度	发展期——内部控制制度（Internal Control）20世纪初至70年代
内部控制结构阶段——内部控制被认为是为合理保证企业特定目标的实现而建立的各种政策和程序，分为内控环境、会计制度和控制程序三个方面	过渡期——内部控制结构（Internal Control Structure）20世纪80年代至90年代
内部控制整合框架阶段——在以上三个阶段的基础上，把内部控制要素整合成五个相互关联的部分	成熟期——内部控制整合架构（Internal Control Integrated Framework）20世纪90年代至今
企业风险管理整合框架阶段——在内部控制整合框架五要素基础上的一次拓展，成为八个相互关联的整体	最新——企业风险管理整合框架（ERM Framework）2004年

监控公司与其高管人员之间的利益关系是确保公司运作合规性的一个重要方面。审计委员会要审查和讨论审计师有关公司与其高级管理成员之间是否存在利益冲突，和公司支付给高级管理人员职务特权和额外报酬的费用情况的报告。

审计委员会要从公司管理层收到并讨论年度或按其所要求频率的有关各个方面问题的公司运作合规性报告，包括：公司对各个方面规则的遵守情况；内部控制和报告要求；税收问题；欺诈和营运损失问题；技术和信息安全问题等。

为了确保公司运作各个层面上的合规性，及时发现任何可能的不合规行为，董事会或其审计委员会要确保一个对不良行为的抱怨或揭发通道。萨奥法案要求公司具有这样一个"警哨程序（Whistle-blower procedure）"，让雇员和其他人能够有一个通道，报告他们发现的不良或欺诈行为，以使董事会能够尽早发现问题，采取纠正行动。成功的警哨程序的一个基本特征是，让雇员感到足够安全地分享敏感信息，并且能够以匿名方式进行。必须让雇员相信他们所吹出的"警哨"会被认真对待，因此要在整个公司内沟通有关这个警哨程序的信息。

8.4.2 企业风险管理职责架构

风险以及如何管理风险是当前绝大多数公司中有关内部控制和战略发展的主导性话题。风险也代表着机会——积极有效地管理风险已经成为任何一个治理良好公司的重要成功因素。

监管法规要求董事们确保他们的公司建立起一套企业风险管理体系。并且这套体系是要与时俱进的，要跟上演进中的企业风险管理最佳实践的步伐。如果董事们没有采取一套详细的流程管理公司各个方面的风险，将会使他们自身面临严重的风险。

近些年来，数以亿计的董事责任案件，导致董事责任保险已经不能偿付股东诉讼的全部成本。在董事责任风险和结案金额大幅度上涨的情况下，企业很难购买足够的保险来抵偿。

审计委员会是最为常见担负监控公司风险管理责任的机构。但是审计委员会已经肩负了很重的财务报告风险责任。为此，董事会可以考虑将非财务报告方面的风险管理监控职责赋予另外一个委员会——风险管理委员会，与审计委员会协同作业。此时，审计委员会和风险管理委员会都对整个董事会负责，向整个董事会报告工作。

无论是审计委员会直接负责，还是另外成立一个风险管理委员会，公司的审计和风险评估工作（ARR——Audit and Risk Review）都应包括如下内容：评估和讨论公司审计师的任命与替换；评估和讨论已经报告给管理层的那些公司审计和风险评估中发现的问题，管理层的反应，和有关的纠正行动计划和程序；审查和评估审计师和公司审计与风险评估部门所做工作是否充分，要确保公司审计和风险评估部门的独立性，并且拥有足够的资源完成其职责，包括年度审计计划的实施。图8-3为企业风险官理职责架构。

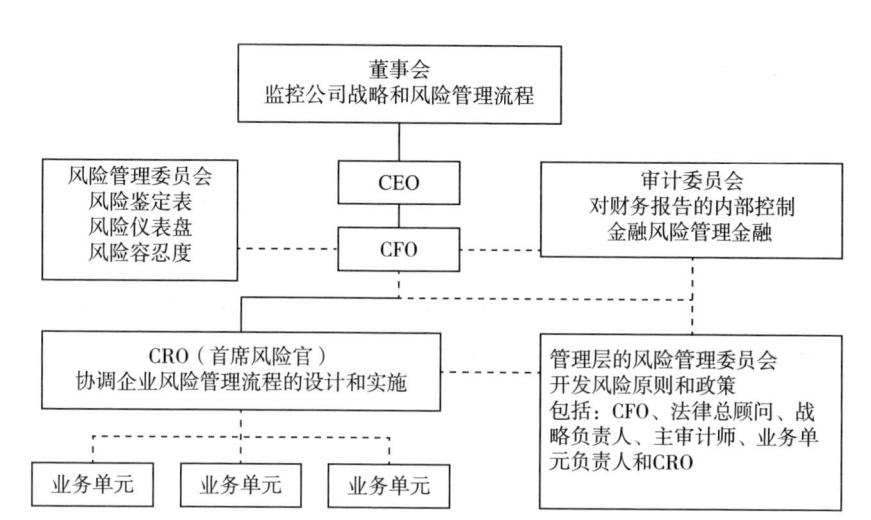

第8章 审计委员会与公司风险监控

```
                    ┌─────────────────────┐
                    │       董事会          │
                    │ 监控公司战略和风险管理流程 │
                    └─────────────────────┘
                              │
┌──────────────┐        ┌─────────┐        ┌──────────────────┐
│ 风险管理委员会  │        │   CEO   │        │   审计委员会       │
│  风险鉴定表    │────────│         │────────│ 对财务报告的内部控制 │
│  风险仪表盘    │        │   CFO   │        │  金融风险管理金融   │
│  风险容忍度    │        └─────────┘        └──────────────────┘
└──────────────┘              │
           │                  │                ┌──────────────────┐
           │   ┌──────────────────────┐        │ 管理层的风险管理委员会│
           └───│  CRO（首席风险官）      │────────│ 开发风险原则和政策   │
               │ 协调企业风险管理流程的    │        │ 包括：CFO、法律总顾问、│
               │     设计和实施         │        │ 战略负责人、主审计师、│
               └──────────────────────┘        │ 业务单元负责人和CRO │
                         │                     └──────────────────┘
           ┌─────────────┼─────────────┐
      ┌────────┐    ┌────────┐    ┌────────┐
      │ 业务单元 │    │ 业务单元 │    │ 业务单元 │
      └────────┘    └────────┘    └────────┘
```

图 8-3　企业风险管理职责架构

专栏8-6　　　　　　　董事会的风险管理委员会

风险管理委员会应包括独立董事，且至少有三名成员。该委员会必须要高度独立，以监控运营单位的风险管理。

——负责建立并维护有效的风险管理。

——负责监控风险信息在公司纵向或横向报告的过程，并对有关管理人员提供必要的协助。

——制定风险管理的政策和策略。

——提供适当的培训，在公司内部建立起一种具有风险意识的企业文化。

——为公司的业务部门建立内部风险政策和结构。

——设计风险管理的流程，并对其进行审查。

——协调各种对组织内部风险管理问题提供建议的职能行为。

——制定风险应对程序，包括或有事项、业务持续方案。

——为董事会和利益相关者编制风险报告。

8.4.3 董事会管理公司风险的三个步骤

公司董事会处在"不出问题就不管事",甚至是"出了问题也不管事"的状态下,将使公司及董事自身都处在极度风险之中。人们质问,那么多的公司出现经营和财务危机,为什么董事会不知道发生了什么,如果知道了为什么没有采取纠正行动?如果董事会能够及早发现问题,及早采取纠正行动,很多情况下可能就不会走到被并购、重组以至破产境地了(图8-4、图8-5)。

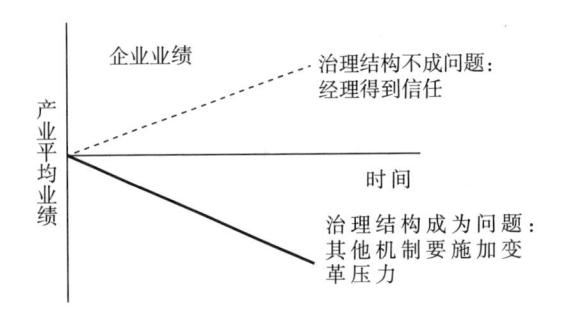

图8-4 相对业绩模型:公司治理何时成为严重问题

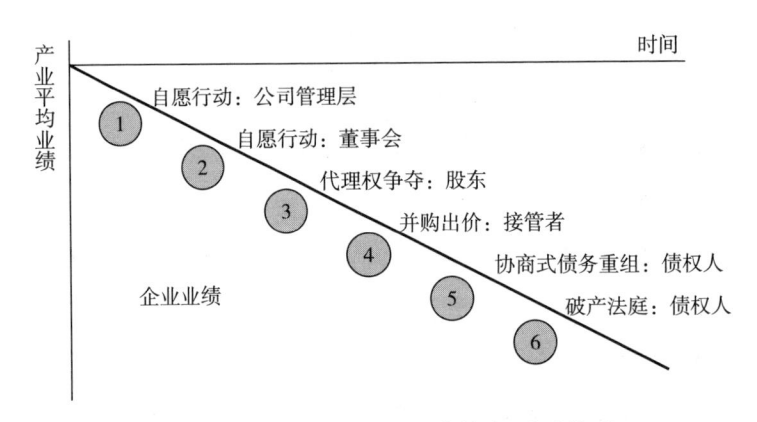

图8-5 业绩下滑:相继而来的治理机制概览

风险管理、内部控制和财务报告真实性,是中国上市公司治理中的一个核心和老大难问题,需要公司董事会、董事会审计委员会和公司所聘会计师事务所之间的通力合作。

在内部控制和风险管理方面,有效董事会的良好做法包括三个步骤:确保建立一个内部控制系统,采用一个系统的方法进行风险管理,至少以年度为单位进行内部控制和风险管理系统的有效性评估。

建立一个内部控制系统

没有一家公司能够不首先创建一个基本的内部控制系统来保护股东的投资和公司的资产而期望能有效地管理风险。这一控制系统要把不符合监管规则的风险涵盖在内。从食品到金融服务等产业，不合规行为的曝光，不仅会招致监管部门惩罚的风险，而且会对公司的信誉和投资者信心造成很大的负面影响。

内部控制系统应该做到：使公司能够对重要的业务、运营、财务和合规性风险做出恰当的反应；防止资产被不适当地使用，以及因疏忽和错误而受损；通过恰当的记录保存和信息流维持，保证内部和外部报告的质量；促进与相关法律、监管规则的一致性。

管理层应该识别和评估公司面临的风险供董事会参考，并且设计、运营和监督一个合适的内部控制系统，以贯彻落实董事会的决策。

系统地管理风险

董事会应该确保公司有一个持续的流程识别风险，评估其影响，以及采取必要的行动管理风险。传统上，董事会可能是一个被动的角色，在事后才被告知主要的风险，才介入进去采取一些纠正行动。这一方法导致公司总是暴露在新出现的风险之下，承受潜在的损坏性结果——或者是商业上的损失或者是机会的丧失。

真正需要的是识别和管理风险的一个系统的方法。管理层要检查达到关键目标所会涉及的风险——包括成功的潜在障碍，和对于取得成功的至关重要的因素。这应该涵盖经济、政治、竞争、环境和技术各个方面的风险。基于这一分析，管理者能够决定管理这些风险所需要采取的行动，并且进一步识别和实施确保这一行动能够奏效的额外控制措施。

内部控制系统有效性评估

一旦建立了一套内部控制和风险管理系统，董事会应该确保对其有效性进行定期评估。这一评估至少应该每年进行一次，向董事会或者审计委员会或者合规委员会提交一份评估报告。这一评估,应该包括从财务、运营到合规等各方面的控制手段。

在这一评估中,董事会要考虑决定识别、评估和管理什么程度的风险。如果发现有任何重大的控制薄弱环节,董事会要考虑如何处理以及采取什么样的纠正行动。

专栏8-7　有关内部控制和风险管理方面董事应该提出的问题

风险诊断

公司有一个清楚的有关风险诊断和控制问题的目标,并且已将其向公司员工沟通为员工提供有效的方向吗?

是否持续地进行内外部财务、运营、合规及其他风险的识别和评判工作?

经理层以及公司内其他人,对什么风险董事会能够接受是否有一个清晰的理解?

控制环境和控制活动

董事会为应对重大风险有一个明确的策略吗,有一个如何管理风险的政策吗?

高级经理层通过其行动和政策、对竞争力和坦诚的承诺,在公司内部形成了一种相互信任的气氛吗?

权威、职位和责任界定是否清晰,以使合适的人能够做出决策和采取行动?公司不同部门的决策和行动能够相互协调一致吗?

公司与员工就公司对他们的期望以及他们可以自由行动的范围进行沟通吗?这包括如下领域:客户关系,内部和外包活动的服务水平,健康、安全和环境保护,有形及无形资产的检查,业务持续性问题,支出问题,会计,财务和其他报告。

公司中的人(以及外购服务的提供者)具有知识、技能和工具支持公司目标的实现以及有效地管理达成这一目标的风险吗?

管理流程和控制手段如何调整以适应风险的变化或者运营情况的变化?

信息和沟通

董事会为其决策制定和管理评价目的，能否定期从内部及外部收到重要、可靠的报告，为其提供有关达成经营目标情况和相关风险的信息。这包括业绩报告和变化情况说明，同时包括有关顾客满意度和员工态度等的定量信息。

对所需要的信息和相关的信息系统根据目标进行重新评估吗？相关的风险变化以及报告差异被识别了吗？

定期报告程序，包括半年和年度报告，能够有效地达成有关公司状态和前景的平衡和可理解的沟通目的吗？

有现成的沟通渠道已使个人能够向相关的法律、监管或其他机构报告情况吗？

监督

在公司的整体业务运营中有一个受到高层经理重视的持续的流程来监督与内部控制和风险管理有关的政策、流程和活动得到有效贯彻吗？（这些流程可能包括控制情况的自我诊断，合规人员进行的有关政策和行为准则的确认，内部审计评估、其他管理评估等等）。

这些流程能够监督公司重新评估风险和有效地调整控制手段以应对目标、业务和环境的变化吗？

存在一个有效的跟踪程序以确保根据风险变化和控制诊断情况而采取适当的变革和行动吗？

存在一个适当的针对风险和控制问题的持续监督流程的有效性向董事会或其委员会的沟通机制吗？这应该包括定期向董事会报告任何重大的失误或缺陷。

存在一个经理层就特殊重大事项的风险和控制问题进行监督和向董事会报告的明确的机制安排吗？这应该包括：实际或怀疑的欺诈和其他违法或违规操作，或者会对公司声誉和财务状况造成负面影响的事件。

相关案例参见《董事会与公司治理（第4版）：演进与案例》案例12"优秀

董事会如何化危为机"、案例13"日本公司的监事会制和委员会制两种模式选择"。

8.5 中国公司的监事会与董事会审计委员会

在2024年7月1日，修订第二版公司法生效之前，监事会是中国公司必须设立的公司监督机关，承担很多在英美单层董事会制度下董事会审计委员会的职能。2024年公司法生效之后，监事会成为可选机关，股份有限公司和有限责任公司都可以由董事会审计委员会来承担监事会的职能，小公司还可以由全体股东一致同意决定，在不设董事会审计委员会的情况下，也不设监事会或监事。

习惯是一种很强大的力量。根据日本的公司法改革经验，公司法上提供了单层董事会制的选择之后，很多公司仍会延续传统，继续采用董事会和监事会并存的平行双会制，而不是用董事会审计委员会替代监事会。

8.5.1 中国公司的监事会制度

将管理决策权力和监督检查权力分立，在股东会之下平行设立负责管理公司的董事会和负责监察公司运作的监事会，是一种现代外部审计制度没有得到充分发展之前的早期制度安排。如英国东印度公司，在由股东选出的19人组成的董事会负责管理公司的同时，另外由股东选出了7人组成监察人委员会。但是，随着现代公司法和公司制企业的发展，英美国家发展出了一套成熟的外部审计制度，早期的公司监察人角色演变为公司内部的董事会审计委员会和公司外部的会计师事务所审计制度。

在2024年新公司法之前，中国延续了早期公司的"董事会—监事会"平行设置做法，同时又通过上市公司监管规则引入了董事会审计委员会和公司外部的会计师事务所审计制度，这在制度设计上就导致了董事会审计委员会与公司监事会之间的职责冲突。中国2024年新公司法，采用了与日本2002年公司法类似的公司治理改革模式。日本允许公司自主选择采用新型的委员会制公司形式（通过设立外部董事为主的董事会审计委员会，废除公司监事制度），或者保留传统的董事会和监事制度并存的公司形式（需要引入外部监事）。

监事会始终是中国公司机关中地位比较尴尬的一个机构。董事会得到股东大会的授权任命经理人员、管理公司事务，自然负有不可推卸的监督和控制经理人员行为的职责，监事会的监督职责就显得有些空洞。引进美国式独立董事制度，明确地将一些具体的监督职责赋予了独立董事之后，监事会对于经理层的监督和作用空间更少了。

监事会监督董事会这一职责，可以说一直就是有名无实，监事会作为董事会的平级机构，并没有任命、考评董事行为的权力。实际运作中，监事会人员的配备往往又低于董事会，也就是监事的个人地位和影响力都相对小于董事，使其更难以实际发挥有效作用。相比于董事会的运作情况来说，监事会的运作更是"徒有其表"的性质多一些。

与董事会平行设置的监事会作为中国公司特有的内部监督机构，在引进了董事会下设审计委员会制度之后，如何有效地发挥作用，是中国公司一直在自己摸索的一个问题。监事会要避免成为摆设，又要避免与董事会的审计委员会发生职责冲突。本着注重实质而非形式的原则，实际运作中，监事会和董事会审计委员会可以合并召开有关会议，共同工作。

从结构设置上看，中国公司中监事会都很齐全，远比董事会下属委员会的设置更到位。这可能与监事会是自从1994年《公司法》开始就有的，而董事会下属委员会则是2001年以后逐渐引入的有关。人们在认识上，都认可了监事会是公司法人治理结构中所必须要有的，但是对董事会的下属委员会却没有这么普及和深入的认识。

平行于公司董事会，具有一定的员工参与特性，又独立于公司管理层的监事会，如何能够做到即充分了解情况又客观独立地行使监督职责，还需要很多探讨。监事会与董事会面临着同样的一个"信息与独立性"矛盾，外部监事和外部董事有独立性，但是信息不充分；内部监事和内部董事信息充分但是没有独立性。不用说是进一步推动，就是为了巩固中国公司在董事会和监事会独立性上已经取得的些许进步，已经迫切需要我们在提高公司董事会和监事会成员所能享有的信息质量上做出更大努力，而这与公司财务、审计以至整个内控制度的完善都密切相关。

专栏8-8　中国公司法有关监事会的规定

第七十六条　有限责任公司设监事会，本法第六十九条、第八十三条另有规定的除外。

监事会成员为三人以上。监事会成员应当包括股东代表和适当比例的公司职工代表，其中职工代表的比例不得低于三分之一，具体比例由公司章程规定。监事会中的职工代表由公司职工通过职工代表大会、职工大会或者其他形式民主选举产生。

监事会设主席一人，由全体监事过半数选举产生。监事会主席召集和主持监事会会议；监事会主席不能履行职务或者不履行职务的，由过半数的监事共同推举一名监事召集和主持监事会会议。

董事、高级管理人员不得兼任监事。

第七十七条　监事的任期每届为三年。监事任期届满，连选可以连任。

监事任期届满未及时改选，或者监事在任期内辞任导致监事会成员低于法定人数的，在改选出的监事就任前，原监事仍应当依照法律、行政法规和公司章程的规定，履行监事职务。

第七十八条　监事会行使下列职权：

（一）检查公司财务；

（二）对董事、高级管理人员执行职务的行为进行监督，对违反法律、行政法规、公司章程或者股东会决议的董事、高级管理人员提出解任的建议；

（三）当董事、高级管理人员的行为损害公司的利益时，要求董事、高级管理人员予以纠正；

（四）提议召开临时股东会会议，在董事会不履行本法规定的召集和主持股东会会议职责时召集和主持股东会会议；

（五）向股东会会议提出提案；

（六）依照本法第一百八十九条的规定，对董事、高级管理人员提起诉讼；

（七）公司章程规定的其他职权。

第七十九条　监事可以列席董事会会议，并对董事会决议事项提出质询或者建议。

监事会发现公司经营情况异常，可以进行调查；必要时，可以聘请会计师事务所等协助其工作，费用由公司承担。

第八十条　监事会可以要求董事、高级管理人员提交执行职务的报告。

董事、高级管理人员应当如实向监事会提供有关情况和资料，不得妨碍监事会或者监事行使职权。

第八十一条　监事会每年度至少召开一次会议，监事可以提议召开临时监事会会议。

监事会的议事方式和表决程序，除本法有规定的外，由公司章程规定。

监事会决议应当经全体监事的过半数通过。

监事会决议的表决，应当一人一票。

监事会应当对所议事项的决定作成会议记录，出席会议的监事应当在会议记录上签名。

第八十二条　监事会行使职权所必需的费用，由公司承担。

第八十三条　规模较小或者股东人数较少的有限责任公司，可以不设监事会，设一名监事，行使本法规定的监事会的职权；经全体股东一致同意，也可以不设监事。

8.5.2　审计委员会与内控：需要增强主动与自觉性

近一二十年来，"内部控制"日益替代了"公司治理"，成为中国监管部门推动企业"规范运作"的新口号。国家有关部门发布了有关企业内部控制方面的规范和指引，加强了对上市公司和国有企业建立内部控制规范的要求，国企和大型上市公司随之加大了有关企业内部控制制度建设的步伐和风险管理力度。

2024年公司法第一百七十七条规定"国家出资公司应当依法建立健全内部监督管理和风险控制制度，加强内部合规管理"。企业内部监督管理和风险控制制度的重要性已经上升到了国家法律层面。

中国公司内控制度和风险管理方面，表现形式上明显进步的背后，尚缺乏一些自觉和主动性。典型的表现就是绝大多数公司都会按照监管部门要求建立独立的内部控制和风险管理部门并发布相应的内部控制和风险管理制度，而很少企业能够自觉采纳有关部门没有提出、国际领先企业已经普遍运用的一些良好做法，比如设置内部警哨程序和建立健全举报人保护制度等。

有效的企业内部控制和风险管理需要以真实并及时的财务报告和数据为基础，而这需要董事会审计委员会和担任公司审计师的会计师事务所的有效运作与责任到位。2024年公司法对董事会审计委员会，特别是可以行使监事会职能的董事会审计委员会和上市公司的董事会审计委员会，做出了具体规范。

审计委员会成员为3人以上，公司董事会成员中的职工代表可以成为审计委员会成员。审计委员会的"过半数成员不得在公司担任除董事以外的其他职务，且不得与公司存在任何可能影响其独立客观判断的关系"。这实际是说，审计委员会要有过半数成员是独立董事。

上市公司在①聘用、解聘承办公司审计业务的会计师事务所；②聘任、解聘财务负责人；③披露财务会计报告，和④国务院证券监督管理机构规定的其他事项等四类事项上，董事会作出决议前，需要先经审计委员会全体成员过半数通过。

专栏8-9　　中国公司法有关审计委员会的规定

第六十九条　有限责任公司可以按照公司章程的规定在董事会中设置由董事组成的审计委员会，行使本法规定的监事会的职权，不设监事会或者监事。公司董事会成员中的职工代表可以成为审计委员会成员。

第一百二十一条　股份有限公司可以按照公司章程的规定在董事会中设置由董事组成的审计委员会，行使本法规定的监事会的职权，不设监事会或者监事。

审计委员会成员为三名以上,过半数成员不得在公司担任除董事以外的其他职务,且不得与公司存在任何可能影响其独立客观判断的关系。公司董事会成员中的职工代表可以成为审计委员会成员。

审计委员会作出决议,应当经审计委员会成员的过半数通过。

审计委员会决议的表决,应当一人一票。

审计委员会的议事方式和表决程序,除本法有规定的外,由公司章程规定。

公司可以按照公司章程的规定在董事会中设置其他委员会。

第一百三十七条 上市公司在董事会中设置审计委员会的,董事会对下列事项作出决议前应当经审计委员会全体成员过半数通过:

(一)聘用、解聘承办公司审计业务的会计师事务所;

(二)聘任、解聘财务负责人;

(三)披露财务会计报告;

(四)国务院证券监督管理机构规定的其他事项。

第一百七十六条 国有独资公司在董事会中设置由董事组成的审计委员会行使本法规定的监事会职权的,不设监事会或者监事。

专栏8-10 中国公司法有关会计师事务所的规定

第二百零八条 公司应当在每一会计年度终了时编制财务会计报告,并依法经会计师事务所审计。

第二百一十五条 公司聘用、解聘承办公司审计业务的会计师事务所,按照公司章程的规定,由股东会、董事会或者监事会决定。

公司股东会、董事会或者监事会就解聘会计师事务所进行表决时,应当允许会计师事务所陈述意见。

第二百一十六条 公司应当向聘用的会计师事务所提供真实、完整的会计凭证、会计账簿、财务会计报告及其他会计资料,不得拒绝、隐匿、谎报。

中国公司在加强内部控制方面自觉和主动性不够的根本原因，是它们能够"绑架"政府、转移市场风险从而逃避市场风险的惩罚。中国常常是靠行政介入和运动式执法才能纠偏，而缺乏常规性的由市场机制和法治手段对公司失误行为的严厉惩罚，经营者和决策者自身没有如履薄冰心态，很多的内部控制制度也就变成了表面文章。

内部控制并不能替代"公司治理"，尤其是外部股东的权利，董事监事和高管的信托责任，以及资本市场和产品市场上的竞争压力等。如果没有这些基本规则的充分落实，过于强调加强内部控制，也许可以使公司不出大的风险和问题，但是也同样会使公司失去机会、活力和创新动力。

第9章

薪酬委员会与董事高管激励

公司董事和高管的薪酬直接关系到公司的竞争力、业绩和股东回报水平,是个全世界普遍关心的问题,是建立有效公司治理结构的一个重要环节。

董事及高管薪酬，可以说是与董事会建设同样重要的公司治理问题。如果把公司治理理解为激励与约束两个方面，董事会建设主要强调约束方面的话，董事及高管薪酬则主要是一个激励方面的问题。

一个卓越和良好的薪酬战略不会自动产生，它是独立和富有经验的薪酬委员会成员努力工作的成果。可以说，薪酬委员会的质量是公司战略成功的一个重要决定因素。全部或大部分由独立董事组成的薪酬委员会，负责监督执行董事及高级管理人员的薪酬，也负责研究公司报酬政策，以能够吸引、留住和激励公司董事和管理人员。

9.1　薪酬委员会的缘起、构建与最佳实践

公司董事和高管的薪酬直接关系到公司的竞争力、业绩和股东回报水平，是个全世界普遍关心的问题，是建立有效公司治理结构的一个重要环节。

9.1.1　薪酬委员会的缘起

薪酬委员会的历史渊源可能比审计委员会还要久远。因为薪酬委员会所要处理的问题是从公司诞生的第一天起就存在的。尽管在现代公司治理运动兴起之前，可能没有大张旗鼓地建立董事会薪酬委员会，但是解决董事和高管薪酬决定中的利益冲突问题的机制是在任何一个良好治理和健康发展的公司中都要实际存在的，否则股东的钱财就都早进入董事和经理的腰包了。

这种机制主要是由股东在公司章程里规定的。通常规定是："公司高级管理人员的报酬由董事会确定，董事会可以将此项权力委托给一个委员会来负责确定或批准任何一个高级管理人员的报酬。公司高级管理人员不会因是公司董事而丧失此项报酬，但是，担任董事的公司高级管理人员在此类决定中不能有任何投票权。"

国际上较近期和较有影响的有关薪酬委员会的呼吁是英国有关公司治理的系列委员会报告中的第二份报告——专注于董事薪酬问题的格林伯瑞报告，建议普遍设立一个主要由独立董事构成的董事会薪酬委员会。通过薪酬委员会，董事会可以避开经理层，讨论和决定公司董事和高管的报酬问题。

9.1.2 薪酬委员会的构建

股票交易所和机构投资者普遍要求上市公司建立全部由非执行董事组成的薪酬委员会。薪酬委员会决定公司的管理人员薪酬政策，以及每位执行董事的具体薪酬水平与构成，包括养老金和各种报偿性支付。薪酬委员会还要参与股票期权、利润分享以及其他激励计划的制定。执行董事的聘任合同也需要薪酬委员会批准（图9-1）。

薪酬委员会	职责
主席：独立董事、财务或经济专家	▲ 研究制定执行董事和高级管理层的薪酬政策
委员：非执行董事	▲ 监督董事和高级管理层薪酬政策的执行
委员：独立董事	▲ 制定董事和高级管理层解聘补偿政策

图9-1 董事会的薪酬委员会

薪酬委员会成员的选定是投资者非常关心的，组成薪酬委员会的非执行董事，应与薪酬委员会所涉及的问题无个人经济利益关系，也没有因交叉担任董事而产生的潜在利益关系，并且不参与公司的日常经营。

各种公司治理规则对薪酬委员会独立性的要求很高，董事会一定要选择那些在各个方面都满足独立性定义标准的董事出任薪酬委员会成员。有关独立性定义，在美国有上市所在交易所纽交所或纳斯达克的独立董事定义，税法162（M）款的外部董事的定义，还有证券交易法16B-3款的非雇员董事的定义。

在中国，主要是中国证监会有关独立董事的定义。

由一位是财务或经济专家的独立董事担任薪酬委员会主席，可以确保薪酬委员会能够真正独立于公司管理层。但是，投资者还担心，即使是具有独立董事身份的薪酬委员会成员，如果其自身又是其他公司执行董事，也会倾向于制定过高的薪酬水平，以便其自身的薪酬能够"水涨船高"。因此，一位是财务或经济专家的独立董事，自身没有任何公司"执行董事"的身份；同时，又对劳动市场及作为劳动市场一部分的企业家市场或经理市场有较深的理解，能够对公司薪酬制定提供更为客观和公正的见解，在股东利益保护和管理者激励之间找到平衡点，并建立起正向的相互促进关系。

中国公司还要特别注意的一点是，让国家股之外的非执行董事进入薪酬委员会，这样，可以使薪酬委员会的决策更好地反映真正股东的意见。薪酬委员会的第三位成员为行业专家，可以为公司薪酬决策提供行业内部情况的知识支持。

专栏9-1　中国证监会"上市公司独立董事管理办法"有关薪酬与考核委员会的规定

第二十八条：上市公司董事会薪酬与考核委员会负责制定董事、高级管理人员的考核标准并进行考核，制定、审查董事、高级管理人员的薪酬政策与方案，并就下列事项向董事会提出建议：

（一）董事、高级管理人员的薪酬；

（二）制定或者变更股权激励计划、员工持股计划，激励对象获授权益、行使权益条件成就；

（三）董事、高级管理人员在拟分拆所属子公司安排持股计划；

（四）法律、行政法规、中国证监会规定和公司章程规定的其他事项。

董事会对薪酬与考核委员会的建议未采纳或者未完全采纳的，应当在董事会决议中记载薪酬与考核委员会的意见及未采纳的具体理由，并进行披露。

第二十九条：上市公司未在董事会中设置提名委员会、薪酬与考核委员会的，由独立董事专门会议按照本办法第十一条对被提名人任职资格进行审查，就本办法第二十七条第一款、第二十八条第一款所列事项向董事会提出建议。

9.1.3 薪酬委员会的运作

董事会对经理薪酬的监控角色越来越受到人们的关注。在很多国家，基薪、奖金和授予高级经理人的股票期权，已经成为投资者和各种组织批评和采取行动的焦点问题。雇员和股东都在关注首席执行官的报酬水平，尤其是股东，日益加强了对经理和董事报酬的审视。事实上，由于工资和薪酬组合被置于如此严格的外界审视之下，使其制定工作更为困难。以至有董事认为，现在董事会中最难做的工作已经不是审计委员会主席，而是薪酬委员会主席。薪酬委员会要逐渐适应在显微镜下工作的公司治理新环境。

薪酬委员会负责研究公司薪酬政策，以能够吸引、留住和激励公司董事和各层管理人员。薪酬委员会根据董事及高级管理人员管理岗位的主要职责、重要性以及其他相关企业相关岗位的薪酬水平制定薪酬计划或方案。这些计划或方案主要包括绩效评价标准、程序，奖励和惩罚的主要方案和制度等。董事会也可以授权薪酬委员会定期评估首席执行官、其他高层经理以及董事会自身的绩效，这也是制定公司合理薪酬计划的根据。

薪酬委员会每年要审查和批准与首席执行官薪酬有关的公司目标，根据这些目标评估首席执行官的绩效，并就此向董事会提交一份报告。薪酬委员会每年审查和决定首席执行官的基本薪酬、激励薪酬和长期薪酬，并向董事会报告委员会的决定。在确定首席执行官的长期激励薪酬时，薪酬委员会要把公司绩效、股东回报、可比公司给予其首席执行官的类似奖励的价值以及公司上年给予首席执行官的奖励等等因素纳入考虑范围。

薪酬委员会还要每年审查和批准除首席执行官之外的其他高级管理人员的基本薪酬、激励薪酬和长期激励薪酬。每年审查公司的雇员薪酬战略和雇员福利及公平计划。

尽管监管机构和投资者都很强调董事会薪酬委员会的独立作用，为了避免作为一个整体的董事会被分割，在很多公司中，重要的报酬事项还是保留在作为一个整体的董事会成员手中。这种情况下的通常规则是：由薪酬委员会审查董事和高管报酬，薪酬委员会每年要向董事会就本公司董事和高管报酬和与其相关的美国公司的报酬状况做一次汇报；如果董事和高管报酬及利益需要调整和改变,可以由薪酬委员会提出建议,但要得到董事会全体成员的讨论和批准才能执行。

董事会可以终止薪酬委员会委员的任期,董事会也有权否决损害股东利益的薪酬计划或方案。薪酬委员会提出的公司董事的薪酬计划,只有在报经董事会同意并提交股东大会审议通过后方可实施;公司经理人员的薪酬分配方案也须上报董事会。

可以在薪酬委员会下设工作组,工作组可以挂在公司人力资源部门,专门负责做好薪酬委员会决策的前期准备工作,筹备薪酬委员会会议,并提供公司有关经营方面的资料及被考评人员的有关资料。

专栏9-2　　薪酬委员会会议需要的资料清单

①公司主要财务指标和经营目标完成情况。
②公司高级管理人员分管工作范围及主要职责情况。
③董事及高级管理人员岗位工作业绩考评系统中涉及指标的完成情况。
④董事及高级管理人员的业务创新能力和经营绩效情况。
⑤按公司业绩拟订公司薪酬分配规划和分配方式的有关测算依据。

薪酬委员会每年至少召开两次会议,会议召开前七日要通知全体委员,会议由委员会主席主持,主席不能出席时可委托一名其他委员(需是独立董事)主持。会议至少应由三分之二以上的委员出席方可举行,每一名委员有一票的表决权。会议做出的决议,必须经全体委员的过半数通过。会议的表决方式可以是举手表决或投票表决;临时会议则可以采取通讯表决的方式召开。可以邀请公司董事、监事及高级管理人员列席会议,会议讨论事项相关当事人应回避。

会议应当有记录,出席会议的委员应当在会议记录上签名;会议记录由公司董事会秘书保存。会议形成的议案及表决结果,应以书面形式报公司董事会。出席会议的委员对会议所议事项有保密义务。

薪酬委员会应该每年提交给年度股东大会一份单独的薪酬委员会报告。薪酬委员会报告的格式不应当一成不变。他们应考虑到每年的情况是否一样,以及他们的年度报告中某些项目是否需由股东大会通过并将结论记录在案。

薪酬委员会成员名单应列在委员会对股东所作的年度报告中。他们应当确保公司按要求在薪酬方面与主要股东们保持联系。薪酬委员会主席要以适当的方式直接向股东解释公司的薪酬政策，应出席每年的股东大会，在会上需回答股东们提出的关于董事薪酬的各种问题。

9.1.4 建立起有效的薪酬与激励体系

薪酬委员会要为公司创建一个竞争性的薪酬与激励体系，使经理人和股东的长期利益一致，并确保这些项目的透明度及满足新监管规则下的责任要求。那种简单地以标杆方法确定首席执行官报酬的老做法已经不能被接受，尤其是在公司业绩达不到顶级水平的情况下。未来的薪酬委员会要能够在满足合规要求和与公司业务目标匹配的条件下，创造出能够有效地驱动经理正确行为的薪酬计划。

最有效的薪酬战略应该是设计简捷、应用直接和易于理解的。并且这种易于理解是经理人和投资人两个方面的。

为吸引、挽留和激励董事和高管，薪酬委员会必须提供相应的薪酬安排，但应避免支付过多而不必要的薪酬。薪酬委员会要设定一个广泛的绩效指标组合，包括财务和非财务指标，如市场份额、顾客满意率等，这些要反映在决定个人薪酬的指标中。

不仅看内部绩效指标，也要考虑外部基准。薪酬委员会应该决定他们公司和其他公司相比处于哪个位置上。他们应了解这些可比公司的薪酬待遇情况，并采取相应的行动。薪酬委员会应对公司情况有广泛的了解，包括招工情况和薪酬情况，特别是在每年加薪的时期更需如此。

在设计和业绩挂钩的那部分薪酬时，应该以达到股东利益和董事、高管利益一致，激励董事、高管最大程度地勤勉尽责为目标。激励计划应当根据公司目标是否实现和实现程度来作出。应该考虑设定一些具体标准，来反映公司经营状况和其他可比公司相比所取得的成就。反映公司业绩的一些关键指标应该包括总体股东回报（TSR，Total Shareholder Return）。

任何新的长期激励计划都应能更好地取代现行激励计划，或者至少是一个经过周详考虑的完整计划的一部分，与现行激励计划有机结合成一个整体计划，能得到股东们的批准。整个激励计划中潜在的薪酬额不应过大。根据股票期权计划和其他长期激励计划发放的奖励，通常都应分期兑现，而不是一次性大额支付。不能以比现行股价更低的执行价格向董事和经理层发放股票期权。

薪酬委员会应考虑是否向董事提供年度奖金。如果提供，年度奖金应当和他们的个人表现挂钩。同时应设定年度奖金的上限。年度奖金也可以在一个较长的时间跨度内部分用股票来支付。

通常情况下，对上任不满三年的董事，不赠送股票，其股票期权或其他优先购股权也不能执行。应鼓励董事们长期保有股票，除非是为了支持公司收购和纳税的需要而出售股票。

首席执行官的薪酬计划应该是与其他高管的薪酬计划以及整个公司的薪酬计划相匹配的。它们之间不能存在激励目标上的冲突，并且潜在的回报对于首席执行官及所有参与者都要是有吸引力的。

更多的董事会坚持薪酬顾问直接为薪酬委员会工作，并且不允许他们同时为经理层工作，这是确保薪酬顾问独立性的一个重要方式。但是董事会仍然需要更多地关注对首席执行官薪酬水平起决定作用的业绩标准。要做更多的敏感性分析，比如，如果某些事件发生，首席执行官报酬会受到何种和多大程度的影响。要理解薪酬组合中的各个要素，并且要让股东也能够理解。

专栏9-3 公司经理薪酬的基本规范：机构投资者的观点

薪酬委员会应全部由独立董事组成。

公司应每年就其是否遵守此规范进行检讨，并就未遵守规范的原因做出解释。

薪酬委员会的年度报告应就全体经理人员的年薪、激励报酬、期权计划、绩效衡量和退休计划的细节进行披露，并与类似的公司进行比较。

经理薪酬的数额不应"过分"。

雇员合约的期限不应超过一年，以避免在发生解雇和接管时出现金色降落伞一类的多年安排。

> 应当用新的长期激励计划取代,而不是补充现行的股票期权安排。
>
> 与业绩挂钩的报酬应当使"董事会与股东的利益保持一致",而业绩评判的标准应当是"与强化公司业务有关的设计,并且考虑规定薪酬的上限"。
>
> 对经理人员的期权安排应分阶段地而不是一次性地授予,而且其期权价不得低于股票的现价。

9.1.5 董事薪酬及对离任和解聘董事的薪酬处理

董事薪酬通常就是指外部董事报酬,内部董事已经有了作为执行经理层的报酬,都不再有作为董事的额外报酬。董事报酬一般由如下四个部分构成。一是对其为董事会和董事会委员会提供服务所给予的年费;二是对参加董事会和委员会会议给予的会议费;三是给予董事会主席和委员会主席的额外报酬;四是股票期权或者股票奖励形式的股权类报酬,如股票授予、延迟股票或者受限股票等。

为了提高董事和股东之间的利益一致性,出现了日益增强的要求董事持股的趋势。董事所有权指导原则和股份维持准则是最主要的两种方式。所有权指导原则通常要求董事累积和保持一定数量的公司股票,典型做法是按董事年费的一个倍数来确定。股份维持准则通常采用的方式是对董事们已获奖励的股票和延迟股票单元规定一个强制性的最低持有期限。

董事薪酬发展的两个基本趋势

①董事报酬与其责任提高同步提高,并在构成上适时调整。加强公司治理,提高董事责任,需要同步提高董事报酬,并要适时检讨其构成是否合理。为了应对新的公司治理规则和监管要求,董事会委员会成员,尤其是主席,要投入更多的时间,完成更多的工作。审计委员会主席、首席独立董事/领导董事、薪酬委员会主席、提名/治理委员会主席等应该得到额外报酬。

②以其他可比公司董事收入为基础确定董事薪酬,并与股东价值的变化挂钩。对某人服务于董事会应该付酬多少没有正确的答案;一个最为有效的方

法就是看竞争性的市场上对类似劳动支付多少。可以以可比公司支付给董事多少为起点。公司业绩高于其竞争者，可以支付更多，并且董事会薪酬计划应该是一个与可比公司相比的基于业绩的弹性计划。确保股东利益和董事会成员想法及行动一致的最好做法是将董事薪酬的绝大部分与股东得到的价值挂钩。

对离任和解聘董事的薪酬处理

薪酬委员会应考虑董事一旦被解聘（特别是对于那些不称职的董事），以何种方式给予其补偿，这些都应在聘约中予以明确。

董事会的目的应该是既避免给予平庸的人以奖励，又能平等地对待那些出于其他原因而提前离任的董事。

薪酬委员会应明确规定给予业绩平庸的被解聘董事多少补偿金；给予提前离任的董事多少补偿金。当然给予后者的补偿金中已按比例扣除了他若在别处继续工作所能得到的收入。

在允许的情况下和在解聘通知期或聘期超过一年的情况下，公司可以考虑对补偿金采取分期付款的形式而不是一次性付清。当先前的董事又有新的工作时应考虑减少或停止付给补偿金。

9.2 利润分享，缔造奇迹

9.2.1 沃森父子：利润分享缔造IBM

IBM由C-T-R改名而来，由弗林特通过收购而创建（1911年6月15日）。弗林特很像通用汽车公司的创建者杜兰特，通过收购而创建了企业，但却没能很好进行整合和有效经营。组成C-T-R的三家企业原领导人相互不合作，公司很快陷入困境。弗林特年事已高，比杜兰特更有自知之明，舍得分享，积极主动寻找职业经理人管理企业，全力支持老沃森的"IBM创业历程"。

1914年5月，C-T-R公司董事会聘请老沃森出任总经理。老沃森实际担负的是总裁职责，但是因为他身上还背负着一项反垄断法方面的未决罪名，根据双方协议，只有当法院免除老沃森的罪名后才给其总裁名义。他因之前任销售经理的NCR公司打击二手收银机经营者、垄断收银机市场案，一审判决有罪，正在上诉。一年以后上诉法院驳回了初审法院的裁定，该案以和解告终，老沃森也被董事会正式任命为公司总裁。

老沃森就任C-T-R公司经理得到的待遇是年薪2.5万美元，价值3.6万美元的1200股C-T-R公司股票（占公司股份比例不足1%），和公司完税及分红后利润的5%。当时C-T-R公司的状况是：公司成立时发行的1000万美元股票只有300万美元的市场价值，只有400万美元年销售额，却背负着600万美元的长期负债。这种经营困境下，股东和董事会没把老沃森要求的5%利润分享当作什么大事，而十分看好公司产品，并认为良好的推销会使公司起死回生的老沃森却对此十分看重。就是这个5%的分红比例使老沃森随着IBM公司的成功而在20年后的1930年代成为美国收入最高、"日进1000美元"的明星经理人。

1917年，在整合C-T-R公司在加拿大的三家子公司成为一家公司时，老沃森就采用了国际商用机器公司这个名称，并决定以后所有海外公司都采用这个名称。1924年2月14日，在自己正好50岁的时候，老沃森决定将C-T-R公司本身也更名为国际商用机器公司，简称IBM。从此，老沃森领导下的IBM一路高歌猛进，沃森与IBM甚至成为了"同义词"。到1930年代末，IBM公司的销售额增长到3950万美元，利润达到910万美元，超过其他4家同类型大公司的总和，成为全美最大的商用机器公司。

小沃森，小托马斯·约翰·沃森，老沃森的长子，老沃森进入C-T-R公司的同一年（1914年）出生。青少年时期是个纨绔子弟，学习成绩很差，1937年勉强从布朗大学毕业后进入IBM公司工作。但是经过二战时在美国空军服役（1942年到1945年底）的历练，彻底变了一个人。小沃森于1946年初重返IBM，从执行副总裁柯克的助手做起，1951年担任执行副总裁，1956年5月担任总裁，开始全面执掌IBM，到1971年因心脏病住院时接受医生建议，辞去了IBM的总裁和董事会主席职务。

表面上看来，小沃森似乎是很平常的子承父业。但是IBM不是家族企业，老沃森不断买入IBM公司股票，但其持股比例一直没有超过5%。老沃森在培养小沃森成长过程中，可以说是尽职尽责、费尽心思，但是小沃森发现自己能力的地方却是在IBM的外部——参战，他自信心的一个主要来源是老沃森所惧怕的一项活动——飞行（老沃森不敢乘坐飞机，小沃森酷爱驾驶飞机）。

小沃森在IBM的工作是从推销员做起的。面对着紧抓权力不放，顽固甚至偏执的老沃森，小沃森在IBM的每一次升迁和权力获取都完全要靠斗争才能得来。沃森父子之间争执最严重的事项有三个。最大的争执是二战后IBM业务主攻方向的战略选择问题，老沃森要坚持传统的打卡机（他认为全世界对计算机的需求量不会超过5台），小沃森决意要进军电子计算机领域（当时刚刚起步的电子计算机领域由推出了世界第一台电子计算机"埃尼亚克"的雷明顿—兰德公司领先）。与这一战略选择相关的一个争执就是IBM要不要增加负债来为计算机开发融资。老沃森一向执行财务保守战略，只用利润进行再投资，但是这远远不能满足电子计算机业务开发的需要。小沃森要积极为计算机业务发展融资。第二个主要争执是关于美国政府起诉IBM的打卡机业务垄断市场，要求IBM向其他企业授权生产可以与IBM打卡机兼容的卡片，老沃森不愿意和解，小沃森愿意和解。第三个主要争执是老沃森将IBM的海外业务全部整合到IBM世界贸易公司独立运作，交由小儿子迪克·沃森管理，直接向老沃森汇报；小沃森认为这影响了IBM公司的整体协调运作。

后来的结果证明，小沃森是对的。小沃森坚持推动的电子计算机业务，最终使IBM站在了电子计算机行业的制高点。也正是因为对电子计算机业务前景的更为看好，使小沃森不像老沃森那样把打卡机业务看作是IBM的命根子，从而乐于与政府和解，尽快结束反垄断诉讼，使公司能够全力向电子计算机领域进发。迪克·沃森后来被小沃森调回IBM负责计算机制造部门，想要培养他接班。但是因为工作不力，迪克·沃森退出了对IBM最高职位的竞争，1970年从IBM离职，出任美国驻法大使。

1956年底，小沃森召开高层经理会议，制定了著名的威廉斯堡计划，为IBM建立起了正式的组织结构，实施适当的分权管理。老沃森跟老福特一样，坚决反对公司存在任何书面和正式的组织结构图，喜欢把一切大权都掌握自己手中，亲身走到车间和工人身边发现问题，随时发出命令。小沃森不像老沃森那样大权独揽，把副手当作秘书使用，而是与其副手们分享权力，并且同时拿出其所得公司利润分红的三分之二与副手们分享。IBM从此不再是由一个"总裁"来管理，而是由一个13人组成的高层经理团队来管理。

小沃森领导下，IBM成为了"蓝色巨人"，为股东们创造了前所未有的财富。1999年《财富》杂志把小沃森评选为20世纪最伟大的商业领袖之一。

9.2.2 松下幸之助：人是最重要的因素，也是企业经营的根本目的

松下幸之助注重技术的引进、消化和自主研发，但技术本身不是他经营的目的，他最看重的是人。"松下电器公司是制造什么的，松下电器公司是制造人才的地方，兼而制造电气器具。"

1960年1月，松下幸之助在经营方针发表会上宣布，"5年以后松下电器将采用五天工作制，同时薪水也不能比其他同行少，这将成为公司的基本经营方针。"5年后的1965年4月，松下电器开始推行五天工作制。

1967年1月，松下幸之助又提出，"今后5年，松下电器要在保持稳定的情况下，在经营和工资上超过欧洲，赶上美国。"4年后，松下电器的工资水平就赶上了欧洲工资最高的德国，5年后成功超过了欧洲，缩短了和美国的差距。

松下幸之助为什么如此重视员工工资水平，以至把提高员工工资作为其企业经营的基本方针之一？这是他的社会责任感所在，也是他对经济活动内在关系的认识所致。"工资提高了，产品质量就会随之提高，日本的社会生活水平也就会相应提高——像公司这样的经济实体正是为这一目的而存在和活动的"（《自来水哲学》第129页）。因此，松下幸之助被比做日本的亨利·福特，福特认为要让员工能够买得起公司生产的汽车，公司才能大发展，从而实行了著名的日薪5美元制度。

为什么工资提高了，产品质量就会随之提高？这有供给和需求两个方面的因果联系。供给方面可谓是效率工资理论，工资高了，员工的健康水平、素质和责任心都会提高，生产效率会提高，从而可带来更高的产品质量。需求方面，收入水平高了之后，人们选择更高质量的产品，高质量产品需求更大，低质量产品则会失去市场。

9.2.4 山姆·沃尔顿：与家人及员工的双重合伙

沃尔玛能够从一个人口不足1万的小镇起步，发展成为全球第一大公司（雇佣人数及销售额），与其创始人的经营哲学及其一套有特色的公司治理做法高度相关。

经过1945年第一家店和1950年第二家店的经验积累之后，在1952年开设第三家店时，沃尔顿就开始雇佣职业经理人帮助他打理商店，并形成与商店经理"合伙"的经营理念，通常给雇佣的经理人员在新开商店中有2%的投资额。在1969年重组为沃尔玛公司之前的很长时间里，沃尔顿总计拥有的32家商店的"总部"只有沃尔顿一个人，每家商店都由其店经理负责。沃尔顿到处查看自己的商店，考察竞争者的商店，为自己的商店招揽人才。

沃尔顿的父母经常争吵，这使他形成了埋头工作和重视家庭和谐的强烈个性。沃尔顿仿照其岳父的做法，并按其岳父的建议，在沃尔玛发展壮大之前，就成立了一个全体五位家人（夫妻二人和三个孩子）各占20%比例、平等合伙的沃尔顿企业，由沃尔顿企业持有沃尔玛公司的股份。家人定期就沃尔顿企业的事务开会，做出决策。通过这种安排，沃尔顿即把财产在其增值之前就转让给了孩子从而避免了高额的遗产税，又可以合理有效地统一家人作为股东对沃尔玛公司的意见。

除通过沃尔顿企业，把家人当作合伙人之外，在沃尔玛公司中，沃尔顿把经理和员工也都当作"合伙人"，并切实采用了一套"合伙"做法。沃尔顿认为，一些公司的失败是由于他们不把顾客当回事，不努力搞好店面管理，不端正服务态度。归根结底是因为公司没有真正关心自己的员工。如果要求店里的员工能为顾客着想，那就应该先为员工着想。因为员工们会不折不扣地以管理层对待他们的方式对待顾客，你越与员工共享利润，流进公司的利润就会越多。1971年以前是经理人员有利润分享，从1971年开始，所有在沃尔玛工作一年以上，以及每年工作1000小时以上的员工，都可参与利润分享。与此同时，沃尔玛还实施了一个员工购股计划——员工通过工资扣除方式以低于市场价格15%的折扣价格购买公司股票。

分担责任和分享信息，是任何合伙关系的核心。要赢得员工的真正合作，仅仅口头承诺不行，甚至是仅仅利润分享也不行，还要在管理上真正落实员工参与。用沃尔顿的话说，你必须给予同仁责任，信任他们，然后才是检查他们。沃尔玛的每家商店都定期向全体员工公布该店的利润、进货、销售和减价情况。沃尔顿相信，与员工分享信息的好处要远远大于信息因此而泄露给外人可能带来的副作用。沃尔玛抵制工会遭遇了很多批评，但事情的另一面是，沃尔玛能够长期地有效对抗工会，与其把员工当作合伙人、有一套完整的员工利润分享措施密切相关。

9.2.5 星巴克："咖啡豆股票"把员工变成伙伴

星巴克创始人舒尔茨，从发现星巴克到收购星巴克，把星巴克从咖啡烘焙商转变为咖啡饮品店，实现了商业模式上的转变与创新。但是要做好一种新的商业模式，需要在管理和公司治理上把功课做足、做好。

零售业和餐饮业都是员工直接服务顾客，顾客满意公司才能赢利，才能创造股东价值。可恰恰是在由顾客服务水平决定成败的这两个行业里，员工的薪酬和福利水平是最低的。

认识到这一问题之后，舒尔茨说服董事会，从1988年开始，星巴克公司为所有员工，包括每周工作时间在20小时以上的兼职雇员在内，提供医疗保险，支付全额健康福利费用。星巴克是美国唯一一家这么做的公司。1994年，克林顿在其总统办公室里单独会见了舒尔茨，让舒尔茨给他介绍星巴克的医疗保险计划。

1990年10月，在星巴克有望第一年实现盈利的时候，舒尔茨开始构想星巴克要保持长期成功的基础问题——酝酿实施全员股票期权计划。经过半年多时间的研究，1991年5月星巴克的"咖啡豆股票（Bean Stock）"方案提交给了董事会讨论，舒尔茨全力说服董事们一致同意了这个计划。当时星巴克还不是一家上市公司，要向其700多名员工赠送股票，需要得到美国证券交易委员会的特许豁免（美国证券法规定非公众公司股东人数不能超过499人）。从咖啡豆股票计划实施开始，星巴克公司不再有"员工"，而是改称星巴克"伙伴"。每位工作6个月以上，包括每周工作20小时以上的兼职者，都有资格获得公司授予的股票期权。最初是按员工年基本工资总额12%的比例授予，后来又提高到了14%。

舒尔茨认为提供全员医疗保险是他做出的一项最好的决策，全员医疗保险和全员股票期权，是星巴克最大的一项竞争优势来源。舒尔茨出身贫寒和改变命运的斗志，加上对他人感受的关注和体贴，奠定了星巴克的管理文化和组织优势。

9.3 美国公司的董事和高管薪酬

对于美国公司治理各种做法的一般性介绍，国内已经很多。事实上，中国证监会所推行的基本上就是美国模式。为了在实践中把一般原理与普遍规则应用得更好，我们应该更多地了解美国模式内部的差异。这种差异存在于不同州的公司法之间，不同交易所的上市规则之间，更存在于不同类型公司的"流行做法"之间。

9.3.1 董事薪酬：尽可能地以股票或股票期权的方式给付

自从萨奥法案的颁布和其他一些公司治理改革开始，美国上市公司独立董事的责任增强、风险增大，与此相应的是上市公司纷纷提高了独立董事的薪酬，以吸引和留住那些合格的独立董事。纳斯达克上市公司给予独立董事较少现金价值，但是明显更多的股权报酬，主要是股票期权。纽交所公司则更多地采用股票授予方式。由于股票期权所占比例较高，纳斯达克上市公司董事的报酬总额要高于纽交所上市公司董事的报酬总额。

美国公司普遍将董事报酬和其具体角色、职责及与此相关的董事个人时间贡献和所担风险相联系。这一趋势在审计委员会上的体现尤其明显，就是普遍给予审计委员会主席更高一些的报酬。付给审计委员会成员的年费往往也比付给其他委员会成员的年费高一些。设立首席独立董事角色的公司，也会给予首席独立董事额外的报酬。

大约一半的美国上市公司向董事支付其出席董事会会议的会议费。

为了提高董事和股东之间的利益一致性，美国公司中出现了日益增强的要求董事持股的趋势。花旗集团就以普通股方式支付董事年费（annual retainer），或者100%以普通股支付——董事可以选择延迟支付，或者50%为现金以纳税，余下为普通股。董事可以选择将该项报酬的全部或一部分以股票期权的形式购买花旗集团的普通股。授予股票期权的股份数目的计算方式为：以授予日花旗集团普通股公允市价的三分之一除以董事所选择的通过期权形式支付的报酬金额。期权的行权价格为授予日前一个交易日花旗集团普通股在纽约股票交易所的收盘价格。从授予日开始一年后每年生效50%，10年后失效。审计委员会主席和其他各委员会主席所得额外报酬，以与董事年费相同的方法支付。用于特殊目的的额外报酬以特事特办的方式决定。

尽可能地以股票或股票期权的方式给予董事报酬，这是公司治理改善的一个重要手段。

9.3.2 高管长期激励：股票薪酬与所有权政策

中国证监会和国资委有关股权激励的试行办法出台之后，中国上市公司逐渐引进股权激励措施。认真汲取美国公司这几十年的经验，也许有助于我们选择最合适的激励办法。尤其是应该在股票期权之外，也关注一下受限股票和其他各种股权激励工具。

长期激励措施一般是指与股票价值挂钩、时间期限在一年期以上的薪酬工具，主要包括三大类：①股票期权；②受限股票（授予一定数量的实际股票，每达到一定的服务年限生效一定的比例，生效前有转让限制和作废风险）和③绩效奖励（根据某种业绩指标确定给予一定数量的股票或者现金）。股票期权是大型美国上市公司中使用比例最高的长期激励工具。

绩效奖励，也称长期现金计划，包括：①绩效股票（与某种事先确定的多年期的业绩指标挂钩的股票或者股票价值，实际收益会因股价而变）和②绩效单元（以现金计量的根据某种业绩指标给予的奖励，实际支付也可以采取股票形式）两类工具在内，呈现出较快增长态势。

股票期权作为一种实施范围最为广泛的长期激励工具，经过近几十年时间的演变，除了标准的股票期权之外，又发展出来了很多的变种，既为了达到某种具体目的而附带某种条件的股票期权。

为了修正标准股票期权只与股票价值挂钩的特性，一些公司实施了与其他绩效指标挂钩的绩效股票期权。根据绩效挂钩的环节不同，绩效股票期权又分为①绩效授予股票期权（根据绩效完成情况决定授予数量）和②绩效加速股票期权（根据绩效完成情况决定生效时间）两类。

股票期权还有其他一些"变种"，包括：①复载股票期权（已生效股票期权行权后自动再重新授予同量或一定比例的股票期权）；②溢价股票期权（以高于市价的价格授予）；③折价股票期权（以低于市价的价格授予）和④指数化股票期权（授予价格与股票市场指数挂钩）等。这四类变种中复载股票期权的实施比例较高，其他三类的实施比例都较低。

在公司治理和高管长期激励问题上，一个日益受到重视的问题是如何提高并保持一定比例的高管所有权比例。越来越多的公司公布了高管股票所有权指引之类的公司政策。

公司高管股票所有权政策大概可以分为三类：最普遍的是①规定高管必须持有一个相当于其年薪多少倍的公司股票价值量；其次是②规定高管必须持有一定数额的公司股票，这种方法避免了第一种方法中由股价波动带来的操作上的麻烦；第三类方式是③对高管从长期激励和奖励中所获公司股票规定一个最低保留和持有年限，这类方式可以和上述两种方式中的任何一种结合使用。

9.3.3 控制权变更时的经理人保护安排

按现代公司治理原则，在对经理层有充分授权和有效监督的同时，也要对经理层提供必要的保护性安排，以使经理层无所顾虑地从公司整体利益出发，做出有关决策，特别是在可能出现公司控制权变更的情况下。

并购与重组等企业控制权变更现象越来越频繁，这对于资源的整合与有效配置，尤其是对于股东价值的创造具有重要意义。但是如果其中有关经理人，尤其是首席执行官的利益处理不好，则会带来巨大的阻碍甚至是破坏作用。

控制权变更时的经理人保护安排宗旨是要激励经理人能够持续地以公司和股东的最大利益为目的行事，减少因为控制权变更而带来的经理人对其职业前景的潜在焦虑。公司设置这些控制权变更时的制度安排，可以确保发生并购情况下管理的连续性，也可以用做一种吸引和留住那些优秀经理人的手段。近些年来，在国际资本市场上，越来越多也越来越大的并购事件，引起了人们对控制权变更安排以及与此有关的对经理人提供保护的成本的关注。发达国家的一些股东积极分子开始在年度股东大会上提议限制控制权变更安排中的支付金额。

什么是控制权变更，即满足什么条件算是公司发生了控制权变更而需要给经理人提供补偿和保护？通常用来界定公司是否发生了控制权变更的标准有如下几个方面。首先，公司的投票权是否发生了变化，如某一股东获取了某一比例的投票权。第二，公司是否发生了收购、合并和重组行为。第三，更换了董事会的大多数成员。第四，出售了公司的全部或者相当大部分资产。第五，公司清算或者解散。上述标准中的最后三项是控制权变更安排中普遍采用的标准，前两项标准的采用及其具体比例的设定则因公司而异，相互差异很大。

公司可以通过各种各样的方式来为其经理人和关键雇员提供控制权变更保护。归纳起来主要有下述三大类方式：一是单个的个人雇佣协议，二是统一的公司政策，三是通过股权激励计划提供的控制权变更保护。具体采用上述哪种方式，或者是它们的某种组合，要根据公司的具体目的来决定。

由个人雇佣协议所提供的控制权变更保护，也就是通常所称的"金降落伞"协议，一般限定在公司的少数高层经理人员。通过公司政策提供的控制权变更保护，则通常要涵盖更多数量的雇员，更深入到组织的各个层面。这一措施更为普遍地与公司业务终止相联系，而不仅仅限于控制权发生变化。股权激励计划也可以包括控制权变更保护，而且股权激励计划所涉及的范围更宽，纳入股权激励计划中的控制权变更保护通常也涵盖组织中更大数量的雇员。

美国大公司中，80%以上的公司提供某种类型的控制权变更保护。从所实施的控制权变更保护方式来看，最流行的做法是结合使用个人雇佣协议与股权激励计划，其次是只通过股权激励计划来提供控制权保护。与纽交所公司相比，通过股权激励计划来为经理人提供控制权变更保护的做法在纳斯达克公司中更为流行。与此同时，没有提供控制权变更保护的纽交所公司比例比纳斯达克公司比例高。其中的原因可能是，一些纽交所公司市值规模非常大，认为自身不会成为被兼并的对象，因而无需考虑控制权变更保护问题。

有关控制权变更的定义，可以在个人雇佣协议、公司政策和股权激励计划中给出。有些公司中，在股权激励计划、个人雇佣协议和公司政策中，对控制权变更界定的标准可以不同。

纽交所上市公司通常采用20%作为因投票权改变导致控制权变更的界定标准，而纳斯达克上市公司则通常采用一个更高比例的标准，将50%或者50%以上的有投票权证券的持有人发生变化，作为控制权变更的界定标准。这种标准的差异可能与各自的市值规模以及股权集中度不同有关。对于因收购、合并或重组而导致的控制权变更，有越来越多的公司增加了额外的界定标准，如公司前股东在新实体中继续持有的有投票权的股份比例要低于某一限度才能算是控制权发生了变更。通常都把50%作为这一限度的数量标准。

大多数公司将控制权变更时对经理人的补偿界定为其基薪与奖金之和的一个倍数。一般情况下，其健康和福利待遇延续年限与这个现金补偿的倍数一致，即现金补偿为2倍，或者3倍，福利待遇则延续2年或者3年。

纳斯达克公司比纽交所公司在对经理人的控制权变更保护方面，掌握的标准更严，给予的补偿也不是那么"慷慨"。

中国企业可以引进规范的、桌面上的和有法律护航的对高级经理人的控制权变更保护，但是要掌握一个"合适的度"。

没有这种规范的控制权变更保护，实际导致的结果就是两个极端。一个极端是弱股东意志下在位经理人要通过实际掌控公司运营而获取"控制权的私人收益"，不仅不去发掘而且会实际阻碍一些对公司有巨大价值的并购、重组和改组等活动，这在中国的国有或国有控股公司中比较普遍。另一个极端就是强股东意志下企业很容易发生控制权变更而经理人收益和预期没有保障，实际难于吸引优秀的职业经理人加入公司，这在中国的民营和家族类公司比较普遍。走出这两个实际有巨大效率损失的极端状态，引入一种合适的对经理人的控制权变更保护安排，也许是当前中国企业改进公司治理，真正把公司治理落实为一种"合作关系管理"所需要的一个关键举措。

9.4　日本公司的董监事和高管薪酬

9.4.1　日本公司薪酬决定的基本规则

根据日本商法的规定，除非公司章程中已经做出了有关规定，日本公司支付给全体董事和全体监事的报酬总额要由股东大会决议来决定。这一报酬总额在每个董事之间的分配一般则授权给公司董事会决定，监事之间的报酬分配则由监事们相互商讨决定（日本中小型公司有监事而没有监事会）。

日本公司高管人员的报酬一般由月薪、董事人员的年度奖金和经理人员的绩效挂钩奖金构成。董事人员的报酬一般是固定的，而经理人员的绩效挂钩奖金则根据公司及个人的业绩来决定。此外，根据日本企业的惯例，董事和监事退休时会得到一笔一次性的退休费。给予董事监事退休费的议案由股东大会批准，具体金额则由董事会和监事会确定。退休费金额一般根据退休人退休时的职位，作为公司董事或监事的服务年限，以及其对公司业绩的贡献来决定。

9.4.2　日本公司股权激励工具的采用

从公司治理的角度看，有关高管人员薪酬的关注焦点是，高管人员薪酬在多大程度上是与公司业绩相关的，并通过这种相关性来使高管人员和股东的利益趋向一致。国际上最为常见的绩效挂钩高管薪酬方式就是股票薪酬，如受限股票、股票期权和长期现金计划等。

从1990年代后期开始，股票期权这类美国风格的高管人员激励方式开始逐渐被引入日本。一些日本公司在1997年日本商法改革使股票期权合法化之后开始授予高管人员股票期权。此前的日本商法与中国公司法一样禁止公司回购股票，从而因没有合适的股票来源而无法实施真正规范的股票期权。

以股票期权作为一种激励手段来提升企业价值的做法受到了越来越多的日本企业欢迎。甚至像丰田汽车这样一些比较保守的，以传统的终身雇佣和年功序列制为荣的大企业，也开始引进股票期权和其他一些与绩效挂钩拉开薪酬差距的激励机制。

股票期权为公司薪酬机制创新提供了新的空间和灵活性。通过使高管人员和股东之间的利益一致化，股票期权也有助于提高股东对公司的监控水平。调查显示，1997年从零起步，到2001年就已经有463家日本上市公司向其高管人员发出了股票期权，约占日本全部上市公司的六分之一。但是日本公司的高管人员薪酬系统还是以现金支付为主导方式，日本公司仍然面临着一些传统观念的阻碍，不愿意像西方企业那样给予高管人员非常优厚的酬劳。

实际上，日本公司董事会比美国公司董事会在股票期权计划方面享有更大的自主权。在纽约股票交易所上市的公司实施任何种类的股票报酬计划，都必须获得股东的批准。而根据日本商法，公司实施股票薪酬计划的时候，如果其计划中的股票购买权是以非常优惠的条件授予接受人的，除非该项股票购买权同时授予了所有的股东，必须获得股东大会上绝对多数同意的批准。该项批准只能适用于自批准日开始一年之内授出的股票购买权。除此之外，日本公司的股票购买权可以无需股东批准而以董事会决定的执行价格发售给任何人。

9.4.3 日本公司高管薪酬的披露及其激励效果

既然无人知道酬劳公司董事和经理人员的最佳方式和最合适金额，很多公司治理专家和机构投资者相信充分和详实的高管人员薪酬信息披露是公司监察和良好治理的关键要素。随着商法的修改，一些日本公司从2002年开始披露其高管人员的薪酬总额和一揽子退休计划。根据日本新修改商法的规定，如果一家公司修改其章程以赋予董事会降低有关董事因股东诉讼而承担损失的责任限额的话，则需要在其财务报告中披露总体的高管人员薪酬情况。

与此同时，随着外国投资者和日本国内个人投资者的增加，来自资本市场上对高管人员薪酬信息披露的压力也在增长。人们期望更多的公司披露其给予高管人员的薪酬总额，但只有极少数的日本公司披露了其付给每位董事个人的报酬金额。

无论如何，从实践层面来看，日本公司的高管人员激励系统是发挥作用的。有研究证实，从1990年代后期开始，日本公司高管人员持股发挥了激励作用，并且股票期权对公司业绩的影响在统计上很显著。对日美两国公司高管人员报酬的比较研究发现，这两个国家的公司高管人员报酬都与其公司股票绩效和当前现金流呈现正向相关关系，相关关系的强度在两国公司之间也相当类似。不过美国公司高管人员要比日本公司高管人员拥有更多的股票和股票期权；日本公司高管人员与其美国同行相比，对公司收益降低更为敏感，而对公司股票绩效敏感度较低。

9.5 董事和高管薪酬：比给多少更重要的是如何给

> 薪酬激励的方向正确，高管行为就自然会往正确的方向转变。

9.5.1 不在于给多少，而在于如何给

在中小股东保护力度提高不大、资本市场有效性不足的情况下，中国上市公司学习美式治理机制的选择倾向上出现了严重偏差。就是有效市场监控机制没有建立起来，脱离了传统行政控制机制的高管报酬如同脱缰野马，一路狂奔。中国公司的高管报酬，不仅没有像日本公司那样，在业绩非常优异，甚至是"战胜了"美国同行的时候，还保持在美国高管报酬的几分之一的水平上，而是在业绩根本没有起色、股东毫无回报的情况下，出现了成倍的增长。考虑到中国的经济发展水平和员工平均工资水平，中国大型公司的董事高管薪酬水平已经相当之高，甚至是"失控"了。

全球金融和经济危机之后，拿取过高薪酬的公司高管成为众矢之的，以至有学者称恐怖主义是全球资本主义的外部敌人，而贪婪的公司高管则是全球资本主义的内部敌人。从欧美到中国，有关监管机构都出台了一些高管限薪令。但是，中国的高管限薪令，实效甚低。

中国公司在高管激励方面与国际领先企业的差距，跟董事会运作方面的差距同样巨大。我们说的不是薪酬水平上的差距，而是薪酬给付机制、给付方式和规则上的差距。中国上市公司高管报酬增长，主要是现金报酬的增长，在高管报酬的给付机制上并没有太大的变化。

"董事及高管薪酬，不在于给多少，而在于如何给"，这是委托代理理论的主要代表人物、著名公司治理和公司财务理论家詹森有关高管薪酬最重要的一篇文章所用的标题。恰恰就在是"如何给"的这一"题目"上，中国公司的高管报酬行为仍然是非常不清晰，非常令人不满意的。

中国上市公司董事、监事和高管薪酬的轮番上涨基本是与股东价值无关的一种自行的现金和奖金方式的增长。没有报酬给付方式改进下的报酬水平增长，或者没有激励机制改进下的激励力度增强，不仅其激励效果令人怀疑，甚至有"公司治理失灵"之嫌。特别是从纯粹股东——中小股东和外部股东的角度来看，喜的背后是忧。近些年来，作为控股股东的国资委有政治业绩——大型国企高歌猛进，公司董事和高管个人有经济效益——拿着百万和千万级别的报酬，而资本市场和中小股东们，则是既没有什么现金收益——分红，也没有什么资本增值——股价上涨。

另外值得注意的一点是，在董事会中有香港特区和境外人士的公司中，董事之间的报酬差距是很大的。从公司治理规范上来说，笔者对同一董事会中承担同样法律和管理职责的独立董事之间，仅是因为他们的"阶级出身"不同而呈现巨大的报酬差距这种现象，是持反对态度的。这非常不利于董事会作为一个整体的构建和运作。

公司高管及董事，甚至独立董事报酬上所出现企业间差距扩大态势，可能在很大程度上反映了公司业绩之间的差异，以及公司业绩与高管报酬之间的相关性。在真正会使企业经营好坏在高管报酬上拉开差距的股权激励类薪酬工具还没有普遍开始实施的情况下，高管报酬上的差距就已经很大，这不由得让人疑惑中国上市公司的董事及高管薪酬制定规则，其中是否存在真正有效的公司治理因素。这些董事、独立董事和高管们，是在真正给股东创造了价值才得到高额薪酬呢，还是那些凭借实际控制权和某种垄断地位，而将更多的报酬装进了自己的口袋？

近些年来，英国、澳大利亚、荷兰、南非、挪威和瑞典等国家纷纷开始强化股东投票决定高管薪酬的制度，最为公司自治的美国也从2011年1月开始推行这一做法。中国有股东决定高管薪酬的现成制度，问题在于中国公司高管和大股东之间存在人员和利益双重一致化的问题，要使股东决定薪酬制度得到实行，也许需要对"派出"高管人员的控股股东在高管薪酬议案上的投票权进行限制，或者干脆实行控股股东和非控股股东分开进行投票的类别股东大会制度。

9.5.2　万科的所谓"事业合伙人"：员工间接持股

不管到底啥意思，马云是把"合伙人"一词给整火了。万科都跟风采用该词，启动了所谓"事业合伙人"制度。不过，万科的所谓"事业合伙人"制度中所用合伙人是一词，倒真是合伙人概念的本来含义，只是万科的这个"事业合伙人"，也并不是万科公司的"合伙人"，而是投资于万科公司股票的一个有限合伙制企业——盈安合伙的有限合伙人。

2014年4月25日，有限合伙企业盈安合伙创立。包括郁亮在内的全部8名董事、监事、高级管理人员，以及几乎所有的中层管理人员共有1320位被称为事业合伙人的万科员工，签署《授权委托与承诺书》，将其在万科公司集体奖金账户中的全部权益，委托给盈安合伙的一般合伙人进行投资管理。截止到当年6月3日，盈安合伙持有万科股票的比例已达1.34%，成为了万科的第二大股东。据称，所谓"万科事业合伙人"团队最终将通过盈安合伙实现对万科10%股权的控制。

显然，这里的责任—利益链条是，盈安合伙是万科公司的一个与其他股东一样只承担有限责任的股东，盈安合伙有一般合伙人（也称普通合伙人或管理合伙人）和有限合伙人两类合伙人，被称为万科"事业合伙人"的这些进入了盈安合伙的万科员工是盈安合伙的有限合伙人。他们与万科公司的关系，只是在员工的身份之外，又增加了一个通过盈安合伙而持有了万科的股份。无论如何，都谈不上是本来含义上的万科公司的"合伙人"。说他们是万科的"事业合伙人"，与阿里巴巴所谓的28位"合伙人"一样，只能说是一种比喻。万科公司把通过盈安合伙持有公司股票的员工称为"事业合伙人"，那么自己直接掏钱在二级市场购入万科股票的员工是不是万科公司的"事业合伙人"呢？

郁亮对媒体表示，"过去万科是职业经理人制度，职业经理人和股东是打工关系，依靠职业精神对股东负责，但从小米等一些企业的经验来看，合伙人制度可能是一种更好的利益共享机制，对股东负责就是对自己负责。"这里显然是错用或往好里说是以比喻的方式借用了"合伙人制度"的概念。即使实行了上述所谓的事业合伙人制度，并且盈安合伙持股万科达到了10%，万科公司本身仍然是职业经理人制度，而与合伙人制度毫无直接关系，只是增加了一个有限合伙人企业形式的员工间接持股机构。

此外，盈安合伙以代表万科员工投资于万科股票而成立，但也许并不是仅仅投资于万科公司股票。如果盈安合伙仅仅投资于万科股票，万科的这个"事业合伙人制度"，也就仅仅是一个员工间接持股制度了。而且，我们不应该高估员工持股的作用，要对其发展过度的潜在危险有充分认识。任何公司都不是绝对安全的，都有倒闭的可能。员工的人力资本已经完全投入到一个企业中了，如果再把他们相当大部分的个人财产也投入到同一个企业中，该企业一旦遭遇困境或者倒闭，员工将同时失去他们的工作和个人财产，这是一种不可承受的风险，违反了最基本的风险分散原则。如果盈安合伙作为一个独立企业，以实现其自身合伙人的财务收益最大化为宗旨，可以并不仅仅投资于万科股票，并且在万科前景不佳、股价持续低落的时候，可以为了其自身作为一个独立企业及其合伙人们的利益而抛掉万科股票，万科的这些所谓"事业合伙人"也就可以瞬间消失了。

这样的"事业合伙人"，其跟公司之间的利益和责任关系，也许还没有真正职业经理人，以其终身企业声望和职业收入为赌注，联结得更为紧密。

9.6 中国公司的股权激励机制应用问题

9.6.1 中国公司对股权激励机制的探索

中国最早探索股票期权激励机制的公司可能是深圳万科，1993年，万科聘请香港律师起草"职员股份计划规范"，为期9年（1993—2001），分三阶段实施，由于缺少相应的法律规范，第一阶段的"认股权"于1995年转为职工股后，一直没有上市，而停止执行。

最早具有"期权"概念的有关股权激励的地方性法规可能是"杭州市国有企业经营者期权激励试行办法"，该办法的出台是由"冯根生现象"催生的。1997年10月6日，距十五大闭幕不到20天，杭州正大青春宝集团董事会以全票通过，从公司1.5亿元的净资产中拿出15%的股份卖给员工，总经理冯根生至少可买2%股份，300万元。由此引起轩然大波，激烈争论——该不该卖，敢不敢买，有没有钱买。1998年6月6日，杭州市政府召开会议，正式同意将正大青春宝药业有限公司国家股的50%有偿转让给职工持股会，其中冯根生个人可买2%。1998年7月12日，冯根生从杭州市商业银行贷款270万元，以总价303万元购买了257万股正大青春宝的股份。

2006年以前，由于中国公司法的限制，没有库存股票账户和除注销之外公司不能回购股票，中国上市公司尚无法实施规范的股票期权激励机制。有些上市公司，如上海贝龄等，实施了模拟股权激励机制，这是一种与股票价值挂钩的奖金发放方法，类似于美国公司实施的长期现金计划。有些上市公司，如上海金陵等，将年薪制中的风险收入部分由大股东或董事会秘书等其他人名义代购公司股票，这是以强制持股方式延迟支付经理人已经挣得的奖金，也有"风险抵押金"含义。而且这种通过内部协议托管在其他人名下的股票，少来少去的问题不大，一旦积累到一定数量之后，经理人就很不放心了，也就使其激励效应打了折扣。

2006年1月1号开始，中国公司法允许公司回购股票用于奖励本企业员工，实施规范股权激励机制的一个最大障碍解除了。与此同时，2005年12月31日，中国证监会发布了《上市公司股权激励管理办法》。2006年9月30日，国有资产监督管理委员会和财政部联合发布了《国有控股上市公司（境内）实施股权激励试行办法》。

但是，由于政策设计中的一些问题以及有关方面认识上的误区，一些上市公司的股权激励方案，存在严重的将股票期权当作"工资奖金"等传统薪酬工具使用的倾向。用传统的绩效考核办法来"发放"股票期权，把本应面向未来的股票期权激励工具扭曲成面向过去的激励工具，也把股票期权依靠股票市场评价公司业绩来决定高管薪酬的激励功能拉回到了依靠会计报表评价公司业绩决定高管薪酬的老路上去。股票市场本身就是一种评价机制，会计报表为股票市场评价上市公司提供信息，但不是股票市场评价上市公司的唯一根据。如果会计报表能够真实准确地评价企业，我们可能就不需要股票市场了。

中国2024年公司法第162条有关公司可以收购本公司股份的六种情形之（三）为"将股份用于员工持股计划或者股权激励"，此类收购"可以按照公司章程或者股东会的授权，经三分之二以上董事出席的董事会会议决议"，此种情形下"公司合计持有的本公司股份数不得超过本公司已发行股份总数的百分之十，并应当在三年内转让或者注销"。

专栏9-4　中国公司法有关公司回购股份用于员工持股和股权激励的规定

第一百六十二条　公司不得收购本公司股份。但是，有下列情形之一的除外：

（一）减少公司注册资本；

（二）与持有本公司股份的其他公司合并；

（三）将股份用于员工持股计划或者股权激励；

（四）股东因对股东会作出的公司合并、分立决议持异议，要求公司收购其股份；

（五）将股份用于转换公司发行的可转换为股票的公司债券；

（六）上市公司为维护公司价值及股东权益所必需。

> 公司因前款第一项、第二项规定的情形收购本公司股份的，应当经股东会决议；公司因前款第三项、第五项、第六项规定的情形收购本公司股份的，可以按照公司章程或者股东会的授权，经三分之二以上董事出席的董事会会议决议。
>
> 公司依照本条第一款规定收购本公司股份后，属于第一项情形的，应当自收购之日起十日内注销；属于第二项、第四项情形的，应当在六个月内转让或者注销；属于第三项、第五项、第六项情形的，公司合计持有的本公司股份数不得超过本公司已发行股份总数的百分之十，并应当在三年内转让或者注销。

9.6.2 中国股权激励政策的误区

股权分置改革的完成，统一了各类股东之间的利益，股权激励计划的陆续推出，则进一步把公司高管和全体股东的利益统一在了一个共同的股票市场价值基础之上。但是，仔细审视一下实际情况，不难发现我们的公司治理、董事会建设和股权激励过程中仍然存在着很多认识和操作上的误区。

仅说一个最为基本的问题，股权激励和公司治理的关系。"国资委：谁公司治理结构规范，谁率先享受股权激励"，这是很流行的一种对"国有控股上市公司（境内）实施股权激励试行办法"的解读。从该规范文件规定的实施股权激励计划需要具备的条件来看，可以说这种解读是准确的。但是，把"股权激励"当作优惠政策馅饼奖励给所谓遵守"公司治理结构规范"的"好孩子"这种认识和做法却是股权激励的一个误区。

激励机制本身就是公司治理的一个核心内容，正向和相容性的激励机制本身就是一种良好的公司治理做法。股权激励，或者说是基于股东价值的董事、经理薪酬，是解决股权分散公司中委托代理问题、改进公司治理的一种重要方法。正确地设置股权激励机制，就是要把经理层和股东的利益更紧密、更直接和事先确定好规则地结合起来，股东就可以相对更放心并放手地让经理们自主发挥他们的才干和专业知识，按照他们自己理解的最佳做法行事，在追求其自身利益最大化的同时带来股东利益的最大化。至于公司治理结构规范方面的一些"合规类"问题，是法制执行和强制性、约束性的问题，是不遵守就要受到惩罚的问题。可以说，股权激励是改进公司治理的胡萝卜，结构设置和运作规范这类合规性的要求则是公司治理的大棒，奖励正向行为，惩罚负向行为这两个方面是共同作用和相辅相成的。

把股权激励和公司治理结构"形式上"的那些规范捆绑，用意可能是好的，但是结果却未必是好的。在监管部门的强力推进之下，中国公司在治理结构的"形式规范"方面，可以说已经走在了"国际前列"，但是在公司治理的实质行为上却并没有太大的改进。再用"股权激励"来进一步推进这种"形式规范"，其结果是进一步强化中国公司治理改进上偏重形式而忽略实质的倾向。然后，可能会进一步误导我们得出"国际规范也不起什么实际作用"之类的结论。就像在独立董事制度的引进中，因为忽略了整个董事会责任加强和独立性提高这一根本性的问题，希望只能锦上添花的独立董事来雪中送炭，结果是"独立董事不起作用"成为了某种"共识"。这种"共识"的结果就是，导致人们内在上对这种制度失去兴趣，从而阻碍进一步实质性地改进和提高其质量和效果。

股权激励的实质无非就是采用一种更好、更有利于公司治理改进的给公司高管发报酬的方式。在合理高管报酬总额能够有效控制的情况下，多给股权激励类的报酬，必然要相应降低工资奖金等现金类的报酬。试想，像当年亚科卡出任科莱斯勒首席执行官时只要1美元现金年薪、其余全为股票期权那样的"股权激励"，何需要求公司治理结构规范作为前置条件？如果合理高管报酬总额不能有效控制，治理结构形式上的规范，以及股权激励预期收益不能超过高管报酬总额30%等这类限制性规定又能起到什么实质性的作用？还有，股权激励的实施范围限制在公司经理层和来自母公司的外部董事，而把独立董事和其他外部董事排除在外等，是在进一步延续着我们自引进独立董事以来就存在着的割裂公司董事会，缺乏把董事会作为一个整体来对待的思维误区。

9.6.3 正确处理股权激励与公司治理的关系

把股票期权作为一种薪酬工具，本身已经蕴含着一种激励，使经营者自觉努力创造股东价值，也就同时约束了经营者损害股东价值的行为，但并不能指望股票期权能根本解决"委托代理"问题，忽视立法和执法等方面的硬约束机制。在经营者损毁甚至是偷窃股东价值不能受到法律或公司控制权市场的惩罚即没有大棒的情况下，股票期权这个胡萝卜再大（只要没大到公司全归他所有）也不会扭转局势，使经营者去努力创造股东价值。

从根本上说，法人治理结构就是个依法治理公司的问题，而股票期权激励机制则是个将"感情留人，好好干我不会亏待你"等传统文化中的"许诺激励"方式通过期权合同方式得到法律保护。相关的合理立法和有效执法是法人治理结构完善和股票期权激励机制有效所不可缺少和不可回避的。

中国一些企业，基本的公司治理结构规范尚未建立，行政性多头管理，没有建立起股东、管理层和员工之间的规范的利益制衡机制。上市公司虽然建立了形式上的股东会、董事会等现代公司机关构造，但实际运作则还远离"依法治理公司"的境界，实际处在一种传统的人治状态和关键人治理模式。公司作为一个法人——法律拟制的人，本应依法运作而具有超越自然人的能力，但中国现行的人情和关系网文化，对公司法和公司运作机理认识的不足等，导致从行为习惯上有法不依，有法不执行，到立法规范上远远落后于实际经济发展的需要。企图通过形式上引入在发达国家是一种锦上添花的独立董事机制和有独立董事任职的薪酬委员会，来改善公司治理、给管理层制定薪酬是不可能有实际作用的。在一般的董事和经理还没有承担普遍的诚信和尽职义务情况下，引入几个独立董事、单靠独立董事的人格力量是不可能很有效地改进公司治理的。

由于非国有企业大股东作为所有者是在位的，政府需要着力保护中小投资者利益和劳动者利益。避免大股东以经营者身份通过股票期权榨取中小股东，也要避免股票期权成为空头支票榨取劳动者。

就实施股票期权计划来说，股东的批准只能是通过股东大会进行。上市公司中的国有股权代表机构——无论是哪个部门——优先于其他股东来"审批"本身就是违背公司治理的基本法理的。国有股权代表机构可以像国际资本市场卜的一些大投资者一样，公布自己对公司股票期权方案的投票原则，赞成什么做法、反对什么做法，来引导公司的股票期权方案走向。

美国税法对个人持股超过10%的公司董事或经理参加激励性股票期权计划规定要经过股东大会的特别批准，并且其行权价格不能低于授予日股票公允市价的110%。鉴于中国上市公司和其母公司之间的特殊关系，国有控股上市公司和其国有股权代表机构之间的特殊关系，在股票期权计划的批准方面，应该建立起一种回避机制。可以遵行以下基本原则：在整个股票期权计划的批准方面由股东大会按每股一票的原则进行，但对于由母公司派到上市公司的高管人员和由国有股权代表机构派到国有控股上市公司的高管人员能否参加该股票期权计划及其获赠数额应该由其他股东投票批准。对于个人直接或间接持有上市公司大额股份的高管，也要对其是否能参加股票期权计划及其参加股票期权计划的获赠数额和行权价格做些特殊规定。

相关案例参见《董事会与公司治理（第4版）：演进与案例》案例14"花旗：职业管理架构和现代激励机制的建立"、案例15"金山：股权分享、职业管理与公司创业治理"。

第10章

董事会的会议与绩效评估

董事会的会议质量是现代企业管理和公司治理中的一个非常具体和非常关键的问题。有效的董事会会议需要会前做好充分准备,会中遵循必要的程序,会后确保董事会的决议能够得到切实的贯彻执行。

董事会掌握着现代公司的管理大权，董事会以会议体的方式行使权力。除了公司法的基本要求之外，没有有关何时、何处及如何召开董事会会议的固定规则。平时不在一起，到一起就是开会，并且要有效和正确地做出决策，这给董事会的会议提出了挑战。

一些基本原则有助于保证董事会会议的有效性：确保会议对议事议题的充分讨论；在尽可能取得一致意见的基础上做出决定；定期召开会议；为会议准备足够的时间和信息。最重要的一个因素是要有一个开放和包容的气氛，让董事会会议成员能够非常自在地发表他们的看法。人们能够理解他们在整个结构中的具体角色和责任也很重要。

10.1 董事会的会议种类及开会方式

根据国际领先公司董事会的实际运作方式，可以将董事会的会议分为四种类型：首次会议、例行会议、临时会议和特别会议。

10.1.1 董事会首次会议

首次会议（First Meeting）就是每年年度股东大会开完之后的第一次董事会会议。国际规范做法都是每年股东大会上要选举一次董事，即使实际并没有撤换，也要履行一下这个程序。这样每年度的首次会议就具有一种"新一届"董事会亮相的象征性意义。IBM公司管理章程第三章"董事会"第四节"首次会议",专门就公司董事会的"首次会议"做出了如下规定:"董事会应在每次股东年会举行的当天就公司组织宗旨、选举高级管理人员以及处理公司其他事务等事项举行会议。此次会议无需通知。根据本管理章程第三章"董事会"第七节"会议通知"的规定,此次会议也可以签发通知并在此通知中确定此次会议在任何其他时间或地点举行。"中国公司普遍实行三年一届的董事会选举制度,会议按第几届第几次会议的顺序,淡化了每年度首次会议的意义。

10.1.2 董事会例行会议(定期会议)

例行会议或称定期会议(Regular Meetings),就是董事会按着事先就确定好的确定时间,按时举行的会议。首次会议上就应该确定下来董事会例行会议的时间,比如每个月第几个星期的星期几。这样做能够有效地提高董事们的董事会会议出席率,也能确保董事会对公司事务的持续关注和监控。在每次董事会例行会议结束时,董事长或董事会秘书,要确认下次董事会例行会议的日期、时间和地点。IBM公司管理章程第三章"董事会"第五节"定期会议",就董事会定期会议的规定是,"董事会定期会议应在董事会确定的日期和时间举行,或者在由董事长确定并在会议通知中明确的其他日期和时间举行。除法律或本管理章程另有规定外,董事会定期会议无需通知。"建立起一套董事会的例行会议制度,也许是很多中国公司董事会实际运作到位的一个有效办法。

10.1.3 董事会临时会议(特别会议)

临时会议或特别会议(Special Meetings)是在例行会议之间,出现紧急和重大情况、需要董事会做出有关决策时候召开的董事会会议。IBM公司管理章程第三章"董事会"第五节"临时会议"规定,董事会临时会议可以由公司董事长召集,如果董事长不能出席,可以经董事会执行委员会其余成员同意召开董事会临时会议。临时会议的会议通知是一个特别需要注意的问题。如在IBM公司,董事会的首次会议和定期会议,如果不是发生更改,甚至可以不用再正式发出会议通知。但是董事会的临时会议,却需要按照公司章程的规定正式发送。

中国公司法第一百二十三条中有个"临时董事会会议"的概念。"代表十分之一以上表决权的股东、三分之一以上董事或者监事会，可以提议召开临时董事会会议。董事长应当自接到提议后十日内，召集和主持董事会会议。董事会召开临时会议，可以另定召集董事会的通知方式和通知时限。"这个临时董事会会议，主要是为了给中小股东提供发言机会的，跟我们这里所探讨的临时会议似乎不是一个概念。

10.1.4 董事会的战略务虚会（非正式会议）

并不是一定要有重大决策要做时才需要召开董事会会议的。董事会的战略沟通会或者说是"非正式会议""务虚会""战略沟通与研讨会"等，与前三种董事会会议不同，它的目的不是要做出具体的决策，也不是要对公司运营保持持续监控，而是提高董事会战略能力，加强董事会与公司管理层的联系等。这种董事会会议是很多公司治理专家都用不同的名称提出来过的，一年或者两年一次，一定不能在公司总部等正式场合召开，可以扩大范围，邀请一些非董事会成员的公司高管参加，也可以请外部专家作为会议引导者，提升这类会议的"沟通"和"研讨"水准。

10.1.5 董事会会议通知

IBM公司管理章程第三章"董事会"第七节"会议通知"的规定是："董事会临时会议通知（包括需要通知的定期会议）应由公司秘书按本节规定签发，通知应说明时间、地点，在法律或本管理章程有规定时应说明会议目的。此类会议通知应预付邮资并以快件方式至少在会议召开前四天寄给每一位董事，或者至少在会议召开前二十四小时通过传真或类似媒体发送给每一位董事，也可以通过人或电话送达给每一位董事。根据本管理章程第九章"免于通知"的规定免于通知的董事无需通知。如果公司的所有在职董事均在场，董事会召集的任何会议均无需事先通知即为合法。"

中国公司法第一百二十三条第一款规定，股份有限公司"董事会每年度至少召开两次会议，每次会议应当于会议召开十日前通知全体董事和监事"。如果无论什么情况下，所有的董事会会议都要提前10天通知，那就意味着董事会最快也需要10天时间才能对公司事项做出决定。这等于是束缚了董事会的手脚，使董事会无法对公司紧急事项做出快速反应。

中国公司法第一百二十三条概念上的"临时董事会会议"，作为一种保护中小股东，解决分歧事项的手段，能否在实践中发展为公司董事会自主性的临时或特别会议，以应对危机和紧急事项，很值得探讨。如果这样，按公司第一百二十三条第三款"董事会召开临时会议，可以另定召集董事会的通知方式和通知时限"，就可以突破同一条第一款有关会议通知的时间期限规定了。

10.1.6　董事会的会议方式：通讯会议方式和书面同意方式

由于董事有时不能实际到现场出席董事会会议，发达国家公司法和公司实际运作中通常采用的一个原则是：董事会可以采用一切现代通讯手段召开，只要有一个实际的讨论过程并且在这一过程中董事们能够听到对方的声音，就算是亲自出席，董事会会议就有效。

对此，美国特拉华州公司法的规定是："除非受组成公司证明文件和组织细则的限制，任何一家公司的董事会成员或由董事会任命的委员会的成员，可以通过会议电话或其他通讯工具设备来参加董事会或其他委员会的会议。利用上述通讯设备可以使所有参加会议的人互相听到各人的发言，而根据本项（i）的规定参与了会议者也就是亲身到场参加了会议。"[1]IBM公司的管理章程明确规定"通过电话或类似能让所有参会者互相沟通的设备参加会议应视为亲自出席"。

中国之前的公司法对此没有明确规定，实际运作中有视频会议、电话会议等各种情况，更多的情况是通过委托出席方式，解决一些董事不能实际出席的问题。2024年公司法第二十四条明确认可了电子通讯方式："公司股东会、董事会、监事会召开会议和表决可以采用电子通信方式，公司章程另有规定的除外。"

---

[1]　《特拉华州普通公司法》第四分章"董事和官员"第141节（i）款。

2023年9月4日起开始实施的中国证监会"上市公司独立董事管理办法"第三十七条第三款规定,"董事会及专门委员会会议以现场召开为原则。在保证全体参会董事能够充分沟通并表达意见的前提下,必要时可以依照程序采用视频、电话或者其他方式召开。"这实际是采用了我们上文所说的国际通行标准:"有一个实际的讨论过程并且在这一过程中董事们能够听到对方的声音。"

在中国公司,特别是一些非上市公司中,实际还存在着通过会签,也就是"书面同意"方式,形成董事会决议的做法。但是之前中国公司法并没有这方面的明确规定,公司实际运作中这样形成的董事会决议,是违法还是可以受到法律的保护呢?我们之前认为,至少对于非上市公司来说,在实在难免要这么做的一些事项上是可以这么做的。现在我们认为,按公司治理原理来理解,传签或会签等书面同意方式,可以涵盖在2024年公司法第二十四条的"电子通信方式"之内。

美国特拉华州公司法就认可"书面同意"方式的董事会决议。其具体规定是:"除非受到组成公司证明文件或组织细则的限制,为董事会会议或任何委员会会议所需要或允许的作为可以不必在会议上作出,而由董事会或其委员会的全体成员以书面同意的方法来作为,这些书面同意文件应当编入董事会或委员会的会议记录。"[①]

10.2 董事会会议的法定人数、频率、时间与地点

10.2.1 董事会会议有效的法定人数

任何董事会会议只有在多数董事亲自出席的情况下才能构成形成决议的法定人数。不过,在公司高度自治的美国,这只是公司法的一个默认规则,也就是说,如果股东没有在公司章程中作出一个不同于此的明确规定,就适用这一

---

① 《特拉华州普通公司法》第四分章"董事和官员"第141节(f)款。

默认规则。从美国特拉华州公司法有关董事会会议法定人数的规定中可以很清楚地看出这一点。

> **专栏10-1　《美国特拉华州普通公司法》关于董事会会议法定人数的规定**
>
> 　　全部董事中的多数人应当组成法定人数来处理业务，除非组成公司证明文件或组织细则规定要有一个更多的人数。除非该证明文件另有规定，细则可以规定比多数人要少一些的人数为法定人数，但无论如何不能少于全体董事人数的三分之一，除非是按本节规定可以由一人组成董事会，于是该人便单独组成法定人数。
>
> 　　在有法定人数的董事会上的多数董事表决就是董事会的作为，除非在组成公司证明文件上或在组织细则上规定要有更多数人的表决。
>
> 《特拉华州普通公司法》第四分章"董事和官员"第141节（b）款。

中国公司法对董事会法定人数的规定是硬性的，2024年公司法第七十三条："董事会会议应当有过半数的董事出席方可举行。董事会作出决议，应当经全体董事的过半数通过。"之前中国公司法对董事通过现代通讯手段参加会议算不算是亲自出席没有明确，而是相应地规定了董事可以委托他人出席董事会会议，导致中国公司董事会会议中董事委托出席的比例特别高，这很不利于董事职责的履行。

2024年公司法认可了董事会会议召开和表决的电子通信方式，但仍然保留了委托出席，第一百二十五条中："董事会会议，应当由董事本人出席；董事因故不能出席，可以书面委托其他董事代为出席，委托书应当载明授权范围。"可以通过电子通信方式出席和表决的情况下，为什么仍然要委托其他董事代为出席？委托出席方式中，所谓委托书载明授权范围，是一种"事前行为"，是尚未经过董事会会议的沟通和讨论时的想法。高质量的董事会决议，是要经过一个董事会会议的相互沟通、讨论和集思广益的过程才能达成的。相比委托出席，通过电子通讯方式亲自出席，不仅是董事个人更为尽责，而且更有利于提高董事会的决策质量。

10.2.2　董事会形成有效决议所需要的赞同票比例

中国公司法规定与国外的另一个重要差异是关于董事会有效决议所需要的董事赞同票比例问题。分子部分都是"半数以上",但是分母部分不同。

美国特拉华州公司法,是在出席人数达到法定人数(一半以上)的董事会会议上,实际出席会议的董事的多数同意就构成有效的董事会决议。IBM管理章程就规定:"符合法定人数的任何一次董事会上多数到场董事的意见即为董事会决议;在任何达不到法定人数的董事会会议上,到会的多数董事可以决定会议休会直至符合法定人数要求;经休会后达到法定人数的,有权处理会议最初召集时拟处理的一切事项。"举例来说,一个由9人构成的董事会,有5人出席就可以召开有效的董事会会议,出席的5名董事中有3人投票赞成就可以形成一个有效的董事会决议。而且,按特拉华州公司法,股东可以在公司章程中在不少于三分之一的限制下,规定一个比半数少一些的董事会会议法定人数。这样,9人构成的董事会中,3人就可以召开有效的董事会会议,2人赞同就可以形成有效的董事会决议。

中国公司法第七十三条(有限责任公司)和第一百二十四条(股份有限公司)的规定都是"董事会会议应当有过半数的董事出席方可举行。董事会作出决议,应当经全体董事的过半数通过"。举例来说,同样一个由9人构成的董事会,有5人出席可以构成一个有效的董事会会议,也必须得5人全部投赞成票才能形成一个有效的董事会决议。

中国公司法在关于董事出席董事会会议的法定方式和董事会形成有效决议所需赞成票比例的计算方式上面更为严格的规定,表面上似乎是在保护董事权力,实际是导致董事权力行使的不便,和董事亲自行使权力的责任感的下降(因为委托出席),更降低了董事会的运作效率,难以对公司紧急事项做出迅速反应。

10.2.3　董事会的会议频率

一个不能定期召开会议的董事会,处于不能履行其对股东和公司所负职责的危险之中。董事们不能定期会面，其自身也会遭遇来自法律或者股东诉讼方面的没有履行董事职责的风险。优秀公司一般每年都要定时定点地召开10次以上的董事会会议。英特尔公司，就是每隔一个月利用一整天的时间在公司总部或者特殊情况下也可能在公司的某个部门，召开董事会全体会议。

就正式的董事会会议来说，会议的频率取决于其公司内部和外部的事件和具体情况。有时可能需要天天开会，如发生标购或被标购情况时。即使在平静期，可能也有一些需要召开董事会会议处理的问题。

中国公司法第一百二十三条规定，"董事会每年度至少召开两次会议，每次会议应当于会议召开十日前通知全体董事和监事。"每年两次董事会会议，这是最低限度。

为了加强董事会的监督和决策作用，作为一个一般规则，公司至少应该每年召开4次全体董事会会议，即每个季度召开一次。可以充分利用各种现代化的通讯手段，提高董事会效率，加强董事之间、董事与公司之间的联系。董事会委员会的会议相对较少一些，一年可能三到四次，这也要取决于公司的具体情况。

在正式的会议之间，董事会成员之间通过电话或电子通讯方式保持联系，进行非正式的对话，也至关重要。

10.2.4 董事会的会议地点与会议时间

公司总部是董事会例行会议的通常地点，但是如果公司运作于多个地点，在不同的地方召开董事会，可以给董事们一个更广的视野和更多的机会，来了解公司的活动。对于每年或者至少两年一次、一般为期两天的主要是评估关键问题和讨论公司战略问题的董事会战略务虚会，可以选择在公司营运地点以外的地方召开。

没有绝对正确的董事会会议时间数字。原则是要安排足够的董事会和委员会会议时间，确保能够对那些关键问题进行充分的讨论。会议持续时间可以从几小时到一整天，取决于需要处理的任务量。对于一个规范运作的大公司，没有特别棘手问题需要处理的情况下，通常是3到5个小时。

由于全球性公司治理运动的推进，公司董事们更加注意他们对股东的忠实与勤勉职责，绝大多数公司董事会都自觉地提高了他们的责任标准。随着董事责任的提高，董事用于董事会服务活动的时间也在增长。

10.3 董事会的会议议程、会议资料和座位安排

董事会的结构和会议次数基本保持着稳定，变化了的是用于董事会工作的时间、为董事会会议所做的准备工作以及参加董事会会议的信息需求等。

10.3.1 董事会的会议议程

谁负责召集和主持董事会会议，之前中国公司法就有明确规定：第一责任人是董事长，然后是副董事长。如果董事长和副董事长都不能履行这一职责，则由半数以上董事共同推举一名董事负责。2024年公司法第七十二条规定：（有限责任公司）"董事会会议由董事长召集和主持；董事长不能履行职务或者不履行职务的，由副董事长召集和主持；副董事长不能履行职务或者不履行职务的，由过半数的董事共同推举一名董事召集和主持。"第一百二十二条规定：（股份有限公司）"董事长召集和主持董事会会议，检查董事会决议的实施情况。副董事长协助董事长工作，董事长不能履行职务或者不履行职务的，由副董事长履行职务；副董事长不能履行职务或者不履行职务的，由过半数的董事共同推举一名董事履行职务"。

美国公司一般是在章程中明确这一问题，并且责任顺位与上述中国公司法的规定略有差异。IBM公司管理章程第三章"董事会"第九节"组织"规定："每次董事会会议，由董事长担任会议主席并主持会议，董事长缺席时由首席独立董事担任，首席独立董事缺席时由总裁担任，总裁缺席时由一位副董事长担任，上述人员均缺席时由到会董事的多数票选举一位董事担任。董事会秘书，或如果董事会秘书缺席会议，则由董事长任命的任何人担任会议秘书并保存会议记录。"

会议议程是董事参加董事会会议的路线图。通常每次会议的议程专注于一些董事会职责的具体事项。一些公司中，这项工作由管理层负责，另外一些公司中会议议程可以由一位非执行董事长或者首席独立董事，在征询首席执行官和其他董事意见之后确定。通用汽车公司由董事长和首席执行官共同（如果董事长和首席执行官不是同一个人的话）决定每次董事会议的议程。英特尔公司是董事会主席和秘书处负责起草会议议程，并预先通知到每个董事。但是无论是谁主要负责董事会的会议议程，每位董事都是可以自由地提出要包括在会议议程中的议题的。通用汽车公司和英特尔公司的公司治理准则中都有这样的规定。

据美国《公司董事会》杂志的调查，对于谁主要负责制定董事会会议议程，绝大多数的美国上市公司董事说是首席执行官（美国多数公司仍是董事长兼任首席执行官的）。尽管这些年的公司治理运动在极力推进"最佳做法"和董事会独立性，但是由于长期以来，首席执行官都被界定为公司的领导，首席执行官仍然保持着强力的权力地位。很多董事会成员似乎也乐于让首席执行官在领导公司和导引董事监控重点上面扮演重要角色。当问及董事会的领导力应该来自何处时，近一半的美国公司董事相信应该来自首席执行官，只有约三分之一的人认为董事会领导力应该来自非执行董事长。

专栏10-1　　董事会会议成功的关键要素：4C

坚定的信念（Conviction）——对行动的正确性确信无疑。

积极的投入（Commitment）——主要参与人员热情高涨，积极性高。

充分的沟通（Communication）——对需要进行的决策进行充分交流。

紧密的合作（Cooperation）——那些需要进行决策的人员之间需要密切配合，紧密合作。

开好董事会的主要职责落在董事长的肩上。董事长要对需要在董事会上讨论的每一个议题安排合理的时间，并能事先解释清楚议事程序的任何变化。任何一个董事如果在董事会议的某个时间段缺席，需要在会议开始时就做出说明。董事长应该坚定但公平，控制会议而不是主导讨论本身。董事长应该引导董事会处于能够对每一个问题都进行公开讨论的状态。要确保董事会既不会陷入非理性的争辩而开不成,也不会没有深思熟虑就匆匆做出结论。每一个董事都应该铭记他们的集体职责,不能指望自己的观点占据主导。他们需要相互吸纳对方的观点。董事长需要主持讨论,直到取得较为广泛的认同,能够总结出可以得到绝大多数成员同意的结论为止。

专栏10-2　有效董事会的五大核心价值观与15项行为准则

（一）独立与诚信

质疑精神：不能仅仅根据表面现象,就接受管理层观点,而应挖掘背后的东西。

提出具有建设性的反对意见：董事不能没有主见,不能盲从集体意见。

探寻重要事实：要求管理层提供完整可靠的资料,并要寻找管理层之外的信息来源。

（二）坦率与公开

坦诚公开自己的意见：积极参与讨论,鼓励争辩。

广泛参与：不能由某些人主导讨论过程,通过大家都在场时候的充分讨论才作出决定。

尊重常识和直觉：相信个人直觉,不要怕提问简单或者"问愚蠢的问题"。

（三）责任与监督

共同分担领导权力和责任：每个董事都对公司承担平等的责任,大家共负重担。

自我管理：勇于承担个人在公司管理中应负的责任,敢于发言,并有所准备。

相互监督：帮助同事规范行为,恰当认识其存在的问题,在适当时候进行调节和处理。

（四）以任务为导向

制定争议解决机制：按讨论规则进行,以助达成共识,避免讨论陷入困境。

培养集体直觉：培养董事会自己关于公司的"集体直觉"①。

关于主要问题：合理设计时间表，以保证可以将合理的时间分配给重要的问题。

（五）相互信任与尊重

对内相互信任，对外团结一致：培养董事相互之间的尊重与信任。

尊重对方的专业判断和不同意见：董事会需要不同的声音，要关注并尊重。

积极且充满敬意的聆听：所有董事相互之间都应如此。

10.3.2 董事会的会议资料

在每次董事会会议召开之前，都要尽可能早地（至少提前一个星期）将有关议事项目和一些有助于董事更好地了解公司业务情况的重要信息、文件和数据资料，以书面形式发给董事会成员，这样可以给董事会成员以充分的通知和提醒，以保证他们能够参会并且有足够的时间为会议作些准备工作。

管理部门应使书面材料尽可能简明而又能提供董事决策所需要的信息。如果信息难于理解，可能需要在正式的董事会会议之前进行电话联系。公司应该安排一个联系人，能够就报告中各种问题进行讨论和提供具体说明。

董事会会议时间应该用于进行达成有关决策所需具体信息的讨论。事先对会议资料的充分掌握，讨论时就可以更为集中地关注关键问题，更为有效地利用宝贵的董事会会议时间。

原则上，与会董事若有特殊议题需董事会讨论，其陈述报告应提前呈交董事会以便为讨论合理安排时间。但是如果该议题较为敏感，无法或不便以书面形式做出陈述，也可以在董事会议上现场陈述。在不能提前分发敏感议题报告材料的情况下，董事长可以会前通过电话与每位参加会议的董事讨论此议题和董事会要考虑的主要问题。

---

① 关于集体直觉或公司直觉，参见"托马斯·科勒普罗斯1998"。

中国很多公司害怕在董事会会议上临时提出议题，甚至明确要求提交到董事会会议上的议题都应该是事先跟各个方面沟通好了的。这样做，虽然避免了可能在董事会上出现的矛盾，但是实际也等于是废弃了董事会成员作为一个整体通过集体讨论而形成决策的功能。

股东大会的会议议题必须提前公告，不能在会议上提出临时议题，而董事会可以在事前确定的议题之外，在董事会会议上提出临时议题，这一不同的背后是一个公司治理的基础规则问题。股东出席股东大会是一种权力，而不是义务，股东大会上提出临时议题的话，是剥夺了没有参会股东的决策权。董事出席董事会会议则既是一种权利，也是一种义务，而且每位董事都要从整个公司的利益出发参与决策，董事会上提出临时议题并不构成对未参会董事权力的剥夺。

为每次董事会会议准备文件会有所不同，这取决于公司及每次会议自身的具体情况。但有一些基本的文件，是使董事们能够在董事会中真正发挥作用所必需的。这些基本文件包括：①会议议程表，1页，一般由董事长准备或批准；②上次会议的会议纪要，2~3页，通常由董事会秘书提供；③首席执行官的业务运营报告，给出一个自上次董事会会议以来影响公司业务的主要事件的概述；④财务报告，提供直到最近的经营损益表、现金流量表和融资情况；还应该有一些⑤由高级经理层提供给董事会成员、支持会议议程中所列事项的书面报告。

10.3.3　董事会会议的座次安排

也许并没有绝对合理的董事会会议座次安排模式，但是有几点注意事项还是非常值得借鉴的。

董事长背对窗面向门，副董事长（或者首席独立董事）背对门面向窗，相对而坐。这样安排的好处包括，两位董事会的最重要人物视野开阔、能够看到整个会场，互相可以方便地交换眼神，董事长可以随时注意到进出会场的人。

首席执行官应该坐在董事长的旁边，可以对外表示他们的团结，董事会秘书应该坐在董事长和财务总监之间，方便及时提供资料。其他的执行董事和非执行董事交叉开来就座，尽力避免执行董事和非执行董事们各自分开、各坐一面，形成一种两个等级或是两拨人的感觉。

每次董事会的会议，应该保持董事长、副董事长（首席独立董事）、首席执行官和董事会秘书的位置座次不变，其他人员的座位可以调整（图10-1）。

董事会会议前或后的就餐可以是完全与此不同的模式就座。

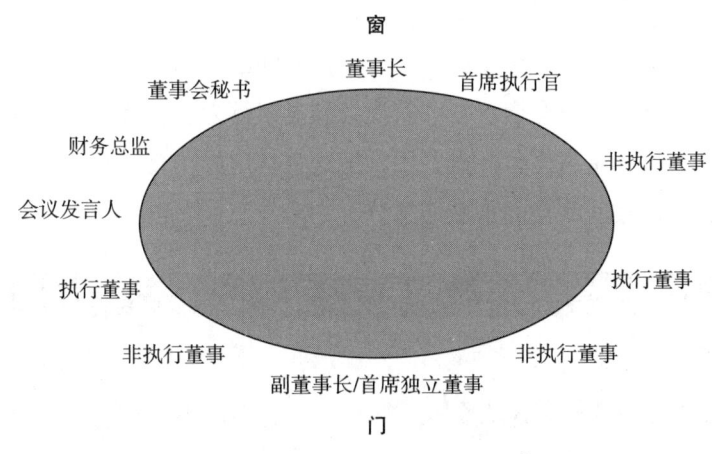

图10-1 董事会会议的座次安排①

10.3.4 开好董事会：董事长、董事和董秘各自的责任

董事长、董事和董事会秘书都要各自承担起自己在董事会会议方面的职责。董事长要管理好董事会以确保能有效地做出决策，为此要建立董事会会议资料和报告的标准，确保达成的决策被正确地理解和纪录。并且对于每一次的董事会会议，都要保证提前准备好会议议程；对会议进程保持控制，但不能自己主导讨论；通过发掘每一位成员的贡献而激发争论；在产生严重分歧意见时，引导讨论并解决问题。

董事会成员要在会议之前认真阅读会议议程和其支持报告，为会议作充分的准备，要保持客观，头脑开放，愿意投入讨论并能接受其他人的观点，尽力为董事会的决策制定提供专业和知识支持，一旦同意，对集体的决策全力支

---

① 参见帕特里克·邓恩《董事会会议管理》，冯学东等译，机械工业出版社2006年版。

持，并且要对有关公司的问题保持持续关注。

董事会秘书要配合董事长准备会议议程，向董事会成员发放会议议程及其他会议资料，为会议提供其他一些秘书性的工作支持，在会议中提供有关法律和监管政策方面的咨询，纪录并发放董事会纪要，保管法律和监管政策要求的法律性文件，需要时向董事会成员传达有关公司的信息，跟踪并保持告知董事们有关公司治理的当前思想和实践动态。

关于董事会会议，一个十分重要而具体的问题是如何能够促进董事这些个大忙人们准时出席董事会会议？一家澳大利亚银行为求董事会会议按时开始，为每次出席会议的董事支付一点费用，把这些费用放在会议桌上，一旦会议开始，这些钱就由按时到会的董事们平分。

专栏10-3　董事会的会议：董事长、董事和董秘的职责

董事长的职责

保证提前准备好会议议程。

对会议进程保持控制，但不能自己主导了讨论。

通过发掘每一位成员的贡献而激发争论。

在产生严重分歧意见时，导引讨论并解决问题。

确保达成的决策被正确地理解和纪录。

管理好董事会以确保能有效地做出决策。

建立董事会会议资料和报告的标准。

董事的职责

阅读议程和其支持报告，为会议作充分的准备。

保持客观（特别是非执行董事）。

头脑开放，愿意投入讨论并能接受其他人的观点。

为决策制定提供专业的知识。

一旦同意，对集体的决策全力支持。

在董事会会议之间对有关公司的问题保持关注。

> **董事会秘书的职责**
>
> 配合董事长准备会议议程。
>
> 向董事会成员发放会议议程及其他会议资料。
>
> 为会议提供其他一些秘书性的工作支持。
>
> 在会议中提供有关法律和监管政策方面的咨询。
>
> 纪录并发放董事会纪要。
>
> 保管法律和监管政策要求的法律性文件。
>
> 需要时向董事会成员传达有关公司的信息。
>
> 跟踪并保持告知董事们有关公司治理的当前思想和实践动态。

10.4 外部董事例会和"独立董事专门会议"制度

良好治理的一个基石是不存在利益冲突的独立董事占董事会绝大多数。但是这一基石的作用可能会被首席执行官或者其他的董事会中的内部人所消解。

10.4.1 外部（非执行）董事例会

一般情况下，只有在没有公司执行人员在场的情况下，外部董事们才会讨论经理继任人选和首席执行官绩效等敏感问题。公司要给外部董事们提供没有公司执行人员在场的会面机会。可以由多种方法做到这一点：①让外部董事们在正式董事会会议之前提前会面，先自行开个几小时的外部董事会议；②在董事会会议之后会面，讨论他们的应对措施以及发现那些他们认为以后需要特别注意的问题；或者③外部董事们定期召开一些电话或电视会议。另一个有用的方法是，在每一个董事会或委员会的会议议程中安排一段没有内部人员或经理人员在场的外部董事们单独讨论的时间。

公司应该每年至少召开一次外部董事或非执行董事例会，由一位独立董事（首席独立董事）主持。非执行董事例会对确保非执行董事们作为 个整体能够充分发挥作用至关重要。会议内容包括与首席执行官讨论公司各方面的事务，对一些需要执行董事们回避的问题作出决策。执行董事及公司管理层要为非执行董事例会提供充分的信息和资料。中国华润集团在其章程第61条明确规定，每年至少组织召开一次外部董事工作会议。

机构投资者普遍要求独立董事们每年至少召开一次没有首席执行官或其他非独立董事参加的外部董事例会。美国加州公职人员养老基金组织、美国机构投资者协会以及澳大利亚投资经理协会等均对此有明确规定。

通用汽车公司董事会的外部董事们每年召开三次例行会议，会议内容包括与首席执行官讨论公司各方面的事务。英特尔公司每年定期召开两次外部董事会议。出席会议的外部董事将要选出一名董事作为召集人，负责定期召集外部董事开会，或者其他有关外部董事的各项事务。伊士曼化工公司的治理准则规定在每次董事会会议期间，都要有一次没有内部董事参加的外部董事会议。

10.4.2 外部董事"执行会议"制度

近年来，美国公司董事会又普遍推行起了一种没有首席执行官参加或者只有外部（即非雇员）董事才能参加的董事会"执行会议"制度。比如伊士曼化工公司，在其公司治理准则中规定："董事会在经过详尽考虑后，可以召开执行会议。只有外部（即非雇员）董事才可以参加此会议。参加执行会议的时间可以选在每次出席例行董事会之前或之后。一般而言，只有当董事委员会（该公司的提名与治理委员会）提出一个明确主题才召开这个会议。因此负责相应主题的委员会的主席将主持这类的外部董事会议。只有在董事会例会或特别董事会议上才正式决定公司的业务和日常事务，执行会议不对这类问题做决定。"

从一年几次的外部董事例会，发展到几乎每次董事会会议前或后都要召开的非执行董事"执行会议"，可以看出非执行董事作为一个整体发挥作用方式的进步。

把这种非执行董事的例行性行政会议安排在全体董事会会议之前还是之

后，可能各有利弊。在正式的董事会会议之前召开，可以帮助提高非执行董事们对董事会会议的参与深度，也让他们多一个机会提出需要在全体董事会会议中增加的议题。但是在全体董事会会议之前召开，非执行董事们便没有机会去深入探讨全体董事会会议中提出的一些问题。在全体董事会会议之后召开，可以克服这一缺点，但是又会有另外一个缺点——全体董事会会议开完之后，董事们可能急着离开，从而影响会议效果。因此有些公司董事会觉得，有必要在全体董事会会议之前和之后，各召开一次非执行董事们的执行会议。

一个特别值得注意的问题是，应该把这种会议讨论的结果迅速、准确地传达给首席执行官。这样，既保持了外部董事们讨论的私密性，又能让首席执行官了解外部董事们的总体观点。这些讨论的结果和信息，对首席执行官改进工作有帮助，首席执行官也就会逐渐适应、接受直至尽力支持非执行董事"执行会议"这一运作机制。

10.4.3 "独立董事专门会议"制度

2023年4月，国务院《关于上市公司独立董事制度改革的意见》（国办发〔2023〕9号）提出，"建立全部由独立董事参加的专门会议机制，关联交易等潜在重大利益冲突事项在提交董事会审议前，应当由独立董事专门会议进行事前认可。"2023年7月，中国证监会发布了《上市公司独立董事会管理办法》，对"独立董事会专门会议"做了具体规范。

与国外公司中属于公司自主行为的外部董事例会和"执行会议"制度有所不同，中国上市公司独立董事专门会议机制属于公司必须遵守的法规范畴，并由法规赋予了明确的职责范围。

中国上市公司独立董事专门会议机制的主要职责由四个方面。第一，独立董事的三项特别职权，包括独立聘请中介机构，对上市公司具体事项进行审计、咨询或者核查，向董事会提议召开临时股东大会，和提议召开董事会会议。第二，非独立董事有利益冲突的三大类事项，包括应当披露的关联交易，上市公司及相关方变更或者豁免承诺的方案，和被收购上市公司董事会针对收购所作出的决策及采取的措施。第三，未在董事会中设置提名委员会、薪酬与考核委员会的公司,由独立董事专门会议承担这两个委员会的相应职责。第四,独立董事专门会议可以根据需要研究讨论上市公司其他事项。

专栏10-4　中国证监会"上市公司独立董事管理办法"有关"独立董事专门会议"的规定

独立董事专门会议机制的建立

第二十四条:上市公司应当定期或者不定期召开全部由独立董事参加的会议(以下简称独立董事专门会议)。

独立董事专门会议应当由过半数独立董事共同推举一名独立董事召集和主持;召集人不履职或者不能履职时,两名及以上独立董事可以自行召集并推举一名代表主持。

上市公司应当为独立董事专门会议的召开提供便利和支持。

独立董事专门会议的职责

第二十四条:本办法第十八条第一款第一项至第三项、第二十三条所列事项,应当经独立董事专门会议审议。独立董事专门会议可以根据需要研究讨论上市公司其他事项。

第十八条:独立董事行使下列特别职权:

(一)独立聘请中介机构,对上市公司具体事项进行审计、咨询或者核查;

(二)向董事会提议召开临时股东大会;

(三)提议召开董事会会议;

(四)依法公开向股东征集股东权利;

(五)对可能损害上市公司或者中小股东权益的事项发表独立意见;

(六)法律、行政法规、中国证监会规定和公司章程规定的其他职权。

独立董事行使前款第一项至第三项所列职权的,应当经全体独立董事过半数同意。

独立董事行使第一款所列职权的,上市公司应当及时披露。

上述职权不能正常行使的，上市公司应当披露具体情况和理由。

第二十三条：下列事项应当经上市公司全体独立董事过半数同意后，提交董事会审议：

（一）应当披露的关联交易；

（二）上市公司及相关方变更或者豁免承诺的方案；

（三）被收购上市公司董事会针对收购所作出的决策及采取的措施；

（四）法律、行政法规、中国证监会规定和公司章程规定的其他事项。

第二十九条：上市公司未在董事会中设置提名委员会、薪酬与考核委员会的，由独立董事专门会议按照本办法第十一条对被提名人任职资格进行审查，就本办法第二十七条第一款、第二十八条第一款所列事项向董事会提出建议。

10.5 董事会的信息与沟通

董事会的基础责任是将股东作为一个整体来负责，应该关照股东的利益，从股东的角度去经营公司。但是董事会不能在真空中运作，其他利益相关者也是重要的，董事会应该兼顾公司内外部的其他各类团体的利益，与它们建立起良性的互动关系。董事会应该告诉投资者，他们如何把消费者、监管者、雇员及其他受到公司行为影响的团体的利益纳入考虑范围。为了股东的长期利益和公司的可持续性，董事会也必须这样做。有远见的董事会早已经认识到，透明和公平地与所有团体交易与为股东创造长期价值是协调一致的。今天的董事会成员并不只是被任命来照看今天的生意，还要确保明天仍有生意可供管理。

所有各种利益相关者团体都有一个确保董事会能够在一个激励而不是限制企业发展的治理模式下运作的利益。经济利益只能在社会作为一个整体使企业能够创造长期股东价值时实现。这里需要各利益相关者团体之间更多的对话——

企业、投资者、监管者和社会,探讨这一目标如何能够实现。公司董事会通过与所有这些利益相关者团体之间良好的信息交流与沟通,促进这种对话,可为董事会自身的有效运作和公司的可持续发展创造出良好的内部和外部环境。

10.5.1 非董事参加董事会议/董事会与高级经理之间的联系

为了提高董事会的会议质量,董事会应该欢迎非董事人员参加董事会会议,并在董事会与公司经理及员工之间建立起通畅的联系渠道。

很多著名公司董事会均鼓励不是董事的管理和专业人员定期参加董事会会议。这样做的两个明显好处是:①由于专业人员的参加,可以使董事对讨论的问题有更深刻的认识;②便于董事会发现有潜力的管理人员。如果首席执行官希望增加定期参加董事会会议的人员,需征得董事会的同意。

董事会成员可以随时与公司的管理部门取得联系。但董事们应该确保他们与管理部门的接触不会干扰企业的正常运行,如果这种接触是以书面形式正式作出的,则应将材料复印后呈送董事长和首席执行官。

非董事会人员参加董事会会议及在董事会与公司经理及员工之间建立起畅通的联系渠道,可以减少非执行董事与执行董事及经理层之间的信息不对称,避免董事会被架空、虚置,从而真正发挥董事会的决策与监督作用。

专栏10-5　伊士曼化工公司治理准则中关于非董事出席董事会会议和董事与高级经理接触的规定

非董事出席董事会议

可以出席董事会会议的非董事是公司的执行官,正常情况下包括首席执行官、总顾问和公司业务小组主席;如果首席执行官定期地想增加更多的人出席会议,这种建议会得到董事会的批准。

董事会鼓励首席执行官邀请参加了董事会所讨论项目领域中的工作、对讨论能提出其他见解的管理人员,以及有发展潜力的、管理部门认为应把他们推荐给董事会的管理人员参加董事会会议。

> **董事与高级管理接触**
>
> 董事直接接触公司管理层人员时，需要董事判断并确信这种接触没有扰乱公司的业务运营。董事长和首席执行官应了解董事和管理层人员之间所有联系的实质内容，这种联系的所有书面材料的复印件应提供给董事长和首席执行官。

10.5.2 董事会自身并要促进公司与其内外部相关者团体建立起良好的互动关系

董事会作为股东委任的公司核心机构，在行使自身权力过程中，要充分尊重和吸收公司党组织、工会、职代会及妇女和青年团体等的意见。处理好与公司内部这些党群团体的关系，得到这些党群团体的支持，对在中国建立以董事会为核心的公司治理结构至关重要。

在法规要求及董事会正常职责范围内，董事会自身并要促进公司与媒体及顾客等外部团体建立起积极和良性的互动关系。上市公司的控股股东和机构投资者等是董事会要特别注意沟通的对象。来自股东单位或者利益相关者集团的董事尤其要肩负起代表公司董事会与该股东或者该利益相关者集团之间进行有效沟通、取得理解和支持的责任。

如果说，对内，董事会的主要职责就是制定公司战略交付经理层执行并保持监控的话；对外，董事会的主要职责则是与各利益相关者进行有效的沟通，赢得他们对公司战略的理解、支持和资源投入。

在公司对外交流中，通常主要还是要由高层管理人员来代表公司的。为了避免混乱，要有董事会成员代表公司对外交流的基本治理规则。对此，通用汽车规定："董事会成员可能会应管理人员的要求不时地与公司各种各样的顾客会见或交流。但如果是代表董事会作出的评价，那么在多数情况下，恰当的方式应该是由董事长表述的。"英特尔公司则规定："董事会的成员可能会不时和各方会面进行代表公司的交流，但是，董事会成员在进行这类交流时应该得到管理层的认可，并且，在绝大多数的情况下，应该是应管理层要求才有这类行动。"

10.5.3　董事会要加强对公司与机构投资者之间关系的管理

机构投资者也许是现代上市公司需要特别照顾到的一个团体。股权份额日益提高地集中于机构投资者和基金经理手中，他们对公司行为的影响日益增强。机构投资者和所有股东，都有责任积极关注他们所投资公司的治理安排。

董事会要确保公司公平对待所有投资者，不能给任何利益集团"偏爱"。这意味着不能照顾机构投资者而使个人投资者处于劣势。不能相对于本国投资者而不公平对待外国投资者，当然更不应该反过来：优待外国投资者，虐待本国投资者。

为了良好的治理，董事会应该确保所有投资者具有同样得到公司基本信息的渠道。确保所有投资者能够行使其权力。如，以其股份来投票和参加股东年会。避免在公司章程中设置一些投票机制或条款，妨碍股东合法地获得股份或者阻碍标购。

董事会还必须积极地把公司信息传递给这些机构，才能让市场能够给予公司股票合理的估价。证券分析师和机构投资者要求定期地会晤公司高层经理，首席执行官和首席财务官们要花费相当的时间会见这些人，解释公司的战略。

在这方面，董事会需要考虑的技巧和做法包括：保证首席执行官、其他高层经理和董事会具备在媒体和公众场合进行合适人际沟通的技能。雇佣投资者关系专家管理公司与资本市场的关系。使用所有可用的通道，包括路演、媒体接触、出版报告以及互联网络等，作为公司投资者关系管理的一部分。

10.5.4　董事会要与公司监管者建立起良好的交流与互动关系

上市公司的主要监管者是政府和股票交易所。作为市场平稳运作的监护人，政府主管部门和股票交易所在鼓励如信息披露要求、平等对待所有股东，以及市场操纵和欺诈的惩治与起诉等方面的发展中起了重要的作用。

投资者要求其投资的公司有一个好的公司治理和信息披露标准。但是如果政府和交易所在其最低要求的标准中要求得太高，或者太繁琐，公司将视其为负担和过于昂贵，可能会决定到别处去上市。同时，监管者也需要得到商业领袖的支持。如果企业界人士能够有机会评论和对规则的形成做出贡献，则董事会更可能会对新的监管要求"买账"。

监管已经迅速扩展到超越了传统的公司法和上市规则领域。一些行业如通讯和金融服务面临着其自身特有的一些监管要求。对于所有行业的企业，在诸如气候、环境保护、竞争、雇佣政策、健康和安全等领域的责任和活动，都处于严格的监管之下。

对于多国公司来讲，与所有的相关监管规则都相符是个很令人头疼的事情。因为在不同的国家，监管的要求非常不同。各国监管者之间需要相互协作和分享经验，以较为协调地监管。

对于董事会，监管者已经成为一个重要的相关者，要在战略和运营两个层次上都将其纳入考虑范围。企业界需要发出他们的声音，让监管者听到，并且游说有关监管规则的改变，以利于自由贸易和经济增长。与此同时，企业必须研究法规，与现存的复杂的各国监管之网相符合，这是在不同的市场做生意的成本。

公司要把监管要求整合进其经营流程中，由公司的行为守则来支持。跨国经营公司的董事会，需要考虑是否在全球范围内保持其最高层的内部流程上的标准化，即使具体一个国家的法律可能并没有要求其如此。

各国的监管结构在发展之中，董事会要保持跟踪，一项监管政策的变化可能在一夜之间导致一个很好的公司战略或商业模式变为不可操作。一个好的公司治理框架应该能够为公司董事会提供定期的有关监管问题的信息流。

10.5.5 提高董事会运作和公司治理信息的披露水准

全球公司治理改革中的一个重要内容是通过公司治理信息披露来让投资者和公众监督公司运作，公司之间也通过这些披露的信息互相学习公司治理的一些更好做法。

阳光是最好的消毒剂，敢把一切公开是一种最大的勇气，但是业务信息的披露涉及到公司的商业机密。业务信息的披露也不是越细越好，那是要把投资者搞懵。投资者买股票，而不是直接投资，就是因为其不懂业务，不懂经营，才通过公司这种组织形式，委托董事会作为一个集体来替他们打理公司的业务。董事会肩负为公司指引方向、进行战略决策和监督首席执行官执行董事会决策的双重职责。资本市场不光听你的故事，更要看你的眼睛。在知道你要做什么事之后，更重要的是要知道你如何做事。美国式的业务信息披露已经受到批评，太厚的招股说明书和年度业务报告，没有多少人真正去读，简直是一种资源的浪费。信息披露的重点正在转向公司治理做法，尤其是以董事会运作规程和高管人员薪酬为主。

很多美国公司主要是披露董事会运作和高管薪酬内容的年度股东大会委托报告（proxy statement）与主要是披露公司业务和财务状况的年报篇幅一样长，甚至更长。美国公司每年都要重新选举一次董事，即使事实上没有更换，每年一度的提名和选举程序，也给股东提供了一次了解董事、评价董事个人表现情况的机会，对于董事来说也是一种压力。每年的股东大会委托报告中都将过去一年董事会及其各委员会的成员情况和开会次数等列表说明，也都将董事提名人的简历清晰地写上。美国要求上市公司准确披露董事会成员及公司薪酬水平最高的前五名高管人员的具体薪酬数额及构成，并且要把薪酬增长、公司股价增长情况和总体指数增长情况以及比照公司的情况作出简明的对比图来，让投资者一目了然。

根据披露的公司治理信息，投资者、媒体及中介机构就可以对公司董事会运作和关键管理人员的薪酬与公司绩效情况进行对比分析，就可以评出最佳和最差董事会，最佳和最差独立董事等。美国机构投资者服务公司和美国投资者责任研究中心等专业机构，专门分析上市公司的董事会运作和高管薪酬实践情况，出版公司董事会实践和经理薪酬年度报告。他们甚至开始跨国运作，建立了日本等其他国家上市公司的公司治理情况数据库。著名的执行以公司治理为导向的投资战略的机构投资者美国加州公务员养老基金就订购投资者责任研究中心的公司治理研究服务，作为其进行投资决策的重要参考标准。

早在2001年12月，中国证监会就在其新修订的《公开发行证券的公司信息披露的内容与格式准则第二号〈年度报告的内容与格式〉》中新增了"公司治理结构"一节，要求上市公司披露有关董事会运作和公司治理结构方面的信息。

但是上市公司有关公司治理结构的信息披露不过是《年报准则》有关"公司治理结构"条文的翻版，很多上市公司在表述"公司治理结构"时与《年报准则》的文字表述几乎一致。每家上市公司的"公司治理结构"都十分雷同。就是那些修改的章程内容和新近公布的股东大会议事规则、董事会议事规则、监事会议事规则等，各公司之间也都大同小异。

中国上市公司年报业务信息披露的过细而公司治理信息披露的过于空洞和宽泛，是一个值得有关方面注意的倾向，需要改正和提高，在公司治理方面能够多披露一些实质和具体的信息。公司治理信息披露本身就是一个改善公司治理的重要方式，让优秀的公司董事会能够相互学习一些最佳公司治理做法。

值此公司治理标准还处于持续改进过程中时，董事长、董事和首席执行官们有一个大好机会采取积极行动参与公司治理的讨论。那些比法规和监管要求披露更多有关董事会运作信息的公司，可以迅速使自己声名大振，成为公司治理的思想领袖，在投资者中得分。

10.6　董事会的绩效评估

> 董事会似乎没有意愿负起评估其自身绩效和其董事绩效的责任。他们应该负起他们作为一个董事会自身的评估和发展职责。作为一个新的首席执行官，我们的董事会聘用我去施加力量解决董事们之间的冲突，夹在他们之间。我应该是聘请来为董事会工作的，而不应成为董事会的照管人。
>
> ——一位公司首席执行官

董事会绩效评估是保证有关健全公司治理的一些具体做法能够落到实处的一个有效手段。通过一种系统的自我评估，可以改进董事会及董事个人的绩效，努力克服其弱点和建立优势。早在2002年1月，中国证监会和当时的国家经贸委在其联合发布的《上市公司治理准则》中，就明确规定了"上市公司应建立公正透明的董事、监事和经理人员的绩效评价标准和程序，董事和经理人员的绩效评价由董事会或其下设的薪酬与考核委员会负责组织，独立董事、监事的评价应采取自我评价与相互评价相结合的方式进行"。

10.6.1 董事会绩效评估的价值

董事会期望执行层和经理们能够确保公司有个良好的战略，配置公司的资源去实施这一战略，有相应的人才去执行，并且有一个能够引导进步和有效决策的目标评价。但是问题到了董事会自身职责的时候，谁负责评价董事会是否有效地完成了其自身的职责？是董事会自身要负责，但是董事会很少重视这一问题，更很少将其自身的绩效评估工作纳入一个正式的流程，直到问题已经严重到不可挽回的地步。

董事会要评估经理层绩效，评估每一位董事的绩效，也同时应该评估其自身作为一个公司领导集体的运作绩效。对董事会的业绩进行明确和有规律的评价有很多潜在的好处，如提高董事会履行其对股东、公司和广泛的利益相关者所承担的责任的有效性，增强股东、股东大会对董事会的了解；提高董事会自身运作的效率，促使董事会提高水平，并加强对公司工作的责任感。

优秀董事会都在积极开展对自身绩效的评估工作。每年对董事会成员需要具备的技能和特征进行审查，包括年龄和技能等一系列内容。对董事会绩效进行评估，包括每位董事对董事会绩效的评价，对其个人表现进行自我评价及董事会对每位董事个人的评价等。

伊士曼化工公司在其治理准则中对董事会绩效评估作出了明确规定。董事委员会负责与董事会一起对当前董事会构成中的董事会成员要求具备的适当技能和特征进行年度评审。这种评审包括各自的差异，年龄和技能（如对生产技术的了解，财务背景和技能，国际背景等）等在董事会看来需要审查的所有内容。至少每两年董事委员会应对董事会的工作表现进行一次评审。这类评审应包括每位董事对董事会表现的评价，即哪些方面表现较好，哪些方面需要改善。另外，还包括每位董事对他或她个人的表现进行自我评价及董事长对每位董事个人的评价。

如果董事和首席执行官自身没有深刻地认识到需要反思和重构他们的角

色和职责,其他的外力很难真正有效地发挥作用。首席执行官要帮助和支持董事会和董事更为全面地理解他们的职责,评估他们职责履行的效率。当董事会开始认识到需要重构他们的职责的时候,将进一步引起董事会中的"制度变迁"。董事长、首席执行官和董事,需要具备这些新的理念和行为习惯。有效地操作起来可能并不容易,但是以这些理念和习惯做事的公司,才能建立和保持竞争优势。具有这种勇气和技能,领导力卓越的董事会,将于现代商业游戏中处于领先地位,走在竞争者的前面。

10.6.2 董事会绩效评估的主要考虑因素

董事会的业绩评估十分具有挑战性,但不可回避。通过一种系统的自我评价,可以改进董事会及董事个人的业绩表现,努力克服弱点和建立优势。测量董事会有效性要把如下一些问题纳入考虑:董事会的独立性,监控风险的能力,平衡各种利益相关者利益的能力,应对潜在危机的能力,董事会成员之间及与首席执行官之间为公司战略目标协同工作的能力。具体包括以下一些方面的内容。

①董事的引导和发展。对于董事的职责是否有一个一致的看法?定义董事候选人条件的政策是否已清楚地制定出来?是否向新董事提供了关于公司和董事会的适当信息?董事会如何对待那些业绩评价结果较差的董事?是否给了这些董事有益的和建设性的建议?评价过程是否给董事会业绩表现带来了改进?

②董事会的规模和构成。董事会的规模是否合适?董事个人以及董事会作为一个整体在技能、经验和其他有效履行其职责所需要的特征上是否有正确的搭配?内部董事与外部董事的比例是否合适?

③董事持股情况。公司是否有明确的政策或可操作性的方案鼓励董事在短期或长期持有公司股票?董事个人及董事会作为一个整体,其持股情况是否合适?

④信息提供及处理。向董事们提供的信息的质量、数量和及时性如何?董事会议的安排在次数和时间上是否足以使董事有可能对公司的业绩表现及影响

公司前途的关键事项进行足够的讨论？董事会及各委员会会议是否提供了足够的时间来回顾和评价公司的重要战略事项？

⑤团队工作。董事会成员相互之间是否能友好地在一起工作？董事会成员与首席执行官及其他高层经理是否能友好相处？董事会及首席执行官是否共同努力在公司创造出一种鼓励坦诚沟通的开放文化？首席执行官与董事是否认识到业绩评价对双方都是有意的事情？

⑥领导能力。董事会（在整体和委员会两个层次）的领导是否有效？每个委员会的效率如何？

⑦董事个人的贡献。董事会是否有评价董事个人的业绩、行为及贡献的程序？这种评价程序是否有规律地执行？每个董事个人是否得到了对他个人的业绩评价结果？

⑧公司的业绩表现。董事会的根本任务在于就公司的业绩表现（股东资产的有效管理和保值增值）向股东负责，因此公司业绩评价是董事会绩效评价的重要组成部分。

10.6.3 对董事会整体绩效进行正式的年度评估

董事会要评估首席执行官的绩效，评估每一位董事的绩效，也同时应该评估其自身作为一个公司领导集体的运作绩效。这一工作的开展有难度，但是最重要的是应该先启动这一进程，然后再逐步修正和改进。

在进行一项评估工作之前，首要的一步是在董事会内部就如何提高公司治理和绩效水平进行开诚布公的讨论。全体董事会成员们一起讨论一下他们自身在董事选聘、委员会运作、评估公司项目、评估首席执行官、提出重要问题以及在适当的时候勇敢地站出来扭转局势等方面履行董事职责的情况如何。

要讨论董事会良好运作的标准是什么，要回答什么是我们选来作为最佳做法的具体制度安排和行为规则。比照检查一下董事会自身运作中的一些具体事实，如董事会的会议频率、长度、议程、信息流、委员会设置和董事会—管理层关系等。

一种可行的方法是通过问卷调查进行自我评估，董事们可以各自填写好评估问卷，回答问卷中有关过去一年中董事会整体绩效情况如何的问题，然后再集体讨论和评估所得到的结果。

如果股东和主要的投资者也被邀请提供评估意见，这些资料要反馈到董事会，以使董事会能够得到多渠道的评价信息来源，以更好地讨论其自身的绩效。

专栏10-6　　　　　董事会整体表现的评估样表

（对以下有关本董事会的论断进行评价，按5分制打分，1—从未执行，5—表现优秀）

项目	得分
董事会理解公司经营理念和战略，并在关键的问题上有所反映	
董事会拥有并遵循高效率会议的程序	
董事会议以一种开放沟通、有效参与和及时解决问题的方式进行	
董事会成员及时收到会议议程和议案	
董事会成员收到准确的会议记录	
董事会审议并采纳年度性和经营性预算	
董事会对现金流、盈利、收入和费用及其他财务指标进行监控，以确保公司按预计的情况运转	
董事会用行业可比数据对公司进行监控	
董事跟踪影响公司的事件和趋势，并运用这些信息评估和引导公司发展	
董事理解董事会的决策制定角色和首席执行官的管理角色之间的差异	
董事会通过明确的政策协助首席执行官	
董事会的目标、期望和关注明确无误地传达给首席执行官	

10.6.4　对每一董事进行正式的年度绩效评估

因为个性、背景、资历等方面差异的影响，评估每一位董事对公司和董事会的贡献可能更难。但是无论如何，为了促进董事会整体运作绩效的提高，需要开发标准化的董事会成员绩效评估方法，进行董事个人绩效评估工作。

一般情况下，评估一个董事绩效的合适人选是董事会中的其他董事。这意味着一个董事会成员之间相互评估并提供有关其绩效的反馈意见的流程。可以采用各种各样的自我评估和比照评估打分系统。董事评估的标准中应该包括：董事们能否很好地理解公司战略，能否对影响公司的当前事态和问题保持跟踪和关注，以及他们出席会议的记录和对董事会讨论问题的贡献。

董事会成员应该得到一个有关他们绩效的反馈意见，以帮助他们发展技能，并且激励他们成为一个有效的董事会成员。仅仅是简单"合格或不合格"，不能提供有效的反馈或有价值的信息。

加强薪酬与考核委员会的工作，或者单独建立一个公司治理委员会，可以对董事绩效评估工作有很大帮助。这一绩效评估结果应该让负责提名新董事的委员会知道，以使低绩效董事可以被替换。

专栏10-7　　　　董事个人评估样表

请在每位董事（包括你自己）的每一个格中填写，评分标准：

1.很差；2.较差；3.一般；4.较好；5.很好

	董事1	董事2	董事3
与人合作			
行业知识			
提供有价值的意见			
需要时能找到			
敏锐性和好问			
商业知识			
对委员会工作的贡献			
出席情况			
董事会参与度（发言）			
会议准备			
对长期规划的贡献			
总体表现			

10.6.5　改进董事会绩效的一种有效方法：向榜样学习

由于公司治理是一个综合性、实践性都非常强的领域，最好的董事会绩效评估方法可能来自于公司之间的相互学习。产生于全面质量管理运动的"向榜样学习"（Benchmarking）方法，被应用到了董事会管理领域，帮助公司开发自己的董事会绩效评估和公司治理最佳做法。

很多董事会成员不愿意谈论有关他们董事会的运作情况，由此也导致他们在寻找榜样时缺乏创新。可以让董事会成员和高层管理人员一起来讨论和交流一下他们所服务的其他董事会中事情是如何做的。让董事会成员们说说，他们在其他董事会上发现的一些良好做法，如议程是如何安排的，他们的会议具体是怎么进行的。这些细节的信息，蕴含着非常有价值的真实世界中的智慧。

互联网、上市公司年报和各种各样的公司治理指引和最佳行为守则，都可以提供一些有关其他公司董事会实践的公开信息。对于那些可以作为学习榜样的公司，直接与其董事会秘书联系，他们往往会有很多有关董事会运作的实用知识和技巧。如果让他们知道你愿意与他们分享你调查和研究的结果，他们也会很愿意与你分享他们的一些经验。

外部顾问可以提供一些公司内部所缺乏的研究和分析技巧。参加一些优质的公司治理研讨班，也是一个获取有关知识的好办法。在每次为董事、经理人讲授"董事会和公司治理""董事会与战略管理"的培训课程上，笔者都会在学员们的提问以及组织学员们相互交流讨论的过程中，了解并学习到很多来自公司治理实践第一线的疑惑与醒悟、经验与智慧，有些堪称是一语破的的真知灼见。

10.6.6　中国公司董事会和董事绩效评估的一个范例

董事会业绩评估纳入董事会提名与公司治理委员会职权范围，由提名与公司治理委员会按年组织实施对董事会及所属专业委员会的业绩评估工作。

董事会及所属委员会业绩评估工作主要采用董事会及委员会自评的方式进行，评估标准主要包括对董事会在保护股东利益、战略管理、业绩管理、人才管理、风险管理、利益相关者关系等方面履行职责的情况。

> **专栏10-8　董事会业绩评估的主要流程**
>
> **评估标准审批。** 每年度结合上一年度评估工作的经验及外部专家的意见，对评估标准进行检讨与修订，在获得委员会批准后实施。
>
> **评估工作实施。** 各位董事根据其在不同专业委员会任职的情况，对所在专业委员会及董事会进行评估。
>
> **出具评估结果。** 根据全体董事的评分情况，汇总董事会及专业委员会业绩评估成绩，并提出董事会工作改善建议，先后提交委员会及董事会审议。

对董事个人的业绩评估办法如下。

制定《公司董事绩效评估办法》，实施董事年度绩效评估。董事评价的主要内容包括董事的履职情况、参与董事会工作程度、客观公正性、团队合作及专业知识和能力等。评价采取董事互评的方式，同时征求管理层对董事的评价意见。董事评价结果根据评估得分分为优秀、良好、欠佳三个等级。

董事评价每年进行一次。董事评价结果由董事会薪酬委员会与董事进行反馈和沟通，帮助董事了解自身的长处与不足，以有效提升个人能力，实现董事、董事会和公司的共同成长。董事评价结果应用于董事的提名、任免和职位调整。董事评价过程中，董事针对董事工作和董事会运作提出的意见和建议，是改进董事会工作和制定董事年度培训计划的重要依据。

10.6.7　股东应如何参与评价董事会的业绩

在董事会绩效评价方面，中国只有极少数公司能够做到规范的董事会自我评价（包括请中介机构）。中国企业对董事会绩效评价的兴趣，更多的是来自集团公司和母公司，因为怕失控而对下属子公司董事会进行的评价。

董事会的评价本身是公司治理一个很前沿的课题，中国公司因为有控股股东在，所以将这个问题特别突出出来了。就独立运作的公司来讲，不能由某一个股东，而是要由董事会做出自我评价。

就股东而言，不同人看法是不一样的，有人追求短期利益，有人追求长期利益。短期利益者看的是分红，长期利益要看的是公司研发水平、品牌知名度、员工队伍等等。这些都是无法整齐划一的，如果可以统一的话，那就可以搞计划经济了。市场之中，谁都想赚钱，关键是要知道你能做什么赚钱。市场经济就是这样，大家都在猜市场需要什么，看得准的人就能赚钱。公司也是这样，就是考核什么（价值驱动因素）能够得到我们想要的最好的结果。不同的股东、投资者会看中不同的指标，就会有不同的结果，就会有成功和失败的差别。

就公司治理规则来讲，董事会全体成员受托管理公司，如果他们做了违法的事情，没有尽到董事的基本责任——忠实义务和勤勉义务，会得到法律的惩罚，这是公司制企业的一个基础。另外就是，如果股东对公司董事会和董事的表现不满意，可以通过年度股东大会将其选掉，如果事情紧急就要通过临时股东大会即时罢免。这都是通过一种事后惩罚的办法来解决问题。事前，还没有到必须换人的程度的时候能够做的，就需要董事会自我考核了。

10.7　董事会对首席执行官的绩效评估

> 我没有从董事会中得到有关董事们如何看待我的工作的有用的反馈意见，就是一些"做得不错，有进步"一类的说法。我需要得到的是能够帮助我学习和成长的评价，我不需要任何泛泛的赞叹。
>
> ——一位首席执行官的抱怨
>
> 外部董事每年作一次首席执行官的正式评定，评定结果由报酬和管理开发委员会通知首席执行官。这种评定应基于客观的标准，其中包括业务表现，长期战略的建立，长期战略目标的完成，管理人员的发展。报酬和管理开发委员会在考虑首席执行官报酬时应采用此评定结果。
>
> ——伊士曼化工公司治理准则

战略性董事会的特殊责任：①树立公司的战略观念，以确保股东长期价值的增加成为公司的首要考虑；②依据第一项要求，对其自身以及公司管理班子的绩效进行持续的评估。

10.7.1 首席执行官评价的目的与方法

董事会的任务是"指好方向选好人"。"指好方向",就是定好战略和做好重大决策;"选好人",就是选聘好首席执行官。要什么,考核什么。战略性董事会要把公司战略落到实处,就要采用一个正式程序和一套与公司战略相容的指标体系评估首席执行官的绩效。在今天这种投资者高度关注首席执行官报酬的环境下,首席执行官业绩评估已经成为董事会工作中不可或缺的关键事项(图10-2)。

通过对首席执行官的业绩评价,可以达到以下目的:

①加强董事会与首席执行官之间的沟通,使双方对公司以及首席执行官在短期和长期的业绩表现方面应达到的业绩标准达成一致看法。

②帮助首席执行官辨别他个人的优势和劣势。

③使首席执行官和董事会能尽早地发现潜在问题的预警信号。

④为首席执行官的报酬决策提供明确的指导。

⑤让股东和公众知道,董事会对首席执行官和管理层的行为的监督和评价处于常规的运作之中。

国际著名公司和机构投资者都很强调董事会对首席执行官业绩的评价。美国通用汽车公司规定:所有董事(包括外部董事在内)每年都应对首席执行官做出评价,并由董事长将此结果告知首席执行官。评价应基于客观标准,如长期战略目标的执行情况,管理方面的进展情况等。美国加州公职人员退休基金组织规定:由独立董事建立首席执行官业绩评价标准和报酬激励制度,并经常评价首席执行官的业绩是否达到此标准。独立董事可以就评价问题聘请独立于管理层的咨询顾问。评价标准上应使首席执行官的利益与股东的长期利益保持一致。美国TIAA-CREF[①]规定:对首席执行官的评价是董事会的重要责任。关于公司预期达到的业绩目标和如何对其量化与评价,董事会与首席执行官应事先明确。

---

① Teachers Insurance and Annuity Association-College Retirement Equities Fund,教师保险与年金协会—大学退休股权基金。成立于1908年,最初由卡内基基金会创建,管理4000多亿美元资产,是全美最大的退休保险公司。TIAA-CREF不仅为高级教职工和研究人员提供个人生命保险、终身健康保险,而且也为普通教师及其家人提供同样的服务。200多万参与者中大约有160名诺贝尔奖获得者,其中有些人效力于该公司董事会。

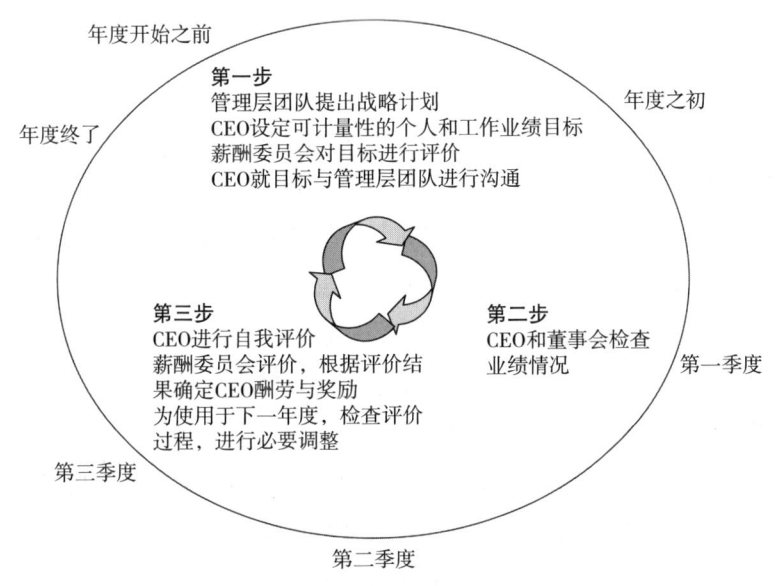

第一步
管理层团队提出战略计划
CEO设定可计量性的个人和工作业绩目标
薪酬委员会对目标进行评价
CEO就目标与管理层团队进行沟通

第二步
CEO和董事会检查业绩情况

第三步
CEO进行自我评价
薪酬委员会评价，根据评价结果确定CEO酬劳与奖励
为使用于下一年度，检查评价过程，进行必要调整

年度开始之前 / 年度之初 / 第一季度 / 第二季度 / 第三季度 / 年度终了

图10-3　首席执行官绩效评价的时间流程图示

有效地完成首席执行官的绩效评估工作，需要开发数量和质量两个方面的考核指标，并严格地根据这些指标对首席执行官的绩效进行正式的年度评估。

首席执行官评估的基础是其个人发展计划，该计划要综合长期和短期目标，并将具体的绩效指标与公司的战略相联结。有效的评估，能够加强公司和个人目标的匹配。首席执行官绩效评估的结果可以在决定首席执行官的总体薪酬水平上起重要作用，包括把给予首席执行官的股票和股票期权与绩效挂钩。这一年度考评的周期始于薪酬委员会和首席执行官就该年的绩效目标达成一致意见，终于对这一目标达成结果的正式评估。

除了正式的年度评估之外，对首席执行官的绩效评估还要包括一个中期评估。这样可以确保能够定期采取行动解决一些可能会导致严重后果的问题，把问题消灭在萌芽之中。

对首席执行官的评估完成之后，谁负责去与首席执行官进行有关评估结果的沟通？根据对美国公司上市公司董事的调查，依次是薪酬委员会主席，领导董事，董事会主席，整个董事会和提名委员会主席。

10.7.2　首席执行官评价的主要内容

董事会对首席执行官的业绩评价，主要包括以下几个方面内容。

诚实正直。首席执行官是否通过展示高尚的道德意识、诚实、公平和创业精神而在公司中形成了一种有利的气氛？首席执行官的行为是否适合首席执行官职位的要求？

视野。首席执行官是否在经营上为公司确定了一个合理且清晰的方向？此经营方向是否为业务的建立与发展提供了一个坚实的基础？实际的经营计划是否反映出这个视野？

领导。首席执行官是否已建立起一个很强的管理班子？管理班子是否像一个团队一样运作？首席执行官是否能及时替换不能胜任工作的管理人员？

实现公司业绩目标的能力。首席执行官在实现公司财务与经营目标，长期和短期的目标时做得怎样？首席执行官实现战略计划中的目标的能力如何？是否应把股东价值目标（如股价）和竞争业绩目标（如市场占有率）考虑进去？

管理人员的继任计划。首席执行官是否提出了一个合理的继任计划？提出的继任者是否可行和被董事会接受？

与股东的关系。首席执行官是否鼓励公司与股东进行公开沟通？是否对股东关心的合理事项给予了足够的关注？

与利益相关者的关系。首席执行官是否带领公司与所有的利益相关者（如职工、顾客、社区、银行、政府等）建立了有效的关系？

与董事会的关系。首席执行官是否尊重董事会的独立性？首席执行官是否就公司将要作出的重大投资决策事先与董事会商量，并获得董事会的批准？是否尊重非执行董事以及他们独立开会的要求？

10.8　中国公司法有关董事会会议的规定

源自发达国家公司治理优秀公司的董事会会议实践，中国公司都是可以学习采用的，但是有关会议通知等有具体硬性规则的，要根据中国公司法的规定执行，上市公司还要遵守其股票上市所在交易所的规定。

中国公司法有关董事会会议的主要规定可以概括为三个方面：会议次数和程序；董事应当对董事会的决议承担责任；关联董事回避制度。

①会议次数和程序。董事会每年度至少召开2次会议，每次会议应当于会议召开10日以前通知全体董事和监事。董事会会议应由1/2以上的董事出席方可举行，董事会做出决议必须经全体董事的过半数通过。董事会会议表决实行一人一票。董事会会议应由董事本人出席，董事因故不能出席可以书面委托其他董事代为出席董事会，委托书中应载明授权范围。董事会应当对会议所议事项的决定做成会议记录，出席会议的董事应当在会议记录上签名。

②董事应当对董事会的决议承担责任。凡未按法定程序经董事签字的书面决议，即使每一位董事都以不同方式表示过意见，亦不具董事会决议的法律效力。董事会的决议违反法律、行政法规或者公司章程、股东大会决议，致使公司遭受严重损失的，参与决议的董事对公司负赔偿责任。对经证明在表决时曾表明异议并记载于会议记录的，该董事可以免除责任。对在讨论中提出异议但在表决中未明确投反对票的董事，不得免除责任。

③关联董事回避制度。上市公司董事与董事会会议决议事项所涉及的企业有关联关系的，不得对该项决议行使表决权，也不得代理其他董事行使表决权。该董事会会议由过半数的无关联关系董事出席即可举行，董事会会议所作决议须经无关联关系董事过半数通过。出席董事会的无关联关系董事人数不足三人的，应将该事项提交上市公司股东大会审议。

专栏10-8　中国公司法有关董事会会议的规定

所有公司

第二十四条　公司股东会、董事会、监事会召开会议和表决可以采用电子通信方式，公司章程另有规定的除外。

第二十五条　公司股东会、董事会的决议内容违反法律、行政法规的无效。

第二十六条　公司股东会、董事会的会议召集程序、表决方式违反法律、行政法规或者公司章程，或者决议内容违反公司章程的，股东自决议作出之日起六十日内，可以请求人民法院撤销。但是，股东会、董事会的会议召集程序或者表决方式仅有轻微瑕疵，对决议未产生实质影响的除外。

未被通知参加股东会会议的股东自知道或者应当知道股东会决议作出之日起六十日内，可以请求人民法院撤销；自决议作出之日起一年内没有行使撤销权的，撤销权消灭。

第二十七条　有下列情形之一的，公司股东会、董事会的决议不成立：

（一）未召开股东会、董事会会议作出决议；

（二）股东会、董事会会议未对决议事项进行表决；

（三）出席会议的人数或者所持表决权数未达到本法或者公司章程规定的人数或者所持表决权数；

（四）同意决议事项的人数或者所持表决权数未达到本法或者公司章程规定的人数或者所持表决权数。

第二十八条　公司股东会、董事会决议被人民法院宣告无效、撤销或者确认不成立的，公司应当向公司登记机关申请撤销根据该决议已办理的登记。

股东会、董事会决议被人民法院宣告无效、撤销或者确认不成立的，公司根据该决议与善意相对人形成的民事法律关系不受影响。

有限责任公司

第七十二条　董事会会议由董事长召集和主持；董事长不能履行职务或者不履行职务的，由副董事长召集和主持；副董事长不能履行职务或者不履行职务的，由过半数的董事共同推举一名董事召集和主持。

第七十三条　董事会的议事方式和表决程序，除本法有规定的外，由公司章程规定。

董事会会议应当有过半数的董事出席方可举行。董事会作出决议，应当经全体董事的过半数通过。

董事会决议的表决,应当一人一票。

董事会应当对所议事项的决定作成会议记录,出席会议的董事应当在会议记录上签名。

股份有限公司

第一百二十二条 董事会设董事长一人,可以设副董事长。董事长和副董事长由董事会以全体董事的过半数选举产生。

董事长召集和主持董事会会议,检查董事会决议的实施情况。副董事长协助董事长工作,董事长不能履行职务或者不履行职务的,由副董事长履行职务;副董事长不能履行职务或者不履行职务的,由过半数的董事共同推举一名董事履行职务。

第一百二十三条 董事会每年度至少召开两次会议,每次会议应当于会议召开十日前通知全体董事和监事。

代表十分之一以上表决权的股东、三分之一以上董事或者监事会,可以提议召开临时董事会会议。董事长应当自接到提议后十日内,召集和主持董事会会议。

董事会召开临时会议,可以另定召集董事会的通知方式和通知时限。

第一百二十四条 董事会会议应当有过半数的董事出席方可举行。董事会作出决议,应当经全体董事的过半数通过。

董事会决议的表决,应当一人一票。

董事会应当对所议事项的决定作成会议记录,出席会议的董事应当在会议记录上签名。

第一百二十五条 董事会会议,应当由董事本人出席;董事因故不能出席,可以书面委托其他董事代为出席,委托书应当载明授权范围。

董事应当对董事会的决议承担责任。董事会的决议违反法律、行政法规或者公司章程、股东会决议,给公司造成严重损失的,参与决议的董事对公司负赔偿责任；经证明在表决时曾表明异议并记载于会议记录的，该董事可以免除责任。

上市公司的特别规定

第一百三十八条 上市公司设董事会秘书，负责公司股东会和董事会会议的筹备、文件保管以及公司股东资料的管理，办理信息披露事务等事宜。

第一百三十九条 上市公司董事与董事会会议决议事项所涉及的企业或者个人有关联关系的，该董事应当及时向董事会书面报告。有关联关系的董事不得对该项决议行使表决权，也不得代理其他董事行使表决权。该董事会会议由过半数的无关联关系董事出席即可举行，董事会会议所作决议须经无关联关系董事过半数通过。出席董事会会议的无关联关系董事人数不足三人的，应当将该事项提交上市公司股东会审议。

相关案例参见《董事会与公司治理（第4版）：演进与案例》案例16"华润与万科之争：董事会决策规则"。

第11章

国有企业的董事会与公司治理

作为现代企业制度的基本组织形式——股东承担有限责任、通过董事会实现集中管理的公司制企业,国家、家族和公众,都可以是合适的股东。国有企业的公司化改制和混合所有制改革,就是因应这样一种现实和理论逻辑。

所有者性质不同的国有企业和民营及家族企业，其组织控制体系不同于独立企业的集团企业、从事特殊业务的银行业。作为公司制企业，它们都要遵守一些共性的公司治理规则与标准，但是又各自面临着一些不同性质、各具特色的公司治理问题。本章探讨国有企业的董事会与公司治理。民营和家族企业、集团企业以及银行和金融机构的董事会与公司治理，在接下来的几章中依次探讨。

11.1　国家、家族和公众：谁是最合适的股东

为了改革几十年计划经济体制下形成的效率低下的国有企业体制，1990年代，中国曾经认真地学习韩国的大企业集团模式，日本的系列企业交叉持股模式。大宇集团的倒闭和东南亚金融危机，导致全世界范围内对亚洲公司治理模式的批评。曾被一位美国著名学者誉为"世界第一"的日本，也在"亚洲无奇迹"和"亚洲在衰落"的质疑和谴责声中开始悄悄放弃自身特色，逐步引进美国模式的公司治理机制[①]。

也正是从1990年代开始，在那些美国背景的机构投资者、投资银行、会计师事务所、管理顾问公司等及一些国际组织的推动下，以美国模式为主体的国际公司治理标准开始逐渐成型。尤其是上市公司的公司治理系统在全球范围内

[①]　哈佛大学教授弗格尔（傅高义）1977年出版的《日本世界第一》曾是1970年代末和整个1980年代的一本全球畅销书。"亚洲无奇迹"，则是2008年度诺贝尔经济学奖获得者保罗·克鲁格曼在1997年亚洲金融危机之前，亚洲经济增长备受推崇时发出的质疑之声。《亚洲在衰落》是标准普尔公司长驻金融专家卡拉姆·亨德森剖析亚洲金融危机的著作（机械工业出版社1998年翻译出版）。

出现了高度的趋同趋势。但是2000年代伊始，华尔街和美国大公司财务丑闻的频频爆发，又引起了人们的警觉，有人宣布这是"全球资本主义要走向灭亡的征兆"，要让"职业经理人制度见鬼去吧"等。也有人在高声呼喊，李嘉诚模式的公司治理才会真正取胜。

由此引起我们要思考的一个根本性问题是，作为现代企业制度的基本组织形式——股东承担有限责任、通过董事会实现集中管理的公司制企业，国家、家族和公众，谁是最合适的股东？

国家是几乎全部企业的唯一股东，那是计划经济模式，已经在世界范围内被证明是行不通的，没有市场、没有竞争、没有活力。国家是主要企业的控股股东，这是中国的现状。为了加强国有资本的管理和监控，从公司法、证券法到上市规则中，都避免不了很多的行政性限制，使许多合乎市场规则的企业组织制度和金融工具创新行为受到约束，很多优秀企业到海外注册，在海外上市等。由此导致中国这个世界唯一也是最大的待开发市场上好的投资机会和赚钱机会眼睁睁地让给了外国人或者假外国人。一方面对外开放、靠优惠政策吸引外商直接投资，一方面大量的国内资本外流或外逃，折射出我们在投资者保护方面没有对国有资本、外国资本和民营资本一视同仁的现状。

国家作为股东，在运作中总要通过政府及其条条块块的行政体系去管理。在政府本身的治理结构还有待完善的情况下，国家在企业中的权力行使总是难免出现股东权力缺位和行政权力越位两种现象并存。国家即使持有的是小股，也肯定拥有其他股东所无法抗衡的实际影响力，难以有效地发挥其他股东通过规范方式参与公司治理、获取股东回报的积极性。

中国香港、东南亚等国家和地区，股权分散程度不高，一些家族资本作为大股东牢牢控制着上市公司。少数富有的家族掌控多数的上市公司股票。上市公司股东会和董事会中都是家族人士唱主角。少数像李嘉诚这样优秀并诚信的企业家，能够持续赢得其他投资者的信任，愿意跟进，这是公司其他股东的幸运，也是这些地区或国家投资者的幸运。在政府让出一部分市场空间，市场运作的法律制度又有待健全的情况下，一些家族企业能够提供一部分市场的信用。

美国那些股权高度分散、公众持股的大企业也多数是从家族企业演化而来的。以公众持股为主、股权高度分散的公司模式能够发展起来，是法律体系对中小投资者保护程度较高的结果。在有可信赖的法律保护条件下，大股东从控制上市公司中能够获取的私人收益有限，更不可能"淘空上市公司""把上市公司当做提款机"，大家也就都愿意当作个小股东了。没有太大的财产损失风险，谁都想搭便车，这是人性中天生的机会主义倾向使然。

股权分散化需要一个过程，让公众持股，发展机构投资者，靠市场来约束董事和经理人，防止经理人内部人控制、造假账欺骗股东等，都需要进行大量的学习和创新。国有企业的公司化改造，减少一股独大，增加股东层面的制衡，同时提高董事会的独立和有效性等，都是一些会有一定效果的选择。在政府退出、法律空白的地段，家族企业尤其能够起到相当大的作用。来自血缘和亲缘的信任机制毕竟是人类最古老而又最基本的构成要素。

公众持股、股权高度分散的上市公司并不必然就是现代、先进和有效的，它有其生存条件；家族企业并不必然就是落后的，它有其不可替代的一些建立组织内部信任和节约沟通成本的优势；国有企业是有一些不好克服的问题，但也并不必然是效率低下的。

根据现代公司治理的基本原则，国家、家族和公众，作为股东都应该享有一样的股东权利，都得到一样的财产权利保护，同时也都不能越权去侵犯其他类股东的财产权利，大家集体监控和支持董事会，维护公司作为一个整体的利益。这确实只是一种理论上的可能，与现实总是有些距离。否则，不会连亚当·斯密这个奠定了市场经济理论体系的经济学始祖都看不出股份公司能够有发展和壮大的可能。

但是，想想人类哪一项制度和技术发明不是从一种开始时看似不可能、距离现实太远的理论设想开始的呢？在那个能够占满整个房间的大型计算机为主导的时代，面对刚刚发明出来的微型计算机芯片，曾有大型计算机的坚定支持者嘲讽说，"哈哈，我可不想我的计算机会一不留神就掉到了地板缝里！"

作为现代企业制度的基本组织形式——股东承担有限责任、通过董事会实现集中管理的公司制企业，国家、家族和公众，都可以是合适的股东。国有企业的公司化改制和混合所有制改革，就是因应这样一种现实和理论逻辑。

11.2 国企改革：从完善企业管理到加强公司治理

国有企业的公司化改造和董事会制度建设，无疑是中国企业体制的一种巨大变革。尽管中国国有企业的股权多元化和分散化以及董事会集体领导替代"一长制"还需要很长一段路要走，但是毕竟是已经"在路上"了。

11.2.1 国有资本管理和国有公司治理的机制相容

中国国有企业改革是渐进式改革过程中的一个不断试验和探索的过程，是随整体经济改革与发展而不断变化的一个动态概念。

1980年代的国企改革，无论承包制还是资产经营责任制，都是企业内部管理体制上的改革，是在传统企业体制下的一种内部管理结构和激励机制的变化。1990年代开始，从股份公司试点、《公司法》颁布到百户现代企业制度建设，是国有企业制度本身以公司化为方向的改革，开始具有了市场经济和现代企业制度的含义。相对传统的管理结构变化来说，根据现代公司机关（股东会、董事会等）设置进行的国有企业治理结构改革，带来了中国国有企业行为的很多实质性变化，就是从行政机构附属物逐渐变成了市场经济中的竞争主体。

进入21世纪后，特别是从央企董事会试点开始，以公司化改制和董事会制度建设为主要内容的国有企业改革，特别是2015年中共中央、国务院"关于深化国有企业改革的指导意见"、2017年国务院办公厅"关于进一步完善国有企业法人治理结构的指导意见"，以及2021年中央和有关部门出台的"关于中央企业党的领导融入公司治理的若干意见""国有企业公司章程制定管理办法"和"中央企业董事会工作规则（试行）"等，为国有企业和国有控股上市公司的治理体系建设和治理能力提升，国企董事会的运作，提供了规范和操作指引。

2022年底，国企改革三年行动计划完成之后，董事会等现代公司内部治理机制，从股份制公司和上市公司进入到几乎所有的国有企业。至此，传统含义上的国有企业——全民所有制工业企业法调整下的国有企业已基本不复存在，都已经是公司法调整下的国有全资或是国有控股公司。相应地，国有企业改革这一名词，也可以由国有资本管理体制改革和国有公司（全资、控股和参股）治理改革（与完善）所替代了。

在内部管理改革和公司化改制完成之后，国企改革的核心内涵和关键挑战是，构建国有资本管理体制和国有公司治理机制之间激励相容的一套制度体系、运行模式和行为方式。要让公司化后的国有企业，或准确地说是国有独资、控股和参股公司，像市场化的公司那样运作，并在公平的市场竞争中发展和壮大。这需要从国资管理到企业行为，都把现代公司治理原则和机制落到实处。

国资管理上，要真正从管资产、管企业向管资本转变，就是要不再有公司化改制完成之前那样的国有企业和民营企业等出身之分，尤其是在股份公司和上市公司层面。无论国有企业出身还是民营企业出身，只要进行了公司化改革，就都是现代公司，都要按公司法和公司治理规则进行运作，都要在产品和资本两个市场上竞争。国有资本可以挑选市场竞争中的优胜者进行投资，从竞争力弱的企业中退出。不论公司化之前是国有企业还是民营企业，有国有资本进入则是国有公司，国有资本退出则不再是国有公司（图11-1）。

在这样一种市场导向的国有资本管理体制下，国有公司也和民营公司一样面临市场化的融资压力，要通过改进公司治理和创造公司价值来竞争获取包括国有资本在内的各种资本。国有资本要做一种更负责任、更具耐心的长期资本，成为优秀公司要争相获取的对象，成为推动公司治理改进、把现代公司治理原则落到实处的一种市场力量。

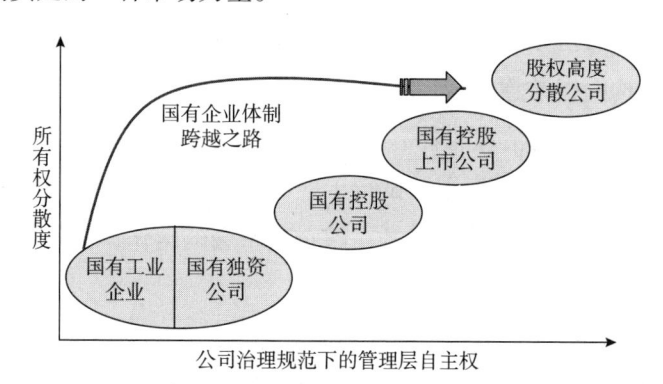

图11-1　国有企业改制与上市的体制变革历程

作为"出资人",应该关心的"事"就是分红和资本增值,"人"就是董事会成员和首席执行官。市场化的国有资本监督管理机构,或说履行国有资本出资人职责的机构,对国有企业可以只管到董事会,由董事会按市场规则选聘、考核企业高管人员。

要对这些年中国国有企业的发展和公司治理改进给予充分的肯定,但也不能不看到其中还有种种的不足。形式上的董事会距离实际发挥作用还有很大的距离。"面谈40分钟就投资入股两个亿"[1]这种现象的存在,令我们对掌握国企资源大权的那些"一把手"的自我约束和道德水平不敢寄予厚望。董事会制度的真正到位,也同样不能寄托于"一把手"的开明领导,要由强有力的股东行动,和强有力的法律支撑。

对于公司制企业的发展与壮大来说,没有法律的支持是不行的,但是仅仅有法律的支撑而缺乏基于股东行动的市场约束也是不行的。只有健全的资本市场和积极的股东行动,才能对董事和经理人进行有效的筛选和奖惩,才有竞争和优胜劣汰,才有优秀企业家和优秀企业的更大的成长空间。

推动国有企业向上市公司的现代公司治理规范看齐,前进的步伐一定会有很多曲折,会面临从思想观念到既得利益者等各个方面的障碍和阻力,但是战略上是正确的,方向不会改变。在这里,需要我们首先探讨的是,在国有企业向上市公司的现代公司治理规范看齐的同时,国资委的国有资产运作战略和方式应该向谁看齐,应该怎么做?

上市公司中高度发达的现代公司治理规范是和机构投资者成长、机构投资者关注公司治理、执行公司治理导向投资战略相辅相成一并发育和成熟起来的。在国有企业向上市公司治理规范看齐的同时,或者说为了更好地推进国有企业向上市公司治理规范看齐,国资委也要更多地学习现代机构投资者的一些先进和有效做法,看看机构投资者在其自身的治理以及对其所投资的公司的治理方面是怎么做的。

发达国家机构投资者从被动投资、用脚投票变为积极投资、用手投票有三

---

[1] 原中石化集团总经理陈同海仅仅面谈40分钟就同意向一家股份制人寿保险公司出资2亿元入股,以至该寿险公司筹备感慨,"中石化完全没有想象中的国有企业应该有的繁琐"。商思林:"陈同海搁浅",《商务周刊》2007年第14期。

个基本原因。一是拥有的资产规模庞大,在股价下跌时不容易灵活迅速地转让抛售;二是自身资产的性质(如公务员的养老金),要求其追求稳定收益而不是具有高风险的高收益;三是要关注整个经济体系的运作效率和质量以及出于其所承载的社会责任的要求。这三点在我们的国有资产身上同时具备,这是国资管理要学习现代机构投资者公司治理做法的客观基础。能否真的去那么做,以及具体要如何去那么做,缺乏的可能只是主观认识和如何操作的具体知识。

11.2.2　夹在股东(政府)和职工之间的国有公司

很多国有企业改制而来的国有独资有限责任公司,董事长要代表董事会向职工代表大会作报告,公司的战略规划要经过职工代表大会批准才能实施。这样的董事会似乎要对其股东——国资委或国家授权投资机构和公司职工代表大会负双重受托责任。

可是我们知道,现代企业经营中资本要素和劳动要素之间就长期看有合作双赢的一面,但在一个有限的期间内,比如一个财政年度,也有激烈和直接的利益冲突的一面。职工工资和福利多一块,所有者的分红就要少一块,资本的增值速度就要慢一点。作为经营者的国有公司董事会夹在这两种矛盾的要素之间,做有关决策时如何取舍,是一个十分令人头痛的事情。既要减员增效,又不能把职工推向社会。任何会减少就业、降低工资福利的战略决策都不会得到职工代表大会的通过。

问题的产生可能是一个改革和体制转轨中的问题,没有什么太令人奇怪的。值得我们关注的是问题的解决受到奠定中国"现代企业制度"基础法律框架的《公司法》自身的限制,导致国有公司董事会难有实际作为。中国公司法,为了保护国有企业职工的权益,除监事会中的职工代表制度之外,在董事会中也加入职工代表安排。之前公司法在国有独资公司和两个以上国有企业组建的有限责任公司的董事会和监事会设置上,都加进了很多有关职工参与企业管理和职工权益保护的条款。2018年公司法第六十七条规定,国有独资公司"董事会成员中应当有公司职工代表",第四十四条规定"两个以上的国有企业或者两个以上的其他国有投资主体投资设立的有限责任公司,其董事会成员中应当有公司职工代表"。

2024年公司法，因为监事会成为可选设置，将董事会中职工代表制度安排从国有公司扩大到了不设监事会（要设置董事会审计委员会）的300人以上的所有公司。

专栏11-1 中国公司法（2024）有关董事会和监事会中职工代表的规定

第六十八条第一款（根据第一百二十条股份有限公司适用此款）：有限责任公司董事会成员为三人以上，其成员中可以有公司职工代表。职工人数三百人以上的有限责任公司，除依法设监事会并有公司职工代表的外，其董事会成员中应当有公司职工代表。董事会中的职工代表由公司职工通过职工代表大会、职工大会或者其他形式民主选举产生。

第七十六条（有限责任公司）和第一百三十条（股份有限公司）：监事会成员应当包括股东代表和适当比例的公司职工代表，其中职工代表的比例不得低于三分之一，具体比例由公司章程规定。监事会中的职工代表由公司职工通过职工代表大会、职工大会或者其他形式民主选举产生。

第一百七十三条：国有独资公司的董事会成员中，应当过半数为外部董事，并应当有公司职工代表。董事会成员由履行出资人职责的机构委派；但是，董事会成员中的职工代表由公司职工代表大会选举产生。

董事会职工代表制度设置的初衷有维持传统的职工当家作主理念的一面，也有学习德国公司劳资共同决策制的一面。

德国的资本和劳动共同决策制的公司体制是在其实际为董事会的监事会（应该译为监督董事会）上实现的。其监督董事会中一半股东代表、一半工会和职工代表，股东代表担任监督董事会主席。这样，在监督董事会上资方和劳方就会达成有关决议，下达到经理理事会或说其管理董事会的是一个统一的意志。其管理董事会在监督董事会的领导和监督之下，全面负责执行活动。所以英语公司治理文献中称德国公司为双层董事会制度，决策、监督与执行完全分开。英美国家为了学习德国公司制度的这一有点而引入了独立董事制度，形成了单层董事会的二元化趋势。

中国《公司法》规定"国有独资公司不设股东会，可以经授权由董事会行使股东会的部分职权，决定公司的重大事项"，似乎国有独资公司的董事会可以比一般公司的董事会有更大的职权。但是国有独资公司"董事会成员由国有资产监督管理机构（履行出资人职责的机构）委派"，"董事会成员中应当有公司职工代表"，"董事会中的职工代表由公司职工代表大会选举产生"。这样的董事会必然在听命于政府股东和迎合于职工利益之间找不到自己的位置而没有什么独立和自主性。

国有独资公司的"董事长、副董事长，由国有资产监督管理机构（履行出资人职责的机构）从董事会成员中指定"，而不是如一般有限责任公司那样，"董事长、副董事长的产生办法由公司章程规定"，或者如股份有限公司那样，"董事长和副董事长由董事会以全体董事的过半数选举产生"。由此导致的结果是，董事长总要凌驾于董事会之上，或者是在董事会之外的一个单独的公司机关。这样的董事会如何能作为一个"集体"而发挥督导公司的作用呢？

专栏11-2　中国公司法有关国有独资公司股东会和董事会的规定

2024年公司法和2018年公司法条文比较。

国有资产监督管理机构改为履行出资人职责的机构。

职权划分

2024年公司法加强了"履行出资人职责的机构"的权力，一是删除了2018年公司法中"授权公司董事会行使股东会的部分职权"之后的"决定公司的重大事项"字样，二是删除了"其中，重要的国有独资公司合并、分立、解散、申请破产的，应当由国有资产监督管理机构审核后，报本级人民政府批准"。

2018年公司法第六十六条：国有独资公司不设股东会，由国有资产监督管理机构行使股东会职权。国有资产监督管理机构可以授权公司董事会行使股东会的部分职权，决定公司的重大事项，但公司的合并、分立、解散、增加或者减少注册资本和发行公司债券，必须由国有资产监督管理机构决定；其中，重要的国有独资公司合并、分立、解散、申请破产的，应当由国有资产监督管理机构审核后，报本级人民政府批准。

2024年公司法第一百七十二条：国有独资公司不设股东会，由履行出资人职责的机构行使股东会职权。履行出资人职责的机构可以授权公司董事会行使股东会的部分职权，但公司章程的制定和修改，公司的合并、分立、解散、申请破产，增加或者减少注册资本，分配利润，应当由履行出资人职责的机构决定。

董事会组成

2024年公司法要求"过半数为外部董事"。

2018年公司法第六十七条：国有独资公司设董事会，依照本法第四十六条（董事会职权条款）、第六十六条（经授权行使股东会职权条款）的规定行使职权。董事每届任期不得超过三年。董事会成员中应当有公司职工代表。

董事会成员由国有资产监督管理机构委派；但是，董事会成员中的职工代表由公司职工代表大会选举产生。

董事会设董事长一人，可以设副董事长。董事长、副董事长由国有资产监督管理机构从董事会成员中指定。

2024年公司法第一百七十三条：国有独资公司的董事会依照本法规定行使职权。

国有独资公司的董事会成员中，应当过半数为外部董事，并应当有公司职工代表。

董事会成员由履行出资人职责的机构委派；但是，董事会成员中的职工代表由公司职工代表大会选举产生。

董事会设董事长一人，可以设副董事长。董事长、副董事长由履行出资人职责的机构从董事会成员中指定。

与国有独资公司相比，股份有限公司的董事会似乎可以更为规范地运作。股份有限公司是"董事会成员中可以有公司职工代表（第一百零九条）"，而不是"应当有"。但是，股份有限公司必须设立一个成员不得少于3人的监事会，监事会中要有不低于三分之一比例的职工代表，由公司职工民主选举产生。刚从董事会里走出的"职工代表"又从监事会里进来了。

股东主权在中国公司制企业特别是具有国资背景的企业中的真正落实，还有很长的路要走。中国《公司法》中则加入了太多导致公司董事会无法真正有效运作的要素。从1994年到2024年，经过三十年的实践和修改完善，中国公司法有很大进步，但还是有很多不足。就公司的主权到底在股东手里还是职工手里来说，今天依旧是有些混乱。

1994年公司法规定"国有独资公司和两个以上的国有企业或者其他两个以上的国有投资主体投资设立的有限责任公司，依照宪法和有关法律的规定，通过职工代表大会和其他形式，实行民主管理"（1994年公司法第一章第十六条第二段）。2024年公司法（第十七条）除规定了"公司依照宪法和有关法律的规定，建立健全以职工代表大会为基本形式的民主管理制度，通过职工代表大会或者其他形式，实行民主管理"之外，还规定"公司研究决定改制、解散、申请破产以及经营方面的重大问题、制定重要的规章制度时，应当听取公司工会的意见，并通过职工代表大会或者其他形式听取职工的意见和建议"。

暂且不说职工民主管理和股东主权会有实质上的冲突，决定重大问题和制定重要规章制度上听取职工意见，这个"听取意见"应该怎么理解，如果工会或职工代表大会不同意，比如改制或者重要的规章制度，该怎么办？股东就没有权力决定公司的重要规章制度（比如公司章程）了吗？

凡此种种的一些规定，是否意味着，职工代表大会是中国公司的权力机构或者至少是国有公司的权力机构之一？即使不至于此，至少事实上导致有关公司组织机构设置条款中规定的"股东会是公司的权力机构，依照本法行使职权"（2024年公司法第五十八条和第一百一十一条）这一股东主权被大打折扣。第五十八条中明确列举了9项股东会的职权，其中包括"选举和更换董事、监事，决定有关董事、监事的报酬事项"，这意味着董事会和监事会是在股东会的授权之下经营和管理公司的。但是，在股东会和职工代表大会意见不同的事项上，董事会到底应该听谁的？有关决议到底如何能合法生效？实际运作中，很多国有公司股东会、董事会流于形式，而职工代表大会则要认真对待，既有传统运作习惯的原因，也有《公司法》上的"法律依据"。

如何让国有公司走出这种夹在股东（政府）和职工之间的治理结构困境，这是一个问题。

11.3 国企董事会制度建设：破解"一把手"问题

"关于上市公司独立董事制度改革的意见（国办发〔2023〕9号）"提出："上市公司董事会中独立董事应当占三分之一以上，国有控股上市公司董事会中外部董事（含独立董事）应当占多数"；"国有资产监督管理机构要加强对国有控股上市公司独立董事选聘管理的监督"。国有控股上市公司不仅要和普通上市公司一样建立健全董事会制度，独立董事占三分之一以上，还要外部董事占多数。

2024年7月1日生效的新公司法，将外部董事占多数的原则适用到了国有独资公司，第一百七十三条规定"国有独资公司的董事会成员中，应当过半数为外部董事"。

11.3.1 国企董事会能否真正就位

这些年中国国有企业的发展和公司治理改革都取得了巨大成就。特别是从国资委推动央企董事会试点开始，在强化国有企业的董事会管理方面，也取得了很大进步。但还是存在一些不足和可以改进之处，形式上的董事会距离实际发挥作用还有一定距离。董事会制度的真正到位，不能寄托于"一把手"的开明领导，要有强有力的股东行动，和强有力的法律支撑。

2004年开始的国有独资企业董事会建设工作，基本做法就是把以前按照《企业法》注册的中央企业改造为按照《公司法》注册，然后建立由国资委委派的外部董事和企业内部董事组成的董事会，再逐步把选择经理人员，考核经理人员和决定经理人员薪酬等决策权交给这些规范的董事会。规范与否的一个硬性指标就是外部董事是否超过董事会成员的半数。2024年公司法第一百七十三条已经明确规定"国有独资公司的董事会成员中,应当过半数为外部董事"。

外部董事过半的企业董事会拥有对经理人员进行经营业绩考核、决定经理人员的薪酬和选聘经理人员等权力。在国务院国有资产监督管理委员会"关于国有独资公司董事会建设的指导意见(试行)(国资发改革〔2004〕229号)"的第一章"董事会的职责"第(一)节"董事会依照《公司法》第四十六条的规定行使以下职权"的第1条就是:"选聘或者解聘公司总经理(中央管理主要领导人员的企业,按照有关规定执行),并根据总经理的提名,聘任或者解聘公司副总经理、财务负责人;负责对总经理的考核,决定其报酬事项,并根据总经理建议决定副总经理、财务负责人的报酬。"

要对国企董事会管理总经理这项权力的落实及其意义进行一个清晰的研判,需要先仔细地看看有关政策法规对"董事会""董事长"和"总经理"职责性质的界定。国资委在"指导意见"的"五、董事会与总经理的关系"中,实际明确了国有独资公司总经理是"首席执行官":"负责执行董事会决议,向董事会报告工作,对董事会负责,接受董事会的聘任或解聘、评价、考核、奖惩","不兼任总经理的董事长不承担执行性事务,在公司执行性事务中实行总经理负责的领导体制"。这一点是一个进步,明确了董事会集体决策职责和总经理的个人执行职责之间的界限,可以避免以前在没有这种明确职责界定情况下,企业内部的董事长和总经理并存,不清楚谁是"首席执行官"的状况。

但是,依旧存在着一些从法规到实际做法上导致明确了"国有公司总经理是首席执行官,董事会选聘、考核奖惩总经理"这一进步的实质意义有限的因素。在法规上,"指导意见"遵循《公司法》的有关规定,"董事长、副董事长由国资委"指定。这一点,不仅是2004年发布"指导意见"时公司法第六十八条的规定,"董事长、副董事长,由国家授权投资的机构或者国家授权的部门从董事会成员中指定",而且在2018年公司法第六十七条依旧是:"国有独资公司董事会成员由国有资产监督管理机构委派,董事长、副董事长由国有资产监督管理机构从董事会成员中指定。"2024年公司法第一百七十三条也是同样规定，只是把国资监管机构改成了"履行出资人职责的机构"："董事长、副董事长由履行出资人职责的机构从董事会成员中指定"。我们知道，普通的股份有限公司中是"董事长和副董事长由董事会以全体董事的过半数选举产生"。这一点看似很小的差异，其实质的影响力却很大，甚至其背后的公司治理逻辑都有很大的差异。

普通公司的股东（股东会）出于信任托管关系而相信和授权给平等的全体董事作为一个整体的董事会，推选出一位董事长作为董事会的召集人，是下一个层面的问题，是已经授权给董事会的事项了。董事们为了董事会的更好运作，可以在他们中自主和民主地推选出一个或两个（联合）董事长，一个或多个副董事长。这样一种情况下，一个负责任的董事会作为一个集体是有能力也有权力管理好自己的董事长的。不仅没有一个人能够凌驾在董事会之上，甚至也没有一个是能够跟董事会平起平坐的。但是国有独资公司却要国有资产监督管理机构或说履行出资人职责的机构，在委派董事的同时，指定董事长和副董事长，这必然就导致了"董事长""副董事长"都成为了董事会自身无权管理的职位和人物，结果就很难避免董事长事实上凌驾于董事会之上，至少可以"平起平坐"。当有这样的董事长存在的时候，即使他不兼任总经理，规定他"不承担执行性任务"，他也不可能不对公司的执行性事务发挥深厚的影响力，成为事实上的"首席执行官"角色。

从实际做法来看，最典型的状态是董事长兼任党委书记，总经理作为董事或者副董事长进入董事会，同时是党委副书记。只有个别公司是外部董事担任董事长，总经理是董事，兼任党委书记。总经理作为董事是国资委委派的，作为董事长或者副董事长的话是国资委指定的，作为书记或者副书记的话是跟董事会没有关系的。在这样一种多种类型职务角色混合于一身，又都有着相当影响力的情况下，董事会管理其总经理这一种角色的职责就算实际发挥作用，又能落实到何种程度？作个比喻的话，可以说总经理身上有着政治线（书记）、传统的人事管理线（董事长、副董事长或董事）和尚在编织中的董事会管理线（职业经理人）这三条线的操控，董事会管理这条线作用的最大程度也就可想而知了。更何况董事会董事们自身又处在另外两条线的直接控制之下。

11.3.2 国企董事会：外部董事、董事长与经理选聘

董事会是现代公司制企业在法律上必设的机关，这一点已经得到了比较广泛的认同。但是对于董事会是否在实际上应该成为国有企业的核心机构，以及如何能够真正发挥作用，则存在着认识上的差异和认识不到位的情况。形式上建立起来董事会并不难，完全可以在一夜之间完成。但是，如果这些董事会不能在实际运作中真正到位，真正发挥作用，结果会适得其反，导致人们对"董事会"制度本身失去信心。

实际上，在国有企业董事会建设的问题上，我们已经反复过一次了。1994年开始百户现代企业制度试点的时候，就根据《公司法》建立了国有独资公司的董事会。但是由于这种完全由内部人构成的董事会，基本是流于形式，没有发挥什么实际作用，很多都被取消了。

外部董事，既是国有企业董事会建设工作推进中的一个"亮点"或者说是"卖点"，也同时是一个"难点"。很多人说，我们缺乏合格的外部董事人才、没有一个成熟的外部董事市场，因此无法建立起主要由外部董事组成的有效的董事会。其实这句话等于什么都没说。"成熟的外部董事市场"和"有效的主要由外部董事构成的董事会"之间，不过是一个鸡和蛋的关系。你不建立外部人员为主、并让其发挥实际作用的董事会，自然也就没有"合格的外部董事人才"，更谈不上"成熟的外部董事市场"了。在外部董事的来源问题上，完全可以把手脚更放开一些。一些著名的股份制企业、上市公司老总和民营企业家都可以成为候选对象。

仅仅增加了所谓的"外部董事"，是否就会使国有企业董事会，与以前由内部人构成的董事会有什么本质上的不同，发挥出实质性的作用？答案是否定的。董事会发挥作用的核心和动力基础来自法律上对董事义务的规定。

法律创建了公司这个"法人"，让其股东享有有限责任之后，为了控制股东对有限责任的滥用，而平行引进了"董事"——实际管理公司之人、无论其名义上是否是董事——的概念。这样，就可以追究到自然人作为公司行为的责任承担主体。否则，法人犯罪泛滥，以公司法人之名侵害债权人和第三人的行为就难以得到有效和有力的制止。

董事会真正发挥作用的前提是全体董事作为一个整体发挥作用，执行董事和外部董事一样承担起董事的职责。董事是随公司制企业一同诞生的，已经有几百年的历史。但是外部董事尤其是独立董事，作为一个发达国家公司股权高度分散之后，增强董事会相对于经理层的独立性而普及开来的做法，只是最近几十年的事情。我们学习发达国家的董事会制度，不能只看他们最新发生的一些"表面现象"和"流行做法"，而忽略了其基础的也是更为根本性的一些东西。

阻碍国有企业董事会真正到位的原因可能有很多，但是其中最关键、最致命是两个：制度设计上的董事长高于其他董事一等，和实际执行上的董事会不能真正掌握经理的任命和解聘权。董事长高于其他董事一等和没有经理选聘权的董事会都不是真正的董事会。

制度设计上国有企业董事长高于其他董事一等既源自公司法，也源自国有企业干部管理制度。从公司法上来说，国有企业既然要设立董事会，并且已经由国资部门任命全体董事了，为什么就不能进一步"信任"董事，跟普通股份有限公司一样，由董事们过半数推选董事长？反过来说，既然连他们作为一个整体如何运作，由谁来做"主席"组织和召集会议都不能给予"信任"，还何谈国有企业的董事和国有企业的股东——国资委之间能形成一种"信任托管"关系。而股东与董事之间的"信任托管"关系，是公司制企业治理结构的基石。现在在这个关键问题上不能突破的一个重要原因是认识上的问题，很多人认为"董事会全体董事选举产生董事长"这在中国根本就不可能。可是，如果"全体董事选举产生董事长不可能"，那么真正的董事会也就不能诞生，更别谈发挥实质性作用了。

与董事会不能选举产生董事长——自己决定谁是自己的主席——同样关键的一个问题是，实际执行中董事会不能真正有权决定经理人选。选聘和解聘经理这条不能真正落实的话，书面上授予董事会的其他各种权力如战略制定等也就都成为了一纸空文。

不能自己推选董事长和不能选聘总经理的董事会，就不是真正的董事会。

在市场经济条件下，首先是产品市场的竞争约束着企业要好好干，然后是股东和资本市场监控着公司的运作。可是中国的国有企业，尤其是超大央企，往往既是行业龙头，又受着很大程度上的政府保护，市场竞争的约束非常不充分。"股东约束"实际表现是国资委及其他几个政府部门的多头领导，即使改制上市了，在股权分散到一定程度之前，实际的"股东约束"结构并没有太大的本质上的变化，还是完全掌握在"有关部门"的手中。

就这一点来说，中国的国有企业，即使全部建立了董事会之后，也必然要面临着进一步的抉择。一部分通过上市和逐步的股权多元化、分散化，最后成为真正的公众公司，实现资本市场监控下的真正董事会治理。一部分保持国有独资，但是要通过加强公共治理而加强对这部分企业的治理。

对于最后保留下来要国有独资的企业，可以实行"董事会"或者"理事会"管理，但是不能实行所谓"政企分开""政资分开"等。就是要把这些保留下来的作为一种特殊法人的国有独资企业纳入公共部门，进行"公共治理"。其中关键的一点是信息披露和运作公开，接受全国人民代表大会和公众的直接监督。国有企业要和上市公司实行同样程度的信息披露和公开、透明，这是世界范围内对国有企业完善治理的一条基本共识。

11.4 国企改革下一步：如何提高董事会的治理有效性

从1994年开始实施公司法，到2004年央企董事会试点，2018年国有资本投资、运营公司试点，以及2020到2022年的国企改革三年行动，董事会在中国公司治理中的作用逐步得到重视。国有企业全面建立了董事会制度，董事会成为国有企业治理中的一个关键角色，提高国有企业董事会的治理有效性成为下一步国有企业改革和公司治理完善中的一个重要问题。

2023年4月14日，国务院办公厅发布了"关于上市公司独立董事制度改革的意见（国办发〔2023〕9号）"，其中对国有控股上市公司独立董事的诸多方面都做出了具体的规定，如：国有控股上市公司董事会中外部董事（含独立董事）应当占多数，建立全部由独立董事参加的专门会议机制和完善独立董事履职评价制度等，这些也正是通过国有企业改革三年行动计划，国有企业董事会建设任务基本完成之后，提升国有企业治理有效性所要解决的问题和推动国企董事会实际运作到位所要面临的挑战。

11.4.1 夯实董事会治理机制，实现三个区分开来，解决为官不为问题

公司制企业将管理权赋予董事和职业经理人之后，需要防范董事和职业经理人的行为不忠和渎职。有效的"忠实义务"和"勤勉义务"的责任追究和"商业判断准则"适用，保证董事和经理对股东负责，同时又有足够的自主权和担当去经营管理公司。

就国有公司内部治理来说，把现代公司治理原则落到实处，夯实董事会治理机制，需要解决的一个问题是公司管理模式的行政化和公司高管的"政府官员化"，及其中存在着的一些与懒政、怠政官员的"为官不为"问题。

通过公司治理基础规则上的忠实勤勉义务标准和商业判断准则应用，可以在一定程度上解决国有企业的"为官不为"问题，同时也可以在一定程度上有效促进在国有企业改革和发展所出现问题处理上"三个区分开来"原则[①]的落实。

在公司层面上，"能力不足不能为"有董事会制度建设和职业经理人市场发展方面的问题，"动力不足不想为"有市场导向、与公司价值挂钩的激励机制设计方面的问题，"担当不足不敢为"则有注重程序而非结果的责任标准、作为董事责任安全港的商业判断准则和董事责任保险等方面的问题。

就公司董事和高管来说，"为谋取私利的违纪违法行为"显然属于违反忠实义务，犯了目的性的错误；"明知故犯的违纪违法行为""上级明令禁止后依然我行我素的违纪违法行为"则属违反勤勉义务，犯了程序性的错误。"在推进改革中因缺乏经验、先行先试出现的失误和错误""上级尚无明确限制的探索性试验中的失误和错误"都没有违反忠实义务，也没有明确的程序性错

---

① 把干部在推进改革中因缺乏经验、先行先试出现的失误和错误，同明知故犯的违纪违法行为区分开来；把上级尚无明确限制的探索性试验中的失误和错误，同上级明令禁止后依然我行我素的违纪违法行为区分开来；把为推动发展的无意过失，同为谋取私利的违纪违法行为区分开来。

误，可以通过商业判断准则予以保护；"为推动发展的无意过失"属于轻微性的程序性错误，可以通过董事高管责任保险来解决。

夯实国企董事会治理机制，可以一方面通过忠实义务的强化，遏止和惩罚国企董事和高管人员主观故意性的错误行为，另一方面通过勤勉义务标准和商业判断准则的合理应用，为国企董事和高管人员的疏忽大意性失误提供保护，为国企创新行为和企业家精神保驾护航。国企改革三年行动方案中明确提出了"对程序合规的投资、混改、重组、资产交易等产生的正常损失，按商业原则公平判断是非"，就是商业判断准则的体现。

有关董事和高管利用公司机会的问题，可能是公司治理和董事忠实义务及公平交易义务中最难判断与有效解决的难题之一。缺乏对利用公司机会行为的有效控制，是中国公司董事会和职业经理人制度发展不起来的一个重要原因。

属于"偷懒"和"工作不努力"性质的违反勤勉义务的行为，具有连续性和持续性，可以通过一些公司自律和市场化的办法，如考评、升迁和解聘等来解决。需要注意的是，过度和不适当地提高董事勤勉职责标准也会带来一种风险：因缩小了可选董事范围而降低了公司治理的质量。不过，真正的危险是董事责任标准的不清晰。

在有效运用国际通行的现代公司治理原则和准则的同时，国有企业还要像"关于上市公司独立董事制度改革的意见（国办发〔2023〕9号）"所提出的那样，"健全具有中国特色的国有企业监督机制，推动加强纪检监察监督、巡视监督、国有资产监管、审计监督、财会监督、社会监督等统筹衔接，进一步提高国有控股上市公司监督整体效能"。

11.4.2 构建一个战略性的董事会，提高国企公司治理有效性

董事会是最重要的一种公司治理机制，高质量的董事会是良好公司治理的基石。要从董事会开始构筑基业长青的组织资源，积累持续强盛的组织资本。董事会"定战略、作决策、防风险"，定战略居于首位是有道理的。战略错误是企业最大的风险，在错误的战略之下，决策越正确，损失越大。

形式上建立起来董事会并不难，难的是这些董事会能在实际运作中真正发

挥作用。"关于上市公司独立董事制度改革的意见（国办发〔2023〕9号）"提出："国有控股上市公司要落实'两个一以贯之'要求，充分发挥党委（党组）把方向、管大局、保落实的领导作用，支持董事会和独立董事依法行使职权。"

战略制定既是董事会的一个基本职责，也是董事会所能扮演的最能为公司增加价值的角色。董事会要在遵守规则类问题（检查公司的过去和现在）和战略决策类问题（塑造公司的未来）之间均衡使用其时间和精力。董事会的职责中，绩效要比合规更为重要。没有绩效，公司就没有存在的价值。

国有企业所有权集中，谁负主要责任的问题清晰，这可以带来优势，包括战略选择上的坚定性和独特性，以及风险控制上更强的动力。但另一方面，可能会忽视环境变化，导致公司战略过时和组织僵化，给公司带来灾难性后果。公司治理和董事会的质量决定着一个企业是被集中所有权的缺陷所束缚，还是有效地发挥集中所有权的优势。

不存在"一个型号适应全体、放之四海而皆准"的公司治理模版。每一个董事会必须根据其自身所处环境制定公司战略、控制其业务。就目前国有企业的董事会治理有效性来说，以下两点尤为重要。

战略性地招募合适的董事，防范代表性董事会的弊端

董事会要保持独立性，要尽可能避免简单接受股东推荐董事人选的状况，也要尽可能减少内部人在董事会中的比例。有作为纯粹股东之外利益的股东会干扰公司战略制定偏离最优目标，有纯粹董事之外利益的董事也会影响公司董事会战略职责的有效发挥。战略性董事会中要尽可能减少各种各样与公司有纯粹股东和纯粹董事之外利益关系的人。

"代表性董事会"削弱了董事会的整体性，使董事会变成了一个各方面进行谈判和利益博弈的场所。企图通过代表性的董事会构成安排来事前制衡董事权力行使中的偏袒行为，实际是得不偿失的。一方面，这些"代表"很容易被收买，未必真能"代表"。另一方面，这样做导致了董事会制度功能上的本末倒置，失去了董事会作为公司制企业实现"集中管理"的工具的价值，得到了一个吵架而不是一个理性地讨论、分析问题和战略决策的董事会。

合理的董事任期安排，促进董事会的能力更新

对董事的任期进行限制有助于董事会吸纳新董事和获得新的想法与观点，给董事会带来新的活力。但同时又会蒙受失去老董事的损失，老董事通过长期的工作，对公司的情况及运作已相当熟悉，能够为董事会做出越来越大的贡献。

中国公司法规定董事任期每届三年，任期届满可以连选连任。既然可以连选连任，并且也没有连选连任的期数限制，三年任期的概念也就没有什么实际意义了，还不如每年股东大会都选举一次董事。为了保证平稳过渡和董事会运作的连续性，也可以安排每年三分之一的董事任职到期，重新选举。

在董事会成员任期未到辞职或其他原因导致董事会成员空缺的情况下，国外公司可以由余下董事会成员任命一位新董事会成员替补，该任命将由下一次股东大会进行确认。中国公司是需要续任董事到位后前任董事的辞职才能生效，这是给董事辞职设置了不必要的障碍。如果是不可抗力导致某位董事不能履职怎么办？可以考虑由余下董事任命替补董事的做法。

11.4.3　通过自我评估改进董事会绩效

"关于上市公司独立董事制度改革的意见（国办发〔2023〕9号）"提出，"完善独立董事履职评价制度，研究建立覆盖科学决策、监督问效、建言献策等方面的评价标准，国有资产监督管理机构加强对国有控股上市公司独立董事履职情况的跟踪指导"。

独立董事的履职评价，绝不仅是一个独立董事制度的问题，而是涉及整个董事会的公司治理有效性评价问题。作为提高董事会独立性的一种有效手段，独立董事是在整个董事会的有效运作中发挥作用的。独立董事的履职评价要在整个董事会的运作和公司治理有效性评估中进行。

为什么要进行公司治理有效性评估？因为公司治理不仅仅是一套制度规范，一套机制设计，更要是有关方面负责任的行为，需要实时检测其实际运行情况。包括独立董事履职评价在内的董事会绩效评估，是保证公司治理落到实处的一个有效手段。

在进行评估之前，首要的一步是在董事会内部就如何提高公司治理和绩效水平进行讨论。全体董事们一起讨论一下他们自身在董事会会议、委员会运作、评估公司项目、评估经理层、提出重要问题以及在需要时勇敢地站出来扭转局势等方面履行董事职责的情况如何。

董事会绩效评估中，要讨论董事会良好运作的标准是什么，要回答什么是董事会最佳做法？比照这些最佳做法，检查自身董事会运作情况，如会议频率、长度、议程安排、信息流、委员会设置和董事会—管理层关系等。要把如下一些问题纳入考虑：董事会的独立性，监控风险的能力，平衡各种利益相关者利益的能力，应对潜在危机的能力，董事之间及董事会与经理层之间协同工作的能力。

因为个性、背景、资历等方面差异的影响，评估每位董事对公司和董事会的贡献可能很难，需要开发标准化的董事会成员绩效评估方法。评估一个董事绩效的最合适人选是董事会中的其他董事，要建立一个董事会成员之间相互评估并提供反馈意见的流程。董事评估标准中应该包括：能否很好地理解公司战略，能否对影响公司的当前事态和问题保持跟踪和关注，以及出席会议情况和对董事会讨论问题的贡献。

可以通过问卷调查进行董事会自我评估，董事们各自填写评估问卷，然后再集体讨论和评估所得到的结果。如果股东和主要的投资者也被邀请提供评估意见，这些资料要反馈到董事会，使董事会能够得到多渠道的评价信息来源，以更好地讨论其自身的绩效。

董事评估结果由董事会提名与治理委员会与董事进行反馈和沟通，帮助董事了解自身的长处与不足，以有效提升个人能力，成为一个有效的董事会成员。董事评估结果可以用于董事的提名、任免和职位调整。董事评估过程中，董事针对董事工作和董事会运作提出的意见和建议，是改进董事会工作和制定董事年度培训计划的重要依据。

目前中国只有极少数公司能够做到规范的董事会自我评估（包括请中介机构）。对董事会绩效评估的兴趣，更多的是来自集团公司和母公司，因为怕失控而对下属子公司董事会进行的评估。下一步应该积极推动上市公司和国有企业的董事会自我评估。

11.5 国企混改：股权制衡、业务协同与差异化治理安排

混合所有制模式及其所内涵的一些问题，可以追溯到晚清的国有企业。

历史上中国的官府并没有控制大部分国内市场和生产，其中有许多掌握在私人手中。在清代，仅有盐、铜、丝和瓷器是由国家垄断，而像茶、糖、谷、棉纺织等则几乎完全被私人拥有和掌握。也正是因此，中国能够在传统的几千年里生生不息，并长期居于世界领先地位。可是，在西方国家利用公司制度实现了现代型崛起之后，中国的传统优势遭遇了一种新型的挑战。

为应对挑战，洋务运动采用了"官督商办"体制举办新式企业，较为著名的有轮船招商局（1872）、开平煤矿（1877）、上海机器织布局（1878）、国家电报局（1881）等十几家。诞生于救亡图存的大背景下的晚清国有企业，从官办、官督商办、官商合办，到官员商人化，时间虽漫长，但发展方向与世界潮流一致。这是政治权力不断下放的过程，也是市场化不断发展的过程，说明即使关乎国民经济命脉的产业，也可以让民营资本参与其中，民营资本参与后也确实推动了国有经济的发展。同时，正是由于官员参与经营管理，政企不分，衍生出了一批官僚资产阶级，形成强大的利益集团，阻碍了产业的进一步发展。

11.5.1 改进公司治理是混合所有制改革的一个重要目的

推行混合所有制，是中央提出的把国有企业改革为现代企业的一个重要战略举措。早在2016年底中央经济工作会议就已提出，混合所有制改革是国企改革的重要突破口，要在电力、石油、天然气、铁路、民航、电信、军工等领域迈出实质性步伐。十九大报告明确指出："发展混合所有制经济，培育具有全球竞争力的世界一流企业。"

为什么在建立现代企业制度、改制上市和董事会试点多项举措已经进行了多年之后，又提出了混合所有制改革？逻辑上说，那些已经进行了公司化改

制；甚至已经上市了的国有控股公司，不都已经是混合所有制企业了吗？

引入非国有资本参与国有企业改革，这本身不算什么新鲜事，但是混合所有制改革中的引入非国有资本，有两个方面的历史性突破。一是所涉企业范围涵盖了几乎全部的传统上所谓的要保持国有资本垄断和控股的行业，二是非国有资本参与程度有大幅深化，既在股权比例上有所提高，又在董事会层面上有所参与，这会有效提高公司治理水平。

实际上，中央经济工作会议提出的"完善治理、强化激励、突出主业、提高效率"的混合所有制改革十六字方针已经道明了推进混合所有制改革的核心目的，就是改进公司治理。"完善治理和强化激励"都直接属于改进公司治理范畴，"突出主业和提高效率"则是通过改进公司治理可以达到的目的。

之所以要通过混合所有制改革来推进公司治理，一个重要的原因是相比这些巨无霸的国有企业，中国资本市场的容量太小，通过资本市场逐步实现股权分散的步伐太慢，已经上市一二十年的国有控股上市公司，依然是国有股占绝对控股地位。少量而又分散持有的公众股在单一绝对控股的国有股东面前，没有任何发言权可言。

11.5.2 混改选择中的股权制衡与业务协同考量：以联通为例

中国联通有三层控股结构，第一层为中国联合网络通信集团有限公司（联通集团），第二层为中国联合网络通信股份有限公司（联通A股公司），第三层为中国联合网络通信（香港）股份有限公司（联通香港公司）。联通集团持股联通A股公司股份，联通A股公司持股联通香港公司股份。本次联通混合所有制改革主体是上交所上市的中国联合网络通信股份有限公司（联通A股公司）。

2017年7月20日中国联通正式发布的混合所有制改革方案，主要包括如下三项内容。联通A股公司向战略投资者以非公开形式发行不超过90.37亿股，募集资金不超过人民币617.25亿元；联通集团向结构调整基金协议转让其持有的约19.0亿股联通A股公司股份，转让价款约人民币129.75亿元；联通A股公司向其核心员工首期授予不超过约8.48亿股限制性股份，募集资金不超过人民币32.13亿元。三项交易对价合计不超过人民币779.14亿元。交易全部完成后，按照发行上限计算，联通集团持有联通A股公司约36.67%股份；新引入战略投资者合计持有联通A股公司约35.19%股份。

新引入战略投资者投资金额和占联通A股公司股份比例为：中国人寿投资217亿元，占10.22%；国有企业结构调整基金投资129.75亿元，占6.11%；腾讯投资110亿元，占5.21%；百度投资70亿元，占3.31%；京东投资50亿元，占2.36%；阿里巴巴投资43.3亿元，占2.05%；苏宁投资40亿元，占1.88%；光启互联技术投资40亿元，占1.88%；淮海方舟信息基金投资40亿元，占1.88%；鑫泉基金投资7亿元，占0.33%。

中国人寿的投资通过旗下国寿资产和国寿投资共同受托实施，为出资最多的战略投资者。国寿资产此前参与了中茶公司混合所有制改革，中茶公司国有持股比例降至45%，实施了员工持股，组建了新的董事会和各专业委员会。

国有企业结构调整基金为2016年9月注册成立的中国国有企业结构调整基金股份有限公司，股东包括中国诚通控股集团有限公司（主发起人）、建信投资、招商金葵、中国兵器、中国石化、神华集团、中国移动、中国交建、中车资本和金融街集团等10家中央和地方国有企业和金融机构。

股权多元化和前几大股东之间的股权制衡被普遍看作是改进公司治理的一个重要途径。我们并完全不认可这一看法，我们认为股权多元化和股权分散是公司治理改进的结果，而不是原因。在一些最基本的公司治理原则不能被遵守，一些基础的公司治理机制不能落到实处的情况下，股权多元化带来的可能不是有效的股权制衡而是掣肘。联通式混合所有制改革所实现的股权多元化，能够实现有效的、有助公司治理改进的股权制衡吗？

如果把中国人寿和国有企业结构调整基金合计持有的16.33%的联通A股公司股份，与联通集团持有的36.67%的联通A股公司股份，同样看作是国有股，那么混合所有制改革完成后的联通A股公司中，国有股比重为53%，仍是一种国有股份控股的结构，只是国有股份的持有主体由原来的一家变为了三家。如果这三家国有股东的股东大会投票协调一致，在所有的股东大会普通决议事项（需要半数以上股份同意）上，其他所有股东都将没有什么发言权。

即使在股东大会的特别决议事项（需要三分之二以上股份同意）上，联通集团、中国人寿和国有企业结构调整基金之外的其他八家新战略投资者（合计持有18.86%的联通A股公司股份）协调一致，还要再争取到15%股份比例的其他股东支持，才能达到三分之一以上的股东大会投票权比例，才能形成对国有股联盟的有效抗衡。可供这八家新战略投资者（18.86%）争取的、国有股（53%）之外的全部股权比例只有28.14%，其中还有基本不可能争取来的联通管理层和核心员工持股（2.7%），和相当比例的根本不会参与股东大会投票的散户投资者。由此可见，联通混合所有制改革后的八家非国有新战略投资者想要形成在股东大会特别决议事项上对国有股份的有效制衡，也接近于不可能。

与此同时，这八家新的战略投资者，如腾讯、京东、百度、阿里巴巴和苏宁之间，相互都有高度和直接的竞争关系，与其协调一致去制衡，还不如竞争着去讨好。

另一方面，联通混合所有制改革中选择这些新战略投资者的出发点是要业务协同。众多股东和公司之间存在业务协同关系，这本身就和股权制衡作用有冲突，是改进公司治理的一个不利因素。股东和公司之间存在业务协同，就会产生纯粹股东利益（分红和资本增值）之外的利益，就会使公司股东会和董事会成为各方利益代表进行谈判的一个论坛，使公司董事会很难成为一个独立的只忠实于公司和全体股东共同利益的理性决策机构。

如果说混合所有制改革的一个主要目的是改进公司治理，那么其重点就不仅仅在于混合本身。混合的程度、混合的方式，混合之后的具体公司治理机制设计等等，都极为重要。

混合的程度大一些肯定会更好，否则就完全可以通过公司在资本市场上慢慢发展而逐渐实现股权分散化和公司治理改进，而不必要大张旗鼓地进行所谓的混合所有制改革。

混合的方式应该比混合的程度更为重要。所谓混合的方式，主要是指选择新投资者的原则，特别是像联通这样已经上市很多年了的公司，应该更看重财务投资者，而不是所谓的战略投资者，或者说就不应该考虑所谓的业务协同效应。需要投资者帮助公司制定战略，那是中小型公司和初创公司的行为特征，不应该是巨无霸上市公司的行为特征。作为一个巨无霸上市公司，如果到了需要投资者帮助制定战略的地步，那是需要进行彻底的重组了。这时所需要的新投资者也应该是一个强有力的投资者,或者是一个明确联合起来的投资者集团,它或它们要取得公司的绝对控制权才行。当前要进行混合所有制改革的一些大型国有控股上市公司,显然不是这种情况。所谓的业务协同,在成熟公司中,应该是通过合同和战略联盟关系来形成,是一种长期性市场关系,其本质应该还是市场关系,并无多大必要通过股权关系进行连接。

11.5.3 混改企业的差异化治理安排:分级股份和分类董事设置

国企混改引入民营资本,需打消民营资本的种种顾虑,并给予良好憧憬,这包括划定行政干预界限,明确民营资本权利,保证民营资本利益等等。所有这些,不能仅仅凭借纸面上的政策,还需要实实在在的落实和落地,需要在具体的一个一个的企业混改方案和实施过程中,得到具体的制度和机制上的保障。

混合所有制改革是要锦上添花,而不是雪中送炭。混合之后的具体公司治理机制安排才是最重要的。就联通的混合所有制改革来说,与混合所有制改革同步推进的董事会结构改革和员工持股制度安排,是在具体公司治理机制方面的两项重要改进和完善。董事会中能有几个席位提供给新投资者,董事会在公司治理中的核心地位能否由此得到强化,这是混合所有制改革能否达到其改进公司治理这一目的的关键环节。联通混合所有制改革方案中明确包含了这方面的内容。

联通混合所有制改革方案确定员工持股比例2.7%,每股定价3.79元,激励对象包括董事、高管和核心骨干,这是一个重要举措。2.7%比例的员工持股可以跻身公司第六大股东,排在腾讯、百度之后,京东之前。3.79元的员工持股价格,相比混改停牌前的收盘价7.47元,及新战略投资者的认购价格,折扣幅度很大,有关人员的现金报酬水平应该会相应调低很多,这可以在节约公司现金支出的同时,有效强化对相关人员的长期激励。

适当设置分级股份

中国现在对一家公司发行两种或两种以上具有不同投票权比例的股票这

一现象通常称为"同股不同权",隐含地认定这一做法违反了"同股同权"原则。严格地说,这一称呼和这一认定,都不准确也不合理。称之"分级股份制度"或更为准确合理。

单一股份、一股一票,只是公司股份制度的最简化版本,百年前和现在,都是如此。分级股份制度,将公司股份设立成不同的级别,对不同级别的股份赋予不同权重的投票权(包括无表决权)。这在欧洲国家,甚至美国的邻居加拿大等国的公司(包括上市公司)中都是一直都存在着的。

美国法律也没有禁止公司实行分级股份制度,发行无表决权股、有限表决权股、条件表决权股或者多重表决权股等。只是因为从1926年到1986年的六十年中,纽约股票交易所拒绝设立分级股份制度的公司在该所上市,美国公司中实行分级股份制度的比例相对很低。美国证券交易所和纳斯达克没有这种限制,这使纽约股票交易所最终放弃了这一做法。

分级股份并没有改变同类股份中同股同权的原则。不同级别股票是不同的证券。分级股份制度下,拥有更多投票权的相关人员,其投票权大小还是直接取决于他所持有股份多少的,也就是没有根本改变股份多、发言权大的逻辑。分级股份公司遵循"同级股份同权"原则,并没有违背"同股同权"原则,不能说分级股份是"同股不同权"。

其实,我们完全可以把分级股份制度看作是一种两合公司的现代翻版。两合公司发行的是无限责任股份和有限责任股份这两类股份,前者有管理(选举管理者)的权力,后者没有管理(选举管理者)的权力(如法国米其林公司)。分级股份公司发行的是投票权比重大的股份和投票权比重小的股份这两种股份,前者拥有较大的每股投票权,后者拥有较小的每股投票权。

中国2024年公司法第六十五条延续了2018年公司法第四十二条的规定:"股东会会议由股东按照出资比例行使表决权;但是,公司章程另有规定的除外",为按投票权进行的分级股份提供了依据。

在混合所有制改革中,既可以在一些国民经济命脉领域里把国有资本设为表决权比例更高的股份,从而可以更多引入民营资本而不会失去国有资本的控制权,又可以在一些市场化、竞争激烈的创新性领域里,给主创人、发明人和核心技术人员等以投票权比例更高的股份,从而实现让关键成功要素持有人拥有更大发言权的有效治理安排。

适当使用分类董事制度

在公司治理基本规则上，所有董事之间的权利和义务都是一样的。但是为了增强公司自治，提高适应性，特别是为了不同类型公司股东能够在公司治理上发挥出不同的作用，可以将董事会成员分成类别，赋予其不同的身份属性，给予不同的任期以至不同的法定权利。

通过分类董事制度保护公司管理层控制权有一个严重副作用，就是会抵消公司控制权市场的作用。公司管理层的稳定固然重要，但是如果这种稳定达到了可以不受挑战，没有任何可竞争性的程度，它就走向了反面，会使公司成为经理人谋求私利的工具。公司控制权市场提供了对管理层控制权的一种挑战，使管理层职位具有可竞争性。因此，那些股权高度分散的公司，已经不宜实行分类董事制度。

在多元股东的混合所有制企业中，按任期进行的分类董事制度所提供的管理层稳定性是有积极作用的。这类企业股东整体仍有巨大的控制权，经理层侵害股东利益的问题可以直接受到股东的控制，而由分类董事制度带来的管理层稳定性可以在一定程度上抵消股东冲突对公司的不利影响，有利于公司战略上的稳定和长期价值创造。

按股东或公司股票类型进行的董事分类，本就是在公司具有明显不同利益诉求的类别股东时采用的方法。不同行业混合所有制企业具有不同的特性，国有资本在其中的定位也会有所不同。可以根据这类企业的不同特性和国有资本的不同定位，适当使用按股东或公司股票类型进行的董事分类制度。如在一些具有行业特殊性和战略重要性的混合所有制企业中，设立国有股权特别董事，可以多拥有1票，甚或可以拥有某种特别投票权，其提名、聘任和解聘均由国有股权方决定。

相关案例参见《董事会与公司治理（第4版）：演进与案例》案例17"联想改制：中国式产权明晰化"、案例18"格力董事选举：正常何以"'不正常'"、案例19"康佳董事选举：中国公司治理的新常态？"。

第12章

民营和家族企业的董事会与公司治理

家族及民营企业与普通企业（国有企业和上市公司）之间的关键差异是所有权性质不同。集中性的所有权可以为家族和民营企业带来优势，包括战略选择上的坚定性和独特性，以及风险控制上更强的动力。

家族企业和民营企业的治理从根本上不同于国有企业，也不同于上市公司的治理。家族企业和民营企业股东在位，控制权集中，从而可降低治理成本，做出不同常规和更具有可持续优势的战略决策。

但是，成功不可避免地带来组织变革和结构调整的要求，所有家族和民营企业都将面对这一问题。随着企业的不断发展壮大，变得日益复杂并因此产生了对更正规的组织结构的需求，家族和民营企业的经营者必须适时地采用新的公司治理方式。

12.1 家族企业的治理原则和董事会建设

12.1.1 家族企业：既是原始也是现代的

家族企业是一种古老而常新的企业形式，它的起源可能已经无从考证，它的现代新版本可以随手拈来。从一人掌控、夫妻掌控、父子掌控、兄弟掌控到一个复杂的家族系列各种形式都有。创业者个人或者创业者家族的理念不同可能导致家族企业在制度形式和组织发展上走上完全不同的路径。既有完全一人掌握股权的成功典型，也有不断地稀释股权，创业者最后只占个百分之二三的优秀范例。

关于家族企业有很多似是而非的说法。什么家族企业是一种低效、落后的企业组织形式，家族企业只适合于创业，适合于中小企业，而不适合于大企业，以及家族企业富不过三代等。事实是家族企业在全球范围内普遍存在，家族企业也并不必然是不符合"现代企业制度规范"的。

家族及民营企业与普通企业（国有企业和上市公司）之间的关键差异是所有权性质不同。集中性的所有权可以为家族和民营企业带来优势，包括战略选择上的坚定性和独特性，以及风险控制上更强的动力。

家族和创业者集中控制企业所有权情况下，更为注重的是长期利益。耐心、恒心和更着眼于未来的持续不断的投资，能够获得以任期业绩为目标的国有企业以及以短期股票市场回报为目标的上市公司都无法获得的长期收益。由事必躬亲的业主所控制的公司可以采取与众不同的策略，而不必被政府政策改变、主管官员调整以及资本市场上的一些流行风向所左右。集中性的股权结构安排，往往使业主个人资产中有很大比例与企业捆绑在一起。家族和民营企业的业主作为一个投资群体与股票市场上投资者相比，缺乏分散性，从而承担更大风险。风险集中，会使业主更关心自己的投资，更加积极地介入企业运营，更致力于解决企业出现的问题，而不是逃避这些问题。

另一方面，由少数人控制的公司可能会与现实脱节。谋求个人安逸和舒适，无视外部责任，忽略环境变化，可能导致公司经营战略的过时和组织结构的僵化。不能有效制约成员之间的矛盾更会给公司带来灾难性后果。

公司治理质量决定着一个家族企业是被家族制的缺陷所束缚，还是有效地发挥家族制的优势。

12.1.2　家族企业治理的基本原则：划清家族和企业的界限

未来十几年以至几十年之内，中国的国有企业、外资企业和民营企业会共存，上市公司队伍中也会逐渐增加外资背景和民营背景的企业。家族企业则会是一种成长最快的力量。中国文化中强烈的家的概念，是我们的宝贵遗产，是想要砸烂和放弃也不可能的。如何使中国传统的家族文化和来自西方的现代企业制度规范融合，解决好家族企业的公司治理，是应该十分重视的一个问题。其对于中国成功地向市场经济转轨的意义，绝不亚于国有企业改制重组和现有上市公司的治理结构完善。

家族和民营企业的治理，往往可以在整个系统内建立伙伴关系，而不是采用代价很高的各方相互制衡方式，从而更容易避开传统企业治理中各方面的对抗性。打仗亲兄弟、上阵父子兵。从家庭、企业到国家，任何一种组织能够合理地存在和有效地发展都依靠于其内部成员间共享的一种文化和价值观念，以及基于这种文化和价值观念之上的相互信任关系。虽然家族人员在不同层面的直接参与使企业复杂化，但这也将企业治理结构的各个方面联系起来。这一内在联系与良好的家族纽带和关系结合起来，能够从根本上改变普遍存在于治理结构中的信任互动。一个良好的家族互动关系可以成为企业的一笔资产，因为它使治理结构的每一部分都运行得更好，并与其他部分保持一致。

家族企业中，家族成员间特有的信任关系和相对很低的沟通成本，是其取得竞争优势的一个有力源泉。但是，如果处理得不好，让家族政治进入到企业之中，并且进一步地让企业外聘人员也卷入到了家族政治当中，则会阻碍企业的组织发展进程，上演一场几败俱伤的豪门恩怨。

家族企业一定要有一个家族委员会，在这个委员会上把家族内部有关企业发展计划和家族发展计划之间的矛盾以及家族成员内部的分歧解决好。有股权又在公司工作、有股权但不在公司工作、没有股权但在公司工作以及没有股权也不在公司工作的四类家族成员之间，在有关分红、投资决策等等方面会存在剧烈的矛盾。在家族委员会上，处理好家庭消费和企业积累之间的矛盾，以及企业投资方向问题，形成一个一致的意见并通过正式的渠道传递到企业中去，可以在一定程度上预防和化解家族政治对企业运作的影响。

业主的积极参与是家族企业有效治理的关键。业主对企业的价值观、远景和目标规划作出界定，为公司制定战略构想，阐明对董事会及管理层决策有指导作用的公司财务目标和业绩期望。成功的家族企业懂得其所有权的威力。所有权可以在多个层面施加影响和维护作用，使家族成为管理层、董事会以及业主之间有效决策的中介。但是，因为家族成员往往有多重身份，既是业主、董事，又是高级主管，这使对业主、董事会和企业管理层的不同职能确立明确和共同的认识，也变得至关重要。

解决好公司治理问题，既能有效地防止家族企业因内部矛盾和内部政治而垮台，也能为家族企业建立和实施一个有效的战略计划、赢取长期可持续竞争优势做出贡献。正如上市公司的董事会要在大小股东之间、股东和经理人及公司其他利害相关者之间起到一个利益平衡和关系沟通、矛盾化解的作用一样，家族企业董事会要负责整合家族计划和企业计划。

建立一个家族成员、职业经理人和独立董事各占三分之一比例的董事会，使董事会成为有关企业重大问题的集体自由讨论和决策场所，可以帮助家族企业的所有权人和经理人之间建立和发展信任关系，并能在一定程度上保证家族企业所有权人和经理人相互之间承诺的实现。董事会在提高家族企业战略决策能力和提高管理决策质量，以及家族企业接班人培养等等方面都能发挥有效的作用。董事会成员可以为家族企业的下一代提供家族企业之外的工作和生活经验、关系网络，充当下一代事业发展的导师等等。

12.1.3 家族企业制度建设与董事会发展的三个阶段

家族企业发展的第一阶段，创始人就是治理机制的体现。创始人凭借热情、机遇或者某种固有的资源取得成功，树立起一种绝对权威地位和公司领导角色，是掌控一切的业主和企业经营者。有些人可能会吸纳一些顾问性质的外部专家作为智囊团，但是拥有最终决策权的还是作为业主兼经营者的企业唯一的老板。

创始人面临的一个重要挑战是决定如何通过继承来延续家族企业。有些人寻找一位能够集业主和经营者于一身的继承人，更多的人则把企业看作可供后人共同继承的产业，让家族成员共同分享。这时企业可能会经过一个父母与子女共享所有权的时期，然后就进入子女本着合伙精神共同掌握所有权的状态。在这个阶段会开始出现家庭成员角色的分化，有些家族成员积极参与企业经营，而有些则根本不在企业工作。家族企业的进一步延续还会涉及多种表亲关系，从而使家族成员的角色进一步发生分化。

众多的家族成员分享所有权并参与企业管理，但是，各人持股比例大小渐渐发生变化，参与管理企业的程度会不同，并且决定这种参与程度的有持股比例、专业能力甚至个人志向等多种要素。当所有权分散到一定程度，多数持股人不再参与企业管理时，企业"董事会"开始更具有受托人的特征，需要实际运作上的至少一定程度的到位了。此时的企业也常常进入了多个业务领域，发展为实际上的控股公司，因而也产生了能够对多种业务实行战略管理的董事会的需要。在控股业主与高层主管之间直接建立信任的程度往往决定着治理结构在这一阶段的正规程度以及家族是否能够在治理方面继续建立有效的代理机制，朝向更多的外部董事和职业经理人方向发展。不过，家族成员会继续介入将所有权、董事会和管理层连为一体的整个治理体制。

中国的家族和民营企业（甚至包括改制后的国有企业）的制度建设大致都要经历人治结构阶段、交错结构阶段和法治结构阶段这三个阶段。人治结构阶段就是一把手体制，一个关键的当家人或老板具有绝对权威，说一不二。交错结构阶段可能有两种具体的形态，一种是因为业务的复杂化和决策难度的提高，"老板"自主性地逐步引入智囊性人物或者一个正式的智囊团；二是迫于外部压力建立的一种形式上的董事会或者是其他形式的一种"集体决策结构"，但实际的决策权力往往还在一个关键人的手里。第三阶段，真正的法治结构阶段，是股权多元化和分散化之后，在法律要求和足够强大的外部股东压力的共同作用下，必须建立正式的董事会，在组织高层真正实行委员会制的集体决策结构（图12-1）。

企业的制度建设：从激情到理性，从自由到制衡

创业者个人：
激情与绝对权力

引入智囊班子或建立形式上的董事会：实际效果取决于领导者的人格和自我超越能力

建立圆桌体制：
委员会替代个人的绝对权力

图12-1　企业制度建设的三个阶段

这里的第二和第三阶段之间的根本区别是，第二阶段的智囊团是在关键性能人的左右（或者形式上的董事会是在实际地位高于董事会的董事长的左右），而第三阶段的实质性的董事会是在首席执行官的上边，即使是董事长兼任的首席执行官，也不能在董事会的上面。能人和智囊团的关系取决于能人的人格修炼和智囊人物的诚心与说服艺术。说不说、说什么在于智囊人物，听不听、做什么则在于能人。首席执行官和董事会的关系则是董事会拥有决定性的

权力。为了效率，董事会要给首席执行官尽可能充分的授权，但是在该董事会不得不说的时候，首席执行官不听也得听、不同意也得执行。董事会拥有撤换首席执行官的最终权力（图12-2、图12-3）。

领导者自身的人格，能否听进逆耳之言，能否不断地自我超越，提高鉴别力

智囊人员的人格和说服艺术，能否不计个人眼前得失地设身处地地为企业的利益着想

建立明晰的决策规则，建立有效的沟通机制和信任氛围，避免个性冲突

图12-2　建立智囊班子：哈巴狗还是看家狗

创业者董事长兼总经理：一元化领导，创业激情，大家庭理念，领导者对市场的机敏和对优秀人才的感召力

规则与沟通模式的建立需要一个过程；高度不稳定期，有时只差一点点耐心

培育一个总经理，二把手要建立规则，避免一把手的随机干预，两种领导风格的冲突，原创业班底人员会时有迷惑

图12-3　第二位权威人物的引入：理念共失败，规则共成功

企业制度建设进入第三阶段——正式董事会制度阶段之后，实际的董事会结构从初始到规范大致经历三个步骤，或说有三种类型的董事会结构。

首先是初始阶段，往往是一元结构的董事会，董事会成员全部由创业者构成。从董事会的管理角度而言，不管企业办了多少年，做得多大，如果董事会成员只是创业者，那也是初始阶段，刚刚起步，风险很大。这种董事会往往不能选择正确的人做董事，而且可能会出现以下三种风险：一把管理层具体事务拿到董事会上来讨论，经理和董事不分，小事和大事不分，管理与决策不分；二是只顾眼前急事和短期发展，思路不开阔，问题看不长远；三是习惯按公司创始初期的一些成功经验来思考企业发展到一定规模后面临的新问题，凭经验而不是凭科学决策。

随后是发展阶段，建立起二元结构的董事会，董事会由创业者和外部后来进入的代表资金或是技术的新股东董事构成，包括外国投资者、风险投资者、战略投资者等。

最后是相对成熟阶段的三元结构董事会。三元结构就是在二元结构上增加了第三方董事后形成的。第三方董事包括以下几种类型。一是员工通过"职工持股计划"以员工持股会代表的身份进入股东大会并进入董事会。这种董事有助于贯彻公司董事会决策，起到增加员工凝聚力的作用；二是引入职业经理人，进入主要或是重要管理岗位后，作为管理层力量代表进入董事会，这种董事带来了外部先进的理念，作为管理者还可以在资本提供方和民企创业者之间起到缓冲和沟通作用。三是聘请外部独立董事。

即使是建立起来了一个相对成熟阶段的三元董事会结构，也不能说家族企业的治理问题就算解决了。家族在往下繁衍，代际更替；企业在往下发展，规模改变。家族和企业这双重的生命周期都常常会对现有治理结构的有效性提出挑战，都会使家族企业面临重新创建更有效治理结构的问题[①]。

12.1.4 星巴克创始人舒尔茨：把董事当作朋友和自己事业的指导者

就年轻的创业企业来说，要为增长做好准备，打好基础之后再开始腾飞。用舒尔茨的话说是，"如果你急于快速增长，你就需要奠定一个比你拟想中规模更大的企业的基础结构。"这时亏损，可能是先行投资、走在成长曲线中前面的健康表现。1986年星巴克（前身天天咖啡）创立，1987年亏损33万美元，1988年亏损76万美元，1989年亏损1200万美元，1990年如期实现赢利。

这样的成长战略需要良好的公司治理和资本支持。在1992年最终实现公司上市之前，星巴克总计有过四轮私募融资，分别是1985年创立天天咖啡时的165万美元融资，1987年收购星巴克时所需要的380万美元及其随后的390万美元增长资金，1990年和1991年的两次风险资本融资，分别是1350万和1500万美元。

---

① 关于家族企业治理的一个比较简练而又系统的分析，参见约翰·沃德"家族企业治理"，载"乌尔里克·斯蒂格等，2006"。

舒尔茨创建天天咖啡及收购星巴克时，自己都没有多少资本，全靠融资，他在公司占股份从来没有超过50%。开咖啡馆又是一个很传统的事情，没有什么专利技术，跟高新技术也不沾边，但是舒尔茨却能持续获得投资者的支持，创建企业并做强做大。可以说这是一个典型的美国故事，每个企业家的梦想，也是良好公司治理体系下企业创立与成长的一个范例：想出一个伟大的点子，吸引一些投资者，创建一个持续赢利的企业。有了创业想法之后，通过有经验的律师的帮助，做出可行的商业计划，孜孜以求地去拼搏，去把事情做好。吸引资金，招揽人才，构建组织，一步一步环环相扣地走下来。

舒尔茨从1984年原星巴克举债收购毕特咖啡与茶公司之后陷入财务困难的事件中获取了一个教训："举债创办公司并非最佳方式。许多经营企业的人喜欢从银行借钱，因为这让他们有全权掌控大局的感觉，而通过出售股票来筹集资金，会使个人对于整个运作失去控制力。我相信对于企业经营者来说，维持掌控力的最好方式是以经营绩效来取悦各大股东，他自己的股份哪怕在50%以下也没关系。这比背上沉重债务的危险要有利得多，大肆举债限制了未来发展和创新的可能性。"（舒尔茨著《将心注入》第44页）

像个"夹着尾巴的狗"一样艰难的筹资过程，也从另一个方面提高了舒尔茨与投资者及董事会打交道的能力。为创建天天咖啡公司筹资时，舒尔茨和242人商谈过，其中217人对他的计划说不。在商业计划不被完全认同的情况下，舒尔茨凭借为人诚恳和做事的投入与激情，打动了一些投资者向他这个"人"投资。他与其很多的投资者及投资者董事都发展成为了朋友关系。引入风险投资之后，舒尔茨非但没有感到遭遇了指手画脚的干涉，而且还发现自己得到了一批目光远大的可信赖的董事。由于把董事会看作自己事业的指导者而不仅仅是经济上的支持者，舒尔茨把自己经营上遇到的一些问题直接向董事们坦诚吐露。董事会坚定支持舒尔茨要"赶在增长曲线之前打造并完善管理团队，聘用具有大企业管理经验的人"。舒尔茨说，"我们的争议往往是具有建设性的，我们从来不需要投票表决。如果其中有一位坚决反对，我们就花时间把工作做好，提出可接受的解决方案"（《将心注入》第126页）。

12.2 家族企业的治理转型：从夫妻店到现代公司

家族要清晰界定和处理好所有权、公司治理和管理等三个领域的问题。所有权领域由家族委员会代表。公司治理领域由董事会代表。管理领域由高级管理层和执行委员会代表。

12.2.1 配偶的角色与家族企业治理

资本主义始于家庭。婚姻和夫妻关系是家庭的基础与核心，夫妻共同创建企业、共同在一个家族企业中工作是市场经济中十分普遍的现象。

家族企业需要建立董事会早已为人们所认识，并且基本是复制上市公司的模式。著名的家族企业问题专家约翰·沃德在其1988年的名著《保持家族企业健康》中就强调了董事会的重要性。相比之下，对家族委员会的重视程度则要差得多。尽管专家们承认这一机构的重要性，但是对于其应该起到什么的作用却没有清晰的认识。

仅仅设立一个机构，并不意味着其发挥作用。拥有一个治理机构，如董事会，是一件事，让其运作——在企业中发挥治理职能——是另一件事。太多的家族企业设立了董事会，但是并不发挥什么作用。

所有权不能完全表明家族企业的性质，配偶、父母、成年子女和其他亲戚经常起重要的决策作用。家族企业中，企业发展是和家庭财务紧密相连的，特别是在企业发展的早期。因为婚姻所内涵的经济联系，配偶成为家族企业一个关键的利害相关者。配偶支持是家族企业的竞争优势来源，有利于家族企业的成功。无论配偶是否直接参与企业活动，配偶支持、家庭关系等都会通过影响创业者的态度、资源和动机等而影响到企业绩效。配偶的倾听、出主意和提建议等会对企业主的决策质量起到重要影响。Poza and Messer区分了企业主妻子的六种角色：嫉妒的配偶，首席信任官，合作伙伴或共同创业者，副总裁，高级顾问，自由代理人。

研究显示，婚姻关系中，共同创业者之间要比双工资收入者之间明显地更缺少平等。即使夫妻可能共同拥有公司，共同领导公司，但是在共同创业者中还是存在着一种传统的劳动分工：女方通常承担更多的照顾孩子和家庭的责任。工作和家庭之间物理边界的缺乏，致使共同创业夫妻之间依赖于性别作一种概念性分界。有学者认为，这种性别角色状态可以解释为什么夫妻共创企业中有很多都无法传递到第二代，因为这种家庭中的孩子从小看到了太多的父母作为创始人和所有者的长时间辛苦劳作，从而产生了一种疏远效应。只有13%的家族企业是传递到了所有者经理人的后代手中。

除了配偶之间的交互动态影响之外，家庭和企业之间在财务上的重合对家族企业经营也起着重要作用。三分之二以上的家族企业，其家庭财务和企业财务之间是不可避免地纠结在一起的。处在农村和小城市的家族企业要比处在大城市的家族企业更有可能这样。家庭和企业之间财务资源的混合，并不一定是有积极效果或是没有成本的。一个可能的后果就是搞不清楚企业到底盈利多少，及企业的长期前景。

12.2.2　管理夫妻生意冲突

夫妻共同经营企业经常会面对比其他家族企业更为困窘的一些问题。与夫妻作为家族生意伙伴有关的挑战特别大，并会导致更紧张的关系，其部分原因是夫妻不仅要工作在一起，还要生活在一起。

Allen E. Fishman在《家族企业成功的9大要素》中，特别把"面对配偶作为事业伙伴的多重挑战"作为一大要素。另外八大要素是创造和分享个人使命感，雇佣和解雇家族成员，家族成员报酬，选择家族继任者，培养家族继任者，融合家族文化和公司愿景，招聘、留住和激励非家族成员职工，传递所有权。

夫妻作为企业合伙人共同创业者，面临着一组复合型的挑战。不确定性和对劳动分工、回报、权利和责任等之中不公平的关注常常带来危险。这些复杂和复合在一起的关系充满了那些需要合作的领域，而又没有足够的机会去分开解决它们。

共同创业者之间要有一个"冲突管理协议"，即使是夫妻，也应该如此。事先设定一些容易发生争议的事项的解决程序，可以有效避免争议之时无法达成和解，导致家庭和企业的双重分崩离析。以下是夫妻作为商业伙伴，容易发生的一些冲突事项及其解决建议。

第一，夫妻共同经营家族企业，必须就企业的长远目标达成一致理解，最好能形成一个清晰的书面文件，否则极容易出现发展愿景冲突。一个想做大，另一个不这么想。一位想借钱扩展生意，另一位不愿意冒险。想发展的一方要以家庭财产做抵押借贷，不愿意冒险的一方拒绝签字，家庭生活便也随之出现阴影。

第二，即使夫妻双方股权上是平等的，也很难在实际管理上完全平等。生意开始几年之后，某一位感觉自己更有经验了，问题就会产生。夫妻之间要明确在工作中到底谁是老板，谁拥有最后的决定权。双方都要专注于自己擅长的领域，避免职责重叠，每位都要有一个职责描述和头衔，并且他们之间要有清晰的汇报线路。不管法律上的所有权是什么样的，一旦夫妻都在企业工作，就需要明确哪一位在哪一些具体领域拥有权威，并对雇员表述清楚夫妻各自的业务职责领域。否则，雇员会认为，跟夫妻中的一位说了就等于跟他们两位都说了，结果可能该了解这一情况的那位并没有了解到。工作环境中，必须永远是开诚布公和稳妥地相互沟通。不要让生活中的相互不满情绪渗入到工作中去。丈夫在工作中还是像在家庭中那样的口气对妻子说话，妻子觉得有损她在雇员中的尊严。作为商业伙伴，要在企业里明确地互相支持。显示这种支持的最有力的方式就是在员工面前互相认可与赞赏。

第三，不要让生意取代婚姻占据了双方关系的中心位置。夫妻两个看着同样的人，开着同样的会议，处理着同样的事务，甚至听着同样的笑话，并在上下班的车里听着同样的电台。当不想让工作进入生活时，除了孩子，已经没有什么可谈的。孩子上大学离家之后，连这个都没有了。一些生意上发生的负面影响带到家庭生活中来，人会不堪重负。夫妻生意伙伴要有一个时间分配计划：作为夫妻的时间和工作时间。需要尽可能地把工作放在单位，并一定要拿出时间来一起做一些无关生意的事情。夫妻双方也都要有个人独处时间，下班之后可以先各自有点儿单独活动，或者各自单独驾车上下班。各自开车浪费油钱，却有利于婚姻。

第四，如果有不同婚姻所生子女加入，会带来更为复杂的"他的""她的"和"我们的"问题。非双方共同子女进入企业，要与双方共同子女得到同等对待。慎重决策是否允许孩子的配偶加入公司，如果允许，应该避免让孩子和其配偶在一起工作。如果要让一位家族成员离开公司，必须认真考虑配偶的感受——老爸要解雇不称职的儿子，老妈要坚决维护儿子。解决这类问题的一个原则是企业主要对家庭成员明确说，"当你走进公司的大门，我就不再是你的丈夫、父亲或岳父，我只是你的老板。"

第五，对于配偶也要制订清晰的岗位职责标准。解聘家族成员已经是一个困难的事情，解聘配偶更难了。如果配偶当初帮助创立企业，则是难上加难。如果夫妻一方不再适合企业，需要采取方法帮助他或她在家族企业之外找到一种新的开始，一个新的天地。

12.2.3 吉百利：一个英国家族公司治理转型的案例

一位公司治理之父级别的人物，卡德伯里，在一篇文章中简要地总结了其已经有100多年历史的家族企业——吉百利的治理结构演变过程[①]，对于我们理解家族企业逐步转型非常有帮助。

吉百利公司的前身是1824年在伯明翰市中心开设的一家杂货铺，主要卖茶叶、咖啡、可可、芥末等。从治理结构角度看，这可以看作是家族企业发展的第一阶段——相当于中国现在的一个个体户。1831年，这个杂货铺老板决定集中精力生产和销售可可，以所有者兼总经理的身份建立了吉百利公司。家族企业进入了治理结构上的第二阶段，成为一个比较正规的企业，但还不是股东承担有限责任的公司。

1861年，创业者的儿子理查德和乔治接管了公司。企业的治理结构发生了一次转型，从一种简单的企业形式——一个人兼任所有者与经营者（个人独资企业），让位于第二种简单的企业形式，二人之间的合作（合伙制企业）。当理查德·吉百利于1899年逝世时，该企业发展到了3000人的规模。那时，该企

[①] 关于卡德伯里（Adrian Cadbury），参见后文"卡德伯里：其人其事其说"。原文是"The Family Business and its Governance"。吉百利的原文与卡德伯里是相同的，就是卡德伯里家族的企业，中文对人名和公司名采用了不同的通用译法。

业转入私人有限责任公司，吉百利兄弟承担有限责任，董事会建立起来，并由家族成员组成。这是公司制家族企业治理结构的第一阶段，同样是家族成员，作为股东承担有限责任，同时以董事的身份管理公司。公司制企业治理结构的一个基石，就是股东和董事法律责任的区分。

第二次大的变化来自1919年吉百利与福瑞（Fry）公司的合并。J.S·福瑞父子公司是一个家族公司，可以追溯到1728年，并且是该行业的领头羊。吉百利公司在20世纪初赶上了福瑞公司，而那时福瑞家族成员已很少直接管理公司业务。合并意味着吉百利家族的成员无论是股东还是经理在数量上超过了福瑞家族，福瑞家族股东在经营上没有发言权了。从那时起，经营方式与双方家族各自经营业务时有所不同——其目标是投资和增长——而且，他们是所有者，而不是经营者，他们最关心的是分红和其持有股份的资本价值。

随着两个家族一代一代的更替，所有权在两个家族中扩散，家族所有者日益增长的利益已转移到家族公司之外，再加上税收的压力，最终迫使公司向上市方向发展。1962年，公司成为上市公司，从所有权来说已不再作为家族企业，虽然董事会的绝大部分仍然由家族成员构成，而且家族控制了一半以上的股份。从此，家族股东拥有了交易其股票的公开市场，与过去相比，董事们也不得不考虑更广泛的股东群体的共同利益。

1943年，公司任命了第一批非家族董事，到1958年时，公司仍然由家族有效地拥有和管理着，所有的董事都具有管理的责任。企业结构的最终变化来自于1969年吉百利公司与史威斯公司合并成为百利史威斯联合公司。一个家族企业最终成为股权分散、独立董事主导、职业经理人打理的现代公众公司。这一变革过程的推动力量包括业务增长、家族接班人、死亡、税收、股票上市交易、合并等等。

12.2.4 治理结构转型有规律没定式：均瑶集团的教训

从均瑶转型中爆发的人事风波事态[①]及相关的各种报道中，我们可以看到中国企业所受到的一些过于简单化的有关公司治理和管理规范化的思维定势的

---

① 王华："均瑶墓前大哭一场，两元老带百名员工辞职"，上海证券报2006年3月30日。

危害。这种简单化思维定势的两个主要表现就是：国企健全公司治理结构一定要引进外资、引进所谓的战略投资者等等；民企健全公司治理结构一定要引进所谓的职业经理人，尤其是引进那些有过其他著名企业工作经历的所谓职业经理人。

就拿均瑶集团来说，在王均瑶之后，王均金、王均豪已经撑起了这个企业，平稳地继续发展着，但是过于急切地采纳所谓"引进职业经理人"这种简单化的管理转型做法，结果是欲速则不达。在这里，我们应该思考到底什么是职业经理人？空降一个新的总经理，就比由王均豪继续担任总经理或者从现有的副总中起用一个总经理更不规范吗，就不算是"职业经理人"吗？

纵观管理百年，并没有一种单向度的靠引进职业经理人来发展壮大企业的简单定式。尽管总体上的大趋势是多数企业遵循着从家族、私人创生到逐步走向股权公众化、管理职业化的转型模式，但是这只是一个描述统计学上的观察结果，而并非每个企业都要遵守的"科学定律"。就是在那些优秀的国际顶级的大公司中，也是各种模式都有。强生是在1940年代时候就已经与家族毫无关系，福特却是百年之后仍然家族控制，你能说福特没有建立健全现代公司治理结构吗？就在主流思维是全部由独立董事坐镇董事会、完全市场化招聘首席执行官的美国，却又有巴菲特这样的大师和巴菲特式的董事会（夫妻儿子全进去）存在，谁又能强有力地指责巴菲特式的公司治理结构是不健全、不规范的呢？

这里的关键问题不在于谁做什么工作，谁在什么岗位，而在于各种工作和各种岗位是否都是按照最合理和最有效的现代公司治理原则与方式来设置和运作的。王均金先生曾公开表示，将"亲"定位在董事会，而将"贤"定位在经理层。他还举例说，如果将他弟弟放在引进的职业经理人黄辉下面，黄辉根本没法管，因此要将黄辉下面均瑶各个板块的负责人全换成所谓的职业经理人。这本身就是对现代公司治理的一种过于简单化的理解。为什么外姓的经理人就管不了企业内的家族成员？如果外姓经理人管不了在企业内工作的家族成员，那么同样，新引入的高层经理就管不了元老和老资格员工。其共同的一个原因就是企业内部各个层面还没有按照一套制度规则来管理，企业还没有完全对各种人员按照一个清晰定义的岗位和职责来配置和管理。这种情况下，外来高管遭遇原班人马集体抵抗也就不足为怪了。何况其中可能也有一个像销售翻番这样一种比较激进的新战略目标制订过程的民主、科学与权威性问题。

从二战前日本的那些超级大型家族企业如三井、三菱,到今天美国的一些大型家族公司,家族成员进不进入公司,以及进入什么岗位,都是按照一套规则来做的。有了一套平等竞争的规则之后,企业各个层面上的人员安排,都只是取决于能力,最后形成的结构是一种自然演进的结果。家族里有人才,并且有兴趣,就能保持家族控制,家族里没有人才,或者没有兴趣,就自然演化为外部经理人主导。企业高管人员是来自家族成员还是非家族成员,外部招聘还是内部提拔,本身都没有好与坏或者是规范与不规范之分。

中国很多像均瑶这样的家族和民营企业,也许比引进经理人更重要的是引进董事。

12.3 创业伙伴:不能持续携手,则要好合好散

创业需要伙伴,但若不能有效解决创业伙伴之间的冲突,会带来灾难性的后果。解决冲突的方法多种多样,成功案例不胜枚举。是理性地解决冲突,还是非理性地恶斗到底,一切都取决于当事人自己的选择。

创业伙伴,能够像惠普创始人休利特和帕卡德那样终生合作,可谓传奇,少之又少。但是,只要遵循一些基本的公平处事方法和公司治理规则,与不再合适的原合作者好合好散,发掘新合作者,同样可以缔造出一个持续卓越的伟大公司。

12.3.1 古典大亨的经验

在洛克菲勒、卡内基和福特等古典大亨们的时代,股票市场和公司治理规则都没有现在这么发达和细致,但是他们通过遵循一些最基本的公平处事方法而解决了与合伙人之间的冲突,并由此开拓出继续前进的道路。

洛克菲勒进入石油业，起源于和其合伙人和平分手

1858年洛克菲勒与克拉克合伙开设了从事农产品经销的公司——克拉克—洛克菲勒公司，两人各占一半股份。1863年洛克菲勒和克拉克决定投资4000美元、占一半股份，与炼油专家安德鲁斯合作成立安德鲁斯—克拉克公司，建炼油厂。不到一年时间，本来是副业的炼油厂生意就超过了主业农产品贸易。安德鲁斯—克拉克公司很快成为了克利夫兰最大的炼油企业，但是洛克菲勒和克拉克之间却在公司管理和战略等方面产生矛盾。洛克菲勒比克拉克更为看好石油业的前景，愿意投入更多的资金发展，而克拉克相对保守。1865年2月，洛克菲勒和克拉克决定散伙，双方竞拍炼油厂的所有权，出价高者得。从500美元的底价开始，一路上涨到7.25万美元时，克拉克放弃，洛克菲勒得到炼油厂。公司更名为洛克菲勒—安德鲁斯公司，安德鲁斯只负责技术，26岁的洛克菲勒全权掌管企业，开始了走向石油大亨的征程。

卡内基：钢铁大王的"极端与妥协"

卡内基能够成为钢铁大王，得益于他在宾夕法尼亚铁路公司所积累起来的管理经验、投资机会和第一桶金。但更重要的是他具有"极端与妥协"的双重个性与能力。在追求生产效率，通过竞争消灭对手方面，卡内基毫不手软并勇于走极端。另一方面，卡内基也善于妥协，是一个战略方向指引者和冲突化解者的角色。在面对自己团队中发生无法化解的矛盾、合伙人退出转让股份价格发生分歧时，卡内基都在最后关头妥协，以对方开出的价格达成和解，以避免走上法庭和两败俱伤。

亨利·福特与其创业伙伴分手：董事会投票，股份收购

底特律煤炭商人马尔科姆森是亨利·福特的合伙创业者。两人合作的基本原则就是"有钱者出钱，有力者出力，利益均分"：马尔科姆森提供种子资金，福特负责制造出样车，吸引投资来创建公司。公司将对外发行10万美元股票，两位原始合伙人占51%的股份，这51%由两人各持一半。但是起初设计良好的平等合作局面，随着公司的实际业务发展情况而发生变化。马尔科姆森最

初没有参与公司管理，在福特汽车公司取得一定成功，他自己的煤炭生意也通过改制为股份公司而可以放手之后，他要介入公司管理，由此与亨利·福特，以及他自己先前派到福特汽车公司从事管理工作的助手卡曾斯之间发生了冲突。亨利·福特通过董事会投票决议，并最后收购股权而使马尔科姆森离开了公司。

想要完全控制公司，就要完全掌握公司股权，这是亨利·福特的终极武器。经过两次重大的股权收购，福特汽车公司的股权结构从1903年创立之初的12名股东、福特本人持股25.5%的"朋友合伙式"企业，经过1906年的第一次股权收购变成了福特本人持股58.5%的个人绝对控股企业，又于1919年最终变成了福特本人持股58.5%、儿子持股41.5%、父子完全拥有的家族企业。

12.3.2 平等友善，着眼未来

百年修得同船渡，千年修得共枕眠。创业伙伴，不仅仅是有足够的机缘，也应该都是经过慎重选择的。有些时候，问题出在小有财富之后的人性扭曲。但也有的是视野、判断力等没有随财富增长而得到增强。如果能够一直本着平等友善的态度，着眼于未来而面对当前的问题，不仅矛盾可以解决，也可以好合好散而双赢。

罗巴克：从合伙人到雇员和公司形象大使

罗巴克，是西尔斯—罗巴克公司的共同创始人，他从前身公司西尔斯钟表公司的雇员做起，在重组为西尔斯—罗巴克公司后成为合伙人。罗巴克1887年被西尔斯聘为西尔斯钟表公司的维修师，西尔斯于1889年卖掉了该公司。1892年，西尔斯又找罗巴克商讨重新合作，两人合伙组建了罗巴克公司，1893年重组更名为西尔斯—罗巴克公司，罗巴克成为西尔斯—罗巴克公司的共同创始人。两年之后的1895年，罗巴克就因为个人兴趣转变而要求里查德·西尔斯买下了他的股份，不再是股东，但将其姓氏留在了公司名称之中，并一直与公司保持着良好的合作关系。1933年罗巴克重新加入了西尔斯—罗巴克公司，像个明星一样，在全国巡回出席各地的西尔斯商店开业庆典。

沃尔玛：从合伙到公司，仅以账面价值折股

在改组为沃尔玛公司之前，沃尔顿开设的所有商店都是以独立的合伙企业形式组织的，合伙人有沃尔顿的弟弟、父亲、两位妻弟，和商店经理（通常为2%权益）。1969年沃尔玛公司成立，已有32家合伙制商店，78名合伙人的权益全部置换为沃尔玛公司股份。在这一重组过程中，尽管各个商店的地理位置、经营业绩等差异很大，但没有对每家店一一进行价值评估，而是采用了简单的账面价值法。每位合伙人都爽快地在协议上签了字，并在后来都很高兴当时的明智决定。

ZARA缔造者阿曼西奥：婚变后的股份投票权委托

阿曼西奥妻子梅拉是创始人之一，于1973年辞去了公司职务，转做慈善。1985年经过一系列的重组之后正式成立了Inditex公司。1986年离婚之后，阿曼西奥个人所持公司股份只剩23%，已经不足以保持住对公司的控制权。梅拉大度并且有眼光，把她的股份投票权委托给了阿曼西奥，支持了阿曼西奥对公司的控制。梅拉推动Inditex公司上市，以兑现一些自己所持公司股票，投入她的慈善基金中去。2001年公司上市之后，仍是公司第二大股东的梅拉退出了公司董事会。

12.3.3 守规则，定机制，防患于未然

志趣相投、价值观共享等是成为创业伙伴的重要因素。但是，对于绝大多数人来讲，这些是会随财富、社会地位和环境而改变的。没有恋爱法，但是一定要有婚姻法。创业伙伴之间要守规则、定机制，防患于未然，避免合作关系破裂带来灾难性后果。

发明人彭伯顿不守规则，错失可口可乐

1855年12月，可口可乐发明人彭伯顿与贩卖彩印机的鲁滨逊和多伊，及他的一位老搭档霍兰，四人合伙成立了彭伯顿化学公司，彭伯顿投入其技术和实

验室，鲁滨逊和多伊投入他们的彩印机，霍兰投入了资金，四人平分股权。可是1887年6月28彭伯顿个人申请到了"可口可乐"专利权，随后于7月8日瞒着其合伙人将可口可乐三分之二的专利权卖给了其他人。彭伯顿化学公司马上陷入了一系列的诡计、欺骗和混乱之中。多方争夺，几经周折，最后结果是，专利药剂经销商坎德勒以总计2300美元获得了可口可乐专利权，由此缔造出一个已经与彭伯顿毫无关系的可口可乐帝国。

苹果从合伙制转为公司制：未雨绸缪，杜绝后患

苹果公司前身是苹果合伙企业，存续了不到一年的时间。1976年4月1日，乔布斯和沃兹涅克达成了合伙协议，约定二人各自占有合伙企业45%的权益，余下10%的权益给予第三位合伙人韦恩。拉来第三位合伙人是为了避免以后两人在重大问题上达不成一致意见，陷入僵局。但在1976年4月12日，因为害怕乔布斯的负债经营会使自己债务缠身，韦恩以一次性800美元的价格让出了自己10%的权益，退出了合伙企业。1977年1月3日，投资人马库拉和乔布斯、沃兹涅克三人签署文件，正式创建了苹果股份公司。为了避免日后可能产生的法律纠纷，苹果股份公司以5308.96美元购买原苹果合伙企业的全部权利，并将这笔钱的三分之一给了韦恩，以确认他不会对苹果股份公司有要求获得利益的任何权利。

海耶克的控制手段：股权转让限制、投票权委托和董事会投票权设置

斯沃琪集团缔造者海耶克，曾是一位成功的企业咨询师。他挣到了一些钱后，想要投资于企业，实际操练一下。1985年，他曾提供过咨询的瑞士两家国有钟表公司（ASUAG和SSIH）重组成的SMH公司有意出售股份，海耶克便与持有SMH股份的几家银行达成协议：海耶克有权优先认购SMH公司最高限度为51%的股份。海耶克刊登广告征集合伙投资者，大富豪斯密德亨尼看到海耶克愿意拿出个人资产投资，以证明自己对客户提供的建议方案是正确的，遂决定参与投资。于是，他们两人首次各购入了7%的SMH股份。随后，海耶克又联合起了一个12人组成的投资团队，获得了SMH的51%的股份。其中，他和斯密

德亨尼以各出资4700万瑞士法郎的代价又共同获得了17%的股份。

海耶克作为十几位投资者的核心人物和主心骨，要保持住自己的控制权，做了如下安排。通过"联合投资合约"控制住股份：某一成员在对外转让股权时，其他成员具有优先认购权；团队成员中无人有购买意向时，才可以向外转让给第三方；而且此第三方要获得投资团队的认可。在董事会中，海耶克享有对企业管理事项的一票否决权。与斯密德亨尼达成协议，斯密德亨尼将其所具有关公司事务的投票权全权委托给海耶克行使。在入主SMH的初期，海耶克和斯密德亨尼两人每周都会一起就一些重要的事务进行磋商并决策。

12.3.4 股权分散与控制权保持

理论上说，只要持股低于50%，就有失去控制权的可能。想既进行股权融资又保持控制，这是一个非常大的挑战。

很多优秀的公司创始人，为了挽救企业于财务困境而被迫出让控制性股份或让出控制性权力，从而导致自己出局。杜兰特于1908年创建了通用汽车公司，1910年就因公司财务危机而使公司控制权落入了银行之手。1916年夺回通用汽车公司的杜兰特，没有汲取教训，再度大举扩张，再度陷入财务危机，于1920年彻底失去了自己创建的公司。

能够像坎普拉德创建宜家那样，一直靠自我积累而发展起来当然是非常好，如果不得已而融资，则最好未雨绸缪地同时进行一些相应的制度设计。分类股份设置，将投票权委托给公司创始人行使的协议，以及对董事会人选的控制，如像扎克伯格那样把对方派出董事的人选作为考虑是否接受注资的一个重要条件，这些具体的公司治理机制安排非常重要。

思科公司（1984年创立）的创始人莱恩和桑迪夫妻，不仅没有在引入风险资本时（1987年），进行控制权保护设计，反倒在1988年5月为了争取风险资本方（红杉资本）支持他们赶走公司的职业经理人CEO而将自己的股份投票权委托了投资人——红杉资本的瓦伦丁，这使他们在公司上市仅仅半年后的1990年8月，因与公司经理人团队的冲突和投资人支持了经理人团队而被迫离开了自己创建的公司。

公司融资和股权分散的过程中，除股权结构之外，还有一个股东构成对公司控制的影响。股权稀释到什么程度，还能保持控制，这在不同的股东构成条件下是不一样的。选择接受注资的时候，要看准对方是谁和对方的战略意图。如果对方全部都是真正的中小股东，而不是很容易采取一致行动的大机构，创始人的控制就相对牢固一些。在英美国家，10%~20%的股权就能保持住对公司的控制，就是因为它的对方彻底分散了。黄光裕持股30%多还险些失去对国美的控制。想在推进股权分散的同时保持公司控制，就要筛选并选择那些很难联合在一起的股东，作为你的股票出售对象。

12.4 董事会：有效管控创始人危机

公司遭遇创始人危机很正常，否则就不会有那么多的公司创始人和创始人家族出局了。

这里的一个难题是，由于分级股份制度的兴起，使一些公司创始人在股份投票权上保有了对公司的绝对控制权。在这种情况下，如果创始人在自身导致了公司危机的情况下，还是顽固地坚持拥有对公司的绝对控制权，公司就很难办了。

12.4.1 天才的创始人，未必是优秀的公司管理者

天才发明家爱迪生，作为通用电气公司创始人却是失败的。1878年摩根公司支持爱迪生成立了爱迪生电灯公司，共计30万美元的股份，爱迪生占50%，另外50%由投资者认购。1889年5月，设在新泽西州、注册资本1200万美元的爱迪生通用电气公司成立。1892年，爱迪生通用电气公司与汤姆森—休斯敦公司合并成为通用电气公司，合并后资产为5000万美元。虽然爱迪生的名气很大，但是爱迪生通用电气公司的效益没有汤姆森—休斯敦公司的效益好，两个公司股东的股份分别以1∶1和3∶5的比例换成新公司的股份，并且是汤姆森—

休斯敦公司的总裁科芬成为了新公司——通用电气公司的总裁。爱迪生不满公司名称中没有了自己的名字，并且股权也被稀释为不再是最大股东，在仅仅出席了一次董事会会议之后就离开了通用电气公司，继续自己的发明事业。

思科是互联网基础设施市场上占绝对优势的公司，如果没有思科的路由器，也许就不会有互联网。但是思科的两位创始人，自己没有能从一个卓越的创业者转型为团队领导人和优秀管理者，从而自己跟不上思科公司的前进步伐而出局了。1990年2月16日，思科上市，红杉资本持股23.5%，两位创始人莱恩·博萨克和桑迪·勒纳各自持有13.8%的思科股份。思科上市仅仅半年之后，1990年8月28日，在6名副总裁以集体辞职相威胁的要求之下，思科董事会解聘了桑迪·勒纳，随后莱恩·博萨克自己辞职。1990年底，思科的这两位创始人抛售了所持思科股票。

丰田汽车创始人丰田喜一郎，也是天才创始人而非优秀管理者，从而在公司陷入财务困境时出局。1930年3月，丰田喜一郎占用丰田自动织机公司的一角，开始研制汽车。1937年8月28日，丰田自动织机公司把汽车部独立出来，组建成立了丰田汽车公司，丰田喜一郎以执行副总裁身份实际负责丰田汽车公司的管理工作。1941时，丰田喜一郎正式出任公司总裁。战后经济萧条使丰田汽车公司于1949年底陷入困境。1950年初，日本银行名古屋分行出面组织银团贷款拯救丰田汽车公司，条件是要求公司裁员，并将销售部门变为独立的销售公司。由于自感愧对被要求"自愿退休"、占员工总数26%的2146名员工，丰田喜一郎"引咎"辞职。

12.4.2　创始人出局，公司可以继续正常发展

创始人失去自己创建的公司总是一种悲伤，但是如果创始人限于其自身的眼界、偏好或者能力，宁愿公司发展缓慢也要把公司牢牢掌控在自己手中，公司就会停在"创始人陷阱"之中，长不成可以持续发展的伟大公司。

阻碍公司转型的创始人陷阱不仅仅表现在拒绝股权分散上，也可以表现在拒绝职业管理上，或者把职业管理限制在一个有限的范围之内，拒绝进一步走上"市场控制—经理人主导阶段"。

正常情况下，无论是创始人自身出现问题还是创始人能力所限使其已经不能继续领导公司，创始人所任管理职务都是可以被一个正常运作的公司董事会所替换掉的。这方面曾引起广泛关注的中国企业第一课，是2001年新浪公司董事会解除其创始人王志东的首席执行官职务。1998年底，王志东与姜丰年共同创建新浪，并于1999年3月聘任了沙正治出任首席执行官。半年时间之后，沙正治离职，王志东出任首席执行官。但是在任不到两年时间，2001年6月王志东就被新浪公司董事会解除了首席执行官的职务。

公司发展过程中，包括创始人出局在内的各种各样的矛盾和冲突本身都不是问题，关键是有没有一个董事会投票这样的明确、权威的决策中心和裁决机制。三位创始人的连续出局，都没有阻挡住Twitter作为一家独立公司的发展步伐。从创始人、员工到投资人和用户，作为一种相互作用但以董事会为核心——谈判、妥协和集体决策中心——的公司治理系统缔造了Twitter。

在从Odeo公司的一个项目中发展出Twitter公司的过程中，作为Odeo公司主要创始人的诺阿·格拉斯已经出局了（主要是被项目负责人杰克·多西挤出局的）。作为Twitter创意提出者、项目负责人、首任CEO和联合创始人的杰克·多西，正式在CEO职位上的时间（2007年4月到2008年10月）也仅一年半时间（主要是被投资人罢黜的）。这还没有完，作为Twitter早期唯一投资者和公司主要创始人的埃文·威廉姆斯，在公司第二任CEO的职位上也是仅仅坐了两年时间（2008年10月到2010年10月），就被公司投资者和董事会罢黜了。

创始人要保持住公司控制权，首先需要公司的业务发展比较好，能产生足够和可持续的现金流，以使创始人不必为了挽救企业于财务困境而被迫出让控制性股份或让出控制性权力，从而导致自己出局，如杜兰特。杜兰特两次失去通用汽车公司时的情形几乎一样，轻率的大举扩张，产品库存积压，管理不善，缺乏控制。

12.4.3 创始人特权增加了管控难度，但也并非无解

分级股份制度、上市前签署原始股东将投票权委托给公司创始人行使的协议等制度安排有力地保护了公司创始人，缓解了来自华尔街的短期市场压力，

使公司创始人能够按照自己的战略意图领导公司。但是问题的另一面就是，如果创始人管理无能或是出现问题，公司董事会很难按常规程序及时解聘创始人的管理职务。

21世纪以来，分级股份制度被美国高科技公司用来保护公司创始人。欧洲公司的富豪特权（创始家族后代可以凭借少数股份而继续保持着对公司的控制权）变成了美国公司的创始人特权。公司创始人团队保有一种具有更高投票权比例的股份，对外公开发行的则是投票权比例更低的股份。

在存在创始人特权的情况下，如何避免创始人特权的不利影响，使公司董事会能够在必要的情况下解除创始人的管理层职务，以免公司陷入创始人危机？在出现违法、违规等问题的情况下，外部监管力量的及时介入可以提供一种救济手段，如特斯拉公司创始人马斯克因为一条不当twitter，招来监管层介入而被迫放弃董事长职务。如果像思科公司创始人或是当年的乔布斯那样，并没有什么不当行为，但是管理能力不足致使公司问题重重，公司内部治理机制（股东会和董事会）上能有什么样的制度安排可以发挥作用呢？

绝对的权力导致绝对的腐败，创始人特权也跳不出这个陷阱。一个可行的办法是，在公司创设分级股份制度以及公司投资者与创始人签订投票权委托协议时，附设约束条件，创始人违反这些附设条件时，剥夺其相关特权。另一个办法是，创设类似紧急状态下的董事会那样的公司章程条款，在出现创始人危机的情况下，通过特别委员会行使正常情况下的董事会权力，从而绕开创始人特权对公司行为的约束。

12.4.4 健全治理，把创始人危机的影响降到最低

创始人个人出了问题，无论是因为触犯了法律，还是因为如身体健康和意外事件，公司能否持续发展都取决于公司的治理质量和组织发展水平。国美公司给我们提供了一个很好的案例。

国美公司能够比较平稳地渡过其创始人黄光裕入狱所带来的巨大冲击，在中国这样的商业环境下，实属难能可贵。这一方面表明，国美公司的海外注册和香港上市，给其带来的相对更健全一些的基本公司治理规则约束；另一方

面也表明，国美公司作为一家完全从市场竞争中成长起来的行业龙头企业，其自身的组织发展也有相当的水平。具有良好治理结构和良好组织发展水平的企业，能够在一定时期内凭借一种组织的惯性向前发展。这样的组织，整个团队相对成型，可以暂时没有"领袖"，可以逃避一旦群龙无首则陷入混乱的低组织发展状态。

现代公司治理原则主张董事会中心主义，就是除非股东明确保留的权力，其他权力都可以默认配置给董事会。但是，这并不意味着股东不能控制董事会的组成，而是恰恰相反，要强化股东对董事会的控制。在董事会中心主义之下，公司的经营管理等具体行为由董事/经理人本着整个公司利益最大化的原则行使，以消除在控股股东直接行使这些权力的情况下很容易产生的"不公平关联交易"等窃取公司利益的行为。在不能直接行使经营管理等具体权力的情况下（或者说消除控股股东对公司具体经营管理行为的直接控制）的情况下，控股股东对公司董事会的控制能够给其带来的只是纯粹股东利益（总体股东回报——分红和资本增值），这与其他股东、中小股东的利益是一致的。

现有董事会成员不应该利用公司资源拉拢其他股东去与大股东对抗。现有董事会成员拉拢其他股东与大股东对抗这种行为属于滥用了董事会中心主义赋予董事和经理人的权力，也违背了现代公司治理原则下董事和职业经理人的基本义务——忠诚与勤勉。董事会中心主义的本意是通过董事会集中行使公司管理权力来消减股东之间的利益冲突，董事和职业经理人本身都应该是促成股东团结的力量，他们只能通过管理能力和业绩来让全体股东放心，并从而使控股股东也不愿意并且没有必要继续保持控制。公司通过"股东控制董事会，董事会管理公司"这样一种良好的公司治理而自然走向股权分散。股权分散只是良好公司治理的一个自然结果，而不是改进公司治理的手段，更不应该是公司发展的目标。

公司创始人权力和股东权力的保护已经成为中国公司进一步走向董事会中心主义和职业经理人管理阶段的一个重要障碍，需要着力构建、提升相应的商业道德与公司治理规则基础；在"社会有效保护股东权力，股东有效控制公司董事会，公司董事会有效选聘职业经理人，职业经理人有效领导企业组织的发展"这样一个完整的公司治理链条之下，公司创始人的回报得到有效保障，创始人的自愿退出或是被迫出局才能成为一种"正常情况"，创始人危机对公司的不利影响也才能降到最低。

所有能够持续发展的企业都是一个有机性组织，创始人的影响都会融在这个有机组织的血液里，不是简单地通过股权结构和人事方面的调整就能够消除的。从美国的福特，日本的丰田、佳能，到意大利的菲亚特，所有这些公司都是上市很久、股权已经很分散了的公司，创始人家族的影响和控制都保持了很好的延续。它们不仅没有过明确的"去家族化"的口号或者旨在"去家族化"的行动，而且把存在创始人家族控制作为保持公司长期视野和可持续性竞争力、避免完全经理人控制下公司行为短期化的一个组织优势的来源。丰田、佳能和菲亚特都在经历过几代职业经理人领导之后又回归到了创始人家族后代领导。

12.5 创始人和家族企业的传承与控制

家族企业和现代公司是两个层面的问题，是两个并列的概念。家族企业由家族创办，就像国有企业由国家创办一样，是由股东身份来决定的。现代公司或公司制企业本身基本规则是一样的，无论是家族企业还是国有企业改制为公司制，都是要按公司制的基本规则来办事。

家族企业因"家族因素"的存在而面临更为复杂的公司治理问题。一是家族企业受到家族成员代际传递的影响很大，需要妥善安排家族财产和企业控制权的传承；二是当家族企业规模做大时，难免有股权分散的过程，那么如何保持家族对于企业的合理控制？

中国的家族和民营企业正普遍面临着一个向第二代传承的问题。在这一传承的过程中，企业控制结构的不稳定会直接带来企业经营的不稳定、混乱甚至是崩溃。一些行业龙头企业控制结构的不稳定已经不仅仅是企业自身的问题，而且是社会的问题，甚至是涉及经济体系的安全与稳定的问题。

欧莱雅创始人欧仁·舒莱尔只有一个女儿，但却通过将财产权与管理权分开的一种"合理传承"安排，让欧莱雅能够在其过世后的半个多世纪里持续稳定地向前发展，这可以给予我们很多有益的启发。

12.5.1　创始人：从开始一门生意，到创建一个组织

改变世界的公司，是由她的创始人和其后继者们创立、培育、修正和发展起来的。是一些人，活生生的人，在通过公司这样一种组织，改变和发展着这个世界，从经济到社会和文化。

天生创业者，没有工作过甚至大学都没有读完，如明星一样引人关注，但更多的人是经过艰苦历练而后成功创业的。有人为创业而先工作，积累经验，有人为创业而先研发，奠定基础，都是谋划在先、充足准备而后成功创业的。

发明和发现改变世界，但需要有相应的企业去执行。有的发明家成功创立了企业，转型为企业家；有的发明家只是做出了发明，企业家的工作由别人去完成了。更多的人没有什么发明，但是他们善于发现，善于创新，可以是模式，可以是产品或服务，甚或是已有企业，他们抓住机遇、有效执行，缔造出了伟大公司。

公司作为一种企业组织，也是一种金融工具。公司可以为发明者们提供平台，可以为创业者们提供金融和组织支持。创业者们创立公司，成为公司创始人，把一项生意变成一个可持续发展的企业组织。

创立公司进行融资需要靠项目前景，公司创立、资金进入后则要靠优秀的管理能力和业务运营水平来发展公司。如果创始人自身的管理能力不足，不能成为优秀的公司管理者，又不能或不愿意放手、引入职业管理，则必然会出局。

公司创始人要避免不进行外部融资被竞争者挤走，进行外部融资被投资者赶走，需要在融资时的创始人控制权保护设置和融资后的管理能力提升两个方面做足功课。管理能力提升可以自身从创业者成功转型为优秀的管理者，也可以是建立信任，成功引入职业管理者。

12.5.2　创始人控制权的保持与丧失

公司能否相对顺利地完成治理模式转型和公司控制权的转移与传承，既取决于公司外部的公司法律体系完善程度和资本市场深度，也取决于公司内部的治理机制安排，公司创始人的偏好与选择、创始人的家庭和家族情况，以及公

司业务发展机遇等等。

无论是如宜家那样从小本生意逐渐积累起来，还是如星巴克那样靠融资起步，创始人控制都是公司的起点，如谷歌、Facebook、ZARA、优衣库等等。

能够保持住公司控制权的创始人，要比较幸运，更要非常精明。首先公司的业务发展要比较好，能产生足够和可持续的现金流，以使创始人不必为了挽救企业于财务困境而被迫出让控制性股份或让出控制性权力，从而导致自己出局。

能够像宜家那样一直自我积累而发展起来当然非常好，如果不得已而融资，则最好未雨绸缪地同时进行一些相应的制度设计，如谷歌和Facebook的双重股份设置，上市前签署原始股东将投票权委托给公司创始人行使的协议等等这样的制度安排。

一般而言，如果想保持对企业的绝对和完全控制，那就不要股权分散，更不要上市。理论上说，只要持股低于50%，就有失去控制的可能。如果想既上市又保持控制，那将是一个非常大的一个挑战。这时候，公司章程规定，如像谷歌那样的分类股份设置，以及对董事会人选的控制，如像Facebook那样，把对方派出董事的人选作为考虑是否接受注资的一个重要条件等等，这些具体的公司治理机制安排就非常重要，中国企业往往不是很重视这一点。

此外还有非常重要的一点，这也是国美之争给我们的一个重要启示，就是在公司融资和股权分散的过程中，除了股权结构之外，还有一个股东构成对公司控制的影响。股权稀释到什么程度，还能保持控制，这在不同的股东构成条件下是不一样的。就是选择接受注资的时候，要看准对方是谁和对方的战略意图。在国美之争中，如果对方全部都是真正的中小股东，而不是很容易采取一致行动的海外大基金，那陈晓就彻底没戏。所以在英美国家，10%～20%的股权就能保持住对公司的控制，就是因为它的对方彻底分散了。黄光裕持股30%多还险些失去控制，这个教训就是，若想在推进股权分散的同时保持公司控制，就要筛选并选择那些很难联合在一起的股东，作为你的股票出售对象。

12.5.3 家族企业传承与控制的三种类型

传承是家族企业不可回避的问题，能否保证企业所有权与管理权的平稳传承对于家族企业的稳定与发展非常关键。家族企业的传承大致有如下三种路径。

第一种是中国人普遍觉得比较理想的子承父业或者女承父业。这里有个关键问题是，子女是否有能力和兴趣来管理企业，能力会占一半，但如果没兴趣，强迫他去接管企业，造成个人不幸福也是不值得的。如果既有能力又有兴趣，那就可以培养。这种情况比较理想，但能真正成功做到的超不过20%。像三井那样的传统日本的家族企业集团的传承经验表明，有时候"女"承父业比子承父业还更靠谱，因为儿子可能能力不足，而女儿则可以招选有能力的女婿来承继父业。日本可以将女婿招为养子、改姓入赘，进一步加强了这种承继方式的可靠度。

第二种是保持一种积极的引导，保持一定的控制和管理。这要自己培养职业经理人。像有些公开、高薪招聘等，十之八九招来骗子。真正需要的是经过二三十年工作考察的人。如果黄光裕当初选择的是一直跟着他工作的人，那背叛他的概率会大为降低。当然，利益上也是要给予足够回报的。越会分享的公司创始人，越能保持其对公司的长期控制。国外的家族企业没有一定要从家族选择接班人的，往往只是出任董事会职务。它的总裁绝对是与全球竞争公司不相上下的。

第三种就是公司股权多元化，家族财产的投资也多元化，你在市场中挑选优胜者，以实现家族财产的保值增值。这也是一个很理性的选择，不一定非要家族接班人来继承，也不一定非要保持家族的控制不可。

12.5.4 创始人离世之后：家族控制的三种程度

创始人离世之后，公司继续受家族控制，如福特、沃尔玛、欧莱雅、贝塔斯曼、米其林、丰田、保时捷、菲亚特、美津浓和三星等等，这是很多企业都会走的一条道路，只是各自的走法，家族控制的方式和控制程度不同。

一个极端是拒绝股权分散，保持家族的完全控制，就像贝塔斯曼、博世和宜家等等。贝塔斯曼的第五代传人为了避免公司上市，不惜缩减公司业务、出售著名的BMG（贝塔斯曼音乐集团），以购回财务困境时不得已转让出去的25.1%的公司股权。米其林家族为了保持控制地位，不惜承担无限责任，采用了一种两合股份公司体制（只有承担无限责任的股东，才有权选举公司管理层人员），是法国三个坚持这种独特结构的公司之一。不过，即使是这类公司，虽然企业所有权一直是集中的，但它有一套办法引进职业管理。一般来说是通过家族基金会，让投票权和财产权分开，行使投票权的人是家族核心成员和一些有能力的职业经理人。

比这种严格控制做法稍微向前迈进一步的是，家族企业转化为股权开放的现代公司，但家族保持一定比例的股份，同时努力实现公司管理权也在家族内代代相传，如菲亚特和美津浓。家族可能只持有20%到30%的股权，但依然保持对企业的控制。这样的企业遵守所有上市公司的基本规则，只是它的创始家族作为股东对公司重大的战略性问题和公司董事会的换届一直有一个积极甚至是决定性的影响。安杰利家族控制下的菲亚特是上市公司，并且长期只持有20%左右的股份。但是安杰利家族秉持其一贯的"绝不让菲亚特落入他人之手"的信念。乔万尼·安杰利一世的座右铭是：把我的事业延续下去，保护好遗产，挑选合适的人，率领家族进入下一代。实际控制着爱立信、阿里斯顿等全球著名公司的瑞典沃伦堡集团可以说是这方面的典范。

家族控制再宽松一点，也更常规且公平合理一些的做法是把家族股份传承和企业管理权传承分开安排，家族保持股份控制，企业实行职业化管理，如沃尔玛和欧莱雅。山姆·沃尔顿"与员工及家人双重合伙"的治理之道，和欧仁·舒莱尔"财产继承与企业管理分开安排"的传承之法，使"家族掌控之下职业经理人管理"的沃尔玛和欧莱雅，在作为行业领袖企业持续发展的同时，也给创始人家族继续创造着巨额的财富。与此类似，由于企业内部崇尚实力主义，丰田、佳能等公司创始家族的后人实际是竞争上岗的，企业管理权在职业经理人和家族后代之间往往轮番交替。

再进一步的就是企业彻底走向股权分散化，家族对企业没有任何影响了，就像强生等等，美国很多公司皆是如此。

12.5.5 创始人离世之后：新的大股东或者是职业经理人

有些公司创始人和创始人家族自觉或被迫退出公司的话，公司的控制权则将流向大股东或者职业经理人,或者经由新的大股东之后再流向职业经理人,这主要取决于公司能否顺利地实现股权的高度分散化(见图12-4)。

创始人离开之后,很快实现了股权分散化、职业经理人控制的有通用电气、雀巢、惠普、索尼、ASICS等公司。另外一些公司则是直接流向了新的大股东手里,如古奇和宝马等。

能够实现股权分散化并成功建构起来一套职业经理人体制的公司虽然不少,但是规模已经大到难以有新的控制性大股东产生,或者公司已经做出了如通用电气和雀巢那样的一种坚持立足于高度分散的股东基础并从公司内部治理制度安排上做出了限制新大股东(控制性投票权)产生的战略性选择的公司,还是凤毛麟角。

有公司在经过了股权分散、经理人治理之后,因为业务发展不顺或公司陷入困境需要救助等原因,又重新回到了新的大股东控制模式,如西尔斯。万科已经摆脱了原大股东控制,股权相当分散了之后,又主动选择了华润成为新的大股东,以背靠大树好乘凉。

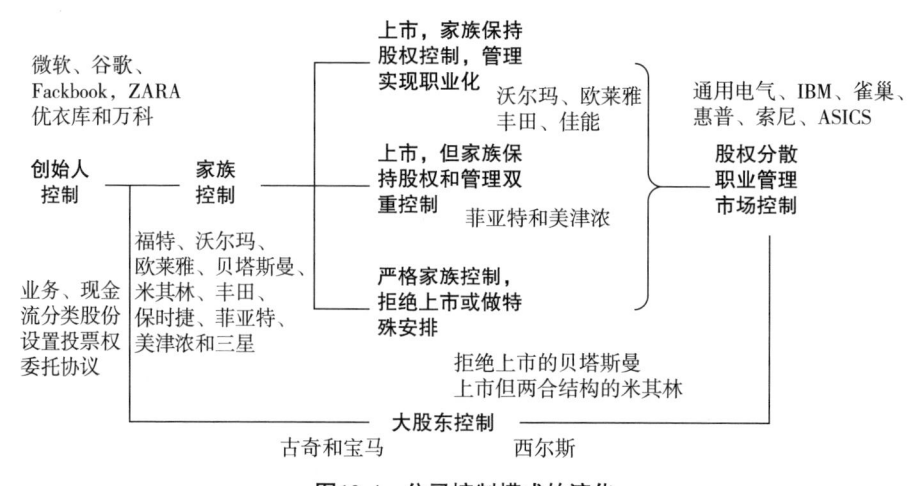

图12-4 公司控制模式的演化

相关案例参见《董事会与公司治理(第4版):演进与案例》案例20"日本企业的家族传承与职业管理"、案例21"思科:从夫妻店到上市公司"、案例22"欧莱雅:'合理传承'与企业稳定"。

第13章

集团企业的董事会与公司治理

从公司治理类型角度看,企业集团化发展有两种模式:横向和纵向。所谓横向就是集团母体作为上市公司,股权高度分散,没有控制性股东存在。另一种就是纵向,集团母体可能上市,可能非上市,但是股权集中度很高,有控制性股东存在。

无论是跟中国的总体经济规模相比，还是跟发达国家的大公司相比，中国企业的规模普遍偏小。但是中国企业的"集团化"程度却是很高，而且中国企业的集团化方式比较奇特，就是普遍性的非上市集团公司把多家上市公司作为下属公司控制。上市公司作为母公司控制非上市公司这种现代企业集团化模式还没有发展起来。本章我们主要探讨目前这种中国式集团企业中比较特殊性质的董事会与公司治理问题。

13.1 两种集团发展模式的选择

从公司治理类型角度看，企业集团化发展有两种模式：横向和纵向。所谓横向就是集团母体作为上市公司，股权高度分散，没有控制性股东存在。另一种就是纵向，集团母体可能上市，可能非上市，但是股权集中度很高，有控制性股东存在（图13-1）。

横向治理是发达国家企业的主流模式，就是英美国家那种母体股权高度分散的大公司，通过战略业务单元控制大量和多业务种类的下属企业。以丰田、索尼为代表的现代日本企业集团也是这种模式。

纵向治理模式又有两种，典型代表分别是二战前日本财阀家族实行的层层控股的企业金字塔，以及二战后日本兴起的主银行控制和交叉持股形成的系列企业制度。

中国有很多学者在鼓吹、很多官员在热衷、很多企业在追捧日本"主银行控制和交叉持股形成的系列企业制度"。其实，这套制度完全是日本企业基于其传统家族财阀企业的制度和文化遗产，受到解散财阀、反垄断法律等强烈外部冲击后，而被迫调试出来的一种结构。

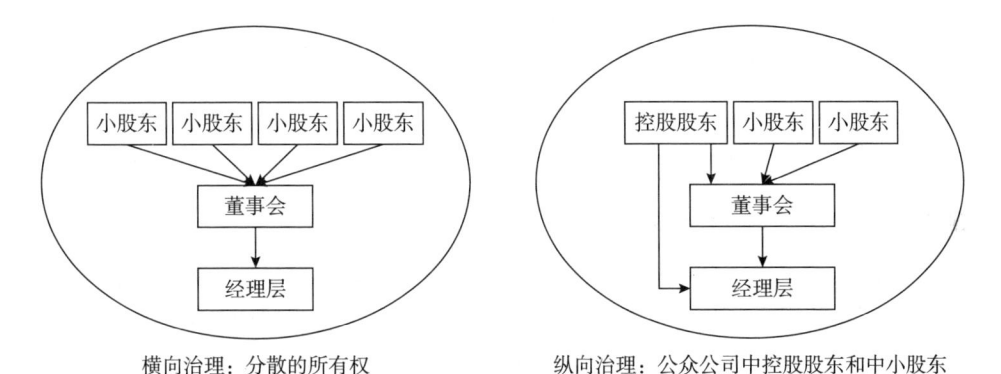

横向治理：分散的所有权　　　　　纵向治理：公众公司中控股股东和中小股东

图13-1　横向与纵向两种治理类型的企业

人们的行为是在某种内在目标驱动下而对特定外在条件和约束的反应。中国企业要自强的内在动机可以跟日本一样，但是没有相同的条件和约束，也就不会产生相同的行为。中国既没有强大的家族财阀企业传统，又没有受到像美国占领军之于战败后日本那样强大的外来施加的激进变革措施，即使通过政策推动制造出来"主银行和交叉持股"这种外在的制度形式，也不会产生相同的结果和效能。我们不是曾经推行过"主办银行"制度吗，但是在银行自身的治理结构存在严重问题的情况下，它有动力和能力去监控好企业吗？至于交叉持股，对于中国企业来说更是一种没有必要的选择。中国企业的股权集中度还相当之高，根本没有什么外来者的并购威胁，甚至是要"靓女先嫁"，求人来并购的状态。

中国没有太宣传，但实践中却很普遍的是日本财阀企业的那种"层层控股下的企业金字塔"模式。如果说70年前的日本财阀企业，在那个时代采用层层控股和层层融资方式是很"先进"的，但在今天这种全球经济和全球资本市场一体化、全球公司治理原则和标准一致化的时代，这种模式已经是"落后"，或者至少是"不合时宜"的了。我们为什么要进行上市公司的股权分置改革，为什么要改变过去那种分拆上市的做法而推行整体上市？因为企业从创建时的股权集中，随着事业的扩大而到逐步股权分散化，这是最有效率、最适应市场竞争需要的成长路径和成长模式。

中国的集团企业绝大多数都属于纵向治理模式，母公司单一股东，下属企业实行股权多元化，甚至通过上市而逐渐分散化。这种状态下，难以实现真正的整个集团的战略管理。因为集团的很多战略管理手段，受到股权多元化的下属公司"规范治理结构"的限制，层层的控股，就有层层的其他股东的利益在里头。非上市企业的其他股东一定是各有各的想法，很难统一到控股股东的意志上来。上市企业就更麻烦了，面临复杂的监管结构，中小股东、独立董事和新闻媒体等各个方面的制衡与关注[①]。

是在母公司层面开放股权、对外融资，母公司引入资本市场的外部控制机制，而对子公司实行集中股权的高度控制，还是在子公司层面开放股权、对外融资，对母公司保持高度控制，再往下对子公司和孙子公司进行层层控制，这就是传统企业集团和现代国际化企业集团的分歧点所在（图13-2）。

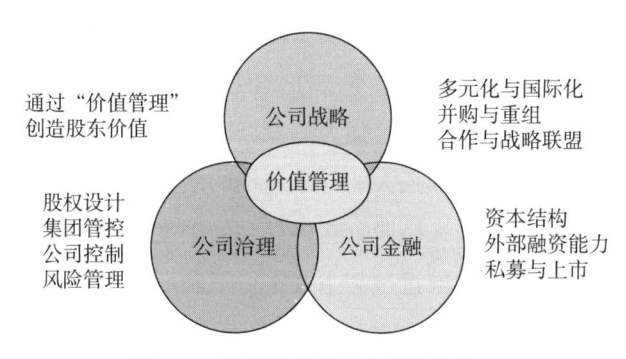

图13-2 集团管理的核心是价值管理

母公司作为公众公司，股权分散、结构透明，可以在全球各个资本市场上市和融资。下属公司的上市就是出于业务成熟或者风险分担需要而进行的独立和分拆，不需要通过下属公司来层层融资、"圈钱"。这样的集团，总部可以对下属公司进行各种模式和各种程度的控制，并且这种控制完全是为了资源调配、产业发展和商业竞争的需要。相比之下，那种层层控股、层层上市的做法，一方面是很"一厢情愿"，提高"我方"资本的控制力和控制面；而另一方面，是其中在所难免的关联交易，有意无意地就侵犯了少数股东利益，结果丧失信誉，失去资本市场和投资者支持，最终难以真正地有所作为。

---

① 集团企业的治理中有很多特殊的法律难题，有兴趣的读者可以参阅"珍妮特·丹恩2008"。

13.2 集团治理和下属公司董事会的建设与管理

集团要加强对下属公司的控制可以采用多种手段，不能一味地只知道控制股权。控股并非越多越好，要计量控制的成本。对于不同的业务要采用不同的控制手段，除股权控制和董事会控制之外，还应该包括合同控制和产业控制等。对于所持股权比例不同的下属企业，要进行不同的公司治理机制设计。

13.2.1 构建现代集团企业的治理结构

在美国的语境之下，公司治理往往就是指董事会的运作。这一点我们从中国人民大学出版社出版的哈佛商业评论精粹文集中《公司治理》一书的目录就能看出来。美国的经济学、管理学、法学和商学都高度发达，一些范围很广泛的公司治理问题都已经在有关的学科中进行了探讨。对董事会运作问题的探讨则相对是个比较新的领域，也是近一二十年之中美国改进公司治理的一个主攻方向。

但是在中国，董事会之上的股权结构层面问题和董事会之下的集团运作和战略管理问题等等都还没有得到较好的解决，甚至还没有一个较为清晰和一致的认识。探讨中国集团企业的公司治理问题，我们必须从集团母体的股权结构开始，并延伸到一些重要的集团运作与战略管理问题（表13-1）。

表13-1　国有集团公司体制发展的两种战略选择

	对集团进行股份化改造	集团国有独资，下属单位股份化改造
企业形式	股份有限公司	国有独资公司或者有限责任公司
制度规范化程度	高	低
操作难度	高	中
长期前景	好	一般
主要限制因素	谁来投资 有关部门批准	集团资金技术有限，自我积累速度太慢，变革压力不足
主要决定因素	战略投资者来源 外部政策和自我决心	自我决心、抓住机遇、领导组织变革和加强战略管理的能力

续表

	对集团进行股份化改造	集团国有独资，下属单位股份化改造
管理层自主权	大，可以向职业经理人方向发展	小，国有独资公司董事、经理兼任其他经营实体职务须经主管部门批准
董事、董事长、副董事长的产生及职工代表问题	董事由股东大会选举产生，董事长、副董事长由全体董事过半数选举产生。决定有关职工利益问题的会议邀请工会和职工代表参加	董事由国家授权投资机构按照董事会的任期委派或者更换。董事长、副董事长也由国家授权投资机构在董事中指定。董事会中的职工代表由职工民主选举产生

对集团母体进行股份制改造

对于目前是国有独资企业的集团母体来说，构建现代集团企业治理结构的第一步就是选择合适的战略合作伙伴，在集团—母公司层次上进行规范化的股份制改造。国有集团母体改制，引进新的战略投资者，既是企业规范化的需要——以新股东对抗不合理的政府干预和破除内部职工的一些源自传统国有企业观念的变革阻力的手段，更是集团公司要融资、要抓住机遇大发展的要求。

对于已经有几个股东的民营企业来说，进一步的发展，也应该从集团体制上进行规范，而不应该满足于现存体制，只在子公司或者分公司上动作。新业务的开拓要通过新建子公司进行，因为有风险。但是体制上的进步，则必须是集团企业本身。这样才能扩大企业发展的平台，提高企业在一个更广阔的范围内吸纳资金和人才的能力。

建立健全以董事会为核心的集团高层管理体制

随着集团业务的发展、一些新项目的成功运作，集团的经营规模会越来越大，所跨产业领域会越来越宽，集团整体协调、监控和战略管理的难度也就越来越大。

企业规模扩大和经营领域拓宽在对集团管理下属公司的能力提出新挑战的同时，也会带来原有股东之间利益和观念上的差异与冲突，股东关系的协调与管理成为一项至关重要的工作。

由于企业领导人时间和精力的限制，创业阶段形成的、可能一直以来都十分高效的、个人色彩比较浓厚和非正式沟通为主的集团管理风格和决策方式，已经难以完全适应集团发展新形势和集团管理新任务的挑战，也不再能够满足公司各种利益相关者日益提高的期望。

此外，吸引高端管理人才加入公司也需要制度化和规范化的企业战略管理平台。

借鉴上市公司成型的集团管理模式，改造集团企业的传统管理模式，构建规范、有效而又能够完全适应集团现实的新型管理模式，既是集团企业在管理能力提升上所面临的一个挑战，也是大幅提高集团管理能力和竞争能力的一个机会。

作为非上市公司可以仿照上市公司做法，设立"集团"董事会。由于"集团"本身并非上市公司，集团董事会的成员构成和职责配置无须完全遵照"上市规则"中有关公司治理条款的要求，但可以对其中有利于加强集团战略管理能力的采用一些"拿来主义"（图13-3）。

```
┌─────────────────────────────────┐
│       董事长兼首席执行官          │
│         董事长办公室              │
└─────────────────────────────────┘
┌──────────────────┬──────────────────────────┐
│ 董事会            │ 管理委员会                │
│ 执行委员会        │ 各项业务负责人、运营总监、财务 │
│ 审计委员会        │ 总监、高级风险控制官、战略及发 │
│ 人事、薪资及董事委员会│ 展事务负责人、公共事务负责人、│
│ 公共事务委员会    │ 人力资源负责人             │
└──────────────────┴──────────────────────────┘
┌─────────────────────────────────────────────┐
│             管理层下设委员会                  │
│ □ 财务和资本委员会      □ 风险监督委员会      │
│ □ 筹资（Funding Committee）委员会  □ 福利计划管理委员会 │
│ □ 全球投资政策委员会                          │
└─────────────────────────────────────────────┘
```

图13-3　花旗集团的董事会和高层管理架构

专栏13-1　　集团董事会设立，要满足下列需要

提高集团决策水平和集团整体领导能力的需要。

整合股东意志、统一股东目标、协调股东关系的需要。

统筹集团各业务板块和下属企业战略目标、实现最大协同效应的需要（包括总体上的资金运作效率）。

加强集团战略管理的需要，包括股权管理、投资和融资、高管人员和高级人才（技术和销售）管理。

根据集团战略和整体目标有效考核和激励下属企业的需要。

> **专栏13-2　　集团董事会构建方案中要包括的主要内容**
>
> 　　董事会的规模：人数范围，人数调整原则
>
> 　　董事会的构成：股东、经理和外聘专家的合适比例；行业和专业知识构成、经历和经验背景构成以及年龄和性别构成等
>
> 　　董事的资格要求：股东出任董事的条件，经理出任董事的条件，外聘专家董事的条件
>
> 　　董事会成员的职责与角色：董事长、副董事长，非执行董事协调人，董事会秘书
>
> 　　董事会的基本运作规程

提高董事会的战略决策、落实和监督职能

集团的长期战略计划和年度业务运营计划都要由董事会来制定和批准。董事会成员都要明确自己作为董事的职责是对全体股东以及整个公司、包括员工和其他利害相关者负责的。

在董事会会议上，尽可能地不要对号入座，放弃自身作为董事之外职务担当者的角色意识，相互之间能够团结而不是一团和气，成为不负责任的乡村俱乐部；相互之间要能激烈认真地讨论、争论而不是争吵和打架。

决策的过程中要讨论和争论，不同意见都要摆到桌面上。意见分歧很大的话，可以再收集证据，暂缓决策等等。一旦正式通过了董事会决策之后，则要同心同德地支持首席执行官去贯彻和执行。

首席执行官由董事会选聘、任命和考核，全面负责落实董事会的战略决策。董事会和经理层的职务、职责要分开处理。不任经理层职务可以仍然做董事，不任董事职务可以仍然做经理。总裁或首席运营官、财务总监等重要职务，由首席执行官提名、董事会任命，其他一些职能部门经理则可以由首席执行官任命。所有的直线经理或业务部门经理，则可以由总裁任命，或由总裁提名、首席执行官任命。这些具体的决策要尽可能地由董事会做出明确的规则。

董事会要对董事会自身运作情况，对每一位董事的工作情况和首席执行

官的工作情况作正式的年度绩效评估工作。董事工作评估可以采取匿名填写职责评估调查表的方式进行。对首席执行官和总裁等重要管理职务的年度评估工作，要由全体董事会成员进行，最后由一位外部董事代表董事会将评估结果告知首席执行官和总裁本人。

> **专栏13-3　　　　　集团董事会的主要职责**
>
> 集团战略的制定与监控；
>
> 集团资金与财务管理政策；
>
> 集团高级人才管理；
>
> 集团品牌与营销管理；
>
> 股东沟通与股权管理；
>
> 集团薪酬与激励（主要是高管薪酬和股权类、激励类薪酬）。

建立集团管理委员会对下属企业进行有效控制和战略管理

集团管理委员会的成员应该包括总部管理人员和重要职能部门及重要分子公司经理人员以及具有一定专业水准的技术和销售人员。集团管理委员会既是董事会之下的一个集团战略管理机构，也是一个集团内各单位之间协商和沟通，有效协调和解决战略执行中遇到的一些相关问题的机构。与此同时，通过集团管理委员会，给分/子公司经理和职能部门人员以及公司的专业技术和优秀销售人员一个参与公司战略管理的机会，使公司高管人员能够及时地听到和发现战略执行中的一些具体问题，能够及时调整和修正战略，实际得到一个具有适应性的战略执行结果。

集团要加强对下属公司的控制可以采用多种手段，不能一味地只知道控制股权。其实控股并非越多越好，要计量控制的成本。同时，对于所持股权比例不同的下属企业，还要进行不同的公司治理结构设计。要对下属企业根据主要的风险事项和所持股权比例、所占董事会席位数量的不同，在股东会、董事会和经理层之间进行不同的权力配置，并且还要相应地对股东会的特别决议与普通决议事项，董事会的特别决议与普通决议事项，作出不同的安排（图13-4）。

```
                并非控股越多越好，要计量控制的成本
                对于股权比例不同的企业，要进行不同的公司
                治理结构设计
   战
   略
   、  ┌─────────────┬─────────────┐
   产  │             │             │
   业  │   联盟企业   │   核心企业   │
   与  │             │             │
   合  ├─────────────┼─────────────┤
   同  │             │             │
   控  │  探索和试验  │   控股公司   │
   制  │             │             │
      └─────────────┴─────────────┘
      少量  25%   34%  51%        66%
                              股权与财务控制
```

图13-4　集团对下属企业的控制

对于不同的业务要采用不同的控制手段，除股权控制和董事会控制之外，还应该包括合同控制和产业控制等。观察一下外商投资企业在中国的一些管理控制行为，对我们理解产业控制手段会很有助益。作者曾经根据全国工业普查资料对三资工业企业的效益与亏损情况作过一个系统的研究，结果是统计上三资工业企业的亏损情况比国有企业、民营企业还严重，因为其中有相当大比例的假亏损[①]。实业领域里三资工业企业造假亏损、进行真盈利的主要手段是外方对合资企业进行产业控制，从关键技术和设备引进，到产品外销代理等产前产后的各个环节中赚钱。

13.2.2　集团下属企业董事会的建设与管理

集团对下属企业董事会的管理，最困难的一个问题就是如何既尊重下属企业董事会的自主管理权力，又能够实现集团的战略管理意志。非集团全资企业董事会成员对其他股东也有受托责任，要代表所有股东甚至整个公司的利益，不能为了推荐/提名其做董事的股东的利益而侵犯公司的利益。

集团下属企业的董事会建设

集团下属企业董事会的建立过程与普通企业不同。

---

① 仲继银："三资工业企业的效益与亏损问题研究",《经济研究》1998年第2期。

普通企业是股东出资注册公司就要建立董事会,由董事会聘请经理班子,从股东到董事会再到经理班子的先后次序与授权线路是个很清晰的直线。

集团下属企业则不同,可能是先有个想法,再变成一个并非独立的项目,然后成为分公司或者全资子公司,最后才成为一家有其他股东参与的股份制企业。这样一种状态下,可能先有经理层,后建董事会。即使建立了董事会之后,可能也是母公司作为控股股东同时任命了子公司董事会成员和子公司经理人员。与此同时,母公司职能部门、子公司董事会和子公司经理之间的权力划分可能也不清晰或者是一个需要不断调试的过程。不断调试没有关系,需要注意的是,要有明晰的规则:什么事情走什么程序,谁拥有最后的决定权。

还有一个问题就是这种集团下属公司的董事会不应该是统一的一个模式。要根据公司业务性质,集团对其战略角色的定位而进行不同的设计,是自主型、合伙型还是傀儡型,要作出明确的选择,不能总是处在漂浮状态。

在自主型、合伙型、漂浮型和傀儡型(参见第五章)这四种类型子公司中,最需要完善董事会治理机制的是自主型公司。相对于集团或者股东,自主性公司董事会拥有很大的决策权,其中包括重要的战略决策权,集团要充分尊重其独立法人地位和其董、监事会的自主决策权。这种情况中,派出董事集团管控下属公司的最主要手段,集团对下属公司董事的考核就成了一个重要问题(图13-5)。

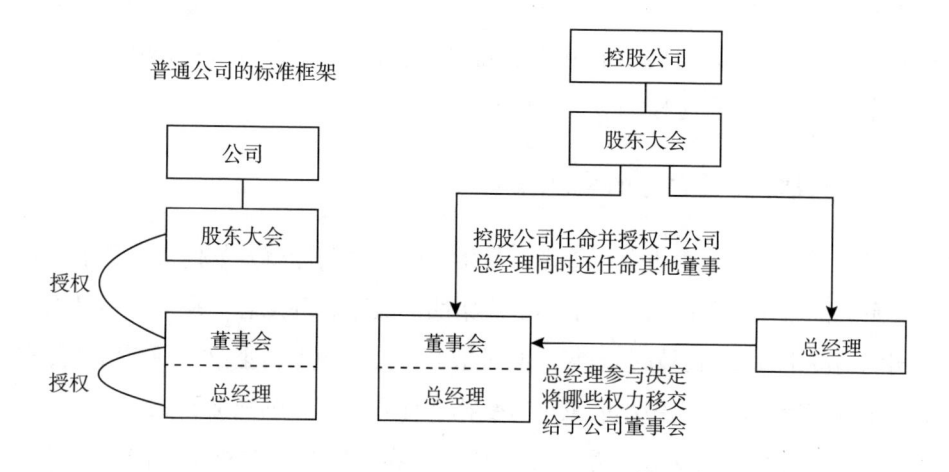

图13-5 集团下属公司的董事会建设

集团对下属企业董事的考核：两种类型

集团以股东身份对下属公司董事的考核有两个方面，不能混淆。一是对集团以股东身份"推荐（派出）"出任下属公司董事职务人员的考核，二是以股东身份推动下属公司对其全体董事成员的考核。

第一种考核的主要着眼点是这些董事与集团公司之间就其所任董事权力行使和职责完成情况的沟通与汇报，可以是一个办法运用于所有推荐（派出）到下属公司的董事。这种考核主要以其本人资历"是否够格"，行为是否能够满足集团公司的要求为标准。操作方式上，淡化"考核小组"这种字眼比较好。比如设立一个"集团分/子公司管理委员会"，用这样的一种机制替代考核小组。这个委员会成员由集团领导和所有的"派出"董事参加。这个委员会主要是一种交流与讨论的机制，同时可以行使"考核"的职能。

第二种考核的着眼点是从每一个下属公司出发，看其董事的职责完成情况，主要是看实际是否称职。考核的范围应该是每一个下属公司的全体董事，考核实施主体最好是各个下属公司董事会自身。集团公司作为主要股东可以给各个公司提供一个董事考核的基本蓝本，其中包括少量通用和硬性的指标，比如，董事每年至少要亲自出席75%以上的董事会会议。董事是否能够事先充分准备，会议中有无针对性见解的发言讨论等，其他董事是最为了解的。在各个下属公司董事会中让全体董事都参加一种问卷式和匿名的相互考评，就设定的一些指标打分，可以得出一个相对客观的评价分值。这种考核的分值，实际也可以作为上述第一种考核的一个重要参考依据。

集团战略管理意志的实现

集团对下属企业董事会的管理，最困难的一个问题就是如何既尊重下属企业董事会的自主管理权力，又能够实现集团的战略管理意志。在下属不是上市公司的情况下，事情还好办一些。面对是上市公司的下属企业，则要格外注意下属企业董事会对广大中小股东也有受托责任和忠实、勤勉义务。

上市公司由于有大量分散的中小股东存在，股东会对董事会的授权必须是"董事会中心主义的"。因为大量中小股东的存在导致股东大会召开的成本很高,股东大会事实上容易成为大股东会,在中国甚至出现了一人股东会的现象。董事会中心主义的根本含义是股东会的权力为明确列举式,凡是公司法和公司章程中没有明确列举为股东会保留的权力,即为董事会的权力。也就是说,只要法律、法规和股东会没有禁止做的决策,董事会就可以做。

上市公司的董事要代表所有股东甚至整个公司的利益,不能为了推荐/提名你做董事的股东的利益而侵犯公司的利益。在法理上,上市公司的董事是不能"委派"的。股东单位可以向上市公司董事会推荐新的董事候选人,由上市公司董事会确定向上市公司股东大会推荐,由上市公司股东大会选举担任董事。

法律上要求上市公司的董事对全体股东(当然包括中小股东)负有诚信和勤勉义务,担任上市公司董事参加董事会做决策时,董事要以独立的商业判断做出决策,实际投票。上市公司的控股股东要硬性实现自己的意志,只能通过在股东大会上派出股权代表来实现。有些集团公司在其集团管理规则上规定"集团派出"的下属上市公司董事在召开董事会前要先向集团总裁汇报,根据集团总裁的意见去开会投票,并称之为先走内部程序再走法定程序,这是违背公司法理和公司治理原则的。如果出现了错误决策,中小股东提起了诉讼,是该董事还是其集团总裁承担法律责任?

长久来看,要真正顺畅地实现集团的战略管理意志,需要对下属上市公司进行"私有化",通过换股和集团整体上市等操作,把其他股东的股权都放到集团层面。

13.2.3 中国式集团整合的宿命

东方通信,一个曾经独立自主地在市场上响当当的名字,变成了一个无足轻重的角色。回归代工,成为集团大厦体系里的一个模块,这可以说是中国式集团整合一种典型的宿命。

从给摩托罗拉代工发展起来的东方通信,能以中国第一台具有自主知识产权手机——EG580的诞生为起点,走上一条自主发展的道路,胜过到目前为止仍然在做"以市场换技术"白日梦的几大汽车集团。通过合资、依靠跨国公司转移技术，这在整个第三世界国家里都证明为"不可靠的承诺"了。东方通信能够率先跳出这种"合资"陷阱，可以说是相当先知先觉的，却无奈地摆脱不了中国式集团整合的陷阱，落得一个斗志丧失、武功衰竭、重新轮回到产业链底层的命运。

市场经济里真正强大的企业，是一种生物体，是比较自然地成长起来的，不是摩天大楼，不是根据高明的设计"做"出来的。美国那些能够称雄世界的大企业，没有哪家是在政府支持下直接组合起来的，也没有哪家不是从一个很小的产品和很具体的产业逐渐成长起来的。日本曾经有过三菱、三井等受惠于政府低价出售国有工矿企业的案例，也有过通产省产业政策"精明指导"的时期，但是今天真正笑傲江湖的丰田，却是从织布机做起、本不受东京那些政府"精英"待见的地处名古屋的"地方性"企业。在日本产业政策鼎盛时期，丰田基本是与通产省对着干的。丰田的另一个长期哲学是离银行远点，主要靠做好产品，积累自有资金。

反观一下普天对东信的整合策略，可以说是十分典型的一种集团管理层凭借一套战略设计，强压下属企业执行的中国式集团整合做法。在手机这样一个充分竞争的电子消费品市场上，品牌形象的重要性存在于消费者的心目中，简单化地把没人知道的"普天"附着在已被认知的"东信"之上，甚至想进一步替代，可以说是"计划经济"遗风。其实普天想要有所作为，可以完全采用更为市场化却更为可行和积极的做法。瑞典已经生存五代之久的家族企业——沃伦堡集团，没有什么集团的产品品牌，集团名号甚至也没有太多人知道，但是其所实际控制的企业确是很多大名鼎鼎、国际领先的，其中包括爱立信、ABB和伊莱克斯等等。中国集团企业都比较热衷于学习相对中央控制型的通用电气，其实完全分权化管理的ABB同样甚至是更值得中国企业学习。

回到普天—东信的情景来说，在东信手机已经得到市场认可、取得很大成绩的情况下，普天集团为什么就不能以集团的实力去支持东信品牌的成长，东信品牌成功，东信原班管理人员会更有事业成就，但还不是普天作为股东会成为最大的受益者吗？

优秀的集团管理人应该有一种不同于一般企业管理人的思维：集团的竞争优势应该是来自集团内企业的竞争优势。集团企业领导人需要思考的首要问题是，怎么能支持集团内企业做得更好。计划经济体制下几十年一贯的"一统就死、一放就乱"现象在国有集团企业里还要重演多久？

13.3　法人董事和集团下属企业治理问题

《国务院关于推进国有资本投资、运营公司改革试点的实施意见》（国发〔2018〕23号）规定"国有资本投资、运营公司对所持股企业行使股东职责"，"通过股东大会表决、委派董事和监事等方式行使股东权利"。委派董事是国有资本投资、运营公司控制其所持股企业，实现战略意图和国有资本保值增值的重要手段。

13.3.1　委派董事：事实上的法人董事

2024年公司法第一百七十五条规定："国有独资公司的董事、高级管理人员，未经履行出资人职责的机构同意，不得在其他有限责任公司、股份有限公司或者其他经济组织兼职。"《国务院关于推进国有资本投资、运营公司改革试点的实施意见》（国发〔2018〕23号）规定"国有资本投资、运营公司董事长、董事（外部董事除外）、高级经理人员，原则上不得在其他有限责任公司、股份有限公司或者其他经济组织兼职"。

需要明确的一个问题是，这里的"其他"公司或经济组织，是否包括国有资本投资、运营公司所投资（持股）的对象企业。如果包括投资对象企业，则应该对投资对象企业和非投资对象企业做出区别对待，如严格禁止到非投资对象企业或经济组织兼职，而对在投资对象企业的兼职，做出一些兼职个数和能否取酬及如何取酬等方面的具体规定。禁止在投资对象企业兼职，还是并非禁止——而是做出具体兼职规范，对国有资本投资、运营公司的实际运作模式走向会有重大影响。

进一步的问题是，这里的"兼职"是否包括兼任董事和监事。如果包括兼任董事和监事,这一禁止兼职规定就更不能适用于国有资本投资、运营公司的投资对象企业了。委派董事和监事,是国有资本投资、运营公司控制其所持股企业,实现其战略意图和国有资本保值增值的重要手段。如果禁止国有资本投资、运营公司董事长、董事(外部董事除外)、高级经理人员到所持股企业兼任董事和监事,国有资本投资、运营公司只能从公司中层和公司外部寻找委派到所持股企业的董事和监事人员,会严重削弱国有资本投资、运营公司目的的实现。

国有资本投资、运营公司将和那些实际已经肩负国有资本投资和运营职能的国有产业集团公司面临同样的一个"问题":集团委派到下属企业和持股企业的董事人员到底是以其个人身份出任该职务的,或只是集团作为法人出任下属持股企业董事的自然人代表?

中国公司法没有明确规定董事是否可以由法人担任,相关资格要求都是针对自然人的,可以合理地认为按中国现行公司法规定任职的董事都是由自然人担任的董事,而不是由法人担任的董事(即法人董事,具体履行董事职责的自然人只是法人董事的自然人代表)。但是实际运作过程中,特别是在大型国有企业和集团公司下属企业中,集团公司"委派董事"的现象比比皆是,并且这类董事的实际履职中,其在所任职董事会的投票决策权往往归属于其委派单位,集团公司董事会、总裁或是相关职能部门,而不是归属于董事本人。

实践中,这种做法被称为"先走内部程序,再走法定程序",就是通过集团内部程序,由集团(法人)拿出意见,再由具体任职的董事按法定程序到董事会上进行投票。这是通过所谓内部程序否定了相关董事作为自然人,以其个人身份出任董事的法定身份。作为法人的集团通过内部程序剥夺具体任职董事的个人决策权,由集团法人实际行使董事权力,事实上就是集团作为法人在担任董事,属于事实董事,或说是影子董事。按现代公司治理规则,事实董事和影子董事,是要实际承担相应法律义务的。

解决这种公司法上没有明确规定和实际运作中又有合理需求的冲突,需要深入研究一下法人董事的问题。

13.3.2　法人可否担任公司董事？

理论上，关于法人能否成为公司董事，是一个法人的权利问题，有肯定说、否定说和不能担任担当业务的董事（内部董事、执行董事）但可担任不担当业务的董事这三种说法[①]。实践中，主要发达国家公司法规定上也有三种情况，即准许、禁止和未明确。

明确准许法人担任公司董事的国家有英国（2016年10月以前）和法国，明确禁止法人担任公司董事的国家有美国、加拿大、德国和日本，未明确规定的国家有意大利。

《英国2006年公司法》第154条规定，私人公司必须至少具有1个董事，公众公司必须至少具有2个董事；第155条规定，公司必须至少具有一个自然人董事，如果一个自然人作为独体法人或者因一个职务而担任董事职务，该要求被满足。第163条和第164条，分别对个人出任董事和法人出任董事两种情况下的董事登记册中所要包含的详细内容做出了规定。但是2016年10月开始，英国公司法增加了第s156条，禁止非自然人担任公司董事（s156A），除非经内政大臣（Secretary of state）特别许可例外（s156B），同时提供了12个月的过渡期（s156C），即到2017年10月底前要完成解聘非自然人董事，或由自然人董事替换掉非自然人董事的工作。

法国准许法人担任公司董事，并有相应做法上的很多值得借鉴的具体规定，我们下面专门讨论。

美国没有联邦层面的公司法，被美国很多州公司法作为样板的美国示范公司法和美国多数公司注册所在州的特拉华州公司法都有明文规定，公司董事必须是自然人。美国商业公司法（修订版示范文本）第8.03条第（1）款规定"董事会必须由一个或多个自然人组成"[②]。美国《特拉华州普通公司法》第141条第（2）款规定"公司董事会应当由一人或一个以上的自然人组成"。

《加拿大商业公司法》第105条和《安大略商业公司法》第118条都规定，

[①] 《韩国公司法》第24页，上海大学出版社2011年12月第1版。
[②] 《美国公司法规精选》，商务印书馆2004年10月第一版，第67页。

董事必须是自然人①。

实行纵向双会制的德国股份公司,其上层的国内通常译为监事会的机构,实际相当于单层董事会制公司中的董事会,其监事实际就是董事。德国股份法第100条"监事的个人条件"明确规定"监事只能是具有完全行为能力的自然人"②。

意大利跟中国一样,公司法没有明确规定是否可以任命一个法人为公司董事。由于这一缺乏,意大利律师和法院一直在争论,法律是否禁止一个法人被任命为一家公司的董事,支持法人可以担任公司董事的声音日益强烈。

主要发达国家中,唯有日本的监事会设置公司在实行一种跟中国公司法规定类似的平行双会制结构。日本的委员会设置公司则是实行英美模式的单层董事会制。历史上的日本公司法,没有对法人是否可以担任公司董事做出明确规定,2005年的日本新公司法有关董事资格的第331条第1款明确规定法人不能出任公司董事,第335条规定法人不能出任公司监事③。

13.3.3 法国公司的法人董事

关于法国,有国内文献把其纵向双会制公司下层的管理委员会理解为了董事会,得出单层董事会制公司董事可以由法人担任、纵向双会制公司董事不能由法人担任的不准确结论④。法国民法典第二卷《商事公司与经济利益合作组织》第225-20条规定单层董事会制的公司,法人可以担任董事,这里的董事和英美单层董事会制下的董事是完全一样的。第225-76条规定纵向双会制公司上层的监事会,可以由法人担任监事,这里的监事就相当于单层董事会制中的董事,而不是中国和日本那种平行双会制中的监事。在纵向双会制公司下层的中文误译为董事会的机构,实际是个管理委员会,而不是真正的董事会。这

---

① 《加拿大重要商业公司法和证券法》,中国对外经济贸易出版社1999年9月第一版,第31页、第248页。
② 《德国商事公司法》,法律出版社2014年1月第一版,第112页。
③ 《日本公司法典》,中国法制出版社2006年3月第一版,第167页、第170页。
④ 毛亚敏:《比较公司法研究》,中国法制出版社2001年11月第一版,第178页;梅慎实:《现代公司机关权力构造论(修订本)》,中国政法大学出版社2000年5月版,第332页。

个管理委员会是个执行机构,不能由法人来担任其成员。

法国民法典第二卷《商事公司与经济利益合作组织》第225-20条和第225-76条还分别对法人担任单层董事会制公司董事和纵向双会制公司监事(实际也是董事)的一些具体实行问题做出了规定。第225-20条规定:"法人得任命为股份有限公司的董事。法人接受该任命时,应当指定一名常任代表。常任代表的履职条件、其应当承担的义务以及可能承担的民事责任、刑事责任,均如同是以个人名义担任董事,且不影响其代表的法人承担连带责任。如法人调换其常任代表,应同时委派接替人"[①]。第225-76条规定:"法人可以被任命为监事会成员。法人在受任命时,应当指定一名常任代表,该代表如同其本人担任监事会成员一样,承担相同的义务,负相同的民事和刑事责任,且不因此而影响其代表的法人承担责任。在法人撤换其代表时,应同时委任接替人"[②]。

在商事公司法的实施法令之股份有限公司的领导与管理中,又有如下具体规定。第102条规定:"法人被任命为监事会成员时,由其指定的常任代表的任职期限与该法人委任该人为代表的期限相同。如法人免除其常任代表的委任职务,应当立即用挂号信通知公司,并向公司通报其新任常任代表的身份。法人的常任代表死亡或辞职的情况,亦同"。第103条规定:"法人常任代表的指定与停止履职,应当如同该人是以自己名义担任监事会成员一样,履行公告手续"[③]。

第225-21条规定,"同一自然人不得同时在5个以上注册住所在法国本土的股份有限公司的董事会里担任董事职务",但是此规定不适用于法人的常任代表。同时也不适用于如下情况:根据法律、法规规定,其任职不获取任何报酬的董事;至少有20%资本为另一公司持有的公司的董事,同时是该另一公司的董事、管理委员会成员或监事会成员。与此同时,1人在由其担任董事的公司实行控制的公司里担任的董事或监事会成员的职务也不计算在内。在由同一公司实行控制、其股票没有上市的各公司里担任的董事职务,仅计算为一个职

---

① 《法国公司法典上》,中国法制出版社2007年1月第一版,第102页。
② 《法国公司法典上》,中国法制出版社2007年1月第一版,第131页。
③ 《法国公司法典上》,中国法制出版社2007年1月第一版,第458页。

务，但以这种名义担任的董事职务不得超过5个。

法国这些有关法人董事的法律规定，为集团类公司对其所持股公司，特别是其实际控制公司委派董事和监事常常会面临的一些难题，如：委派单位的法律责任和出任董事、监事（作为代表人）的个人之间的责任分担问题，集团委派董事、监事人员的兼职数量限制问题等等，提供了一些有益借鉴。

13.3.4　法人董事的利与弊

理论讨论和立法规定都是肯定、否定和不置可否三种情况，充分说明了法人董事是个实践性很强、利弊参半和因时因地而异的问题。让一个法人实体出任公司董事，会导致很多问题，正因此，这种制度安排的总体历史发展趋势是从准许到禁止，如英国和日本的情况。

法人出任董事、指定自然人代表充任，大大方便了法人股东的意志贯彻，可以根据自身需要和自身意志改变随时撤换其自然人代表，这有利于法人股东对所投资公司的控制，但减弱了投资对象公司的法人独立性，使其治理结构出现问题。

法人董事的代表人或者代表法人股东的董事，与普通董事有所不同，实际会导致董事会人员身份上的割裂，影响董事会作为一个整体的作用发挥。实际如何追究这类非正常董事的个人责任，也是一个棘手的问题。缺少对董事个人的责任追究，就难以有效震慑和抑制有限责任类公司的冒险甚至是不法行为。

除刑事处罚之外，在民事责任上，任命一个法人董事并不是一种躲避董事责任的方式。各国公司法都规定董事对公司富有诚信和勤勉责任，如果一个法人被任命为公司董事，要与自然人一样地负有这种责任，这也就意味着公司可以向该法人提起因董事责任问题而招致的公司财产损失赔偿诉讼。

英国修改历史上准许非自然人董事存在的法规、要求非经特别许可所有董事都必须是自然人的一个重要原因，是为了回应OECD和G20国家有关公司所有权和控制结构的披露要求，提高公司透明度。英国禁止法人董事的最初立法是《2015年小企业和雇佣法案》（Small Business, Enterprise and Employment Act 2015）。

法人董事禁令纳入公司法之后，在英国注册的公司（包括英格兰、威尔士、苏格兰和北爱尔兰）的所有董事都必须是自然人。违背这一禁令的董事任命将会无效，并且违法。对于现有的法人董事，规定有一年的过渡期，新规则施行一年后，所有现有的法人董事都将不能再任董事。对于董事必须是个人这一新规则，英国政府有权特准例外。对于包含有大型上市公司或大型私人公司在内的集团架构，以及慈善和信托组织，可以例外。另外一种例外情况是，如果一个法人的董事全是自然人并且其董事构成和董事个人的详细信息都是公开可得的，这个法人可以出任公司董事。

从英国准许经批准后例外的两种主要情况——大型集团架构和法人本身足够透明——来看，法人董事之所以实际存在，有其合理性和有利的一面。准许法人成为公司董事，提供了灵活工具以应用于诸多不同场合。可以特别注册成立目的只是为了做其他公司董事的空壳公司。跨国公司可以注册成立一种专门机构，出任其在所有准许法人担任董事的国家的子公司的董事。如果构造合理，这可以使集团对分/子机构的管理更为流畅。

对于中国的现实情况来说，特别是将要成立国有资本投资、运营公司和国有大型产业集团公司，可以以集团公司本身或者集团内的一个专门法人机构作为集团子公司、集团持股公司的董事和监事，无论出台法人董监事的具体法规如何规定，更换这些法人董监事的自然人代表总要比更换董监事人选所需要的备案和公告手续简单和便利一些。如能进一步像法国公司法典那样，对法人董事的更多具体事项做出明确规则，肯定会比现在这种没有明确法规，而实际存在"法人董事监事"现象的灰色状态要好。

13.4 因时而变：日本企业集团模式的历史演进

我们大致可以按照其鼎盛和占经济体系主导地位的时期不同，把日本的企业集团划分为三大类：股权集中、家族控股的财阀企业，股权分散、交叉持有的"系列"企业和股权分散、多元持有的新型现代国际化企业。

13.4.1　明治政府推动日本家族企业成长为财阀集团

明治维新中，日本政府出资兴办了大量的工矿企业，但这导致了政府的大量负债。为了解决政府的财务负担过重问题，1880年明治政府大规模、同时也是低廉地出售"国有企业"。三井、三菱、住友等当时已经有一定实力的家族企业都从中购买了一些重要企业，从而各自掌握了一些日本的重要产业，如钢铁、煤炭、水泥、金属、机械、造船和纺织等等。很多研究日本的学者认为，这是日本财阀的真正"起点"。正是这些产业，尤其是矿山，为这些家族企业的扩张和进入其他领域提供了持续稳定的现金流支撑。

如同中国的红顶商人一样，财阀家族与明治政府也发展出了类似的一种互相支撑、互相利用的互惠关系。如三井家族在最初几年的困难时期大力支持了明治维新运动而得到政府的信任，承担明治政府的金库代理业务。这使其发展出了庞大的全国性的分支网络。三井物产获得了日本国有煤矿优质煤出口业务的垄断经营权，当时这些煤出口到中国，利润十分丰厚。为此于1876年建立的上海办事处就是三井走出日本的第一站。

明治维新助推日本家族企业成长为财阀集团的另一个重要方面是，通过引进德国民法，为这些企业提供了一种新的组织形式——公司，从而能够更有效率并更低风险地吸纳资源。有了民法后，这些家族企业开始以组建公司的方式从事新事业，进行业务扩张、引入优秀的家族外人才。与此同时，也开始吸收家族之外的股权资本，包括公众资本，但是家族保持控股地位。这样逐渐形成了最上层是家族，家族持有绝大多数股权的财阀总公司（本社），下面是一层、二层、三层，层层控股的企业金字塔。

二战结束后，美国占领军认为财阀推动日本走上军国主义之路，并为战争提供了经济支持，日本财阀因此而被强制解散。解散的方式是将财阀家族持有的股份卖给公众。从财阀家族向公众转让的股份总额超过了日本公司股本总量的40%。这导致战后的最初几年时间，成为日本公众持有企业股权比例最高的历史时期。个人持有日本公司股份的比例在1949年左右达到了70%的历史高点，持有公司股份的股东总数也从1945年的170万达到了1950年的420万。正是这种外部冲击下造成的股权分散，成为战后日本系列企业兴起的缘由。

13.4.2 "系列企业"产生的历史与制度根源

战争和解散财阀这种"外部冲击"终止了日本的家族财阀企业按照其本来很强的股东主权主义的逻辑和逐步分散股权的路径完成其向现代国际化企业制度模式自然演变的过程,但财阀还是为战后日本新形成的"企业集团"——系列企业,提供了重要并不可或缺的制度和文化基础。

公众可以在短时间内就持有大量股份,却难以在短时间内就学会做企业的股东。而且,由于战后日本普通民众非常贫穷,厌恶股票市场的风险,以至1949年东京证券交易所重新开始运营之后,民众蜂拥而至,出售股票。在大量的个人股东纷纷出售了所持股份之后,金融机构和非金融公司成为了日本企业最重要的股东。这样一个公司股东结构在1960年代日本资本市场自由化时期又进一步得到了加强,很多日本企业正是从那个时候开始进行了股东安定化的运作。由此带来的一个结果就是,在日本形成了一种在金融和非金融公司之间长期稳定地交叉持股的新型股权结构。到了1991年,金融机构和非金融企业合计持有日本公司全部股票的比例达到70%,正好把1949年个人占有70%的状态翻过来了。

二战后日本企业构建起一套交叉持股关系,形成"系列企业"这种日本式的所谓"企业集团",一定程度上是旧财阀企业以新形式"再生"。推动这种"再生"的要素主要有两个方面。一是这些企业之间业已存在的在前财阀中形成的历史联系,包括已经有的一部分交叉持有股份和一种"父母不在了兄弟姐妹们要相互照应"这样的情感要素。二是由于解散财阀导致的高度分散和不稳定的公司所有权结构,这使经理人们感觉不适,产生构造新的可靠股东基础的要求,而且高度分散的股权结构带来了日本资本市场上的并购活动,迫使经理人们要采取一些可行的反并购和保持公司控制权的措施。

为什么面对股权分散和并购威胁,日本企业走上了交叉持股,而不是像美国企业那样采取一系列的反并购措施?这除了前财阀企业的交叉持股遗产及前财阀成员企业之间的情感联系等软性因素之外,还有法规方面的一些硬性因素。

日本战后于1947年开始实施的反垄断法限制法人相互持股比例不能超过

5%，这便美国公司抵御并购威胁的"白衣骑士"变成了日本公司的"兄弟姐妹众人齐上阵"。公司法禁止企业回购自身股票（对此从1998年开始为了实施股票期权等已经有过几次修改），这使日本企业不能像一些美国企业那样自掏腰包高价赎回敌意并购者所持股票（"绿色邮件"敲诈），而是必须由关系户企业来做。每个企业都持有一个较低比例的"系列企业"内兄弟企业的股份，这样既可避免违反反垄断法，又能够达到股东安定、阻断敌意并购威胁的目的。

13.4.3　股东构成和股东角色的变化

根据日本学者青木昌彦的理论模型，日本企业是股东和员工之间的一种联盟，而经理人居间协调和整合以尽可能平衡二者之间的利益。经理人位居日本公司治理的中心，这源起于日本战争时期政府废除了股东的权力，将公司置于政府计划的控制之下。战后又通过交叉与稳定的持股结构和终身雇佣制而得到强化。

但是，自高增长时代结束之后，日本的公司治理景观已经开始改变。从1990年代早期泡沫经济崩溃开始，股价的长期持续下降导致了上市公司相互交叉持有和长期稳定持有的股份比例都显著下降。

导致这一变化的一个重要原因是日本的银行和保险公司为了重建其资本基础和消除坏账，以及获取现金投入一些效益更高领域，大量出售一些业绩不良公司的股票。会计准则的改变，要求日本公司以市场价格替代购买价格计量其所持股票的价值，也是一个重要原因。1990年代中期开始，日本的会计准则发生了很多改变，以市价计量金融资产是从2001年开始的。新的会计准则提高了管理的透明性，促使日本企业重组和卖掉其不良资产，他们已经不能继续对不良资产通过将其转移到关联公司中等等这类手法来进行隐藏。

随着日本公司所有权结构和股东构成的变化，股东的影响力开始逐渐提高，特别是来自外国投资者和中小股东的影响力在持续上升。

日本公司法——商法的修改，为加强股东直接和间接控制日本公司管理提供了一种重要的驱动力量。1990年代加强股东权利的一个重要步骤是关于股东诉讼费用的一项法律修改。直到1993年日本法院对股东衍生诉讼按索赔金额的比例收取立案费。1993年开始改变为按8200日元的固定费用收取，这扫除了股东通过衍生诉讼监控公司的主要障碍。在同一次法律修正中，还把有权检查公司账目所要求的股东最低持股比例从以前的10%调低到3%。从1950年到1990年的四十年间日本公司股东总计只提出了约20起衍生诉讼案件，而在1991到2000年间，有至少494起股东诉讼案件。

外国投资者已经成为日本资本市场上的一个日益重要的角色。他们积极地参与公司股东大会，其影响力已经在市场上显现。与典型的安静的日本股东相比，他们代表着一种更为挑剔和更有批判眼光的股东基础。

13.4.4 走向未来：公众持股公司主导的战略联盟

源自旧财阀的三大集团和以银行中心的三大集团所共同具有的主要特征就是主银行和交叉持股。但是这两个曾被作为其优势源泉的战后日本企业体制的主要特征，在日本高速增长时代结束和泡沫经济崩溃之后，都受到了普遍的诟病。这种诟病并不仅仅是来自美国，在日本企业内部，也形成了一股强大的反思和自主改革力量。正是因为缺少股东主权的约束和在银行的大力支持下，日本企业大量投资，大量购买地产和股票，吹起了地产和股票两大泡沫，既葬送了持续几十年的高增长，也带来了十几年的"迷失"和艰巨痛苦的调整。金融业失败、制造业保持胜利，这是很清楚的战后"日本模式"的结局。

事实上，我们以前所熟悉，甚至津津乐道意欲模仿的那些战后日本企业的传统体制特征，从主银行、安定股东、交叉持股到终身雇佣等等，无一不在逐步地减弱和消解，以金字塔结构和交叉持股为特征的日本企业的高度集团化特征已经是过去时。

从制造业中成长起来的那些新兴大型国际化的日本集团企业，已经不再主要依赖银行融资，而是走上了全球资本市场，通过全球发股、发债来融资，并且由此成长为新型的日本企业集团。日立、丰田、索尼以及东芝、佳能、富士通等等这些真正并且势力日益强大的日本集团企业，其运作模式已经完全不同于旧式财阀企业，也不同于经典的日本系列关联企业模式。

根据东京证券交易所发布的《东证上市公司治理白皮书2015》，在截至2014年7月14日的全部3114家东京证券交易所上市公司中，只有9.0%的公司第一大股东持股比例在50%以上，高达56.2%的公司第一大股东持股比例不足20%。11.4%的东证上市公司有母公司，7.0%的东证上市公司有控制性股东但无母公司，余下81.6%的东证上市公司无控制性股东。65.7%的东证上市公司子公司数量不足10个，只有2.7%的东证上市公司子公司数量超过了100个。

从传统的财阀企业，经过系列企业，到目前的新型公众持股公司，因时而变的日本企业集团模式背后，可以发现日本拥有一个具有高度灵活性和适应性的公司治理系统，并且可能是这个世界上最有灵活性和适应性的一个。从二战前到二战后，从高增长时代到长期的停滞和现时代，日本的"企业集团"模式和公司治理景观已经随着时代而发生了根本性的改变。从家族控制到政府控制和银行控制，从股东控制到经理和雇员控制再到向股东控制的回归，从集中所有权到交叉持股，再到分散的公众持股，日本在不同类型的"企业集团"和公司治理结构基础上都取得了卓越的商业和经济成就（表13-2）。

表13-2　日本企业集团的三个时代与三种类型——财阀企业、系列企业、新型企业

	财阀企业	系列企业	新型企业
兴盛期	明治维新—1945年	1946—2002年	2003年—
所有权	家族持有	交叉和稳定持有	公众持有
融资	自我融资	银行贷款	股票和债券发行
控制	创始家族	主银行和经理人	资本市场
结构	控股公司	公众公司	公众公司
董事会	家族委员会	内部人、大型董事会	外部人、小型董事会
雇员	家族导向	终生雇佣	市场驱动
目标	利润和家族财富	增长和雇员福利	股东价值

相关案例参见《董事会与公司治理（第4版）：演进与案例》案例23"李秉喆：希望三星这个组织可以长存下去"、案例24"沃伦堡：积极所有权的典范"、案例25"独特的富通集团：一套人马四块牌子"。

第14章

银行与金融机构的董事会与公司治理

　　银行是一种特殊的企业。即使在美国这样完全的自由企业制度之下,按普通公司法注册的公司,什么业务都可以做,但就是不能做银行业务。

　　银行业的公司治理,不仅事关银行自身的问题,还事关整个经济金融体系和公司治理体系的问题。

银行等金融机构公司治理至关重要,一方面是因为金融机构自身的治理是否良好影响到整个经济系统的安全,另一方面则是金融机构的业务中所自然蕴涵着的对其他各种社会经济单位"现金流"的监督。尤其是对于制造业企业,金融机构承担着监控和参与治理的角色。金融机构自身治理水平提高,参与其客户或投资对象企业治理的能力也会提高,从而会促进整体公司治理水平的提高。

14.1 金融机构公司治理的特殊性与难点

金融业的一些特殊性带来了金融机构公司治理上的一些难题。这些特殊性中,如严重的信息不对称性,内涵于金融业自身的业务属性,但是另外一些特殊性,如过重的行业监管和过高的政府所有权,则是源于观念或利益而采取的政策选择的结果。

14.1.1 金融机构具有更严重的信息不对称性

信息透明确定无疑是改进公司治理的有效的因素。金融业严重的信息问题,削弱了一些标准公司治理机制,如股东和债权人的控制、产品市场竞争、公司控制权市场等机制。

对于一般公司来说,信息不对称主要表现在股东与公司之间。相比之下,金融机构的信息不对称问题要复杂得多。金融机构的内部和外部投资者之间,股东、债权人和大投资者、经理人之间有严重的信息不对称。

金融机构更为严重的信息不对称，与金融行业的产品和业务属性本身有关。非金融行业消费者可以付款即得到货物或服务。金融业消费者，如商业银行的储户，则是用现在付款得到一个未来的付款承诺。保险行业也是一样，在投保和赔付之间，有很长一段时滞。其他行业产品的质量问题，顾客可以很快发现，而金融行业产品，如贷款或是保险等的质量则可以隐藏很长时间。商业银行通常还可以通过发新债还旧债而轻易掩盖问题。

理论上说，商业银行的存在本身是因为借款人要比放款人（商业银行）更了解他们的偿还能力。如果没有这种情况，所有的金融就都会是直接金融，或非中介化的金融。我们将只需要货币和资本市场，而不需要商业银行作为中介。存款人把需要付出高昂代价的收集和处理企业（和其他借款人）偿还能力信息的工作交给专家（商业银行），因此而处于相对银行管理层而言的在银行资产质量上的信息劣势地位[①]。

严重的信息不对称和部分储备制使商业银行具有不稳定倾向，存款人很易于恐慌。多米诺骨牌效应又使单个银行破产带来其他银行的存款人恐慌，导致系统性银行危机或广泛的金融危机。系统性银行危机给纳税人带来极高成本，他们必须为银行的重组最终付款，而且银行放款能力受损会带来经济增长的损失。存款保险可以消除恐慌，但也同时也消除了存款人选择最佳银行的激励，产生道德困境。无论显性还是隐性的存款保险，都削弱了商业银行股东和存款人在促进良好公司治理方面的作用。在存在利率竞争的情况下，固定费率的存款保险还会产生逆向选择，存款人被吸引到风险最高的银行，那些为储蓄提供比竞争者更高利率以求高增长的银行，这些银行会发放比竞争者所能接受的更高风险水平的贷款，以获得高于平均水平的回报。

14.1.2 政府所有权、寡头结构和监管

在非金融行业里，竞争是一种重要的公司治理机制。产品市场竞争会把表现不好、业绩不佳的公司驱逐出市场，资本市场竞争则会使优秀公司得到更大

---

① Ackerlof, G. 1970, "The market for 'Lemons': quality uncertainty and the market mechanism", Quarterly Journal of Economics, Vol. 84, pp. 488–500。

的扩张机会，并购作为一种公司控制权市场的作用会使治理不善、业绩不佳的公司管理层被赶走。竞争程度和兼并市场有效性决定了公司治理的有效性。

但是在金融业，特别是银行系统，通常处于一种寡头竞争结构。寡头之间可以高度竞争，但经常有很强的激励进行共谋或其他非竞争性行为。寡头结构还会带来"大而不能倒"问题。大型金融机构知道，因为对经济的破坏及随之而来的社会成本，政府不会让他们倒闭，因而可能从事一些风险更高的活动。

金融行业里的垄断或说寡头竞争格局，以及更强的政府监管，都削弱了市场竞争的力量，无论是在产品市场上还是在资本市场上。在一个充分竞争的行业里，产品市场竞争就可以解决很大一部分公司治理问题，而在垄断或寡头结构的金融行业，则是基本不可能。

造成金融行业的垄断或寡头结构的一个重要原因是金融监管。从起源上说，金融行业垄断结构的形成，可能是这样一种信念的结果：金融业的更少竞争是一种值得的付出，因为有利于金融稳定。金融市场准入、金融业务监管、金融从业人员资格审核（股东、董事和高管）和退出监管（更难和更复杂的兼并审核和破产程序）等等，都在削弱金融行业的市场竞争程度。

严格的行业管制对金融机构的外部和内部治理机制都产生了一定的抑制作用。在公司内部治理方面，监管部门对金融机构参股比率、参股资格等方面的种种规制客观上限制了大股东作为监督者在内部治理中的作用。对产业资本进入金融行业的严格限制还强化了由于严重信息不对称导致的金融机构内部人控制问题。在金融机构高管由政府行政确定的情况下，内部人控制的背后又还隐含着政府控制的问题。

在公司外部治理方面，行业监管也极大地降低了市场竞争在金融机构公司治理中的作用。比如，监管部门对金融业（如商业银行和保险公司）投资领域和产品创新的严格规制降低了产品市场的竞争对经理层的压力；严格的行业准入和参股限制、复杂的核准程序提高了金融业的并购成本、降低了并购成功的概率，使接管和并购机制在金融机构治理中的作用大大降低；监管部门对金融业高级管理人员任职资格的审核与限制，在一定程度上也降低了经理人市场在金融机构治理中的作用。

当金融机构是国家所有时，所有者、市场或监管机构都不能提供有效的公司治理。特别是在管理国有金融机构的高级经理地位高于监管机构高层人员的情况下。政府既是监管者又是所有者时，两个角色之间会出现利益冲突。政府拥有银行的所有权可能会削弱银行的冒险行为，但是政府会以产业政策或是发展战略的名义，指令银行向他们优选的经济部门，或是政治上偏爱的借款人放款，这可能会引起一些偏差。采用国家所有权和公司监管解决公司治理问题的一个明显问题是，政府官员手中掌握控制权，而他们的积极性和动力不足。抑制金融监管者的寻租行为也是一个重要问题。监管者在其被监管机构就职的可能性，导致监管乏力。

14.1.3　金融机构公司治理的难点

金融机构有良好治理，管理人员有完善激励，会更有效率地配置资源，并在其所投资的公司进行有效的公司治理，也因此能更好地保障整个经济体有效配置资本，刺激投资和增长，并为货币和金融稳定做出贡献。但是金融机构特别是银行的特殊性质，带来了其公司治理中的一些特殊难题。

中小股东很难参与金融机构的公司治理。股东通过两种方式实行公司治理，对重大问题直接投票决议，通过选举董事会代表股东利益并监督各种管理决策。但是金融机构严重的信息不对称性以及搭便车问题，使中小股东很难并很少有积极性去参与金融机构的公司治理。

在非金融企业里，大股东和集中性的所有权是解决分散所有权下股东没有能力进行有效公司控制的一种重要的公司治理机制。可是在金融机构里，由于其自身特殊的资本结构，大股东会有更高的风险偏好，更容易牺牲小股东、债权人和其他利益相关者的利益。与此同时，政府通常又限制金融机构特别是商业银行所有权的集中和外部人员未经监管机构批准而购买大量的金融机构股份。对金融机构所有权的限制削弱了公司控制权市场在金融机构公司治理中的作用，对金融机构业务的限制则抑制了金融机构之间的竞争，使市场竞争无从成为一种有效的公司治理力量。

普通公司中，股东之外，债权人是重要的公司治理力量。可是在金融机构里，债权人的公司治理力量也受到了多种因素的削弱。相比非金融企业，金融机构通常缺乏大额和集中性的债权人。而且，金融机构的大额和集中性债权人也和大股东一样，容易获取控制权的私人收益，但会和大股东的风险取向相反，大债权人可能使公司放弃好的投资项目，转而选择风险极小的项目。金融机构普遍性地更多中小和分散债权人，中小和分散债权人有效行使公司控制取决于法律和破产制度是否有效，而金融机构的破产又会普遍受到更严的政府控制。

14.2 银行业的公司治理

银行是一种特殊的企业。即使在美国这样完全的自由企业制度之下，按普通公司法注册的公司，什么业务都可以做，但就是不能做银行业务。

银行业的公司治理，不仅事关银行自身的问题，还事关整个经济金融体系和公司治理体系的问题。

14.2.1 商业银行公司治理的重要性与特殊性

几乎在所有经济体中，银行都是主导性金融机构，企业和家庭都主要依赖银行提供金融服务。在所有国家，银行都是中小企业外部融资的主要来源，它们依赖银行获取外部融资。银行因此而在非金融企业的资本配置和公司治理上起着关键作用。银行在资本市场不发达的发展中国家起到更为重要的作用。即使在金融市场高度发达的美国，由于1999年修改了格拉斯—斯蒂格尔法案后，大多数商业银行都开始从事投资银行业务，以为他们的大型公司客户提供经纪和承销服务，变成了欧洲大陆那种全能银行模式，银行在非金融企业的公司治理中也开始扮演重要角色。

导致商业银行公司治理非常重要，又与一般公司治理不同的一个重要原因是银行的"流动性提供者角色"。银行只有相对很少的股权资本，通常是90%的债务资金，远远高于其他企业的水平。即使是在2008年全球金融危机之后，对银行业的资本要求有所提高，巴塞尔委员会对银行核心一级核心资本比率的要求也仅为7%。银行资产和债务之间时间期限上高度不匹配，债务是应约而取的储蓄存款而资产是长期性的贷款。通过持有流动性的资产和发行流动性的债务，银行为经济体系创造了流动性。但是这一职能也带来了一种"囚徒困境"和存款者的集体行动问题：银行不能同时满足所有提款者的要求。

银行股东一方面比一般企业股东享有更高的财务杠杆，可以以更少的自有资本控制更多的"别人的钱"；另一方面又缺乏一般公司股东利用"有限责任"过度冒险的行为会受到的来自其他固定收益权益持有人的抑制（包括公司管理层以及作为债权人的银行）。银行的这种特殊性导致其比一般企业有更高的道德风险（moral hazard），更强烈的风险偏好行为，因此对银行的股东、董事和高管要有远比一般公司更高的责任标准要求。这种更高的责任标准要求主要表现在两个方面：银行股东的双倍或多倍有限责任制度和银行董事及高管的更高勤勉义务标准。

中国要对民营资本放开银行市场准入，大力发展民营中小银行，美国历史上行之有效的银行股东双倍有限责任制度和银行董事更高勤勉义务标准，不失为一种可以借鉴和采用的特种公司治理方式。

14.2.2 银行股东的双倍有限责任制度

为了控制银行股东的"道德风险"和过度冒险行为，美国历史上实施了90多年的银行股东双倍甚至多倍有限责任制度。尽管由于其资本市场的高度发达、银行公司股权的高度分散等等原因，美国今天已经不再实行这一制度，但是对于刚刚开始向民营资本开放和进行股权多元化的中国银行业来说，这一历史上的做法，也许比其当今的许多做法更有借鉴意义。

从19世纪前半期开始，美国许多州的法律，给银行股东施加双倍或者三倍责任，要求股东在银行破产时再付出与他们初始投资一样或者二倍的资金。1863年的美国国民银行法（National Banking Act of 1863），采纳了州法的这类条款："每位股东在要其已投入资本之外，再承担与其所持有的股份面值相应的责任。"1864年增加了一条：股东们的这种责任是"平等、可计量，各自的"，也就是没有连带责任。这种规则安排导致银行股东要比只承担投入资本损失（就是我们通常所说的有限责任——股东以投资额为限对公司债务承担责任）的普通公司股东承担更大的责任。其目的就是防止银行的股东和董事从事过分冒险的运营，给予银行的债权人（储户）以比股东股本更多一点的东西做支撑。

1929—1933年的银行倒闭浪潮，导致这一双倍责任制度的"过重压力"，以至最终被放弃。原因是要追究大量的股东，并且他们很多已经处在严重的财务困境之中。1923—1929年间的经济繁荣使银行股份快速地在公众之中分散，这意味着其中很多人与失败的银行没有"内部人关系"，无论是家族关系，还是雇佣关系。很多在繁荣时期购买银行股份的人，没有认真地考虑过银行倒闭会带给他们潜在责任。这些因素导致反对双倍责任条款的政治呼声越来越大。1936年一位学者指出，双倍责任"非常有效地让很多并没有参与到银行的管理和控制中去的无辜的股东们破产"。到了1944年，当最高法院支持对一家因为附属银行破产而其控股公司的股东承担双倍责任的判处时，遭遇了大众媒体的广泛责难——而如果是在20年前则会受到广泛赞誉。支持取消双倍责任规则的理由是这样一种共识：双倍责任已经无法达到其预期目的。尽管有双倍责任，但是成千的银行倒闭，国家陷入空前的经济灾难。双倍责任尽管有着悠久的传统，看来还是不足以作为保护存款公众的有效手段。导致双倍责任规则废除的决定性因素是根据《1933年银行法》建立的联邦存款保险制度。当时，大多数人认为，存款保险制度是远比双倍责任制度有效的解决银行系统问题的药方。

1933年国会对新发行的国民银行股份废止了双倍责任规则。1935年开始，所有的国民银行股份，如果银行提前6个月公告终止，则可以废除双倍责任。到1953年，将近5000家国民银行中，除了25家之外，都发布了所要求的公告，选择废止双倍责任。国会废止了这极少数保留者的双倍责任，将近90年历史的国民银行的双倍责任制度寿终正寝。

14.2.3 银行董事与高管的更高勤勉义务标准

在废止银行股东多倍有限责任制度，代之以存款保险制度的同时，对银行董事和高管采用比一般公司更高、更严、更宽的勤勉义务标准这一抑制银行道德风险和冒险行为、完善银行公司治理的做法却得到了加强。

美国一般公司董事和高管纯粹因为勤勉义务而被追究责任的案例直到今日都很少，而确立银行董事"勤勉义务"民事责任的第一案是1891年的Briggs诉Spaulding。Briggs，布法罗第一国民银行的总裁，因为给他自己、家族成员及缺乏信用的第三方提供非法和不良贷款，致使银行破产。该银行的董事"没有对银行的管理尽心"，只是依赖总裁来执行和管理银行事务。经理和董事的错误行为以及没有"忠实和勤勉地履行他们的职责"给银行带来损失，他们因此而被起诉。在确定银行董事的"勤勉"标准上，法院认为，"董事在对银行事务的管理中必须尽到正常的勤勉和谨慎"，这要求"远远超过作为一个象征性的首脑"。Briggs案确立了"联邦注册和联邦保险的存款机构的董事'失职'的联邦法律标准"。

此案之后，有关银行董事勤勉责任的案件出现了一个轮回模式。在银行破产很多的时期，或紧随其后，法院常常提高银行董事勤勉职责的标准，并相应降低"商业判断准则"的作用。此时，法院会放弃在有关普通公司董事责任勤勉责任案件中只看决策制定过程应用商业判断准则的一般做法，代之以看决策的实质内容和其导致的结果。1940年的Litwin v Allen一案，表明了法院对银行董事持有比非银行董事更高的勤勉责任标准。该案涉及的是股东对"担保信托公司"及其全资下属机构纽约担保公司董事们的衍生诉讼。该案中的问题在该银行与Alleghany Corporation间所进行的一系列的回购交易中董事是否违背了银行董事的勤勉职责。法院认为，对银行董事的勤勉职责要求要比对普通公司董事更为严格，因为银行要服务于公众利益，而不仅仅是其股东的利益。法院是以"适度谨慎的银行家"（reasonably prudent bankers）这一标准来衡量董事的勤勉职责履行情况。法院认定"与谨慎的银行行为相比，这项交易是如此缺乏远见、如此充满风险、如此非比寻常和没有必要"。据此判处该银行董事们承担个人责任。

1980年代中期大量的银行和储蓄与贷款协会倒闭，又使对银行董事的勤勉责任执行了更高的标准。700多家储蓄与贷款协会和300多家银行倒闭，导致美国纳税人损失上千亿美金。有上百件银行和储蓄与贷款机构董事高管被诉案件，1300多人被控告，其中绝大多数被判有罪。这些案件中大多数的控诉主张是因为在一些不良贷款行为中董事们违背了其勤勉职责。

为了加强对欺诈或损害存款机构和存款人行为的民事和刑事法律制裁，以及提高联邦监管部门的执行力，美国国会在《1989年金融机构改革、复兴和实施法案》（FIRREA）中创立了联邦保险和注册的存款机构统一的董事勤勉职责标准。被保险存款机构的董事或经理，应对任何民事诉讼中的货币损失承担个人责任，包括由公司、代表公司或者在公司的要求或指令下提起的诉讼，这一诉讼可以是完全或者部分地为了公司的利益，针对"总体性失察"（gross negligence），包括任何类似行为，或者显示出（比总体性失察）更大程度地未尽到勤勉责任的行为，包括故意扭曲行为。

在提交董事会决策的事项上，董事有考虑其决策对银行安全和稳健的影响的法律责任。这包括：是否会削弱银行支付其正常到期债务的能力，是否明显增加银行的风险（以投资回报的变异度来衡量），明显降低银行的资本基础（基于风险计算和杠杆测试两种方式衡量）。

银行很少会像其他企业一样的方式面临流动性削弱状态，因为银行可以吸引新的存款人而获取现金。这使银行常常可以在直到其被监管部门关闭前，都可以偿付他们的债务。因此，银行董事会行为对银行负债比例、风险和收支平衡能力等的影响要比其对流动性的影响更为重要。在银行业，保护固定权益者利益的需要更为意义深远。比如：如果在分红则不能保证正常到期债务的偿还的情况下，则不能分红，如果实际分红了，董事们则要对分出去出的金额承担个人责任。

14.2.4 花旗集团的组织架构与公司治理准则

前面介绍了很多花旗集团董事会及其委员会方面的情况，现在对花旗集团的组织架构和公司治理原则作一介绍。一方面是让读者对这种美国式集团公司——集团总部本身是上市公司，下属企业不再进行股权多元化，从而有利于公司治理和战略管理——有个进一步的了解，另一方面是为那些正在明里暗里地积极向金融控股集团迈进的中国金融企业和那些正摩拳擦掌向金融领域进军的实业公司提供一种借鉴。

花旗集团的公司治理准则

2002年以来花旗集团采取了一系列的改进公司治理的具体措施。其中包括在其公司层及每一个业务单位层面成立了经营行为委员会（Business practices committee），以帮助确保其公司高管人员能够定期地仔细审查公司的产品和经营行为，公司政策是否适当，以及公司的基本价值观是否在整个组织的每一个层面都得到了强调。公司董事会也正式制定了7页长度的花旗集团公司治理准则。

从公布公司治理准则的角度看，花旗集团不是领先者。通用汽车公司早在1993年就公布了其董事会关于公司治理的指导原则。中国也已经有一些公司公布了其公司治理准则。山东胜利股份公司治理原则的制定曾引起广泛关注。题为"责任、透明、诚信"的浙江沪杭甬高速的公司治理原则长达一万多字，并且附带了董事行为守则、董事会自我评估问卷表、董事评估表等内容。

花旗集团公司治理准则的主要内容包括：使命、董事会、董事会成员的数量和选聘、董事的独立性和资质、股票所有权承诺、从董事会退休、董事会绩效评估/任期限制、董事会会议、年度战略评估、沟通、董事会委员会、董事与高层经理的联系、董事薪酬、董事的培训和持续教育、首席执行官绩效、继任计划、公司行为守则和金融职业伦理守则、内幕交易、股票期权、与董事的交易、向董事的贷款和向经理人的贷款等。

花旗集团公司治理的使命是要追求最高的伦理行为标准，信守承诺，准确和透明地报告经营结果，与规制公司业务的法律、条例和监管规则保持最大程度的一致。这些可能是每一个公司有关其公司治理的公开宣言中都会讲到的，没有什么特别之处。值得我们给予关注的是有什么具体的制度安排来保证做到这些。

董事会的基本职责就是为了股东的利益并且要兼顾其他各种利害相关者的利益而对公司事务提供有效的治理。像花旗集团这样的跨国公司，股东之外的公司利害相关者包括全球范围内公司顾客、雇员、供应商和当地社区。

花旗集团的组织架构

为了财务报告和内部运营管理的方便，整个花旗集团又划分为五个下属集团或部（英文原文仍然用的是group一词）：花旗集团全球消费者集团（Citigroup Global Consumer Group）、花旗集团全球公司和投资银行（Citigroup's global corporate and investment bank）、花旗集团全球投资管理（Citigroup Global Investment Management）、花旗集团国际（Citigroup

International）和史密斯伯尼（Smith Barney）。

花旗集团全球消费者集团的主要业务是金融服务，包括银行服务、信用卡、贷款和保险等等。花旗银行服务（Citibanking）面向个人消费者和年销售额在1000万美金以下的小企业提供银行、借贷和投资服务。花旗信用卡服务（Citicards）提供包括万事达、维萨和花旗私有品牌的信用卡和支付卡服务。花旗资本服务（CitiCapital）提供卡车、建筑设备、卫生设备和办公设备等的融资服务，还包括连锁经营和市政建设的融资服务等。花旗财务服务（CitiFinancial）在北美、欧洲和日本提供消费者融资和以社区基础的借贷服务。

花旗集团全球公司和投资银行已经成为一个能够在全球范围内满足企业、政府和机构投资者及个人投资者的各种金融服务需求的组织。花旗全球股权证券服务（Global Equities）为企业和机构投资者提供股权销售和交易平台，拥有全美第二大股权证券的零售经纪网络。花旗固定收入证券服务（Global Fixed Income）包括各种债券的承销、销售和交易，包括资产支持证券、抵押证券、辛迪加贷款、结构融资，也包括外汇和期货业务。花旗全球投资银行和全球关系银行服务（Relationship Banking）为顶尖企业、金融机构和政府提供定制和独特的解决方案，包括有关收购、合并、分立、财务重组、贷款、外汇、现金管理、股权及债权和衍生证券的承销与分销等多方面的战略和财务顾问服务。花旗全球证券服务（Global Securities Services）是在全球范围内为那些领先的投资者和发行人提供跨国境的交易服务，包括托管、信托和安全保护等各个方面。

花旗集团现金、交易和司库服务为公司、金融机构、中介机构和政府提供一个整合性的现金管理、贸易融资和电子商务解决方案。基于互联网的现金管理、电子采购和支付、供应商融资解决方案，可以为助力客户重组其应收和应付款流程，更紧密地整合供应链，更有效地管理营运资本。

史密斯伯尼（Smith Barney）是花旗集团旗下的一个私人财富管理和股权研究机构，为高净值的投资者、机构、公司、私人企业和政府基金提供综合性的财务计划和咨询服务，在全球拥有300多个研究分析师、接近12400个财务顾问和约500个办公点。史密斯伯尼提供全系列的投资服务，包括资产配置、私人投资和借贷服务、对冲基金、现金和资产组合管理，以及退休、教育和不动产计划。

花旗集团全球投资管理包括资产管理、私人银行和退休服务等业务。花旗资产管理为各类投资者提供投资管理及其相关服务，包括全球范围内的从初级投资者到富裕的个人和大机构，公共机构和私人机构在内。

花旗集团国际业务主要是通过花旗银行在全球100多个国家提供金融服务。可以为客户提供个性化服务和本地银行的优势，同时全球化的平台可以持续地为其快速提供新型和创新性产品，并可以使其成本更低。

作为全球最大的金融服务企业，花旗集团已经形成了一种产品驱动、地域驱动和客户导向三种模式混合一体的非常复杂的集团组织结构。对于大量刚刚开始从单一业务型企业走向多元化和多部门化企业集团的中国公司来讲，如何有效地进行部门化和集团运作是一个具有很高难度的课题。即使是中国几家规模庞大的金融集团，因为业务的复杂程度和集团化管理的水平等等方面都还有很大的差距，也难于直接照搬花旗集团的组织结构模式。这种高度复杂的混合型的组织结构在很大程度上是随着公司战略成型和业务发展而自然演化出来的。

做大做强主业，成为一个优秀的单一业务公司是企业经营必修的第一课。在此基础上，根据产品特性决定走产品驱动的组织结构发展模式还是地域驱动的组织结构发展模式。有了产品或地区划分的集团运作经验之后，组织结构进一步演化的路径则是或者先产品驱动再地域驱动，或者先地域驱动再产品驱动。最后随着业务的成熟和竞争的加剧，引进客户导向的组织结构因素，就会自然形成一个最适合和适用的混合型集团组织结构模式。

14.3 银行也是企业，但要有更高的股东和董事责任标准

在中国这种间接融资为主的金融体系下，商业银行承担着过重的长期资金贷款。商业银行的资金来源，主要是居民的储蓄存款，居民储蓄的目的是未来的生活保障，而不能冒很大风险去追求较高的资本投资收益。居民和企业之间在资本供求上的联系被割断了。银行一方面以固定利率承担了居民的资本市场风险，另一方面又为企业承担了投资风险。再加上前述金融机构的一些特殊性

和公司治理难点，在商业银行身上表现更为明显，情况也更为严重，因此，中国商业银行的公司治理具有极端的重要性和特殊性。

14.3.1　广发重组：别再不把银行当企业

2006年12月19日，花旗集团辛迈豪任行长，广发行重组正式落下帷幕。在放开控股比例限制和拥有人事权的条件下，巨额不良资产缠身的广发行可以成为三大财团争抢的香饽饽，这一点就已经反映出了在今天的中国，如果能真正把银行作为企业来经营，会有多大的价值创造空间。

广发行重组中的种种现象告诉我们，中国的市场经济发展到今天，已经不能再不把银行当作真正的企业了。如果还不能从政府根源上还银行作为企业的本来面目，广发行的今天就是整个中国银行业的明天。只要简单地观察一下中国目前的金融—产业关系，就可以看出其中存在着多么巨大和扭曲的不平衡关系。

任何一个发达国家甚至是那些新兴市场经济国家，都没有像中国目前这样，实业领域里基本没有什么真正有实力的国际水准的大企业，大量的中小企业之间进行着高度甚至是过度的竞争。而金融领域里，却是数量极其有限的银行，基本没有真正的市场竞争地进行着画地为牢似的经营。除了一些基础设施和资源性产业由国有大企业垄断性经营的领域外，已经号称成为"世界工厂"的中国制造和加工业领域里，可以说是在基本没有有效金融系统支撑的情况下发展起来的。

四大银行吸收储蓄机构遍布全国，但是贷款决策权力高度集中，体制决定着没有能力为一些地方性的企业提供融资服务。尤其是中西部地区，基本是被这种金融体系把资金抽走到了发达地区。四大银行作为企业，"嫌贫爱富"是无可指责的，甚至可以说还做得远远不够。国际货币基金组织的一份最新的研究报告就指出，中国的四大商业银行还没有真正地"商业化运作"，它们在一些利润率更高、强赢利能力企业更多的省份，贷款份额在下降，在将市场份额拱手让给其他金融机构。

中央政府没有把四大商业银行真正当作企业对待的同时，地方政府也是照此办理，强大的各种形式的干预把那些起源于地方的本可以更为市场化运作的银行演变成了地方政府的"第二财政机构"，广发行就是一个这样的典型。

解决问题的办法不是政府干预银行经营，而是放开金融领域，解除过度的金融管制。银行业有其一定的特殊性，正如电信、航空、电力等等也都有其特殊性一样。但是不能因这种特殊性而过度监管，而否定其作为一个产业的一般性。银行机构是一种有一定特殊性的企业，但它首先必须是一个企业，要真正按照企业的规则来运作。

什么是银行业的市场规则？就中国这么广阔的地域、这么多人口、各地区差异这么大的一个国家来说，有个几千家甚至几万家银行恐怕也算不上多。只有充分自由地发展地方性和中小型的银行，才会有一个真正竞争性的银行业，也才会真正有市场竞争力的大银行成长起来。

什么是银行经营的企业规则？现代企业制度，这说起来可能是谁都知道。可是为什么中国的银行就做不到呢？为什么就一定要绕个道，请洋人来入股，才能健全公司治理结构？实在令人不解我们为什么就不能自己去建立竞争规则，去按现代企业制度运作？也许没有什么是比"通过引进外资来健全银行的公司治理结构"这种说法和做法更为可笑了。

保护肯定不是壮大某一民族产业的良好做法，世贸规则也使我们日益难于实行。但是合资也肯定不是能够真正壮大任何一个民族产业的有效做法。中国的汽车业已经十分明确地给出了我们结论。如果是继续抑制民间金融，同时拱手迎接外资，那么中国的银行业以至整个经济体系的未来都令人堪忧。

14.3.2 对中小银行股东和董事责任设置更高的标准

在公司治理问题上，中国现在最需要的是完善公司制企业运作的基础制度环境，是向后看，把西方发达国家现代经济增长启动阶段就铺设好了一些市场经济下的公司治理制度基础补上，而不是一味地所谓向前看，实际是搬抄发达国家当前的一些属于修补和微调性质的公司治理流行做法。

中国在行业监管上，对商业银行要比其他非银行金融机构有不同也更为严格一些的监管规则，但是在公司治理基础规则（股东责任和董事义务）上，对商业银行的要求，与对其他非银行金融机构的要求，甚至与对非金融企业的要求，都没有什么不同。美国历史上有90多年的时间里，对银行的公司治理基础规则——

股东责任和董事义务，有与其他类企业不同的要求，就是对银行股东和银行董事及高管都有更高的责任标准要求，以防止银行用"别人的钱"过度冒险。

中国中小企业，甚至整个制造业企业，都有融资难、融资贵问题，根本原因在于中国银行业的产业组织结构与制造业的产业组织结构严重不匹配。普惠金融，是解决边角和遗留问题的方法，对于解决中国目前这种普遍性、大规模的中小企业融资难、融资贵问题，并不完全适用。通过定向降准或说某种补贴等手段诱导现有银行贷款向中小微企业进行倾斜，也很难有很大的实际效果。而且这些手段都在一定程度上削弱了市场机制的作用。

中国要大力发展中小银行才能根本解决中小企业融资难、融资贵问题。大力发展中小银行，需要奠定坚实的银行公司治理基础，否则必然带来金融风险。中小银行公司治理的核心问题，是银行股东利用银行特有的高负债企业特性，把银行作为支持自身其他事业的融资工具使用，而无意于银行自身作为一个独立企业的健康发展。美国历史上的银行也是这个样子。1812年创立时花旗银行的董事会成员都是一些大商人，银行是他们为自己生意进行信用融资的工具，银行董事关联贷款"规模大、违约多"。以1814年2月为例，花旗银行全部750个客户中的12个即12位董事，从银行获得的贷款占银行全部贷款总额的四分之一。银行股东的双倍有限责任制度和银行董事的更高勤勉义务标准，就是为了应对这种问题而产生的。

中国目前可以一方面按现行的国际银行监管和公司治理标准，如巴塞尔委员会《加强银行公司治理的原则》，对已经上市的大型银行进行公司治理改革和完善；另一方面，可以考虑对一些未上市的中小银行，特别是将会新设立的民营银行，各中小城市信用社改制的商业银行，以及村镇银行等等，借鉴美国历史上的银行股东双倍有限责任制度和至今一直在执行的比普通企业更高的银行董事勤勉责任标准，进行一种特别的公司治理基础规则设置。

相关案例参见《董事会与公司治理（第4版）：演进与案例》案例26"从深发展到平安银行：股权分散模式的终结"，案例27"民生银行：离董事会中心治理还有多远"，案例28"德意志银行：正在消逝的德国模式"，案例29"美国运通：向现代公司体制转变"。

第15章

股权分享、员工参与和公司治理

想让员工"像股东一样思考和行动",那么最好的方式就是让他们成为股东!

1990年代以来，随着全球资本市场的一体化和全球公司治理规范的趋同，起源于美国的薪酬性股票期权作为一种公司治理机制也在全球范围内推广。首先在英语国家如加拿大、澳大利亚和英国，然后在法国、德国和日本，以及在印度、新加坡等亚洲国家，都得到应用。美国联邦政府的税法（Internal revenue code）、证券法和证券交易法，各州的公司法，财务会计准则委员会的会计准则和证券交易所的上市规则等，对与薪酬性股票期权相关的各种问题都有具体明确的规定，以保护各方面的利益。在亚洲等发展中国家，由于市场经济法律体系的不健全，为推进薪酬性股票期权的应用，则需要出台一些专门的法规和政策。

15.1 与股票价值挂钩的薪酬工具

15.1.1 正确认识股票期权

股票期权为我们提供了一个思考中国距离市场经济还有多远这一问题的绝好例子。尽管市场化改革已经进行了数十年，但是中国距离真正的市场经济还有很长的一段距离。这种距离绝不仅仅是体制和政策方面，还包括人们对市场经济与市场机制的认识和理解方面。

改革使经济学成为显学，到处是有关"著名经济学家"的新闻，充分反映了我们对市场经济认识的巨大需求。但是一涉及股票期权这样实实在在的具体的市场机制问题，就会发现其认识是多么肤浅和表面化。

21世纪伊始，中国对股票期权的讨论热火朝天，当时充斥各种媒体的流行说法是对股票期权一片叫好，什么实施股票期权制度公司没有成本，什么股票期权是"公司请客市场买单"等等。甚至觉得可以通过股票期权制度来打一场国有企业改革的产权改造攻坚战。

美国安然公司破产，尤其是世通、施乐等公司财务造假案暴露出来之后，中国的一些人士可能在庆幸我们当时没有大张旗鼓地搞起来股票期权，而学术、媒体和舆论的风向则又简单地倒向了另一边，什么美国的那一套也不灵了，什么"都是股票期权惹的祸"等等。

笔者曾很长时间专心进行股票期权问题研究，天天搜索、浏览和阅读有关的中英文新闻和文献。最初也以为股票期权没什么太复杂的，可是越研究越发现它极其深奥复杂。股票期权涉及的方方面面，中国都还差得很远。但是最主要的障碍还是人们不去认真地研究问题，而只是简单地从自身利益出发去误解甚至是故意地曲解它。

实施股票期权公司不仅不是没有成本，而且可能是一种"以未来现金支付今天劳动的一种更为昂贵的方式"。21世纪初几年时间里，财务欺诈案频发，正是美国公司的股东们在以某种方式支付这一可能是十几年前发生的成本。

美国公司财务欺诈问题，跟股票期权有一点关系，但也同样不全是"股票期权惹的祸"。没有股票期权的年代，公司没有财务欺诈案吗？中国没有股票期权，假账也不比美国少。即使没有股票期权，只要造假能够带来利益，企业就有动力造假。能否抑制企业造假，关键还在于市场竞争的程度、规则和对造假的查处与惩罚力度。

美国曾经发生过一场有关股票期权会计处理问题的大论战，当时的公司经理人实力强大，迫使美国财务会计准则委员会屈服了，没有强制实施股票期权制度的公司将股票期权的成本按FASB123号准则的"公平价值法"进行会计处理。公司可以在会计报表中继续按FASB44号会计准则的"真实价值法"进行处理，但是要在会计报表附注中给出按公平价值法进行处理的会计调整结果。

当时强烈要求对股票期权按公平价值法进行会计处理、正确核算股票期权成本的投资者代表之一就是著名的价值投资大师巴菲特，他的名言是"股票期权不是薪酬是什么，是薪酬不是成本是什么，是成本不进财务报表进哪儿？"

可惜，有关方面没有听取他的忠告[1]。

大量的公司出事之后，美国开始反省和总结。以可口可乐为代表的领先公司开始自觉地将股票期权按公平价值法正确地计入公司的成本。但是像英特尔这样的高科技企业发出的股票期权实在太多，按公平价值法计入成本对公司当前利润的影响实在太大，仍然坚持认为"在这些成本没有实际发生之前不计入"是适当的。

但是，不管你的财务报表正文中计不计入，只要你真实完整地披露了有关情况，精明的投资者们已经知道要考虑这一潜在的成本要素了。经理人和投资者之间有关股票期权的第一轮博弈过程已经结束。该怎么完善就怎么完善，没有人否定股票期权还是一种可用并且很好用的公司治理和董事、经理人激励机制。

为推动讨论，与著名公司治理运动人士孟克斯合编权威之作《公司治理》一书并共同创建了第一家公司治理投资基金——LENS基金的米诺女士，在其主持的公司治理专业网站——公司图书馆网站上进行了一项有关股票期权是否应该记入成本的民意调查。这是由公司治理运动的主要领导者——美国加州公职人员养老基金发起的一项调查。

美国争论的是股票期权的成本到底应该如何计量、何时入账等非常深入和细节的问题，而不是实施股票期权公司有没有成本的问题，更不是股票期权有没有用、是否要一棍子打死的问题。

需要积极、认真、深入地研究和探索的问题是，如何能够合理、有效、正确地实施和推广股票期权制度。曾经有过的内部职工股被用作贿赂等问题，并不是内部职工股本身的错。不能总是把孩子和洗澡水一起倒掉！

15.1.2 理清概念：期权、股票期权与薪酬性股票期权及其四个环节

期权与期货不同，期货的买卖双方是必须要进行交割的，期权则将是否交割的选择权利赋予了合约的一方。期权的准确定义是买卖双方订立的一个合

---

[1] 这是巴菲特关于股票期权会计政策提出的著名三问，中文版《巴菲特致股东的信——股份公司教程》中有收录（巴菲特2004）。

约，期权卖方"有责任"保证期权买方"有权利"在未来一段时期之内（美式期权）或未来某一时点（欧式期权）以约定价格购买（或卖出）约定数额标的物，为此期权卖方向期权买方收取权利金（premium）。期权交易的标的物从实物到金融产品应有尽有，较常见的包括股票、外汇、利率、股票指数等等。标准化的期权合约和交易所集中交易始于1973年。

股票期权是以股票为标的物的一种合约，期权合约的卖方也称立权人，通过收取权利金将执行或不执行该项期权合约的选择权（英文期权options一词的字面含义）让渡给期权合约的买方，也称持权人。持权人将根据约定价格和股票市场价格的差异情况决定执行或放弃该期权合约。在美国，那些进入指数的股票，一般都有标准化的期权合约在市场上交易，这些股票期权合约的交易与发行股票的公司无关。

薪酬性股票期权（compensatory stock options），即把股票期权作为一种薪酬由公司付给其雇员或非雇员（服务提供商）则是一种公司行为。这里的"薪酬"，更准确的译法应该是"报酬"，因为这种股票期权不仅可以给公司董事、经理和雇员，也可以给公司的管理顾问等其他的服务供应商。薪酬性股票期权起源于1960年代的美国高科技企业，1980年代的大牛市和1990年代的公司治理运动使美国的上市公司开始普遍采用股票期权作为高管人员的报酬。

薪酬性股票期权的四个关键环节是授予（grant），生效（vest），行权（exercise）和出售（sale）。授予本身只是一个合约，是公司决定将一定数额的股票期权作为薪酬支付给董事、经理或员工（以下统称雇员）；如果该项股票期权意在酬劳雇员过去的劳动，可以马上一次性生效，即"谢谢你对公司的贡献，现在给你这些股票期权，你已经可以行权，也可以选择持有，在到×年×月×日为止的有效期内自由选择最佳行权时机"。如果意在酬劳雇员未来的劳动，则可以规定在未来一定时点之前一次性或分批生效，即"现在开始，你给我工作到×年×月×日，我给你××股票期权"。

生效实际是雇员已经"挣得"了这些股票期权的表示。如果做个比喻，授予是双方签订合约确定酬劳金额，而生效则是根据工作进度实际支付。一次性生效和分批生效就像根据合同一次性付款还是分期付款一样。只有已经生效的股票期权，才是持有人真正拥有的"财产"，持有人才能行权。

股票期权的第三个环节是行权,也就是按授予股票期权的约定价格实际购买股票。一般是在生效日(又译成权日)即拥有行权权之后到股票期权到期日之前的可选择时段(有效期)内行权。行权时股票期权持有人也就实际获得了行权价格和行权日市场价格之间的价差收入,一般将此收入视作薪酬收入。通过行使股票期权而持有的股票被称作期权股票。在美国,除期权股票的出售时间选择会影响其税收待遇之外,雇员的期权股票和直接购买的股票是一样的,拥有同样的权利。

股票期权的第四个环节是期权股票的出售,在出售之后,雇员就获得了行权收益及其行权后继续持有股票的资本增值或损失(图15-1)。

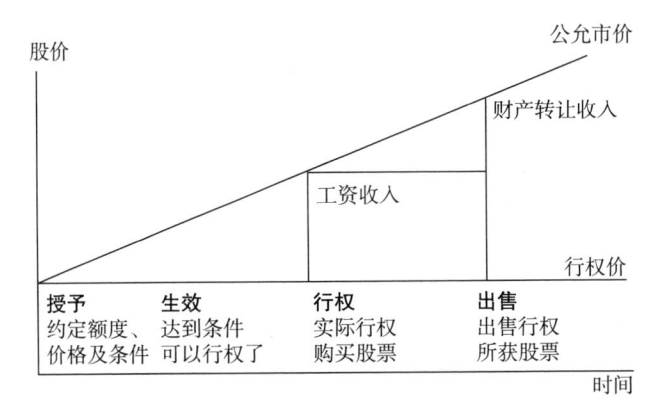

图15-1 股票期权的四个环节

15.1.3 界定性质:股票薪酬(stock-based compensation)及其类别

股票期权及其他股权激励工具兴盛的一个重要原因是它们具有与公司股票业绩挂钩的性质,是一种绩效薪酬。要求经理层薪酬要与业绩挂钩的压力,来自股东和税收两个方面。在股权高度分散的情况下,经理层控制公司,给自己发放高额薪水,侵犯股东权益;在一些家族控制的公司中大股东出任管理层职务,通过领取高额薪酬而侵犯其他股东的利益。通过与股票价值挂钩,可以使经理薪酬与股东的利益一致。税务部门为了避免企业通过发放过高的薪酬逃避企业所得税,也会对超过一定数额的薪酬进行限制。中国一些家族创业者和个人大股东只拿很低的工资甚至不拿工资，但个人性的花费全部冲账报销等类现象，反映的是我们税制和税收征管方面的落后。

股票期权是最主要的一种与股票挂钩的薪酬（stock-based compensation）工具。与股票挂钩的薪酬或简单译为股票薪酬可以从是授予股票价值的增量还是全值和是以真实的股票还是以现金来实际执行两个角度划分为四大类：全值授予（full value grants）以股票来执行——受限股票（restricted stock）和绩效股票（performance share），全值授予以现金来执行——模拟股票（phantom stock），增值权授予（appreciation）以股票来执行——股票期权（stock options），增值权授予以现金来执行——股票增值权（stock appreciation rights），见表15-1。

表15-1　　　　　　　　　股票薪酬的四个类别

工具举例		是授予股票价值的增量还是全值	
		全值授予（Full Value Grants）	增值权（Appreciation）
是以真实的股票还是以现金来实际执行	股票	受限股票（Restricted Stock） 绩效股票（Performance Share）	股票期权（Stock Options）
	现金	模拟股票（Phantom Stock）	股票增值权（Stock Appreciation Rights）

受限股票和绩效股票均属于全值股票授予。作为一种基于股票的薪酬方式，股票授予的使用少于股票期权。在现行会计准则下，股票授予的公司成本更高，因此股票授予一般只对关键雇员。股票授予的运转方式为：基于留在公司服务（受限股票）或达到预定绩效目标（绩效股票）而将普通股在一个确定的授予时期内（一般是3～5年）无偿授予给雇员。股票授予价值等于授予的股票数额乘以授予日的股票价格，持有人得到股票的全部价值，并在限制期内得到分红，限制取消之后持有人完整地取得股票。

受限股票是公司在一个确定的生效（vest）期限内授予（grant）雇员一定数额的股票，雇员出售股票要受到持续服务条款的限制。例如：公司授予首席执行官1万股受限股票，当前股价是25元，该项授予总价值为25万元。股票的授予在5年中进行，每年生效20%，如果该首席执行官离职则失去未生效的股票。受限股票永远不会负值，即使股票价格下降到授予时的初始价格以下，受限股票也总有价值，因此受限股票是一种更为有效的留人手段。

除被授予人实际所得股票数额与公司或个人绩效挂钩之外，绩效股票的运作机理与受限股票类似。公司确定一个股票授予的目标数额，最终得到的数额随公司或个人达到、超过或未达到绩效目标而变；最终得到的价值取决于生效的股票数额和当时的股票价格。绩效股票也可以用与生效股票数额和当时股价乘积等值的现金来支付，但会失去让被授予人实际持有股票的目的。例如：首席执行官接受1万股的股票授予目标数额，如果公司达到4年内每股年收益增长15%的目标，则首席执行官得到全部1万股绩效股票；如果公司没有达到4年内每股年收益增长10%的底线，则首席执行官一股绩效股票也得不到；如果公司4年内每股收益增长20%，则首席执行官得到1.5万股绩效股票。

还有一种全值股票授予工具——绩效加速受限股票（performance-accelerated restricted stock）。如前所述，受限股票是指以持续服务为条件，数量和生效时间都在授予时确定了的全值股票授予形式；绩效股票则是在持续服务要求基础上，生效数量跟绩效挂钩的一种全值股票授予形式；绩效加速受限股票则是在持续服务基础上，生效速度和绩效挂钩的一种全值股票授予形式。这里的绩效可以是公司或个人绩效，绩效指标可能是股票价格、收入增长等，绩效越好，授予越快。如：净收益增长50%，则生效50%；净收益增长80%时生效75%；净收益增长90%时生效100%。

受限股票与股票期权的区别见图15-2。

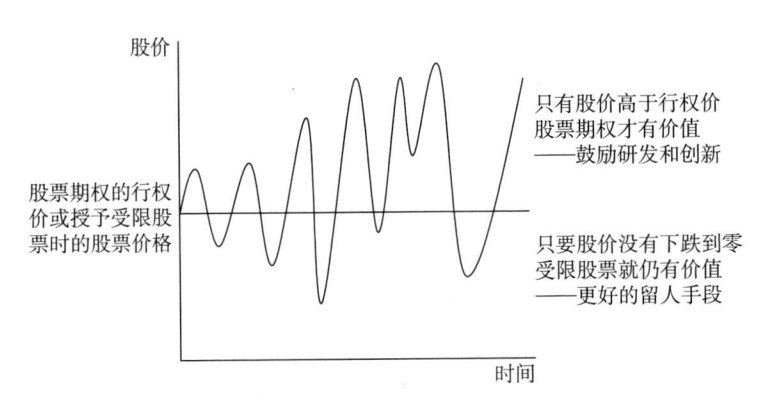

图15-2 受限股票与股票期权的比较

三种全值授予工具的总结。

受限股票是指以持续服务为条件，数量和生效时间都在授予时确定了的全值股票授予形式。

绩效股票则是在持续服务要求基础上，生效数量跟绩效挂钩的一种全值股票授予形式。

绩效加速受限股票则是在持续服务基础上，生效速度和绩效挂钩的一种全值股票授予形式。

在美国，与上述全值股票授予形式相比，增值权形式尤其是股票期权应用更为广泛。90%以上的大型上市公司授予股票期权，高层经理是最主要的期权接受者；但也有大量公司，尤其是高技术和高增长公司向大多数或全体雇员授予股票期权。与受限股票的留人功能相比，股票期权的主要功能是鼓励经营者创新和创造长期股东价值。对于接受者来说，股票期权只有上向收益而没有下向风险，等于是股东对经营者说："大胆干吧，赚了有你一份，赔了是我的。"

股票增值权和模拟股票一样，是用现金来模拟的股权激励机制，与工资和年度奖金相对应，被统一称作长期现金计划（long-term cash plan）或股票等价物。

专栏15-1　　　　　　　　长期现金计划

与股票挂钩但用现金来执行，相对于工资和年度奖金，其激励的期限比较长。最主要的两类长期现金计划包括模拟股票和股票增值权。

除无需实际行权和持有股票之外，股票增值权的运作机理与股票期权是一样的，是一种增值权形式的与股票挂钩的薪酬工具。

除无需实际给予股票和持有股票之外，模拟股票的运作机理与全值股票授予是一样的，是一种全值授予形式的与股票挂钩的薪酬工具。模拟股票或股票增值权经常在下述条件下使用：股票薪酬计划可得股票数额有限；股票期权或股票授予导致的股权稀释太大；封闭公司，没有股票给雇员。与真正的股权激励机制相比，模拟股权激励机制的会计成本较高，现金流要求大，这导致模拟股权激励机制往往只对高层经理使用。模拟股票计划的运转流程是：雇员接受一个固定数额的模拟股票（或这些股票的增值权益）授予；模拟股票的价格通过外部人员的价值评估或一个经济/财务模型计算；典型的生效期限为3～5年；到期时，模拟股票的价值等于股票数额与最终计算的模拟股票价格之乘积；用现金支付。

15.2 股票期权的各种变化形态

经典股票期权只是所有者和经营者之间、公司和员工之间的一种薪酬合约，是雇佣协议的一个组成部分。其设计可以十分灵活，没有什么限制，只要所有者和经营者"两厢情愿"即可。但是税收和绩效考核方面的一些因素，导致股票期权的复杂化，衍生出了各种各样的股票期权变种。

15.2.1 税制与股票期权：源于税制的股票期权变种

现代市场经济中企业组织形式和薪酬方式的创新，很大程度上是因为税收。反过来看，税收也成为一种重要的公司治理机制。政府通过税制，可以有力地引导企业组织形式和经理薪酬方式的走向。在股票期权的问题上，税收尤其担当了一个非常重要的角色。

为了鼓励通过股票期权这种与公司市场价值挂钩的方式酬劳雇员，很多国家都通过了优惠性的法律，主要是税法。下面我们主要以美国为例略作解说。

美国是个"税制专政"国家，美国的税法极其庞大复杂，税务准则是美国政府规制公司治理的一个重要手段。从最早的非雇员董事概念（独立董事概念的前身）到股权激励的各种工具等，税法上都有规定。税法通过强化股东在经理薪酬项目上的批准权力，引导经理薪酬与公司绩效挂钩。对于那些股东直接出任管理层职务的公司，税法对可进行税收抵扣的薪酬上限的控制，可以避免股东通过给自己多发薪酬替代红利分配而逃税。税务部门认可的薪酬支出只缴纳个人所得税，而红利则是在缴纳了公司所得税之后再缴纳个人所得税的。

股票期权也是美国税法认定的"与绩效挂钩的薪酬"方式之一。美国税法规定，公众持股公司的首席执行官或相当于首席执行官角色的人和其他四位薪酬最高的执行官员，如果薪酬超过100万美元，必须是与绩效挂钩的，才能进行税收抵扣；并且该绩效目标要由两名或两名以上独立董事组成的薪酬委员会决定。根据美国税法，股票期权有两种基本形式：激励性股票期权（ISOs）要符合一些税法要求而使期权持有者能够得到税收优待；非法定股票期权

（NQSOs）不符合税法的税收优待要求。

美国税法对符合其规定的股票期权计划给予税收优惠。如，根据税法422条"激励性股票期权"，符合该款规定的股票期权计划，属于"法定股票期权"，或意译为可享受税收优惠待遇的股票期权，期权接受人能够得到优惠税收待遇——期权接受人的期权收益（行权价和出售价的差额）可以一并作为长期资本增值收益纳税，并且延迟到出售期权股票时纳税。不符合该款规定的股票期权，属于"非法定股票期权"，或意译为不享受税收优惠待遇的股票期权，期权收益则分为两个部分，行权收益——行权价和行权日股票的公允市价之间的差额要在行权时按普通收入纳税，行权后再出售的资本增值收益按资本增值收益纳税。

美国对买卖时间间隔在12个月之内的资本增值收益按普通收入纳税，买卖间隔在12个月以上的享受较低的长期资本增值收益税率。普通收入的最高税率是39.6%，而长期资本增值收益的税率是20%。尤其是对于公司高管人员，处于较高的个人所得税税率档次，激励性股票期权将其行权收益和行权后的资本增值收益一并作为长期资本增值收益纳税，是一项很有"激励"含义的税收优惠待遇。而对于身处较低的个人所得税率档次的中低层员工，这一税收优惠待遇的"激励"含义则很小。大多数中低层员工即使接受了激励性股票期权，也往往会自己选择"失资格处置"，使其转变为非法定股票期权。

在雇员受到税收优惠待遇，行权收益按资本增值收益纳税的情况下，公司则不能对该行权收益进行税收抵扣，即不能从公司所得税基中扣除。在雇员没有受到税收优惠待遇，行权收益按普通收入纳税的情况下，公司则可以对该行权收益进行税收抵扣，即可以从公司所得税基中扣除。

专栏15-2　美国受税法422条款管制的激励性股票期权要满足如下基本条件

只有公司雇员才能授予激励性股票期权，而非法定股票期权可以授予公司的供应商、管理顾问等。

雇员必须自行权日之后持有股票一年，并要满足自授予日之后两年的条件；如果没有满足该条件出售了股票，则属"失资格处置"，将失去激励性股票期权的税收优惠待遇。

每年每人最多只能有10万美元的激励性股票期权可以行使。

行权价不能低于授予日公司股票市价。

实施激励性股票期权必须有一个经过股东批准的成文计划，指明按该计划将发行的股份数额，哪类雇员有资格参与该计划，全部期权必须在计划实施后10年内授予完毕。

激励性股票期权必须在生效日之后的10年内行使。

拥有超过10%投票权的雇员接受激励性股票期权，行权价必须高于授予日股票市价的110%，并且必须在生效5年之后才能行使。

中国的税法对股票期权没有什么具体形式方面的导向或约束作用。中国企业引入股票期权计划可以不必受限制而自由设计。如果不是国有企业、国有资产，不是上市公司，不涉及增发新股的审批等问题，更可以自由充分地利用股票期权方式来改进所有者和经营者、老板和职业经理人之间的关系。

15.2.2 绩效标准与股票期权：源于绩效标准的股票期权变种

标准或最简单的股票期权本身就是一种与公司股票业绩挂钩的薪酬。说标准的股票期权已经是一个绩效计划的含义是：通过股票期权将经理薪酬与总体股东回报（TSR）——股价增长加分红——挂起钩来了。这受到股东的欢迎，也是美国税法认定的"与绩效挂钩"的方式之一。

股票期权与绩效挂钩有授予和生效两个环节。在授予环节，如果是新聘用人员，则是根据市场行情和本公司的薪酬政策决定授予额度；如果是已聘用人员，则可能根据其过去的资历和对公司的贡献决定授予额度。这类股票期权数额和行权价格在授予时就已经决定了的股票期权计划，在会计处理上属于固定计划，成本在授予时决定。美国公司实施的股票期权大多属于这类固定计划，授予时数量和价格就都已确定，只要持续就业，到时间自动生效。有一小部分股票期权计划是在生效环节和绩效挂钩的。这类变动计划的会计处理比较复杂，因为直到确知股票期权的数量和行权价格时，成本都是个变量，要每年根据当时的股票期权数量和公允市价记录成本支出。

> **专栏15-3　　源于绩效标准的股票期权类别**
>
> 绩效加速股票期权
>
> 绩效生效股票期权
>
> 指数化股票期权
>
> 折价股票期权
>
> 溢价股票期权
>
> 溢价期权购买计划

　　为了克服标准股票期权仅仅与总体股东回报这一个绩效标准挂钩的不足，发展出了在生效环节与其他一些绩效标准挂钩的股票期权计划。对总体股东回报这一绩效标准的不满来自批评者和报酬不足者两个方面。有些批评者认为大牛市时标准股票期权给了劣等绩效的公司经理高额薪酬；在公司总体股东回报低于市场平均的总体股东回报时，公司经理仍能得到很高的薪酬。报酬不足者认为，投资者不能充分理解公司，股票价格没有反映公司的战略优势，或整个市场处于停滞或衰退之中。其他一些对股票期权的异议包括没有明确的绩效门槛，与业务绩效不相关的市场波动，与个人绩效无关的市场价值改变，部门绩效没有反映在股价中，没有下向风险等等。

　　解决标准股票期权仅仅依据总体股东回报作为绩效标准的不足之处大概有以下几种方式：首先有两种与总体股东回报之外的其他公司业绩指标或部门、个人业绩指标挂钩的变种股票期权：根据业绩改变生效速度的股票期权——绩效加速股票期权（performance-accelerated options）和根据业绩改变生效数量的股票期权——绩效生效股票期权（performance-vested options）；其次有指数化股票期权、折价股票期权、溢价股票期权及溢价股票期权购买计划等；还有股票期权的重新定价等。

　　绩效加速股票期权是在未来某一时点上期权的生效将依存于持续雇佣情况，但在达到预先确定的绩效目标时可以加速（提前）生效。绩效生效股票期权的生效取决于在期权期限内是否达到预先确定的绩效目标，如果一直没有达到绩效目标，期权就一直不能生效。绩效加速股票期权和绩效生效股票期权所依据的绩效标准可以是财务指标、战略指标，可以是公司绩效、部门绩效、个人绩效。加上这些绩效因素，可以校正一些总体股东回报指标的不足之处，但也使股票期权计划变得格外复杂。不附加绩效指标情况下，股票期权激励雇员，尤其是经理层按自己认为的最佳战略去创造股东价值；附加绩效指标的情况下，经理/雇员的努力方向则是这些绩效指标，而从资本市场的角度看，这些绩效指标只是价值驱动因素而不是价值本身。

为了克服与公司绩效无关的市场大势影响，衍生出了指数化股票期权（indexed options）。指数化股票期权的行权价格根据一个确定的规则升降，或随一种外部指数的变动而改变，如与整体指数、行业指数或选定的几家基准公司的股票价格等挂钩。指数化期权行权价格的改变可以预先确定（如每年行权价增长5%）或基于一个变动的指数。对期权接受者来说，指数化股票期权比标准股票期权更多风险，但指数化股票期权可能更受投资者的欢迎。

折价股票期权（discounted stock options）是以低于授予日公允市价的行权价授予的股票期权，给期权接受人带来了折价收益，比标准股票期权更少风险。与折价股票期权正相反的是溢价股票期权（premium priced stock options），以高于授予日公允市价的行权价授予，可能更受股东欢迎。

为了克服标准股票期权没有下向风险的不足，可以采用溢价期权购买计划，如：行权价格设定在授予日公允市价的150%，期权接受人以Black-Scholes估算价值的50%购买期权，可以用现金或在2年内从工资中扣除的方式购买，如果5年期内股票价格没有超过行权价格则期权作废。

从美国的实践情况来看，可以对绩效计划（在生效环节与绩效挂钩的股票期权）作以下几点总结：任何薪酬要素——现金、权益、其他——都有可能列入绩效计划；任何种类的绩效——市场的、财务的、战略的——和任何层次的绩效——公司的、部门的、个人的——都可以作为与股票薪酬挂钩的绩效标准；绩效计划必须在公司的业务战略指导下制定；绩效计划与其他计划的匹配至关重要；绩效计划的设计和管理都比标准的股票期权计划更为复杂；最后一点可能最为重要的是没有证据表明绩效计划比普通的股票期权计划导致更高的绩效——事实上也许正相反。

无论如何，股票市场本身是一种客观和外部的企业业绩评价机制。其他一些业绩评价指标——主要是一些基于会计的指标，已经被股票市场参与者作为实际评价公司业绩的一种参考而反映在股价中了。会计指标或其他任何业绩评价指标，都替代不了股票市场的综合评价，否则，可能也就不需要股票市场了。

大概是由于证监会还有当上市公司主管部门的传统思维习惯，国资委和财政部对国有股权的管理中也还残留着计划经济做法，中国的上市公司股权激励办法和国有控股上市公司股权激励办法，都把绩效考核作为一个重要的组成部分，并且在生效环节进行复杂的绩效考核，每年都要根据绩效考核结果决定实际的生效数量，结果是简单和标准的股票期权计划还没有真正被各方面准确理解和有效利用的情况下，就把注意力集中于搞一套复杂的、在生效环节与绩效挂钩的股票期权计划。

15.3 股权激励与公司治理

股权激励的根本目的是，让公司从股东到董事、高管和员工都能心往一处想、劲往一处使。这需要公司给股份——所有权政策，和董监高保有股份——所有权承诺，两个方面的协同努力。通过所有权政策和所有权承诺，创造积极的所有权文化。

所有权承诺的基本内容包括：①至少一半的董事费以公司股份或公司股份期权的方式支付；②所有高管层人员年度奖金的一个很大部分以受限或延迟股份方式支付；③通过各种项目为高管层以下的雇员提供持股机会，如股份购买计划；④所有董事会成员和高管层人员都要至少持有其过去授予的、当前持有的和未来会奖励的公司股份的四分之三，只要他们仍然是董事或高管层人员。

15.3.1 股权激励计划的股东批准：公司治理角度的考虑

股票薪酬是公司治理的重要机制之一。股票薪酬将管理层的利益与股东价值联系在一起，为公司管理层提供创造股东价值的动力。全球公司治理运动中，股东会和董事会运作机制的改善，包括大投资者的股东会投票原则，国际组织、公司治理委员会、机构投资者、证券交易所、经理人协会和一些行业自律组织等纷纷公布的公司治理原则，都以提高公司管理层创造股东价值的动力和能力为主要目的。

美国公司证券发行受到各州公司法和联邦证券法的管制，私人公司（private company）由于实施股票薪酬计划向超过500人的雇员发行股份成为公众公司（public company）则要受到证券与交易委员会（SEC）管制。美国上市公司的董事会有相当大的自主权，但税法、证券交易所的上市规则等对一些具体类型的股票薪酬项目作出了需经股东批准的硬性规定。

根据税法，下述经理薪酬计划必须经过股东批准：①在税务准则422（IRC422）项下授予的税收优惠性股票期权（直译为激励性股票期权—ISOs）需要经过股东批准；②税法要求的列名执行官员（named executive officers，首席执行官和其他收入最高的4人）的年度激励性薪酬支付要获准税务准则162（m）条款规定的"与绩效挂钩"（performance-based）资格（可以突破税收抵扣的百万美元封顶，million dollar cap）时的经理薪酬项目需经股东批准；③向列名执行官员授予股票期权要获准税务准则162（m）条款规定的"与绩效挂钩"资格时需经股东批准；④不是作为全员或大多数员工（broad-based）参与的股票期权计划的一部分而向公司经理和董事授予股票期权时需经股东批准。

什么样的股票薪酬计划需经股东批准，什么样的股票薪酬计划无需股东批准，不同交易所的规定有所不同。在NASDAQ上市的公司，如果其股票薪酬计划不是全员或大多数员工参与的，并且授予股份数量超过下述三个限制中的任何一个时必须经过股东批准：①流通在外普通股数的1%；②流通在外普通股投票权的1%；③25000股。在NASDAQ上市的公司，在下述条件下股票薪酬项目不需要经过股东的批准：①不是在税务准则422项下授予的激励性股票期权；②不需要为"列名执行官员"获准突破税法"百万美元封顶"的"与绩效挂钩"资格；③不是单独向经理和董事授予期权，而是作为"全员或大多数员工参与"计划的一部分；④该计划或协议下授予的股票不超过流通在外普通股数的1%，流通在外普通股投票权的1%，或25000股。

对于经理层股票薪酬，不同的股东具有不同的关注焦点，但绝大多数股东都反对源自股票授予的股权稀释过度和股票期权的重新定价。股权稀释是股东支付经理层股票薪酬的一个比较隐蔽的方式，随着股权激励机制的广泛使用，股权稀释引起了股东的高度关注。一些研究股权激励计划导致的股权稀释问题的专家认为，"股票期权是一种更昂贵的用未来现金支付今天劳动的方式"。为了回避股东批准，美国一些公司在摸索试行不需要经过股东批准的股票薪酬计划，但不普遍。

根据美国公司的经验，一般情况来讲，要获得股东批准，最好遵守如下一些最佳做法。①首先应该使股权稀释程度保持在同行企业的中间状态：高增长、高科技公司在15%到20%之间；其他增长型公司在10%到15%之间；成熟产业在5%到10%之间。②尽可能地避免重新定价，如果必须重新定价，把经理层排除，重新安排生效时间表。从股东的角度看，股票期权的重新定价意味着比赛中途改变比赛规则；但从经理层的角度看，如果是一些非公司经营性因素导致股价持续下跌，经理层的辛苦白费，尤其是一些关键员工，你不给他的股票期权重新定价，他就会通过离职来自己给自己重新定价。

15.3.2 股票期权的生效与持权员工的解聘补偿

公司授予员工股票期权之后，一般要经过一段时间之后才能生效，生效之后员工才能通过行权获得实际收益。

员工股票期权生效方式大致有如下四种。一是一次式生效，授予员工的股票期权在同一日期全部可以行权。二是直线式生效，即在授予之后每年按一个固定和相同的百分比生效。三是分步式生效，即每年按一个不同的事先确定的不同的百分比生效。四是绩效式生效，就是达到一个具体的公司目标之后员工股票期权全部生效。

美国公司中最常见的股票期权生效方式是直线式。高管股票期权大多是按直线式方法生效的。普通员工股票期权中，持续授予和新雇佣时授予的也都以直线式生效为主。只有一次性授予非管理层普通员工的股票期权是以一次性生效为主的。股票期权全部生效所需要的总体时间期限通常是四年。

股票期权生效中很突出的一个问题是有些公司在员工股票期权生效之前很短的时间里解聘员工。中国也有海外上市公司闪电式解聘行为受到了这一因素方面的质疑。在此，我们介绍美国的几个判例，以做借鉴。

一家名为Parametric Tech. Corp的软件公司以业绩差为由解聘了其雇员Fleming。Fleming认为公司在他的期权生效日即将到来前将其解聘，属于不守信用，剥夺了他"已经挣得"的如同对过去劳动的延期支付一样的未生效股票期权。Fleming在其为公司工作的三年中，总计得到了五次股票期权授予，均是四年直线式生效。最后一次授予是在公司要求他辞职前7个月时。Fleming对占其被授予股票期权总额大约一半的已生效部分全部进行了行权，剩余的一半左右要等3年半之后才能全部生效完毕。加州地区法院判处Parametric Tech公司赔偿Fleming 160万美元的损失，这个金额等值于对Fleming未生效部分股票期权的估值。第九巡回法院确认了这一判决。

微软公司的一个案例，也许更值得我们注意，大致情况如下。Knox，一个已经在微软工作了9年的中层经理人员在1995年被解雇了。Knox拥有微软的股票期权，并且期权条款中规定了无论何种原因公司终止了他的工作，他的任何已经生效的股票期权都必须在随后的三个月时间之内行权完毕，他的任何尚未生效的股票期权都将被取消。Knox在限定的时间对其生效的股票期权进行了行权，微软则取消了他尚未生效的股票期权。Knox随后则起诉微软公司违背了在其公司手册、政策和实践中所隐含的雇佣合同。他请求法院判处微软不仅要赔偿他损失的薪金，并要赔偿他损失的期权价值。

Knox通过微软公司1981年股票期权计划和1991年股票期权计划，共拥有8个股票期权协议（在法律上，公司授予员工股票期权实际就是与员工签订一份股票期权协议）。并且1981年和1991年计划下的所有协议上都有一个内容如下的"无雇佣权"条款：本项期权计划，并不赋予期权持有人任何要被公司持续雇佣的权利，也不能以任何方式影响期权持有人方面和公司方面在任何时间、有原因或无原因地终止雇佣关系的权利。

除了最初的几份期权协议之外，1991年股票期权计划下的所有期权协议还包括一个"未生效股票期权的价值"条款，内容如下：就本项期权的授予，被授予人（期权持有人）同意，无论出于任何原因，当其作为雇员的"期权持有人持续身份"终止时，本项期权中的任何尚未生效部分的价值，应被当作是零美元。

伴随每一份期权协议文件，Knox都收到了一封提醒他要仔细阅读期权协议内容的封面函：内含有股票期权计划的复件和有关公司该项股票期权计划的内容解释，同时有两份股票期权协议。你要在决定接受该项期权之前仔细阅读每一份文件，在期权协议原件上签名并将之返回公司。Knox签署了期权协议，里面还包括了如下内容的"承认书"：被授予人下面的签名表明，被授予人收到了该股票期权协议和计划文件，并且理解和同意，该项期权受到期权协议和期权计划这两份文件所陈述的所有条款、条件和限制的约束。

有了上述这么多，可以说是很细致周密的自我保护条款之后，微软公司解聘Knox应该是不会有什么有关未生效期权方面的法律问题了吧？官司打到1998年的时候，华盛顿上诉法院驳回了微软的抗辩，判处微软赔偿因其不当终止雇佣给Knox造成的收入和福利损失65万美元。初审法院曾只支持Knox的薪金赔偿要求，但是不支持他的期权价值赔偿要求。期权价值损失包括因被解雇而取消的未生效期权的价值和被迫提早行权而导致的已生效期权的价值损失两部分。但是华盛顿州上诉法院推翻了初审法院的这一意见，返回这一案件，继续审理余下有期权损失的赔偿请求。

笔者没有查到这一案件的最后审理结果，但是从这旷日持久的诉讼过程已经可以看出公司在这方面一着不慎所付出的巨大代价。美国这种开始实行股票期权激励做法较早的国家，这方面的诉讼案子很多，但是由于大多是最终在庭外和解了，结果是保密的。明显的一个趋势是，法院日益支持被不当解聘雇员的股票期权价值损失赔偿请求。其中的道理其实也并不难于理解，就是如果缺乏这种法律约束的话，不佳雇主利用"多给股票期权、少给现金报酬，期权生效前就解雇"这种方式来榨取雇员劳动的做法就会很多，最终可能会葬送掉股票期权这样一种本该十分有效的公司治理和长期激励机制。

15.4 员工持股与员工参与

员工所有权可以通过多种多样的方式实现。员工可以直接购买公司股票，可以作为奖励获得，也可以通过股票期权，或者利润分享计划而得到股票。

但是，员工持股是把双刃剑。一方面能把员工与企业利益捆绑得更紧，带来正向的激励作用。但是另一方面，如果做得过了，持股过多，会导致不合理的员工个人资产组合，使员工承担过重和无力承担的风险，埋藏下潜在的社会问题。

员工持股涉及公司股东和公司员工两个方面，是个十分敏感、牵一发而动全身的大问题，一步差错，影响深远，难于回头，难以改正。

15.4.1 实现员工所有权的主要方式

美国，这个世界上最为股东主权、最为自由资本主义的国家，在员工所有权和员工参与方面的一些做法尤其值得我们借鉴[①]。

导致员工所有权兴盛的原因主要有税收优惠、节约资金和实现更有效员工激励等。实现员工所有权的主要方式则包括员工所有权计划（ESOP）、全员股票期权计划和员工股票购买计划等。

员工股票所有权计划（ESOP）是实现员工所有权的重要方式之一，其主要好处是在税收方面。

面向全体雇员的股票期权计划，没有税收方面的好处，但是给予那些创业和成长期的公司一种以股权来酬劳雇员的方式，从而节约了创业和成长期公司所短缺的现金。1980年代末期以前，除了一些创业性高增长企业之外，面向全员或者绝大多数员工的股票期权计划还很少见。现在有越来越多的公司向其全部或者绝大部分员工提供股票期权，其中著名的例子包括百事可乐、星巴克和微软等。微软通过员工股票期权计划而创造了超过10000名百万富翁。

---

① 关于员工所有权的发展情况，包括法律、做法，有兴趣的读者可以参见美国全国员工所有权中心（NCEO, the National Center for Employee Ownership）的一系列出版物。

实施全员股票期权计划的企业已经不再局限于高科技领域，而是各种行业里都有了。这些公司实施员工股票期权计划的动力主要是在通过分享所有权而建立起一个具有更强竞争力的公司。

虽然股票期权没有ESOP那类的税收好处，但是股票期权有会计处理上的好处，这一点对于上市公司来说是尤其有吸引力的，而且相比ESOP来说，股票期权可以有更多的方案设计上的灵活性。

员工股票购买计划（其中符合相应条款要求的可以归为税法423条计划）则使员工可以以有很大折扣的价格用其工资收入来购买公司股票。典型的做法是通过6到12个月时间的一定比例的工资收入积累，以比市价低15%的折扣价格购买公司股票。

员工股票购买计划中包括符合税法规定可以享受到税收好处的423计划，及不遵从税法432条款的普通员工股票购买计划。423计划要求全员参与，可以排除的范围有限定，只可以把工作未满两年、非全职以及高薪雇员排除在外。这类计划下，所有员工的权利和优待条款要相同，但可以根据相对工资差异而在准许购买股票的数量上做出区别对待。

员工股票购买计划在上市公司中非常流行，因为这种方式在给员工提供一种利益的同时，也能为公司提供新的资本。因为向员工提供公司股票涉及到要满足证券法监管要求的问题，这使员工股票购买计划在一些非上市公司中实施产生额外成本，也比较麻烦。

15.4.2　员工股票所有权计划（ESOP）的由来与运作方式

美国最为普遍的员工所有权实现形式是员工股票所有权计划，ESOP（employee stock ownership plan）。

ESOP这一概念是由卡尔索（Louis Kelso）——美国的一位律师和投资银行家，在20世纪50年代最先提出来的。他的基本理念是，如果能够由所有员工而不是仅仅少数几位股东共同拥有企业的资本——生产性资产，资本主义制度会更有活力。但是最初并没有几家公司采纳卡尔索的思想，因为实施ESOP，要借钱购买股票提供给计划参与者，而当时的美国还缺乏与此相关的清晰的税务和法律规则。

1973年，卡尔索说服了时任美国参议院金融委员会主席的Russell Long，可以在雇员福利法案项下给予ESOP税收优待和激励。很快，促进ESOP的联邦立法开始出现，其中最重要的是1974年出台的监管雇员福利计划的《雇员退休收入保障法案》（ERISA），为企业实施ESOP提供了可以遵循的法律框架。从此，实施ESOP的企业数量急剧扩张，向员工分享所有权成为对公司所有者在经济上也很有利的事情。此后，美国国会不时地修改有关ESOP的法律，其中最主要的包括1984年和1986年的税收改革法案，1996年的小企业就业保护法案，1997年的减税法案和2001年的经济增长与减税调整法案等。

ESOP可以在各种规模的股票公开或者封闭公司中找到，但是因为设置和管理一项ESOP的成本方面的原因，绝大多数ESOP都是雇员规模在15人以上的企业。

公司可以为了各种各样的目的而使用ESOP。新闻媒体所最为关注的是在上市公司中作为并购防御手段的ESOP，这类ESOP大概占ESOP总量的零头。最为普遍的ESOP还是在那些成功的封闭公司中，为离去股东的股票提供一个市场，激励和酬报雇员，享受税收优待、用税前收入购买资产等。几乎所有的ESOP都是将股票捐赠给雇员，而不是由雇员购买的。

ESOP是雇员福利计划的一种，某些方面跟利润分享计划类似。在ESOP中，一种方式是，公司通过捐献其新发行股票，或者捐献现金去购买现有股票，建立起一个ESOP信托基金。另一种方式是ESOP基金可以借钱购买公司的新发或者现有股票，而公司给ESOP信托基金捐献现金去偿还借款。不管ESOP是如何获得股票的，公司向该信托基金所做的捐献在一定限度内是可以从应税收入中扣除的。

ESOP信托中的股票分配到雇员的个人账户上。尽管有些例外，但通常所有超过21岁的全职雇员都参与计划。股票的分配可以基于相对的薪水，或者某种更为平等一些的公式。随着雇员在企业中资历的积累，将实际得到越来越大份额的其账户上的股票，即所谓的生效过程。一般要在5年或者7年的期限里全部生效完毕。

当雇员要离开公司时，他们收到他们的股票，而公司必须以一个公平的市场价格将其买回。除非已经有了一个公开的市场，公司必须每年进行一次外部评估以确定其股份的价格。非上市公司中，雇员必须能够就其已获得股票在一些诸如关闭、重组等重大事项上行使投票权。上市公司中，雇员则必须能够就所有事项行使其股票的投票权。

ESOP可以被用来在很多方面使用。非上市公司的所有者可以通过ESOP来为其股份建立起一个市场。公司可以使用免税资金捐赠ESOP来购买所有者的股份，或者通过ESOP借钱来购买股份，并且股份出售者可以用这笔出售股份所得资金再投资于其他证券，延迟该项收益的税付时间。

通过ESOP，可以以较低的税后成本借款。与其他各种福利计划相比，ESOP在其借款能力方面是独特的。ESOP可以借钱用于购买公司新发股份或者其现有股东的股份。公司则可以通过免于税收的捐献给ESOP去还款，这意味着本金和利息都是税收免除的。

ESOP还可以为雇员创造额外的福利。公司可以简单地向ESOP发行新股或者库存股，从应税收入中扣除这部分价值（最高额可以达到所覆盖雇员薪水总额的25%）。或者公司也可以捐献现金，从现有公众或者私人股东手中购买股份。在实施ESOP的公众公司中，ESOP经常与雇员储蓄计划结合在一起使用。与采用现金来匹配雇员储蓄相比，公司更愿意用通过ESOP的股票来匹配雇员储蓄，并且通常是以比现金方式更高的水平来匹配的。

不能忽略的是，在这些税收好处之外，ESOP也是有其不足和缺陷的。法律不允许ESOP被用于合伙制企业和专业服务类公司。私人公司必须回购离去雇员的股份，而这会变成很大的一笔开支。每一次有新股份发出，现有股东的股权就会被稀释。必须权衡这种股权稀释的成本和ESOP所能带来的税收及激励方面的益处。最后，作为一种员工激励工具的ESOP，只有在雇员实际参与到对他们工作有影响的决策中去的时候，才会改进公司绩效。

一个非常值得注意的问题是，实施ESOP的企业破产之后，员工同时失去了工作和相当大部分的养老钱与个人金融资产。

15.4.3 员工参与：员工所有权激励效应的实现

美国企业的经验和学术界的各种研究都表明，员工高兴成为股东，与员工拥有更多股权相伴而来的是他们对公司更多的贡献，从工作中得到更多的满足，以及更低的离职率。员工对其拥有所有权的反应程度依赖于他们每年能够得到多少股份。

能够提高员工对股权激励响应程度的重要因素是员工对影响他们工作事项的决策的参与机会。公司管理层必须是真正相信所有权的动力，而不仅仅是为了得到税收益处。相比之下，企业的规模和业务类型，员工的资历和岗位类别，以及员工是否拥有董事席位和员工拥有公司的股份比例等，许多人通常认为很重要的因素，实际对员工所有权激励效应的发挥不起什么作用。员工面对员工所有权计划时要问的主要问题是"我能从这里得到多少钱""我是否真正被作为股东来对待"。如果他们在这两个问题上得到满意的答案，他们就会高兴成为股东。

员工所有权对企业绩效的影响是明显的，其作用机制就是员工的参与。绩效卓越者是那些以一种积极和创造性的方式适应环境，为顾客提供比其竞争者更好价值的企业。如何做到这一点？通过信息的处理和基于信息处理的智慧性行动。在大多数公司中，信息的集中限于经理层，决策也是如此。其隐含的假设是只有高层经理才有能力和激励去完成这类工作。然而事实上，没有人比员工与顾客有更为频繁的接触，也没有人比员工距离每日的产品生产和服务提供活动更近。员工经常有富有价值的想法可以与管理层分享。

有效地实施员工所有权计划，要比推动人们更卖力地工作做的更多。让人们卖力地工作也许并不是最有效率和效果的事情。相比让员工卖力工作，更重要的是采纳员工的思想和员工所占有的信息，找出做最重要事情的最佳方式。要做到这一点，需要经理从员工中寻求有益见解，需要建立一些临时和永久性的员工委员会来解决问题。质量小组和员工参与小组以及意见征集制度等等这些看似常识的东西，在大多数公司中并没有真正做到。

只有参与能够将所有权的激励作用转化为企业的效益。不同的公司之间，员工参与的结构和方式方法差异很大，但是其基本的要素都是组成各种员工小组分享信息、生成想法和形成建议。组建给管理层提供咨询意见的员工顾问委员会，削减监督层次，同时给普通员工更多的自主权。管理层与随机挑选的员工之间的定期会议，设置建议箱等等，能够提高员工参与程度的各种办法都可以采用。

员工高度参与的管理模式已经成为一种常规性的智慧，但是在很多公司中却没有成为一种常规性的实践。员工所有权本身可能并不能自然地带来有效的高度参与性的管理，但是员工所有权确实对此有所助益，而且员工所有权本身也有很多方面的益处。

员工所有权的持续增长，正在逐渐改变着人们有关员工在工作中的角色的传统观念。很多公司经常会说，"人是我们最重要的资产"。但是实践中，投资者、资本、技术和高层管理人员等等往往被当作公司走向未来的关键。如果这些要素的利益受到损害，员工经常会被解雇或者削减工资。

好在有越来越多的公司开始真正把吸引和留住公司各个层面的优秀人才，并在更多的事项上给予他们更大的决策权，看作是公司成为有效竞争者的基本要件。

相关案例参见《董事会与公司治理（第4版）：演进与案例》案例30"劳资协商：荷兰的企业委员会制度"、案例31"德国的企业职工委员会与劳资共决制度"、案例32"新浪：CEO更替、管理层持股与公司治理"、案例33"蚂蚁集团的'有限合伙股东'与公司治理"。

第16章

机构投资者、投资银行与公司治理

现代大型上市公司正在转向机构投资者和持股高管共同主导的治理模式,全球公司治理系统也正在机构投资者的推动下走向趋同。

公司治理主要涉及三个方面的参与者：股东，董事会及其成员，以CEO为首的公司管理层。这些参与者决定着公司的发展方向和绩效。加强公司治理就是要在这三方面参与者之间建立起两种有效的负责任的关系，即股东对董事会的有效制约，董事会对管理层的有效监督与指导。

股东积极行使其所有者权力参与公司事务，会使公司管理层更加负责且更加关注公司的业绩，为股东的投资带来更多的回报。对于股权分散的上市公司来说，最主要的股东，或者说是其大股东就是机构投资者。

现代大型上市公司正在转向机构投资者和持股高管共同主导的治理模式，全球公司治理系统也正在机构投资者的推动下趋同[1]。

16.1 两种类型的公司治理系统

公司治理是一套完整的流程和机制，股东、利害相关者和资本市场凭借这套流程和机制监督和影响公司管理，确保公司管理层对其决策负责。所有公司治理系统的最终目标都是相同的——良好的公司管理和有效的资源配置。但是不同的公司治理系统拥有非常不同的结构特征和达成这些目标的不同方式，并且包含各种公司治理机制的不同组合。

---

[1] 关于全球公司治理是否正在趋同，学术界有一定的争议，但是就上市公司层面来讲，趋同趋势是很明显的。参见杰弗里·戈登等2006。

专栏16-1　　现代上市公司的多重治理机制

良好的公司治理来自外部和内部多种治理机制的有效组合。

外部治理机制

法律构架：公司法规，证券法规。

会计制度：财务法规，会计准则。

金融环境：金融体系，债权与股权市场，政府、银行与大企业之间的关系。

公司财务：

a. 公司如何融资，融资的源泉与主要工具，公司的资本结构和债务—股权比率；

b. 证券市场的规模与活跃程度，上市要求，上市公司的财务和信息披露规则；

c. 股权市场的主要投资者，投资者如何监视公司业绩，他们在公司治理结构中的地位，如何履行其"治理"上市公司的功能；

市场竞争：

a. 产品市场的竞争程度，主要企业是否拥有很大的市场份额和市场势力；

b. 国家的产业管制框架和竞争政策；

c. 是否存在竞争性的经理职业市场；

d. 劳动市场的竞争程度。

股东权利（股票抛售，投票和委托投票）。

并购（公司控制权市场）。

债权人权利（保全资产价值，破产起诉）。

监管机构：证监会，证交所，公检法部门。

外部审计，独立的股份登记公司。

内部治理机制

以下各方面的性质、角色、权利和责任：

各类股份，其投票和财产权，代理权行使规则，以及小股东权益的保护（关联交易的处理）。

股东大会，年会及特别会议，其程序、议程的确定，决策的类型——董事长的任免、公司战略、股利分配及投资决策。

董事会，董事构成，代表范围——独立董事和利益相关者（贷款人、消费者、供应商和职工），任免条款，投票规则，义务、权利和责任，财务及其他业绩指标的种类。

独立的决策委员会（包括但不限于投资、管理人事、报酬、内部审计等）；委员会的组成；董事会成员报酬的决定。

董事会秘书的角色、权利和责任。

公司组织结构、控制系统，经理所选用的考核和奖励与监督机制。

16.1.1 股权结构与股东构成

对公司管理的监督行为和监督实体基本上是公司所有权的一个函数。所有权结构有两个相互关联的维度：所有权集中度和股东主体特征。英美公司的所有权特征是大量的公众持股，股权高度分散。德国和日本公司股权集中度要明显高于英美公司。从非金融类公司中前五名股东持有全部流通在外股份的平均比率来看，美国和英国均为20%多，日本和德国则分别为30%多和40%多。

除了所有权集中度之外，这些国家之间公司股东的主体特征也非常不同。在美国，个人拥有很大比例的公司股份，没有非金融类企业持有其他上市公司股份。英国的个人持股比例则低很多，金融机构持有绝大部分的公司股份。在日本，银行和其他金融机构是最重要的公司持股者，非金融类企业排在第二位，二者持股份额都超过了个人。在德国和法国，非金融类企业都持有很高比例的公司股份。

与其不同的所有权集中度和股东主体特征相伴随，这些国家的股票市场发展程度也有很大差异。以国内上市公司总市值和其占国内生产总值的百分比来衡量，美国和英国的股票市场要比日本、德国和法国的股票市场规模大很多，在其各自经济体系中的地位也重要很多。

16.1.2 银行与资本市场：公司治理系统的两个中心

股权结构、股东构成及资本市场发达程度等方面的差异导致了以资本市场为中心的（美国和英国）和以银行为中心的（德国和日本）两种金融系统（表16-1）。与之相应地有两种类型的公司治理系统：资本市场中心的公司治理系统或者说英美的外部人模式，银行为中心的公司治理系统或者说德日的内部人模式。这两个类型之间的关键区别就是，银行是否扮演关键角色，或者资本市场是否是一种主要的公司治理机制。一种与此类似的公司治理系统分类是：市场导向系统和关系导向系统。美国和英国属于市场导向系统。关系导向系统又有三种主要的不同形式，分别为日尔曼式（德国和荷兰），拉丁式（法国和意大利）和日本式。

表16-1　金融和治理系统的两种类型

	英美模式	日德模式
持股	家庭和机构投资者为主要股东；频繁的大中股份交易	银行、企业交叉持股；大宗股份交易稀少
金融	公开市场金融交易；证券融资为主，内部资金重要；低银行依赖度，短期银行贷款	双边金融交易；贷款为主要资金来源，内部资金不重要；高银行依赖，短期和长期银行贷款
治理	基于法律、合同和自我负责；活跃的敌意并购，经理人市场和职业关注；充分的披露	基于长期关系和互赖；来自大股东和信贷人（一般是主银行）的监督和干预；不充分的披露
优势	有效的经理人激励机制；易于推进企业重组	稳定的管理层和雇佣；监督成本低；调整成本内部化
缺陷	高监督成本和搭便车问题；促生寻租行为	管理层不稳定时系统失效；难以推进企业重组
绩效	对变革的快速反应，在产品创新方面更为卓越	在贯彻公司战略和进行流程创新方面更为卓越

不同国家具有不同的公司治理机制，反映了他们不同的法律和制度结构，不同的历史和实践，以及不同的金融市场结构和功能。就内部和外部这两种模式之间的差异来说，一个主要原因是其企业融资来源的历史差异。在内部模式国家，银行在传统上是最主要的融资来源，而在外部模式的国家，主要运用股权融资，缺乏强大的贷款人。

外部模式国家的主要特征是，机构投资者的重要性日益增长，他们关注财务回报和要求增加股东价值。监管者一般允许敌意接管，并确保大量和高质量的信息披露。在美国、英国以及其他一些传统上主要依赖股权市场为企业融资的国家，公司的所有权分散在大量的股东手中，首席执行官和公司管理层享有高度的自主权。但是，企业被看作是创造股东价值的工具，制度结构上鼓励股东"用脚投票"，在他们对公司业绩不满时出售股份。管理层由此受到股票市场的约束，公司控制权市场成为股东影响公司管理的主要机制。业绩差企业更有可能成为接管目标，其经理人更有可能被解雇。最常见的接管方式包括合并、要约收购、代理权争夺和杠杆收购。接管过程作为对企业的约束和纪律，使控制权能够从低效向高效的管理团队转移，同时促进了公司管理层和股东之间利益的一致性。

内部模式是通过了一个不同的社会和经济环境而演化出来的。内部模式的主要特征是相对集中的所有权和有助于管理层巩固自身位置的公司控制结构。在这些国家的传统中，对管理层的约束来自银行或其他大投资者，通过资本市场进行的公司接管被看做是不重要的。在日本、德国以及大多数其他以内部模式为主的国家里，作为主要股东和大贷款人，银行通过在企业业绩下滑时直接介入的方式而扮演了一个与外部模式中公司控制权市场类似的角色。尽管没有证据表明内部模式可以更有效率地防止管理失误，但在内部模式下，可以通过各治理主体和管理层之间的紧密接触进行更好的事前监控。内部治理模式的另外一个重要特征是，可能更多地考虑利害相关者，包括与本公司密切相关的外部公司的利益，以及公司所在社区和地方及中央政府的利益。这些国家中，公司信息的公开披露程度相对比较低，证券市场监管者甚至允许有利于大股东或专业机构的信息不对称。

尽管日本和德国都属于以银行为中心的公司治理系统，但是这两者之间是有很大差异的。在日本，金融机构是最重要的大中股份持有者；而在德国，最重要的大中股份持有者是其他公司，随后是家庭。

16.1.3　两种治理类型之间的竞争

1980年代时，因其卓越的宏观经济和出口业绩，日本模式被看作是世界最佳的公司治理模式之一。日本公司称霸世界，美国式的公司治理系统受到了广泛的批评。著名的战略学者迈克尔·波特指出，美式治理是个以机构投资者为主的资本快速流动的系统[①]。股权高度分散，没有股东真正地关心企业的长期发展，股东们都主要是从股票的交易中赚钱，对相互之间作为一个整体的关系并不关心。人们批评美国公司过度关心股票市场的反应，战略和投资决策的时间眼界很短，而日本公司是看几十年的。

1990年代早期，日本泡沫经济破灭，经济停滞和银行危机，对日本的公司治理模式提出了严峻的挑战。与此同时，美国经济的繁荣，特别是其高科技部门和风险资本的发展，显示出了美国模式的优势。美国的科技股、网络股和纳斯达克市场的崛起，各种类型的参与公司治理的机构投资者——积极投资者、关系投资者、公司治理投资者和社会责任投资者等的崛起，使美国的资本市场体系和公司治理系统又受到了高度的肯定。1997年亚洲金融危机的爆发，则更是加剧了全球范围内对英美公司治理模式的推崇。

但是进入21世纪后，世界通信、安然及其他一些公司丑闻，又暴露出了美国模式也有其自身的一些缺陷。

美国由于历史上防范银行势力扩张、禁止银行跨州经营，发展出了一套以证券市场为主体的融资、投资和公司治理系统。这一套公司治理系统的基本特点是股权高度分散，外部约束主要靠并购等形成的公司控制权市场，内部则是股东大会向董事会的充分授权，董事会中心主义的公司监管和公司治理决策体系。分散的股东主要靠公司的财务报告来了解公司情况，负责审计业务的会计师事务所和对上市公司业绩进行分析的专业证券分析师等，则以其信息权力对股东的决策产生了主导性的影响，由此带来经理人和中介机构"合作"对股东进行误导和操纵等犯罪行为的空间很大。

就比较公司治理研究，特别是从中国公司治理模式选择的角度来说，最为重要的一点是，尽管日德与英美之间公司治理系统上存在一些差异，但相比于发达国家与发展中国家（这里当然也包括中国）之间公司治理上的差异，要小

[①] 这是迈克尔·波特1992年在由哈佛商学院和竞争力委员会共同组织的一个大型研究课题报告"资本选择：改变美国的产业投资方式"中提出来的观点。直到1998年日本已经萧条多年之后，迈克尔·波特仍然认为日本公司有很多值得美国公司学习的地方，见迈克尔·波特2002a。

得多。所有成功的公司治理系统，如上面提到的那些先进市场经济国家，都来自对投资者的法律保护和大投资者的重要作用。这使这几个发达国家的公司治理系统区别于绝大多数其他国家——只有非常有限的对投资者的法律保护，企业由家族和内部人主导，很少外部融资（A. Shleifer, and R. Vishny, 1996）。

对于中国来说，可以也应该是从世界上所有发达的市场经济国家学习良好的公司治理实践和经验。

16.2 财务丑闻与金融危机：美式治理检讨

从2001年安然事件开始，美国连续爆发大公司财务丑闻。作为应对，出台了萨奥法案——公众公司投资者保护和会计改革法案，大力加强投资者保护，整顿财务会计体系。财务丑闻的问题刚刚平息，2007年又爆发了次贷危机，并进而引发了一场全球性的金融和经济危机。从公司治理的角度，我们应该如何看待这些问题？不能对这些问题及其相互关系有个准确的认识和正确的理解，会严重阻碍甚至扭曲我们自身健全公司治理的努力。

16.2.1 财务丑闻与会计体系的问题

首先应该明确的一点是，不能因为财务丑闻和金融危机等而全盘否定国际资本市场体系和基于市场机制的现代公司治理系统，并且还要承认美国仍然处于领先地位，仍然有很多值得我们学习的地方。

我们更不能由此而幸灾乐祸，宽容甚至是有些纵容国内公司的会计造假行为。身为美国第二大电信运营公司的世界通信五个季度的时间里累计有38亿美元的成本支出被计作了资本支出，进而夸大了公司的利润，成为美国历史上最大的会计造假案。相对于公司规模来说，与中国一些公司的造假程度相比，也许还"不算大"。但是，我们也应该借此机会对资本市场体系加深认识。

上市公司篡改其盈利报告，与会计制度有关系，但问题不完全是由会计制度本身所致。

股权高度分散的上市公司，严重依赖于财务会计制度。财务会计体系本身就主要是用于股东了解公司运作情况的。股权高度分散之后，股东都不再参与管理，只是通过年度股东大会选举董事和批准一些重大问题的议案来行使权力。股东和资本市场主要是通过外部审计师审计公司财务报表来了解公司财务和运作情况的。这套制度体系运作的基本逻辑是外部审计师作为专业服务机构，要以自己的信誉、专业精神和其自身所面临的市场竞争压力来按原则办事。但是，当世界充满混乱和贪婪，人们的目光都变得很短浅的时候，信誉、专业精神和原则就都很容易被抛到脑后。从财务丑闻中的会计师事务所，到次贷风暴和金融危机中的信用评级机构，犯了同样性质的错误。

美国的财务会计准则委员会（FASB）是一家自律性组织，每年要从几大会计师事务所和企业界得到资金支持，很多时候会计准则本身就有忽略股东、偏向经理人的倾向。比如有关经理人股票期权的会计处理原则，在FASB123号准则生效之前的很长一段时间里，公司向其董事、经理和员工授予的股票期权都没有被按公平价值合理地记入成本。结果是公司的利润严重高估，尤其是那些主要靠股票期权激励雇员的高科技公司。围绕FASB123号准则的制定和发布，美国曾经发生过相当激烈的一场经理人和投资者之间的"政治斗争"。

几大会计师事务所几乎垄断了上市公司财务报表审计业务之后，竞争的力量削弱。它们又都纷纷开展起了管理咨询业务之后，自身就产生了利益冲突。为了从公司经理人手中拿到管理咨询业务，在审计方面便容易睁一只眼闭一只眼。如果会计师事务所本身又给公司做内部审计业务，则进一步使其自身利益偏向了经理人一边。

安然事件之后，美国大力加强了对会计体系的监督。包括成立证交会下属的会计监管委员会，禁止会计师事务所扮演外部审计和管理咨询的双重角色。根据萨奥法案，美国证交会要求公司首席执行官和首席财务官就公司财务报告的真实性问题做出承诺，并在其网站上建立了一个公司首席执行官和首席财务官承诺专页，公示他们的承诺内容及签名等。

16.2.2 公司治理系统出现了问题？

连续地出现财务丑闻，无疑表明公司治理系统出现了问题。事实上，近些年来公司治理热潮的掀起，本身就是公司治理问题严重的反映。美国的资本市场能够发展到今天这种程度，能够产生这些富可敌国的大公司，已经属于一种奇迹了。经济学的伟大奠基人亚当·斯密曾说，股份公司这种企业制度不可能发展起来。股东不参与具体运作，靠董事会和经理人来代人理财，不可能有业主型企业自己为自己干那种积极性。1929年股市崩溃之后，1933年证券法和1934年证券交易法奠定起来的美国的现代证券市场监管体系，有力地促进了美国资本市场的发展和上市公司的成长。是相对健全的中小股东法律保护体系，带来了股权高度分散的公司，带来了只要有项目，有管理能力，公司就可以迅速成长的可能性。

但是法律也是人来定的，定出来的法律还要由人来执行，而几乎每个人都有惰性和机会主义行为。单纯依靠法律走向一个极端之后，也会产生高昂的运作成本。就拿美国上市公司的运作来说，从印制精美但是没有太多人仔细看的那么厚的招股说明书，到年度股东大会、临时股东大会和董事会，层层的承诺和层层的法律意见书，倒是增加了很多就业人员，但是也带来很多无谓的浪费。古代社会的战士变成了现代社会的律师，形式变了，但都是为了一个"利"字在争斗而已。一个良好的市场体系离不开法律体系的发展，但是也同样离不开一些古老而基本的人类道德和文化规范。

近几十年来，遍布全球的公司治理运动的一个核心内容就是强调公司责任，公司要做一个好人，成为一个好的居民。好人的基本规范就是诚实和守信。美国总统布什表示世界通信的会计欺诈行为"不可忍受"，要进行彻底调查。2001年，朱镕基总理给国家会计学院题词"不做假账"。会计作为一种商业语言，是企业和投资者之间，企业和税务部门之间以及企业和企业之间进行有效交流的一种主要工具。假账永远存在，就像假话永远会存在一样。但是查出假账、让假话露馅，就是一种进步。法律对作假者的惩罚和市场参与者不跟你玩了的惩罚都会带来进步。

16.2.3　虚拟资产发展过度，超越了公司治理和监管系统的承载能力

虚拟资产的发展或说金融工具的创新，很大程度上是当事人之间为了更好地分担风险和责任、结成利益同盟而出现的。比如上市公司的股票投资者，相比非上市公司的股权投资者，就以一定程度上放弃对管理的控制权而换取了一个更大的流动性和退出自由。至于企业债券、优先股、可转换债券等金融工具则进一步为有关当事人之间提供了新的合作可能性。这些金融工具，使现代公司能够较快地成长，能够做成一些大项目和大事。

但是虚拟资产的发展，尤其是衍生金融工具的快速发展，给市场体系、传统的制度结构、公司内部的管理结构等，都带来了空前的挑战。规范和效率之间存在着天然的矛盾。我们面临的最大难题总是难以区分以效率的名义破坏规范的行为和真正为了效率而疏忽了规范的行为。正如安然公司受到鼓励的来自基层的B2B业务创新和董事会管理的最终失控之间，我们不知道准确的许可和禁止点应该在哪。中国很多上市公司的管理失控也往往是出于鼓励创新和抓住机会的初始目的而不知不觉之中走过了头。

21世纪初美国公司频频曝光的财务造假案件，可能就与过于快速发展的薪酬性股票期权制度相关。股票期权本是一种金融衍生工具，那些进入股票市场指数的公司股票一般都有标准化的股票期权合约在交易。1980年代开始，为了解决经理人内部人控制问题，以及提高董事们尽职尽责的积极性，美国公司开始大范围普及股票期权激励机制。公司把股票期权作为一种报酬给予董事、经理、员工，甚至给管理顾问、法律顾问等其他的服务提供商。截至2002年4月，1983开始担任世界通信董事、1985年开始担任总裁兼首席执行官、到出事前夕辞职的Ebbers，持有将近2690多万世界通信普通股，12名董事和执行官员合计持有将近5000万世界通信普通股，合计占世界通信普通股的1.7%，此外还有大量尚未行权的股票期权。

当股票期权成为经理人报酬的主要来源的时候，经理人自然会更为关注公司股价，努力提高公司股价。进一步地，由于那些证券分析师和投资者对公司股价的预期受到公司财务报表中利润数字的严重影响时，经理人也就自然有

了动力操纵利润数字。安然公司每季度的利润数字都比分析师们的预测梢高一点，就正是为了迎合这种股票市场的胃口。于是，高度分散的股东们听分析师和券商的，经理人迎合分析师和券商，互相之间都得到极大的利益和成就感满足，形成了一种互相抬高的机制，最终则会因为某个硬性的环节出现问题而泡沫破灭。这个硬性的环节，往往会出现在公司债务和债券上，因为公司债务和债券到期时是要实实在在拿出现金来偿还的。安然和世界通信都是如此。

16.2.4 有效市场的清除机制

上市公司和股票市场之间是相互依存的，上市公司治理质量和股票市场效率之间是一个鸡和蛋的关系。从安然和世界通信的事件上，可以看出美国股票市场的效率和美国公司治理系统的完善之处，以及市场机制的一些天然特点或说是必然存在的一些缺点。

有效的股票市场与实体经济之间存在密切联系，否则就仅仅是一个赌场。安然和世界通信事件的揭穿，都与其各自行业的总体情况有一定关系。如果网络股泡沫不破灭，也许安然还能持续一段时间。世界通信受到投资者的怀疑和资本市场的抛弃，则与2001年下半年和2002年上半年世界电信业的危机有关。在2002年6月份一个月之内，就有Adelphia和KPNQwest NV两家电信公司申请破产保护或进行破产清算。全美第六大有线电视公司Adelphia Communications Corp因为不能支付债券利息而申请破产保护。荷兰的欧洲最大的数据服务公司KPNQwest NV申请破产清算。在会计造假案暴露出来之前的半年多时间里，世界通信的股票已经持续下跌，多家证券公司和债券评级公司纷纷调低对世界通信公司股票和债券的评级。最初的起因就是预期销售和利润下降以及可能还不上债务等猜测。

安然公司董事会成立了一个特别调查委员会，发表了长达218页的调查报告，详细公布了一些主要的事件调查结果。安然倒塌的过程中，股票市场的做空机制、信用评级机构的评级下调、买方分析师的文章和媒体的质疑披露等，均加速了问题的暴露。

有效的公司治理系统中，市场对表现优异公司的追捧和对出现问题公司的打压都有一个加速和加倍的效应。过度向上追捧反映的是市场的感情色彩浓厚，向下打压又反映出了市场的残酷无情。产品市场、劳动市场都有这种负反馈环路现象，股票市场上则是更甚。这可能是人性的特点，也是市场机制的特点，对成功的鼓励和对失败的惩罚都很严厉。从个体来看，成功者越成功，失败者越失败，由成功到失败和由失败到成功的拐点可能充满了偶然性。但是从市场整体、从市场作为一个自我扩展的分工体系来看，则有自动的纠错功能。分散决策的市场体制可能比集中决策的计划体制好就好在这种多样性和包容性方面。你可以欺骗一个人一辈子，你也可以一时欺骗所有的人，但你不可能永远欺骗所有的人。市场就是由所有的人组成的一个自愿交易体系，即使你可以一时欺骗他，但你不可能永远欺骗他。

相比之下，中国的股票市场则是好坏不分，越是垃圾股票越有人愿意炒。政府可以在确实必要的时候去救股票市场，但是坚决不能轻易地去救上市公司。从世界通信在有关政府部门介入之前，迫于各种市场的压力已经开始采取一些自救行动来看，与中国股票市场上那些出事上市公司的情况有所不同，就反映出了股票市场效率和上市公司治理质量之间的差异。

世界通信公司董事会可以迫使创始人、首席执行官辞职，解聘公司首席财务官，董事会的审计委员会更换公司的会计师事务所，公司自查发现问题，经新任会计师事务所的建议上报证交委等等。相比之下，中国上市公司有时暴露出来问题了也没有人管，暴露出来问题后股价可能不降反升。2002年初时世界通信公司股价已经从四年前的每股64.50美元跌至15美元，2002年6月25日晚收盘后丑闻暴露，26日收盘时跌至9美分。因为没有人会来搞报表式或输血式重组。如果中国政府能够从那些亏损上市公司开始减持国有股，则可以一箭三雕——既提高证券市场的效率，提升上市公司的治理质量，又能收回来一点钱财。有关部门对问题公司毫不手软地查处可能要比直接去指导上市公司怎么做才规范更有价值。有力度和坚持原则的查处，会改变市场的预期，最终会使市场生成自我检查和纠错的功能，也就转向一个逐步自我完善的进程了。

对照美国资本市场上安然公司这样的辉煌与死亡历程，我们应该思索中国资本市场上上市公司齐步走、快生快死都不可能的奇怪现象。我们可能已经不缺上市公司数量了，需要做的是给好公司放松快速成长的政策限制，同时加快坏公司的死亡速度，这就是有效市场的清除机制。

安然和世界通信等公司的破产带来美国以至世界范围内的一系列有关公司治理问题的深刻反思，这是健全的市场体系，把坏事变成好事。

16.3 机构投资者推动下的全球公司治理趋同

进入新世纪已经二十多年了，可是各种世纪末景象却是层出不穷，似乎各种类型的控制机制，从等级制组织到市场，都在出问题。在世界范围内，政府出问题，各种教派及一些非政府组织挑战政府的权威；公司出问题，机构投资者通过资本市场挑战大公司的管理；市场也出了问题，以华尔街为核心的全球金融业陷入危机，失去人们的信任。

> **专栏16-2　不同的国家出于不同原因而开始进行公司治理改革**
>
> 美国是在1980年代的公司重组热潮中提出治理问题的。在公司重组中，通过接管和杠杆兼提高公司低效能（利用不足）资产的使用效率，提高股东回报，产生了广泛影响，包括公司接管战斗、公司债务比率（和风险）的增加、业务单元的出售和关闭、大量解雇工人（并且头一次出现中层经理的大量解雇）。正是在这一背景下，公司董事会、机构投资者、证券监管部门和公众，开始发挥他们在公司治理和公司战略决策过程中的作用。
>
> 在英国，一些大公司的严重管理失误[①]导致卡德伯里（Cadbury）委员会——起草公司治理准则的第一个小组的成立。卡德伯里的建议集中于董事会的职能。此后，英国又成立了格林伯瑞（Greenbury）委员会检讨经理薪酬，因为与普通雇员相比，经理薪酬高到了无法给予合理性解释的地步。
>
> 在欧洲大陆国家，私有化推动了股权市场的发展和对投资者权利的关注。

[①] 特别是1991年的马克斯韦尔，及稍后的巴林银行等等，参见罗伯特·韦尔林2008。

> 东南亚金融危机，结束了人们对其公司治理机制的信心。
>
> 在前中央计划经济国家，私有化产生了广泛的代理问题，健全公司治理变得尤其重要。东欧的经理们在慢慢地对新股东作出反应，这些新股东普遍经历了行使最基本的所有者权利的巨大困难。

16.3.1 两种类型公司治理系统的趋同趋势

银行和证券市场是两个相互补充也相互竞争和相互替代的连接企业和公众、连接融资者和投资者的渠道。不同国家之间，对这两种金融管道倚重程度的不同，形成了不同特征的公司治理系统——以资本市场为中心的直接融资、外部人治理系统和以银行为中心的间接融资、内部人治理系统。

尽管很难准确地预测这两种类型的公司治理系统将会如何演变，但是可以看到两个系统之间已经出现了一个渐进的趋同趋势。在它们两个方面，推动变革的力量都大于抵制和坚持不变的力量。每一方面都在努力地试图引入另一方面的强项和优势。在美国，1980年代那种狂野的敌意并购活动，到了1990年代已经趋向平静。大股东开始增多，而且长期以来对银行的限制倾向于逐渐和部分地解除。在德国和日本，董事会结构开始移向美国模式，银行在其中的主导作用趋向下降。

全球公司治理趋同、良好治理标准的一致化，是全球经济和金融一体化的一个组成部分。1990年代以来，全球证券市场的规模和深度都有了显著的增长，全球资本流动量的增长速度几十倍于全球贸易量的增长速度，资本市场的国际一体化在相当程度上有替代产品市场国际一体化的趋势。公司治理原则和最佳行为指南能够热遍全球，形成一场全球性的公司治理和投资者保护运动，其根本的动力来自要在全球一体化的资本市场上争夺资本。

美国的机构投资者日益成为国际资本市场上的主导力量，其公司治理活动也对国际投资产生了越来越大的影响。美国机构投资者服务公司建立起了全球性的上市公司治理状况数据库，为其会员投资者提供监督上市公司治理情况的服务。

在那些美国背景的机构投资者、投资银行、会计师事务所、管理顾问公司等及一些国际组织的推动下，以美国模式为主体的国际公司治理标准开始逐渐成形。最主要的表现就是全球公司普遍更为注重股东价值。在那些以银行为主要角色进行公司治理的国家，特别是在那些公司扮演了达到社会政策目标的关键角色的国家，产生了提高公司效率、更好地回报股东和更高透明度的要求。这一趋势已经反映在监管方面的一些变化中：更为偏重交易条件的公平，特别是要防止内部人交易，保护中小股东。

日本、美国、德国、英国和法国等五个最先进的市场经济国家，都在一定程度上朝着同一个方向修改了他们的公司治理法规框架[①]。上市公司治理系统在全球范围内一体化，形成了一个由监管部门、证券交易所、证券公司、会计师事务所、律师事务所、管理顾问公司、投资者组织、经理人组织、董事协会、董秘协会等各类证券市场参与者和利益中人组成的复杂的动态网络系统。

16.3.2 公司治理趋同的推动力量：新全球机构投资者

全球公司治理趋同的一个主要推动力量是那些在全球范围内配置资产的机构投资者。

机构投资者从被动投资、用脚投票，转为积极投资、用手投票，执行一种以公司治理为导向的投资战略。主要的背景是机构投资者规模扩大、持有股票的种类和在每一公司持有的股票份额都增多，机构投资者不能再仅仅是用脚投票，挑选优胜者。

机构投资者掌管的资产规模扩大，重要性相应提高，对公司管理层提出了更多的责任要求。公司治理准则的出现就是这一变化的反映。他们虽然不能像19世纪的大亨那样深深地介入到公司运作中去，但是他们可以采用一些规范的方式和方法积极影响公司的战略决策。他们不仅仅是发现潜在价值，还要发现潜在行动，通过介入公司治理把潜在行动变成潜在价值。加州公职人员养老基金、孟克斯领导的LENS基金等是这方面的领导者。

---

① 关于发达国家之间公司法趋同的分析，参见莱纳·克拉克曼等2007，以及杰弗里·戈登等2006。

机构投资者积极地以口头或书面方式直接与董事会交流看法，寻求直接介入对公司的监控、提出股东议案等。这些活动主要是由对公司战略方向、公司业绩、高层管理人员行为和薪酬政策等问题的关注所激发的。美国的机构投资者偏爱提出股东议案或给董事会写信等方式，英国的机构投资者倾向于以口头方式将其意见传达给董事会，德国的机构投资者则倾向于直接介入董事会的监督活动。

从机构投资者掀起公司治理运动开始，美国公司治理的钟摆就从经理人掌控主权向投资人掌控主权方向转动，安然和世通等事件则进一步加速了这一进程，甚至已经出现了一种由主要源自市场行为的公司治理运动，转向很大程度上源自政治行为的加强公司监管运动。

与此同时，美国以及世界范围内的上市公司都在通过一些股权激励工具使经理人与股东利益一致并延长了经理人的时间眼界，为经理人创造长期股东价值提供动力。一些著名的管理顾问公司同时向公司经理人和那些积极的投资者出售各种各样的股东价值管理工具、战略绩效评估工具和投资者关系管理服务等。

尽管各国有不同的公司法律文化，但机构投资者在把股东价值看得最为重要这一点上是一致的。大规模的全球经济一体化，致使一些国家的公司治理做法不能再仅仅限于其本国投资者的要求。理解国际投资者的期望对在全球舞台上竞争已经成为一项至关重要的技能。

日本和德国的投资者也开始偏爱英美公司治理模式，认为英美模式的公司治理系统适合于运用在他们国家。上市公司董事会的实际运作质量对投资者的投资决策起重要作用。在他们作出投资决策时一家公司的公司治理做法是一项极为或非常重要的因素。很多投资者会因为一些公司不遵守良好公司治理做法而不予投资或减少持股数。

董事会绩效评判是一个关键的投资者关注点。机构投资者要求得到更多有关董事会活动和政策，董事会成员的资质、薪酬和潜在利益冲突等信息，以及更多有关董事个人的信息，包括他们的业绩记录和他们对所供职董事会的具体贡献。机构投资者要求由外部专业机构来评价董事会，希望公司董事会能够在筛选低绩效董事方面步子更大一些。

16.3.3　全球公司治理的两位旗手：卡德伯里与孟克斯

对于所有对公司治理问题有兴趣的人来说，无论是在公司治理的理论与实践还是在公司治理准则与政策领域，卡德伯里都是少有的几个人们非常熟悉的名字。这有两个主要的原因：一是卡德伯里报告，二是国际公司治理网络的全球公司治理奖。

卡德伯里报告（Cadbury Report）是1990年代伊始的国际公司治理运动的重要起点之一。1991年5月由英国财务报告委员会、伦敦证券交易所和职业会计师协会三家机构资助，成立了公司治理财务事务委员会，考察有关公司治理的财务报告与相关责任，为改进公司治理实践提供最佳做法建议。这是世界著名的英国六个连续的公司治理研究特别委员会[①]中的第一个。该委员会于1992年底发布了《有关公司治理的财务方面问题的委员会报告》，因其委员会主席为卡德伯里而被简称为"卡德伯里报告"，该报告同时提出了英国原创的世界第一份有关公司治理的"最佳实践准则"。此后，制定和发布公司治理最佳实践准则成为世界潮流，从国际组织、各国监管机构到机构投资者和上市公司，纷纷发布了公司治理原则和最佳做法指引等等。中国也不例外，约十年之后陆续诞生了南开大学的"中国公司治理原则"，上交所的"公司治理指引"和监管部门的"中国上市公司治理原则"等等。这一切从思想源头都可以说是起始于"卡德伯里报告"。

公司治理准则发展为国际潮流的最重要环节是1999年OECD公司治理原则的发布（2004年又发布了修订版），而卡德伯里也是起草OECD公司治理原则的OECD商业部门顾问集团的成员。鉴于其对公司治理的卓越贡献，2001年国际公司治理网络将其首次国际公司治理奖授予了卡德伯里。此奖授予那些在公司治理领域做出了卓越贡献的人，"显著地改进了一个或多个国家的公司治理状况，克服了一些需要远见、勇气和毅力才能战胜的挑战"。第二年获得此奖的是孟克斯。

孟克斯，在美国和全球范围内都是公司治理运动的卓越领导者，可以说是

[①] 这六个委员会的名字和报告内容参见第4.1节。

现代公司治理运动之父。1980年代，孟克斯出任美国劳工部社会保障局的养老基金监管官员，给受制于联邦法律的雇员福利基金写了一封非常重要的信，要求这些养老基金的理事们为了基金受益人的利益参加其所投资公司的股东大会投票。这是推动机构投资者从传统的被动投资、用脚投票转向积极投资、用手投票的一个重要动力。可能正是这段作为政府官员和基金监管者的经历，形成了孟克斯的股东积极主义思想和理念。

从基金监管者职位上离任以后，孟克斯身体力行，直接把自己对公司治理的热情从理论贯彻到实践中去。为此，孟克斯创建了机构投资者服务公司（ISS），并于1985到1990年间任总裁。机构投资者服务公司，现在是公司治理专业咨询企业中的领导者，主要业务就是进行公司治理专业研究，提供股东投票咨询服务。1992年，孟克斯又创建了一家专业的公司治理投资基金公司——LENS投资管理公司。

2002年11月5日，孟克斯获得了国际公司治理网络（ICGN）授予的全球公司治理奖。在颁奖给孟克斯的晚会上，卡德伯里爵士说，"孟克斯已经处于公司治理的前沿阵地20多年，这期间，他在公司治理的理论和实践上都对美国和英国做出了重大的贡献。"孟克斯告诉我们的是，在这全球性的经济萧条和公司失败时期，公司治理对于长期增长和可持续发展比以往任何时期都更为重要。良好的公司治理是所有权文化的精髓部分，健康的所有权文化则是个人和国家财富的基础。

16.4 机构投资者为什么要参与公司治理

在1990年代，大部分机构投资者都放弃了华尔街准则——用脚投票，在对公司业绩不满或对公司治理问题有不同意见时，他们不再是简单地把股票卖掉，"逃离劣质公司"，而是开始积极参与和改进公司治理。从1980年代"被动投资、敌意并购"方式的公司控制权市场转为1990年代"积极投资、参与管理"方式的公司治理活动，执行一种公司治理导向的投资战略。

16.4.1　机构投资者的起源

个人总是容易引起关注，机构总是令人怀疑，尤其是在中国独特的人治体制和人情文化背景下，更是如此。英文中机构和制度则是一个词，可能有其内在的道理。制度是机构存在的基础，机构是制度运转的载体。机构依存于制度，制度需要机构来具体贯彻执行。

当古典的所有者兼经理的企业制度在实践中逐渐让位于由职业经理、职业董事和独立董事、会计和法律等职业服务机构共同构成的现代企业制度体系的时候，资本市场上的投资者主体也逐渐从古典的少数大亨、财阀与众多一般个人投资者，让位于职业化的投资阶层——机构投资者了。这一切是如何发生的，也就是为什么会有机构投资者成为现代公司的主要股东，需要从历史和社会经济发展进程的大背景中去寻找答案。

现代化进程启动之前，人们都是安土重迁，很少背井离乡的。那时的规则是"物离乡贵，人离乡贱"，那时没有社会保障体系，生老病死要依靠家庭、家族和乡里乡亲的同舟共济。现代化和市场化的进程打破了这一切，各种类型的圈地运动，把人们从土地上剥离，让人也和物一样进入了市场，从此"人离乡可能也贵"。但是，人从本质上讲是非理性的，人的理性能力是非常有限的，以管理学研究而获得诺贝尔经济学奖的赫伯特·西蒙给社会科学带来的一个重要贡献就是有限理性学说。

为了从整体上对付单个人的非理性，增加整体的理性程度，就需要建立社会保障体系。如果没有社会保障体系，很多人就会在年轻能挣钱时大量消费，成为"高薪贫族"，在年老时流落街头，成为社会的负担。据说，如今的新新人类中就有人想要"跳出三贷外，不在五险中"，让雇用他的企业把缴付住房、医疗和社会保险等方面的费用省下来给他现金。一些不明事理的企业可能也就这么做了，他们双方微观上"双赢"了，整个现代市场经济体系赖以运转的一个重要支撑性制度体系——社会保障体系却亏空了。

社会保障体系的发展和市场化进程是相辅相成的，政府在市场中的一个重要作用就是尊重当事人在市场上的合约自由，保护这种合约的执行，但是同时强制推行一种社会安全网来校正市场体系的自由和创新必然会带来的一些动荡和不安全后果。这就是社会保障体系和企业的自由用工制度、个人的自由择业制度等之间的相互依赖和支撑关系。

社会保障资金应该怎么用，怎么样能较为安全地保值增值，以备后用？这就产生了现代资本市场上的机构投资者，或者准确地称之为金融类的机构投资者。不能把所有进入股市的机构都称为机构投资者，那些实业类公司进入股市有其闲置资金有效利用的一面，也有其产业整合、战略联盟等方面的目的。证券公司的主营业务应该是承销股票，但其资产管理业务可能会是一种重要金融类机构投资者。

最主要的金融类机构投资者应该是养老基金和保险资金。这两类资金实际都是人们为了对付不确定性和应付未来的不时之需而储备起来的资金。这可能正是市场化和人性中的一个"可玩味"之处，人们一方面要通过各种赌博和准赌博性的活动来增加变化和不确定性，在风险中求利，另一方面又要通过社会保险、商业保险等各种方法来降低不确定性，规避风险。少数富豪的财产总计起来也不会更不应该有14亿人的保险钱和养老钱多，否则这个社会不会安定，富豪们的财产也不会安全，这也应该是现代市场经济的一个基本制度保障。

这些养老基金和保险资金，要有相对稳定的盈利，又要尽可能地规避投资风险，国债之外，股市尤其是那些指数股、蓝筹股等，则成为其重要的投资对象。这些机构自身没有实业经营，也就没有什么关联交易可做。自身积累的资金规模又很大之后，也会有一种"套牢效应"，也就不能不积极地关注所投资对象的公司治理情况。

在实业投资者的过度控制上市公司和中小投资者的跟风炒作、并不真正关心上市公司业绩这两个极端之间，机构投资者应该是没有必要过度控制上市公司又能真正关心并且有能力深入分析上市公司状况的一类投资主体。同时再有严厉的内幕交易查处机制的配合，以及机构投资者自身治理结构的健全，则机构投资者自然会走上一个关注公司治理甚至是以公司治理为导向的投资轨道。

当有了足够的机构投资者，机构投资者也真正关心公司治理情况，上市公司也面临新发、增发或配股等方面的股票市场需求不足压力，需要在投资者面前竞争，而不仅仅是在证券监管部门的核准会议上竞争的时候，自我增强的良性循环的市场化的公司治理机制就会形成，满足市场期望的现代公司治理最佳做法就会得到人们内在的重视和自觉的学习与遵守。

投资者为了确保自己获得应有的投资回报所能采取的一切合法手段都在公司治理系统的范围之内。这正是施莱佛等人在其著名的"公司治理评述"一文开篇第一句给公司治理所下的定义。发达国家的机构投资者是如何在被套牢之后开口说话，从传统的用脚投票的被动投资者成为现代的用手投票的积极投资者的，它们又是如何评估上市公司价值和公司治理情况，执行一种价值导向和公司治理导向的投资战略的？这就是我们下面要探讨的内容。

16.4.2 市场力量对利益集团政治的反抗

1980年代的股市并购风潮，导致许多公司董事会采取了一些反并购措施，阻止敌意并购的发生。有些反并购措施往往无需经过股东大会的同意就可以合法地执行，其中最著名并最常被管理层采用的就是所谓"股东权益计划"——毒药丸设置。比如一家公司可以发行一系列新的优先股，并赋予这些优先股的股东在公司被接管后以升水价格兑换现金的权利。

美国的许多州为了迎合公司管理层和地方公众的需要，纷纷通过了反敌意并购的法案。公司注册带来注册费及相关的律师等公司服务产业收入，也给地方带来就业。这些人士是集中在地方的，而投资者则分散在全国，双方影响公共选择过程的集体行动力量明显不同。在这些并购中，机构投资者本可以比市价高出1/3～1/2的价格抛售股票。现在这些反并购措施"剥夺"了投资者向愿意出高价购买股票者出售他们所持股票的原有机会和权力。

在以敌意并购为主要手段的公司控制权市场因反敌意并购措施而受阻之后，投资者便以积极投资和参与公司治理来对抗。市场的力量可以校正一些过火的政治行为，在一些积极行动的大投资者公开宣布抵制之后，许多公司不得不放弃使用毒药丸计划等反敌意并购的措施。

16.4.3 对基金受益人和社会的责任

促使机构投资者采取积极行动的一个重要动力来自美国劳工部社会保障

局。该局给受制于联邦法律的雇员福利基金，要求这些养老基金的理事们为了基金受益人的利益参加其所投资公司的股东大会投票。

社会责任也是机构投资者参与公司治理的一个重要原因，公司治理运动的积极推动者之一正是美国投资者责任研究中心。这是一家独立、非营利和会员制（governed by subscribers 由产品订户治理）的专业机构，从事有关代理投票、公司治理及企业的社会责任等问题的研究、软件和咨询服务。该机构成立于1972年，其订户和客户包括机构投资者、上市公司、律师事务所及其他公司治理相关组织。

16.4.4　套牢之后必须开口说话

但是机构投资者从被动变为主动的一个更为基本的原因是，机构投资者在股票市场所占份额越来越大，致使"华尔街准则"不再实用。一些大机构投资者持有几百只公司股票，并且持有量很大，一出现公司治理问题就抛售股票会受很大损失。卖给谁，什么价格，抛售之后又能去买哪家尚未涉足的公司股票？可以说，机构投资者，尤其是养老基金，真是"一大不幸"而当上了"股东"。

套牢之后必须开口说话，许多机构投资者面临进退两难局面之后，采取了通过私下沟通、代理投票和提出股东议案等方式把其对公司治理问题的关注传达给管理层。机构投资者，尤其是养老基金，从被动的投资者变为主动的所有者，但他们"与19世纪的公司大亨截然不同，他们并非是出于自愿而成为所有者的，他们当上所有者是因为没有其他选择。他们不能按着自己的意愿随时抛售股票，他们也不能成为所有者—经营者，但是无论如何他们还是所有者。就其本身而言，他们拥有的不仅仅是权力，他们还有责任确保美国最大的和最重要的公司表现出色并取得成绩"（德鲁克）。

16.4.5　参与公司治理"得与失"比例的改变：CalPERS效应

只有责任没有利益也许难以想象公司治理运动会如此蓬勃地开展起来。正如消费者保护、环境保护等运动的兴起一样，公司治理或说投资者保护运动也是兴起于责任而发展于为其提供专业服务的一个产业系列。其中最为关键的一个环节是机构投资者参与公司治理"得与失"的比例改变。

根据传统理论和投资理念，投资者只注重市场消息，只在选股方面进行研究，这些方面的投入直接从短期交易中获得回报。公司治理这类中长期性问题方面的投入，在其所带来的股价上升回报中投资者只能获得与其持股比例对应的份额。用经济学概念来说，对于股权分散的上市公司，公司治理是一项公共物品或俱乐部产品。也正因此而有法律强制董事会来代表全体股东行使其监督和指导职责，因为董事会的运作由公司付费即全体股东按其持股比例付费，由此解决了董事会这一"公共物品"性公司治理设置中的"搭便车"问题。

但是，在改善董事会运作，制定更好的管理层激励机制等当前公司治理运动所关注的焦点问题方面，还没有法律强制。像一些阻碍股票价值实现的反并购措施，甚至还有法律和监管条例的支持。机构投资者为什么还有动力去为此付出努力？Wilshire Associate[①]自1995年开始的对主要以股东价值为导向而积极参与公司治理的加州公务员退休基金系统的投资组合进行的定期更新的研究显示，机构投资者对公司治理的积极参与带来了所投资股票市场价值的增长。美国加州公职人员退休基金（CalPERS）从其积极参与治理的公司股票中所获回报大大超过了其投入，被称为CalPERS效应。

产生CalPERS效应，即机构投资者积极参与公司治理"得与失"比例发生改变，可能有如下两个重要原因。

一是如前所述机构投资者规模扩大的"套牢效应"，割肉成本太高，已经别无选择，参与公司治理所获净收益只要大于割肉成本就值得参与公司治理。比如，对于一只公司治理存在问题而只能以5元钱割肉抛售的股票，如果以每股0.5元钱的成本（即该机构投资者参与该公司治理需自掏腰包投入所持股数×0.5元的总成本投入，对于机构投资者来说，这可能是一个很大的数目，足以改善目标公司的公司治理状况）能使股价提升到5.5元以上，该机构投资

---

① 这是美国的一家员工所有制的独立投资顾问与服务企业，成立于1972年，为全球数十个国家、近千个组织提供投资咨询服务。

者参与公司治理从单只股票短期成本收益核算的角度将就已经是值得的了。这可以称作是股数效应，即持有一个公司的股数越多、持股份额越高，投资者从参与公司治理中获取正的净收益的可能性越大。

二是机构投资者持有众多公司的股份，而公司治理中有一些各个上市公司可以通用的最佳做法和基本准则，机构投资者在参与公司治理中积累的这些专业知识可以移植到其所投资的其他公司中去，这种"知识分享"减少了机构投资者参与公司治理的单位公司成本，使其参与公司活动的总体和长期收益可能远远大于成本，致使参与公司治理成为机构投资者的一项非常有利的行动。这可以说是公司数效应，即投资者的投资组合中公司数越多，在这些公司间进行治理知识移植的效率越高，投资者从参与公司治理中获取正的净收益的可能性越大。

这就是国际上出现了那么多积极参与公司治理并被称为公司治理导向或公司治理驱动的机构投资者的原因。

16.5 机构投资者如何参与公司治理

16.5.1 投资者与交易者分离，公司制度进入投资者主导阶段

美国研究机构投资者的著名专家、曾任美国国会图书馆国会研究服务部产业和金融研究组负责人、哥伦比亚大学机构投资者研究项目成员的Carolyn Kay Brancato，在其《机构投资者和公司治理——增加公司价值的最佳做法》一书中，从是否参与公司治理的角度，把机构投资者分为两类：一类是真正的投资者（Investors），一类只是交易者（Traders）。这两类股票持有人在股票市场上沿循如图16-1所示的不同路径进行运作。

随着投资者和交易者的分离，采用公司治理导向投资战略的机构投资者增多，公司运作的基本模式开始发生变化，从所有者/经理人合一的古典模式，经过两权分离/经理人主导的贝利—米恩斯模式，发展到两权分离/投资者主导的21世纪模式——真正的、投资者说话管用的现代企业制度。

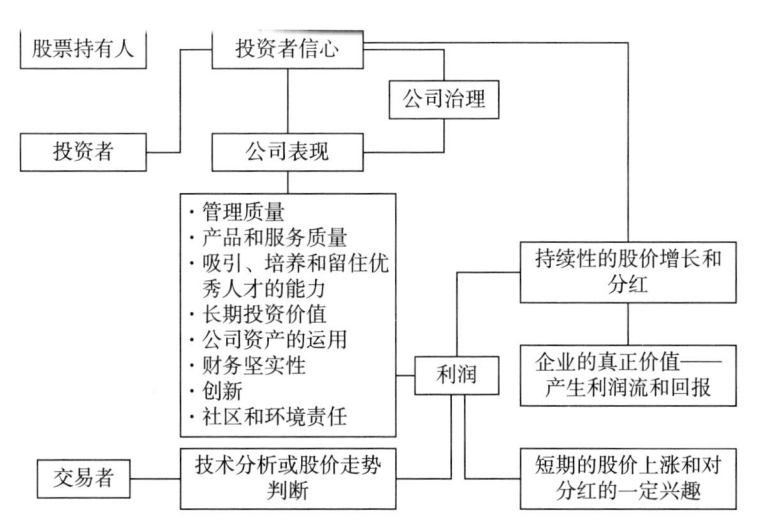

图16-1 投资者和交易者在股票市场上的不同航路

从贝利—米恩斯发表其《现代公司与私有财产》(2005)之后，股权分散、两权分离、经营者主导的公司制度，一直是人们关注的一个焦点。钱德勒的企业史著作则为这种企业制度的效率和合理性提供了论证（小艾尔弗雷德·钱德勒1987、1999、2002）。1980年代开始，中国企业改革和现代企业制度建设的"目标模式"基本是这种模式。

在机构投资者蓬勃兴起，但尚未积极参与公司治理的1970和1980年代，管理大师德鲁克曾经宣布美国经济从"经理资本主义"发展为"养老金社会主义"，其他一些人则用"机构资本主义"等词来描述。经过1980年代近于疯狂的并购与反并购活动之后，1990年代开始，机构投资者积极参与公司治理，美国公司进入了《投资商资本主义——一个颠覆经理职位的时代》（迈克尔·尤辛，1999）。

现代公司制度进入两权分离/投资者主导阶段的主要象征性事件是，1992到1993年间，通用汽车、IBM、美国运通、西屋电气等顶尖公司总裁在机构投资者的压力下被解聘、辞职或提前退休。数百个机构投资者积累了巨大份额的公司股份，经过1980年代并购与反并购的血雨腥风的战斗，在1990年代蓬勃兴起的公司治理运动中，他们学会了将其经济主权转换为政治主权。

通用汽车公司于1994年公布了"通用汽车公司董事会关于公司治理中一些重大事项的指引"。这一指引是通用汽车公司董事会自主进行的评价过程的一个结果，在这一过程中评价了各种各样的公司治理模式和机制。通用汽车公司董事会指引作为由市场推动的公司治理标准和样式的一个范例引起了广泛的关注。

"通用指引"发布之后，立即受到了加州公职人员退休基金组织（CalPERS）的认可和欢迎。CalPERS要求在其投资组合中的公司学习通用汽车公司，并进行类似的公司治理评估。大多数公司作出了积极响应，学习了通用汽车公司的做法，设置首席独立董事和召开外部董事例会等改进公司治理的一些具体机制得到普及。CalPERS承认，具体的治理方式肯定因行业和公司的不同而不同，但需要敦促各董事会寻求进行自我评估和董事会结构审查的益处。CalPERS发布了针对全球、美国、英国和日本等多个国家的公司治理运作指南，每年把其投资组合中那些业绩不良、公司治理质量低劣的公司纳入黑名单。不顾投资者呼声、不着手改进公司治理状况的企业，要么总裁下岗，要么股价下跌成为公司袭击者的猎物。

资本自身具有改变世界的力量，资本在不同的人手里，则会导致改变世界方向的不同。作为全球公司治理运动的主要推动者，CalPERS的行动具有导向作用，其他一些关注长期股东价值的投资者会跟随CalPERS的行动。

16.5.2　LENS基金：公司治理导向的投资战略

根据机构投资者参与公司治理的方式、深度，可以进一步将机构投资者分为四种类型，如图16-2。

一类股东	二类股东	三类股东	四类股东
在财务和投票两个方面均积极，如：巴菲特，LENS及其他积极管理的公共退休基金	财务方面被动而投票积极，如：CalPERS，纽约州共同退休基金及其他投资指数化但积极参与投票的基金	在财务方面积极但投票不积极，如：许多银行的信托账户和大多数公司（私人）养老基金	财务和投票两个方面均不积极的交易者，如：大多数货币经理，技术分析派
投资者		交易者	

图16-2　机构投资者的四种类型

在执行公司治理导向投资战略的机构投资者中，参与公司治理最为积极和最值得借鉴的也许是成立于1992年的LENS投资管理公司，该公司的创建者正是前述美国劳工部社会保障局官员、著名的公司治理活动家孟克斯（Monks）。

LENS基金只投资于少数几家股票，进行"关系投资"，并积极介入其所投资公司的治理运作。LENS基金被称为第一家公司治理基金（corporate governance fund），LENS也自称为公司治理投资者（the corporate governance investors）、一种积极投资的选择（the active investment alternative）、一家最积极的货币经理（an activist money manager）等（图16-3）。

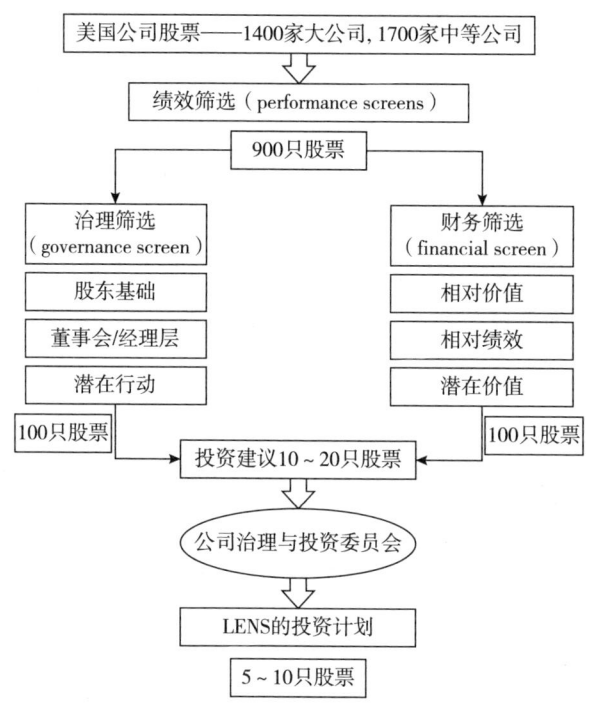

```
美国公司股票——1400家大公司，1700家中等公司
            ↓
    绩效筛选（performance screens）
            ↓
         900只股票
       ↙         ↘
治理筛选            财务筛选
(governance screen) (financial screen)
    股东基础           相对价值
   董事会/经理层         相对绩效
    潜在行动           潜在价值
  100只股票          100只股票
       ↘         ↙
    投资建议10～20只股票
            ↓
     公司治理与投资委员会
            ↓
        LENS的投资计划
            ↓
         5～10只股票
```

图16-3　LANS基金公司的投资选择程序

LENS基金公司的投资选择原则是从财务评价和公司治理评价两个角度找出价值低估和有价值可通过公司治理（主要是股东作用）提高的公司。该公司1994年年报中的一段话非常清晰地表述了公司治理导向的投资战略："卡内基曾说最好的投资战略是把所有的鸡蛋都放在一个篮子里，然后紧紧地盯住这个篮子。我们的战略是不仅盯住篮子还要盯住鸡蛋，并且我们要确信让那些鸡蛋知道有人在盯着他们。我们发现，董事会就像亚原子一样，知道他们受到关注时会有不同的行为。我们的初衷就是制造这种不同。我们的经验表明股东的参与能够增加价值。"

16.5.3　中国机构投资者能否执行公司治理导向投资战略

中国的机构投资者正处于蓬勃发展之中。尽管基金规模、在市场上所占比重与发达国家相比还有距离，但中国证券投资基金的发展速度引人注目。

受制于中国证券市场总体特征（个人投资者为主、政策因素主导）和证券投资基金运作时间不长等因素，中国证券投资基金的运作风格还没有明显分化，多数仍为综合型基金。同时，由于大多数中国上市公司的控制权牢牢掌握在发起人和控股股东手中，机构投资者即使持有了一家上市公司股份的相当大比例，也难以对公司战略和管理产生多少实际影响，导致中国的机构投资者偏向通过坐庄炒作来盈利。

但是，中国证券投资基金进一步发展的速度与空间，在很大程度上取决于其在上市公司治理及其自身的治理方面的实际运作情况。如果总是依靠新股配售甚至是联合坐庄等方式来保持盈利，"跑赢大市"，中国证券投资基金的进一步发展必然受到资金供给方面的限制。大款的钱数总是多不过老百姓的资金总和，保险资金和社会保障资金等追求稳定性的资金的持续入市，与上市公司治理质量提高、投资基金治理质量提高，以及执行以公司治理为导向的投资战略的机构投资者的增多等是互为依赖和相互促进的。

从中国机构投资者角度看，一个值得探讨的问题是，在中国目前的市场上执行以公司治理为导向的投资战略是否可行。政策和法规方面基本没有什么限制（如持有一家上市公司股票的上限、持有同一家上市公司股票的机构投资者之间私下交流意见、在股东大会上采取联合行动等），上市公司方面也还很少有采取如分类董事会等阻碍新股东参与公司治理的手段，监管部门也在鼓励机构投资者参与公司治理，剩下的问题就是中国的机构投资者如何参与公司治理，如何能够通过执行一种以公司治理为导向的投资战略而盈利了。

这需要对中国上市公司股价与公司治理相关的内在价值之间的关系作一个基本的判断。中国证券市场明显由"交易者"主宰，股价的升降中主要因素是"炒作"，其背后是庄家和联合坐庄等行为。但从中长线的走势来看，优劣公司之间市场价值的差异也还是能够显示出来的，"投资者"和中长线股民增多也是不争的事实。频频暴露出的上市公司治理和管理方面的问题亦可谓"触目惊心",这就为公司治理导向的投资者创造了一个巨大的用武之地。

机构投资者对上市公司治理的参与可以有三种深度或三个方向：一是着重于一般性的公司治理，主要涉及股东、董事、经理层关系和关联交易、信息披露等方面；二是着重于与行业相关的公司治理，探寻适应于所属行业的最佳公司治理行为；三是着重于监察公司内部的执行和控制系统。

中国的机构投资者，在上述一般性的公司治理方面还有很多工作可做。机构投资者可以采取一些联合行动，如共同对中国上市公司治理中现存问题进行一些调查和研究，深入具体地探寻有哪些现实可操作的潜在行动等。如同那些大的消费品制造商联合进行一些一般性的市场调查，或如发达国家的机构投资者订购一些专业公司治理研究机构的产品，或共同出资组建为其从事公司治理活动提供服务的专业机构。

相关案例参见《董事会与公司治理（第4版）：演进与案例》案例34"机构投资者对公司治理的评估：CalPERS案例"、案例35"在投资者和公司之间：现代投资银行的成型"、案例36"摩根式治理：与投资者站一起，启用经理人管理"、案例37"银行控制公司的不合理性：布兰代斯终结摩根式治理"。

第17章

股东控制、职业管理与公司治理转型

股东主权是现代公司的基础规则,所有权由此成为公司控制的起点。但是,随着资本市场的发展和公司股权的分散,出现了公司的控制权与所有权之间的分离趋势,管理能力成为比所有权更重要的公司控制凭据。

作为一种人为事物，公司法人自身并没有头脑，更没有心灵。无论通过何种机制，公司总要由自然人控制。作为公司终极控制者的自然人，无论是单人、多人还是众多，他们所依据的规则和凭借的机制不同，则形成了不同的公司控制模式。

17.1 公司控制：从所有权到管理能力

股东主权是现代公司的基础规则，所有权由此成为公司控制的起点。但是，随着资本市场的发展和公司股权的分散，出现了公司的控制权与所有权之间的分离趋势，管理能力成为比所有权更重要的公司控制凭据。

17.1.1 职业管理蕴含于良好公司治理之中

公司从创立、成型到成熟过程中，公司控制权从创始人到职业经理人的转移和传承问题，是所有公司发展中都不可回避的一个重要问题。

职业经理人的本质就是拿薪水的公司管理人员。早期的公司股东自己直接管理公司，往往是作为经理的薪水和作为股东的收益不作区分，后来逐渐有没有股权的经理人走上高级管理岗位，得到相应的薪水，人们就把这种人称为"支薪经理人"或"职业经理人"，就是以"经理人"——从事公司管理工作的人——为职业的人。

早期的公司股东可以仅以分红收益作为其管理服务的报酬，但是在现代公司税制条件下，股东直接管理公司也要把自己该得的薪水和自己的股东收益分开，因为前者可以只纳个人所得税，后者要付企业所得和个人所得双重税。而且，二者不核算清楚的话，也搞不清楚企业的真实成本和自己作为股东的真实投资收益。

良好公司治理的出发点是关于公司作为独立法人的一套基础规则。没有这套基础规则，没有公司作为独立法人这样一种机制，实际都谈不上现代概念的股东。公司制企业股东以出资额为限，承担企业经营产生的债务，风险是锁定的，所以叫有限责任。法人独立和良好公司治理，可以鼓励人们投资经商，更是可以激励人们把钱放在一起，以公司的名义共同经营，这就为公司的股权多元化提供了一种便利，甚至可以说是前提条件。

公司治理越好，公司股权融资会越容易，后续融资中原始股东股权的增值幅度会越大，也就越愿意开放股权、进行股权融资，投资者积极进入，公司的股权分散进程就会越快，成为董事会主导、职业管理的现代公司。

社会有效保护股东权力、股东有效控制公司董事会、公司董事会有效选聘职业经理人、职业经理人有效领导企业组织的发展，是环环相扣的一个完整链条。有效的公司治理，能够保证不再介入经营的公司股东享受到公司经营的成果，而基本不必担心公司财产会被经理人偷窃或者分享不到公司经营成果。

英美德日等发达国家职业经理人制度都是其公司治理进步的结果。从1860年到1870年前后，几个主要发达国家相继颁布了新的公司法规，引入"股东有限责任、董事会集中管理"的现代公司治理制度，然后经过几十年的发展，到1900年前后，大量的第一代创始人退位时，兴起了职业经理人接班这一做法。这个时候，这几个发达国家的大股东权力限制和中小股东权利保护等法律已经很健全，公司运作中董事会也已经完全到位，跟随创业者的经理人们也正好成熟到了能够继续领导公司前进的程度，创始人可以放心地退居二线，享受自己创业成功的果实了。

17.1.2　美欧两极和居中的日本

最早系统揭示了所有权与控制权分离趋势的伯利和米恩斯，对公司控制权状况从完全依靠所有权的控制到没有所有权的控制进行了五级分类：几乎完整的所有权，主要控制权，通过法律机制的控制权（金字塔、无表决权优先股或普通股、表决权信托），通过股份的小部分控制权，管理层控制权。

美国由于缺少欧洲国家（包括英国）那种传统贵族和富有家族，从工业化开始时期就主要靠资本市场融资，走出了公司股权分散的前沿。到1930年代，美国公司的主流模式就已经是股权高度分散，公司实际控制凭据从所有权演变为管理能力了。从终极控制权看，1930年美国最大的200家公司中，有88家是管理层控制，46家是少数所有权控制，41家是法律手段控制，10家是多数所有权控制，12家是私人所有权控制。从大股东持股比例看，1938年美国最大的200家公司（包括上市和非上市的全部公司）中，有42家（占21.0%）大股东持股比例在50%~100%之间，37家（占18.5%）大股东持股比例在30%~50%之间，47家（占23.5%）大股东持股比例在10%~30%之间，13家（6.5%）大股东持股比例在10%以下，61家（占30.5%）公司无大股东（《公司治理的历史》第599~600页）。

与资本市场高度发达，公司普遍股权分散、很少控股股东存在，公司由职业经理人主导的英美国家不同，欧洲大陆国家公司普遍存在着控制性股东，一般是公司创始家族，通过双重股份制度，持有决定性的公司投票权，职业经理人属"高级打工者"，需要得到控制性股东的支持才能站稳。

日本既没有像英美国家那样高度发达的资本市场，也没有像欧洲大陆国家那样普遍存在着的双重股份制度，其公司的职业管理程度（职业经理人对公司的主导程度）弱于英美国家，但强于欧洲大陆国家，公司创始家族对公司的控制程度则弱于欧洲大陆国家，但明显强于英美国家。

当然，这只是一个大致的分类。在现代公司的世界里，由于基本治理规则的全球一致性，治理模式上出现趋同化，这种总体分类学只能是一种简化和近似。国家之间的区别只是在于，从股权（及投票权）高度分散、毫无创始家族影响、完全由公司控制权市场和经理人控制的一个极端，到股权（就上市公司来讲主要是投票权）高度集中、创始家族强力控制、职业经理人处于辅佐地位的另一个极端，这两个极端之间的公司数量分布情况存在差异。

就全球来说，处在"股权分散—经理人主导"这一端的代表性公司是通用电气、雀巢和索尼，分别属于美国、欧洲和日本。通用电气公司随股价上涨而自动拆细股份，以便中小投资者进入，雀巢公司章程限定最大股东投票权不能超过3%。索尼公司的股东多样化和股权分散化一直居于日本企业的领先水平，也是第一家由外国人担任CEO的日本公司。

处在另一个极端的最有代表性的公司当属法国的米其林。米其林家族为了保持对公司的绝对控制，不惜承担无限责任，将米其林公司注册为一种两合公司，家族持有承担无限责任而法定拥有公司管理权的股份，对外发行的是没有公司管理权的有限责任股份。其次是德国的贝塔斯曼，创始家族为了保持控制权拒绝公司上市。再次，可说是德国的保时捷，用足了德国法律中公司最多可以对外发行50%无表决权股份的规定。

日本公司没有欧洲大陆国家那样极端的家族控制。即使是二战前日本的财阀家族，也都是通过层层控股等方式来提高创始家族对整个集团的控制力，而不是直接通过双重股份制度、两合公司（可以看作是一种极端的双重股份制度）或拒绝上市的方式来保持创始家族的控制。与此同时，日本公司中的职业经理人，虽然没有达到美国一些公司中那样的主导性地位，但是他们对公司的控制力和实际影响力，都要远远高于欧洲公司。除索尼和ASICS等少数公司之外，日本公司更多地都是处在一种创始家族和职业经理人之间"平等合伙"的状态，可谓"共生型治理"。

17.1.3 能力、分工、偏好和激励

人自利，每个人自己才是其利益的最佳看护者。如此，自利的人能否看管好别人的钱，自利的人又如何能够放心把自己的钱交由他人打理？如果自利的人不能看管好别人的钱，自利的人不能放心把自己的钱交由他人打理，现代公司又如何能够发展起来？

但是，现代公司发展起来了，职业经理人管理着的都是别人的钱。在这个意义上，现代公司也是一种金融机构，不过是比直接金融还更直接而已。商业银行等间接金融是拿你的钱去放贷，投资银行、投资基金等直接金融是拿你的钱去买股票和债券，而公司是拿你的钱自己做项目和产业。

动机上自己管理自己的钱财最好，但是能力上往往不是这样。医生、律师和会计师，是你付钱请来打理你的健康、权利和账簿的，因为你可以很清楚地知道你缺少相关专业能力。职业经理人也一样，是你（股东）付钱请来打理你的财产（公司）的，区别只是你不太容易认识到，甚至就是不愿意承认，管理也是一种专业，而你缺少这个专业上的能力。谷歌创始人佩奇和布林，就认为管理没有多大技术含量，在风险投资人一年多时间的持续施压之下，才引入职业经理人。

能力之外，还有分工。大律师可以自己打字，甚至比秘书打得还快。大老板可以自己开车，甚至比司机开的还好。但是，他们还是要请秘书、请司机。因为通过这种分工，他们可以创造更大的价值，可以把时间用到更有价值的地方，也可以换来更多的闲暇。股东和职业经理人，就是现代公司制度所提供的一种分工，跟市场交易所提供的分工，没有本质上的差异。微软创始人比尔·盖茨当属这种情况。1980年招揽鲍尔默加盟及1982年和1983年先后聘请两位职业经理人担任公司总裁，就是要"把比尔·盖茨解放出来"，专心做他最为擅长的软件架构设计和软件发展方向把握。

再进一步，还有兴趣和偏好的问题。你有能力管理，或说你可以学习管理，但是你没有兴趣。你可能更擅长创业，更喜欢研发，或是还有别的偏好。经商有成后想从政，或是经商、从政都没意思了，想搞科研或艺术。这里有马斯洛的五个需求层次理论，也有构成罗斯托经济成长六个阶段理论基础的布登勃洛克动力。苹果公司联合创始人沃兹，从一开始就对管理工作没有任何兴趣。不用承担管理工作是沃兹答应乔布斯和马库拉要求他从惠普公司离职、正式加入苹果公司所提出的一个重要条件。1916年，可口可乐公司创始人艾萨·坎德勒，在当选为亚特兰大市长后卸任了可口可乐公司总裁职务。

最后，可能也最为重要的因素是激励。初创企业和小企业，需要创始人和股东亲力亲为、直接管理，因为只有创始人和股东真正看好其前景，最有激励把企业做好、管好。初创企业和小企业往往也没有什么实力吸引高水平的职业管理人士加盟。但是，当有融资进入或是企业发展到一定规模，企业有能力也相对容易招揽职业管理人士加盟时，激励便成为核心问题。这里有相互关联的两个方面的激励问题，即创始人和股东自身有没有引入职业管理的激励，以及公司对职业经理人的激励。

为生存和作为主要事业的创始人和股东，自身承担极大的风险，把企业做好的激励非常强，会缺乏兴趣和信心找职业经理人，也不太愿意付出足够报酬给职业经理人。职业经理人激励不足，实际还没有创始人和股东自己管理得更好。有一则猎狗没跑过兔子的伊索寓言，说的就是这种激励问题，因为猎狗是为一顿饭而跑，兔子是为生命而跑。

已经积累了一定财富并做了一定程度分散投资的创始人和股东，自身承担风险的能力已经比较强，亲力亲为自己管理的激励就会下降，也就愿意并更有能力付出更高报酬给职业经理人，职业经理人的管理也就会更好。金融大亨要比实业大亨更愿意聘请职业经理人，就是这个原因。福特汽车公司创立时的最主要投资者银行家格雷，名义上担任了福特汽车公司的首任总裁，实际完全没有介入管理，甚至都没有出席公司创立大会。任正非说，公司要不断用恶狼替换饱狼，其实也是这个道理。

激励是职业经理人发挥作用的重要条件，但是仅有激励是不够的，还需要以股东价值为导向的公司治理文化、公司治理的基础规则和最佳实践。由于各国历史、文化、经济制度和公司治理体系的差异，企业自身条件的差异，不同公司从创始人和股东管理向职业管理转型的路径不同，职业管理的模式也不同，但是在差异化表象的背后，大致遵循了一些共同性的规律。

17.1.4　让有能力的人管理公司

职业管理，就是让有能力的人成为经理人，拥有实际控制权和领导公司。实际运作中有三种模式，也可以说是职业管理发展的三个阶段：优秀股东成为经理人，优秀经理人成为股东，股东和经理人的合伙模式。

职业经理人可以来自股东或创始人，只要他们有足够的管理能力，可以从股东或创始人转型为公司经理人和卓越领导人。金佰利、瓦伦伯格和菲亚特是创始时的股东兼经理人成为了公司主导者和关键领导人。微软、亚马逊、星巴克等则是创始人本身是卓越领导人。美国运通、德意志银行和3M公司则是经理人成为了公司主导者和关键领导人。在一定意义上，IBM公司也是这种模式。

美国运通的第一位主导者和强势领导人威廉·法戈也是美国运通公司创建时的股东之一，不过他最早是以经理人身份加入到组成美国运通的前身公司中的，因此他最初的起点是经理人。

德意志银行的第一位总裁（管理董事会发言人）是格奥尔格·冯·西门子，1870年开始，直到其去世的前一年（1900年），一直担任这一职务。格奥尔格·冯·西门子是西门子电气创始人的侄子，但出任德意志银行总裁完全是出于个人能力，完全属于是德意志银行的职业经理人。到1900年，在西门子的领导之下，经过三十年的时间，德意志银行成为德国最大的银行。

3M从一项判断错误的采矿决策开始，能够成功转型为一家卓越的高科技企业，有董事会制度的作用，有后续投资者的坚持等因素，但是最重要的是从公司助理簿记员做到公司总裁、在3M公司服务59年的麦克奈特的作用。老沃森受聘C-R-T公司，缔造出IBM，与麦克奈特一样，是职业经理人成为卓越缔造者和关键领导人。不过，老沃森的起点比麦克奈特要高一些。

没有足够优秀的股东或是经理人，可以采用股东和经理人的合伙模式，这也是大多数公司的实际状态。花旗银行早期的股权动态调整，或说所有权和管理权的双重传承，新管理者从原所有者手中购买大量股份，变成新的所有者兼管理者，是一种很好的方式。这源于早期公司中不能给公司做出贡献的人不能持有股权的文化。

现代公司的职业经理人和经理人持股制度是一种更好、也更容易操作的解决方式。这使股东从直接控制，转为保持距离的控制，进一步发展为市场控制，纯粹股东仅仅是资金提供者、风险承担者和公司治理参与者的角色。本质上是一种更为深化和细化的分工体制。

股东、创始人、家族成员和职业经理人，只要有能力，都可以是公司的有效管理者。这里的关键问题不在于谁做什么工作，谁在什么岗位，而在于各种工作和各种岗位是否都是按照最合理和最有效的现代公司治理原则与方式来设置和运作的。家族企业中外姓的经理人管不了在企业内工作的家族成员，或是新引入的高层经理管不了元老和老资格员工，其共同的一个原因就是企业内部各个层面还没有按照一套制度规则来管理，企业还没有完全对各种人员按照一个清晰定义的岗位和职责来配置和管理。

从日本到欧美的一些大型家族公司，家族成员进不进入公司，以及进入什么岗位，都是按照一套规则来做的。有了一套平等竞争的规则之后，企业各个层面上的人员安排，都只是取决于能力，最后形成的结构是一种自然演进的结果。家族里有人才，并且有兴趣，就能保持家族控制，家族里没有人才，或者没有兴趣，就自然演化为职业经理人主导。企业高管人员是来自家族成员还是非家族成员，外部新聘还是内部提拔，本身都没有好与坏，或者是规范与不规范之分。

职业经理人可以来自内部成长，或是来自外部招聘。不过几乎所有成功的全球性大公司都是以内部成长起来的经理人接班为惯例，外部招聘是公司处于危机或者需要实现重大转型情况下的一种例外安排。把外聘经理人这一例外当常规，是一种认识误区。

职业经理人制度蕴含于公司治理之中，良好的公司治理可以促进职业经理人作用的有效发挥。为了企业长盛久安，要在强化公司治理、筑牢股东价值经营目标和董事会中心地位的基础上，优化职业管理，充分授权和激励职业经理人的价值创造行为。

17.2 公司治理的四种模式与两条转型路径

由于所处环境和公司发展阶段不同，从公司控制模式看，大致可以分为创始人控制、家族控制、大股东控制和市场控制。所谓市场控制就是股权分散和董事会独立之下的职业经理人控制。

公司能否以及以多快的速度引入职业管理和发展到股权分散、市场控制阶段，创始人和投资者的公司发展模式和路径选择，公司所处行业、公司注册地和股票上市地等，都是重要影响因素。

17.2.1 公司治理基础规则与公司治理转型

公司治理转型，是公司制企业在按照公司治理基本规则，应对自身及外部各种条件变化而进行的一种适应性的调整过程，包含两层含义。

一是建立健全真正的公司治理，真正按公司制企业的基本规范去做。这个层面上的"公司治理转型"，或者更准确地说是现代公司治理机制的有效建立，是真正公司治理转型的基础。二是规范运作的公司制企业，随其规模扩张或各种因素变化而自然演进出来的公司治理转型问题。

没有上述第一个层面上的公司制企业基本治理规范为基础，就谈不上第二个层面上的公司治理转型。第二个层面上的真正的公司治理转型，已经无关法律规定，无关公司治理运作的一些基础规则。正是公司治理基本规则，为公司制企业提供了进行这种适应性调整的可能。

简单说，公司治理的基础规则就是股东有限责任和董事会集中管理这两条。公司治理转型的核心内容和两条主线则是股权分散和职业管理。如果没有有限责任和董事会集中管理，公司股权很难分散，股东不可能退出公司管理，职业管理也就无从谈起。因此说，公司治理基础规则是公司治理转型的前提条件，没有公司治理基础规则，就谈不上公司治理转型。

中国当前很多公司，在公司治理基础规则缺位的情况下，追求公司治理转型，是皇帝还在的情况下搞丞相负责制，无论如何都还是人治，是关键人治理，而不是法治，不是公司法人治理规则下的职业管理。

17.2.2　公司股权和控制的四种形态

在我们深入研究过的上百家企业案例中，最重要和普遍的两条主线是，公司从创立、成型到成熟过程中，公司股权从集中走向分散，公司控制权从创始人转移到经理人。不是所有的公司都能走到股权分散、职业管理这一步，股权分散、经理管理也并非就是公司治理先进，但是，随着公司规模扩大和公司历史增长，股权分散和职业管理，往往是多数公司所必然面临的选择。

股权分散和职业管理往往相伴发生、同步发展，但是二者之间并没有必然和必须一致的联系。从逻辑和历史两个角度上看，股权集中还是股权分散，股东管理还是职业管理，都有如下四种组合：A. 股权集中、股东管理，B. 股权集中、职业管理，C. 股权分散、股东管理，D. 股权分散、职业管理。

这里的股权集中和股权分散，我们大致可以按第一大股东持股比例20%左右为分界。股东管理就是主要股东直接出任主要经理人职位，职业管理则是职业经理人出任主要经理人。即使职业经理人因股权激励或是并购等因素而持有公司少数（非控制性）股份，也可以看作是职业经理人。如，老沃森出任IBM前身公司总裁职位时，获得了5%的分红权，但他是职业经理人角色。斯隆因其所创办的轴承公司被通用汽车收购而加入通用汽车，陈晓因其所创办永乐电器被国美电器收购而加入国美电器，但二人后来成为承继公司主要经理的角色都是职业经理人。

ABCD四种公司治理模式都有典型代表。

A类：股权集中、股东管理的公司就是古典型企业，是绝大多数公司的起点，也是绝大多数中小企业的现实状态，创始人拥有、控制并直接管理企业。

B类：股权集中、职业管理的企业，则是主要发达国家之外的世界大多数国家的公司治理状态。中国的绝大多数公司，无论国有还是民营，都可以归入到这一类里。世界著名公司中，德国的贝塔斯曼集团可以说是这类公司的一个典型代表。

C类：股权分散、股东管理的企业，典型代表是欧洲的一些传统家族企业和美国的一些新兴高科技企业，前者如意大利的菲亚特和法国的米其林，后者如谷歌、脸谱、亚马逊，以及比尔·盖茨退出公司管理之前的微软、下市之前的戴尔电脑。腾讯和阿里巴巴也可以归入此类。

D类：股权分散、职业管理的企业，是目前世界顶尖大公司的主流模式，但最为典型的是美国的通用电气、IBM、苹果，瑞士的雀巢和日本的索尼等。中国公司中，新浪下市前曾是这种状态，金山和和2017年深圳地铁入股前的万科都已经比较接近，但还都不能完全算是。

17.2.3 公司治理转型的两条主要路径

在上述公司股权和控制的四种形态中，我们大致可以把股权集中、股东管理作为起点，而把股权分散、职业管理作为目标来界定公司治理转型的过程。这样的公司治理转型过程，理论上就有三种路径：①从股权集中、股东管理直接转变为股权分散、职业管理;②从股权集中、股东管理转变为股权集中、职业管理,再转变为股权分散、职业管理;③从股权集中、股东管理转变为股权分散、股东管理,再转变为股权分散、职业管理。

但是,在现实中,上述第一种路径很难实现,成功的案例很少。1901年摩根财团收购卡内基钢铁公司后组建美国钢铁公司,以及1892年摩根主导下的爱迪生通用电气公司和汤姆森—休斯敦公司合并后组成通用电气公司,可以算是两个比较靠近的例子。但是,这两个案例的共同特点是,虽然法律上公司股权是一步到位地分散了,但是摩根及其合伙人作为股权分散后众多股东(也就是摩根的客户们)的代理人,在很长时间内都拥有着公司的控制权,也就是我们说的金融大亨取代了实业大亨。与此同时,这两个企业在其实业大亨时代的后期,都很大程度上引进了职业管理。卡内基作为占其钢铁公司一半股份的大股东,主要通过信件方式对公司管理提出建议和意见。实际上,向摩根提出收购卡内基钢铁公司、组建美国钢铁公司建议,并且出任了美国钢铁公司首任总裁的人,就是时任卡内基钢铁公司总裁的斯瓦布。因此,我们也可以把从卡内基钢铁公司到美国钢铁公司的治理模式转型路径,近似地归结为上述第二种路径,即先实现了股权集中、职业管理,再实现了股权分散、职业管理。

如果不考虑理论上存在、实践上很难也很少发生的上述第一种公司治理转型路径的话,我们可以把上述第二种和第三种路径看作是公司治理转型的两条主要模式或说是两种模式。第一种模式是保持股权的集中和稳定,优先实现职业管理,这是欧洲家族企业的主要模式,可以称之为欧洲家族企业模式。第二种模式是优先实现股权的分散和流动,这是美国企业所普遍采用的模式,可以称之为美国上市公司模式。出现这两种公司治理转型模式上的分野,主要原因在于欧洲和美国在企业资本积聚和资本市场发达程度的差异。

欧洲由于长期的封建历史,有很多贵族和富裕家族存在,在开始工业化开始和发展现代公司的时候,这些富裕家族可以提供相对充裕的原始资本供给,使企业对资本市场的依赖程度不高,企业可以在保持股权集中和稳定的情况下发展和壮大起来。随企业规模的扩大,在人才方面的需求,迫使这些企业不得不引入职业管理。美国继承了欧洲的思想文化,但是没有欧洲那样的贵族和富裕家族。从工业化和现代公司起步时期起,美国企业就需要通过资本市场融资，才能很快地发展和壮大，这使美国形成了很好的股权文化，对股权分散持开放心态，甚至是积极拥抱股权分散。

17.2.4　公司治理转型不是一个简单和单方向的直线过程

虽然我们在总体上把公司治理转型总结为从股权集中、股东管理开始，通过先股权分散再职业管理和先职业管理再股权分散两种路径，走向股权分散、职业管理的过程，但就具体一个企业来说，不能教条地认为这是一个单向、直线和必须的过程。

作为一个适应性调整过程的公司治理转型，是企业根据自身条件及外部环境变化而进行的一种相机选择，就是说，虽然公司治理转型的总体大势是从股权集中到股权分散，从股东管理到职业管理，但是具体到一个企业，一个企业的具体时点上，也存在着反向选择的合理性。分散了的股权可以重新集中，退出了管理的股东可以重新回归公司管理，至少在一定的时间期限内，这可以是一个企业在公司治理上的有效选择。

能够实现股权分散化并成功建构起来一套职业经理人体制的公司虽然不少，但是规模已经大到难以有新的控制性大股东产生，或者公司已经做出了如通用电气和雀巢那样的一种坚持立足于高度分散的股东基础并从公司内部治理制度安排上做出了限制新大股东（控制性投票权）产生的战略性选择的公司，还是凤毛麟角。有公司在经过了股权分散、经理人主导之后，因为业务发展不顺或公司陷入困境需要救助等原因，又重新回到了新的大股东控制模式。

1903年福特汽车公司成立时有12个股东，亨利·福特持股25.5%，因为股东之间的矛盾和纠纷，经过1906年和1919年的两次收购，到1919年变成了亨利·福特本人持股58.5%、福特的儿子持股41.5%的完全家族企业。

创建于1886年的西尔斯公司，早在1920年代就实现了股权分散、职业管理，甚至是经理人主导。可是，2005年高盛出身的兰伯特作为对冲基金经理和投资人，推动凯玛特和西尔斯—罗巴克的合并，出任董事会主席掌控公司。2013年兰伯特进一步任职到了经理层，董事会主席兼首席执行官，本来要保持距离的投资人变成了所有权与经营权融合的股东—经理人。

2013年10月，戴尔公司私有化完成，迈克尔·戴尔以其原有戴尔公司16%的股份和新投入资金，控制了私有化后戴尔公司75%的股份。戴尔公司从股权分散、股东管理的公司反向转型为了股权集中、股东管理的公司。出现这种选择的主要原因是公司创始人、主要股东和华尔街之间，在对公司潜在价值和最佳战略方向的看法上出现了差异。

17.3 大股东陷阱和短视的代价

从长期来看，不能以管理能力为公司控制基础的企业都会陷入失败。大股东陷阱和短视导致公司不能成功转型，失去创新能力和新业务机会，也会失去优秀经理人。

17.3.1 大股东陷阱

公司能否相对顺利地完成治理模式转型和公司控制权的转移与传承，既取决于公司外部的公司法律体系完善程度和资本市场深度，也取决于公司内部的治理机制安排、公司创始人的偏好与选择、创始人的家庭和家族情况，以及公司业务发展机遇等。

资本市场越发达，社会和法律对中小股东的保护越充分，公司在股票市场上的价值越大，股权融资要比债权融资更容易，并且成本更低，公司股权就会越分散。这种情况下，阻碍公司走上股权分散进程的就是大股东。如果大股东限于其自身的眼界或者偏好，宁愿公司发展缓慢也要把公司牢牢掌控在自己手中，公司就会停在"大股东陷阱"之中，走不上股权分散之路。

阻碍公司转型的大股东陷阱不仅仅表现在拒绝股权分散上，也可以表现在拒绝职业管理上，或者说是，把职业管理限制在一个有限的范围之内，拒绝进一步走上"市场控制—经理人主导阶段"。这类公司很多，特别是在欧洲大陆国家。从瑞典沃仑堡集团到德国的汽车家族，从法国的米其林到意大利的菲亚特，大股东或创始人家族都对公司管理层人选有相当大的控制权。美国也存在这种情况，不过程度要比欧洲大陆轻很多，性质也有所不同。美国主要是在新近成长起来的高科技企业中，存在通过投票权信托和分类股份设置等手段维持的创始人控制。但由于美国资本市场和职业经理人市场的高度发达，这些企业在创始人离去之后，基本不会继续存在严格的创始人家族控制。

中国主板上的很多公司，虽然已经上市，但是仍然处在大股东陷阱之中，难以自拔。创业板公司相对要好一些，已经出现了很多创始人和大股东持股低于20%的公司，进入到了"股权分散—股东管理"的阶段。康佳集团为我们提供了一个大股东陷阱的最新案例。2015年5月28日，康佳公司中小股东提名董事占多数的董事会仅仅运作了4个月之后，2015年9月29日，中小股东推荐当选的董事、监事辞职，康佳集团董事会和监事会都重回大股东控制状态。

大股东陷阱导致公司错失重大发展机会的最好案例当属肖克利半导体实验室老板肖克利否决诺伊斯等人的集成电路研究项目，和仙童半导体公司大股东菲尔查德回购诺伊斯等人的股权并最后没有留住诺伊斯，失去了他们本可以拥有的半导体行业领军者地位。

1955年，"晶体管"发明人之一，诺贝尔物理学奖获得者肖克利在硅谷建立了肖克利半导体实验室。包括诺伊斯和摩尔在内的八位年轻科学家从美国东部陆续到达硅谷，加盟肖克利实验室。尽管满怀发财的愿望，科学天才肖克利毫无管理和经营才能。一年之中，实验室没有研制出任何像样的产品。1957年9月18日，以诺伊斯为首，包括摩尔在内的肖克利的叛帮八人组，决定一起出走并共同开创新事业——将他们在肖克利实验室里被否决了的集成电路研究项目进行下去。

1957年，在投资银行家洛克的撮合下，八人组与发明家谢曼·菲尔查德达成协议，在仙童摄影器材公司旗下创建仙童半导体公司。菲尔查德提供150万美元资金，由八人组成立一家半导体子公司，八人组每人只需出资500美元，享有公司部分股权。但协议中有一个附加条款，如果公司成功了，菲尔查德有权在五年内用300万到500万美元的预定价格买回八人组的公司股权。

1959年，菲尔查德以300万美元价格行使了对八人组股票的购买权，八人组每人获得了25万美元的收益。创始人股权被母公司回购之后，自主权相应被削弱，利润也被转移到母公司，公司发展开始无力。1961年八人组中的3人离职。最后到1968年，因为诺伊斯没有如愿升任母公司的首席执行官，八人组中剩下的最后两人诺伊斯和摩尔一起离开仙童半导体公司。

于是，有了1968年英特尔公司的创立，肖克利的半导体实验室经过两次转卖后于1968关闭，仙童半导体最后于1985年被美国国民半导体公司以仅仅1.22亿美元收购。

17.3.2　失去新业务机会

公司处于大股东陷阱之中，往往会因为短视失去一些重大的创新机会，也会失去优秀人才。企业不能自我革命就要被别人革命。雅虎错失谷歌和四通失去WPS出于同样的原因，割舍不下现有业务模式。

1998年，佩奇和布林以他们攻读计算机科学博士学位所做出的研究成果——互联网搜索引擎。通过网景公司发了财的天使投资人施拉姆（Kavitark Shriram）建议佩奇和布林出售技术，他们接洽了几家公司，但是没有成功。其中包括创立于1995年，当时已经上市了的雅虎公司。相对改进搜索相比，当时雅虎更想成为一个门户网站。谷歌致力的是快速提供给用户满意的搜索结果，使用户能最快地离开谷歌，而雅虎想要把用户更长时间地留在他的围墙花园之外，从而可以有更多的广告收益。

在获得张旋龙支持、创建珠海金山公司之前，求伯君曾向其原就职公司四通提出开发一个能在电脑上使用的中文文字处理软件，但是四通公司当时以其电子打字机占有了80%的中文文字处理市场份额，怕这一市场地位受到影响，而拒绝了求伯君的提议。

很多公司是源于已有公司中经理人的发明或是发现没有得到公司支持后而自行创业的，杰夫·贝佐斯创立亚马逊、松下幸之助创立松下、舒尔茨创立星巴克以及沃兹决定与乔布斯共创苹果都是这种情况。丰田佐吉曾经两度与三井合作，都因为三井短视不愿意支持研发而离开，创立和发展自己的公司。

1984年，作为D. E. Shaw公司副总裁的杰夫·贝佐斯，在为公司探索新市场机会的过程中，发现了从图书开始创建网上商店的商业机会。可是在他把研究结果报告给了公司老板戴维·肖后,得到的是非常明确的否定。对于D. E. Shaw公司来说,从金融交易系统跳到图书销售是太不可思议了。杰夫·贝佐斯向戴维·肖递交了辞职信,创立了亚马逊。

松下幸之助在大阪电灯公司做检查员时,研究新型灯泡插座,但当他把自己做出来的新型插座拿给公司主管看时,被否决了。大阪电灯公司失去了一个重要的由内企业家驱动的公司成长机会,但由此诞生了一个新的企业——松下电器。1918年3月7日,松下幸之助在大阪创立了"松下电气器具制作所",准备自己生产灯泡插座。

舒尔茨作为原星巴克咖啡店经理人出差到意大利,被咖啡馆模式吸引,提议公司从咖啡烘焙发展到咖啡馆,被老板拒绝后自行创业,创立了今日星巴克前身的天天咖啡馆。

沃兹在利用业余时间自己独自开发出来苹果Ⅰ型电脑后,曾极力说服其所任职公司惠普投资生产,在遭遇惠普公司明确拒绝并给出对该项发明没有任何权利的法律意见后,才同意与乔布斯创建苹果公司的。

1899年三井公司看上了丰田佐吉的发明,买断了"丰田式木制动力织布机"的10年专营权,设立了专门生产这种丰田式织机的公司,聘丰田佐吉为总工程师。但是因为随后日本纺织业的萎缩影响织机的生意,公司砍掉了研究经费。1902年,丰田佐吉失望地辞职了,回去继续打理自己于1895年设立于名古屋的丰田公司。1907年,在三井公司的要求之下,丰田佐吉解散了自己的丰田公司,加入三井公司主导投资的"丰田织机公司"。但是,又因经济萧条,丰田佐吉希望保留大量研究经费而与其他投资者发生冲突,于1910年辞去了公司职务。对外来资本失望后的丰田佐吉用自有资金创建了"丰田自动纺织公司"。

17.3.3 失去优秀经理人

公司处于大股东陷阱之中,拒绝转型,会失去对企业至关重要的企业家型经理人。从1828年吉本斯家族的联合交通公司失去范德比尔特,到1991年斯沃琪集团家族化管理,斯沃琪手表缔造者、经理人托姆克出走,相似的一幕不断重演。

1818年，范德比尔特卖掉了自己的帆船，加入了托马斯·吉本斯的联合蒸汽船航运公司，从帆船主转身成为蒸汽船公司的职业经理人，月薪60美元外加其所驾驶船上酒吧净收益的一半分成。

托马斯·吉本斯1826年去世之后，所有的财产都传给了他唯一在世的儿子威廉·吉本斯，范德比尔特继续为威廉·吉本斯工作到1828年。1828年初，威廉·吉本斯没有和范德比尔特商议就自行把所持公司股份在公开市场出售，要价40万美元。此时，范德比尔特自己已经积累了约有30万美元，他也可以再轻松地融到资金，购买这些股份，但是他咽不下这口气。他一直卖力为吉本斯的公司工作，而没有接受竞争对手公司的优厚条件，是期望有朝一日能够以折扣和合理的价格从吉本斯家族购买到公司股份。他没有参与投标竞购，同时放出风声，如果公司老板换人，他就立刻考虑另寻出路。纽约的蒸汽船圈子知道范德比尔特在公司中的重要性，这使威廉·吉本斯的公开出售宣告失败，唯一的结果就是伤了范德比尔特这位船长——"职业经理人"的心。

1828年底，范德比尔特离开了联合交通公司。联合交通公司因为缺乏能干而忠心的管理人员，陷入经营困境，到1929年6月只能以原来40万美元要价的零头将公司贱卖了。

海耶克入主SMH获得成功的一个重要因素是看到了其中所潜藏着的金子和有待挖掘的潜力，这就是今天占瑞士出口手表数量一半多的斯沃琪手表。斯沃琪手表缔造者是1978年进入组成SMH集团的两大企业之一的原ASUAG旗下机芯公司ETA担任总裁的昂斯特·托姆克。

托姆克不顾瑞士钟表业的卡特尔限令——不许机芯企业生产成品表，下令ETA公司技师研制出了超薄型手表。托姆克不是工程师，但他从消费者角度提出了产品要求，这与乔布斯要求工程师按他认为理想电脑所应具备的尺寸和厚度来设计的做法很相似。

1986年6月，海耶克正式出任SMH公司董事会主席兼首席执行官，托姆克出任总裁，负责机芯制造及所有的成品表品牌。在斯沃琪这个低端市场品牌成功之后，托姆克又将欧米茄重新打造为瑞士钟表的领航品牌，并对浪琴品牌进行了重整。托姆克领导下的集团所有成品表品牌均业绩突出，他满心希望能够出任集团首席执行官。1991年中，在出任集团首席执行官的希望落空之后，托姆克离开了SMH公司。导致托姆克离职的原因中，除托姆克的强人个性和海耶克的强人个性之间的"两强冲突"这一原因外，重要投资人斯密德亨尼也看不惯托姆克有些"粗野无理"的个性。

但是，斯密德亨尼与海耶克之间的伙伴关系也没有持续多久。斯密德亨尼一直敦促海耶克确立公司接班人，海耶克却迟迟不表态。斯密德亨尼通过把自己持有的记名股票与海耶克交换成不记名股票后，悄悄地退出了公司，包括其董事会席位。海耶克成为了公司最大股东，并按自己的意志重新提名了公司的董事会成员（包括他的女儿）。

2010年6月28日，海耶克在他斯沃琪集团总部办公室工作时突然心脏衰竭猝死，享年82岁。海耶克不相信职业经理人，把他的企业帝国交给了他的子女。海耶克家族现持有39%的斯沃琪集团股份，他的女儿和儿子分别出任了斯沃琪集团的董事会主席和首席执行官。

17.4　控制董事会：从大亨工具到精英网络的连锁董事

伯利和米恩斯认为现代公司中所有权和控制权相分离，所有者靠边站了。无视投资者利益、为自己服务并自我延续的管理者控制着现代公司。金融经济学者们认为并购活动和公司控制权有效地终结了管理主义公司时代。但是，一些制度主义者则坚持认为，一个管理者精英集团控制着大型公司，并进而统治着整个经济以至社会，他们的一个主要根据就是连锁董事会。

所谓连锁董事会是指公司之间通过一个人出任两个以上公司董事而形成的关系网络。出任多个董事职位的人被称作"多重董事"（multiple director）。两个公司共同拥有同一个人做董事，或者一个公司的经理人员出任了另一个公司的董事，都会形成直接的连锁董事关系。在两个公司都有董事共同出任了第三个公司董事的时候，这两个公司之间则形成了间接的连锁董事关系。

自布兰代斯指出"连锁董事会这种做法是许多邪恶的根源",是少数商业银行和投资银行控制绝大多数大型公司的一种最重要手段之后,连锁董事会成为了一个重要的研究领域。

17.4.1 早期的连锁董事:大所有者们的控制工具

根据G. William Domhoff在《谁统治美国》中的说法,美国最早的连锁董事出现在18世纪90年代注册成立的一些新英格兰州纺织公司中。这些公司通常由属于一个大的富人集团中的一个小群人所有。比如,甲、乙、丙三人拥有公司A,甲、丁、戊拥有公司B,乙、丙、己拥有公司C,如此往下,这些公司通过共同的董事和股东而形成连锁关系。到1845年,波士顿商会中的80人控制了31家纺织公司,占有全美20%的市场份额。这些人中有17人是占有该市银行总资本40%份额的波士顿银行的董事,20人是六家保险公司的董事,还有11人出任了五家铁路公司的董事。很明显,这些连锁董事关系被用来协调这些公司的运作,照看这一所有者利益集团的共同利益。

根据David Bunting在《美国公司网络的形成》一书中所做的研究,到1816年,纽约市的主要银行和保险公司已经紧密地通过董事互相连锁在一起了。10家最大的银行和10家最大的保险公司,通过连锁董事关系紧密地结成了一个网。1836年,纽约市18家最大银行、10家最大保险公司和10家最大铁路公司通过连锁董事关系结成了一个共同网络。这38家公司中有12家公司之间存在着高达11到26个连锁董事,有10家公司存在6到10个连锁董事,有16家之间存在着1到5个连锁董事。连锁程度最强、出任董事职务最多的董事是那个时代的主要资本家,通过他们的董事席位最大程度地保护他们的利益。

17.4.2 进步主义时代的变化:董事连锁程度下降

到了20世纪初期,大型银行、保险公司、铁路公司和工业公司,都是一个大的公司网络的一部分。但是随后,事情开始变得复杂了。

首先,禁止竞争性公司之间存在连锁董事关系的法律获得通过。1914颁布的反垄断法案克莱顿法（Clayton Act）禁止同行业公司之间的董事连锁，如果这些公司合为一家公司会触犯反垄断法的话（尽管有此禁律，当前美国公司的连锁董事关系中还是约有八分之一的比例是存在于具有竞争性的公司之间的）。其次，开始有越来越多的雇佣经理，并且雇佣经理开始进入公司董事会。如洛克菲勒那样一些富有家族，开始雇佣别人代表他们坐镇公司董事会。

在1900到1920年之间，由于反垄断法的实施和进步主义运动，以及随美国第一代实业大亨和金融大亨们的离去或逝去，他们的后代或者他们选定的其他接班人，都无法完全承继他们那么大的影响力和控制力。相应地，董事连锁程度在下降。根据David Bunting等在"大公司中控制权的转移：1905—1919"一文中所做研究，1905年时，165家美国大公司中有145家存在连锁董事。到1919年，则是167家公司中有143家存在连锁董事。1905年时，165家公司中有2542个董事席位被1944人占据，人均1.31个，董事任职人数占董事席位数的比例为76.5%。到1919年时，167家公司中有2834个董事席位被2262人占据，人均1.25个，董事任职人数占董事席位数的比例为79.8%。在存在连锁董事的公司中，连锁程度也有所下降。1905年时，有312位多重董事占据910个董事席位，人均2.92个，人数占席位数比例为34.3%。到1919年时，有347位多重董事占据919个董事席位，人均2.65个，人数占席位数比例为37.8%。

此外，从进步主义时代开始，美国还出现了一个新的变化，就是银行家开始倾向于较少出任工业公司的董事。与此同时，一些成功爬到顶层的工业公司领导人，开始到银行董事会中就职。对此，著有《美国公司网络1904—1974》的Mizruchi认为，银行可能从权力中心变成了一个利益协调场所。很多人认为，这些大公司已经与那些商业银行和投资银行同样具有权势。

到了1980和1990年代，银行开始逐渐失去了其中心位置。尽管银行依旧要比绝大多数的公司更有"经济中心"的地位，但是他们不再拥有过去那种密集性与大公司之间的连锁董事关系。大所有者和大金融家不再是主要的董事会席位占据者，而高层经理们则是依旧相互坐在对方的公司董事会中。

17.4.3 董事会多样化之后，连锁董事性质发生变化

从1960年代开始，特别是到了1980年代，公司受到了巨大的社会压力，要求通过增加女性和其他种族成员，而使董事会成员多样化。即使如此，美国公司董事会仍然是白人男性的天下。2004年，在最多样化的100家美国公司董事会中，白人男性占71%，女性占17%，非裔占10%，拉丁裔占4%，亚裔占1%。与历史上的董事来源不同，这些新增加的女性和非裔董事一般不是大金融家或大公司高管，而是通常来自政府部门、政治团体、体育或娱乐界，或者拥有他们自己的小公司。

虽然公司董事会里仍然坐着所有者、金融顾问和法律顾问，但是现在增加了公司高管、前政府官员、妇女和有色族群人员。公司圈子的"小世界"是由人际联系和已经加入一个或多个公司董事会的人的专业能力相结合所构成的。这产生了一个不是因为要加强公司间联系（实现某种战略意图）而是因为拥有解决董事会所面临的那些问题的经验而加入两个以上公司董事会的连锁董事圈子。判断连锁董事产生于董事个人关系还是公司关系的一个标准是，一位董事去世或离职之后是否会有从同一联系密切公司中选聘一位新董事来承接这种关系。在美国公司中，当前已经很少这种情况。

对连锁董事会的研究，加深了我们对董事会如何运作的理解。最近的研究，还得出了一些与100多年前迥然不同的结论。因为连锁董事在当前的意义和过去有很大不同。历史上，连锁董事被用做战略目的，把公司联结在一起实现所有者的经济利益。今天，连锁董事往往是董事会多样化和选择合适与有能力的人出任董事所带来的一种附带结果。还有一点值得注意的是，当今绝大多数的公司董事都不是连锁董事。统计显示，大约只有15%～20%的公司董事是担任两个或两个以上董事职务的。

17.4.4 连锁董事价值何在

在没有了大所有者和银行控制因素之后，人们为什么会成为两家及更多公司的董事？收入是一个重要原因吗？高额的董事薪酬只是最近这些年才有的现

象，出任董事可以得到很多无形的东西，如声望、信息和新的关系。

很多公司领导人，并不仅仅是坐在他们自己的公司，参与他们自己的事务。通过在诸多董事会的会议中相聚，这些连锁董事们发展出了一种社会关系和凝聚力，形成了一种有关运用他们经济权力的共享观念。

Michael Useem 在《内部圈子：美国和英国的大公司与企业政治活动的兴起》一书中提出，出任两个或更多公司的董事会成员，可以扩展公司高级管理人员的视野。有些学者认为，多重董事往往在不同产业的企业里拥有利益，因此会更多地从整个公司企业界利益角度出发考虑问题，较少限定在具体一个公司的视野之中。但是，另一方面，这些人往往来自于富裕阶层，交往的也是上层社会，也多是从公司层级中往上爬的，因此其价值观更为阶层内部化，个人倾向上更为支持工商企业界的利益。多重董事往往会比其他董事更多地出任政府顾问委员会、非营利组织和基金会董事会成员等职务，作为公司阶层的"内部圈子"人员，他们具有更大的影响力。

即便绝大多数董事可能都不是因为公司之间要相互合作的战略原因而被选来的，但是连锁董事网络仍然具有一定的组织间效应。连锁董事会所构成的关系网络，是公司间相互学习的通道，使各董事会之间可以通过那些能够获得多家公司内部信息的多重董事共享信息，使一种新思想或新方法很容易地从一个公司传递到另一个公司。连锁董事会还使公司能够通过联合使用权力而提高影响力，采取一致行动，追求共同目标。帮助公司通过减少竞争和增加协调，从而获得对工人和消费者的更大权力。相比托拉斯、卡特尔和其他垄断形式，连锁董事会还具有更为灵活和更少透明、从而也更少受到公众质疑的优势。

17.4.5　中国公司中的连锁董事关系

中国上市公司之间通过独立董事所形成的连锁董事关系，在性质上与美国历史上作为公司控制手段的连锁董事不同，而与当前美国公司的董事连锁关系性质接近。

尽管中国公司中存在连锁关系的少数独立董事中，连锁程度非常之高，但是相比当前美国公司独立董事也是以工商企业界人数为主的状况，中国以高校教师、律师和会计师为主的独立董事队伍，即使形成了密集的连锁网络关系，对公司行为的影响程度也会是很有限的。

中国资本市场上，出现了严重的由不同控股股东所控制的这个系那个系，这些上市公司之间，由控股股东或其代理人员担任董事所形成的连锁董事关系，则与美国历史上的大所有者和银行作为控制手段而产生的连锁董事关系性质相近，也是一个更值得我们研究和关注的问题。

17.5 股东表决权：在一人一票和一股一票之间

从公司制度的发展历史来看，股东凭借股权控制公司，这是1860年代以后的现代公司中才有的现象。严格说，今日公司的股东投票权是股份投票权，不是一种人的权力，而是货币的权力，是货币在说话。但是，早期公司中并不是这样。

早期公司的决策更为民主，董事选举及其他公司事务决策中，实行无论持股多少都是一人一票（one-person-one-vote）的纯粹民主规则，而不是一股一票这一完全由金钱说话的富豪规则。实际上，如果没有在公司章程中明确规定其他的表决权计划，英国普通法的默认规则就是一人一票。

公司投票权从按人投票转为按股投票，是从一种人格化的成员权或说是会员权，转变为了非人格化的股份权或说是资本权，也是公司组织性质从人合向资合的转变。

直到1950年代，美国大型上市公司召开股东大会后，在报告按股投票结果的同时，仍然会依从惯例，报告按人投票结果。公司董事、经理和股东都能从按人投票的数据中获得某种含义。

17.5.1 汉密尔顿的探索

公司股东会决策规则从按股东数一人一票到按股份数一股一票的演变不

是一步到位的。即使今天，也存在着一人一票和一股一票这两者之间的中间状态，如限制大股东的投票权和分级股份制度等。

英国东印度公司成立半个世纪后，在17世纪中期转向永久资本时，开始以每位成员（股东）向公司永久合股基金投入的资金数量为基础分配投票权，而不再是所有成员都有同样的投票权。1650年，英国东印度公司的股东投票权规定是每500英镑投资有一个投票权。1693年的新章程增加了投票权上限，规定每1000英镑投资拥有一个投票权，一人最多可以拥有十个投票权。

汉密尔顿在1790年为美国银行提出了一个限制大股东投票权的股东表决权计划。他认为，一股一票导致了一些主要股东之间的联合，可以轻易垄断银行的权力与利益。另一个极端，一人一票也是错误的。因此需要一种审慎的方法。

汉密尔顿1781年《一个国民银行报告》提出，"每个股东所应被赋予的票数应该根据他所持有的股份数的比例，即一股到两股是一股一票；两股以上不超过十股的部分；两股一票；十股以上三十股及以下的部分，四股一票；三十股以上不超过六十股的部分，六股一票；六十股以上不超过一百股的部分，八股一票；一百股以上的部分，十股一票；但任何个人、公司或政治团体都不能赋予三十票以上的票数。"

1784年，汉密尔顿作为律师，在纽约协助创办了纽约银行，为其起草了章程，并是其13位董事之一。该章程第5条规定："每个持有一到四份股票的股东，应该一股一票。六份股票的认购者应有五份表决权；八股六票；十股七票；十股以上，每五股一票。"该银行章程在1791年获纽约州立法机构批准通过，其中保留了汉密尔顿设计的表决权计划。并且该章程大体上是1825年之前所有纽约州通过的银行章程所依据的模式。

17.5.2　按人投票和限制性投票

按人投票，一人一票，是一种"民主"投票，赋予作为公司成员的所有股东在公司治理方面的平等权利。例如，1804年，威尔明顿泉水公司在美国特拉华州特许成立时，其立法章程（legislative charter）规定："任何股东都无权拥有超过一票的投票权。"特许公司时代,成立公司由立法机构专门通过法令批准,其章程也是由立法机构批准而不是股东自定的,因此称为立法章程。每一特许公司的立法章程是立法机构专门为该公司所设定的治理规则,因此其反映的是对待公司治理相关问题的官方态度。

除完全民主的一人一票之外,早期公司中还有民主规则和富豪规则混合的其他一些投票方法。一种方法是分级式投票（graduated voting）,随着持股规模的增长,每股股票所拥有的投票权减少,也就是说,持股量越小每股投票权越大,持股量越大每股投票权越小。另一种方法是投票权上限（voting caps）,设定一位持股人可以投出的总票数上限,或是可以行使的公司总投票权的比例上限。或者是,分级式投票和投票上限两种方法并用。这些方法没有像按人投票那样极端,把大股东和小股东完全置于平等的位置,但也限制了大股东的投票权,构成了限制性投票（restricted voting）。

1790年至1825年间成立的纽约公司中,使用一股一票的公司比例（48%）与使用分级式投票和一人一票计划（47%）的比例大致相同。1825年至1835年的特殊立法章程中,使用分级式投票的比例为27%。

分级式投票方案可以有两级、三级、四级或更多级的投票限制强度。1837年,弗吉尼亚州按银行、铁路、制造和采矿等三个行业进行了投票权分配规范,实行分级式投票。银行实行四个级别的投票权分配规则,制造业和矿业公司实行三个级别的分级式投票,铁路公司实行两个级别的分级式投票。银行公司四级投票计划的具体方法是：1~10股,每股1票；11~100股,每5股1票；101~300股,每10股1票；301股及以上,每25股1票。分级式投票限制了大股东相对于小股东的每股投票权,使公司大小股东之间的权力平衡更有利于小股东一些。在拥有少数大股东和众多小股东的公司（如改制而来的中国主板上市公司）,平衡效应最大。

1849年,宾夕法尼亚州制造业公司法限定每位股东的投票权不能超过总投票权的三分之一。马萨诸塞州1874年的铁路公司法将股东投票权限制在总投票权的十分之一。新罕布什尔州1891年公司法将每位股东投票权限制在总投票权的八分之一。

有些州同时采用了分级式投票和投票上限,是对大股东投票权限制性最强的方法。1836年马里兰州对其特许成立的一家收费高速公司的表决权分配作了如下规定。1股以上不超过3股的，每一股一个表决权；三股以上但不超过10股的，五个表决权；10股以上但不超过50股的，七个表决权；50股以上但不超过100股的，10个表决权；在100股以上，每增加100股增10个表决权，但是30个表决权是任何股东的最高限额。

在1850年代颁布并规定投票规则的特别立法章程（涵盖所有行业）中，有42.6%采用了限制性投票规则。1855年的特别立法章程中，有68%使用一人一票或限制性投票规则。

限制性投票主要适用于公司董事选举，以防止大股东控制董事会。在董事选举之外的其他事项需要由股东投票进行决定时，除非有具体的法律规定要求按股投票，默认规则是按人投票：每个股东，无论大小，都只投一票。由此，股东大会通常采用多种投票规则：董事选举采用"股票投票"，其他事项采用举手表决或口头投票，这被描述为"公司会议上的多数人规则"。

关于为什么早期公司董事选举中采用限制性投票，法学界有三种理论：民主理论，投资者保护理论和消费者保护理论。

民主理论认为，早期的公司规范倾向于像对待相对平等的政体中的公民一样对待股东，遵循民主模式。限制性投票压制了大股东在公司中的权力，不仅是减少股东之间的权力不平等，也是着眼于公司在社区和经济中日益增长的重要性。

投资者保护理论认为，限制性投票通过帮助小股东保护自己免受大股东的自我交易来达到保护投资者的目的。由于早期的公司法规很少提供股东保护，例如信息权，因此投票权对投资者特别重要。实施分级式投票和投票上限是为了通过限制大股东的投票权来吸引中小投资者。1825年之前特许成立的纽约公司中，所有权集中度高行业的公司，更多实行限制性投票规则。

消费者保护理论认为，早期公司的许多股东同时也是公司产品和服务的消费者，限制性投票使消费者股东可以利用他们的投票权来防止大股东提高价格或伤害作为消费者的他们。消费者保护理论解释了各行业限制性投票的相对发生率，如，与运输公司相比，制造公司更早地转向一股一票。

无论背后原因是什么，特许公司时代盛行一人一票和对大股东的投票权进行限制，反映的是批准公司成立和公司章程的官方态度，是一种政治主导的公司治理。成立公司是一种特权，以公司的名义向社会融资，要由有背景、有特权的人主导，不能是纯粹的商人主导，或出钱多就有主导权。

进入普通公司或说是现代公司时代之后，成立公司从一种特权变成了普通人都有的权利。已有公司间的融资竞争和商人们自主组建新公司，导致了按股投票和资本权力的提升，大股东成为公司实际控制人的古典公司时代到来了。

17.5.3　一股一票：大股东来了

19世纪中叶开始，工业化对资本的巨大需求，使资本更为稀缺，对资本的竞争更为激烈，股东会按人投票演变为按股投票。居于一人一票和一股一票之间、人股兼顾的汉密尔顿模式（分级式投票和投票权上限，少数股份者每股所拥有的投票权比例高，大额股份者每股所拥有的投票权比例受到限制）没有兴盛起来。

美国率先在19世纪中叶开始采用了一股一票这一富豪规则，从民主规则的股东资本主义发展为富豪规则的股份资本主义。19世纪后半期，一些州立法机构采取行动，允许现有公司在股东批准的情况下将其分级式投票改为一股一票，从按人投票到分级式投票和投票权上限等，削弱大股东投票权的诸多方法逐渐减少甚至消失了。

到19世纪末，大多数州都开始支持"富豪"投票规则，要求新成立的公司实行一股一票。然而，许多几十年前在不同法律制度下成立的公司，在20世纪继续采用分级式投票或投票权上限。由于历史遗留原因，限制投票对股东权利和公司控制权的影响，可能一直延续到1920年代或以后。大西洋和北卡罗来纳州铁路公司的分级式投票计划，直到1921年仍然存在。

特拉华州1875年和1883年的两项制造业公司成立法案，将一股一票定为默认规则，直到1899年才强制要求一股一票。但是，特拉华州议会仅在两年后的1901年，再次修改了法律，将一股一票定为默认规则，而不是强制规则，这一规则至今有效。

关于限制性投票的减少甚至消失，转向一股一票，前述限制性投票产生原因的民主理论、投资者保护理论和消费者保护理论等三种理论提出了三个不同原因。根据民主理论，有关公司及其在社会中的作用的政治和社会观念的改变促成了向一股一票的转变。根据投资者保护理论，随着新的投资者保护措施的建立，限制性投票的需求减少了。根据消费者保护理论，开发出保护消费者上的"高级替代品"之后，投票权分配就发生了变化。

从"民主"投票（一人一票和限制性投票）到"富豪"投票（一股一票，分级股份）的转变，有很多促进因素，包括限制性投票下繁琐的选举程序和不确定的选举结果，对公司控制权市场的影响，以及大股东通过代理投票规避限制投票规则等。还有一个原因是，由于限制性投票加剧了经理人的股东投票代理权滥用问题，一股一票为代理权滥用的最大受害者大股东提供了一种反击代理权滥用的手段。

代理投票是一种股东可以委托代理人行使其投票权的规则体系。在现代交通和通信工具诞生之前的时代，代理投票使遥远的投资者在不丧失投票权的情况下购买公司股票，扩大了公司投资者基础的地理范围。理论上，代理投票是股东的一种权利，也是一个有利于股东的便利，并有可能通过集体行动增强小股东权力。但在实践中，代理投票主要是给公司经理带来益处，并将股东边缘化了。

限制性投票和代理投票的相互结合，使经理人更容易从小股东那里征集和汇总代理投票权。即使是那些拥有少量股票的经理人，也能具有公司控制权上的优势。

限制性投票下，除非对公司的整个股份分配进行分析，否则任何一个股东可行使的相对投票权百分比都是未知的。持有公司25%股份的股东不一定能行使25%的投票权，该股东的投票权百分比取决于与公司所有其他股份相关的投票权是否受到限制，以及在多大程度上受到限制。想要征集代理投票权的人，在不分析完整的股东名单的情况下，很难知道赢得选举需要多少票。这使公司经理在征集代理投票权上占据领先地位，因为经理们掌握最新的股东名单，从而在确定即将召开的会议上可以行使多少票、多少票构成多数票，以及哪些股东拥有最大的投票权应为代理征集的目标。

使用限制性投票的公司特别容易受到代理权滥用的影响。作为对代理权滥用的回应，一些州颁布了禁止经理代理投票的法律，各州也逐渐转向支持一股一票，首先是默认规则，后来是强制性规则。持有大宗股票的股东有强烈的动机打击代理权滥用和管理层的自我交易，但他们因投票权受到限制而步履蹒跚。一股一票，加强大股东的投票权，有助于抵消经理人汇集和代理小股东投票的能力，有助于保护所有股东免受代理权滥用问题的影响。

一股一票与管理者所有权之间存在正相关关系。如果一家公司的高级职员和董事也是其最大股东，他们就不需要滥用代理权来获得控制权。他们可以通过投票来行使控制权，并且可能更喜欢一股一票规则。如果公司董事和经理拥有股票不多，他们只能通过征集投票代理权来掌握公司控制权，会更喜欢限制性投票。

一股一票有助于大股东的公司控制权，导致了"理性冷漠股东"的出现，他们无视甚至放弃了投票权。一股一票制度下，小股东在公司董事选举中投票并不"理性"，因为获取投票信息的成本很高，而个人影响选举结果的可能性微乎其微。

17.5.4 分级股份：从富豪特权到创始人特权

进入20世纪之后，美国从金融资本主义发展为了管理资本主义。20世纪欧洲的股东表决权紧随美国，也变成了富豪规则，但在管理资本主义的发展上相对落后。20世纪里，按股投票的"富豪规则"甚至得到了进一步的扩张，产生了分级股份制度，特殊种类的股份拥有比其他股份更高比例的投票权。

所谓分级股份制度，就是将公司股份设立成不同的级别，对不同级别的股份赋予不同权重的投票权。最初，这种投票权分级的做法是用在优先股中的。优先股通常具有优先的资产留置权、优先的收益留置权，以及累积股息的权利，相应地在投票权上受到限制。优先股发行时有完全表决权、无表决权，或是有条件表决权，只有当满足（或不满足）某些条件时才能获得表决权，例如，没有按时支付股息。

对普通股进行分级，赋予不同权重的投票权，从1917年才开始使用。普通股分级，通常做法是分为每股10个投票权和每股1个投票权这两类，因此也被称作双重股份结构。

双重股份结构在丹麦、挪威和瑞典十分普遍。在荷兰和英国则存在特别股，这种股份带有特别的董事提名权。德国法律规定公司最多可以发行50%比例的无表决权股，保时捷公司就用足了这一政策。欧洲国家中，实现双重股份制度的著名公司很多，如LVMH、阿利斯康、沃尔沃、ABB、爱立信、伊莱克斯、斯道拉恩索等。

英国对于无表决权股和表决权股的比例没有限制。美国法律也没有禁止公司发行无表决权股、有限表决权股、条件表决权股或者多重表决权股等。在这方面，美国比英国宽松，但是比加拿大严格。加拿大很多公司实行双重股份制度。

美国法律没有禁止公司实行双重股份制度，但是美国公司中实行双重股份结构的比例相对很低，这主要是因为纽约股票交易所曾长期拒绝双重股份结构的公司在该所上市。纽约股票交易所支持一股一票，不支持偏离"一股一票"以及其他违反纽交所有关"企业民主、责任、诚实与对股东的责任"标准的做法。从1926年开始，一直到1986年，纽约股票交易所都拒绝无表决权的普通股上市。美国证券交易所和纳斯达克没有这种限制，这使纽约股票交易所最终放弃了这一做法。

1937年到1939年美国200家最大的公司发行了404只不同类型的股票：208只普通股和196只优先股。在这些优先股中，61只有条件表决权，只有21只没有表决权。在普通股中，有8只无表决权普通股。1994年美国100家双重股票公司，至少有一个级别的股票是上市交易的，2001年这类公司上升到215家。通常的表决权比例为1∶10，但在很多情况下这个比例可以更高。知名双重股票公司包括：伯克希尔—哈撒维公司、维康公司、福特汽车公司、箭牌和好时食品。

进入21世纪后，作为欧洲富豪特权（创始家族后代可以通过持有投票权比例高的少数股份而继续保持着对公司的控制权）的分级股份制度，被美国高科技公司用来保护公司创始人。欧洲公司的富豪特权变成了美国公司的创始人特权。公司创始人团队保有一种具有更高投票权比例的股份，对外公开发行的则是投票权比例更低的股份，如谷歌（现名Alphabet）和脸书（现名Meta Platforms）等。

美国高科技公司中作为创始人特权的分级股份制度，主要是受到了媒体公司分级股份制度的启发。为了坚持办报方针的稳定，缓解股权变更和股东变化对办报方针的冲击，《华盛顿邮报》公司、《纽约时报》公司、出版《华尔街日报》的道—琼斯公司等，都实行了双重股份制度。

2004年，谷歌首次公开募股时，为了保住谷歌"核心价值"（当然，我们也可以说就是为了保住控制权），决定设置分级股份制度：出售给公众的是A类普通股，每股1个投票权；两位创始人和公司首席执行官施密特及公司高管保留的是B类普通股，每股10个投票权。为了让投资者放心，佩奇和布林写了"一封来自公司创始人的信"，直言不讳地说明了设置分类股票制度的目的："随着股票的易手，这种结构的主要作用是，可以给予我们的团队，特别是布林和佩奇，对公司重大决策和命运日益重要的控制权。"根据谷歌2004年第三次修订版公司章程，谷歌公司的授权资本结构为：60亿股A类普通股和1亿股B类普通股。A类股份每股一个投票权，B类股份每股10个投票权。在分红等其他方面，两类股份同股同权。

谷歌采用双重股份结构推动了这种方法在高科技公司的普及，硅谷的著名公司中越来越频繁地使用它来巩固管理层控制。早在2012年股票上市三年前的2009年，扎克伯格就对脸书公司股票做了与谷歌公司类似的分级设置，B类普通股每股10票，A类普通股每股1票。持有B类普通股的股东，包括公司的CEO、雇员和董事等。由于B类和A类普通股之间10：1的投票比例，B类普通股的持股人控制两类普通股合并投票权的多数，能够控制提交给股东投票决定的所有事项。Snap公司更进一步，2017年首次公开募股时，仅向公众提供无投票权的股票。2021年，美国23%的首次公开募股采用了分级股票制度。

分级股份制度让股东投票权回到了不同股票具有不同投票权分配的19世纪模式，但在方向上反转了19世纪的限制性投票规则范式。19世纪时流行的限制性投票削弱了大股东所持股票的投票权，在中等收入投资者和富裕精英投资者之间创造了更民主（或平等）的投票权分配。限制性投票有赋予经理人权力的作用，因为使他们更容易通过代理投票夺取控制权。21世纪流行的分级股份制度或双重股份结构（一股十票和一股一票）、三重股份结构（一股十票、一股一票和无投票权股）增强了精英股票的投票权，这些股票主要由管理层自己持有，通常是公司创始人。

分级股份制度或双重股份结构和限制性投票制度之间还有一个重大的不同，限制性投票主要是用在公司选举中，即通常只是在选举公司董事上对大股东的投票权进行限制，而在分级股份制度或双重股份结构下，拥有高比重投票权股份的股东能够在从董事选举到批准并购等所有需要股东投票决定的事项上占据主导地位。

双重股份策略是对21世纪赋予机构投资者的权力的直接回应。随着机构投资者所有权的日益增强和对冲基金积极主义的兴起，公司创始人和管理层需要正式控制权来追求他们独特的愿景，即使投资者认为他们是错误的，而实现这一目标的最有效工具就是双重股份结构。

股东权益倡导者反对双重股份结构，但没有迹象表明双重股份结构会消失，甚至没有迹象表明，受到学术界和从业者欢迎的对双重股份结构的限制（如日落条款sunset provisions）会得到法律上的强制实施。

17.5.5 限制性投票：近代中国公司法上的探索

中国从1904年在国家立法层面上正式引入公司制度以来，一直在股东投票权上进行着探索。特别是在是否对大股东的投票权进行限制的问题上，存在着明显的摇摆不定。

1904年的清公司律和1912年的中华民国公司条例，准许公司通过章程自行设定对一人持有十股以上股份的表决权做出限制，具体是否限制及如何限制没有规定。清《公司律》第100条规定，股东会"会议时有一股者得一议定之权（如一人有十股者既有十议决权，依次类推）。唯公司可预定章程，酌定一人十股以上议定之权之数（如定十股为一议定之权或二十股为一议定之权，依次类推）。"1912年的中华民国《公司条例》第145条规定，"公司各股东，每一股有一议决权，但一股东而有十一股以上者，其议决权之行使，得以章程限制之。"这是对清公司律第100条的继承。

1929年颁布的中华民国《公司法》则对大股东的表决权直接提出了硬性限制，"每股东之表决权及其代理他股东行使之表决权，合计不得超过全体股东表决权五分之一。"1946年颁布的中华民国《公司法》又取消了这一硬性的比例限制，将公司是否需要及具体如何限制其最大股东的投票权比例，重新交给了公司自己，通过其章程自行做出。1946年公司法的这一改变，背后可能有保护国有资本控制权方面的考虑，因为该法同时取代了1929年公司法和1940年特种股份有限公司条例，但是毕竟没有再像以前那样对于主要是民营资本的普通股份有限公司硬性限制大股东投票权比例不得超过20%，而主要是国有资本的特种股份有限公司可以例外。

1946年的中华民国《公司法》完全贯彻了股份有限公司的"资本至上"规则。1929年公司法规定股东会议应有认股人过半数和代表股份总数过半数这两个过半数出席才能召开，这意味着仅仅几大股东出席，即使代表股份过半数也不能召开股东会。该规定与其限制单一股东的最高投票权比例不能超过20%一样，有"节制资本"含义，并从制度设计上就避免了"股东大会成为大股东会"。1946年公司法改为代表股份总数过半数出席，以出席股东表决权过半数之同意，便可形成决议。与此同时，1946年公司法取消了大股东投票权比例不能超过20%的硬性限制。这使从1929年公司法开始的"优待中小股东、促进股权分散"立法努力宣告终结。

在一国公司制企业以及一个具体公司的发展初期，难免大股东的存在，也需要大股东以股东会上的投票权和担任董事职务等积极地参与公司治理。在公司股权分散到一定程度、公司董事会的独立性也达到一定程度之后，会产生通过限制大股东投票权来保持独立性的内在需求，公司法上准许这些公司自己通过章程决定是否以及如何对大股东的投票权进行限制是有积极意义的。

17.5.6 一个需要深入研究的问题

中国2006年《公司法》第43条和2018年《公司法》第42条都规定："股东会会议由股东按照出资比例行使表决权；但是，公司章程另有规定的除外。"这实际上是认可了分级股份制度，但是实践中很少有公司进行类似操作。

2019年的《科创板上市公司持续监管办法（试行）》第八条对特别表决权股份做出了具体规定。特别表决权股份，是指依照《公司法》第131条规定，在一般规定的普通种类之外，拥有特别表决权的其他种类的股份。每一特别表决权股份拥有的表决权数量大于每一普通股份拥有的表决权数量，其他股东权益与普通股份相同。这里的公司法是指2018年《公司法》，其第131条的规定的是：国务院可以对公司发行本法规定以外的其他种类的股份，另行作出规定。从科创板开始，分级股份制度，或说是表决权不同的类别股制度，开始引起注意，并出现了一些公司做出这种股份制度设置。

中国2024年公司法第144条对分级股份制度做出明确具体的规定。公司可以通过章程自行决定发行"每一股的表决权数多于或者少于普通股的股份"，发行仅仅是所附表决权不同的类别股，就是我们这里所探讨的分级股份制度，或说双重股份结构。不过，需要注意两个问题。一是除非公开发行前已经发行，公开发行股份的公司不得发行"优先或者劣后分配利润或者剩余财产的股份"和"每一股的表决权数多于或者少于普通股的股份"，也就是说要在公司上市前就已经实行了分级股份制度。二是公司发行"每一股的表决权数多于或者少于普通股"类别股，"对于监事或者审计委员会成员的选举和更换，类别股与普通股每一股的表决权数相同"。这使按中国2024年公司法发行"每一股的表决权数多于或少于普通股的股份"所形成的类别股制度，与完整的投票权范围不受限制的分级股份制度有所不同。

专栏17-1　　2024年中国公司法有关类别股的规定

第一百四十四条　公司可以按照公司章程的规定发行下列与普通股权利不同的类别股：

（一）优先或者劣后分配利润或者剩余财产的股份；

（二）每一股的表决权数多于或者少于普通股的股份；

（三）转让须经公司同意等转让受限的股份；

（四）国务院规定的其他类别股。

公开发行股份的公司不得发行前款第二项、第三项规定的类别股；公开发行前已发行的除外。

公司发行本条第一款第二项规定的类别股的，对于监事或者审计委员会成员的选举和更换，类别股与普通股每一股的表决权数相同。

中国目前同时存在着一股独大和创始人（及公司核心团队）保护问题，前者需要大股东投票权限制，后者需要分级股份制度。

当前发达国家中，由于存在发达的资本市场，股权的集中与分散已经完全是公司创始人和主要股东的自主选择问题，与公司立法导向无关。只要公司法及证券法针对公司和大股东欺诈小股东问题，提供足够的防范和救济措施即可。但是在中国这种资本市场还很初级、股权高度集中的情况下，要促进现代公司制度的快速发展，立法上对大股东权力进行适当的限制还是很有必要的，否则将长期难以走出"大股东陷阱"，股东大会成为大股东会，甚至就是流于形式，只是大股东的橡皮图章。

与此同时，对于新兴科技和创业型公司，需要对公司自主设置创始人（及公司核心团队）保护机制，如分级股份制度、分类董事制度和投票权信托，以及公司控制权变更时的经理人保护条款等，提供支撑和足够的公司自治空间。如何能在提供创始人（及公司核心团队）保护机制的同时，又不会使公司陷入大股东（及创始人）陷阱，无法实现公司治理转型，是一个值得深入研究的问题。

相关案例参见《董事会与公司治理（第4版）：演进与案例》案例38"金佰利：一个半世纪的创新、治理与传承"、案例39"万科模式：回到原点"。

第18章

改进上市公司治理：
问题与建议

改革开放之后，现代公司制度在中国得到长足发展，但是由于资本市场发展水平等多方面的原因，公司治理中还存在着很多不足和有待改进之处。其中一个主要问题是一股独大和纵向集团模式下的公司缺乏独立性，这使中国公司很难走上市场控制和董事会主导下的现代职业经理人管理之路。

改进中国上市公司治理，可以写出完整的另外一本书。本章的目的是加深读者对中国公司治理"主要症结"的理解，因此我们只抓几个主要问题。首先是中国上市公司中的一股独大问题，其次是上市公司独立董事制度设计上的错位问题，然后探讨一下中国资本市场没有发挥出"外部治理"作用的原因——被短期利益所扭曲。接下来，聚焦中国主板上市公司和创业板公司治理中的问题并相应地提出改进建议，最后提出一种在中国现行状况（大股东操控）下改进上市公司治理的具体机制建议——"公司付费—专业服务—中小股东受益"的股东投票咨询服务。

18.1　一股独大阻碍中国公司治理转型和职业管理

改革开放之后，现代公司制度在中国得到长足发展，但是由于资本市场发展水平等多方面的原因，公司治理中还存在着很多不足和有待改进之处。其中一个主要问题是一股独大和纵向集团模式下的公司缺乏独立性，这使中国公司很难走上市场控制和董事会主导下的现代职业经理人管理之路。

18.1.1　一股独大、敌意并购与公司管理的稳定性

与非上市公司相比，上市公司在制度上的一个优势也是其最主要特征之一，就是股东可以自由地和每日每时地在改变，而公司管理和基本战略可以保持不变，保持一种连续性。当然，这要在股权高度分散化条件下才能很好地实现。

中国上市公司中，无论国有控股还是民营控股，一股独大和纵向集团模式都是普遍现象。国有普遍是明确的纵向集团模式，民营则经常是隐藏或关系网型的集团模式，一个集团（或核心控制机构）拥有和控制众多上市公司，上市公司实际上是被控制的下属企业，而不是独立企业。这种情况下，中小股东不起作用，独立董事是摆设，甚至董事会也只是傀儡，控制权的私人收益巨大，不公平关联交易普遍存在，上市公司不能以纯粹股东利益的最大化为经营目标。

上市公司缺乏一个相对稳定但又可竞争的控制结构，高管变动处在凝固和剧变两种极端情况中。大部分上市公司处于大股东的牢牢控制或是创始人陷阱之中，能人家天下，既没有变革的动力，也缺乏变革的能力。一股独大之下久久不变，大股东自己不想变，其他力量无法改变。另一部分上市公司控制权随大股东改变而改变，一朝天子一朝臣，任何股权或者控制权的变动都会带来公司高管层面的大换班，或是前几大股东势均力敌情况下的频繁变动。两种情况下都没有董事会的位置或说董事会没有实际控制权，职业经理人制度也就难以发展起来。

一股独大和纵向集团模式下，公司控制权市场，尤其是敌意并购无法有效发挥作用。所谓"敌意并购"是就被收购公司管理层的态度而言的。公司管理层不欢迎敌意并购，并往往会采取一些抵制行为。对公司股东来说，敌意并购是件好事，是维持资本市场健康和改进公司治理所必需的金融手段。中国上市公司中，只有少数股权分散到一定程度的公司，才出现了公司控制权市场。

18.1.2 一股独大问题的成因

上市公司中一股独大，即使不是中国所独有，可能也是以中国为最严重。中国上市公司之所以普遍一股独大，有其自身的历史原因，也有中国公司上市审批制度和监管政策取向方面的原因。

中国计划经济时期形成了大量的国有和集体企业，改革开放、发展股票市场之后，这些国有和集体企业改制成为上市公司，企业体量已经比较大，股票市场规模还相对比较小，企业的股权多元化和股票上市又几乎是同步进行，自然形成了上市后一股独大现象。在以国有企业改制上市为主的沪深主板市场上一股独大现象普遍、程度严重，主要是这一历史原因造成的。

创业板和中小板上市公司中一股独大现象要少一些，程度上也更轻一些，因为这些公司多是改革开放以后创立和逐步发展起来的。这些公司中，有些是多人共同创立的，上市前就已经实现了股权多元化，有些还在上市前经历了多轮股权融资，股权已经分散化了。相比主板上市公司中一股独大的控制模式，中小板和创业板公司中更多的是前几大股东合计持股比例很高，共同控制。

公司上市审批制度和监管政策取向也是导致中国上市公司一股独大或是前几大股东集权并且在上市后维持长期不变的一个重要原因。可以说是一种监管懒惰导致监管政策取向上偏好股权集中、形成确定性的实际控制人。一些已经股权相对分散的公司在上市前，为了满足证券法的200人限制，或是满足监管层的偏好，通过股权转让形成集中持股的所谓实际控制人。一些中小国有和集体企业的改制中，也是实行向管理人员，特别是核心管理人员倾斜，实现集中持股的政策。

中国公司上市很多年后仍然普遍存在第一大股东保持控股地位的情况有更深一层的原因。中国资本市场的非市场属性，公司再融资空间很小，股权结构固化。公司治理上董事会的不到位和权力不足，使绝对控股成为了第一大股东保持公司控制权的一个优先选项。限制上市公司股权分散进程的中国资本市场的非市场属性，不仅表现在股份发行的（事实上的）审批制剥夺了公司股份发行的自主权上，还表现在投资者和监管者的双重不成熟上，二者合力把增发新股和减持——第一大股东持股比例下降的两个通道都给堵死了。

这背后也有人治和家长制的公司治理文化方面的原因。小企业时期基于人际关系的信任，没有在上市之后随着公司规模的扩大和企业组织的发展，向基于规则的信任转变。没有实现这种企业信任根基的重构和管理模式的转变，也是一股独大成为一个问题的原因。人类组织发展超越了自然界的水平，但并没有完全脱离自然界组织的基因。如同自然界有蜂王和工蜂一样，人类也在深层习性上存在着一种权威与服从、中心与外围的行为模式。脱离一股独大、走出人治和家长制传统，需要一种基于规则的信任构建和组织运作能力。

18.1.3 一股独大何以成为问题

一股独大本身也许并没有什么问题，成为问题的是一股独大为什么会长期持续，并且在很多时候，似乎一股独大还更有效。

一股独大、有大股东高度关注公司，这本是一件好事。所以有学者把分散股权下的资本市场和集中股权下的大股东或是大债权人并列为两种有效的公司治理机制。这里的问题是，一股独大者在关心和支持公司发展的同时，也存在通过不公平交易掠夺公司的动机。

信息披露和关联交易监管可以在一定程度上抑制这种掠夺，但是无法真正有效解决这一问题。因为监管者一方面很容易被俘获，另一方面，监管者的激励远远小于被监管者的激励，这些被监管者又常常是比监管者更为聪明的一帮人。而且，无论如何加强信息披露，监管者和被监管者之间的信息不对称都会存在。更何况，过度的信息披露又会给有效的商业运营带来负面效应。过度的信息披露，会损害公司的商业机密和私有信息，也会给公司，特别是金融机构和高科技公司，在信息收集和处理投入上带来负向激励。

一股独大是否会阻碍有效的公司治理？表面看来，是的。但背后的因果关系很复杂。与其说一股独大导致公司治理无效，不如说是公司治理无效导致一股独大成为一种有效选择。

公司治理有效，组织按规则运行，一方面会使一股独大者的控制权私人收益降到最低，使其选择控制权不如选择搭便车，分散投资而不是集中持股；另一方面会使公司股权价值得到提升（在控制性股份控制权溢价下降时，非控制性股份的控制权折价也会减少），一股独大或是集中持股者，愿意接受股权稀释，并能从这种股权稀释中得到更大的股权价值提升。

在一些法治不健全、公司治理水平不高的国家，一股独大、集中持股以及由此形成的纵向集团架构，有时似乎能够带来更好的公司业绩。有些学者也以此来支持股权集中和集团架构。可是透过表面看本质的话，可以发现这些国家的大型企业集团实际操控了这些国家的法治进程，也阻碍着这些国家公司治理水平的提高。懒惰的监管者也喜欢大集团架构的存在，这可以有效地减少需要它们直接监控的对象数量，同时也可以为监管者个人提供更好的潜在牟利和未来就业机会。

从微观层面来看，一股独大带来的主要问题是会使一些企业进入"大股东（及创始人作为大股东）陷阱"——大股东能力不足或创始人不适应公司发展又不愿意放权，控制一切，致使公司永远发展不起来的半死不活状态。

18.1.4 一股独大问题的有效治理

有效解决一股独大问题需要从资本市场、公司治理和法律规则三个方面下手。

资本市场方面，需要明确资本市场定位，改变监管政策导向。资本市场的本质是公司融资和公司控制权市场，二级市场是为一级市场服务的。促进资本市场发展，需要放开直接融资管制，取消出于维护二级市场而对大股东减持行为进行限制的各种反市场措施。

资本市场越发达，社会和法律对中小股东的保护越充分，公司在资本市场上的价值越大，股权融资要比债权融资更容易，并且成本更低，公司股权就会越分散。这种情况下，依然要保持一股独大、阻碍公司走上股权分散进程的就会只是极少数顽固不化的大股东。在发达的资本市场上，大股东限于自身眼界或者偏好，宁愿公司发展缓慢也要把公司牢牢掌控在自己手里，致使公司停在"大股东陷阱"中的情况不会持久，市场力量会把这种公司清理出局，产品市场业绩不佳而萎缩，或是资本市场交易不足而被摘牌。

公司治理方面，不仅要解决现有的一股独大问题，还要防范有新的一股独大产生。可以探索修改公司章程，把单一最大股东的持股或投票权比例限制在20%以内，并随股权分散度的提高而进一步下调，以避免"才出虎穴再入狼窝"。大股东投票权限制是发达国家公司法普遍许可、中国公司法也没有禁止的做法。雀巢公司1988年开始规定单一最大股东的持股和投票权比例不能超过3%，致使在1974年换股收购欧莱雅后成为持股4.09%的雀巢最大股东的欧莱雅控股人家族，将其所持雀巢股份减持到了3%以下。当年古奇管理层类似提案没有通过，致使后来成为巴黎春天的囊中之物，丧失了独立发展的机会。坚持自治和自主运作的公司，不仅要解决现有的一股独大问题，还要防范有新的一股独大产生。

在法律规则方面，加强对公司治理基础规则的落实，如刺破公司面纱、事实董事制度、公平交易义务和关联交易管理等，提高一股独大者的公司控制风险，降低其控制权收益，使其保持一股独大得不偿失。

18.2 中国上市公司独立董事制度的反思

2001年8月，中国证监会发布"关于在上市公司建立独立董事制度的指导意见"，开始在中国境内上市公司中正式建立独立董事制度。2023年4月，国务院办公厅印发了《关于上市公司独立董事制度改革的意见》，2023年8月，中国证监会发布了《上市公司独立董事管理办法》，自2023年9月开始执行。

值此之际，有必要反思一下中国独立董事制度设计上的一些不足和相关实践中的一些误区。

18.2.1 独立董事制度设计初衷上的一个偏差

中国最早有关外部董事的规定来自1999年的《关于进一步促进境外上市公司规范运作和深化改革的意见》，要求非执行董事占1/2以上，同时要求非执行董事应有足够的时间和必要的知识能力履行其职责。这是为了适应香港联交所的规定而出台的。两年以后的2001年，中国证监会发布《关于在上市公司建立独立董事制度的指导意见》，要求上市公司董事会中至少要有三分之一的独立董事。

中国建立上市公司独立董事制度的一个重要初衷是期望通过独立董事来保护中小股东。这在中国证监会"关于在上市公司建立独立董事制度的指导意见"的第一条第（二）款中有明确表示。"独立董事对上市公司及全体股东负有诚信与勤勉义务。独立董事应当按照相关法律法规、本指导意见和公司章程的要求，认真履行职责，维护公司整体利益，尤其要关注中小股东的合法权益不受损害"。但是二十几年的实践下来，中国上市公司独立董事制度不仅没有真正有效保护中小股东，其他方面的作用也十分有限。

中国上市公司都聘请了独立董事，也都公告了独立董事的承诺书等，但是很少看到有什么公司独立董事发表了引人注意的独立意见。许多公司在披露有关独立董事履行职责情况时的提法、语气，甚至篇幅、字数都如出一辙。诸如"独立董事认真履行职责，发挥专业知识和特长，积极参与董事会决策，独立发表了自己的意见，通过了相关决议，维护了公司整体利益，体现了诚信与勤勉义务"云云。

中国上市公司独立董事制度步上监事会的后尘，基本流于形式，可能有多方面的原因，但究其根本，无非是制度设计和对独立董事在整个公司治理系统中作用的理解这两个方面的不足所致。

制度设计上对独立董事赋予了过高的责任和希望，企望英美公司治理系统中一种具体的锦上添花的做法到中国上市公司来雪中送炭。在英美国家，提高独立董事比例，设立董事会专业委员会等，是公司出于融资需要和管理需要，为了在其单层董事会中引进德国等双层董事会的内部制衡机制和提高董事会的战略领导能力，而先自发行为，后逐步推广开来的。1978年纽约股票交易所要求设立由独立董事组成的审计委员会时，80%的纽约股票交易所上市公司已经自觉设立了董事会的审计委员会，上市规则上的正式规定实际只是对这种最佳实践的肯定和进一步支持。美国公司自觉走到这一步的深层原因是其法律上严格保护中小股东条件下的公司股权分散和资本市场竞争。

中国希望通过建立独立董事制度加强中小股东保护，面临的一个实际问题是，在缺乏股权分散和充分的资本市场竞争，大股东实际控制公司的情况下，独立董事保护中小股东的动力和能力在哪？就保护中小股东来说，又有什么人来做独立董事更合适？最有力的制衡总是来自利益冲突，而不是单纯的声望和道义力量。独立董事只领取不多的津贴，并且实际还是大股东认可和聘请来的，能为中小股东利益而与大股东对抗，又能对抗得过吗？

2001年的《关于在上市公司建立独立董事制度的指导意见》中规定：直接或间接持有上市公司已发行股份1%以上或者是上市公司前十名股东中的自然人股东及其配偶、父母、子女，不得担任独立董事。2023年的《上市公司独立董事管理办法》第六条第（二）款保留了这一规定。就中国目前的上市公司股权结构和股东构成情况来说，这是把一支最可以利用的力量给排除在外了。这些人有作为股东的切身利益监管上市公司创造股东价值，并且也有相当的商业判断能力为上市公司提供独立董事服务。如果怕这部分人也会通过关联交易或内幕交易等行为来损害上市公司，则至少应该把1%的限制提高到3%或者5%。在中国目前这种多数上市公司第一大股东持股在30%甚至50%以上的情况下，持股5%以下和进入了前十名的自然人股东，也没有足够的实际控制能力可以通过关联交易等来损害其他股东利益，他们倒是更有可能尽心尽力地完成好独立董事的职责。

18.2.2 对独立董事与公司治理关系的理解不足

独立董事制度设计上的偏差，实际源自对独立董事与整个公司治理系统的关系缺乏准确理解，对到底需要一个什么样的董事会，要让董事会和独立董事干什么等公司治理的根本性问题缺乏一种共识和真正的认识。这未必是因为利益而不懂装懂，实际可能就是一个思想和知识的问题。正如经济学家凯恩斯所言，很多时候表面上看上去好像是利益在影响人们的行为，实际上影响人们行为的最大因素还是思想和知识。

英美公司治理系统中，是在有严格的中小股东法律保护、上市公司股权高度分散和资本市场充分竞争的情况下，通过引进非执行董事来提高董事会的独立性，通过首席独立董事和非执行董事例会等安排来解决那些执行董事自身有利益冲突的问题，如外部审计师聘请、首席执行官业绩评估和高级经理层薪酬制定等。

外部董事总是难以足够了解公司业务而实际发挥作用，内部董事则总是因为太了解公司和身在其中而无法独立。所以要通过一个董事会的系统设计来提高董事会的质量、独立性和有效性。从董事会的规模、构成、委员会设置、董事的选聘和轮换等多个方面来改进董事会治理质量，让董事会成为公司治理的核心，真正到位并且随时在位。有的要在公司章程中明确下来，如董事会的人数，独立董事的条件和选聘程序，正式董事会会议和临时董事会会议的召开程序、议题安排等。但是更多的是形成一种以董事会为中心的公司治理文化和董事会有效运作的惯例。各个公司会因其业务规模、所处行业和成长阶段不同而不同。比如纳斯达克上市的公司平均董事会人数要比纽约交易所上市公司董事会人数少，内部董事比例更高，这是由其公司的高技术和成长性以及竞争环境变化快等原因决定的。银行业公司董事会规模会比较大，这是其行业特性所决定的。

任何一种具体的制度安排都要得到人们的充分理解并和有关方面匹配才能真正起到作用。增加独立董事对于改进中国上市公司治理质量肯定有积极作用，但更重要的是提高整个董事会的质量。

中国引入独立董事制度之后，相比执行董事，赋予了独立董事很多额外的责任和权力，颇有一种独立董事是有关部门和社会派到公司董事会专门行使监管职责的特种部队的意思。这是抓住一个改善公司治理一个方面问题的良好做法就孤注一掷、推进过度，是把不同层次的问题混在一起，企图用一种手段来解决所有的问题。实际上，中国上市公司运作不规范的问题是多方面的，有的就不属于加强公司治理所能解决的，有的虽属公司治理层面问题，但是整个董事会和全体董事的责任，而非仅仅是独立董事的问题。

大股东或经理人偷窃股东资产的行为属于违犯刑法的问题，是不可能通过改进公司治理和完善董事会来解决的。上市公司有个持股份额极高的母公司存在等中国特有现象导致的严重、频繁的关联交易，以及由于有关部门查处内幕交易的调查能力和执法力度跟不上等导致的股市操纵和过度炒作等，也都是不可能通过增加独立董事比例等提高董事会治理质量的做法来解决的。阻碍中国上市公司治理改进的股权结构层面的问题，可以通过加强公司治理和资本市场建设逐渐解决，但不可能通过独立董事来解决，独立董事的动力和能力都决定了其不可能去和大股东相抗衡。

国有股一股独大导致的公司治理不佳问题源于政府的国有资产管理体制问题。国有资产多头管理、多级代理、无人真正负有全责，需要通过改善国有资产管理体制、健全国有资产投资公司和授权经营国有企业董事会等办法来解决。如有关部门联合任命国有资产经营公司和授权经营国有企业董事会的一半成员，社会招聘一半成员，然后由董事会集体肩负所占用国有资产的经营责任，董事会负责选聘、激励和考核公司首席执行官。国有资产经营公司和授权经营国有企业董事会成员薪酬和考核标准由国家有关部门根据一定原则制定，董事会聘请的首席执行官薪酬及其以下成员薪酬则完全市场化，与政府任命的干部管理体系脱钩。

社会招聘部分的国有资产经营公司和授权经营国有企业董事会成员中，可以吸纳社会各界的优秀人士，尤其是那些经营成功的民营企业家。让那些经营有道的民营企业家进入国有资产经营公司和大型国有企业董事会，可能比让他们进入政协等方式，更利于他们对社会做出贡献。与此同时，允许国有企业经营者和国有企业系统的高级经理人员出任民营企业董事会的董事，对提高民营企业管理质量以及发挥国有企业系统经理人员能力及其对整个社会的贡献也会大有益处。国有企业和民营企业通过董事会层面的双向进入、相互帮助，能够相互促进，使各自董事会成员背景都多样化，共同努力提高中国企业的治理水平。

个人或家族一股独大下公司治理仍然不佳的原因是保护中小股东的法律体系不健全以及资本市场的竞争仍然不充分等原因。根据标准普尔评分，香港特区家族控制下的公司治理比中国内地国家控制下的公司治理水平还低，原因就在于法律体系，尤其是股东集体诉讼制度不健全，证券犯罪的辩方举证责任制度缺位等。

提高董事会质量也不是仅仅提高独立董事比例的问题。提高独立董事比例只是提高董事会独立性和效率的手段之一。全体董事都要有独立的责任，公司董事会不仅要对股东会负责，还要考虑员工、监管机构等各种利害相关者的利益。是全体董事作为一个集体受托经营公司，因此董事会成员的相对稳定和适当更新与轮换，是改善公司治理质量的一个重要方面。董事会质量的其他决定因素包括适宜的董事会人员规模和内外部董事比例、董事会的委员会设置、董事会的会议安排等等很多方面。

建立分类董事会可能是避免大股东操控董事会的一个重要方法。所谓分类董事会就是董事的任期时间交叉开，比如每年最多只有三分之一的董事任职到期可以更换。美国公司大约有60%左右设置了分类董事会制度。这一方法曾被作为经理人控制董事会防止并购的手段之一，因为并购者即使持有了控制性的股份数额,也不能马上控制董事会。在新近兴起的公司治理运动中,美国机构投资者反对公司分类董事会设置,因为那些股权已经高度分散的美国公司首席执行官,可以凭借分类董事会降低公司控制权市场对他们职位的威胁。已经拥有分类董事会的公司算是便宜了,没有的现在想搞一个则难了。但是在中国一股独大、公司控制权市场有待发展、并购还远远没有成为一种有效公司治理手段的情况下,分类董事会对于提高董事会的独立性有其积极意义。

在赋予独立董事额外职责之前,要首先让包括执行董事在内的全体董事们都真正对全体股东以及整个公司负起责任。立法上对所有董事作为一个集体负责的要求以及执法上的真正落实是一方面,管理上培育全体董事的职责意识也是一个重要的方面。一股独大的公司董事把董事长看作是领导,多元股权的公司董事则只想着自己所代表的股东,这些观念的存在,导致董事会中形不成合作的局面,公司董事甚至就没有公司要各方合作共赢的意识。

18.2.3　独立董事保护中小股东:落空的期望

越是名噪一时的企业,越是容易成为股东财产的掠夺者。有大股东对中小股东的掠夺,有上市公司内部人对全体股东的掠夺。最为无助、终必被掠夺的是中小股东。中小股东人多但力量小,这是集体行动的困境。

如果道德存在,他们通过哭诉乞求于那些强者的良心;如果法律存在,他们通过投诉,乞求于社会正义之剑的保护。如果道德和法律都不存在,他们只能退出,导致资本市场成为不再有参与者的游戏场。

股价下跌,资金退出,确有前景的工商业项目也无法实施。企业以至整个社会陷入充满猜疑和互不信任的恶性循环之中,发展和繁荣都无从谈起。现实可能不会像走向极端的理论推断那样可怕,但事物发展总有其自身的逻辑。作为一种人为事物的资本市场,各类参与者的态度和预期会影响其发展方向。社会科学家的很多预言和警告,正是希望事情不要往最坏的方向发展。

在国际资本市场上,基本有两类保护股东权利的机制,一是法律的保护,二是大股东的保护。从公司法、证券法到上市规则等一系列保护外部股东权利的手段,致使上市公司股权得以逐步走向高度分散。在没有充分的法律保护情况下，谁都不愿意当小股东，股权多元化和分散化的速度受到限制。大股东要承担起健全上市公司治理机制的重任，吸引中小股东积极进入，支持公司发展。如果大股东能够只从上市公司获取作为股东的合理合法收益，则中小股东可以搭便车，分享上市公司成长的收获。在当前的中国，还很少有这样合格的大股东，无论国有还是民营机构，自身的治理水平还有待完善。

引入独立董事，会有一定的积极作用。但是从《关于在上市公司建立独立董事制度的指导意见》到《上市公司独立董事管理办法》中，关于独立董事的定义都有过于严格的倾向，没有给企业管理留下足够的自主空间。

起源于英美国家的独立董事制度，其出发点是学习德国双层董事会的制衡机制，在单层董事会通过独立董事及由独立董事组成的审计、薪酬和提名等委员会达到单层董事会二元化、引入内部制约的目的。德国和荷兰等纵向双层董事会制国家，由股东和职工代表组成的监督董事会和由经理人员组成的管理董事会是上下级、领导和被领导的关系。中国把监事会放在了董事会的平行位置，授权线路不清导致其监督功能形同虚设。又在董事会中引入独立董事，增加一层制衡作用，增加一层上市公司运作的制度成本。

首先的一个问题就是独立董事，尤其是董事会审计委员会，与监事会之间的功能划分不清，让企业在实际运作中容易无所适从。更为严重的问题是，那么严格定义、那么责任重大而报酬机制又不清晰的独立董事，上哪去找？用一位精于实务、言辞激烈的经济学家的话说，"你去当独立董事，你是傻瓜，你能斗过大股东？"进一步的问题是现在这种制度条件下产生的独立董事们，保护中小股东的动力和能力在哪？

天助自助者，保护中小股东的最终力量来自中小股东自身。铺天盖地的宣传和大张旗鼓的培训以及正式的政策和法规，很不容易建立起来的独立董事制度，要为中小股东提供自己保护自己的工具。

中国赋予独立董事的职责很重，可以聘请的独立董事范围则受到严格限制，实际出任独立董事的往往多是一些学者。中国的学者比较安贫乐道，比较清高，可能不会被一点独立董事津贴所收买去为虎作伥。但是中国商业运作的不透明和高度不确定性，导致中国没有企业实务经验的学者，没有足够的商业判断能力，很容易被控制、利用，甚至被操纵。兰州黄河和郑州百文等早有学者独立董事的上市公司都是鲜明的例子。美国公司的独立董事中，一半以上的人是其他公司的首席执行官等企业人士，然后是中介机构的专业人士，最后才是一到两名大学教授。独立董事不仅肩负"看家狗"的监督职责，还要能够为上市公司董事会增加价值。而且，即使只是完成好监督职责，也要具有相当的商业经验才行。

18.2.4　网络时代的独立董事与中小股东保护

独立董事制度起源于互联网络兴起之前，上市公司召开股东大会成本很高，发达国家健全公司治理的努力方向是董事会中心主义的时代。互联网络兴起之后，技术创新改变了制度创新的方向，英美等发达国家也在修正董事会中心主义的过度倾向。因为过度的董事会中心主义容易成为上市公司经理人削弱股东权利、进行内部人控制的工具。中国上市公司股权分散化需要一个过程，独立和有效董事会的建设也同样需要一个过程。在目前这个阶段，还应该充分利用股东的力量，给股东参与公司治理提供制度和技术上的方便。

互联网络带来了网上召开股东大会的技术条件，降低了股东大会的成本，提高了股东参与公司治理的效率。英美等发达国家的公司开始积极推进在网上召开股东大会的进程，中小股东也可以不再只是用脚投票，可以用手投票了。与之相配套的股东投票咨询专业服务也在蓬勃兴起，让中小股东能够进一步用脑投票。这些专业的股东投票咨询服务机构，雇用专业人士分析上市公司年报和信息披露资料，就股东大会的议题事项给出专业的投票建议。一些个人财务管理软件甚至把这些专业投票咨询机构的投票建议集成进去，供投资者选用。这些专业投票咨询机构的研究服务，也可以为上市公司独立董事行使职责提供技术支持。既减少了中小股东和大股东之间的信息不对称和信息处理能力差异，也降低了独立董事和执行董事之间的信息不对称和信息处理能力差异。如果有关部门在大力推进独立董事制度建设的同时，能够同时推进网上股东大会和股东投票专业咨询服务的发展，中小股东的权利保护效果可能会更好。

18.3 短期利益是如何扭曲中国资本市场的

中国资本市场上有一种很有中国特色的逻辑：长期利好就是短期利空，长期利空就是短期利好。经常是接连不断的利好政策演化为没有实际利好作用的现实，是政策有问题，是股市有问题，还是整个思维方式和证券市场体系有问题？为什么从证券投资者的关注焦点到有关股市评论文章，都在极力关注非常短期的利空利好和每一天的股价涨落？为什么不去多看看一些基本和背景性的东西？难道真的都成了凯恩斯的"短期化"信徒？只有眼前一刻才是真实的，关于长期我们唯一能够知道的就是我们都会死去。

中国特有的股权分类制度开始于1992年5月出台《股份有限公司规范意见》及其13个配套文件，明确规定在我国证券市场，国家股、法人股、公众股、外资股四种股权形式并存。建立证券交易所之后，国有股和法人股不能上市流通，演化出了股权分置问题。

减持国有股份、解决非流通股的流通问题，是健全中国资本市场，真正完善公司治理，最终解决中国现代企业制度建设和市场经济发展中一些根本矛盾所不能绕过的。但是，由于有关方面缺乏必要的魄力、迫于中国股市上现有利益集团的压力或者是被利益集团所俘获，本不该停止的国有股减持停止了，本应该干脆彻底、短痛式地解决股权分置问题，演变成了拖泥带水、妥协怀柔的长痛方式，以至直到今天，中国资本市场还是半死不活、公司治理难于健全的状态。

18.3.1 停止国有股减持：不应该的屈服

2001年6月，为完善社会保障体制、开拓社会保障资金新的筹资渠道，支持国有企业的改革和发展，国务院发布了《减持国有股筹集社会保障资金管理暂行办法》。此后中国股市持续下跌，国有股减持遇到了多方面的反对。到2002年6月23日，国务院决定对国内上市公司停止执行《减持国有股筹集社会保障资金管理暂行办法》中关于利用证券市场减持国有股的规定。股市全线飘红，很多专家评论是"利股利民""必然选择""一项正确的选择""股市最根本的利好"等等。经过长时间的低迷和调整之后，似乎真要来一个中长期的大牛市了。抛却短期利益关系，超然地审视一下整个事件，并从一个更长期的观点来分析，我们到底应该怎么看待这一问题？

当年意在增加企业经营压力的国有企业拨款改贷款，结果是形成了巨额的银行不良资产。分拆上市融资，让资本市场为国企脱贫解困做贡献，生成了一个宏观上流通股与不流通股分割的中国特色的资本市场，微观上母公司背负老弱病残，下属上市公司健全治理结构、独立发展受到母公司制约，持有不流通股的大股东和持有流通股的中小股东之间存在制度性矛盾的状况。减持国有股份、解决不流通股的流通问题、充实社会保障基金，是健全中国资本市场，真正完善公司治理，最终解决中国现代企业制度建设和市场经济发展中一些根本矛盾所不能绕过的。

社会保障资金缺乏影响那些为国家贡献了几十年的老职工们的生活，也阻碍国有企业改革的步伐。他们的历史贡献体现在国有资产上，通过减持国有股份来充实也是合情合理。笔者早在载于1990年中国计划出版社出版、刘国光主编的《体制变革中的经济稳定增长》一书中的"收入分配与社会福利保障"一文中就曾提出，划出一部分国有资产来解决社会保障资金来源的问题。靠征税来解决阻碍现期经济发展，场外协议转让价格低不说，关键是没有解决这部分股份的最终流通问题。

非流通股的最终流通问题不解决，无论它的持有人是国家、外资企业、民营企业还是自然人，都不可能最终解决中国上市公司的公司治理问题。资本市场治理公司的关键之点在于控制权转让，即通过兼并收购机制形成的公司控制权市场。有一个不流通的大股东存在，不流通的大股东又有很多与流通股股东不同的利益实现渠道，必然导致股东大会、董事会、监事会到独立董事，都很容易流于形式，成为摆设。除非我们作出激进的法律改革，剥夺或者至少是限制不流通股股东在股东大会上的投票权，比如不流通股股份每10股只有一个投票权。

不能真正解决上市公司的公司治理问题，中国企业就不可能做大做强，不可能真正走上国际竞争的舞台，中国的股票市场也就不可能持续稳定地发展下去，不可能真正地"牛"起来。

在现在这样一个制度基础上，中国的股票市场已经够"牛"的了。不用进行各种复杂的市盈率计算，因为不同行业、不同成长阶段的公司，最合理的市盈率本身就应该不同。如果可以找到一个最合理的市盈率标准，那也就不需要通过股票市场来发挥一个评价公司、配置资源的功能了。但是我们简单地比较一下那些同时有A、B、H股的公司不同股份的价格就可以发现问题了。境内流通股股东不光是在养育境内的不流通股股东，还在补贴境外的流通股股东。

在一次有关公司治理问题的演讲结束之后，有听众提问我股民算不算股东，我真有些不知道如何回答这一问题是好。他不明白股民算不算股东，我不明白中国的股民你为什么要炒股？为什么会有那么多人愿意去参加一个权力和责任分配非常不对称的游戏，又为什么会有那么多人不把精力放在做好本职工作上，而每天花费时间去盯着那个大屏幕？这符合一个健康发展的市场经济所应该遵守的劳动分工的基本原则吗？话再说回来，是制度设计者就没把股民当股东，还是股民自己也就没想自己是股东？

社会保障资金不足问题是要解决的，不流通股的流通问题是要解决的，股民最终是要成为股东的。不管股市的短期涨落如何，最终还是要逐步规范，走上健康发展之路的。

18.3.2　股权分置改革：长痛不如短痛

2005年4月29日，经国务院同意，中国证监会发布了《关于上市公司股权分置改革试点有关问题的通知》，股权分置改革试点工作正式启动。国有股减持和股权分置是高度重叠的两个问题，甚至可以说是一个问题的两面。从解决股权分置问题出发，淡化了"国有股减持"带给股市中人的巨大心理压力。但实际是先行设置好国有股减持的市场通道。

首批试点企业中三一重工、紫江企业和清华同方，两个通过了，一个没通过。据说是清华同方大股东太骄横，三一重工方面则根据方案出台后的市场反应及时调整，做出了让步。获得通过的先行者给后来者提供了一些有用的信息，后来者的方案逐渐呈现出一种趋同的态势，从而整个股改过程持续的时间还不算是"太长"。但是，问题的关键在于这是一个信息高度不对称的多方博弈，本身没有最优均衡解，"通过"与"不通过"，这种决策的质量都是令人怀疑的。

为了刺激积极性，把解决股权分置问题和维护股市稳定密切地联系在一起，有关方面不断地临时出台一些不太符合规范化制度建设方向的"利好政策"，如红利减半纳税、股改税收优惠、券商获再贷款、上市公司回购等。令人怀疑有关方面的真实动机，是否是要通过股权分置问题的解决，为建立健全规范化的中国股市制度，提高上市公司治理水平铺平道路。如果是这样一个目的，就应该通过法律手段快刀斩乱麻，一步到位。股权分置这样一个历史性问题的解决，只能面向未来，历史旧账是算不清楚的。当时就是那样的制度设计，当时的参与者是在知情状态下参与游戏的。现在要改变这种也许有过"历史贡献"，但是不利未来发展的制度规则，也应该通过有关的立法程序进行。

要说真正的补偿，已经无法补偿那些真正"贡献"了的"股民"了，其十之八九可能已经不是今天的"流通股股东"了。在此我想起美国独立战争结束后，有关要不要全额兑付战争时期政府发行的债券问题。当时激烈争论，兑付与不兑付双方各有道理，实际债券持有者面临一种高度的不确定性，有人抛售有人收购。最后是以财政部长汉密尔顿为首的兑付派取得了胜利。但是兑付的结果是，汉密尔顿的亲戚朋友，通过在兑付政策正式公布之前掌握到的有关信息，以非常低的价格大量收购了这些在市场上已经很不值钱了的债券而发了大财。股权分置改革中的非流通股股东对流通股股东补偿，能避免得了这种情况吗？一个公司一个公司地所谓"博弈"，时间拖得越长，市场上信息优势者的投机、操控空间和机会也就越多。

可以说股权分置是羁绊中国股市进一步壮大和转向良性发展的一个毒瘤，没有十全十美各方面都能十分满意的解决方案。但是统一标准、迅速完成，既能减少市场混乱，压缩有关势力集团投机和操控市场牟利的时间和空间，也能尽快地使中国资本市场规范化和公司治理制度建设步入一个新阶段。

18.3.3 只有改善公司治理，才能真正促进资本市场的健康发展

短期利益和短期压力扭曲中国资本市场发展的问题，不仅仅存在于政府和

监管部门方面，还存在于市场相关主体的认识方面。对改进公司治理与保护中小股东利益及资本市场发展相互关系的认识，就是这方面的一个例证。

媒体揭露市场黑幕、学者呼吁规范公司治理、监管部门惩治违规操作等诸多努力，受到有战略眼光者的肯定，也受到一些所谓"市场人士"甚至同样是以保护中小股东利益的名义的批评。一些人士认为，"着什么急规范，先发展再规范"，"规范的东西不要讲太多，讲太多就吓得政府不敢出台改革的新政策了"，甚至有人大肆宣称"没有炒股的人就不要谈资本市场"。

改善公司治理的种种努力，可能因不被充分理解而短暂影响股市信心，甚至导致一些中小股东的"套牢"，但是从长远来看，则是真正有利中小股东，有利中国资本市场的各类参与者利益的。

一个过度投机炒作甚至是"做局、坐庄"的资本市场，和一个相对理性、价值投资主导的资本市场，哪个对中小投资者更有利？就投机炒作来说，中小投资者永远都是跟风和受害者，永远都只能陷在做局坐庄者制造的市场噪音和动荡中。在一个相对理性的资本市场上，有一些治理良好的公司股票可供选择，中小投资者还可以有一些相对可靠、风险适度的投资机会。从长远来看，相对理性资本市场的建设和公司治理的改进，需要真正的机构投资者和真正的职业经理人以及监管者等各个方面的共同努力。通过资金、管理和法律等各种途径和手段来营造互相促进和自我增强的共赢机制。

在有关方面推动下，中国上市公司治理原则已经走进上市公司。但是，我们从一些舆论以及一些企业人士听到的很多声音是这些与国际规范接轨的举措导致证券市场的窒息，是要把中国证券市场推倒重来。

引入国际标准的公司治理做法要和中国实际相结合，我们现实的政策出台中也确实存在着很多没有真正理解国际规范公司治理中一些具体做法的机理而生搬硬套，导致实际效果更差的情况。但是，在这个从技术到制度都日益一体化的世界上，公司治理机制，尤其是上市公司的治理机制正处于趋同，正在形成一个新的国际标准。领先企业和领先交易所之间在进行公司治理标准和制度上的竞争，使投资者保护成为一种自觉的行为，而不仅仅是应付监管部门。正如产品市场上顾客是上帝的理念确立一样，资本市场上投资者是上帝的理念也在逐步生成。只要减少行政控制，把资本市场逐步推向竞争，资本市场的竞争越来越激烈，同时加强法治建设，健全公司治理、保护中小股东就会成为企业的自觉行为。

在中国，上市公司自觉改善公司治理，并能领先于监管部门的要求，也许还需要时日，但是不会太久。投资者不需要教育，需要的是沟通、协调和领导，也就是投资者关系管理工作，这是公司财务和融资的前沿课题，也是公司战略管理的新工具。通过投资者关系管理工作，让投资者理解你的战略，才会支持你的战略，你的事业才会成功。这是上市公司首席执行官，也是所有职业经理人都应该学会的基本技能。董事会秘书，或者专职的投资者关系经理，应该负责帮助公司董事会做好这方面的工作。

中国已经出现因报名参加人数不够而推迟股东大会召开的现象，中小股东们对其投票权的冷漠已经到了不能不引起担忧的程度。作为理性的投资者，如果预期其参加股东大会，除了给董事会提案盖上橡皮图章之外，对公司管理和绩效表现不会有什么实质性的影响，何必"自掏腰包"去参加会议？更何况，即使通过参加股东大会和投票对公司的管理和绩效表现能够产生影响，也还存在一个"搭便车"的问题。上市公司仅仅为了自身的"合法性"问题，也已经不能不关注其股东，尊重其股东，加强与其股东的沟通。

2020年中国爆发了首起投票委托书征集战。作为山东胜利股份第二大股东，广东通百惠公司在其所提名的董事候选人被拒绝后，吁请中小股东参加股东大会投票表决，并积极征集委托投票权。在两大股东之间股权数相差不多的情况下，中小股东们成了"中位投票人"，将起至关重要的作用。尝试争取中小股东的支持在中国股市上是"领先之举"，但如果不是临时抱佛脚，可能会更有实效。好在我们看到已经出现了上市公司积极主动与投资者沟通的趋势。已经有些公司开始约请其主要的机构投资者商谈公司战略，不管其实际沟通效果如何，这种沟通行动本身已经是一个有战略眼光的动作。

改善公司治理不会害了中小股东，也不会害了上市公司管理层。只是因为改善公司治理努力的投资回报期限比较长，使谁都不愿意真心投入。的确，改善公司治理会不利证券市场中那些目光短浅、胸无大志，只想捞一把就走的人。

18.4 上市公司的股权结构、股东会与董监事：中国和日本

现代日本上市公司已经既没有财阀式的金字塔持股结构，也很少系列企业式的交叉持股结构，而是股权分散、公众持股，很少有母公司和控制性股东存在。董监事会，特别是外部董监事和独立董监事成为日本公司的重要控制机制。

中国沪深主板上市公司则不仅普遍是第一大股东保持控股地位，而且还普遍存在母公司。实际运作中，大股东和母公司往往直接控制下属上市公司，甚至很难说这些上市公司的董监事会作为一种公司治理机制有多重要。

18.4.1 第一大股东持股比例：日本很低，中国很高

从股权结构上看，日本上市公司已经与英美公司无异，股权高度分散，很少掌握公司控制权的第一大股东存在。根据东京证券交易所发布的《东证上市公司治理白皮书2015》，在截至2014年7月14日的全部3114家东京证券交易所上市公司中，只有9.0的公司第一大股东持股比例在50%以上，高达56.2%的公司第一大股东持股比例不足20%。

为什么日本上市公司没有像中国沪深主板上市公司那样，第一大股东继续保持着绝对控股？可以说，日本上市公司和中国创业板上市公司一样，是自然成长起来的，在其上市前，公司创始人和第一大股东的持股比例就已经开始下降，并且很少有保持绝对控股的了。中国沪深主板上市公司则由于改制上市的特殊起源，使其上市时仍是第一大股东拥有绝对控股地位。

中国上市公司呈现出了缓慢的股权集中度下降趋势，但是总体上来看仍然是非常之高。与过高的股权集中度相对应的就是中国上市公司的股东人数相对比较少。正常情况下，股东人数增加和股权集中度下降，在扩大公司股东基础的同时，必然带来来自资本市场的改进公司治理压力的增强。但是由于到目前为止，中国主板上市公司仍然主要控制在国家这一特殊类型的股东手中，致使资本市场压力对改进公司治理的作用大打折扣。

在国家作为股东的直接控制力增强的情况下,中国上市公司治理水平的进一步改进是内在缺乏动力,外在缺乏压力。能够实质性地改进中国上市公司治理水平的股权多元化进程,应该不仅仅是股东人数增加、股权集中度下降,还要进一步包括改变股东身份结构的内容。改变股东身份结构又应该包括减少国家控制和减少产业公司控制两个方面的内容。

由于整体上市工作的推进,中国上市公司的第一大股东机构性质是产业公司的比例有所下降,但是替代产业公司成为第一大股东的是政府和政府代理机构,而不是其他类型的机构。由产业公司到政府及政府代理机构这种股东身份结构的改变,可能减少了上市公司的关联交易,但是并不能带来更为市场化的改进公司治理的压力。

18.4.2 母公司、子公司与控制性股东:中国很多,日本很少

中国上市公司不仅普遍存在绝对控股的第一大股东,并且还普遍存在母公司。第一大股东不仅仅是作为股东,还作为母公司额外行使很多股东权力之外的公司控制权力。相比之下,日本上市公司中,很少有母公司的存在。

根据东京证券交易所发布的《东证上市公司治理白皮书2015》,在全部东证上市公司中,有629家、占总数18.4%的公司存在控制性股东。所谓控制性股东是指:是上市公司的母公司,或者是自身及与其近亲合计持有上市公司多数投票权的大股东。在这629家存在控制性股东的公司中,有389家、占东证上市公司总数11.4%比例的公司有母公司存在;有240家、占东证上市公司总数7.0%比例的公司有控制性股东但无母公司,余下81.6%的东证上市公司即无母公司也无控制性股东存在。

在11.4%的有母公司存在的东证上市公司中,9.5%的公司母公司为上市公司,1.9%的公司母公司为非上市公司。这与中国普遍存在的非上市公司作为母公司控制上市公司的情况迥然不同。母公司为上市公司的情况,多产生于上市公司业务分拆,其进一步的发展往往是完全独立,即母公司把其所持下属上市公司股权出售,或者是直接分配给自己的股东。中国这种非上市公司作为上市公司母公司的情况,则往往是把下属上市公司作为母公司的所谓"资本运作

平台"，完全无视其作为上市公司所应具有的独立性。

在上市公司自身很少有母公司和控制性股东存在的同时，日本公司的下属子公司数量也相对不多。65.7%的东证上市公司子公司数量不足10个，只有2.7%的东证上市公司子公司数量超过100个。中国上市公司中，子公司数量超过10个的可谓比比皆是。

中国上市公司热衷于搞出很多子公司，和他们自身更多地都有母公司存在，背后的原因和道理可能是一样的。中国公司治理机制不成熟，公司董事会不到位、不独立、权力不足，股东控制公司的权力和空间都很大。母公司和控制性股东希望通过增加公司层次，层层控股，放大自己控制的资本规模。子公司和经理人则相应地希望增设子公司、下放管理权，扩大自己的可控空间。这种博弈的结果是中国公司实际控制权在经理层和大股东之间的摇摆和高度不稳定。

18.4.3 日本公司通过董监事会，特别是外部和独立董监事控制公司

日本公司从层层控股的财阀模式、交叉持股的系列企业模式，走到当今的这种股权分散、董监事会控制阶段，可谓是从量变到质变的一种革命性变化。减少甚至放弃对股权控制的依赖，更多地采用董监事会控制，需要实质性的公司治理机制建设。日本没有像中国这样由监管部门整齐划一和强制性地推进独立董事制度，而是企业自主进行董监事会治理改革。经过二十几年的发展，日本企业已经完全把董监事会作为公司治理的核心了。

2012年以前，日本公司中的外部董事还主要是大股东加强控制的一种手段。2008、2010和2012三个年度，第一大股东持股50%以上的公司中，设有外部董事的公司比例最高，分别为53.3%、58.3%和63.2%，一直在一半以上。相比之下，第一大股东持股不足5%的公司这三年中设有外部董事的公司比例分别为37.7%、40.6%和48.9%，一直不足一半。2012年日本开始要求上市公司提高董事会和监事会的独立性，第一大股东持股不足5%的公司中设有外部董事的公司比例大幅提高到了2014年的73.1%，接近四分之三，并且一举超过了此前一直在设立外部董事方面领先的第一大股东持股50%以上的公司（71.1%）。

按第一大股东持股比例分组的6组公司中,选任独立董事的公司比例随第一大股东持股比例提高而依次下降,从第一大股东持股不足5%公司的63.9%,到第一大股东持股33.3%~50%公司的35.2%,不过第一大股东持股50%以上公司中该比例又略有提高,到37.%。反映出当股权控制比较牢固的时候,对董事会和监事会的控制可以稍微放松一些。

外部董事的平均人数反映出了相同趋势,就是除2014年之外,以前各年度中,随第一大股东持股比例提高,公司聘请外部董事的平均人数增加。2014年,由于独立董事的监管要求,独立董事增加,使股权分散公司的外部董事人数出现大幅度提高。这在独立董事平均人数上有明显的反映,就是随股权集中度(第一大股东持股比例)的提高,独立董事的平均人数明显下降。

18.4.4　日本公司的外部和独立董监事:大多来自其他公司

在母公司和控制性股权消解,董监事会是主要公司控制机制的情况下,董监事会成员,特别是其中的外部董监事和独立董监事的来源,成为决定实际公司治理状况的重要因素。

全体东证上市公司平均每家有3.53名外部董监事,其中2.16名(61.3%)来自其他公司,其次是律师(0.56人、15.9%)、注册会计师(0.36人、10.2%)、税务师(0.17人、4.7%)、学者(0.14人、3.9%)、其他(0.14人、4.0%)。全体东证上市公司平均每家有2.20名独立董监事,其中1.16名(52.4%)来自其他公司,其次是律师(0.43人、19.5%)、注册会计师(0.28人、12.9%)、学者(0.12人、5.4%)、税务师(0.12人、5.3%)、其他(0.10人、4.5%)。独立董监事中来自其他公司的比例低于外部董监事中来自其他公司的比例,独立董监事更多来自专业人士,如律师和注册会计师。

从不同来源的外部董监事被选为独立董监事的比例来看,在全部外部董监事中有62.5%的人是独立董监事的情况下,学者出身的外部董监事中有87.5%的人是独立董监事,然后依次是注册会计师(78.9%)、律师(76.3%)。来自其他公司的外部董监事中是独立董监事的人数比例最低,只有53.5%。

在全部监事会制公司外部董事中,来自母公司的外部董事所占比例为

7.2%，来自关联公司的外部董事所占比例为9.8%。自身为大股东或在大股东公司工作的外部董事所占比例为11.7%。在全部监事会制公司外部监事中，来自母公司的外部监事所占比例为4.5%，来自关联公司的外部监事所占比例为5.1%。自身为大股东或在大股东公司工作的外部监事所占比例为3.8%。来自母公司、关联公司和大股东的外部董事和外部监事所占比例都处在下降态势，是上市公司母公司数量和控制性股东数量都在减少的反映。

但是在存在母公司的情况下，母公司人员出任下属上市公司外部董事和外部监事仍然是一种重要的公司控制手段。在有母公司存在的监事会制公司中，有51.0%的外部董事来自其母公司。在有母公司存在的委员会制公司中，有60.6%的外部董事来自其母公司。在有母公司存在的监事会制公司中，有37.2%的外部监事来自其母公司的。不过，即使是在这些有母公司存在的日本上市公司中，随着独立董监事制度的发展，来自母公司、关联公司和大股东的外部董事和外部监事所占比例也都处在下降态势，

总体看来，日本上市公司治理已经明显脱离了传统的母公司、大股东和关联企业集团化控制状态，其在股权分散、董监事会控制和职业经理人管理上，已经远远领先欧洲大陆，接近于美英水平。

18.4.5 中国公司股东会和股东权力行使：高门槛阻隔中小股东

在英美等国家的股权高度分散的上市公司中，股东权力保护，也就是全体股东权力的保护，成为公司治理中的重要问题。中国上市公司股权集中度很高，公司实际控制在大股东手中，股东权力保护主要是中小股东的权力保护问题。

但是目前中国中小股东法律保护的力度很弱，资本市场能够对中小股东提供的保护力度也很弱，机构投资者又还没有发展起来。大股东从股东会到董事会和高管层，对公司一控到底，导致实际运作中股东会在公司治理中的作用，基本停留在表面文章多、实际作为少的阶段。

提出股东大会临时提案、提议召开临时股东大会和提议召开董事会临时会议，是股东在必要的情况下，行使权力、纠正公司行为的三个重要渠道。中国

公司法对提出股东大会临时提案和提议召开临时股东大会的股东持股比例要求分别是1%和10%。公司可以在章程中对这两项权力行使的持股比例规定一个更低的要求，但不能提高要求。持股比例要求越低，越有利于少数权益股东发挥作用。中国上市公司章程对股东行使这两项权力的持股比例要求，普遍是与公司法规定的要求完全相同，没有公司愿意将门槛自主调低一些。

董事会疏于尽职，对公司管理的参与度低下，则会导致经理人"自作主张"的空间非常大。对于那些不足以提请股东会决议而又不能放权给经理人的事项，在董事会自身缺乏主动作为的情况下，股东提议召开董事会临时会议权力的行使就变得十分重要。中国《公司法》规定持股10%以上的股东有权提议召开董事会临时会议。对此，中国上市公司也都在其章程中作出了与《公司法》完全相同的规定，没有发现哪家企业向前迈进了一步，降低一点对股东提议召开董事会临时会议所需持股比例的要求。降低股东通过提议召开董事会临时会议来参与公司治理的持股比例限制，在股权逐步分散化的情况下，变得日益重要。

股东权力的行使，一方面是通过在股东大会和临时股东大会上直接对有关决议事项进行投票表决来直接行使其权力，另一方面就是通过对董事会、监事会构成人员的控制来间接行使其权力。股东提名董事和监事候选人的权力大小及其到位程度，是股东权力落实的一个重要方面。

中国上市公司中股东对董事和独立董事的提名权，基本都是按《公司法》的规定执行，有权提名董事和独立董事的股东持股比例限制分别为3%和1%，只有极少数的公司股东提名董事的持股比例限制为1%，降低了中小股东参与董事提名的门槛。

在股东大会和临时股东大会的提前通知天数方面，中国上市公司都做得比较好，只有极少数公司实际提前通知天数低于或者等于法律规定的提前通知天数。

股东会的实际作为却似乎不太那么重要，很多中国董事长和总裁甚至经常不出席股东年会。董事长和总经理作为公司中的关键人，可以不把参加股东会作为最重要的事项对待，可想而知股东会只是一切按事先安排好的固定程序和议事项目进行的，不会有意外和变故发生。

中国公司股东会表面文章多实际作为少的重要原因是中国公司大股东控制公司的主要方式是直接派人出任董事会、监事会和管理层职务。

> **专栏18-1　中国《公司法》:股东提议临时股东会会议，提出股东会会议临时提案，提议召开临时董事会会议等的持股比例要求**
>
> **有限责任公司股东提议召开临时股东会会议的持股比例要求为"十分之一以上"：**
>
> 第六十二条　股东会会议分为定期会议和临时会议。
>
> 定期会议应当按照公司章程的规定按时召开。代表十分之一以上表决权的股东、三分之一以上的董事或者监事会提议召开临时会议的，应当召开临时会议。
>
> **股份有限公司股东提议召开临时股东会会议的持股比例要求为"单独或者合计持有公司百分之十以上股份"：**
>
> 第一百一十三条　股东会应当每年召开一次年会。有下列情形之一的，应当在两个月内召开临时股东会会议：
>
> （一）董事人数不足本法规定人数或者公司章程所定人数的三分之二时；
>
> （二）公司未弥补的亏损达股本总额三分之一时；
>
> （三）单独或者合计持有公司百分之十以上股份的股东请求时；
>
> （四）董事会认为必要时；
>
> （五）监事会提议召开时；
>
> （六）公司章程规定的其他情形。
>
> **股份有限公司股东可以在公司董事会及监事会不能或不履行召集股东会会议职责时，自行召集和主持股东会会议的持股比例要求为"单独或者合计持有公司百分之十以上股份"：**
>
> 第一百一十四条　股东会会议由董事会召集，董事长主持；董事长不能履行职务或者不履行职务的，由副董事长主持；副董事长不能履行职务或者不履行职务的，由过半数的董事共同推举一名董事主持。
>
> 董事会不能履行或者不履行召集股东会会议职责的，监事会应当及时召集和主持；监事会不召集和主持的，连续九十日以上单独或者合计持有

公司百分之十以上股份的股东可以自行召集和主持。

单独或者合计持有公司百分之十以上股份的股东请求召开临时股东会会议的，董事会、监事会应当在收到请求之日起十日内作出是否召开临时股东会会议的决定，并书面答复股东。

股份有限公司股东可以提出股东会会议临时提案的持股比例要求为"单独或者合计持有公司百分之一以上股份"：

第一百一十五条　召开股东会会议，应当将会议召开的时间、地点和审议的事项于会议召开二十日前通知各股东；临时股东会会议应当于会议召开十五日前通知各股东。

单独或者合计持有公司百分之一以上股份的股东，可以在股东会会议召开十日前提出临时提案并书面提交董事会。临时提案应当有明确议题和具体决议事项。董事会应当在收到提案后二日内通知其他股东，并将该临时提案提交股东会审议；但临时提案违反法律、行政法规或者公司章程的规定，或者不属于股东会职权范围的除外。公司不得提高提出临时提案股东的持股比例。

公开发行股份的公司，应当以公告方式作出前两款规定的通知。

股东会不得对通知中未列明的事项作出决议。

股份有限公司股东可以提议召开临时董事会会议的持股比例要求为"代表十分之一以上表决权"：

第一百二十三条　董事会每年度至少召开两次会议，每次会议应当于会议召开十日前通知全体董事和监事。

代表十分之一以上表决权的股东、三分之一以上董事或者监事会，可以提议召开临时董事会会议。董事长应当自接到提议后十日内，召集和主持董事会会议。

董事会召开临时会议，可以另定召集董事会的通知方式和通知时限。

18.5 改进中国上市公司治理：四个主要方面

经过多年的监管努力、法规完善和学习理解之后，市场力量和企业自主性的力量，开始在提升中国的公司治理水平上发挥一些作用了。如果说，以前由于再融资、并购和股权分置等方面一些管制规则上的限制，致使良好公司治理并不能给相关行为人带来多少明显的实际好处的话，现在的情况可是越来越不同了。企业改进治理水平的结果不再仅仅是做个"好人"，有个"好名声"那么简单了，而是可以转化为股东价值的提升、融资能力的增强和融资成本的降低，以及换股收购机会和成长空间的扩大。

18.5.1 加强董事和监事的责任，提高勤勉程度

现代公司治理的核心是董事与董事会的责任能否到位和董事会的运作是否优良顺畅，因为公司治理的其他各个方面的实质性改进都应该是由董事会来掌控的。

中国公司在修订公司章程、完善董事会结构等规则和形式上改进公司治理的努力已经做了很多，下一步的主攻方向是公司治理"最佳实践"在各个层面和行为上的落实。过去中国公司董事会与经理层之间交叉过大的特征已经基本消失，现在的主要问题是控股股东管理人员和上市公司董事会、监事会成员之间的交叉过大问题。高管报酬出现了大幅度的上升趋势，并且还主要是现金报酬的增长，在高管报酬的给付机制上改进不大。

董事会运作上的改进已经开始，但还没有深入到每一位董事的思想意识之中，也没有贯彻到审计、薪酬等关键的公司治理职责之中去。就董事会运作来说，虽然出现了董事会人数趋少、普通非执行董事比例下降、董事会会议次数增加等积极变化，但是董事会会议出席率不高、董事会下设委员会数量和会议次数的不足等状态，并没有明显的改进。

中国公司董事会责任低下的一个重要原因是有关方面的认识问题。董事会成员很少参加有关公司治理方面的培训，公司也很少给董事会成员提供培训，

导致很多董事会成员在意识上就没有充分认识到自身作为董事的责任。在中国目前的这种商业文化和公司法律环境条件下，出现这种情况也并不令人惊讶。从有关部门到社会各个方面，还习惯于关注和追究经理人，尤其是所谓"一把手"的责任，董事会集体决策和董事个人负责的理念还没有完全树立起来。公司法上明确了董事的忠实义务和勤勉义务，实际执行中还缺乏董事因渎职而获刑的真正有影响的判例。

近些年来，数十近百项新修订的有关法律法规，从公司治理的法规原则和制度基础上，大踏步推进着中国上市公司向国际公司治理水平看齐。在根据新法规修改章程、调整有关条款方面，中国公司是紧跟节拍，甚至"亦步亦趋"的。但是公司治理实际行为上的改进要远比有关法律规范方面的进步小得多。把更高标准的公司治理从法规和原则落实到实际行为，需要一段相当长时间的学习、适应与调整过程。改进中国公司治理的关键环节在于"执行"，在于一些新的公司治理最佳实践的落实和推广，而不是法规和原则规定上的进一步"提高标准"。

除了司法力度的加大之外，还需要从提高公司管理行为的方面增强董事的责任。人们看重经理人而忽视董事的责任，与中国上市公司规模普遍较小、管理难度不大、决策复杂程度不高有关。历史上由于配额制度导致中国上市公司数量众多、股本规模偏小，股权分裂阻碍资本市场发展，配股和增发融资方面的过度管制又导致上市公司齐步走，差公司难被并购，好公司难以大踏步扩张。公司规模小，内在的管理要求上缺乏董事会集体决策的迫切性，也使人们难以认识到董事会在公司治理中的重要性。结果是本末倒置，加强公司治理成了主要是满足监管方面形式化要求的问题。

中国公司董事会和监事会中的公司内部人比例都在下降，独立性有所增强。但是第一大股东性质和身份结构的特殊性，导致中国公司董事会和监事会中外部人比例的增加，只是提高了其相对于公司经理层的独立性，而难以提高其相对于控股股东或公司实际控制人的独立性。这种单向的董事会和监事会独立性的提高，虽然也可以在一定程度上促进董事会和监事会作用的发挥，但是实际效果非常有限。

因为内部董事和内部监事，可以在日常工作中就有有效的相互沟通，但是外部董事和外部监事则只能通过会议进行有效的沟通，外部董事和外部监事人数的增加，应该提高董事会和监事会的会议频率，但是实际却并非如此。在增加外部人比例这一结构问题已经解决了之后，董事会和监事会实际作用的发挥，需要大力提高董事和监事的勤勉程度。

18.5.2 善待利益相关者，保护中小股东，推进股权分散

利益相关者在中国公司治理中处于弱势，需要加强。中国上市公司中已经有多家成为世界级大公司，在公司治理方面，尤其是比较薄弱的利益相关者作用和公司社会责任等方面，亟需向世界最高水平看齐。

美日欧等发达国家和地区在公司治理改革方向上有一个重要的两难选择问题，就是股东主权至上还是利害相关者导向，美国是股东主权至上，日本和欧洲国家则偏向于利害相关者。但是这两种模式中的任何一种都不是只顾一个方面而忽略另一个方面，实际只是一个重要性的顺序问题。股东主权至上论的逻辑是把利害相关者问题转化为长期股东利益问题，利害相关者论者则强调社会各个方面在同一个层面上对公司行为的约束和利益诉求。

不过在中国这样一个"股东文化"才刚刚起步的国家中，在强调公司社会责任的时候，一定不能忽略了公司对股东的责任。中国的公司治理发展还处在初级阶段，甚至是还谈不上股东主权和利害相关者导向之间的选择问题。在中国上市公司治理中，股东权利和利益相关者作用这两个方面的表现都还很差。

在从股东、董事到经理这一公司治理的委托代理链条上，董事、经理是实际掌握公司经营权力的阶层。如果没有法律上对董事、经理要对股东和整个公司负责的严格要求，再没有有效的公司控制权市场发挥作用，董事和经理人市场也发育不充分，公司便事实上成为了经营者的公司，而不再是所有者的公司。

改进中国公司治理，无须急于移植发达国家那些多么领先和最新的理念与做法，而是需要进一步夯实良好公司治理的一些基本的制度基础。通过各种手段和各种渠道保障股东权利，提高股东在公司治理体系中的地位和作

用。这方面，可以采取的措施很多，如改变国有资本的考核规则、保护民营资本的所有者权利、改进对中小股东的法律救济体系和完善衍生诉讼制度等。

中国上市公司的股权集中度很高，而且往往又是集中在"国家"这样一个超级强势、地位特殊的股东手里，真正市场化的少数权益股东的权力行使空间很小，中小股东的地位就更是微不足道了。一方面，过高的列为重大事项的购买出售资产和对外担保占总资产比例标准，以及过高的提名董事、监事候选人的持股比例要求，"有效"地削弱了少数权益股东的权力行使力度。另一方面，缺乏真正有力和有效的员工参与机制，以及其他各类利益相关者公司治理角色的薄弱，致使一体化的"大股东—董事—高管"对中国上市公司的强力控制，很少受到其他力量的约束。职工董事几乎没有，职工监事数量符合法律规定，但是陷于地位尴尬的中国公司监事会制度构架内，实际监控作用也很有限。

大力推动中小股东权利保护，同时加快股权分散步伐，已经成为中国公司实质性改进公司治理的关键挑战。只有中小股东权益能够真正得到有力保护之后，才能有序有效地股权分散化，形成一个有效的公司控制权市场，才能以市场化的方式持续地推进中国上市公司治理的改进。

18.5.3 发挥金融机构和交易所的作用，引导公司自主改进治理

沪深两市公司之间公司治理水平差异很小，明显是他们的上市规则及监管标准本身没有多少差异，基本都只是中国证监会的"下属执行机构"，而不是一个真正自律性的组织，规则制定权力和自主运作空间都很小。国际资本市场上，公司治理水平的竞争，很大程度上是由交易所之间的竞争所推动的。中国目前的证券市场管理"中央集权"度太高，窒息了交易所本应有的更为积极的作用。应该逐步放松"中央管制"，增加交易所之间竞争，让交易所在竞争中提供出更好的"公司治理服务"。

另一个在发达国家公司治理中发挥重要作用，但在中国的公司治理中却无

足轻重的角色就是金融机构。金融机构，尤其是商业银行，在一个国家的公司治理系统中之所以至关重要，一方面是因为它们自身的治理是否良好影响到整个经济系统的安全，另一方面就是它们的业务中所自然蕴涵着的对其他各种社会经济单位"现金流"的监督。尤其是对于制造业企业，银行承担着监控和参与治理的角色。金融业这些重任的有效承担，需要以其自身健康和良好的公司治理为基础。几大银行上市，银行自身治理加强，银行作为贷款人对客户企业的治理标准要求也会提高，会有助于中国企业提高治理水平。

与此同时，由于贷款融资交易成本的提高，以及上市、配股和公司债券等直接融资方面的管制放松和渠道拓展，上市公司也会逐渐更倾向于资本市场融资。只有资本市场成为企业资金来源的重要渠道，公司治理作为资本市场营销工具的作用得到充分认识的时候，企业才会真正有积极性自觉改进公司治理，向优秀企业的最佳公司治理实践学习。

部分领先公司中开始出现一些自主性的公司治理改进行动说明，中国上市公司的治理水平提升逐渐在从一种完全是迫于监管压力的"强制性制度变迁"过程，转变为一定程度上源自市场压力的、企业自主性的"诱导性制度变迁"过程。

公司治理的根本意义还是在于公司价值和长期经营业绩的提高，任何形式上的规范都要服从于实际效益和良好行为的改进。近几年来，发达国家中除了美国之外，日本和欧洲都在朝向一个给予企业更多自主选择空间的方向改进公司治理。美国是原本企业在公司治理方面的自主空间很大，由于安然等公司欺诈事件的连续爆发，通过萨奥法案而加强了公司监管。中国新修订的公司法，在加强公司自治方面有很大进步，为企业自主改革公司治理提供了一定的法律支持，但是还需要资本市场竞争机制发挥作用，尤其是融资方面的竞争，才能激发企业经营者自主改进公司治理的积极性。

下一步有关推进中国公司治理的法律、法规和政策取向都应该是提升最低标准、强制落后者改进，同时增加企业自主选择的空间、鼓励领先者更为领先两个方面并重。要调整改进公司治理的"政策基调"，减少强制性的具体措施和治理机制安排，增加示范性和可选择性的制度安排。清理有关公司治理的法律和法规中一些僵硬的已经不合时宜的教条和框框，给企业自主性的公司治理改进和创新行为留出足够空间。有关立法和监管机构，也要在其作为"防止、限制和指令"者的同时，担负起保驾护航的角色。

18.5.4　完善信息披露制度，发挥资本市场的作用

中国在信息披露方面有较为明确的标准和严格的监管要求，上市公司只是照着做。与那些国际领先公司已经把信息披露当作是一种公司与资本市场以及外界各个方面进行战略绩效沟通的工具相比，中国上市公司的信息披露行为及由此可以看出的其对信息披露意义的理解还都停留在初级阶段，只是应对监管要求，避免违规。

一个高标准的、有自觉因素的信息披露水平是与公司自主改进公司治理、加强董事责任、提高股东和其他利害相关者作用以及发挥资本市场完整功能等密切相关的，需要这几个方面在整体上形成一种相互促进关系，进而形成一种公司治理的自我增强机制。

中国上市公司治理形式改进多于实质改进，源于监管要求的改进大于源于市场压力的改进，原因有两个方面。一个方面是监管者方面急于求成，过度学习发达市场上的一些表面做法而忽略了很多系统性的要素。另一方面是市场发育迟缓，羁绊于一些改革初始时期设置的、已经不适应市场发展的条条框框，不能发挥出资本市场的完整功能。继续改进中国上市公司治理，强制性标准的作用已经有限，下一步的主要动力应该来自多元化股东的积极行动和高度竞争的资本市场的压力。

资本市场有效性的决定因素很多，制度设计和监管政策是一个方面。中国资本市场的制度设计缺陷还没有完全得到改正，监管政策上还有很深的"主管部门"习惯。没有把上市公司看作是完全的自我负责的法律实体和市场行为主体，太多的事情是由证监会（以及国资委等）作为"主管部门"来批准的。上市、增发和配股，都缺少市场化因素。跟改革后国有企业一只眼睛看市场一只眼睛看市长的行为类似，上市公司是一只眼睛看市场，一只眼睛看证监会和国资委。

市场不成熟、无效，也难于成熟、难于有效的另一方面原因是投资者构

成的不合理。长时间的股权分置导致持股份额三分之二的股东隔离在资本市场之外，就不是一种完全的资本市场上的投资者，他们没有在流通股市场上交易股份的权力，公司股票在资本市场上的表现跟他们的利益没有直接关系。由于股权分置改革方式方法的问题，以及其结果的不彻底性，不流通股转换为"大小非"，又需要一个很长时间的消化过程。持股份额占三分之一的流通股股东以高度分散、持股量非常小的个体股东为主，他们的跟风炒作性多于投资性，也缺乏对基本面和公司治理、公司财务、公司战略等问题的深入分析能力。在这样一种自身有结构性缺陷的市场上，机构投资者也缺少成为价值投资者的内在动力。执行公司治理导向投资战略的机构投资者已经在美国和主要发达国家以及一些开放的新兴市场上大行其道几十年了。在投资者素以友好、安定和沉默为特征的日本，这些年也蓬勃兴起了关注公司治理问题的积极投资者运动。中国在大喊了多年公司治理之后，仍然很少明确关注公司治理问题的机构投资者。

应该适当加速推进董事经理持股，逐步放松上市和融资方面的管制，让公司来竞争，让市场来选择。把对公司高管的选择权和评判权都交给市场，让资本市场来管上市公司中的"干部"。良好公司治理在公司价值和股票价格上会得到表现，其与董事经理们自觉改进公司治理的积极性之间将出现显著的互相促进的正相关关系。

这些年来，股权分散、股权制衡，整体上市、公平关联交易，严格信息披露、严打内幕交易，强化董监高责任、加强内部控制规范，这一系列层出不穷的举措，对改进中国公司治理起到了一定的作用，但是都难以在根源和实质上让中国的上市公司把良好公司治理落在实处，其根本原因还是在于致力改进公司治理，对这些公司没有眼前就看得着的好处。

郭树清任证监会主席时提出"IPO不再审批行不行"的问题，引起了热烈讨论。其实这个问题，已经无需讨论——这种讨论，其实是脑袋（取消审批）与屁股（保留审批）之间的讨论。死气沉沉的股票市场、渐行渐低的发行价格，表明通过IPO审批牟利的把戏已经玩不下去了，屁股应该让位给脑袋了。

真正取消审批制，真正把权利还给市场，让企业在投资者前的融资竞争

（competing for capital）替换其发审委过会或审核竞争，公司治理成为企业竞争优势的来源，得到企业的真正重视，才会得到真实的改进，而不仅仅是形式上的走样子。

18.6 创业板公司的董监事会运作与公司治理

创业板公司没有主板上与国有控股有关的一些体制性的固有问题，也因此曾被寄予厚望，但是这些年来的实践表现不佳。看来中国公司制企业的发展和公司治理改进，还要有一些制度和市场方面的基础性的重构努力。

18.6.1 创业板公司治理的总体特征

创业板公司以民营企业为主，起源简单，所有权和谁负主要责任的问题清晰，这使公司的"治理"有了一个稳固的起点。但遗憾的是，创业板公司相对良好的公司治理，也还只是停留在了"老板明确"这样一个起点上，缺乏进一步的从人治到法治的制度化发展。人治为主、法治不足的主要表现是，核心股东控制权和股东参与度差异以及激励机制等导致了明显的公司治理水平差异，而在董事会和监事会等公司法定机关的运作方面，则基本上都是照猫画虎，形式上做得到、实质上差得远，区别不大。

创业板因为推出时间晚，从监管层到上市公司以及整个社会对公司治理问题的理解已经大为增强，但还是远远不足，偏重从合规（conformance）、约束方面，缺乏从业绩（performance）、激励方面对公司治理机制的理解与改进。导致这种状况的原因有两个方面。一是上市公司监管层面（从证监会到交易所）一厢情愿地"重视"公司治理，努力地试图以监管手段促进上市公司改进治理，同时紧抓发行审批或审核的权力不放，改进治理的市场压力不足，导致上市公司只注重形式上的治理改进，忽视实质性的改进。二是公司运作大环境特别是税制方面的不配套，导致上市公司监管层所致力推进的股权激励，特别是员工持股，难有实效。股权激励，特别是员工持股制度的发展主要是源自税收激励。没有税收激励、资本市场又不够完善情况下，上市公司对于实施股权激励和员工持股是内无动力、外无压力，实施者也是实效有限。

18.6.2 董监事会、独立董事与董事会专业委员会

在中国证监会和深圳证券交易所的监管之下，创业板上市公司，都依法设立了董事会和监事会，但这并不代表其实际运作上的真正到位——成为公司法人的有效机关，而非大股东和公司实际控制人的橡皮图章。

创业板公司的董事会和监事会治理表现出一个非常显著的特征："股东董事"发挥了主要作用。董事会规模相对小型、主要股东出任董事职务的公司治理表现更好，股东有更高的积极性参加股东大会，董事会和监事会被作为股东控制公司的工具也表现得更为勤勉。

根据中国证监会的监管要求，创业板上市公司都建立了独立董事制度，也基本都做到了独立董事占1/3的比例。但是，独立及非执行董事没有发挥多大作用，董事会的专业委员会更没有发挥多大作用。

独立及非执行董事发挥作用不大，董事会专业委员会形同虚设，不仅仅是创业板公司的状况，也是整个中国上市公司治理中的普遍状况。相比主板公司第一大股东控制，创业板的主要发起人控制结构状态，并没有给中小股东带来更大一些公司治理机会。

主板上市公司普遍有第一大股东的高持股比例，并且普遍是"集团下属企业"，这使独立董事很难发挥作用，来自集团的非执行董事能够发挥一些治理作用，公司实际控制在执行董事—经理人和集团职能部门手中。

创业板公司的第一大股东持股比例要比主板公司低，也普遍是独立公司（不是集团下属企业），这在表面看来，似乎有利于独立及非执行董事发挥作用。但是，由于创业板公司上市时间不长，没有增发和再融资，作为公司核心的前几大股东合计控制的股权比例比主板公司还高，公司还普遍牢牢控制在创始人和发起人手中，这使独立董事和不是重要股东的非执行董事都很难发挥实际的公司治理作用。

18.6.3 规范控股股东行为，增强创业板公司的稳定性和独立性

创业板公司更少受到主板公司所受到的国有企业那套体制影响，这使创业板公司治理改进可以更为自主地从内部做起，规范控股股东行为，完善公司董事会，更好地发挥董事会的决策、监督和战略职能。

创业板公司多数不是像主板公司那样的分拆上市，绝大多数创业板公司的第一大股东是自然人直接持股。这带来创业板公司控股股东与主板公司控股股东相比的一个显著不同，就是创业板公司不像主板公司那样控股股东是集团公司和母公司，而是相互密切关联（一个家族人员或是共同创业人员）的几个自然人共同作为控股股东。

如果仅从第一大股东持股比例看，创业板公司的股权集中度比主板公司低很多，但是如果从前五大股东合计的持股比例来看，创业板公司的股权集中度甚至更高。

创业板公司的少数关联个人高度控股结构，导致创业板公司的行为受到控股股东们个人利益和偏好的严重影响。主板公司受母公司作为控股股东的影响，公司独立性主要受到与母公司之间的频繁关联交易的侵害。创业板公司则受到实际控制公司的"自然人团体"的影响，公司独立性主要会受到这些主要股东之间利益博弈动态的侵害。夫妻离异、朋友反目、个人财务目标和对公司期望的差异等，都会导致创业板公司控股股东的稳定性出现问题，进而影响到公司的稳定性。

创业板公司作为已经上市的公众公司，可能在业务模式上还有一定的"创业公司"性质，但是在公司治理和管理上，必须脱离创业公司的"草莽英雄"状态，这些控股股东们要在他们个人和他们作为股东的公司之间划清界限。这里包括他们个人作为股东的财务利益，作为股东的投票权和公司的股东会—董事会—经理层决策程序之间关系的清晰界定。

为了避免创业板公司控股股东之间利益差异和冲突影响公司的稳定性和独立性，一方面需要特别强化创业板公司从股东大会到董事会和经理层的按程序决策规则，另一方面可以做些可行的特殊制度安排。这些特殊制度安排可以包

括在主要股东和公司股东大会之间建立起一个股东沟通与协调机制，如"家族委员会"或"控股股东有关公司事务的委员会"。通过这样一个委员会，将主要股东之间有关公司事项的意见统一起来，形成一个声音，以免控股股东的不同声音给公司董事会和管理层的决策形成"噪音"。

考虑到中国创业板公司的股东构成和股权结构的特殊性，监管部门可以考虑特许创业板公司建立分级股份制度。具体可以分两步达成：一是主要股东之间达成协议，由关键股东给予适当补偿的方式，将投票权向关键股东集中；二是新股发行时，准许发行没有投票权或投票权比例低的新类型股份。有了这样的制度之后，可以减少主要创始人之间利益分歧带来的公司不稳定，也可以使创业板公司在关键创始人保持高度控制权的同时，实现财务上的股权分散。

民营创业板公司中，股权集中度高的公司业绩好。可是，要保持高股权集中度，则难以通过公司股本扩张来实现公司的跨越式发展。基于加大公司自治的理念，在制度设计和监管政策上，可以准许创业板公司多一种股份类别和控制结构上的自主选择空间，由市场来挑选优胜者。

18.6.4　完善公司董事会，提高其决策、监督和战略指导功能

创业板公司主要创始团队的高控股比例和高管理参与比例，主要人员"股东—董事—经理"的身份三合一，容易导致其股东会和董事会的形式化与走过场。如何让创业板公司的董事会真正运作到位，发挥其应有的决策、监督和战略指导功能是创业公司治理改进的一个关键环节。

创业板公司董事会的问题，主要表现在运作上的不足。董事会的委员会也同样是设置上有了，但是运作上普遍不到位。能够达到正常参与深度的创业板公司董事会比例不足20%，董事会委员会的运作能够基本到位（会议次数达到合适程度）的创业板公司比例也不足20%。

主要股东担任经理人员，除监管规则要求的至少三分之一独立董事之外，董事会中非执行董事比例不足，致使创业板公司的董事会很容易沦为"橡皮图章"，并且短期内很难有什么非常好的解决办法。可以尽力从以下

几个方面加以改进。

加强董事责任追究，对于所有需经董事会决策而未经董事会决策的事项，严格追究所有董事的勤勉责任。

改善独立董事的提名和选聘机制，可以采取大股东回避提名制度，甚至可以采取股东分类提名和选举董事制度。法定比例范围内的独立董事由非控股股东提名，并由非控股股东单独选举。

从监管层面上限制执行董事比例不超过三分之一，引导公司选聘更多的非执行董事进入创业板公司董事会。非执行董事来源可以是持有一定比例股权但没有进入公司经理层的股东，以及其他可能并不符合监管规则要求的独立董事标准的外部人士。

相关案例参见《董事会与公司治理（第4版）：演进与案例》案例40"股东投票咨询服务：改善公司治理的一种市场化方法"、案例41"公司股权分散的推动因素：美国案例"。

第19章
从管理到治理：扩展的理解与评论

本章将公司治理的概念做一个扩展的理解，把公司治理的基本理念与企业管理的各个方面进行系统融合，从而能够以一种"治理之道"来指导企业各个方面的管理行为。

大概是因为中国公司治理问题的讨论源于国有企业改革，源于如何通过现代企业制度建设让国有资产增值保值，防止国有资产流失等，导致人们对公司治理问题的理解过分偏重于所有者和经理人之间的利益冲突，以致一提起公司治理，人们想到的就是如何防止内部人控制、防止经理层偷盗所有者财产等。实际上这是"中国国企情结"影响下的一种思维定势。不跳出这种思维定势的羁绊，就不能理解"公司治理"的准确含义；不能理解"公司治理"的准确含义，就必然使"现代企业制度"建设流于形式，最终也防止不了所有者资产的"流失"。

本章将公司治理的概念做一个扩展的理解，把公司治理的基本理念与企业管理的各个方面进行系统融合，从而能够以一种"治理之道"来指导企业各个方面的管理行为。

19.1 公司治理：扩展的理解

公司治理的英文"corporate governance"，是个含义很广的概念，绝不仅仅是人们通常所理解的狭义的"法人治理结构"，将其译为"合作关系管理"也许更为准确。并且公司治理也不仅仅是一个结构问题（治理结构），在结构之上有文化（公司治理文化）和系统（公司治理系统），在其之下有机制（公司治理机制）和工具（公司治理工具）等。

19.1.1　公司治理是合作关系管理

小事可以单干，大事需要合作。签个合同是一次性的合作，形成一个组织则是密切的合作。公司治理问题的经济学理论研究正是威廉姆森从合同的治理问题研究提出来的（奥利弗·威廉姆森，2001）。组织有不同的形式，组织的发展也有不同的阶段。不同形式的组织和处于不同发展阶段的组织，在治理结构上具有不同的特点，需要一些不同的治理机制设计。在"合作关系管理"的含义上，医院、大学、报社等也存在"公司治理"的问题，也需要进行治理结构和治理机制的设计。

企业或公司要做大需要人力、物力和财力等各种要素之间的合作，需要有钱者出钱、有力者出力。公司治理要解决的问题就是出钱者和出力者之间的游戏规则。公司治理良好的公司，方方面面顺畅，从战略、理念到利益，都有解决各种冲突的规则。公司治理优秀的公司，从政府、行业协会到社区，从客户、供应商、投资者到员工等愿意与你维持长期关系，愿意支持你。

公司治理文献常常出现的股东呼声（voice）一词就源于美国学者赫希曼所著《退出、呼吁与忠诚》，这是一本关于"合作关系管理"的经典之作，该书的副标题为：对企业、组织和国家衰退的回应（阿尔伯特·赫希曼，2001）。各类组织要想生存和发展，就必须倾听其成员的呼声、培育其成员的忠诚、减少其成员的退出，家庭、企业和国家莫不如此。

把公司治理看作是合作关系管理，从组织发展角度理解公司治理，公司治理就是对各种要素投入者关系的协调与管理，公司要倾听其各类网组成员（要素投入者和利害相关者）的呼声，培育其忠诚，减少其退出。治理优秀的公司要在产品市场、劳动市场和资本市场等三个市场上成为领导者，获取领导者和领先者的利益，对公司的各类网组成员都有好处，使公司治理成为资产而不是负债，成为创建竞争优势的新工具。

企业的成员包括谁，或者换句话说，从企业家的视角看公司治理——其所要管理的合作关系——的基本含义是什么？企业要在三个市场上竞争：产品市场、劳动市场和资本市场。企业是以管理层为核心的一个三角，企业三角形的每一个角与一个市场交叉，吸纳这一市场上的成员参与，与该市场进行资源的交换。失去其中的任何一个角或者其中的任何一个角与其所属圆圈——市场的资源交换出现障碍，企业这一三角形都会失去稳定性（图19-1）。

管理层为何关注公司治理
在三个市场上竞争
倾听三类成员的呼声
培育三类成员的忠诚
减少三类成员的退出

产品市场
消费者/供应商

以管理层为核心在三个市场上竞争，吸纳三类成员参与的公司三角概念

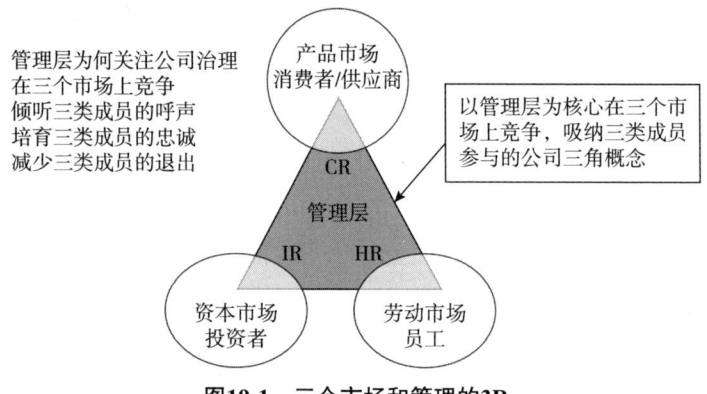

CR
管理层
IR　HR

资本市场
投资者

劳动市场
员工

图19-1　三个市场和管理的3R

企业要在产品市场上吸纳的最主要成员是顾客，进行顾客关系管理（CR）；要在资本市场上吸纳的是投资者，进行投资者关系管理（IR）；要在劳动市场吸纳的则是员工，进行人力资源管理（HR）。CR、IR和HR构成了企业"合作关系管理"的最主要内容。

企业在产品市场上要吸纳的包括消费者和供应商两类成员，加上资本市场上的投资者和劳动市场上的员工，构成企业网组最主要的四类成员。企业作为一个组织的生存与发展取决于这四类成员的参与，企业必须倾听这四类成员的呼声，培育这四类成员的忠诚，减少这四类成员的退出。企业家或说企业的最高领导者所要管理的就是这四类成员：消费者、供应商、投资者和员工。公司治理、合作关系管理或说现代企业制度建设所要解决的问题，就是要使这四类成员之间形成一个良好合作的局面，并事先设置好发生利益冲突时解决争端的程序，见表19-1。

表19-1　　　呼声、忠诚和退出：四类企业网组成员的表现

	呼声	忠诚	退出
投资者	投票 提案 质询	长期持有 信任管理层 抵御并购 支持留利扩张 愿与企业共渡难关	抛售 拒绝认购 投票冷漠，或一旦有委托投票权征集者便进行委托

续表

	呼声	忠诚	退出
员工	合理化建议	积极参与、奉献 愿与企业共渡难关	辞职 消极怠工
供应商	合理化建议	积极改进质量 按时供应	质量下降 供货不及时 不再供货
消费者	质量投诉 赞扬或批评意见	品牌忠诚 重复购买	转向其他厂商

国际市场竞争和知识经济发展等导致一系列的管理理念和管理工具方面的改变。要求更多的理而更少的管，更多的领导人色彩而更少的管理者色彩。纵向的命令和控制文化更多地被横向的协调与沟通文化所取代。当跳出组织的金字塔观而走向组织的网络观时，公司管理（纵向管理，命令与控制）就进入了公司治理（横向管理，协调与沟通）的阶段，在对待投资者、员工、消费者和供应商等企业网组的各类成员时，都要放弃那些老做法，采用一些新工具，见表19-2。

表19-2　　四类企业网组成员的管理：老做法与新工具

	老做法	新工具
投资者	只在上市、配股或被并购时才想到投资者，只要钱已到手股价涨落与我何干	自觉改善公司治理，提高股东会、董事会的质量及动作效率 把投资者关系管理作为一项常规性的工作
员工	过分官僚化的等级制结构 员工只能听命令干活 员工只需身体来上班，最好把头脑放在家里	扁平化和灵活的组织结构 建立员工自我管理团队 充分授权，激发员工的头脑 职工持股和职工董事
供应商	招标采购，只重视一次性的质量与价格比	进行供应链管理，重视长期关系，激励供应商为你的特殊需要进行专业化投资
消费者	短视做法，总以为买的没有卖的精，王婆卖瓜式的广告手法，重促销而轻营销	重组，建立面向客户的组织结构，进行常规化的客户业务发展和客户关系管理

人在遭遇重大挫折时才会深刻地反思和醒悟自己。企业处在还不错的状态时，有钱引进技术，也愿意引进技术，却没有变革其组织文化和经营理念的动力。甚至会在文化和理念层面上非常自鸣得意，从而与新技术应用所要求的新组织规则和新管理理念发生激烈的冲撞。

人类已经步入了一个全球性的市场经济之中，市场经济就是过剩经济。与计划经济的供给机制导致什么都短缺正好相反，市场经济的价格机制导致什么都过剩。这是如今进入客户经济时代、客户至上的第一大原因。信息技术改变了资源拥有者、生产者和最终消费者之间，供应商和客户尤其是最终客户之间传统的力量对比关系。信息的广泛和低成本传播，顾客的选择范围和选择成本大为下降，现在货比千万家与以前货比三家的信息和搜索成本可能一样。更进一步地，顾客地位的上升，也在很大程度上改变了组织内部的结构——老板和员工、上级和下级之间的关系，距离顾客越近的人和机构越重要。组织结构不仅要扁平化，甚至是要倒过来，老板最好是承担一个教练和支持者的角色。

19.1.2 公司治理是资产而不是负债

前面给出了"以管理层为核心，在三个市场上竞争吸纳三类成员参加的公司三角概念"，理解了这个公司三角形和三个市场圆圈的关系之后，现在可以给出一个广义的公司治理的定义：各类利害相关者和要素投入者对公司战略方向与管理的参与和影响。从公司管理层的角度看，则是组织战略管理——公司组织对其各类要素提供者和利害相关者关系的协调与管理。

管理大师德鲁克曾强调过，在这个新的时代，"我们更为需要的是治理（governance），而不是管理（management）"，这里的治理是一种更高层次的管理，就像我们更愿意说"治理国家"，而不说是"管理国家"一样。管理往往更多地含有凭借权力去"命令与控制"的意思，而"治理"则更多地含有凭借信誉去"协调与领导"的意思。

最新的管理理论把"领导"理解为"信誉的获得与丧失"（詹姆斯·库泽斯2000）。从公司的角度来看，能够运用公司治理手段的董事长或首席执行官，才真正是"公司领导人"，他不仅要领导员工，更要领导投资者。实际上，无论自身为经理人员的巴纳德在其《经理人员的职能》一书中的理论总结，还是管理学者赫兹伯格在其《经理工作的性质》一书中的实证研究，都表明了早在1990年代公司治理运动蓬勃兴起的几十年之前，那些卓越的管理人员，作为管理实践和管理思想的领导者，已经进行了"公司治理"的运作。

柳传志曾说"小企业做事，大企业做人"。企业的"做人"就是建立健全一套公司治理机制，在产品、劳动和资本这三个市场均能建立声望和信誉。一些创业者做到一定程度后，要在人格上自我超越，才能吸引优秀人才加盟。进一步的发展则是要建立起一套公司治理的制度规范，进而使企业能够脱离一个自然人的能力局限。在这个意义上，可以说企业随其业务的发展与壮大，要在组织方面完善其公司治理规范，就如同一个人要随着其年龄与事业的成长，不断地自我修炼提升人格层次一样。

良好的公司治理是一项良好的业务或生意。投资者对公司治理良好的公司给予信任，愿意付出更高的价格购买并长期持有其股票。银行愿意贷款给公司治理良好的公司，并可给予较为优惠的待遇。员工愿意接受较低的工资而获取在公司治理良好的公司的工作，在工作中学到东西，提高其职业声望。供应商和消费者愿意和公司治理良好的公司做生意，和公司治理良好的公司共同发展。

所有的上市公司，都至少要同时在产品市场和资本市场这两个市场上竞争。对于以成长性为主和着眼于未来收益的公司，资本市场的竞争甚至更为重要。资本市场上的"竞争成功"，才能有机会去做产品市场上的大项目，才能有持续和持久的动能去在产品市场上征战，才能有实力去领导市场、开拓市场和创造市场，才能变被动为主动。

中国企业如何能够取得投资者的信赖？仅仅遵守公司法、证券法、上市规则、监管部门和交易所的要求是不够的。仅仅按法律规定的"法人治理结构"形式办事可以不犯程序性的错误，却不能保证企业有机制上的竞争优势，得到投资者支持。资本市场上的竞争如同产品市场上的竞争一样，要想取得竞争优势就得领先一步。国际上风起云涌的公司治理运动，正是那些领先公司与投资者、监管者等各方面共同推进的。代表经营者利益的美国企业圆桌会议（Business Roundtable，首席执行官协会），从1978年就开始关注公司治理，并发表了一系列有关报告。包括："大型上市公司董事会构成的作用"（1978年1月），"公司责任声明"（1981年10月），"公司治理与美国竞争力声明"（1990年3月）和"公司治理声明"（1997年9月）等。

对于真正的企业家和管理者，公司治理是资产而不是负债。值此国际投资者积极参与公司治理、国内投资者参与意识迅速觉醒之际，领先公司已经开始自觉地把公司治理作为创建企业竞争优势的新工具。他们把投资者看作是公司的重要成员，倾听他们的呼声（投票、提案、质询），培育他们的忠诚（长期持有、信任管理层、抵御并购、支持留利扩张、与企业共渡难关），减少他们的退出（抛售、拒绝认购、投票冷漠或一旦有投票权征集者便进行委托）。他们不再是"只在上市、配股或被并购时才想到投资者，只要钱已圈到，股东价值与我何干"，他们自觉完善公司治理，提高股东会、董事会的质量与运作效率，把投资者关系管理作为一项常规性的工作。

19.1.3　网络与AI时代的公司治理：中国模式？

网络和AI不会否定人类的基本价值，也同样不会真正颠覆公司治理的一些基础思想和基本规则。但是在诸多具体事项上，甚至是一些公司治理重大问题的具体解决方案和做法上，都会带来一些新的挑战，更会带来一些新的机会。

董事会中心主义可能会在一定程度上向股东大会中心主义回摆。董事会中心主义产生有两个重要条件，一是历史上创办公司是一种特权，二是前网络时代股东参加股东大会的成本很高。这两个条件都在消解。社会进步使创办公司从特权变为权利，甚至成为备受鼓励的事项。网络使股东可以几乎没有成本地参加股东大会。董事会作为股东大会的一种代议制设置，其合理性已经更多地是来源于董事会的专业决策和团队决策优势。这也是近些年来出现了加强董事任职资格立法的原因。尽管目前还完全看不出来董事会有被股东大会取代的任何可能性，但是随着网络和AI的进一步发展，公司可能会将更多的事项提交股东大会决策。

已经出现了AI投资顾问，也有一些AI选择董事的学术探讨。进一步发展下去，很有可能出现AI董事。公司发展到今天这一步，在一定程度上，董事会已经从公司经营者变成了公司股东的投资顾问，他们提出公司投资方案，供股东大会投票决策。董事会的另一个重要职责，就是为公司选聘经理人和提出董事候选人供股东大会聘任。AI能够在证券投资上提供顾问服务，是否也能在实业投资上提供顾问服务？能够在挑选董事候选人上做得很好，是否也能在挑选经理人上做得很好？如果这两项工作AI都能做得很好，AI成为公司董事，也就不是不可能的了。

传统公司治理体系中非常重要的一个环节，也是资本市场的重要组织者和看门人之一的投资银行，在高科技和网络时代已经出现削弱迹象。从谷歌上市时通过一种拍卖机制来确定价格和分配股票，到Spotify（2018年4月3日）和Slack（2019年6月20日）的直接上市，让传统投资银行越来越失去了发言权，资本市场正在从一个不那么彻底、不那么名副其实的直接融资市场，变成一个彻底和真正的直接融资市场。这可能会使整个公司治理体系出现一种去媒介化、更为直接市场化的趋势。所有扮演外部公司治理角色的投资银行、会计师事务所和律师事务所等，相关的专业知识和专业技能不会失去价值，但是提供服务和发挥作用的机制、组织和交易方式等，可能都会变化与调整。

中国公司崛起和产生国际影响力是改革开放之后和网络与AI时代才开始的。在深刻理解了公司治理核心逻辑和本质的基础上，加强对网络和AI时代公司治理机制演进方向的关注，可能会是一些中国公司在治理上领先世界的机会。

从技术创新到制度创新，包括公司治理机制创新在内，所有的创新都不是凭空发生的。只有在深入理解和应用了现有的各种最佳做法之后，才有可能发现有更好的做法，以适应自身的具体情况和外部环境变化。

从股东权力到董事会、董事会的各种委员会，经理人的激励与约束，以及上市公司和资本市场、各种中介机构之间关系等，公司内部和外部治理的方方面面，中国都在压缩式地引入和实施，要把发达国家早已落实、不再是问题的一些公司治理基础规则夯实，也要适应目前的全球经济、产业、技术和市场的发展格局、竞争态势，做出适应性调整，以应对挑战。

尽管公司一词的汉语是中国自产，但系统的公司制度和公司治理思想都是外来事物。中国没有对现代公司制度和公司治理思想有重要影响，根本原因在于中国的市场经济体制还没有完全发展起来。具体说，又有两个重要原因，一是中国传统仁义文化下，就没有严格的无限责任制度，进而对有限责任的需求也就不那么强烈；二是中国的家长制传统之下，董事会的集体决策难以落到实处，甚或就没有得到正确的认识和真正的重视。

随着中国公司走向世界，带有中国基因的一些公司治理做法会逐渐形成并产生国际影响。当这些做法被总结出来，并冠以中国特色的时候，具有中国特色的公司治理也就成型了。但这不应该是我们自己需要着急甚或过度关注的事情。日本特色的企业管理和公司治理其实都是美国人总结出来的。在我们还没有深入理解、正确把握和有效运用现代公司治理体系，真正做强我们的公司并成为若干重要行业的全球领导者、真正称霸全球之前，过于强调中国特色和对现代公司思想体系做出贡献，很可能欲速则不达。

公司制度从荷兰萌芽、英国成型、美国发达，到德国、日本、意大利等国的扩散和发展，是一套开放和全球化的思想与制度体系，必须以开放的心态和全球化的视野，来面对现代公司制度和公司治理思想。

19.2 并购与重组中的治理之道

19.2.1 控制权争夺催生中国首份企业治理准则

不断上演的股权之争给中国证券市场带来了一些热闹。热闹之后多数人就忘却了，少数人在沉思；沉思之后多数人就放弃了，少数人在行动。热闹能够产生沉思就好，沉思能够产生行动就好，而落到实处的行动则比仅仅宣传炒作一番的行动更好。

在空前热闹——首次引入股东投票权征集战——的股权之争之后，胜利股份成为中国第一家制定"公司治理原则"的上市公司（2001年），比世界上第一个公布公司治理原则的美国通用汽车公司（1994年）晚7年，7年的时间差距不能算太大。

胜利股份的公司治理原则晚于上交所公司治理指引（2000年11月），但与监管部门的公司治理原则基本同步，这在中国这个政府推动制度创新为主的国家已经着实不容易了。如果事事都等政府来推动，改革就难以完成，市场机制也难以形成。从市场的观点来看，公司治理是资产而不是负债，公司治理是企业甚至国家创建竞争优势的新工具。国家通过提高公司治理标准为这个国家的企业在国际上提供一种信誉担保，企业通过提高公司治理标准为其在产品、劳动和资本三个市场上建立声望。当在健全公司治理方面，企业的行动领先于国家的行动，企业的标准高于国家标准的时候，资本市场就开始疏离"跑会竞争"进入"市场竞争"时代了。

在一个健全的公司治理规则体系中，公司治理的企业标准——那些优秀企业董事会公布的公司治理原则处于最顶端，属于竞争压力下企业的应对措施。在企业标准——优秀企业在公司治理方面的最佳做法之下，是一些大的机构投资者提出的公司治理原则，这些原则是非硬性的要求，投资者通过用脚投票和开口说话等方式来施加影响。再下一个层次是一些如G20/OECD（二十国集团/经济合作与发展组织）和世界银行等国际组织所公布的公司治理原则，这些原则所提出的是一些准硬性的要求，通过被各个国家监管部门所接受而发挥影响。最下一个层次，也可以说是最基础的一个层次则是公司法、证券法、公司章程指引和上市规则中有关公司治理的硬性规定。这些硬性规定是那些已经被市场证明，可以普遍推广的公司治理最佳做法。

公司法是股东之间通过组建一个公司来共事所必须遵守的标准协议，公司章程是具体一个公司的股东们在公司法的基本规范之下所进行的一些更为具体的有关公司治理规则的约定，公司治理指引则是一些更为细节的做法规范。从公司法到公司章程再到公司的治理原则，标准应该越来越高，规定应该越来越细。公司法和公司章程的执行是由法律来保护的，公司治理原则则更多地是管理的范畴，主要靠管理层自觉遵守。胜利股份作为一家上市公司，其企业标准的公司治理原则的贯彻和落实，则应该主要靠信息披露和投资者的监督。有点令人不解的是，胜利股份董事会为什么不在股东大会召开之前先行公布其公司治理原则供讨论，以便提交股东大会审议时能有一个更好的版本。美国《财富》500强公司中的绝大多数都公布了其公司治理原则，一般是在其公司网站的投资者关系主页上公布。很多跨国公司甚至已经将其公司治理原则译成中文放在其中文网站的投资者关系页面上。

胜利股份的公司治理原则篇幅长达A4纸80页，共五章19节。第一章是股东、股东大会和股东议事规则，董事、董事会产生、董事会职责、董事会业绩评估、董事会议事规则；第二章是独立董事、专门委员会、董事业绩评估及报酬；第三章是监事会职责、监事业绩评估及报酬；第四章是董事会秘书职责、信息披露；第五章是总经理任职条件、职责、业绩评估体系、监督约束体系及激励体系。

发达国家公司公布的公司治理原则内容主要集中在董事会的运作上，因为有关股东和股东会的运作已经主要由有关的法规来规范。如何建设一个有效和独立的董事会，是公司治理的企业标准所要解决的主要问题。在中国则需要在董事会的有效性、独立性之上再加上一个持续性问题。中国上市公司中要么董事会形同虚设，一切由大股东操纵；要么股权争夺不断，大股东一换董事会就大换血，"一朝天子一朝臣"，使上市公司高层总是处在一种人治结构和权力斗争之中。

中国上市公司治理完善的关键在于董事会建设。建设一个有效、独立和持续的董事会，真正使董事会作为一个会议体来行使权力，是使中国公司从人治结构走向法治结构的关键环节。

19.2.2 公司治理中的规则与实力

经济学上治理的概念，源自交易费用理论集大成者威廉姆森有关合同治理问题的分析。合同是由相关当事人之间本着平等自愿的原则签订的，但是随着环境和条件的变化，尤其是当事人之间实力对比的变化，在实际的执行过程中，不同当事人对合同实质的理解就会发生改变。这种改变往往是一种本来隐藏着的战略意图需要实现了。达能和娃哈哈的纷争，实际就是给我们提供了一个这样的案例。

达能在合资之初就通过合同锁定了娃哈哈品牌归合资公司的排他性使用权。在娃哈哈集团的非合资企业一开始用娃哈哈品牌来发展产品的时候，达能并没有明确说什么，而是任由其发展。但是当非合资企业的娃哈哈产品发展到了很大规模后，达能拿出了其早就准备好的武器："要么由合资公司收编，要么放弃使用娃哈哈品牌"。如果娃哈哈的非合资企业没有发展起来，双方之间的争端也自然就不存在了。

指责达能是设下了圈套，是有预谋的强行收购，从感情上可以理解，但是却没有多少道理。达能所宣称要采取的"法律行动"，是有其根据，并符合规则的。但是达能为什么不迅速采取法律行动，并且一再地给出宽限期，以至把事情在媒体上闹得沸沸扬扬，导致双方的声誉都受到影响？因为达能的根本目的还是要宗庆后及其娃哈哈产品和团队能够继续为其赚钱，成为实现其战略的一个重要工具。

但是宗庆后在借助达能发展起来之后，觉得自己要继续受控于人有点委屈，更觉得自己已经积累起来了一定的实力，可以叫叫板了。借助媒体力量、搞群众运动可能是在政治氛围比较浓厚的环境下成长起来的中国企业家们比较擅长的一套。但是这能否帮助其最终取得谈判桌上的胜利呢？

有关政府部门一方面表示了中立的态度，另一方面又出面制止了双方继续在媒体上打"口水战"。媒体方面基本是积极跟踪和客观报道，没有一面倒，这些都可以说是体现出了对待市场和企业行为的一种成熟。这与当年新浪公司董事会解聘王志东首席执行官职务时，媒体以及公众舆论一面倒，指责"资本家"行为的状态，已经不可同日而语。

在公司治理领域，以实力叫板规则的案例很多，有成功的，也有失败的。经理人叫板股东和董事会的成功例子是广告天才萨其。在他被股东们赶出了由他所创建的"萨其和萨其"广告公司的时候，他凭借公司最大客户英国航空公司的支持，成功地解除了他自己以及随之出走者们与公司之间的"竞业禁止"协议。美国积极倡导公司治理的机构投资者，也以其实力成功迫使很多在特拉华州注册，毒药丸和分类董事会等反并购措施"符合法律规定"的公司放弃这些做法。

失败的例子当然是更多了。当年尽管有媒体和公众舆论一面倒的支持，但是王志东以其重要创始人的实力叫板新浪董事会解聘其首席执行官职务这一公司治理规则的行为还是失败了。不管网友们当时在情感和语言上是多么地支持王志东，却并没有形成真正的"实力"。他们没有做到，"没有王志东都不再上新浪网"。众多新浪网友对王志东的支持，比不上一个英国航空公司对萨其的支持来得真正有实力。

达能拿起了合同和公司治理规则打压宗庆后。从白纸黑字的商标使用权合同，到谴责宗庆后把董事会中讨论的问题在媒体上公开，属于泄露公司机密，违反董事的忠实义务等，可以说是有理有据步步紧逼。宗庆后得到娃哈哈职工代表、销售精英代表和经销商代表等方面的支持宣言，但是这些"宣言"要能真正转化为"实力"，迫使达能让步，帮助宗庆后成功修改规则才行。

19.2.3　海外并购整合中的公司治理战略

中国企业并购海外企业，向全球化经营进军，是值得称道的事情。过分的乐观和过敏的质疑都不是应有的态度。随着中国经济实力的提高，单向度的海外企业进入中国、并购中国企业的状态势必结束，转入一个中外企业相互并购的阶段。联想收购IBM个人电脑资产，上汽购入韩国双龙控制性股份等，可以看作是这一转变的标志性事件。

与联想收购IBM个人电脑资产相比，上汽购入双龙控制性股份，尽管在交易金额上小很多，但是对管理整合能力的要求，特别是对公司治理战略的挑战却不低，甚至是更高。因为前者在性质上是把IBM分拆出来的资产装进联想公司里，法律实体和经营主体仍然是联想公司，需要整合的主要是业务和运营问题。后者则是上汽成为双龙的大股东，要在双龙原本面临的各种约束之下以股东的身份去"治理"。如果说在联想那里，购入资产后的业务整合和经营战略，是并购能否最终成功的关键因素的话，在上汽双龙这里，上汽作为股东对双龙公司的"治理战略"则成为关键成功要素，业务整合（是否进行）和经营战略（是否介入和介入多深）倒是第二位的事情了。

作为国有企业的上汽，在中国所熟悉的公司运作环境和公司治理做法，拿到韩国去是完全不适用的。从产品覆盖范围来看，双龙是比上汽国际化和全球化程度都高很多的企业。对上汽来说，收购双龙，在公司治理战略和业务运营战略上，都是一步重要的跨越。上汽经营者在国内从来不会感觉到工会方面的什么强大压力，到了双龙却不断地面临着来自工会方面的强大压力。从全球范围来看，也许韩国企业还是受到工会压力比较小的，并不如欧美国家工会实力那么强大。尤其是在汽车产业，工会的力量更为强大。历史上，福特汽车公司跟工会发生过严重的暴力冲突,欧洲一些汽车公司老板甚至不敢走到车间里去,因为实际发生过老板进入车间后被工人扣押起来做人质的情况。

在经济合作与发展组织(OECD)成员国里,韩国在雇员参与公司管理的强度方面是属于中等偏弱的,处于四级强度中的倒数第二级。①澳大利亚、德国、挪威和瑞典等国家,雇员有任命一部分董事会成员的权力。②法国、意大利和挪威等国家,在宪法上有雇员参与公司管理的权利。③韩国是有法律规定的工作委员会(work councils)制度,有此规定的国家还有澳大利亚、法国、德国和荷兰。④雇员参与管理的法律地位最弱的国家是美国、英国和日本,上述三项全无。

工作委员会(work councils)是起始于德国1952年《企业基准法》的一种做法,规定雇佣5人以上的企业需成立该委员会,并赋予一定的管理参与权,包括有关职工福利原则方面的共决权,有关裁员、资产处置等方面的协商权和有关财务、经营情况方面的知情权等。

包括工会和其他各种利害相关者的压力在内,共同构成了对企业经营决策的公司治理约束,作为大股东和经营者,必须在此约束下运作,可谓是"戴着镣铐跳舞"。公司必须在保持各方利益基本平衡的状态下去创造价值,并进一步通过创造更大的价值而保持各方利益更好的平衡。对此,从并购行为开始到并购后相当长的一段整合过程中,都要有一个系统的公司治理战略考虑。尤其是并购后的磨合和整合期内,公司实际决策机构和最高领导人的安排,如戴姆勒奔驰和克莱斯勒合并整合过程中的股东委员会和双首席执行官制度等,对跨国并购、整合和最后的成功至关重要。

19.2.4 合作战略中的风险控制

明基和西门子手机业务之间并非一种典型的资产收购行为,而是各有意图的战略合作关系。明基要借助西门子的品牌和研发力量发展手机业务,西门子则是通过品牌使用授权、资金补助等付出,处理掉自身无意继续经营的手机业务。这种合作的初衷是良好的,但是如果对其中的风险因素事先没有充分的认识并备足应对手段,则会使这种合作陷入困境,难以为继。

明基西门子的教训不可谓不深刻，但审视一下导致这一败局的因素，却不得不说，都是一些最基本的风险因素。战略管理的标准教科书中，都会至少列出以下一些合作战略中常见的风险因素：合约履行不好，对合作伙伴能力的判断错误，合作伙伴没能提供互补性资源，因与合作伙伴配合进行专用性投资而被套住，对合作伙伴战略意图的错误理解等。此外，国际性的联盟合作，可能因为管理风格、文化以及管制规则等方面的不同而难于处理。纵观明基西门子的发展状态和其结果，可以说，在这些基本的合作风险控制上都出现了问题。

150年历史的西门子固然具有其品牌价值，但是这种品牌却并非往什么产品上随意一贴就能值钱。如果能有如此奇效，西门子的手机也就不会连年亏损了。手机业务在西门子自己手上持续亏损的原因是什么，明基决定接手之前对此是否有清晰的认识？自己是否有能力提供某种关键要素，解决其问题？就明基在合作之初十分看中的西门子的研发力量来说，是不是过于注重流程创新、擅长把一种已有产品做得更好，而忽略了产品创新、新特色和新功能的开发？明基像一块钱买欧洲古建别墅一样接了西门子手机业务，却严重低估了其附带条件的限制和"维护成本"。已经无人居住的破旧古建别墅，一元钱卖给你，但是你要按照要求完成修缮和维护工作，实际是通过这种受限制的所有权的出让，换得了你去帮补他们维护古建筑。

作为职工共决制和社会市场经济概念起源地的德国，职工福利高、工会权力大是全球有名的，想要像在中国这样，廉价雇佣甚至粗暴对待员工，随意加班，以灵活的名义而不遵守规则等，是断然不可能的。为了加快产品上市速度而牺牲严密性和降低质量标准，也同样难以做到，否则"德国制造"或者说"来自德国的技术"也就不会再有其魅力了。这样一些败局原因，说明在这一合作项目上明基的事先准备工作做得实在是不足。对于那些正在摩拳擦掌、跃跃欲试通过并购实现快速国际化的中国企业来说，行动之前，可能要像学生应考前多做几套卷子一样，充分仔细地做好做足合作战略中的风险控制这一基本功课。

也许并不能断然地说，后发国家企业通过并购跨国公司的某项资产或业务实现快速国际化这种做法是完全不可行的，但可以肯定的是，这种操作模式中失败的概率肯定大于成功的概率。其中除了一些能否顺利整合等管理能力和风险控制等方面的"功课性"因素之外，还存在一个根本性的问题是：这种并购都是属于一个总体上的弱者去接手一个总体上强者的弱项（就像西门子的手机业务相比业内真正强者诺基亚和摩托罗拉而言是弱项），你有什么真正的核心能力去使这一弱项很快地做强？不能很快地做强的话，就是弱者接过来强者已经力不从心的包袱，不被压死就算不错了。企业核心能力的培养，就像个人的强身健体一样，除了每日苦练之外，没有速效药丸，没有捷径可走。

19.2.5 并购与重组中的价值创造问题

从诚通重组华源到华润重组华源，本身没有多少实质性的差异，都是国字当家的一种资产转来转去的行为。有意思的是，华源这家著名的以并购和重组迅速扩张起来的企业集团，这么快就成为了被并购和重组的对象，不得不让人深思并购和重组这种企业扩张策略的自身逻辑和其内在的价值创造问题。

如果不考虑资本市场上的套利性并购行为，市场经济条件下企业并购产生的一个重要原因是整合业务流程，消除过剩的行业生产能力。在行业生产能力过剩的情况下，那些资产使用效率更高和更有市场力量的企业，会通过并购方式消除过剩产能，并实现产业升级。但是在中国，有很多仅仅基于某种融资能力的并购和重组行为。从已经崩盘了的德隆到危机中的华源，都可以看到一种仅仅或主要是基于融资能力的通过并购与重组实现跨行业急速扩张的现象。在这种扩张中，能够看到的是总资产规模和债务规模的快速膨胀，但却看不到多少过硬的产品和产品市场上的优良业绩。当脱离了产品市场业绩这一企业基石的"资本运作"令有关企业领导头脑发热、颇有巅峰体验的时候，这个企业的"资金链"断裂和崩盘也就为时不远了。企业的价值创造领域在于产品的生产，这种产品可以是有形的，也可以是无形的，但一定要给顾客带来实实在在的效用和使用价值。企业价值或说是股东价值，就长期和竞争市场来说，本质上是顾客价值的派生物。

从华源的快速并购扩张中，我们可以看到其背后一定程度上是源自国资委的一味要求企业做大的驱动力。殊不知通过资产重组可以做大企业，却不能做强企业。可以一夜之间通过合并国有企业创造出资产规模上世界第一的企业来，但是效率在哪，真正的强项和业务优势在哪？真正强大的企业是个生物体，是自然成长起来的。有效的并购与重组可以推动这种成长，但也要像器官移植一样，要有细胞的相互接纳和血液的相互融合。内功不足的企业，不能真正整合好并购或重组到一起的资产和业务，其结果是不断消耗企业有限的现金流，最终无以为继。不论是银行贷款还是上市融资，最后都是要以某种方式返还给投资人的。任何企业最终都必须要在产品市场上取得业绩，从顾客手上赚到钱，才能可持续地成长起来。

很多资产规模已经很大了的国资国企集团，有着如雷贯耳的企业名号，却没有几个真正在市场上叫得响的产品或业务品牌。除去一些行业垄断性的企业之外，很多集团甚至让人搞不清楚它到底是做什么的。

企业的成功是以产品的成功为基础的，没有优势产品的企业，"成功"也只能是一时看上去很美的空中楼阁。并购或重组的根本目的也在于构建企业的"产品能力"和"市场力量"，而不是简单的资产和销售收入的算术加总。企业经营中要善于运用并购和重组等手段，但是永远不要忘记并且要持续不断地运用"是否创造价值"这把尺子来检验其合理性与有效性。

19.2.6 "资本运作"的实质是股东价值管理

资本运作热火朝天很多年了，知名企业家们张口闭口资本运作，政府官员尤其是主管经济工作的地方政府官员也是张口闭口资本运作，很多上市公司主业是什么看不清楚，资本运作上大张旗鼓。那么到底什么是资本运作？云里雾里地似乎做好主业之外的事情都是资本运作。一本有关资本运作的专著里罗列了100多种资本运作的内容，整个是一个什么都能往里装的筐了。

兼并收购是不是资本运作？兼并收购只是企业扩张时可供选择的一种战略手段而已。产品需求扩大，需要扩大生产能力，企业要考虑是自建还是收购，根据行业生产能力过剩还是不足情况，比较两种方式的成本而决定。如果企业自身某方面能力过剩、不能有效利用，卖出也是一种很好的选择。1980年代以来国际企业的兼并和收购行为，已经不是1960年代的那种混合多元化和扩张，而是企业瘦身和企业减肥运动的一个组成部分。各个企业都回归主业、出售没有竞争力的资产，一些职能和辅助性活动则是采用外包方式。这样形成了一个企业之间的生态网络，导致企业之间的竞争演变为企业生态网络之间的竞争。

企业自有富余资金购买国债及其他金融产品等是不是资本运作？这应该是现金管理的内容。正如一名言所说，企业现金管理的最佳原则是"账上一分现金都没有，但是需要现金时能够随时得到"。企业的资产与负债之间要有一个安全而又有效的时间期限结构方面的匹配。一些上市公司大笔募集资金用于委托理财，这样的上市公司在承担什么职能，是不是演变为某种金融机构了？股东自己不能买国债、搞委托理财吗？我们何必还费那么多劲，支付那么多中介机构和公关、宣传费用来上市呢？

企业上市是不是资本运作？上市是企业融通外部资金的一种可行选择，并且上市和下市都应该是企业可以考虑的一种选择。如果企业的项目前景确实比较好，但是风险也比较大，靠内部融资发展不起来，靠银行贷款也不足以满足扩张的资金需求，上市吧，出让股权换资金。这时企业应该考虑的是能否卖出一个好价钱，也就是现有股东和经理人们对企业价值的判断和外部市场对企业价值的判断之间的差异大小。如果值得就上市，不值得就不上市。已经上市的企业，如果企业内在价值确实很大而资本市场没有充分认识，还应该选择下市呢。有实力的股东或者经理人在银行等类金融机构的帮助下，进行杠杆收购、管理层收购等等，来它个"股转债"也许是个更好的选择。

我们还可以这样——列举下去一些所谓资本运作的事项来进行分析和解读。总之，找不到一个英文中能够跟资本运作准确对应的词汇，上述那些资本运作的内容可以在战略管理、公司财务等等课程里找到。当然，《兼并、收购与公司治理》等研究生课程里，可能会包括更多的类似于资本运作一词所指的内容。

真正的资本运作，就其精神实质来讲，应该是"股东价值管理"。股东价值管理，顾名思义，就是从实现股东价值和创造长期股东价值的角度来指导企业决策。当然，股东价值管理的引入和实现，需要有真正的股东存在，需要有股东能够规范和有效地发挥作用的机制和条件，需要有尽可能健全的公司治理系统。

19.3 战略管理中的治理之道

19.3.1 多元化的公司治理解释

随手翻出手中的两本有关中国大企业成长案例研究的书，其中都有作为成功案例的春兰集团。经济科学出版社《战略与制度——中国企业集团的成长分析》一书的第12章是"春水如蓝济沧海——春兰案例"，记述了春兰如何从一家国有小企业和两家集体企业合并的微薄基础上发展起来的。上海远东出版社的《成长的经验——中国绩优大企业案例研究》一书中有"江苏春兰——加速扩张性经营，实现跳跃式发展"的案例报告。

曾被各方面都十分看好的春兰多元化新政为什么没有成功？如果仅仅是盛开之前的隐忧，不久的将来就会盛开，那还是很好。就怕是扩张之后发现难于经营，跳跃起来了却无法实现真正的发展，回头时原来的岸堤又已经远去，而且也不是曾经的那么稳固和牢靠了。当这些字句控制不住地流淌出来之后，我很想吞回去，但是对我来说，这也是很难的事情，不说"如噎在喉"，说了却自己也并不痛快。

当今中国，各色国际大企业纷纷落户，在这样一种严酷甚至是残酷的竞争中，我们的民族企业能够生存就已经是实属不易了，像春兰这样能够快速发展壮大的当然是凤毛麟角。我们可以抱有极大的希望，但却不能苛求中国企业。尤其是对于一个坐而论道的学者来说，也许没有什么比拿国际成熟大企业的那一套运作水准来挑中国企业不是更为容易和简单不过了。对于中国企业热衷多元化这样的事情，我想我也许最好是发挥一下自己的"比较优势"，从公司治理的角度谈谈企业多元化的原因，有关人士应该能够从中得到些许的启发。

国际上，1960和1970年代，企业混合经营和不相关多元化达到了历史的顶峰，甚至有许多原来在某一行业很成功、名称带有行业标志的企业都纷纷改名，去掉了名字中行业标志，只有一个泛泛的名称。其主要的体制原因实际是"公司治理机制"的欠缺。正是贝利—米恩斯模式的弱所有者强管理者状态下经理人高度控制公司资源的结果。在缺乏有效公司治理机制的情况下，经理人宁肯将公司盈余投入企业并不擅长的新领域，也不愿意通过分红、回购股票等手段回报给股东。这种状态到了1980年代，被华尔街以恶意并购和杠杆收购（LBO）等等各种手段进行了强行的矫正。到了1990年代则有机构投资者的崛起，直接施压于公司董事会，掀起了一场声势浩大的全球性的公司治理运动。结果是，今天只有那些极为少数确有"高招"，在项目选择、企业价值评判上能够超越或跟资本市场的总体水平持平的公司，仍然保持一定的多元化经营状态，其他绝大多数公司都是剥离非核心业务，回归主业。

就春兰集团及其旗下上市公司春兰股份来说，还都不是因股权高度分散而经理人高度控制的那种典型的贝利—米恩斯的公司，但是其企业性质上的两个特点却导致了其事实上的弱所有者—强管理者状态。一是春兰集团资产来源上的国有与集体混合状态，虽经改制也还是不像那些纯粹私营企业集团那样有强烈和内在的股东权力意志。

一定程度上可以把春兰集团归结为中国式的"能人企业"。这些能人企业是在没有清晰的所有权动力基础上发展壮大起来的。能人的领导力和控制力都来自于经营业绩，当其原来所属产业趋于成熟，甚至只是担心它没有足够巨大的成长空间，就会促使能人们开疆扩土。即使改制使这些能人们穿上了一件部分所有者的外衣，但其内在动力和作为成功企业家的精神实质还是经营者和经理人的角色。

从纯粹股东的角度看，即使是那些已经完全成熟、不再有增长空间的行业中的企业，最好的解决办法是在边际收益高于边际成本（严格地说可以是边际变动成本）之前，赚到最后一分钱，然后破产清算。当然，另一个角度的问题就是这个企业是否积累起来了某种组织和制度性的资源与能力，保持这个组织实体完整、这些人仍然聚集在一起可以有效地继续营运，也就是企业成长专家潘罗斯所定义企业成长能力。

潘罗斯在其经典著作《企业成长理论》[①]中提出，企业是人力资源的结合体，企业的成长——规模扩张和产业多元化——必然受制于企业内部人力资源

[①] 上海三联书店在2007年出版了本书的中文译本，赵晓译，作者名译为伊迪丝·彭罗斯。

的积累。而企业人力资源的积累和发挥作用，实际是一个组织发展的问题。企业组织的发展包括高层的公司治理结构完善和中低层的管理控制系统建设两个方面。企业迈出多元化步伐或者新进入一个行业之时，比"我有多少钱可以用来投入"更为重要的是"我有什么办法能够用来吸纳"，能让这个领域和这个方向上那些有竞争力的人才到我这个组织的平台上来发展。

春兰集团"缺乏留住人才的环境"，其实质还是一个公司治理的问题。当然这回不是来自股东要求回报的公司治理这枚硬币的"约束"的一面了，而是如何让人才与公司共同发展、与股东共同发财的这个公司治理的"激励"的一面了。

19.3.2 股东之变与公司管理的稳定性

自2001年8月上市，到2005年8月李民出任董事长，四年时间里，便出现了四任董事长和五任总经理的浏阳花炮，大概可以申请进入吉尼斯世界纪录了。这一高管层变更的频繁程度可能是中国乃至世界上市公司历史上都少有的。

与非上市公司相比，上市公司在制度上的一个优势也是其最主要特征之一就是股东可以自由地每日每时地在改变，而公司管理和基本战略可以保持不变，保持一种连续性。当然，这要在股份全流通和股权高度分散化条件下才能很好地实现。拥有着一个典型的中国式上市公司股权结构的浏阳花炮，不可能做到。

典型的中国上市公司高管变动在两个极端状态之间摇摆：一种是能人家天下，一股独大之下的久久不变，大股东自己不想变，其他力量无法改变；另一种是一朝天子一朝臣，前几大股东势均力敌情况下的频繁变动，任何股权或者股权控制权的变动都会带来公司高管层面的大换班。浏阳花炮有浏阳市政府这个大股东，但是没有"能人"建立起来的"家天下"，二三股东又有相当实力，联合起来可以在相当程度上抗衡大股东。由此就导致了其高管层的变更频率远远高于其他典型的中国上市公司。

如果既没有股东的力量又没有市场的力量可以撤换高管，上市公司完全处在高管控制之下，如同1960年代经理资本主义的顶峰时期那样，公司会取增长而弃利润，过度地扩张规模，完全漠视股东回报。但是如果"市场力量"过度泛滥，如同美国1980年代的并购狂潮那样，也会带来很多实际经济效率和社会福利的损失。浏阳花炮所揭示出来的这种中国式的"半大股东操控、半市场力量"模式则不仅是破坏了公司管理和战略上的稳定性，甚至导致上市公司成为各方之间争权夺利的角斗场。从股东大会到董事会，都形不成一种能够支持公司的合力，以致公司在行为上都不像是一个独立法人，甚至被股东切割，分成各自的几块，谋求各自的私利。

尽管李民出任浏阳花炮董事长并非完全像有关当事人宣称的那样是职业经理人进入，但是至少已经显示出了股东之间开始"合作"的迹象。在股权没有高度分散化，公司无法完全靠董事会和健全的公司治理系统而保持管理上的相对稳定和战略上的一致性的情况下，大股东之间一个基本层面上的相互信任与团结，就成为保持公司稳定和发展的必要条件。

从公司正式披露的有关信息来看，以李民为董事长的新的公司董事会和管理层得到了合计占股份比例60%多的大股东和二股东的一致支持，也提出并实际已经部分地开始执行了"做大花炮贸易主业并进军花炮生产领域"的新战略。公司收购了二股东攀达的两块相关资产之后，在花炮贸易上实力增强，花炮生产上也呈现出了较好的前景。

在中国这样一个现实的公司治理环境条件下，浏阳花炮的最新制度变革和人事变更，应该说是一个良好并对各方有利的"帕累托改进"。尽管在"花炮"这样一个即使不算夕阳也绝非朝阳的产业里，今天争取到的世界第一，明天就可能成为没人来争的世界唯一，但还是希望浏阳花炮作为一个生命可以永续的公司能够从此一路走好。

19.3.3 李书福与福特的异同

福特不是发明汽车的人，但却被称作是给这个世界装上轮子的人，是整个20世纪世界最受尊敬的20位企业家之一。要从当今中国的汽车产业中找一个与福特最为相近的人，还就是李书福了。

如果拿业绩来衡量，李书福与福特还差很远，但是从出身、造车理念及个性等方面来说，李书福与福特还真是很有几分相像。

与福特一样，李书福是农民出身，是完全自己白手起家创业的，而不是官员或者职业经理人。与福特一样，李书福致力于造"普通老百姓能够买得起的好车"，专注于技术和生产，不太重视管理和营销。李书福与福特一样，个性上都多少有些偏执，从不讳言自己的独特见解，哪怕是那些在世人看来有些偏激和不合时宜的见解。

但是，李书福与福特还是有很多的差异。这些差异，有主观上的、来自他个人的，也有客观上的、来自外部环境的。这些差异导致了李书福和他的吉利汽车，在造车很多年后，仍然"弱小"，无力问鼎龙头老大的地位。1914年，自1903年成立的第11个年头，福特汽车公司的汽车销量超过了全世界其他汽车制造商的总和。2006年，吉利进军汽车业的第九个年头，以20万的销量跻身中国市场七强的地位。如果消除或者大大减少这些差异，李书福能否在中国重演福特当年的"辉煌"？不能说肯定会，但是很可能会。

吉利，"造百姓买得起的好车"，战略定位很好，但做得不够彻底。福特当年成功推出T型车后，就是专注于提高产量和生产效率，以至只有黑色的，因为黑色漆干得快，也拒绝附加任何"奢侈"甚至是"便利"的部件。农民造的车，就要像农民的身体一样，浑身都是肌肉，没有一块累赘。福特车是给人们驾驶的，不是给人们炫耀身份的。拥有一辆福特车，你可以去到世界任何一个地方，但上流社会除外。福特为平民造车，为农民着想，甚至投入了很大的精力开发酒精燃料以替代汽油。福特想，如果他的T型车能够用农作物做燃料而不是汽油，即可减少大气污染，又可避免资源的枯竭，更可以让农民致富而不是让石油公司发财。

不过应该说，在战略定位的一致性方面，吉利比奇瑞做得好一点。作为要以低成本取胜的汽车企业，应该就是一种基本车型，把发动机、变速箱和底盘等关键部件和骨架性的东西，质量上搞得绝对过硬，让人能够放心地开。吉利在这三个方面技术积累和实力是比较强的。奇瑞则是从超小的QQ到超大的东方之子，过于分散使用了新兴企业有限的各种资源和能力。

环境方面，吉利有成为中国"福特"的潜在市场机会，但是没有当年福特那样可以自由挥洒的空间。福特为了降低成本，一方面一改此前的手工作坊式的汽车生产方式，率先引入并持续改进其汽车生产流水线，扩大生产规模；另一方面进行高度的纵向一体化，甚至自建钢铁厂等。但是吉利呢，奔波数年才终得一张产品准生证。新建生产基地还要受到所谓"产能过剩"调控政策的限制。那些不符合市场规则的，因为官员自以为比市场聪明而搞出来的所谓"产业政策"，实际限制了产业发展。

19.3.4 分红中的公司治理问题

1917年，福特汽车公司的主要投资者道奇兄弟，因为公司盈利而不分红将福特告上了法庭，最后法院判决福特公司必须拿出1900万美元利润分红。福特不分红是因为他把公司发展作为"事业"，这1900万美元中有高达1100万美元还要分给福特本人。用友软件上市后，因为10股派6元的相对高比例分红，引发媒体上的大争论，招致民营企业控股上市公司大股东急于套现的指责。有些国有控股的上市公司，又身处传统行业，主营业务已经没有什么发展前途了，却坐拥大笔现金不分红，或者搞委托理财，或者再去胡乱投资毫不相关、自身也没有什么竞争优势的新行业。对比这三种现象，我们应该思考一个公司治理中的根本性问题：谁来监督监督者？

国有控股上市公司，因为国有大股东本身的多级委托代理问题没有很好地解决，导致其选派出的董事和经理人没有切身动力去分红，"视融资所得为利润"，好大喜功，追求在职消费。这种情况下，中小投资者普遍追捧那些有分红的企业股票，媒体和专业人士也都呼吁上市公司分红。由民营创业型企业、个人控股的上市公司和那些实行了经理层收购的上市公司所引发出来的高比例派现分红，又导致人们担心上市公司不把发展当回事，经理人大股东套现发财，采用另一种形式"剥夺"中小股东。

把"剥夺"加上引号，是因为我们不赞同有关人士使用的这个过分感情化和过分激烈的字眼。由于发起人资产折股定价、公司股票发行价和上市流通价三者之间的巨大差异而引起的所谓不平等问题，这是由于中国股票市场的制度性结构所造成的。即使王文京不去分红，他那5000多万元净资产也已经在发行完成之后就变成了5个多亿。作为后进入的流通股股东现在心理不平衡了，那么应该先自问一下你为什么要去玩这个游戏？反过来，王文京先生大概对媒体的激烈争议和关注也没有充分的预料，否则也会采取一个更为稳妥的方式，至少会更为妥善地做好媒体关系和投资者关系管理工作。股票市场玩的就是信任，就是各方对未来的一种预期。

美国的创业者们，即使公司已经上市了，由于自身占有大额股份，为了取得一种平稳的退出，会通过换股将自己的小公司并到一个大公司里，先成为不引人注目的小股东，再逐步卖出股票去养老，这就是市场的监督。当然，由于流通股和不流通股的分裂，流通股股价并不直接影响持有非流通股的控股股东的资产价值，他也就用不着太关心你流通股股东的反应。中国的股票市场又格外地没有记忆，什么事情都吵闹一阵就过去了，太多的事情都是不了了之，没有一个最后的明确说法，更谈不上什么落到实处成为惯例的明确做法了。

看到太多国家和国有企业控制上市公司产生的弊端之后，头脑发热地渴望私人和民营企业控制的上市公司能够带来公司治理方面的改进，但事实总也不像想象得那么顺理成章。

这里有一个根本性的问题，国家的组织控制体系的退出并不必然产生一个有效的市场控制体系来替补。减少政府对市场体系的扭曲是改革的一个重要任务，促进市场体系自身的发育更是一步也不能怠慢的艰巨工作。对于民营企业的上市，没有国有企业的那些复杂的、涉及到方方面面的政治和历史遗留问题，为什么不从一开始就让他全流通？在为了国有股减持而进行大讨论的时候，为什么还要制造新的流通股和不流通股分割的上市公司？

试想，如果用友这样的民营企业上市时就按全流通的结构来设置，一级市场和二级市场投资者都有一个明确的发起人股东在《公司法》规定的三年限制期之后可以自由转让的预期，这些后来的投资者们对其股票的估价还会那么高吗？可能就不会出现发起人1元、认购者36元、二级市场首日90多元之间的巨大价格差异了。反过来，用友公司的大股东们也会更为高度关心二级市场对其分红和战略决策的反应，小心维持市场信心。

作为自利的人，谁都不会为了眼前的一点分红的小利而冒起大笔资产长期贬值的风险。何况分红要纳企业所得税和个人所得税两次税收，个人所得税又是累进率很高的。上市公司回报股东是一项很复杂的科学和艺术，美国的上市公司为了让他们富有的股东少纳一点个人所得税，会采用回购股票来替代现金分红。因为分红收入要按累进税率纳税，最高税率近40%，而通过回购使公司股价上涨，可以让股东通过出售股票获取资本增值收入，长期资本增值收入（股票买入和卖出时间间隔在一年以上）最高税率才20%。在中国，股票交易收入是20%的固定税率，还暂不征收。

无论如何，用友等公司的高额派现，并且派现总额不高于公司盈利额的话，大股东是把钱拿在明处，合规合法，与那些我们不知道的与庄家联手炒作操纵股价获利或者通过关联交易获利，或者有钱不分胡乱投资的公司相比，已是很大的进步。由此引起的争论，也反映了中国资本市场的进步，这就是信息透明才会有的媒体关注和舆论监督。这种监督方式可能比独立董事和监事会还起作用。

按照组织控制的思维，就是上级授权并监督下级，对什么事不放心就派个监督者去，结果往往是监督者被俘虏，猫为老鼠服务了。在组织控制体系里，解决不了谁来监督监督者的问题，市场机制就是监督者的监督者。上市公司出现有个人利益，能够替外部股东管好公司的董事和经理人，包括自然人大股东，会带来公司治理的改善。他们个人谋求私人的、股东身份之外的控制权收益，只能通过法律、信息披露和信誉等机制来解决了，市场机制就是这一系列的总和。

19.3.5 股东分红纠纷问题的解决思路

分红与否本应不是大小股东之间的矛盾，公司盈余用于分红还是留在公司，对于大小股东来说是一样的，决策准则应该是留在公司更能增值，还是分红后股东自己再投资更能增值。

股东之间在分红问题上出现冲突，原因是对公司前景看法不一，更看好公司前景的股东愿意盈余留在公司，不太看好公司前景的股东则愿意分红后自己处置。对此类冲突的解决需要清晰公司战略和前景及相应的资金需求，由此达成一致认识，决定分红与否及分红多少。

想要分红改善生活的股东和不需要分红改善生活的股东之间也会有分红与

否的冲突，对此类冲突的解决可以考虑采用"股票和现金互相替代的选择性分红办法"解决。比如决定公司分红，但是同时确定一个比较有吸引力的转股价格，给予所有公司股东用分红资金购买公司新股的选择权，这样愿意把钱留在公司的股东选择转股，持股数增加，愿意把钱拿走的股东选择拿走，持股数不变。

经理人和股东之间，参与公司经营者和不参与公司经营者之间会有矛盾，前者会倾向不分红，后者会倾向分红。从这个角度来看，持股经理人的看法会比较居中（不分红公司壮大有利其事业发展远期得利，分红则自己当下得利），应该得到更大的尊重。

对于非上市公司来说，上市与否及上市时间的不确定性增加了分红决策的难度。在确定不上市的情况下，股东除了分红没有其他的获得回报途径，慷慨一些的定期分红（固定比例的常规分红加根据效益情况决定的特别分红）比较重要。

在预计未来几年之内上市的情况下，现在分红则以少量为好。

保持一个连续分红的历史记录比较有利上市成功，但如果分红过多，公司净资产减少，相应地上市成功的资产价值倍增效应减小，对股东不利。股东通过分红拿走资金，不会有公司上市所实现的资产增值效应这么巨大。给股东一个明确的公司要上市的信心，明白人就应该不再吵闹分红了。

在给某公司董监事会成员讲公司治理时了解到，他们有些股东方董事吵着要分红。当时该公司所处行业市场处于宣传培育和开发阶段，该公司采用跟随战略，行业领先公司发展到哪里，他们就要跟随到哪里，公司需要把利润留在公司用于发展。公司CEO的两个回答，很有价值。

一是对表示个人理解公司发展需要资金，但是派其来担任董事的股东单位领导需要被说服才行，董事自己表示说不清楚、说服不了，该CEO表示公司可以派出专业团队去该股东单位讲解公司战略和不分红资金的用途。这是一种战略绩效沟通，可以加强股东对公司战略的理解，提高股东对公司的信心和支持力度。

二是对表示自己单位也是资金困难、需要分红资金解困的董事，该CEO表示，可以马上联系下家接手他们的股份。可能因为这个原因，该CEO当时对我讲课中提到的"回购可以是替代分红的一种手段"特别认同。

19.3.6　改变募集资金用途的深层原因

公司上市后不按招股说明书所列项目使用募集资金，是中国境内上市公司中的普遍现象。这里有各种各样的原因，大致可以分为三类。

第一类是"坏人做坏事"。有的公司在上市之前就没想用募集的资金来发展业务，而仅仅是用编造的项目来圈钱，如资金去向不明或者大股东挪作它用等。此类行为，就是一种经济欺诈，只有通过加大有关司法力度来解决。

第二类是"好人做坏事"。有的公司其业务发展很好，现金流充足，业务本身的关键成功要素或者说限制其发展的因素就不是资金短缺，但是在能得到上市融资机会的情况下，必然要编造出一些项目来合理化上市的目的。而上市之后，大量的募集资金没有实际合适的项目运用，把资金用于"委托理财"之类的。这种现象，是上市体制和公司治理不力导致的。就结果来说，委托理财可能比乱投到那些不适合的项目可能还要好一些。

第三类是"好人做好事"，但是按现有的一些简单的规则评判是"坏事"。有些公司是由于上市运作周期很长、步伐缓慢，而项目的市场时机不等人，就在募集资金到位之前已经通过银行贷款等方式实际进行了有关的项目，上市到位之后就用于了有关的还贷和补充流动资金。还有的公司是由于经过漫长的上市过程之后，市场情况发生了变化，原定的一些项目已经不适合做，作一些微调，或者是出于对股东资金负责的态度而投入到了一些其他的更为稳妥的用途之中。

第一类现象不需要多说，对于"坏人做坏事"只能"以恶治恶"。

对于第二类现象，需要反思的是上市标准。上市标准不是着眼于项目未来和公司前景，不是倚重于投资者的判断，而是完全由监管部门和一些专家来把关。这些部门和这些专家越负责任，则越偏重于要求公司有优异的历史业绩。恰恰是已经取得优秀业绩的这些公司，其所在行业和其现有产品的市场潜力可能已经开发得差不多了。因为各个行业和各种产品都有其自身的生命周期，一下子再来一大笔上市募集资金，必然没有什么合适的用途。结果就导致了大量的上市公司把募集资金拿出去搞"委托理财"。其实这样的公司就没必要，也不应该上市。上市公司拿股民的钱再去买股票或者国债等，何如股民自己去买股票和国债。而且买股票和买国债的专家是基金，而不是上市公司。由于上市行为受到的有效约束很少，上市之后业绩不好甚至是胡作非为，也仍然可以牢牢地掌握公司控制权，这样也就很少有企业不愿意上市，更谈不上自主选择下市了。这是中国股市制度设计上的一大弊端。

对于第三类现象，是市场力量对一些不合理制度和低效率规则产生的一种自动纠正行为。问题是，如何区分这些合理和有效的改变募集资金投向行为和那些不合理和无效的改变募集资金投向的行为。理论上说，只能是加强公司治理，尤其是加强外部股东和中小股东在公司投资项目选择上的发言权。只要股东们都了解了新情况、愿意改变资金投向，那就是合理的。有关监管部门和任何第三方不应该过多地去介入这种公司内部事务。

19.4 企业文化与社会责任

管理中的人文因素是从1920年代的霍桑实验开始引起人们关注的。起初霍桑实验的目的是为了发现生产率最高的车间灯光亮度，但是当时的管理科学主义者无法解释"灯光调高和调低工人生产率都提高"的实验结果。由此产生了新一派的管理理论，"影响实验中生产率变化的不是灯光亮度，而是参加实验的工人感觉到了自己在受到关注"。

19.4.1 人力资本对企业治理规则的影响

关于首席执行官兴起的一种流传甚广的说法是，人力资本走上历史舞台，介入企业制度建设之中。从安然、世界通信等公司的财务造假行为中，可以看到首席执行官们玩弄董事会于股掌之中，做假账欺骗股东。有些公司CFO迫于首席执行官的压力，出具虚假财务报告。某上市公司为了保证配股业绩，董事长（多数中国公司事实上的首席执行官）以董事会的名义强令下属各分支机构必须完成董事会下达的业绩目标，迫使公司财务处长指挥下属分公司做假账。

从中外公司失败案例中可以看到的一个共同规律是，当没有实实在在的货币资本股东监控存在时，如果再没有一个有足够动力和能力，并能实际负起责任来的董事会的监控，首席执行官一人大权独揽，必然会导致公司走上欺诈之途。正如中国古语云，人无恒产则无恒心。在没有足够的货币资本和实实在在的财产作抵押的情况下，人们守信的约束力是不足的。如果他再有控制庞大资源的权力，他想不犯错误都难。自古圣贤有几人？股权多元化、分散化，董事会集体受托经营公司等，都是为了适应市场竞争发展，把企业做大而逐步创造出来的公司运作模式和规则。如果企业的创始人和老板，真的就不想让企业做大，那就大可不必遵守这一套复杂的模式和规则。事实上，制度和规则太复杂了，反倒会导致人们无所适从，由此又会形成一种人们不遵守制度和规则的恶性循环。这是一个人类永远也无法根本解决的自由创新和制度规则之间的两难选择。

对人力资本的强调无疑加深了人们对现代企业制度的理解。但是，人力资本到底是什么，人力资本能不遵守基本的政治、文化和市场规则吗？真正地理解这一问题，要从一些基本的理论概念谈起。受过长时间劳动价值论教育的中国人，从情感上非常容易接受人力资本理论。实际社会经济生活是复杂和非常多样化的，如果没有一种很好的理论来简化性地描述，我们就无法真正地理解。"理解"就是"按一种理论来解释"，通了则会有一种心理上的愉快和行为上的指导，不通则会导致心理上的苦闷和行为上的无所适从。劳动价值论把资本看作是物化劳动，人力资本论则把劳动看作是人力资本，都是试图用一种元素来解释多元要素的经济生活和价值创造活动。

在现代这种日益复杂和多变、知识经济和人工智能兴起的商业环境中，劳动要素或说人力资本对企业制度规则的实际影响是什么呢？概括来说就两个方面，一是在公司治理层次上给人力资本要素更多的参与企业剩余分配的机会；二是在公司管理层次上给人力资本要素更多的自主权。一些具体的表现包括，公司法上放宽对人力资本要素占有股权比例的限制，薪酬体系上增加绩效薪酬和股权类薪酬的比重，公司组织结构安排上大力推进扁平化等。这些近几十年来企业制度和公司治理机制方面的伟大创造是不能因为公司欺诈案的揭露而否定的。美国在从传统产业向知识产业的转变过程中，工会的力量被自然消解，这是知识员工具有一种天然的自我保护能力所致。知识员工，你只能劝说他干活儿，不能命令他干活儿。知识员工只能靠事业激励才能真正出成绩，大棒之下是编不出好软件、写不出好报告的。

任何事物，有好的一面就有坏的一面，人力资本的另一面就是人力成本，越高级的人力资本，成本也自然越高。近几十年来，世界范围内追求自由市场效率的浪潮确实有其毁坏社会稳定和道德的副作用。就像中国打破大锅饭让一部分人先富起来的政策，在推动改革的积极作用发挥出来之后，也在一定程度上形成了不太容易逆转的贫富差距扩大趋势。美国在公司高管人员收入大幅度增长的同时，自1973年以来产业工人的工资水平就一直处于没有提高甚至下降的状态。中国的农民和工人在改革初期的收入迅猛提高之后，也很长时间处于一种缓慢增长甚至是停滞增长的状态。

知识经济和网络经济中确实存在泡沫，但也确实是人类正在跌跌撞撞中迈入一个新时代的标志。维系传统经济的文化和制度统统受到了挑战。就像铁路等现代大工业兴起之时，也曾有过很多狂徒和骗子一样。这是一个似乎一切都要终结的时代，从流行图书的题目上就可以看出这点来：历史的终结、意识形态的终结、哲学的终结、组织化资本主义的终结、股东价值的终结，等等等等。似乎一切都在终结，那么正在开始的是什么？

19.4.2 企业文化的标准化与个性化

这是一个多元化的时代，企业文化也是这样，以至有文化和没有文化之间已经没有了区别。悲观主义者说我们正在步入一个文化的沙漠，乐观主义者说我们正在进入一个文化的丛林。

以直销模式创建IT业奇迹的戴尔计算机公司，会被"惠普之道"崇尚者斥责。事实上，这是个性化价值观对标准化价值观的批判。

戴尔计算机公司，由于高度重视股东价值、实施严格的标准化的业务流程管理，被其公司一位员工斥责为"思想的坟墓"和"文化的废墟"。这位员工很有些激愤地指出："几乎从不进行产品研发的戴尔，在业务流程上竟有500多个专利！任何专业的思索与创新就像零部件交由OEM厂商一样，全部外包。"这是现代的市场分工与合作体系所带来的企业文化丛林。标准化企业文化与个性化企业文化在市场上相互依存而共生。不能说标准化企业文化是没有文化，是对企业精神的扼杀。

真正的企业和企业精神都是很现代的事情，不过一二百年的历史。正是标准化作业，大规模生产和大规模流通，才使企业这种组织形式成为现代社会的中坚力量。它一方面替代了很多传统上属于家族的职能，另一方面夺取了很多原属政府的职能。

传统上工作和生活不分，都在"家"的范围内完成。现在要将每日除去睡眠之外的大部分时间都用在工作单位，由此导致"工作成为生活的一个重要部分"。于是就要求在工作单位也要有在家的感觉，于是就要求企业要像个"大家庭"，于是又进一步把"大家庭"作为衡量企业文化优劣的一把标尺。但是市场的生态是非常多样化的，在企业文化的丛林之中，"大家庭"式企业也只能是一个物种，并且到目前为止，还不是一个能处于主导地位的"物种"。

政府组织则为人们提供了一个严格的仅次于军队的等级制的范例。在政府之中，上级与下级之间是等级分明的。对于公务员来说，虽然不像军人那样"服从是天职"，但是要严格遵守上级给你的授权行事。你可以有提出建议的权利，但是不需要你去创新什么。

企业组织的文化形态则正是处在家庭和政府之间，可以有类似于家庭的融洽氛围和文化，但是要有严格的规则；需要有一定的等级制，但是要尽可能地使组织扁平化，消减等级制对人们创造力的抑制。戴尔实施非常严格的业务流程管理，但是高级管理人员和普通职员身处相同的小格子里，标识方面也只有其名字、没有头衔等。这就是企业组织的文化特点，家庭的平等制和企业的等级制之间的某种混合物。

标准化、泰罗制和科学管理是支撑现代大型工商企业的核心构件，是企业大厦的承重墙，是不能随意发挥和改造的。个性化、人性化和柔性管理，是市场经济发达之后的一种返璞归真，是一些装饰性的构件，是更好享用承重墙带来的空间的一些辅助手段。没有钢筋水泥所建构的硬性空间，柔性装饰实际是没有用武之地的。

个性化和重视组织中人的因素并没有否定，更不能否定企业作业流程的标准化。像戴尔这样主要是以销售领域上的流程创新立足于市场的企业，其销售流程上的标准化作业正是其核心竞争力的来源。它的信誉就是来自它在销售领域上没有销售人员的个人发挥。当一位整天以电话线和鼠标与世界联系的戴尔销售人员，去应聘那些需要发挥个人作用的其他企业的销售职位时，在整个面试过程中，没有与招聘人员做眼神上的交流，也许不算太奇怪。

由于历史上我们对泰罗制和科学管理原理的片面理解和简单化批判，而改革开放之后我们又被发达国家那些表面的最为时尚和现代的管理思想所吸引，从而忽略和没有真正认识支撑现代工业体系的标准化的流程管理。中国企业，尤其是那些要以低成本战略制胜的企业，需要补上科学管理这一课，需要建立并严格执行标准化的流程管理。

随便打开我们的商业报纸和杂志，不难发现因为关键销售人员跳槽而给企业带来重创的报道。为什么？就是因为你的销售流程没有标准化作业，你的客户关系和客户信任，都只承载在了销售人员个人的身上，而没有从销售人员个人身上转移到企业组织身上。我想，在戴尔计算机这样的公司，是不会发生这种事情的。

股东可以换，员工可以换，顾客可以换，但是公司依旧在，并且日益壮大，这就是现代企业制度的最大特点。公司生存于股东、员工和顾客三大利益团体的均衡点上。公司经营的目标偏重于股东、员工还是顾客，都要有一个合适的度的限制。

戴尔公司注重股东利益，强调严格和标准化的业务流程管理，没有什么不好，反倒恰恰是中国企业需要大力学习的两个关键点。

19.4.3　管理的关键是做到位

尽管有一些很出色的国有企业，但是国有企业普遍状况不佳这是有目共睹的事实。国有企业做不好的原因到底是什么？是所有制问题，还是管理问题？

所有制原因论者往往也是市场原教旨主义的信奉者，管理原因论者则往往或隐或明地抱有较强的计划经济思维。当一种争论涉及意识形态或者是某种程度上的个人信念问题时，也就只有时间能够将其平息了。

相对于民营企业来说，国有企业确实在一定程度上存在着所有制问题导致的经营者动力不足或者动力扭曲的问题。一些优秀国有企业的存在和一些业绩不良民营企业的存在，不能证明所有制问题不重要，但确实证明了管理问题的重要性。

当所有者在位并且动力足够强烈之后，企业的管理能力便成为至关重要的问题。即使如曾是现代资本主义的王牌企业之一的英国巴林银行，也会因为最初一个看似很小的管理漏洞——担任巴林银行新加坡期货公司执行经理的里森一人同时身兼首席交易员和清算主管两职，而最后导致这家创建于1763年、光荣地走过了200多年历史的世界王牌银行陷入崩溃。

管理的难点在哪？管理要像技术一样需要持续不断的创新吗？各种各样、五花八门的管理新概念和管理新时尚，已经让一些非常兢兢业业、勤奋好学的经理人员焦头烂额。什么学习型组织、扁平化组织、灵活性组织，什么资产重组、业务重组、管理重组，什么全面质量管理、全面过程管理、整合营销传播，什么业务流程再造、管理程序再造、企业资源计划，什么利害相关者管理、投资者关系管理、顾客关系管理，等等。有些企业是哪个都尝试了，哪个都半途而废。真是应了那句话：世外人法无定法然后知非法法也，天下事了犹未了何如以不了了之。

管理其实很简单，管理的关键是把一些最基本的东西做到位。笔者到河南安彩集团和其下属的几家子公司调研，并没有发现什么武林秘籍和绝招法宝，最深的一点感触却是，同样是国有企业的安彩集团，凭借苦干和实干的精神，扎扎实实地坚持把一些最基本的管理工作做到位，就让两家已有几十年历史的老国有企业彻底地改变了面貌。

位于新乡的安彩集团美乐电子有限公司前身是国营第760厂，是"一五"时期国家投资兴建的156个重点项目之一。位于成都的安彩集团成都电子玻璃有限公司前身是原红光集团的玻壳资产，大部分员工也是招聘来的原红光集团的员工。成为安彩集团的全资子公司之后，国有企业的产权性质丝毫未变，但是管理变了。

把社会上已经十分平常的重视知识、重视人才这样的口号和政策，实实在在落实到企业内部来，都曾有很大阻力，但是坚持住，贯彻到底，就见效。为了整肃劳动纪律，公司出台了迟到三次者解雇的政策。第一位撞上这一枪口的员工接受不了这个事实，但是新任总经理坚持原则顶住，"是你自己解雇你自己的，我的政策在先，你违规在后。"

在这家企业的厂区和办公室里，都见不到什么看似无事的闲人，因为有十分明确甚至有些严格和苛刻的岗位职责，离岗和串岗都是要受到严厉处罚的。在该企业车间墙上，甚至看到了这样一句口号："先做机器人，再做自然人"。这与现在人们大力倡导的以人为本和人性化管理等是否有矛盾呢？只能说没有办法，因为贫穷和落后，必须在闲散的贫穷人和辛苦的富裕人之间做出更为倾向于后者的选择。

以现在的观念来看，泰罗制和科学管理时代的很多做法确实有些残酷，但是中国的很多企业，尤其是生产和制造业企业，还需要迈过这一关。过不了这一关，质量就上不去，成本就下不来，产品就卖不出去，在市场上就没有生存能力。在技术、知识竞争力还很弱的情况下，低成本、抢市场，是不得不选择的战略。当然，希望中国的企业能够早日走出这一阶段，成为高增加值的生产者和市场领导者。

明确的职责、饱满的任务，把一些看似简单的管理持久坚持做到位，还有一个附带却可能非常重要的好处，就是使工作中的人际关系简单化，避免"无事生非"。复杂的人际关系和无事生非，导致了太多的企业和各类组织政令不通，运转不灵。

19.4.4　ESG评级：源流、内涵与实际价值

ESG（环境、社会、治理）评级，是公司治理、社会责任和环境保护三种思想的合一。把三个方面的良好做法指标放在一起进行评估，得出一个综合性的指数本身不难，但要让这个指数能够真正有用并不容易。这里既有这三种思想之间内在关系上的理论与逻辑问题，也有这种综合性指数在资本市场投资选

择和产品市场消费选择中的实践有效性问题。

ESG评级的源流

从源流上看，ESG的公司治理、社会责任（利害相关者）和环境（可持续发展）三种思想中，公司治理是个1860年代现代公司制度诞生时就有、一个半世纪的问题（1862年英国公司法颁布），公司社会责任（利害相关者）是个最初产生于1920年代、一个世纪的问题（1923年英国学者Oliver Sheldon提出企业社会责任的概念），环境和可持续发展则是相对较为新近、半个世纪的问题（1972年罗马俱乐部发表《增长的极限》报告）。

ESG评级的前身是公司治理评估、企业社会责任评估和企业环境报告。公司治理评估兴起于1990年代开始的现代公司治理运动，一开始就与资本市场关系密切。由于美国机构投资者的全球投资，美国机构股东服务公司（ISS）、投资者责任研究中心（IRRC）和美国加州公务员养老基金（CalPERS）等成为公司治理评估的主要推动者。企业社会责任，包括环境责任运动也兴起于1990年代，主要推动者包括民间机构和国际组织，联合国、经合组织（OECD）、国际劳工组织（ILO）、国际标准化组织（ISO）等都是重要推动力量。

到2010年代，主要是在证券交易所的推动之下，公司治理评级、社会责任评估和企业环境报告逐渐融合，ESG评级成为资本市场和投资选择中的一种重要工具。全球知名的ESG报告和评级提供商包括：彭博ESG数据服务，道琼斯可持续发展指数，汤森路透ESG研究数据，摩根士丹利资本国际（MSCI）的ESG产品，美国机构股东服务公司（ISS）的ESG评估等。宣称把ESG指数纳入投资考量的著名资产管理公司包括：贝莱德（BlackRock, Inc.）、先锋集团（Vanguard Group）、富达投资、摩根大通资产管理公司、保诚金融等。

ESG评级的内涵

ESG评级提供者众多，具体评级方法、指标和权重选择上有所不同，但大同小异，都是把公司治理、企业社会责任和环境责任放在一起，各自选取一些指标，通过统计和计量手段形成一个综合性评价。

比较有代表性、影响也比较大的MSCI的ESG评价，在环境、社会和治理三个方面，选取了环境4个（气候变化、自然资源、污染和废物、环境机会），社会4个（人力资本、产品责任、利益相关者、社会机会）和治理2个（公司治理、公司行为），共10个二级指标，37个三级指标。

这些指标涵盖范围非常广。除环境的范畴比较清晰外，社会和治理的范畴都比较宽泛。治理方面有公司治理和公司行为2个二级指标。公司治理下的4个三级指标，董事会多元化、高管薪酬、所有权和控制、会计，都可算作公司治理范畴；公司行为下的5个三级指标，商业道德、反竞争做法、税务透明度、腐败和不稳定性、金融体系不稳定性，基本属于公司伦理和合规范畴。被列在社会方面二级指标的人力资本中有劳动管理、人力资本开发、健康和安全、供应链劳工标准等4个三级指标，这里既有企业伦理和合规问题，也有劳动法规和企业战略选择问题。

在一定意义上，环境、社会和治理三合一的ESG评级形成，是现代资本市场发展和自然及社会环境变化，特别是全球变暖、全球供应链和全球资本流动的结果。以有限责任和董事会为基石的现代公司制度发展中，股权分散，远离公司的股东需要真实的财务数据，催生了现代会计和外部审计机构。资本市场的发展，公司股票和债券发行的增多，以及投资市场的社会化，催生了投资银行（股票价值评估）、信用评级（债券评级）机构和金融数据提供商（股票指数）。近几十年的经济全球化，形成了空前庞大的全球供应链和全球资本市场，由此使公司治理、公司伦理、产品责任和劳工问题等也都跟环境保护一样，成为了一个全球性的问题。ESG评级正是因应全球市场发展和全球投资者需求而提供的一种金融数据服务。

ESG评级的实际价值

理论上，关于公司目标上的股东价值和社会责任及利益相关者之争并没有取得一致意见。环境问题则如同产品责任问题一样，有强制性的法律标准和市场竞争中的企业标准，以及企业自愿行动，还有一个全球性公共产品问题。把所有这些不同层面、不同性质甚至有些是相互冲突的问题放在一个篮子里，可以引起人们的更多关注和重视，但如何能使其对相关问题的解决有较大实际作用，还需要深入思考和进一步研究。

现实经济和社会的发展肯定不是完全按照某种理论，或某种各方一致的共识达成的，而是在矛盾、冲突和的协调之中，由各种力量相互作用的演进过程。当环境、社会、治理等引起全球（特别是投资者和消费者）关注的时候，商事公司即使是为了自身企业和股东的利益，也要把这些要素纳入到企业决策和行为之中。

ESG评级在改善全球环境、社会和治理问题上发挥实际作用，主要是靠负责任和追求可持续发展的投资者把这一评级纳入投资考量，以及一些有这种价值取向的消费者的消费选择。问题是，通过ESG评级信息的引导，投资者和消费者的选择，是否已经或者何时能够使那些在环境、社会和治理方面表现优秀的公司在融资成本和市场销售上占有优势，并足以补偿其为此所额外付出的成本？

残酷的现实是，一些与伦理基金和社会责任投资者的投资选择相反的"邪恶基金"，专门投资那些"不道德"或"缺乏社会责任"的行业，并且比一般指数基金收益更好。消费者的记忆时间也很短，曝出丑闻、受到消费者抵制的企业，销售可能一时受到影响，但是过了不多久就又回复正常了。ESG评级，有利于推动企业在环境、社会和治理上的改善，但是这些问题的有效解决，相关规则的落实和相关标准的提高，还需要通过强制性的法律手段来解决。

19.5 企业成败的决定因素

决定企业成败的到底是产权还是管理，是一个能人还是一个团队，是创业的激情还是管理的理性？

19.5.1 变革的时代，成功乃失败之母

企业的创生和发展依存于一系列的条件和机遇。失败总是多于成功，如同第666次试验才成功了666粉。失败有时又能转化为一种新的成功，如同3M公

司不干胶的诞生。有时物质上的失败又能转化为精神上的成功，悟出一些更高层次的道理，为以后的成功奠定一种企业经验和法人直觉的基础。诸此种种都是"失败乃成功之母"的喻义。但是在全球产品、劳动和资本全面一体化的时代，一切都在迅速变革，更需要体悟的是"成功乃失败之母"的深刻喻义。

国有企业老总就看政府的眼色，把企业经营当政治工具；民营企业老总就看产品市场，只有产品管理，没有公司管理；从机关下海的人就信"关系"，把政治当生意；上市公司形式上稍好一些，实质上是五花八门，都难脱旧胎，穿新鞋走老路，甚至走股市炒作操控这一新生的邪路。究其原因无非两个方面，一是各类企业家所处的文化和政策环境不同形成各自的路径依赖，二是企业家自身的职业经历和个人经验形成了各自的心智模式。政策环境和企业家个性淹没了管理的理性和规则，是整个时代的病症还是这个文化固有的基因？

19.5.2　伟大公司的特质：基业何以长青

西方思想中有一句广为流传的名言是：考验一个人是否具有第一流的才智，要看他能否同时心存两种理念或说理想，而仍然能够运作和保持行动的一致性。再通俗点说，就是要大俗大雅、至阴至阳，而不是半俗不雅、半阴不阳，夹在中间、灰色状态。

伟大公司并不是靠伟大的构想起家的，而是在不断的试错和醒悟之中成长起来的。伟大公司的一个关键特征，就是他们跳出了那些非黑即白的两难选择而并不平庸，他们用一种兼容并蓄的方法而使自己能够同时拥抱若干层面上的两个极端。比如，他们能够在变革和稳定之间，创新和控制之间，自主性和一贯性之间，低成本和高质量之间，短期业绩和长期战略之间，股东价值和社会利益之间，股东控制与职业管理之间，顽强地保有自己的核心理念和很好地适应社会之间，理想主义、价值观导向和务实主义、利润导向之间，靠有秩序的规则追求进步和进行机会主义的摸索之间，胆大包天的目标和谨小慎微的行动之间，以及实施一个按部就班的战略计划和保持对市场变化的敏锐性之间等等，都做到极致和最好。不是让黑白混成灰色，成为一个不清不楚的圆圈，而是同时和随时以阴阳两极区分目标，出世和入世互为目的和手段。

伟大公司并不需要眼光远大的魅力型领导，并且事实上过分魅力型的领导对公司的长期发展可能有害。那些伟大组织的创建者们志在创建一种能够持久的制度，而不是追求其个人成为伟大领袖。从总裁到首席执行官再到董事长，领导了著名的3M公司52年时间的威廉·麦克奈特可以说是默默无闻。3M公司由5位投资人（两位铁路经营者、一位医生、一位肉类市场经营者和一位律师）创建于1902年，麦克奈特1907年加入3M公司，从助理簿记员做起，后升为成本会计员、销售经理，1914—1929年任总裁，1929—1949年任首席执行官，1949—1966年任董事长。3M公司大名鼎鼎，麦克奈特却默默无闻。其他很多伟大公司如宝洁、索尼、波音、惠普和默克等公司的构建者们也都不是高知名度的魅力型领袖。

一心只想赚钱的人反倒赚不到钱，成功属于那些执著而又运气较好的人。在那些伟大公司中，尽量增加股东的财富或者追求最大利润一向都不是主要的动力或首要的目标。伟大公司追求一组目标，赚钱只是其中之一。他们都追求利润，但是同样为一种核心理念所吸引，有一种超越简单赚钱的使命感。但结果是伟大公司要比纯以营利为目标的公司赚到了更多的钱。

有一个不变的核心理念本身要比它是什么更为重要，不用问我们应该珍视什么，但是要问我们究竟实际珍视的是什么？理念一致的公司内部沟通成本极低，理念一致的公司更容易渡过危机和困难时期，理念一致的公司可以永远有一种朝向目标的斗志和动力。制度和组织结构需要被人们理解才能真正得到执行和有效地运行，理念和文化是支撑企业制度和组织结构的无形却有力的基础。杰克·韦尔奇对通用电气进行了大刀阔斧的改革，但是杰克·韦尔奇自身却也是通用电气造就出来的首席执行官。伟大的公司不会是每一个人的绝佳工作地点，只有符合公司核心理念和要求标准的人才会发现那里是他们绝佳的工作地点。伟大公司的最佳行动绝不全是来自复杂的策略规划，反倒有很多是来自试验、尝试错误和机遇。

欣然接受改变，但是不要摒弃个人的理念，企业也是如此。保持核心理念不变，但是要快速行动抓住市场的机遇。公司是个人为事物，但是那些伟大公司的成长历程却更像是个生物物种的进化过程。

19.5.3 仅有人财物不够，还需要组织资本

古典经济学家们着重论述了劳动、资本和土地是生产的三要素。那个时代没有现代这种巨型工商企业。正在萌生中的市场经济体系，似乎主要就包括了劳动、资本和土地三种要素，以及与其对应获取工资的劳动者、获取利息的资本所有者和获取地租的土地所有者等三类人员。经济发展到1920年代的时候，产生了一些大型企业和职业经理人，企业家似乎成为了一种新的生产要素。新古典经济学体系的集大成者马歇尔提出，在劳动、资本和土地之外，企业家才能构成了第四种生产要素。但是马歇尔的经济学体系中，仍然没有多少企业的位置，还是主要在描述一个市场体系的运转。企业只是一个生产函数，是一个黑匣子，劳动、资本和土地这三种要素，再加上一个企业家才能这第四种要素，共同把投入变成了产出。

经济学的伟大奠基人亚当·斯密曾评论道，股份公司这种企业形式不可能发展起来，因为董事和经理人们受股东之托代人理财，不可能像业主型企业家们那样节俭和勤奋。但是现代工商企业却实实在在地发展了起来，跨国公司的年收入已经大于很多中小型国家的国民生产总值。为什么会这样？古典和新古典经济学所描述的市场体系是如此完美，何需这些巨型工商企业的存在？带着对这一问题的思索，一个年轻的英国经济学者科斯，对美国的大型工商企业进行了深入的调查，写出了那篇大名鼎鼎的论文"企业的性质"。科斯发现，企业内部通过管理进行的交易成本低于在市场上进行买卖交易的成本时，企业就会存在。由此，进一步发展出了纷繁复杂的现代企业理论，包括委托代理理论、不完全契约理论、团队生产理论等。

企业的生存和发展，要有人力资本、货币资本和物质资本，也就是通常所说的人财物三个方面。使人财物在一起构成一个企业能够值得其存在和发展的第四种要素是企业的组织资本。企业组织资本这个第四种要素，应该能使人财物这前三种要素加在一起产生合力和协同效应，产生1+1+1>3的效果。企业的组织资本来自于各种外部和内部要素提供者对企业的信任，来自于企业内部是否有一种成员间相互信任的文化，来自于企业作为一个组织在决策和管理等方面的合理与效率。消减内耗，形成一种合作、信赖与负责的机制、习惯和文

化，是从家庭、企业到国家等各种组织生存、发展和强盛的最重要因素。福山的《信任——道德与社会繁荣》、赫希曼的《呼声、忠诚与退出——家庭、国家及一切组织的兴衰之谜》等书，所探讨的也都是这一根本性问题。还有一些文化学家和社会学家所提出的社会资本的概念，也基本上是这样一个含意。家和万事兴，所蕴含的也是同一理念。

现代公司型企业健全公司治理机制，就是要从董事会开始构筑基业长青的组织资源，积累组织资本。董事会正是股东们按股权比例付费聘请来作为一个集体打理公司业务的最重要的一种公司治理机制。建设一个专业型的董事会，不要使董事会与股东会权力同构，在董事会层面形成稳定与合作的局面，才能最终走向股东可以换、员工可以换、客户可以换，但是公司依旧存在并且能够持续发展和兴盛的状态。那些百年老店式的现代公司，都已经和其创始人、创始家族、原始股东等等没有什么关系了，累积下来的主要就是一种组织资本。

公司制企业的两个基本特点就是股东的有限责任和企业的永续生命。股东的有限责任带来了股东敢于投资、敢于放手让董事会经营。企业做好了股东投入的资本增值，企业做得不好股东只亏损掉投入的资本而不负连带责任。股东要积极参与公司治理，但是不能越位干预。如果股东越位干预的话，在公司破产、受到债权人起诉等情况下，则会被法院"撕破公司面纱"、承担连带责任。公司制企业的股东享受到了有限责任的好处，则相应地要有公司所得税和股东投资收入的个人所得税这一双重纳税的义务。法律上为公司制企业提供的独立于其股东的永续生命资格，则更是需要健全公司治理机制才能使企业能够在市场上实际生存和发展下去。

19.5.4 产权、关键成功要素和控制权安排

根据新制度经济学理论，市场和企业是两种相互替代并相互依存的治理机制，市场是一次一次的合约，企业则是一组合约。由于客观的外部环境和主观的当事者心念都是动态和变化的，导致我们不可能签订一个能够穷尽一切或然事项的完全合约。企业需要有人承担最后的风险，也就是需要老板。老板承担最后的风险，拥有最后的剩余收益——别人都走了还在那顶着的人就是老板，

这就是老板的产权职能。

产权极为重要,是企业理性的基础,也是企业的首要规则。企业需要产权,但是谁拥有产权更合理、更有效率呢?换句话说,最佳产权安排的原则是什么?回顾一下前面所讲的以企业家或管理层为核心、在二个市场上竞争、吸纳三类成员参加的公司三角概念。看看谁最有风险承担能力并且有承担风险的欲望,谁投入的资产专用性最强——在本企业很有价值而离开本企业则几乎没有价值或价值大打折扣,谁的投入对企业的成败最为关键并且其努力程度不可监控。这就是选择谁当老板的基本思路,也是最佳产权安排的三项基本原则。

组成企业进行紧密合作,不同特性资源的投入者之间要尽可能地事先讲清楚一些基本原则,以避免事到中途,投入通用资源的人以"退出"威慑来敲榨投入专用资源的人,或者是反过来。著名的公司治理问题专家、布鲁金斯学会研究员、《所有权与控制——重思21世纪的公司治理》一书作者玛格丽特·布莱尔女士,提出企业要以全面价值最大化替代股东价值最大化,所着重强调的因素就是员工对企业进行的"本企业专用的人力资本投资"。其他一些宣扬利害相关者模式公司治理的学者,一些批评金融市场短视的学者,以及团队生产理论等等,所要解决的也是这一问题——如何根据关键成功要素来配置企业的产权和控制权,如何通过最佳的产权和控制权安排来管理和预防合作中的风险。

不同行业和不同成长阶段的企业关键成功要素不同。随时审视外部的环境与自身的能力,识别关键成功要素,根据关键成功要素的不同进行股权和各层次控制权的调整与重新分配——这是动态企业理论和动态组织结构设计的精髓。

企业很小的时候,为了生存要打市场,哪顾得上什么管理。但是发展到一定阶段、企业有了一定的基础之后,一个人带一些喽啰兵打江山的时代已经过去了,为了上台阶,为了规范化,招聘来一些高层次高学历的人,但是创业者却不知道如何授权,如何建立管理的规则。满腔热情加盟进来志在做职业经理的人们则有老板是"叶公好龙"的感觉,自己有劲使不上,特别地"心累"。创业老板渴望建立规则、倡导建立规则,使自己能够轻松和解脱一些,但又惧怕建立规则,怕失去控制,怕失去身为"老大"的一些自由决策的快乐。人性的弱点会导致一些明显有利的合作多赢局面就是形不成。缺乏适时适宜的理论指导和适时适宜的沟通机制也是企业从激情到理性、从争斗到规则、从一个英雄的个人到一个默契的团队转换失败的一个重要因素。

理性来自激情之后的沉思，规则来自争斗之后的谈判。市场如战场，在市场上冲杀需要勇猛和激情，做企业则需要理性和规则。

决定企业成败的到底是什么？经营大于管理还是管理大于经营？中国式的人情纽带和西方式的契约关系哪种方式更好？业务发展规模和组织发展阶段之间是否存在规律性的关系，什么样的规律？如此等等都是问题，没有一句话的结论。

中国企业做不大有文化上谁都不服谁、缺乏合作精神的原因，也有法律体系不发达、难于建立起信任关系的原因，更有整个社会的世纪末情绪和变革时代人们时间眼界短浅等方面的原因。但是，对市场经济运作的一些具体机制的不理解甚至误解是一个重要的原因。美国每年大量的创新企业并不是技术创新，而是制度和具体的机制创新，业务和管理流程创新，各个层面上公司治理机制的创新！

产权是基础，产权明晰和多元化之后还需要管理；能人至关重要，有了能人之后还要建立团队；要永远保持创业的激情，但要适时适宜地增加管理的理性。

保持企业的持续成功，需要根据业务变化和具体条件变化，不断地变革产权结构和管理模式，融合能人和团队的关系，平衡创业的激情和管理的理性，从专注经营到平衡经营和管理的关系，从单靠中国式的人情纽带到并用西方式的契约关系。

相关案例参见《董事会与公司治理（第4版）：演进与案例》案例42"有限责任，无限生命"、案例43"经理人的崛起：从掌柜的到掌舵者"、案例44"职业管理原因论"、案例45"董事会制度建设的三个关键问题"。

参考文献
References

英文部分

[1] Carolyn Kay Brankato, 1997, *Institutional Investor and Corporate Governance, IRWIN Professional Publishing*.

[2] Dennis C. Carey and Dayton Ogden, 2000, *CEO Succession*, Oxford University Press.

[3] Douglas M. Branson, 1993, *Corporate Governance*, The Michie Company Law Publisher.

[4] Hiroyuki Takahashi, 1999, *Corporate Governance in Japan: Reform of Top Corporate Management Structure*.

[5] John Carver, 1997, *Boards That Make A Difference*, Jossey–Bass.

[6] John L. Colley, JR., 2003, *Corporate Governance,* McGraw–Hill.

[7] NYSE, 2003, *Final NYSE Corporate Governance Rules, New York Stock Exchange*.

[8] *OECD, 2004a. Survey of Corporate governance developments in OECD Countries*；2004b. *OECD Principles of Corporate Governance, 2004*；2005a, *Corporate Governance of State Owned Enterprise - a Servey of OECD Contries；* 2005b, *OECD Guidlines on The Corporate Governance of State-Owned Enterprises.*

[9] Peter Wallace and John Zinkin, 2005, *Corporate governance—Marstering Business in Asia*, John Wiley & Sons (Asia) Pte Ltd.

[10] Robert A. G. Monks and Nell Minow, 2004, *Corporate Governance,* Third Edition, Blackwell Publishing。

[11] Takeo Hoshi and Anil Kashyap, 2001, *Corporate Financing and Governance in Japan*, The MIT Press.

[12] Zhongjiyin, 2005, *The Japanese Corporate Governance and Its Reform, VRF series 405, Institute of Developing Economy, Japan.*

[13] 虞政平主编，2000，《英国公司法规汇编——从早期特许状到当代公司法》英文版，法律出版社出版。

[14] 英国议会，2006，*Companies Act 2006*。

[15] 英国贸易产业部（Department of Trade and Industry），2006，*COMPANIES ACT 2006 EXPLANATORY NOTES*。

中文部分

[1] 虞政平编译.美国公司法规精选.北京：商务印书馆，2004

[2] 张安华译.美国索克斯法案.北京：知识产权出版社，2007

[3] 刘俊海译.欧盟公司法指令全译.北京：法律出版社，2000

[4] 吴建斌等译.日本公司法典.北京：中国法制出版社，2006

[5] 左羽译.特拉华州普通公司法.北京：法律出版社，2001

[6] COSO Tread way委员会发起组织委员会.企业风险管理——整合框架.方红星等译.大连：东北财经大学出版社，2006

[7] COSO Treadway委员会发起组织委员会.企业风险管理——应用技术.张宜霞译.大连：东北财经大学出版社，2008

[8] COSO Tread way委员会发起组织委员会.内部控制——整合框架.方红星等译.大连：东北财经大学出版社，2008

[9] Hewitt Associate.薪酬委员会手册，北京：中国财政经济出版社，2001

[10] IMA（美国管理会计师协会）.财务报告内部控制与风险管理.大连：东北财经大学出版社，2008

[11] 阿道夫·伯利等.现代公司与私有财产.甘华鸣等译.北京：商务印书馆，2005

[12] 阿德里安·卡德伯里.公司治理和董事会主席.陈海威等译.北京：中国人民大学出版社，2005

[13] 阿尔伯特·赫希曼.退出、呼吁与忠诚——对企业、组织和国家衰退的回应.卢昌崇译.北京：经济科学出版社，2001

[14] 阿尔弗洛德·拉帕波特.创造股东价值.北京天则经济研究所等选译.昆明：云南人民出版社，2002

[15] 埃达·登勒等.董事会.赵鑫福等译.北京：新华出版社，1996

[16] 艾兰·布雷克. 董事会的构建. 刘有发等译. 北京：经济管理出版社，2003

[17] 奥利弗·威廉姆森. 治理机制. 王健等译. 北京：中国社会科学出版社，2001

[18] 巴菲特. 巴菲特致股东的信——股份公司教程. 陈鑫译. 北京：机械工业出版，2004

[19] 保罗·布朗塔斯. 卓越董事会. 冯学东等译. 北京：机械工业出版社，2005

[20] 保罗·戴维斯. 英国公司法精要. 樊云慧译. 北京：法律出版社，2007

[21] 鲍伯·特里克. 董事. 韩纪东等译. 上海：上海远东出版社，1997

[22] 鲍勃·加勒特. 董事会绩效. 李亚译. 北京：机械工业出版社，2005

[23] 鲍勃·加勒特. 鱼从头烂. 詹正茂译. 北京：现代出版社，2005

[24] 彼得·韦恩. 董事会博弈. 廉晓红译. 北京：当代中国出版社，2005

[25] 布莱恩·柴芬斯. 公司法：理论、结构与运作. 林华伟等译. 北京：法律出版社，2001

[26] 布莱恩·莱切姆. 董事长手册. 邱洪生等译. 北京：高等教育出版社，2004

[27] 出井伸之. 迷失与决断——我执掌索尼的十年. 北京：中信出版社，2008

[28] 大卫·纳德勒. 建构更佳的董事会. 梁晶等译. 北京：中国时代经济出版社，2007

[29] 戴维·科顿. 当公司统治世界. 广州：广东人民出版社，2006

[30] 丹尼斯·吉南. 公司法. 朱羿锟等译. 北京：法律出版社，2005

[31] 弗莱德·斯考森等. 公司治理与证券交易委员会. 方红星译. 大连：东北财经大学出版社，2006

[32] 弗兰克·伊斯特布鲁克. 公司法的经济结构. 张建伟等译. 北京：北京大学出版社，2005

[33] 富兰克林·艾伦等. 比较金融系统. 王晋斌等译. 北京：中国人民大学出版社，2002

[34] 海伦·艾斯顿. 董事会秘书. 何昌邑等译. 北京：华夏出版社，2004

[35] 何美欢. 公众公司及其股权证券. 北京：北京大学出版社，1999

[36] 亨利·罗伯特. 罗伯特议事规则. 袁天鹏等译. 上海：上海人民出版社，2008

[37] 詹姆斯·奈特. 基于价值的经营. 北京天则经济研究所等选译. 昆明：云南人民出版社，2002

[38] 詹姆斯·库泽斯等. 领导者：信誉的获得与丧失. 方晓利等译. 北京：中国经济出版社，2000

[39] 吉尔·所罗门等. 公司治理与问责制. 李维安等译. 大连：东北财经大学出版社，

2006

[40] 杰弗里·戈登等.公司治理：趋同与存续.赵玲等译.北京：北京大学出版社，2006

[41] 杰伊·康格等.公司治理结构.许静芬译.上海：上海交通大学出版社，2002

[42] 克林·盖尔希克.家族企业的繁衍.贺敏译.北京：经济日报出版社，1998

[43] 科林·卡特等.董事会的作用与效率.蔡曙涛译.北京：商务印书馆，2006

[44] 拉尔夫·沃德.新世纪董事会.黄海霞译.上海：上海交通大学出版社，2002

[45] 拉姆·查然.顶级董事会运作.武利中译.北京：中国人民大学出版社，2003

[46] 莱纳·克拉克曼等.公司法剖析——比较与功能的视角.刘俊海等译.北京：北京大学出版社，2007

[47] 罗伯特·卡普兰等.综合记分卡——一种革命性的评估和管理系统.北京：新华出版社，1998

[48] 罗伯特·克拉克.公司法则.胡平等译.北京：工商出版社，1999

[49] 罗伯特·孟克斯.公司治理.李维安等译.北京：中国财政经济出版社，2004

[50] 罗伯特·韦尔林.公司治理案例.吕彦儒等译.上海：格致出版社，上海人民出版社，2008

[51] 罗尔夫·卡尔森.所有权与价值创造.王晓玲译.上海：上海交通大学出版社，2003

[52] 罗杰·莫林等.公司价值.张平淡等译.北京：企业管理出版社，2002

[53] 罗修章，王鸣峰.公司法：权力与责任.杨飞等译.北京：法律出版社，2005

[54] 马丁·希尔伯.新型公司治理.付曼丽等译.北京：中国电力出版社，2008

[55] 马克·洛.强管理者 弱所有者.郑文通等译.上海：上海远东出版社，1999

[56] 玛格丽特·布莱尔.所有权与控制：面向21世纪的公司治理探索.张荣刚译.北京：中国社会科学出版社，1999

[57] 迈克尔·波特.竞争优势.夏忠华等译.北京：中国财政经济出版社，1988

[58] 迈克尔·尤辛.投资商资本主义——一个颠覆经理职位的时代.海口：海南出版社，1999

[59] 美国法律研究院.公司治理原则：分析与建议.楼建波等译.北京：法律出版社，2006

[60] 帕特里克·邓恩.董事会会议管理.冯学东等译.北京：机械工业出版社，2006

[61] 乔尔·塞利格曼.华尔街变迁史——证券交易委员会及现代公司融资制度的演化历

史. 田凤辉译. 北京：经济科学出版社，2004

[62] 乔纳森·巴斯金等. 公司财政史. 薛伯英译. 北京：中国经济出版社，2002

[63] 乔纳森·查卡姆. 公司常青：英美法日德公司治理的比较. 郑江淮等译. 北京：中国人民大学出版社，2006

[64] 苏珊·舒尔茨. 董事会白皮书. 李犁等译. 北京：中国人民大学出版社，2003

[65] 泰德·纳杰. 美国黑帮——公司强权的扩张和民主制度的衰落. 北京：中信出版社，2006

[66] 唐纳德·邱. 公司财务和治理机制：美国、日本和欧洲的比较. 杨其静等译. 北京：中国人民大学出版社，2005

[67] 托马斯·科勒普罗斯. 法人直觉. 王诗成等译. 沈阳：辽宁教育出版社，1998

[68] 托尼·兰顿等. 公司董事指南. 李维安等译. 北京：中国财政经济出版社，2004

[69] 威廉·伯恩斯坦. 财富的诞生——现代世界繁荣的起源. 易晖等译. 北京：中国财政经济出版社，2007

[70] 威廉·拉让尼克等. 公司治理与产业发展. 黄一义等译. 北京：人民邮电出版社，2005

[71] 乌尔里克·斯蒂格等. 掌握全球化公司治理. 北京：中国人民大学出版社，2006

[72] 小艾尔弗雷德·钱德勒. 看得见的手——美国企业的管理革命. 重武译. 北京：商务印书馆，1987

[73] 伊迪丝·彭罗斯. 企业成长理论. 赵晓译. 上海：上海三联书店，上海人民出版社，2007

[74] 约翰·哈珀. 董事会运作手册. 李维安等译. 北京：中国财政经济出版社，2006

[75] 约翰·卡弗等. 创造价值的董事会. 詹正茂译. 北京：当代中国出版社，2005

[76] 珍妮特·丹恩. 公司集团的治理. 黄庭煜译. 北京：北京大学出版社，2008